U0947291

中国社会科学院老年学者文库

王海棻 著

社会科学文献出版社
SOCIAL SCIENCES ACADEMIC PRESS (CHINA)

自　　序

在这篇短短的“自序”里，第一个段落，简单介绍一下笔者几十年来的科研工作概况；第二个段落，主要说说《古汉语论集》的内容及其他相关问题。

（一）

20 世纪六十年代初（1962 年），笔者从南开大学中文系古代汉语专业研究生毕业后，一度从事古代汉语课程的教学工作。十年动乱后，科技、教育界人员的专业回归，成为整个国民经济整顿工作的一个组成部分。于是，1978 年临时在故宫博物院宫廷历史组工作的我，经恩师李何林、马汉麟、张清常先生推荐，吕叔湘先生欣然同意我到社科院语言所工作，并跟从他编写《马氏文通读本》。在编写《读本》的七、八年间，先生耳提面命，让我学到了许多东西。这是我一生的财富。《读本》于 1986 年出版（上海教育）。接下来，我用了 20 余年时间，将《中国文法要略》中提出的“疑问”和“时间”两个语义范畴进行了深入探讨，写成《古汉语疑问范畴词典》《古汉语时间范畴词典》，分别由江苏教育、安徽教育两出版社于 2001、2004 年出版。与此同时，笔者应本院研究生院之邀，连续数年担任该院外国留学研究生《古代汉语》课程的教学工作，在教学实践的基础上，撰写《古代汉语简明读本》（社会科学文献出版社，2002），作为外国留学研究生的专用教材。此外，笔者参加了多项集体科研工作，并为十来部辞书撰写词条 400 余万字。

（二）

下面说说出版《古汉语论集》的问题。

在一个大的课题研究中，不时会对其中某些具体问题有些新的认识，便会腾出一些时间，着力进行专题研究，撰写成文。就这样，写有论文、文章数十篇，分别发表在全国多种语文报纸杂志上。此外，读者会发现，《论集》中还有一些“豆腐块儿”似的语文短评，这是应某些报刊之约而写的。旨在评论传媒某些用语的正误与得失，可以说是笔者用较为深奥的古汉语知识为当今社会语言实践服务所作的一种尝试，也有正确传承中华文化的意图。为恩师而写的两篇纪念文章，为学界长辈和年轻朋友新著所写的序、评等，也一并收入《论集》中。这些长短不等的文字，未必有多高的学术价值，但毕竟是笔者用了大半生时间、精力认认真真写出来的，不忍心在笔者“走”后，任由它们风流云散，了无踪影。当然，如果《论集》能对读者或年轻同行有点儿参考价值，或能引发一些学术讨论或学术批评，那就更令笔者喜出望外了。

《论集》是在社科院领导和院老干部学习科研处的大力支持与帮助下出版的。因此，笔者内心充溢着感激之情。

王海棻

2013 年 3 月 8 日

作者关于此书的两点说明：

一、《论集》所收，并非作者文章的全部，由于篇幅限制原因，删去了若干篇（约十万字）。

二、《论集》所收文章，写作时间长达半个世纪之久，内容之驳杂，观点之变化，可想而知。文章顺序如何安排，笔者破费心思，最后还是决定仍以写作时间为序，适当兼顾内容。这样，可以清晰看到笔者学习和研究古代汉语的脉络和轨迹。

目　　录
CONTENTS

专书语法研究

共时语法的比较研究

古汉语字、词及语法研究

传媒用语短评

书评与序

纪念文章

专书语法研究

《公羊传》语法研究[①]

一 《公羊传》的语法特点

1. 三种类型的判断句

《公羊》中像"弦高者，郑商也"（僖三十三，是"僖公三十三年传"的省略，以下仿此）这类判断句极为常见，这里不谈。只谈以下三种判断句：

1.1 判断句的谓语是动词或动词性词组。正如《古代汉语》所说："判断句是以名词或名词性的词组为谓语表示判断的。"[②] 但《公羊》中却有相当一部分判断句是以动词或动词性词组为谓语的。例如：

(1) 郑人侵蔡，获蔡公子燮。此侵也，其言获何？（襄八）

(2) 晋阳处父帅师伐楚救江。此伐楚也，其言救江何？（文三）

(3) 甲午，卫侯衎复归于卫。此谖君以弑也，其言复归何？（襄二十六）

下有"·"作为标志的判断句，或是动词作谓语，如例（1）；或是动词性词组作谓语，如例（2）（3）。说这些句子是判断句，是从以下三方面分析的。

这类句子多用于解释《春秋》中不合乎常规的措辞。《春秋》对什么情况使用什么笔法是有规定的。《公羊》遇上不合常规时，总是先判断这是什

① 此文为笔者副博士研究生毕业论文，写于1962年。

② 王力主编《古代汉语》（中华书局，1962年，同下。）上册第一分册，220页。

么情况，接着就提出为什么这样措辞的问题。例（1）—（3）就是用来判断这是什么情况的，因而是判断句。

这类句子跟一般公认的判断句句型相同。下面有“·”作为标志的是一般公认的判断句：

（4）此楚子也，其称人何？（宣十一）

（5）此公子翚也，何以不称公子？（隐十）

（6）此晋赵盾之师也，曷为不言赵盾之师？（宣元）

例（1）—（3）跟例（4）—（6）所处的位置相当，均用在询问原因的句子之前，表示对情况的判断；结构形式相同，自应属于同类句式。

这类句子句尾多有“也”字，而句尾“也”字是判断句的重要标志之一。所以马建忠说：“助以‘也’字，所以断起词与表词之为是为非也。”①

以动词或动词性词组作谓语的判断句，也见于其它古书，马建忠称之为“散动用如表词者”②。他举有若干例句，现选列其中三例于下：

（A_1）无处而馈之，是货之也。（《孟子·公孙丑下》）

（A_2）及陷于罪，然后从而刑之，是罔民也。（《孟子·梁惠王上》）

（A_3）吾子取州，是免敝邑于戾而建置丰氏也。（《左传·昭公七年》）

这种以动词或动词性词组作为谓语的判断句，一直延续到现代汉语中，例如：“这是公然挑衅”、“这是无理取闹”。这类句中的动词或动词性词组已经名物化了。

1.2 解释《春秋》措辞涵义的判断句。由于《公羊》在着重阐发《春秋》的微言大义，所以对《春秋》的措辞就需要有所说明，而这类判断句正是适应这种需要而产生的。《公羊》中这类判断句共二十例，全部摘引于下：

① 《马氏文通》（校注）（中华书局，1954年），415页。

② 《马氏文通》（校注）（中华书局，1954年），415页。

（1）三月，公及邾娄仪父盟于眛。及者何？与也。会、及、暨皆与也。曷为或言会，或言及，或言暨？……及，我欲之。暨，不得已也。（隐元）

（2）郑世子忽复归于郑……曷为或言归，或言复归？复归者，出恶归无恶。复入者，出无恶入有恶。入者，出入恶。归者，出入无恶。（桓十五）

（3）秋，筑王姬之馆于外。何以书？讥。何讥尔？筑之，礼也，于外，非礼也。（庄元）

（4）秋，大水，鼓用牲于社于门。其言于社于门何？于社，礼也，于门，非礼也。（庄二十五）

（5）冬，晋人执虞公。虞已灭矣，其言执之何？不与灭也。曷为不与灭？灭者，亡国之善辞也。（僖五）

（6）晋人执卫侯，归之于京师。归之于者何？归于者何？归之于者，罪已定矣。归于者，罪未定也。罪未定则何以得为伯讨？归之于者，执之于天子之侧者也，罪定不定已可知矣。归于者，非执之于天子之侧者也，罪定不定未可知也。（僖二十八）

（7）公子买戍卫，不卒戍，刺之。不卒戍者何？不卒戍者，内辞也。（僖二十八）

（8）公孙敖如京师，不至复……不至复者何？不至复者，内辞也。（文八）

（9）星贯如雨……如雨者何？如雨者，非雨也。（庄七）

（10）冬十有二月，卫人立晋……立者何？立者，不宜立也。（隐四）

（11）二月辛巳立武宫……立者何？立者，不宜立也。（成五）

（12）立炀宫……立者何？立者，不宜立也。（定元）

（13）戊寅，大夫宗妇觌用币……用者何？用者，不宜用也。（庄二十四）

（14）秋七月，禘于太庙，用致夫人。用者何？用者，不宜用也。致者何？致者，不宜致也。（僖八）

（15）九月辛丑，用郊。用者何？用者，不宜用也。（成十七）

（16）癸未，葬宋缪公。葬者曷为或日或不日？不及时而日，渴葬也。不及时而不日，慢葬也。过时而日，隐之也。……当时而不日，正也。当时而日，危不得葬也。（隐三）

（17）春，王二月，己巳日有食之……日食则曷为或日或不日，或

言朔或不言朔？曰某月某日朔日有食之者，食正朔也。（隐三）

（18）庚寅，我入邴……其言我何？言我者，非独我也。（隐八）

（19）齐人执陈袁涛涂……执者曷为称侯，或称人？称侯而执者，伯讨也。称人而执者，非伯讨也。（僖四）

（20）郑杀其大夫申侯。其称国以杀何？称国以杀者，君杀大夫之辞也。（僖七）

以上可以分为两种情况：例（1）—（15）是对经文上已有［或应有］词语的解释，主语后多有“者”作标志；例（16）—（20）是对《春秋》记载方法的解释，都有“言”“称”“日”（“日”是名词用作动词，作“记载日期”讲）一类动词作为标志。《中国文法要略》说：“判断句有两个用处，一是解释事物的涵义，二是申辩事物的是非。”① 这类句子是对《春秋》措辞涵义的解释，所以属于前者。例（10）—（15）用正反两个不同的概念构成判断句，这在形式逻辑上是不能成立的，但在语言中还是可以了解的。例（10）的意思是：“《春秋》所用‘立晋’的措辞，就是表明晋这个人是不应该立为卫国国君的。”《古代汉语》对这类句子分析说判断句是表示判断的，但是在语言实践中，我们会遇到某些判断句，它们的主语和谓语的关系，不能按照形式逻辑的要求来加以分析。这在现代汉语是如此，在古代汉语也是如此。例如《战国策·齐策》：“冯谖先驱，诫孟尝君曰：‘千金，重币也；百乘，显使也。齐其闻之矣。’”千金和重币可以构成判断，但是百乘指的是车马，显使指的是人臣，照形式逻辑讲，就很难构成判断，可是这句话的意思还是了解的……对于这种内容压缩了的判断句，我们不应该以词害义。②

1.3　解释原因的判断句。《古代汉语》说：“判断句有一种最常见的活用法，就是采用判断句的形式来解释原因。”③ 《公羊》中这类句子很多。例如：

（1）杀之，则曷为谓之克？大郑伯之恶也。（隐元）

（2）何以不书葬？成公意也。（隐二）

① 《中国文法要略》（商务印书馆，1963 年，下同）第五章，61 页。

② 上册第一分册，224 页。

③ 同上。

(3) 曷为以国氏？当国也。(隐四)

下有“·”作标志的判断句，都出现在询问原因的句子之后，来解释使用某种措辞的原因，其主语均承前省略了。例（1）的意思是：“既然是杀段，那么为什么称之为‘克段’呢？是因为要强调郑伯的罪恶。”

2. 主谓结构的主、谓语间加“之”问题

2.1 当主谓结构作为句子的主语、谓语、宾语等句子成分时，其主、谓语间常加“之”字，已为大家所熟知。例如：

(1) 君子之为国也，必有三年之委。(庄二十八)
(2) 鲁侯之美恶乎至？(庄十二)
(3) 南郢之与郑[①]，相去数千里。(宣十二)
(4) 六羽之为僭奈何？(隐五)
(5) 是父之行乎子也。(哀三)
(6) 是子之俭也。(宣六)
(7) 齐姜与缪姜，则未知其为宣夫人与？成夫人与？(襄二)
(8) 至乎地之与人，则不然。(桓二)

例（1）—（4）是主谓结构作句子的主语，例（5）（6）是主谓结构作句子的谓语。例（7）是主谓结构作动词的宾语，其中的“其”等于“齐姜与缪姜+之”。例（8）是主谓结构作介词“乎”的宾语。从这些主谓结构所属类型看，例（1）（3）（5）（8）的谓语是动词，因此，原为叙述句；例（2）（6）的谓语是形容词，因此，原为描写句；例（4）（7）的谓语是“为+名词”，因此，原为判断句。

2.2 如果主谓结构的谓语只是名词或名词性词组，其主、谓语间也可加“之”。有两例：

(1)《春秋》之信史也，其序则齐桓晋文，其会则主会者为之，其词则丘有罪焉耳。(昭十二)

---

① 《马氏文通》说：“‘之于’二字，即所以申其对待之意。而用若读之坐动者然。”（卷七，329页）我们采用马说，将“南郢之与郑”看作由叙述句转来的主谓结构。2.1 例（8）的“地之与人”同此。

(2) 君子见人之厄则矜之，小人见人之厄则幸之。吾见子之君子也，是以告情于子也。(宣十五)

例 (1) 是主谓结构作句子的主语，由判断句“《春秋》信史也”转化而来。例 (2) 是主谓结构作动词“见”的宾语，由判断句“子君子也”转化而来。这种句子，一般语法书没有论述到，杨伯峻先生的《文言语法》提到它。杨先生说：

由判断句转为名词子句（在主语和谓语之间加“之”字），“为”字不可少：

弈之为数，小数也。(《孟子·告子上》)
此之为德，岂直数十百钱哉？(《史记·日者列传》)

至于《唐传奇集》中的李公佐《谢小娥传》这样的句子：“已二岁余，竟不知娥之女人也。”“之”字之下不用“为”字，是不合语法的。[①]

对于这个问题，笔者有另一种看法。先让我们看看《公羊》以外其它古书的同类用例：

(B_1) 文之伯也，岂能改物？翼戴天子，而加之以共。(《左传·昭公九年》)[②]

(B_2) 惠王以梁与鲁阳文子，文子辞……王曰：“子之仁人，不忘子孙，施及楚国，敢不从子？”(《国语·楚语下》)[③]

(B_3) 晋申生之孝子兮，父信谗而不好。(《楚辞·九章》)

(B_4) 君子是以知秦穆公之为君也，举人之周也，与人之壹也；孟明之臣也，其不解也，能惧思也…… (《左传·文公三年》)

(B_5) 周公告小才敕，大材略。子游之大材也。孔子告之敇，懿子小才也，告之反略。(《论衡·问孔》)

---

① 《文言语法》(北京出版社，1962 年，下同此。) 十四章，182 ~ 183 页。

② 《左传·成公二年》“五伯之霸也”一句下疏云：“昭九年传‘文之伯也，岂能改物’是三代有五伯矣。伯者，长也。”这里，“五伯”之“伯”，“三代有五伯”之“伯”都是名词，“文之伯”的“伯”也应为名词。又将“伯”解作“长”，更证明它是名词。再者，“伯”本为名词，如其前后没有动词的语法标志，仍应按其本来词性理解。

③ 据《丛书集成》本。

（B_6）吾不知子之有道而诞子，吾不知子之神人而辱子。（《列子·黄帝》）

（B_7）羊质而虎皮，见草而说，见豺而战，忘其皮之虎矣。（《法言·吾子》）

（B_8）贵为天子，不能为神，丁、傅妇人，安能为怪？变神非一，发起殊处，见火闻臭，则谓丁、傅之神，误矣。（《论衡·死伪》）

（B_9）麑稍大，忘己之麋也。（《柳河东集·临江之麋》）

（B_{10}）荀卿固讥游、夏之贱儒矣，不以大儒目周公乎？（《朱子文集·答陈同甫》）

（B_1）—（B_5）是由判断句转来的主谓结构作句子的主语，与例（1）同；（B_6）—（B_{10}）是由判断句转来的主谓结构作动词的宾语，与例（2）同。这些主谓结构的主、谓语间都只加“之”，“之”下并无“为”字，跟“竟不知娥之女人也”是相同的。如说“娥之女人也”是不合语法的话，那就是说所有这些例句都不合语法了。还应指出，（B_7）例在《三国志·魏书·陈思王植传》中被引作：“臣闻羊质虎皮，见草则悦，见豺则战，忘其皮之虎也。”其中对个别字句作了删改，如删了第一读中的“而”，把二、三两读中的“而”都改成了“则”，惟独对最后一读的“忘其皮之虎”无所删改。这就表明，在曹植的心目中，类似“竟不知娥之女人也”的句子是合乎语法的。

2.3　为了证明这类句子合乎语法，再谈谈与此密切相关的一种句式：“动词+主谓结构（其·名词）”。例如：

（C_1）孟贲过于河，先其五。船人怒而以楫虓其头，顾不知其孟贲也。（《吕氏春秋·必己》）

（C_2）妻使妾奉卮酒进之，妾知其药酒也。（《战国策·燕一》）

（C_3）而平身间行杖剑亡。渡河，船人见其美丈夫，独行，疑其亡将，要中当有金玉宝器。（《史记·陈丞相世家》）

（C_4）吴有士曰张胥鄙、谭夫吾，前交而后绝，张胥鄙有罪，拘将死，谭夫吾合徒而取之，出至於道，而后乃知其夫吾也。（《新序·节士》）

（C_5）魏田父有耕于野者，得宝玉径尺，弗知其玉也，以告邻人。（《尹文子·大道上》）

（C_6）王蓝田为人晚成，时人乃谓之痴，王丞相以其东海子，辟为掾。（《世说新语·识鉴》）

（C_7）其辞石尚，士也。何以知其士也。（《穀梁传·定公十四年》）

（C_8）刘道真少时，常渔草泽，善歌啸，闻者莫不留连。有一老妪，识其非常人，甚乐其歌啸，乃杀豚进之。（《世说新语·任诞》）

《文言虚字》说："因为'其'字等于一个名词加一个'之'字，所以也常常可以用来造成主谓短语。"① 所举例句有《庄子·逍遥游》的"风之积也不厚，则其负大翼也无力。""其负大翼"等于"风之负大翼"。《古代汉语》也说："'其'字所代替的……是名词加'之'字。"所举例句是《左传·僖公三十二年》的"吾见师之出而不见其人也。"并指明："不见其人"等于说"不见师之人"。两书说法正适合于（C_1）—（C_8）各例。如（C_3）的"其"等于"平+之"，因此"见其美丈夫"等于"见平之美丈夫"，"疑其亡将"等于"疑平之亡将"。馀例类推。由此可见，（C_1）—（C_8）这类句子是跟 2.2 例（2）"吾见子之君子也"大致相当，从而也跟"竟不知娥之女人也"大致相当。这就进一步证明：由无系词的判断句转成的主谓结构，其主、谓语间可以只加"之"。

（C_1）—（C_3）这类句式，前人曾有论述，《词诠》说，这类句中的"其"是"'其为'二字之义，'为'字往往省去"②。《中国文法论》说："至于古书中省'其为'为'其'的，自然应当于改'其'为'彼之'之后，再补一'为'字才对。例如：'始吾谓二子丈夫耳，今乃知其妇人也。（《孔丛子·儒服》）'应改为：'始吾谓二子丈夫耳，今乃知彼之为妇人也。"③ 两书说法不同，意思一样，都是杨伯峻先生所说的"为"字不可少的意思。然而，这些说法似缺乏理论根据和实际证明。有一个问题是很明显的：为什么"其"用于叙述句与描写句转来的主谓结构时就相当于"名词+之"，而用于判断句转来的主谓结构时，就必须得相当于"名词+之+为"呢？至于《经词衍释》说："'其'犹'为'也。'为''其'互相为训……《孔丛子·儒服篇》：'始吾谓此二子丈夫尔，今乃知其妇人也。'

① 《文言虚字》（新知识出版社，1957 年）8 页。

② 《词诠》（中华书局，1954 年，下同。）卷四，213 页。

③ 《中国文法论》（北新书局，1932 年）第七十三，89 页。

‘其’并如‘为’义。”[①] 把代词“其”直接解为“为”，就更缺乏根据与佐证了。

3. 介词“于”、“於”、“乎”的用法

“于”、“於”、“乎”上古音不同，是三个不同的介词。

3.1 “于”、“於”、“乎”用法有某些相同点，它们都出现在动词或动词性词组之后。例如：

(1) 将杀我于蒲圃。(定八)
(2) 何故拔剑於君所？(宣六)
(3) 孔子行乎季孙，三月不违。(定十)

“于”、“乎”有时相通，出现在同型的句子中。例如：

(4) 反命于介。(成十五)
(5) 反命乎介。(宣十八)
(6) 归父使于晋而未反。(成十五)
(7) 归父使乎晋。(成十五)
(8) 曷为不系于邾娄？(成六)
(9) 曷为不系乎邾娄？(宣元)

“於”、“于”也有时相通，交错互用。例如：

(10) 是以君子笃於礼而薄于利。(宣十二)

“於”、“乎”也有时相通，交错互用。例如：

(D_1) 生於今而志乎古。(《荀子·天论》)
(D_2) 德隆乎三皇，功羡於五帝。(《史记·司马相如列传》)

正因为“于”、“於”、“乎”用法上有相同点，所以，“汉代以后的学

① 《经词衍释》(中华书局，1956年) 卷五，88页。

者一向认为‘于’、‘於’、‘乎’是同义词。”① 《马氏文通》说：‘乎’、‘於’两字同一用法，有时不能相易者，此则系乎上下文之语气耳。‘于’字亦同‘於’字。”②《文言语法》说：“‘于’字用法和‘於’相同，上古用‘于’的多，后来用‘於’的多，偶尔也用‘乎’字。”③ 这些说法都侧重于三者的共同点，而没有辨析其差别。

3.2 《公羊》中“于”字的用法。《汉语史稿》说：“‘于’是‘於’的较古形式。”“‘于’的原始意义只限于表示行为发生的处所（包括方向等）和时间，以及表示对人的关系。”④ 《公羊》中“于”字的用法也不外乎此。

表示行为发生的处所。例如：

（1）天子有事于泰山。（隐八）
（2）齐小白入于齐。（僖十）
（3）君舍于君室，大夫舍于大夫室。（定四）

表示对人的关系（介绍有关方面）。例如：

（4）揖而去之，反于庄王。（宣十五）
（5）是以告情于子也。（同上）

表示时间。例如：

（6）其言于东方何？见于旦也。（哀十三）

以上三种用法中，第一种很常见，第二种较少，第三种仅两见。

在有些情况下，《公羊》只用“於”，不用“于”。正如《汉语史稿》所说：“‘於’字后起，除了继承‘于’的原始意义外，它还兼有后起的一些意义，而这些后起的意义就不用‘于’来表示。”⑤ 只用“於”不用

① 《汉语史稿》第三章，332 页。
② 《马氏文通》（校注）（中华书局，1954 年）卷七，332 页。
③ 《文言语法》（北京出版社，1962 年）第九章，115 页。
④ 《汉语史稿》第三章，332 页。
⑤ 同上，第三章，332 页。

“于”的，出现在下列三种条件下：

在主谓结构前。这就是《马氏文通》所说的“经籍中用‘于’字……罕有用以介读（这里指主谓结构——笔者）者”[①]。例如：

(7) 於其出焉，使公子彭生送之；於其乘焉，搚干而杀之。（庄元）
(8) 念母者，所善也。则曷为於其念母焉贬？（庄元）
(9) 然则曷为不於其弑焉贬？（宣八）

这种“於”和主谓结构组成的介宾词组，放在动词前表示时间。

表示“对於”的意义。例如：

(10) 於雠者，将壹讥而已。（庄四）
(11) 於稷者，唯具是视。（宣三）
(12) 父母之於子，虽为邻国夫人，犹曰吾季姜。（桓三）

这种“於”字介宾词组也放在动词前，表示动作的对象。

在代词“是”前。例如：

(13) 於是还师滨海而东，大陷于沛泽之中。（僖四）
(14) 故於是先攻孔父之家。（桓二）
(15) 昭公於是噭然而哭。（昭二十五）
(16) 力能救我则於是。（定八）

例（13）—（15）的“於是”都出现在大段叙事文字中，用来表示前后两事时间上的连接。例（16）的“於是”虽出现在句尾，但仍是表示时间的。全书“於是”共出现34次，却无一个“于是”。

3.3 《公羊》“乎”字的用法。上节所谈“于”字所无的三种用法，也是“乎”字所没有的[②]。但介词“乎”在《公羊》中出现百余次，使用

---

① 《马氏文通》卷七，332页。但《左传·宣公十二年》：“在军，无日不计军实而申儆之于胜之不可保。”“于”用在主谓结构“胜之不可保”前。

② 《公羊传·桓公二年》：“至乎地之与人则不然。”“乎”用在主谓结构“地之与人”前，这是一个例外。

范围相当广泛，一般古书用“於”的地方，《公羊》往往用“乎”，主要表现在如下三个方面：

首先，在形容词后，引进比较的对象。例如：

（1）莫重乎其以丧至也。（僖元）
（2）“乃”难乎“而”也。（宣八）
（3）多乎什一，大桀小桀；寡乎什一，大貉小貉。（宣十五）
（4）异大乎灾也。（定元）

这种用法，一般古书用“於”较多。例如：

（E_1）季氏富於周公。（《论语·先进》）
（E_2）王如知此，则无望民之多於邻国也。（《孟子·梁惠王上》）
（E_3）凡人心险於山川，难於知天。（《庄子·列御寇》）
（E_4）毛先生以三寸之舌，强於百万之师。（《史记·平原君列传》）

其次，在被动句中，引进施事者。例如：

（5）公子　恐若其言闻乎桓。（隐四）
（6）突何以名？挈乎祭仲也。（桓十一）
（7）单伯者何？吾大夫之命乎天子者也。（庄元）
（8）哀公亨乎周。（庄四）
（9）万尝与庄公战，获乎庄公。（庄十二）
（10）美见乎天下。（僖十）
（11）美未见乎天下。（僖十）
（12）鄫子曷为使乎季姬来朝？（僖十四）
（13）宋公释乎执，走之卫。[①]（僖二十一）
（14）王痍者何？伤乎矢也。（成十六）
（15）逮乎火而死。（襄三十）

① 《马氏文通》：“释乎执者，为执者所释也。”（卷四，206页）

(16) 伍子胥父诛乎楚[①] (定四)

被动句中引进施事者，一般古书多用“於”（例句从略），但也有用“乎”的。例如：

(F_1) 春秋三十有四战，未有以尊败乎卑，以师败乎人者。以尊败乎卑，以师败乎人，则骄其敌。襄公以师败乎人，而不骄其敌，何也？(《穀梁传·僖公二十二年》)

(F_2) 昔者伍子胥说听乎阖闾。(《战国策·燕二》)

(F_3) 故子胥见说於阖闾而恶乎夫差，比干生而恶於商，死而见说乎周。(《吕氏春秋·不苟》)

(F_4) 道至高无上，至深无下。平乎准，直乎绳，圆乎规，方乎矩。(《淮南子·缪称》)

值得注意的是，《公羊》被动句中引进施事者，只用“乎”不用“於”(用“于”仅一次)。《古代汉语》说：“被动句通常不用‘乎’字（‘东败於齐’不说‘东败乎齐’）。”[②] 从上述情况看，这种说法是值得商榷的。

最后，在动词与其受事者之间[③]。例如：

(17) 通乎季子之私行也。(庄二十七)

(18) 佗然从乎赵盾而入。(宣六)

(19) 请以飨乎从者。(昭二十五)

(20) 习乎邾娄之故。(昭三十一)

这种用法，“于”字也有。例如：

(22) 内无贬于公之道。(宣元)

(23) 公子鱄挈其妻子而去之，将济于河。(襄二十七)

---

① 《穀梁传，定公四年》作“子胥父诛于楚也”。

② 《古代汉语》，上册第二分册，423 页。

③ 赵仲邑认为，这种用法的“乎”不是介词，而是助词（《论古代汉语介词“于”“於”“乎”》，中山大学学报，1964 年，第 4 期)，可备一说。

3.4 为了说明《公羊》中“于”、“於”、“乎”的区别，现将三者的用法情况列表于下：

介词＼次数＼用法	介绍处所	介绍时间	介绍有关方面	引进比较对象	引进施事者	用在动词与受事之间	用在助动词与动词之间	其他
于	75	2	37		1	3		4
於	30	41	24					
乎	53	3	68	8	12	8	2	

从表中可以看出如下三个特点：

《公羊》被动句中，一般都用“乎”引进施事者，用“于”一次①，从不用“於”。

《公羊》中，形容词后只用“乎”引进比较对象，而不用“于”和“於”。

《公羊》动词与受事间多用“乎”，也用“于”，不用“於”。

4. 疑问句首“此”“其”“此其”的问题

4.1 句首用“此”，一般构成“此·何以·动词”的句式。② 例如：

(1) 外取邑不书，此何以书？（隐四）

(2) 桓公之会不致，此何以致？（僖十五）

(3) 外大夫不卒，此何以卒？（文三）

这类句首的“此”指代《春秋》上某一历史事实或人物，在意念上是动作的受事，用作句子主语。这类句子前都有一个否定性的叙述句。

4.2 句首用“其”和“此其”，构成以下四种句式：

“其……何”。例如：

(1) 其称季友何？（僖十六）

(2) 其谓之逆妇姜于齐何？（文四）

(3) 其言至黄乃复何？（宣八）

---

① 《公羊传·定公四年》：“盖胁于齐媵女之先至者也。”何注：“僖公本聘楚女为嫡，齐女为媵，齐先致其女，胁僖公使用为嫡。”

② 个别“此”字构成“此……何”的句式，如：“此伐卫何？”（《公羊传·庄公五年》）“此言所为何？”（《公羊传·襄公三十年》）

“其……奈何”。例如：

(4) 其义形於色奈何？(桓二)
(5) 其威我奈何？(庄三十一)
(6) 其贵奈何？(文十二)
(7) 其可奈何？(哀三)

“此其……何”。例如：

(8) 此其言伐何？(文十五)
(9) 此其称名氏以敌楚子何？(宣十二)
(10) 此其称盗以弑何？(哀四)
(11) 此其以当国之辞言之何？(哀六)

“此其……奈何”。例如：

(12) 此其为可褒奈何？(隐元)
(13) 此其为近正奈何？(桓三)
(14) 此其为伯讨奈何？(哀三)

从以上四种句式中，可以看出以下特点：

在第一、三两种句式中，“其”后动词多是“言”、“称”、“谓”等，因此，“其”、“此其”指代的多是《春秋》经文，这两种句子多是针对《春秋》措辞发问的。

在第二种句式中，“其”后多是一般动词和动词词组，如例(5)；助动词，如例(7)；形容词，如例(6)；或主谓结构，如例(4)。这里的“其”多指有关人物，有时指国或事情。这种句子大都不是针对《春秋》措辞发问的，而是问《春秋》上某件事情的经过的。

在第四种句式中，“此其”后一律跟“为”。这里的“此其”指代有关的人或事情。多是对《春秋》关于某人、某事所作的某种评价提出询问的，为进而阐发创造条件。

4.3 “其……何(奈何)”与“此其……何(奈何)”的结构分析与比较。在“其……何(奈何)”的句式中，“其……”是主谓结构作全句主语，“何（奈何）”作全句谓语，用公式表示即为：主语［主谓结构（其……）］+谓语［何（奈何）］。“此其……何（奈何）”的结构要复杂些。马建忠称“此其”中的“其”为接读代字，他说：

> 有前词为代字而“其”字直接者。《庄·秋水》：此其过江河之流，不可为量数。——“其”顶接“此”字。“此”代字也，今为前词，“其过江河之流”为读，“不可为量数”为句。而“此其”二字连用，似成一语，细按之，则各为句读之主次。（《马氏文通》，卷二，61页。）

他的话可归纳为三点：一，“此”、“其”是两个代词；二，“此”为前词，“其”字顶接；三，“此”为句的主语，“其”为读的主语。黎锦熙对这一例的分析则是：

> 盖方着一“此”字指代上文之“海”而欲加以断语，忽思宜与“江河”为比乃得作有力之赞扬，则必衍成子句以为句主然后可断，遂藉“其”字之力引“此”字之义以入子句中；此代词“其”字脱胎换骨之妙用也。（《比较文法》，195页，科学出版社，1957年）

综合二家之说，来分析《公羊》这类句式，其公式应为：

主语［此+主谓结构（其……）］+谓语［何（奈何）］

跟“此其”相类的，还有“彼其”和“是其”，《公羊》中无“是其”，“彼其”也只出现过一次，即《桓公三年》的“彼其曰大有年何？”这里的“彼”指代《春秋》另一处经文。其他古书中“彼其”、“是其”常常出现。例如：

> （G_1）且也彼其所保与众异，以义誉之，不亦远乎？（《庄子·人间世》）
>
> （G_2）是其不可一也。（《汉书·东方朔传》）

4.4　《公羊》中，“此其……何”和“其……何”出现的语言环境不尽相同。“此其……何”前多有一个否定性叙述句。例如：

(1) 未有言喜有正者，此其言喜有正何？（桓六）
(2) 战不言伐，此其言伐何？（桓十二）
(3) 大夫无遂事，此其言遂何？（庄十九）

“其……何”前则常常没有句子（即紧接经文），如果有，一般也不是否定性叙述句，而是肯定性的判断句。例如：

(4) 春，王三月，纪叔姬归于酅。其言归于酅何？（庄十二）
(5) 夏单伯会伐宋。其言会伐宋何？（庄十四）
(6) 此世子也，其言朝何？（桓九）
(7) 此未逾年之君也，其称王子猛卒何？（庄十二）

例（4）（5）是紧接经文的，例（6）（7）是前面有判断句的。这种区别，从下面两句的对比中看得更为分明：

(8) 离不言会，此其言会何？盖郑与会尔。（桓二）
(9) 此伐郑也，其言会于肖鱼何？盖郑与会尔。（襄十一）

5. 关于“何·动·乎·宾”句法的讨论

《公羊》中，疑问语气词“乎”用在特指问句句尾，只有如下五例：

(1) 远祖者，几世乎？（庄二）
(2) 君何求乎？（庄十三）
(3) 吾不弑君，谁谓吾弑君者乎？（宣六）
(4) 僚恶得为君乎？（襄二十九）
(5) 恶有言人之贤若此者乎？（昭三十一）

大量出现的情况是，“乎”字用于句中，构成“何·动·乎·宾”这种特指问句。例如：

(6) 公何以不言即位？成公意也。何成乎公之意？（隐元）
(7) 何讥尔？讥丧娶也。娶在三年之外，则何讥乎丧娶？（文二）
(8) 冬，齐高固及子叔姬来。何言乎高固之来？（宣五）

(9) 讳同姓之灭也。何讳乎同姓之灭?(哀八)

(10) 此何以书?贤缪公也。何贤乎缪公?(文十二)

(11) 大其弗克纳也。何大乎其弗克纳?(文十四)

孔广森《春秋公羊通义》说:“诸云‘何言乎’者,皆见非经所常言,问何所为而言此。”可见这类句子是询问原因的(“何”作状语,意即“为什么”),询问的中心是动词(包括形容词的意动用法)。为强调这个中心,在其前用疑问代词“何”,其后用疑问语气词“乎”,从而把动词置于“何……乎”的格式之中,使它显得突出而重要。

在3.3节中所举例(17)—(20)都是《公羊》中介词“乎”放在动词及其受事之间的例子,那么这里句中的“乎”是否也可看作介词呢?不能。因为这里句中的谓语很多是形容词的意动用法,它们要求后面直接跟宾语,也只有这样,才能说是形容词的意动用法。因此例(10)中“缪公”是“贤”的宾语(这一点也可由前边答话“贤缪公也”得到证明)。如果说“乎”是介词,“乎”后的词语就应该是它的宾语,“乎……”这整个介宾词组又置于形容词后作补语。而形容词的补语,往往是表示比较对象的,参看3.3节例(1)—(4)。又如《庄公四年》:“莫重乎其与雠狩也。”意思是:“没有什么比他跟雠人狩猎更严重的。”如果说“何·动·乎·宾”句式中的“乎”是介词,例(10)就可能被误解为“为什么比缪公贤”的意思。试把3.3节例(4)“大乎灾”和本节例(11)“大乎其弗克纳”两个词组加以比较,如果说两个“乎”都是介词,两者的意思就容易混淆,而事实上,它们的意思是迥然有别的:前者是“比灾大”的意思,后者是“夸大弗克纳”的意思。

那么,例(6)—(9)中都是动词,该不会有这类混淆了吧?其中的“乎”也应该是介词了吧?应该说,这些句中的“乎”看作介词不是不可以的,但因它们与例(10)(11)属于同类句式,所以“乎”字仍以看作疑问语气词为宜。有学者认为,与例(6)—(9)句型相同的《尚书·皋陶谟》“何迁乎有苗?”“何畏乎巧言令色孔壬?”这类句子中的“乎”“都不能说是介词,而只能说是句中的助词,因为它们后面的名词、代词或名词性词组,都不是它们的宾语,而只是它们前面那个外动词的宾语。”① 跟本文看法相同,所不同的只是他称“乎”为句中助词,本文则称为疑问语气词。

① 赵仲邑:《论古代汉语介词“于”“於”“乎”》,《中山大学学报》1964年第4期。

6. 有“称”义的词

（详见《〈公羊传〉〈穀梁传〉有“称”义的词的比较研究》）

7. 《公羊传》的疑问词语

《公羊传》是用问答体写成的，其中的疑问词语特别丰富，按照其意义和用法，可归纳为如下几类：

询问原因：曷为　何以　何　何故　何者

询问人、事、物：何　曷　孰　谁　焉

询问处所：孰、恶乎

询问情况：奈何　何如

询问办法和商量可否：如……何　何如　奈何

表示反问：盍　恶　奈何　何　庸　何……之有　不亦……乎

表示拟议：其诸　无乃

7.1　询问原因的。《公羊》中询问原因的句子最多，下面将其询问原因的词语逐一加以说明。

7.1.1　曷为。这是一个介宾词组，放在动词前询问原因，跟现代汉语“为什么”相当。例如：

（1）公曷为远而观鱼？（隐五）

（2）公曷为与微者狩？（庄四）

（3）尔曷为哭吾师？（僖三十三）

（4）君子曷为为《春秋》？（哀十四）

这种在“曷为”前有主语的句子，多是对《春秋》所记事情的询问，它可以不依赖上文而独立存在。另有一类是“曷为”前头没有主语的。例如：

（5）何以名？字也。曷为称字？褒之也。曷为褒之？（隐元）

（6）咸丘者何？邾娄之邑也。曷为不系乎邾娄？（桓七）

这种句子多是对上文的回答提出进一步询问的。此外，“曷为”也可用于复句的第二分句之首，而由连词“则”作为前导。例如：

（7）公，则曷为不言公？（庄九）

（8）前此，则曷为始乎此？（隐二）

7.1.2 何以。也是一个介宾词组，放在动词前询问原因，跟现代汉语“为什么”相当。例如：

(1) 毁泉台何以书？(文十六)
(2) 何以谓之不讨贼？(宣六)
(3) 楚子何以不名？(昭十六)
(4) 定何以无正月？(定元)

《公羊》中“曷为”、“何以”用在询问原因时大致相同，但二者在意义上，在与其他成分的结构关系上，在使用范围上也还有细微差别。

意义上，“何以”除有询问原因的意思之外，有时还带有“凭借什么”的意味。例如《隐公元年》的“桓何以贵？……子以母贵，母以子贵”。意思是说：“桓公凭着什么尊贵呢？……儿子凭着母亲（尊贵）而尊贵，母亲凭着儿子（尊贵）而尊贵。”“曷为”则无这层意思。

与其他成分的结构关系上，“何以”常出现于“此·～·动”的句式中，“曷为”则不在这种句式中出现。例如：

(5) 外逆女不书，此何以书？(隐二)
(6) 取邑不日，此何以日？(文七)
(7)《春秋》贤者不名，此何以名？(襄二十九)

“曷为”后只跟动词，而“何以”后则可跟形容词、名词、数词或助动词。例如：

(8) 公子喜时在内，则何以易？(成十六)
(9) 三卜，礼也；四卜，非礼也。三卜何以礼？四卜何以非礼？(僖三十一)
(10) 天子之相，则何以三？(隐五)
(11) 国何以可？(庄四)

在“有”“无”之前，也用“何以”而不用“曷为”。例如：

(12) 吴无君无大夫，此何以有君有大夫？(襄二十九)

(13) 文何以无邾娄?(昭三十一)

“曷为”后可跟“或……或……”的结构,“何以”后则不可。例如:

(14) 曷为或言会,或言及,或言暨?(隐元)
(15) 女曷为或称女,或称妇,或称夫人?(隐二)
(16) 曷为或言率师,或不言率师?(隐五)

使用范围上,“何以”后的动词大多是“书”“称”“言”“名”“日”“地”“氏”等,表明“何以”多是针对《春秋》措辞提出询问的。例如:

(17) 大有年何以书?(桓三)
(18) 败者称师,楚何以不称师?(成十六)
(19) 公何以不言即位?(隐元)
(20) 曹伯阳何以名?(哀八)
(21) 弑则何以不日?(文十八)
(22) 公薨何以不地?(隐十一)
(23) 此晋阳处父也,何以不氏?(文二)

“曷为”后除跟“言”、“称”等动词外,也常跟一般动词。这表明它除了对《春秋》措辞提出询问外,还常对一般事情的原因提出询问。例如:

(24) 齐小白入于齐,则曷为不为桓公讳?(僖十)
(25) 曷为为杀宁喜出奔?(襄二十七)
(26) 曷为不足乎季子?(襄二十九)

为了说明这种差别,特作如下统计:

使用情况 / 词语	出现总数	询问措辞		询问内容	
		次 数	所占比例	次 数	所占比例
何以	340	289	85%	51	15%
曷为	334	142	43%	192	57%

下面，就“曷”、“何”的用法提出一个问题：

笔者曾对先秦三十六部书进行了考察，其中有二十几部，从不用一个“曷”字，书中出现“曷”字的不超出十部。使用“曷”字最多的要属《公羊》了。而《穀梁》与《公羊》时代相近，内容相近，却不用一个“曷”字，凡《公羊》用“曷”的，《穀梁》一律用“何”。例如：

{曷为贬？（公僖二十一）
何为贬之也？（穀文四）

{尔曷为哭吾师？（公僖三十三）
何为哭吾师？（穀僖三十三）

{曷为不告朔？（公文六）
何为不言朔也？（穀文六）

这一现象可能与方言有关。

7.1.3　何。大多出现于以下三种句式中。

出现在“何·动·乎·宾”句式中。例如：

（1）何言乎王正月？（隐元）
（2）何言乎公有疾不视朔？（文十六）
（3）何贤乎孔父？（桓二）
（4）何大乎其平乎己？（宣十五）

出现在“何……尔”句式中。例如：

（5）何讥尔？（隐三）
（6）何危尔？（庄二十三）
（7）何异尔？（昭十八）

这里的“何”是状语，在动词前询问原因，相当于现代汉语的“为什么”。这一点可从问句的答话中得到证明。如例（5）的答话是“父卒子未命也”。徐彦疏：“武氏子父新死，未命而便为大夫，薄父子之恩，故称氏言子见未命以讥之。”可见“父死子未命”是“讥”的原因。句末的“尔”是语气词，但不是疑问语气词，因为，如无其他疑问词语，它不能单独发问，所以它跟“乎”“邪”等疑问语气词不同。

《公羊》中有类句子与上述句子表面相似，实则不同。例如：

(8) 何贤乎襄公？复雠也。何雠尔？远祖也。(庄四)
(9) 何疾尔？恶疾也。(昭二十)

从上下文意看，这两例中的“何”是“雠”、“疾”的修饰语，而不是状语，意即“什么样的雠敌”，“什么样的疾病”。

出现在“其（此其）……何”句式中[①]。例如：

(10) 其称人何？(隐四)
(11) 其言伐之何？(隐七)
(12) 此其言即位何？(桓元)

这种句式中的“何”放在句尾询问原因，与现代汉语“为什么”相当。

除以上三种句式外，《公羊》中询问原因的“何”还出现过三次，都在叙事文字的人物对话中：

(13) 君既服南夷矣，何不还师滨海而东，服东夷且归？(僖四)
(14) 子之乘矣，何问吾名？(宣六)
(15) 何必以萧同侄子为质？(成二)

7.1.4　何故。这是一个偏正词组，与现代汉语的“什么原因”相当，也可直接译作“为什么”。全书仅见两次，而且都出现在叙事文字的人物对话里：

(1) 祁弥明自下呼之曰：“盾！食饱则出，何故拔剑于君所？”(宣六)
(2) 邾娄人常被兵于周曰：“何故死吾天子？”(昭三十一)

7.1.5　何者。何休说：“何者，将设事类之辞。”《助字辨略》说：“何

---

① 《公羊传》中有个别询问原因的“……何”句式，句首不用“其”或“此其”，如：“称国以弑何？”(《公羊传·文公十八年》)“而不言复归于曹何？”

则、何者，并先设问，后陈其事也。”[①]“何者”全书一见：

(1) 然则为取可以为其有乎？曰否。何者？若楚王之妻媦，无时焉可也。(桓二)

7.2 询问人和事物的。有“何”、“曷”、“孰”、“谁”、“焉”，下面逐一加以讨论。

7.2.1 何。“何”问人、事，《公羊》中有以下几种情况：

“何”作谓语，构成“……者何”的句式，多半用来询问《春秋》上出现的某人、某物、某词语是谁、是什么、是什么意思的[②]。例如：

(1) 仪父者何？(隐元)
(2) 元年者何？(隐元)
(3) 还者何？(文十三)
(4) 纳者何？(文十四)
(5) 公不与盟者何？(昭十三)

有的句子，主语后不用“者”，而用“也”，或“者”、“也”都不用。前者只有《僖公二年》的“寡人夜者寝而不寐，其意也何？”一例，后者，则有六例：

(6) 涛涂之罪何？(僖四)
(7) 卫侯之罪何？(僖二十八)
(8) 曹伯之罪何？(僖二十八)
(9) 单伯之罪何？(文十四)
(10) 庆封之罪何？(昭四)
(11) 仲几之罪何？(定元)

有的在“何”后加“也”字。例如：

① 《助字辨略》(中华书局，1954年，下同。)卷二，83页。
② 《公羊传·僖公五年》：“其言逃归不盟者何？”“何”似有询问原因的意思。

(12) 彼何也？(宣六)

(13) 是何也？(宣六)

全书仅此二例，都出现在叙事文字的人物对话中。而在作者一问一答的问话中，从不用“何也”。这一点，同《穀梁传》形成鲜明的对比。试看下表：

《公羊传》	《穀梁传》	出　处
凡伯者何？	凡伯者何也？	(隐七)
溺者何？	溺者何也？	(庄三)
不告月者何？	不告月者何也？	(文六)
脤者何？	脤者何也？	(定十四)
孟子者何？	孟子者何也？	(哀十二)

马建忠已经发现了这个问题，他说：“《穀梁》则问答两句概殿‘也’字，而《公羊》则殿于答句者为常，其问句煞以‘也’字者，未之见也。此亦笔法使然耳。”①

“何”作动词宾语。全书共八例，都出现在叙事文字的人物对话中。例如：

(14) 然则君将何求？(庄十三)

(15) 君何忧焉？(庄三十二)(僖二)

(16) 君何丧焉？(僖二)

(17) 丧人其何称？(昭二十五)

在作者一问一答的问话中，从不见“何”作动词宾语的情况，而是用“曷”作动词宾语。这是《公羊传》一个明显的特征，详见7.2.2。

“何”作介词“以”的宾语。但这种“何以”不同于7.1.2所说询问原因的“何以”，而是“用什么”之意。这种“何以”全书仅两见：

(18) 鲁祭周公，何以为牲？(文十三)

---

① 《马氏文通》卷九，424页。

(19) 鲁祭周公，何以为盛？(文十三)

7.2.2　曷。作动词宾语，分别问人、问物、问事、问时。例如：

(1) 然则曷称？称诸父兄师友。(隐二)
(2) 然则曷用？枣栗云乎！腶脩云乎！(庄二十四)
(3) 然则曷祭？祭泰山河海。(僖三十一)
(4) 主者曷用？虞主用桑，练主用栗。(文二)
(5) 尔曷知？(僖三十三)
(6) 夷伯者，曷为者也？季氏之孚也。(僖十五)
(7) 则未知臧氏之母者，曷为者也？(昭三十一)
(8) 阳虎者，曷为者也？季氏之宰也。(定八)
(9) 荀寅与士吉射者，曷为者也？君侧之恶人也。(定十三)
(10) 辄者，曷为者也？蒯聩之子也。(哀三)
(11) 然则郊曷用？郊用正月上辛。(成十七)

例（1）问人，例（2）—（4）问物，例（5）—（10）问事（其中几个“曷为者”意思是“干什么的人”，因此，“曷”是动词“为”的宾语），例（11）问时间。

“曷”作动词宾语，在其他古书中也有其例。例如：

(H_1) 是若不行，则汤武在上曷益？桀纣在上曷损？(《荀子·荣辱》)

(H_2) 虽有圣王礼义，将曷加于正理平治也哉？(《荀子·性恶》)

(H_3) 朝居严，则曷害于治国家哉？(《吕氏春秋·谏下》)

(H_4) 缚者，曷为者也？(《晏子春秋·杂下》)

(H_5) 君臣乱扰，上下不分别，虽闻曷闻？虽见曷见？虽知曷知哉？(《吕氏春秋·任数》)

(H_6) 此若言曷谓也？(《管子·轻重》)

《古代汉语》说：“作为宾语……‘曷’只用于……‘曷为’（此“为”

是介词——笔者），这是值得注意的。”[①] 从上述情况看，这一说法似有不够全面之处。其所以不够全面，除因为“曷”可作动词宾语外，还因为“曷”也可作介词“以”的宾语。例如：

（I_1）吾君不游，我曷以休？吾君不豫，我曷以助？（《晏子春秋·问下》）

（I_2）然则曷以禄夫子？（《晏子春秋·杂下》）

（I_3）吾曷以识此？（《管子·轻重》）

（I_4）曷以知舞之意？（《荀子·乐论》）

7.2.3　孰。可作主语、动词宾语或介词宾语，也可作名词修饰语。

作主语，代人或代国。例如：

（1）孰及之？内之微者也。（隐元）

（2）然则孰立之？石蜡立之。（隐四）

（3）孰灭之？齐灭之。（庄四）（僖十七）

例（1）（2）代人，例（3）代国。

作动词宾语，全书共十二例，除《僖公二年》的“孰城”的“孰”代处所外，其余十一例皆代人。例如：

（4）王者孰谓？谓文王也。（隐元）

（5）孰隐？隐子也。（庄元）

（6）孰继？继子般也。（闵元）

（7）孰俟？俟屈完也。（僖四）

（8）然则婴齐孰后？后归父也……鲁人伤归父之无后也，于是使婴齐后之也。（成十五）

“孰”作动词宾语，在其他古书中也有发现。例如：

---

① 《古代汉语》上册第一分册，252 页。

(J_1) 为旧君者孰谓也？仕焉而已者也。(《仪礼·丧服》)

(J_2) 为人后者孰后？后大宗也。(《仪礼·丧服》)

(J_3) 陈大夫曰："吾国亦有圣人，子弗知乎？"曰："圣人孰谓？"曰："老聃之弟子……"(《列子·仲尼》)

(J_4) 圣王有百，吾孰法焉？(《荀子·非相》)

《马氏文通》曾引韩愈《原道》"后之人其欲闻仁义道德之说，孰从而听之"一例，认为"'孰'，'从'之止词而先焉"[①]。对此，不少语法书是持否定观点的。《汉语史稿》说："'孰'字主要是用于选择，而且不能用于宾语（'吾谁欺'不能说成'吾孰欺'……）。"[②]《古代汉语》说："'孰'字一般不用作直接宾语。"[③] 从上举诸例看，这些结论尚有不够严密之处。

作介词宾语，全书仅四例，全部在叙事文字的人物对话中：

(9) 吾君孰为介？(宣六)

(10) 孰为来哉？孰为来哉？(哀十四)

(11) 子去我而归，吾孰与处于此？(宣十五)

作名词修饰语，只有《昭公二十五年》"孰君而无称？"一例，《经传释词》解为"何君而无称也"[④]。《词诠》称句中的"孰"为疑问形容词，还另举《吕氏春秋·行论》的"孰王而可叛也？"作为同类例句[⑤]。《马氏文通》说："'孰'字……未见其在偏次者。"[⑥] 看来，马说只概括了一般情况，而忽略了《公羊》《吕氏春秋》中的个别现象。

7.2.4　谁。共出现三次，一作句子主语，一作名词修饰语，一作宾语。顺序列举于下：

(1) 吾不弑君，谁谓吾弑君者乎？(宣六)

(2) 因谁之力？因宋人、蔡人、卫人之力也。(隐十)

---

① 《马氏文通》卷二，80 页。

② 第三章，287 页。

③ 上册第一分册，251 页。

④ 卷五，195 页，中华书局，1956 年。

⑤ 卷五，326 页。

⑥ 卷二，79 页。

(3) 子名为谁?(宣六)

例(1)例(2)问人,例(3)问事物(人名)。

7.2.5 焉。仅一见,即《庄公三十二年》的"寡人即不起此病,吾将焉致乎鲁国?"陈立《公羊义疏》解释说:"言国将谁与也。"《词诠》也认为这句话中的"焉"代人。[①]

7.3 询问处所的。有疑问代词"孰"和介宾词组"恶乎"。"孰"问处所,已见于6.2.3的第二项说明中。这里只谈"恶乎"。《经传释词》说:"盖'恶,本训'何','恶乎'犹言'何所',不必训为'于何'也。"[②]其实不然。"恶"跟"何"相当,"乎"跟"于"相当,"恶乎"正跟"于何"相当。"恶乎"在《公羊》中共出现十次,都在动词前。例如:

(1) 恶乎淫?淫于蔡。(桓六)
(2) 鲁侯之美恶乎至?(庄十二)
(3) 恶乎嫌?嫌与郑人战也。(桓十二)
(4) 恶乎归狱?归狱仆人邓扈乐。(闵元)

从以上诸例可以看出,"恶乎"的意思在不同句子中是不尽相同的。在例(1)中表处所;在例(2)中表程度和境界:"鲁侯的美达到什么程度了?"在例(3)中表事情:"与郑人战"是件事情;在例(4)中代人,"恶乎"与"于谁"意思相差不远,这是一种罕见的用法。

7.4 询问情况的。有"奈何"、"何如"。

7.4.1 奈何。《词诠》说:"'奈何'即今语之'怎样对付'。"[③]《中国文法要略》说得更详细:"另有一类问句,先悬拟一种事态,然后询问一个办法,询问词白话用'怎么样'……文言里类似的句子用'奈何'为主。"[④] 这是符合古代汉语中"奈何"的一般意义的。但《公羊》中的"奈何"多是用来询问情况或经过的,这又是《公羊》用词上的一个特点。例如:

① 卷七,521页。
② 卷四,88页。
③ 卷二,96页。
④ 第十一章,180页。

(1) 其不畏强御奈何?(庄十二)
(2) 季子之遏恶奈何?(庄三十二)
(3) 其受赂奈何?(僖二)
(4) 其不食其言奈何(僖十)
(5) 其漏言奈何?(文六)
(6) 赵盾之复国奈何?(宣六)

这些问句后的答话往往是一大段叙述经过的文字。有的答话虽不是关于经过的叙述，但从文意看，仍是回答有关情况的。例如:

(7) 其成使乎我奈何?使我为媒，可，则因用是往逆矣。(桓八)
(8) 其取后乎莒奈何?莒女有为鄫夫人者，盖欲立其出也。(襄五)

有的“奈何”还带有询问原因的意味。例如:

(9) 其贱奈何?外淫也。(桓六)
(10) 其贵奈何?宜为君者也。(庄九)
(11) 其不时奈何?欲久丧而后不能也。(文二)
(12) 其易奈何?公子喜时在内也。(成十六)

正因为“奈何”作为句子的谓语是询问事情的经过、情况或原因的，所以句子的主语一般都是主谓结构。

至于《襄公元年》的“鱼石之罪奈何?”其“奈何”跟询问事物的“何”相当，句子在结构上和语义上跟“涛涂之罪何?”(见7.2.1)大致相同，这种用法，更为少见。

7.4.2 何如。多用在句尾，意即“怎么样”。例如:

(1) 庄公将会乎桓，曹子进曰:“君之意何如?”(庄十三)
(2) 荀息见曰:“臣之谋何如?”(僖二)
(3) 司马子反曰:“子之国何如?”华元曰:“惫矣。”曰:“何如?”曰:“易子而食之，析骸而炊之。”(宣十五)

从例(3)可以清楚看出，“何如”是询问情况的，因为答话“惫矣”“易子而食之，析骸而炊之”是关于宋军困顿情况的描述。

7.4.3 “奈何”与“何如”的简单比较。二者虽都用来询问情况，但仍有不同，表现在：首先，使用的语言环境不同。“奈何”除两例外，全部出现在一问一答的问话里，而“何如”则全部出现在叙事文字的人物对话中。其次，意思侧重点不同。“奈何”侧重在问经过，而“何如”侧重在问状况。

7.5 询问办法或商量可否。有“如……何”、“奈何”、“何如”。

7.5.1 如……何。意思是“把……怎么办”、“对……怎么样”，跟一般意义上的“奈……何”相当。例如：

（1）虽然，宫之奇存焉，如之何？（僖二）

（2）吾欲攻郭则虞救之，攻虞则郭救之，如之何？（僖二）

（3）君杀正而立不正，废长而立幼，如之何？（僖十）

（4）君幼如之何？（成十五）

（5）如尔所不知何？（昭十二）

（6）如丈夫何？（定八）

在“如……何”之中的，例（6）是名词，例（5）是名词性词组，例（1）—（4）是代词“之”，它指代上文已经出现的人或事情。

7.5.2 奈何。出现在叙事文字的人物对话中。例如：

（1）桓曰：“然则奈何？”曰：“请作难，弑隐公。”（隐四）

（2）献公曰：“然则奈何？”荀息曰：“请以屈产之乘与垂棘之白璧往，必可得也。”（僖二）

7.5.3 何如。用在句尾，意思是“怎么办”。例如：

（1）吾欲弑之何如？（昭二十五）

（2）吾欲立舍何如？（哀六）

这二例的主语都是主谓结构，只有《僖公十年》的“士何如则可谓之信矣”一例中的“士何如”，主语是名词，这个“何如”是问“做到哪一步”“做到怎么样”，与例（1）—（2）中意思是“怎么办”的“何如”略有区别。

7.6　表示反问的。有“盍”、“恶”、“奈何”、“何”、“庸”、“何……之有”、“不亦……乎”。

7.6.1　盍。用在动词前，意思是“怎么不”。例如：

（1）以吾爱与夷，则不若爱女；以为社稷宗庙主，则与夷不若女，盍终为君矣？（隐三）

（2）百姓安子，诸侯说子，盍终为君矣？（隐四）

（3）般之辱尔，国人莫不知。盍弑之矣？（闵元）

7.6.2　恶，用在动词前，相当于现代汉语表示反问的“哪”。例如：

（1）僚恶得为君乎？（襄二十九）

（2）恶有言人之国贤若此者乎？（昭三十一）

7.6.3　奈何。用在动词或主语前，意即“怎么”。例如：

（1）奈何使人之君七年不饮酒不食肉？（成八）

（2）奈何君去鲁国之社稷？（昭二十五）

7.6.4　何。用在动词前，意即“哪”、“怎么”。例如：

（1）牙谓我曰：“鲁一生一及，君已知之矣，庆父也存。”季子曰：“夫何敢？是将为乱乎，夫何敢？”（庄三十二）

（2）有力不足，臣何敢不勉？（定八）

7.6.5　庸。用在动词前，意即“哪”。例如：

庸得若是乎？（庄三十二）

7.6.6　何……之有。是“有何……”的倒装。意思是“有什么……”。例如：

（1）何日之有？（宣十二）

(2) 何幼君之有?(成十五)

7.6.7 不亦……乎。这是一个固定格式，相当于现代汉语的“不……吗”。例如：

(1) 为尔君者，不亦病乎?(僖十)

(2) 末不亦乐乎尧舜之知君子也?(哀十四)

例(1)的用法很常见，例(2)“不亦……乎”用在主谓结构前，罕见。

7.7 表示拟议的：有“其诸”、“无乃”。

7.7.1 其诸，何休说：“其诸，辞也。”洪颐煊说：“其诸，是齐鲁间语。”① 王引之说：“其诸，亦拟议之词也。”② 可见他们都是把“其诸”看作一个词的，确如洪颐煊所说，它是齐鲁间的方言词，在《论语》中出现了一次，在《公羊》中共出现了七次：

(1) 子公羊子曰：“其诸以病桓与!”(桓六)

(2) 子女子曰：“以春秋为春秋，齐无仲孙，其诸吾仲孙与!”(闵元)

(3) 寝不安与，其诸侍御有不在侧者与?(僖二)

(4) 鲁子曰：“是王也，不能乎母者，其诸此之谓与!”(僖二十四)

(5) 子公羊子曰：“其诸为其双双而俱至者与!”(宣五)

(6) 应是而有天灾，其诸则宜于此焉变矣!(宣十五)

(7) 拨乱世，反诸正，莫近诸《春秋》，则未知其为是与，其诸君子乐道尧舜之道与?(哀十四)

例(1)(2)(4)(5)(6)中的“其诸”表示一种测度的语气，与现代汉语“大概”、“可能”相当。而例(3)(7)的“其诸”，除测度语气外，还有一种表示选择的语气，与现代汉语“或者”、“还是”相当。

7.7.2 无乃。用于动词前，与现代汉语“恐怕”意思相近。例如：

无乃失臣民之力乎!(宣十二)

---

① 《读书丛录·其诸》(道光元年粤东刻本)卷七，2页上。

② 《经传释词》卷五，120页。

为全面了解《公羊传》疑问词语，现将其分布情况和用法列成一统计表。“不亦……乎”中因无疑问代词，故不列入。另外，《宣公十五年》“是何子之情也”，“何”表示感叹语气，也不列入。

词目	句法功能	语法意义	出现环境	例句	次数
何	作介词“以”的宾语	问原因	主·何以，动	此何以书？	340
	作介词“以”的宾语	问事物	何以·动	何以为牲？	2
	作句子谓语	问原因	主·何	其言归何？	246
	作句子谓语	问事物	主·何	涛涂之罪何？	6
	作句子谓语	问事物	主·者·何	元年者何？	289
	作句子谓语	问事物	主·也·何	其意也何？	1
	作句子谓语	问事物	主·何·也	彼何也？	2
	作句子谓语	问事物	此非……如何	此非弑君如何？	1
	作动词宾语	问事物	［主］·何·动	君何求乎？	8
	后加“者”	问原因（设问）	何·者	何者？若楚王……	1
	与“奈”合成固定格式，作谓语	问情况	主·奈何	其受赂奈何？	67
	与“奈”合成固定格式，作谓语	问办法	［主］·奈何	然则奈何？	3
	与“奈”合成固定格式，作状语	反问	奈何·主·动	奈何君去鲁国之社稷？	2
	与“如”合成固定格式，作谓语	问情况	主·何如	子之国何如？	6
	与“如”合成固定格式，作谓语	问办法	主·何如	吾欲弑之何如？	4
	与“如”合成“如……何”的固定格式	问办法	如……何	如尔所不知何？	6
	作名词“故”的修饰语	问原因	［主］·何故·动	何故拔剑于君所？	2
	作名词修饰语	问情状	何·名·尔	何疾尔？	2
	作名词修饰语	反问	何·名·之·动	何幼君之有？	2
	作状语	问原因	何·动·乎·宾	何成乎公之意？	47
	作状语	问原因	何·动·尔	何讥尔？	75
	作状语	问原因	何·动	何必以萧同侄子为质？	3
	作状语	反问	何·动	臣何敢不勉？	3

续表

词目	句法功能	语法意义	出现环境	例句	次数
曷	作介词“为”的宾语	问原因	[主]·曷为·动	曷为褒之？	334
	作动词的宾语	问人、事、时	曷·动	然则曷称？	11
孰	作句子主语	问人	孰·谓语	然则孰立之？	20
	作动词宾语	问人、地	[主]·孰·动	孰继？	12
	作介词宾语	问人	[主]·孰·介·动	孰为来哉？	4
	作名词修饰语	问情状	孰·名……	孰君而无称？	1
谁	作句子主语	问人	谁·谓语	谁谓吾弑君者乎？	1
	作动词宾语	问事物	主·动·谁	子名为谁？	1
	作名词修饰语	问人	动·谁·之·名	因谁之力？	1
恶	作介词“乎”的宾语	问人、事、地	恶·乎·动	恶乎嫌？	10
	作状语	反问	[主]·恶·动	僚恶得为君乎？	2
焉	作状语	问人	主·焉·动	吾将焉致乎鲁国？	1
盍	作状语	反问	盍·动	盍终为君矣？	3
庸	作状语	反问	庸·动	庸得若是乎？	1
其诸	作状语	测度	其诸·谓语	其诸以病桓与？	7
无乃	作状语	测度	无乃·谓语	无乃失臣民之力乎？	1

二 《公羊传》句型表

（1）本表涵盖《公羊传》的基本句型。

（2）本表分为上下两编。上编大致按照动词谓语句、名词谓语句、形容词谓语句、主谓谓语句、倒装句、单部句、紧缩句的顺序排列；下编是疑问句句型表，大致按照特指问句、是非问句、抉择问句、反问句、测度句的顺序排列。

（3）每一句型表，上列句型公式，下列“说明”。“说明”是对表中例句作必要的解说。意思难懂从而影响了解句法结构的句子，则在“说明”中附以译文或加必要的注脚。

（4）凡论文中有专题论述的句子，“说明”力求简略。

（5）句型公式和句型表各栏只列句子的主要成分；附加成分在“说明”中指出，表中不用符号标识。

（6）主语省略，以［ ］号为记。

（7）连词、句中语气词以及与例句关系不大的其他句子成分，统以［ ］号为记。

1.《公羊传》句型表（上）

1.1 句型（一）：主语（施事）+动词

编号＼句型	出　处	主　语	动　词	语气词
1	昭三十一	贼	至	
2	僖二	远国	至	矣
3	宣十二	晋师	大败	
4	宣十八	归父	使於晋	
5	成二	患之起	必自此始	

说明：（1）主语是谓语动词所表示的动作行为的施事，下同。（2）主语是主从词组。（3）动词前有状语“大”。（4）动词后有补语“於晋”。（5）主语是主谓结构，其主、谓语之间加“之”字取消独立性。动词前有状语“必”和“自此”。

1.2 句型（二）：主语（受事）+动词

编号＼句型	出　处	主　语	动　词	语气词
1	闵二	子般	弑	
2	桓十八	贼	未讨	
3	文二	纳币	不书	
4	文二	大旱	以灾书	
5	隐三	先君之不尔逐	可知	矣

说明：（1）主语是动词所表示的动作行为的受事。下同。（2）动词前有状语“未”。（3）主语是动宾词组，动词前有状语“不”。（4）主语是主从词组。动词前有状语“以灾”。（5）主语是主谓结构，其主、谓语之间加“之”字取消独立性。动词前有助动词“可”。

1.3 A句型（三、1）：主语+动词+宾语

编号＼句型	出　处	主　语	动　词	宾　语	语气词
1	宣十五	庄王	围	宋	

续表

编号\句型	出处	主语	动词	宾语	语气词
2	僖三十三	百里子与蹇叔子	送	其子	
3	庄四	襄公	将复	雠乎纪	
4	宣六	君之獒	不若	臣之獒	也
5	定四	事君	犹	事父	也
6	昭二十二	善善	及	子孙	
7	僖二十一	公	与	议尔	也
8	僖十七	君子之恶恶［也］	疾	始	
9	成十五	鲁人	徐伤	归父之无后	也
10	哀六	吾	闻	子盖将不欲立我	也
11	宣十五	吾	见	子之君子	也
12	宣六	吾	闻	子之剑盖利剑	也

说明：(1) 宾语是动词的受事。下同。(2) 主语是并列词组，宾语是主从词组。(3) 动词前有状语"将"，宾语后有补语"乎纪"。(4) 主语与宾语都是主从词组。"若"是动词，"若"前有状语"不"。(5) 主语与宾语都是动宾词组，"犹"是动词。(6) 主语是动宾词组，第一个"善"是形容词用作动词。宾语是并列词组。(7) 宾语是动宾词组。这句话的意思是"公参与商议这［件事］"。(8) 主语是主谓结构，其主、谓语间加"之"取消独立性。(9) 宾语是主谓结构，其主、谓语间加"之"取消独立性。动词前有状语"徐"。何休注："徐者，皆共之辞也，关东语。"(10) 宾语是主谓结构。(11) 宾语是主谓结构，其主、谓语间加"之"取消独立性。主谓结构的谓语是名词。(12) 宾语是主谓结构。主谓结构的主语和谓语都是主从词组。

B 句型（三、2）：主语+动词+宾语

编号\句型	出处	主语	动词	宾语	语气词
1	庄十	我	能败	之	
2	庄二十三	［ ］	丹	桓公楹	
3	桓七	［ ］	国	之	也
4	僖二十三	［ ］	夷狄	之	也
5	襄二十九	［ ］	贤	季子	也
6	隐元	［ ］	大	郑伯之恶	也
7	成十五	［ ］	外	吴	也

说明：(1) "败"是不及物动词的使动用法，意思是"使……败"。"败"前有助动词"能"。(2) "丹"是形容词的使动用法，宾语是主从词组。(3) "国"是名词的使动用法。(4) "夷狄"是名词的意功用法。(5) "贤"是形容词的意动用法。(6) "大"是形容词的意动用法，宾语是主从词组，动词前有状语"盖"。(7) "外"是方位名词的意动用法。

C 句型（三、3）：主语+动词+宾语

编号 \ 句型	出 处	主 语	动 词	宾 语	语气词
1	僖十	荀息	死	之	
2	僖三十三	臣	非敢哭	君师	
3	庄十二	闵公	矜	此妇人	
4	庄三十二	寡人	［即］不起	此病，……	
5	隐六	《春秋》	编	年	

说明：(1) 动词与宾语之间是特殊的动宾关系。下同。这个句子宾语是动词所表示的动作行为的有关方面。意思是“为之而死”。(2) 宾语是动词所表示的动作行为的对象。意思是“对君师哭”，动词前有状语“非”和助动词“敢”。(3) 宾语是动词所表示的动作行为的对象。意思是“向此妇人矜夸”。(4) 宾语是动词所表示的动作行为的原因。意思是“因此病不起”。动词前有状语“不”。(5) 宾语是动词所表示的动作行为的依据。意思是“按年编”。

1.4 句型（四）：主语（受事）+动词+宾语（之）

编号 \ 句型	出 处	主 语	动 词	宾 语	语气词
1	僖二十一	国	为君守	之	
2	哀四	亡国之社	盖揜	之	
3	哀六	弒而立者	不以当国之辞言	之	

说明：(1) 动词后的“之”复指受事主语，动词前有状语“为君”。(2) 主语是主从词组，动词前有状语“盖”。(3) 主语是“者”字词组。动词前有状语“不以当国之辞”。

1.5 句型（五）：主语+动词+宾语（之）+同位宾语

编号 \ 句型	出 处	主 语	动 词	宾语（之）	同位宾语	语气词
1	僖二十二	吾	闻	之［也］：	君子不厄人。	
2	僖二十二	吾	闻	之［也］：	君子不鼓不成列。	
3	定四	［且］臣	闻	之：	事君犹事父也。	
4	宣十五	吾	闻	之：	君子见人之厄则矜之。	

说明：(1) 这种句子多表明耳闻的事理，故动词多用“闻”字。同位宾语由主谓结构充当。下同。(2) 同位宾语是主谓结构，这个主谓结构的动词和宾语之间是特殊的动宾关系。(3) 同位宾语是主谓结构，这个主谓结构的主语和宾语都是动宾词组。(4) 同位宾语是由条件复句紧缩而成的紧缩句。

1.6 句型（六）：主语+动词+宾语$_1$+宾语$_2$

编号 \ 句型	出 处	主 语	动 词	宾 语$_1$	宾 语$_2$	语气词
1	文元	[ ]	加	我	服	也
2	宣十二	[ ]	赐	之	不毛之地	
3	僖二十一	子	不与	我	国	
4	定四	寡人	请为	之	前列	
5	宣六	[ ]	谓	之	獒	

说明：(1) 第一宾语代人，第二宾语代物。(2) 第一宾语代人，第二宾语代物，第二宾语是主从词组。这句话意思是："赐予我不毛之地（贫瘠的土地）。" (3) 动词前有状语（否定副词）"不"。(4) 动词"为"前有表敬副词"请"，"为"后有两个宾语，第一宾语代人，第二宾语代物。这句话的意思是："寡人作他［的］前驱。" (5) 称谓性动词"谓"后带两个宾语。

1.7 句型（七）：唯+宾语+是+动词

编号 \ 句型	出 处	唯	宾 语	是	动 词	语气词
1	宣三	唯	具	是	视	

说明：(1) "唯……是……"是一种固定句式，在这种句式里，宾语放在动词之前。"唯"带有排他性，"是"用来复指提前的宾语"具"。这句话的意思是："只看［他］完备［与否］。"现在所说的"唯利是图"，就是这种格式的残留。

1.8 句型（八）：主语+否定词+代词宾语+动词

编号 \ 句型	出 处	主 语	否定词	代词宾语	动 词	语气词
1	昭二十五	[ ]	未	之	敢用	

说明：(1) 这是一个否定性的句子，宾语是代词"之"，按古代汉语的一般规律，宾语放在动词前。动词前有助动词"敢"。

1.9 句型（九）：主语+见+动词

句型 / 编号	出处	主语	见	动词	语气词
1	桓十	公	不见	要	也
2	成十六	公	不见	见	也

说明：(1) 这是一种被动句式，主语是受事。“见”放在动词前，表示被动。“见”前有否定副词“不”。(2) 第二个“见”是动词，“接见”之义。《春秋公羊通义》（孔广森）说，这句的意思是：“［公］不得为晋侯所见。”第一“见”字前有状语（否定副词）“不”。

1.10 句型（十）：主语+动词+乎+施事者

句型 / 编号	出处	主语	动词	乎	动词	语气词
1	庄十二	［ ］	获	乎	庄公	
2	成十六	［ ］	伤	乎	矢	

说明：(1) 这也是一种被动句式，主语是受事。用介词“乎”引进动作行为的施事者，这个施事者是人。(2) 施事者是物。其他同上。

1.11 句型（十一）：主语+为+施事者+动词

句型 / 编号	出处	主语	为	施事者	动词
1	庄三十二	［ ］	［则］必为	天下	戮笑
2	庄三十二	［ ］	［则］必可以无为	天下	戮笑

说明：(1) 这也是一种被动句式，主语是受事，用“为”引进动作行为的施事者，置于动词之前。“为”前有状语“必”。(2)“为”前有状语“必”、助动词“可以”和否定词“无”。其他同上。

1.12 句型（十二）：主语+动词$_1$+动词$_2$+动词$_3$

句型 / 编号	出处	主语	动词$_1$	动词$_2$	动词$_3$	语气词
1	宣十五	子	去我［而］	归		
2	僖二	虞公	见宝	许诺		

续表

编号 \ 句型	出处	主语	动词$_1$	动词$_2$	动词$_3$	语气词
3	僖三十三	百里子与蹇叔子	从其子［而］	哭之		
4	襄二十七	卫宁喜与孙林父	逐卫侯［而］	立公孙剽		
5	僖十四	鄫子	［曷为］使乎季姬	来	朝	

说明：(1) 这种句子，谓语中的几个动词不能互换位置，本句动词$_1$带宾语“我”。(2) 动词$_1$带宾语“宝”。(3) 主语是并列词组。动词$_1$带宾语“其子”，动词$_2$带宾语“之”。动词$_2$与宾语之间是特殊动宾关系。(4) 动词$_1$带宾语“卫侯”，动词$_2$带宾语“公孙剽”。(5) 动词$_1$是被动意义的动词，用“乎”字引进动作的施事者“季姬”。

1.13 句型（十三）：主语+动词+兼语+谓语

编号 \ 句型	出处	主语	谓语动词	兼语	谓语
1	成二	［ ］	使	国佐	如师
2	成十七	［ ］	许	之	反为大夫
3	僖二十八	［ ］	使	人	兄弟相疑
4	桓元	［ ］	有	天子	存
5	成五	［ ］	壅	河	三日不沵

说明：(1) 兼语后的谓语是动宾词组。(2) 兼语是代词“之”。兼语后的谓语是连动式，动词$_2$“为”带宾语“大夫”。(3) 兼语后的谓语是主谓结构。带有兼语的动词在《公羊传》中除“使”“许”之外，还有“令”“俾”“封”“免”等。(4) 用动词“有”构成的兼语式。(5) 意义上是消极的致使。“沵”，同“流”。

1.14 句型（十四）：以……为……

编号 \ 句型	出处	主语	以…	为…	语气词
1	庄四	国君	以国	为体	
2	襄二十九	［故］君子	以不受	为义	
3	昭二十五	［ ］	以幦	为席	
4	僖四	［ ］	以此	为王者之事	
5	僖二	［ ］	［则］以其馀	为莫敢不至	也

说明：(1)“以……为……”前后呼应起来用，成为一种固定的复杂谓语。下同。

1.15 句型（十五）：主语+介宾词组（谓语）

编号＼句型	出　处	主　语	介宾词组（谓语）	语气词
1	隐元	立適	以长［不以贤］	
2	文三	伐楚	为救江	也
3	襄三十	诸侯会于澶渊	凡为宋灾故	也

说明：(1)“立適”是动宾词组作主语。“以长”是介宾词组作谓语。但这种用法的介词，只限於“以”“为”两个。(2)“伐楚”是动宾词组，作主语。“为救江”是介宾词组，作谓语。“救江”又是一个动宾词组，作介词“为”的宾语。(3)“诸侯会于澶渊”是主谓结构，作主语。“为宋灾故”是介宾词组，作谓语。“宋灾故”是主从词组，作介词“为”的宾语。综上三例可见：这种句子的主语不能是代词或名词，必须是动词、动宾词组或主谓结构。

1.16 句型（十六）：关系语+主语+动词+宾语

编号＼句型	出　处	关系语	主　语	动　词	宾　语	语气词
1	襄十二	邑	［　］	不言	围	
2	庄三	外大夫	［　］	不书	葬	
3	庄二	外夫人	［　］	不卒		
4	昭元	大夫相杀	［　］	称	人	
5	桓七	婚礼	［　］	不称	主人	

说明：(1)“邑”是关系语，主语是《春秋》，被省略了。动词“言”前有状语“不”。这句话的意思是：“对於邑，《春秋》不记‘围［×］’。”馀例依此类推。(5)这句话意思是“依照婚礼不称呼主人”。

1.17 句型（十七）：主语+名词（名词性词组、代词等）

编号＼句型	出　处	主　语	（名词性词组、代词等）	语气词
1	僖十四	此	邑	也
2	僖三十三	弦高［者］	郑商	也
3	成二	此	楚公子婴齐	也
4	隐元	“会”“及”“暨”	皆“与”	也
5	哀三	是	父之行乎子	也
6	庄元	念母［者］	所善	也
7	襄七	此	侵	也
8	庄九	此	复仇乎大国	

续表

编号\句型	出　处	主　语	（名词性词组、代词等）	语气词
9	哀六	吾不立子［者］	所以生子［者］	也
10	成六	立武宫	非礼	也
11	桓三	诸侯越竟送女	非礼	也
12	成十七	九月	非所用郊	也
13	闵二	自鹿门至于争门［者］	是	也

说明：(2) 谓语是主从词组。(3) 谓语是名词，它的前面有同位语。(4) 主语是并列词组。谓语名词前有状语“皆”。(5) 谓语是主谓结构，其主、谓语之间有“之”取消独立性。(6) 主语是动宾词组，谓语是“所”字词组。(7) 谓语是动词，或言名物化了。(8) 谓语是动词性词组。其馀同7。(9) 主语是主谓结构，谓语是“所”字词组。(10) 主语是动宾词组，谓语是名词，名词前加否定副词“非”，成为否定性的判断句。(11)(12) 均为否定性的判断句。(11) 主语是主谓结构。(12) 主语是数词和名词构成的主从词组（表示时间）。这句话的意思是：“九月不是用来进行郊祭的时候”。(13) 谓语是代词，这句话的意思是：“自鹿门至于争门［这一带地方］是这个”（“是”，指代桓公在鲁国所筑的城）。

1.18　句型（十八）：主语+形容词

编号\句型	出　处	主　语	形容词	语气词
1	成十五	君	幼	
2	襄二十九	季子	弱而才	
3	宣二	欲杀之	甚	
4	僖十	献公爱之	甚	
5	僖十	桓公之享国［也］	长	
6	宣十二	［是以］君子	笃於礼［而薄於利］。	
7	定元	异	大乎灾	也

说明：(2) 谓语是两个并列的形容词。(3) 主语是动宾词组。(4) 主语是主谓结构。(5) 主语是主谓结构，其主、谓间有“之”取消独立性。(6) 谓语形容词后有补语“於礼”，表明“在哪一方面”。(7) 谓语形容词后的补语“乎灾”引进比较的对象。

1.19　句型（十九）：主语+数量词

编号\句型	出　处	主　语	数［量］词	语气词
1	襄二十九	与季子同母者	四	
2	定八	叛者	五人	

说明：(1) 主语是由一个动词性词组与“者”字构成的名词性词组，谓语是数词。(2) 谓语是数名词组。

1.20 句型（二十）：主语+主谓结构

编号＼句型	出处	主语	主谓结构	语气词
1	宣六	灵公	心怍	焉
2	宣十二	晋众之走者	舟中之指可掬	矣
3	哀十三	［则］天下诸侯	莫敢不至	也
4	僖三十	元咺之事君［也］	君出则己入，君入则己出	
5	昭十九	乐正子之视疾［也］	复加一饭则脱然愈，复损一饭则脱然愈，复加一衣则脱然愈，复损一衣则脱然愈	

说明：（1）主语是谓语的陈述对象。下同。“灵公”和“心”是领属关系。“心怍”是主谓结构。（2）“晋众之走者”和“指”是领属关系。“可掬”是“指”的谓语。（3）“天下诸侯”与“莫”是全体与部分的关系。“莫”是否定性的无指代词，作主谓结构的主语。（4）主语是主谓结构，主、谓语间有“之”字取消独立性，谓语是两个并列的紧缩句。（5）主语同（4），谓语是四个并列的紧缩句。

1.21 句型（二十一）：主语（受事）+主谓结构

编号＼句型	出处	主语	主谓结构	语气词
1	文六	射姑	民众不说	
2	昭十一	怀恶而讨不义	君子不予	也
3	桓十一	杀人以自生，亡人以自存	君子不为	也
4	昭十六	夷狄相诱	君子不疾	也
5	闵元	般之辱尔	国人莫不知	

说明：（1）主语是受事。下同。（2）主语是由两个动宾词组构成的并列词组。（3）主语是由两个复杂的动词词组构成的并列词组。（4）主语是主谓结构。（5）主语是主谓结构，主、谓语间加“之”取消独立性；谓语是主谓谓语句。

1.22 句型（二十二）：主语（受事）+主谓结构（主语+动词+之）

编号＼句型	出处	主语	主谓结构（主动+动词+之）	语气词
1	僖十	申生［者］	里克傅之	

续表

编号＼句型	出处	主语	主谓结构（主动+动词+之）	语气词
2	隐三	宋之祸	宣公为之	也
3	隐五	自陕西而东［者］	周公主之	矣
4	庄二十三	鲁一生一及	君已知之	

说明：(1) 主语是受事，“之”复指全句的主语，下同。(2) 主语是主从词组。(3) 主语是主谓结构。谓语中，动词“知”前有状语“已”。

1.23　句型（二十三）：主语（名词+之+与〈於〉字介宾词组）+谓语

编号＼句型	出处	主语	谓语	语气词
1	宣十二	南郢之与郑	相去数千里	
2	庄三十	桓公之与戎狄	驱之	尔
3	桓三	父母之於子	虽为邻国夫人犹曰吾季姜	

说明：(1) 由“与”字介宾词组和主语之间加“之”字组成的结构充当全句的主语。(2) 据王引之说，这句中的“与”，应训作“於”。(3) 由“於”字介宾词组和主语之间加“之”组成的结构充当全句的主语。谓语是让步复句。

1.24　句型（二十四）：谓语+语气词+主语

编号＼句型	出处	谓语	语气词	主语
1	庄十二	甚	矣	鲁侯之淑，鲁侯之美
2	宣十五	甚	矣	惫
3	宣元	若此	乎	古之道不即人心

说明：(1) 这种谓语在主语之前的句子（倒装句）都表示强烈的感叹语气。下同。这句的主语是由两个并列的主从词组构成的。(2) 主语是形容词。(3) 主语是主谓结构。

1.25　句型（二十五）：无主句

编号＼句型	出处	例句	语气词
1	宣六	［则］赫然死人	也

1.26 句型（二十六）：处所词（时间词）+有（无）+宾语

编号＼句型	出处	处所词（时间词）	有（无）	宾语
1	庄四	上	无	天子
2	庄四	古者	有	明天子
3	宣元	内	无	贬于公之道

说明：“有（无）”前的处所词（时间词），有学者认为是状语，有学者认为是主语。

1.27 句型（二十七）：单词句

编号＼句型	出处	例句	语气词
1	定八	彼	哉

1.28 句型（二十八）：紧缩句

编号＼句型	出处	例句
1	文二	大旱之日短［而］云灾
2	桓十五	祭仲存［则］存矣
3	僖三十三	尔［即］死必於殽之嵚岩
4	襄二十九	饮食必祝
5	隐三	生毋相见
6	宣三	无匹不行
7	襄三十	不见傅母不下堂

说明：(1) 转折关系的紧缩句（“而”是转折连词）。“云”，王引之训作“有”。(2) 条件关系的紧缩句（“则”是连词）。这句话意思是：“祭仲存［忽］就存，［祭仲亡忽就亡］。”(3) 假设关系的紧缩句。（“即”是连词，“如果”之义）。(4) 时间关系的紧缩句。(5) 同4。(6) 条件关系的紧缩句，但它们是用两个否定词来表现的：没有前面的条件，就没有后面的结果。(7) 同6。

1.29 句型（二十九）：主语+谓语+则+谓语……

编号＼句型	出处	主语	谓语	则	谓语	语气词	
1	僖二	宫之奇	知	则	知	矣	［虽然，虞公贪而好宝……］
2	文十四	［ ］	贵	则	［皆］贵	矣	［虽然，貜且也长……］

说明：(1) 这是一种含有让步关系的紧缩句，作复句中的前一分句。下同。这句话的意思是：“宫之奇聪明纵然聪明……”(2) 这句话的意思是：“尊贵纵然都尊贵……”

2.《公羊传》句型表（下）

2.1 询问句

2.1.1 特指问句

2.1.1.1 句型（一）：主语+宾语（疑问代词）+动词

编号＼句型	出处	主语	宾语（疑问代词）	动词	语气词
1	庄十三	君	何	求	乎
2	僖三十三	尔	曷	知	
3	成十七	［然则］郊	曷	用	
4	闵元	［ ］	孰	继	
5	僖二	［ ］	孰	城	
6	僖三十一	［然则］［ ］	曷	祭	

说明：(1)“何”代物，作“求”的宾语，放在动词“求”的前面，有句尾语气词“乎”。(2)“曷”代事，作“知”的宾语，放在动词“知”的前面。(3)这句话的答话是“郊用正月上辛”，可见“曷”所代的是时间，作“用”的宾语。(4)这句话的答话是“继子般也”，可见“孰”所代的是人，作“继”的宾语。(5)这句话的答话是“城卫”，可见“孰”所代的是处所，作“城”的宾语。(6)这句话的答话是“祭泰山河海”，可见“曷”所代的是物，与1中的“何”同。

2.1.1.2 句型（二）：主语（受事）+孰+谓

编号＼句型	出处	主语（受事）	孰	谓
1	昭三十一	贤者	孰	谓
2	定八	盗者	孰	谓
3	哀四	贱乎贱［者］	孰	谓
4	文十八	子卒［者］	孰	谓

说明：(1)主语“贤者”是受事。下同。“孰谓”意思是“指［的是］谁”。(4)主语是主谓结构。

2.1.1.3 句型（三）：主语+者+何

编号＼句型	出处	主语	者	何
1	隐三	尹氏	者	何

续表

编号＼句型	出　处	主　语	者	何
2	隐四	牟娄	者	何
3	僖二十六	乞	者	何
4	隐元	克之	者	何
5	昭十三	公不与盟	者	何
6	闵二	郑弃师	者	何

说明：(1) 主语是名词，表人；“者”是语气词，表停顿；“何”是谓语，可以译作现代汉语的“什么”(或“谁”)。(2) 主语“牟娄”是地名。(5) 主语是主谓结构。这些句子的主语，多是引用经文，按我们现在的书写习惯，应该在这些词语上加“”号。

2.1.1.4　句型（四）：主语+谓语（何、奈何、何如）

编号＼句型	出　处	主　语	谓语（何、奈何、何如）
1	隐七	其言伐之	何
2	宣元	此其言即位	何
3	文十四	单伯之罪	何
4	襄元	鱼石之罪	奈何
5	庄三十二	季子之遏恶	奈何
6	定十	其贵	奈何
7	襄二十七	子之国	何如
8	哀六	吾欲立舍	何如

说明：(1) 主语是主谓结构；谓语是“何”，相当于现代汉语的“为什么”。(2) 主语是主谓结构（主谓谓语句）。(3) 主语是主从词组，谓语“何”相当于现代汉语的“什么”。(4) 主语是主从词组，谓语“奈何”与3中的“何”意思相近。(5) 主语是主谓结构。其主、谓语之间加“之”取消独立性。谓语“奈何”问经过。(6) 主语是主谓结构，这个主谓结构的谓语是形容词。(7) 谓语“何如”是问情状的，意思是“怎么样”。(8) 主语是主谓结构，谓语“何如”是商量可否的。

2.1.1.5　句型（五）：何+动词+尔

编号＼句型	出　处	何	动　词	尔
1	庄十二	何	隐	尔
2	隐三	何	讥	尔
3	昭十八	何	异	尔

说明：(1) “何”是疑问代词，作状语，是用来询问原因的，可译作现代汉语的“为什么”。“隐”是动词。“尔”是语气词，用在疑问句中，帮助表达疑问语气。下同。

2.1.1.6 句型（六）：主语+何故（何）+谓语

编号＼句型	出　处	主　语	何故（何）	谓　语
1	宣六	[　]	何故	拔剑於君所
2	昭三十一	[　]	何故	死吾天子
3	宣六	[　]	何	问吾名

说明：(1)“何故”是一个主从词组，用在动词前询问原因，可译作现代汉语的“为什么”。(2) 谓语“死吾天子”的“死”与“吾天子”是特殊动宾关系。(3)“何”是状语，意思是“为什么”。

2.1.1.7 句型（七）：何+动词+乎+宾语

编号＼句型	出　处	何	动　词	乎	宾　语
1	隐元	何	成	乎	公之意
2	桓二	何	贤	乎	孔父
3	宣四	何	言	乎	高固之来
4	庄十七	何	言	乎	齐人执之

说明：(1)“何”作状语，意思是“为什么”。下同。“成”，动词。“乎”是疑问语气词，“公之意”是“成”的宾语。(2)“贤”是形容词用作动词。(3)“言”的宾语是主谓结构，主、谓语间加“之”取消独立性。(4)“言”的宾语是主谓结构。

2.1.1.8 句型（八）：主语+曷为（何以）+谓语

编号＼句型	出　处	主　语	曷为（何以）	谓　语
1	哀十四	君子	曷为	为《春秋》
2	僖十七	[　]	曷为	不言齐灭之
3	文十三	[　]	曷为	谓之世室
4	庄十	[　]	曷为	或言侵或言伐
5	哀十四	《春秋》	何以	始乎隐
6	襄二十九	此	何以	有君有大夫
7	隐元	桓	何以	贵
8	文六	[　]	何以	谓之天无是月

说明：(1)“曷为”是介宾词组，放在谓语动词之前询问原因。(2) 谓语是动宾词组，其宾语是主谓结构。(3) 谓语是双宾语结构。(4) 谓语是“或……或……”，是两个并列的主谓结构。(5)“何以”也是介宾词组，放在谓语动词之前询问原因。(6) 谓语是两个并列的动宾词组。(7) 谓语是形容词。(8) 谓语是双宾语结构，第二宾语又是个主谓结构。

2.1.1.9 句型（九）：主语+恶乎+谓语

编号 \ 句型	出处	主语	恶乎	谓语
1	桓六	[ ]	恶乎	淫
2	定八	[ ]	恶乎	得国宝而窃之
3	庄十二	鲁侯之美	恶乎	至
4	桓十二	[ ]	恶乎	嫌
5	闵元	[ ]	恶乎	归狱

说明：（1）“恶乎”即“於何”，它的基本用法是询问处所。这句话的答话是“淫于蔡”，可以为证。（3）这一句是用询问处所的“恶乎”来询问程度和境界的，意思是：“鲁侯美到哪儿（什么程度）去了？”（4）这个句子的答话是：“嫌与郑人战”，可见“恶乎”有询问事情的意思。略同于“何”。这句话的意思是：“嫌什么呢？”［答话说“嫌与郑人战（这件事）”］（5）这个句子的答话是“归狱乎仆人邓扈乐”，可见这里的“恶乎”又是询问人的，与“谁”略同。

2.1.1.10 句型（十）：如……何

编号 \ 句型	出处		如	……	何
1	定八	［夫孺子得国而已］	如	丈夫	何
2	昭十二		如	尔所不知	何
3	成十五	［君幼］	如	之	何

说明：（1）“如……何”是用来询问办法的一种固定格式，可译成现代汉语的“把……怎么样”、“对……怎么办”。这句话在“如……何”之间的是一个名词。（2）“如……何”之间是一个“所”字词组。（3）“如……何”之间是代词“之”。

2.1.2 是非问句

句型（十一）：主语+谓语+语气词

编号 \ 句型	出处	主语	谓语	语气词
1	襄二十七	女	能固纳公	乎
2	庄十三	君	不图	与
3	襄二十七	黜我者	非宁氏	与

说明：（3）主语是由动宾词组和“者”构成的名词性词组。

2.1.3 抉择问句

句型（十二）：抉择问句

编号\句型	出处	例句
1	昭二十	［则未知］公子喜时从与？公子负刍从与？
2	昭三十一	［则未知］其为鲁公子与？邾娄公子与？

2.2 反问句

2.2.1 句型（十三）：奈何+主语+谓语

编号\句型	出处	奈何	主语	谓语
1	昭二十五	奈何	君	去鲁国之社稷
2	成八	奈何	［ ］	使人之君七年不饮酒不食肉

说明：(1)“奈何”用在主语之前，表示反问，可译作现代汉语的“怎么”。下同。(2) 谓语是一个兼语式。

2.2.2 句型（十四）：可以+主语+而+谓语

编号\句型	出处	可以	主语	而	谓语	语气词
1	宣十五	可以	楚	而	无	乎

说明：(1) 这个句子“可以”位于主语之前。

2.2.3 句型（十五）：主语+何+谓语

编号\句型	出处	主语	何	谓语	语气词
1	定八	臣	何	敢不免	

说明：(1)“何”与现代汉语的“怎么”相当。“何”后有助动词“敢”。

2.2.4 句型（十六）：主语+恶（庸）+谓语

编号＼句型	出　处	主　语	恶（庸）	谓　语	语气词
1	襄二十九	僚	恶	得为君	乎
2	昭三十一	[ ]	恶	有言人之国贤若此者	乎
3	庄三十二	[ ]	庸	得若是	乎

说明：(1)“恶”相当于现代汉语的“怎么”“哪”。(2)“庸”是疑问副词，相当于现代汉语的“哪”“怎么”。

2.2.5 句型（十七）：主语+盍+谓语

编号＼句型	出　处	主　语	盍	谓　语	语气词
1	隐三	[ ]	盍	终为君	矣

说明：(1)“盍”，相当于“何不”，即“怎么不”的意思。

2.2.6 句型（十八）：不亦……乎

编号＼句型	出　处	不亦……乎
1	僖十	[为尔君者，] 不亦病乎？

说明：(1)“不亦……乎”是古代汉语表示反问的固定格式。

2.2.7 句型（十九）：宾语（何+名词）+之+动词

编号＼句型	出　处	主　语	之	动　词	语气词
1	宣十五	何幼君	之	有	

说明：(1)“何幼君”是一个主从词组，作宾语，放在动词前，用“之”复指它。

2.3 测度句

句型（二十）：主语+其诸（无乃）+谓语

编号＼句型	出　处	主　语	其诸（无乃）	谓　语	语气词
1	闵元	[　]	其诸	吾仲孙	与
2	宣十五	[　]	其诸	[则] 宜於此焉变	矣
3	宣十二	[　]	无乃	失臣民之力	乎

说明：(1)“其诸”表测度语气，与现代汉语“大概”相近。(3)“无乃”表测度语气，与现代汉语“恐怕”“该不会”相近。

共时语法的比较研究

《公羊传》《穀梁传》疑问词语的比较

语法的共时比较研究，对揭示语言的地域特点和各书的语言风格，是有意义的。成书时代相近的《公羊传》《穀梁传》都是用问答体解释《春秋》经的，其中的疑问词语都很丰富。笔者对两书的疑问词语用法作了共时的比较研究，并找出了其中的异同。

1. 询问原因的疑问词语

1.1　《公羊》用“曷为”问原因。例如：

（1）陈君则曷为谓之陈佗？绝也。曷为绝之？贱也。（公桓六）

《穀梁》从不用“曷为”，而用“何为”。请看以下几组例句的对比：

（1）曷为以二日卒之？（公桓五）
何为以二日卒之？（穀桓王）

（2）曷为绝之？（公庄十）
何为绝之？（穀庄十）

（3）尔曷为哭吾师？（公僖三十三）
何为哭吾师也？（穀僖三十三）

《穀梁》偶用“何谓”。例如：

（1）何谓狄之也？君居其君之寝而妻其君之妻……故反其狄道也。（定四）

1.2　《公羊》《穀梁》均用“何以”。请看以下几组例句：

（1）{公何以不言即位？（公隐元）
公何以不言即位？（穀隐元）

（2）{外灾不书，此何以书？（公庄十）
外灾不书，此何以书？（穀庄十一）

（3）{此未适人，何以卒？（公僖九）
未适人不卒，此何以卒也？（穀僖九）

（4）{桓之盟不日，此何以日？（公僖九）
桓盟不日，此何以日？（穀僖九）

虽然两书都用“何以”，但细分起来，略有差异，表现有三：

第一，《公羊》中“何以”出现频率很高，全书共340次，而《穀梁》仅36次。

第二，《公羊》“何以”后一律不用“也”，而《穀梁》多用“也”（23例），少数不用“也”（13例）。请看以下几组例句的比较：

（1）{外大夫不卒，此何以卒？（公定四）
非列士诸侯，此何以卒也？（穀定四）

（2）{莒无大夫，此何以书？（公昭五）
以地来，则何以书也？（穀昭五）

（3）{吴何以不称子？（公定四）
何以谓之吴也？（穀定四）

《穀梁》句尾用“也”与否，似带有随意性，请看以下几组例句：

（1）{何以知其盟复伐郑也？（成十七）
何以知公之不周乎伐郑？（成十七）

（2）{公即位何以日也？（定元）
此何以日？（僖九）

（3）{以地来，则何以书也？（昭五）
此何以书？（庄十一）

（4）{此何以志也？（文三）
此何以志？（昭九）

《马氏文通》（校注本）说：“《公》《穀》两传，皆设为问答以解经。《穀梁》则问答两句概殿‘也’字，而《公羊》则殿于答句者为常，其问句煞‘也’者未之见也。此亦其笔法使然耳。”（424 页）《文通》这里对《公羊》问句的概括大体是准确的，但说《穀梁》问答两句概殿“也”字，未免过于绝对。事实上，《穀梁》问句大多殿“也”，一小部分不殿，从以上论述中可以看出这一点。

第三，《公羊》有部分“何以”带有“凭借什么”的意思：《穀梁》凡是后面带动词“知”的“何以”，都带有“根据什么”之意。例如：

（1）桓何以贵？……子以母贵，母以子贵。（公隐元）

（2）何以知其与公盟？以其日也。（穀文二）

1.3 《公羊》《穀梁》都用“何”询问原因，只是“何”在句中所处位置不尽相同。

1.3.1 《公羊》的“何”常出现在“何·动词·乎·宾语”的句式中，全书 47 例。例如：

（1）何言乎王正月？（隐元）

（2）何讳乎同姓之灭？（哀八）

（3）何贤乎孔父？（哀八）

这种句式，《穀梁》仅三见：

（1）何甚乎郑伯？（隐元）

（2）何重乎请？（定元）

（3）何善乎尔？（庄三十）

《穀梁》这类句式如此之少，究其原因，多数《公羊》用“何·动词·乎·宾语”提问的地方，《穀梁》均未用问句提问，而是用叙述句讲明原因；个别地方是用其他疑问句式代替了。请看下面两例：

（1）成公意也。何成乎公之意？（公隐元）

（2）成公志也。焉成之？（穀隐元）

这里，《穀梁》用“焉……”的句式代替了“何·动词·乎·宾语”的句式。

1.3.2 《公羊》的“何”还常出现在“何·动词·尔”的句式中，共75例。例如：

(1) 何讥尔？（隐三）
(2) 何危尔？（庄二十三）

这种句式，《穀梁》仅一见：

何危尔？边乎齐也。（定十二）

《穀梁》常用“何·动词·焉”的句式，偶用“何·动词·乎”的句式。例如：

(1) 始疑之。何疑焉？（庄十三）
(2) 大之也。何大焉？（庄十八）
(3) 尊之也。何尊焉？（僖五）
(4) 乞，重辞也。何重焉？（僖二十六）
(5) 既灭人之国矣，何贤乎？（僖十七）

例（1）—（4）中的“焉”显然不是代词作动词宾语，因从（1）—（3）例的前句可以看出，动词的宾语是“之”。“焉”是语气词。《古书虚字集释》说这种句式中的“‘焉’，犹‘乎’也”。（103页）《经传释词》说：“‘尔’，犹‘焉’也。隐元年《公羊传》曰：‘然则何言尔？’二年传曰：‘何讥尔？’三年传曰：‘何危尔？’僖五年《穀梁传》曰：‘何尊焉？’又曰：‘何重焉？’……‘尔’字并与‘焉’同义。”[①] 王氏此说甚是。只是他未能明言“尔”、“焉”是代词还是语气词。笔者认为，它们都是语气词，但不能说是疑问语气词，它们与“乎”不尽相同：“乎”可以单独用于句尾表达疑问语气，“尔”、“焉”却不能。它们用在叙述句尾，帮助表达叙述语气；用在疑问句尾，帮助表达疑问语气。“焉”用于叙述句尾的例子很常

① 《经传释词》（中华书局，1956年）164页。

见，此不再举例。“尔”用于叙述句尾，《公羊》中不乏其例：

(1) 其国亡矣，徒葬于齐尔。(庄七)
(2) 天下诸侯宜为君者，唯鲁侯尔。(庄十二)
(3) 不崇朝而遍雨乎天下者，唯泰山尔。(僖三十一)
(4) 偏战者日尔。(僖二十二)
(5) 君若用臣之谋，则今日取郭而明日取虞尔。(宣十五)
(6) 庄王围宋，军有七日之粮尔，尽此不胜，则去而归尔。(宣十五)
(7) 其言会于萧鱼何？盖郑与会尔。(襄十一)
(8) 季子使而反，至而君之尔。(襄二十九)
(9) 然则何以不言师败绩？末言尔。(成十六)
(10) 此其言遂何？公不得为政尔。(襄十二)
(11) 曷为使卫主之？卫未有罪尔。(庄二十八)

《马氏文通》说：“‘尔’……有‘而已’、‘如是’之意……有决断之口气耳。”(444页）说“尔”有决断口气是对的，只是并非都有“而已”“如是”之意。《经传释词》把“尔”分为解作“而已”和解作“矣”两类，这就较《文通》为精密。上面所举例（1）—（4）的“尔”以及例（6）的前一个“尔”，均可解作“而已”。（《古书虚字集释》说例（1）（3）“《经传释词》并训‘尔’为‘而已’，失之”。〈586页〉不知其何所据。）例（5）—（8）均可解作“矣”。只是例（9）—（11），既不宜解作“而已”，也不宜解作“矣”，似应解作“也”。

“尔”作语气词，在其他先秦古书中并非绝无，如《论语·乡党》：“便便言，唯谨尔。”但如此大量地出现，确如《文通》所说，“为《公羊传》所独也”。

《公羊》《穀梁》都有不少“焉尔”连用的例子，一则因为也见于其他古书，一则因为离本节议题较远，故不赘言。

1.3.3　《公羊》《穀梁》的“何”都出现于“其（此其）……何”的句式中，所不同的是，《公羊》句尾一律无“也”字，《穀梁》则大多有“也”。试看如下几组例句的对比：

(1) ┌其称仲何？(公成十五)
　　└其曰仲何也？(穀成十五)

(2) {其称侯朝何?(公桓七)
其以朝言之何也?(穀僖二十五)

(3) {其称妇何?(公僖二十五)
其曰妇何也?(穀僖二十五)

(4) {其言来何?(公文十五)
其言来归何也?(穀文十五)

(5) {此其言伐何?(公文十五)
此其言败何也?(穀昭二十二)

《穀梁》中有以下三例句尾无“也”:

(1) 其言降于齐师何?(穀庄八)
(2) 此其地何?(穀宣元)
(3) 其曰遂何?(穀襄十)

这种句式中的动词,除“称、言、曰”外,还可以是其他动词(包括由名词活用而来的动词)。例如:

(1) 其名何?(公庄五)
(2) 其日何?(公文十一)
(3) 此其复见何?(公宣六)
(4) 其崩之何也?(穀隐三)
(5) 其人公何也?(穀庄五)
(6) 其以卫及之何也?(穀庄二十八)
(7) 其狄之何也?(穀僖三十三)

这类句子都是询问《春秋》措辞的,例(1)(2)意思是:“《经》记名字为什么?”“《经》记日子为什么?”例(3)是:“《经》这里重复记载为什么?”例(4)是:“《经》称他死为崩为什么?”馀例类推。

《穀梁》中有些句首无“其”的,有两种情况:一是“其”字省略。例如:

(1) 不言使何也?(闵二,犹言“其不言使何也?”下二例同此。)
(2) 不日何也?(成五)

(3) 不言其人及之者何?(僖四)

另一是所提问题不是针对《春秋》措辞，而是讨论《春秋》义法的。例如:

(1) 隐不正而成之何也?(隐元)
(2) 筑之为礼何也?(庄元)
(3) 丘作甲之为非正何也?(成元)

1.3.4 《公羊》《穀梁》的“何”均可出现在“何·动词·[宾语]”的句式中。例如:

(1) 何问吾名?(公宣六)
(2) 何必以萧同侄子为质?(公成二)
(3) 君何不以屈产之乘垂棘之璧而借道乎虞也?(穀僖二)
(4) 何忧无君?(穀定四)

这种句式在《公羊》《穀梁》中均不多见。

1.4 《公羊》询问原因还用“何故”两次，“何者”一次，例略。《穀梁》皆无。

1.5 《穀梁》有“何用”8例,《公羊》不见。这8例是:

(1) 何用见其未易灾之余而尝也?(桓十四)
(2) 何用见其是齐侯也?(僖元)
(3) 何用见其中也?(庄七)
(4) 何用弗受也?(庄六，宣十一，哀二)
(5) 荼不正,何用弗受?(哀六)
(6) 何用不受也?(庄二十四)

其中例(1)—(3)的“何用”之后跟动词“见”，这个“何用”带有问根据的意思,“何用见”略同于现代汉语的“何以见得……”;例(4)—(6)的“何用”后跟“弗(不)受”，这个“何用”是问原因的:“为什么不受呢?”“何用”与“弗(不)受”之间，似乎有一种较为固定的关系，“何用弗(不)受”是不是《穀梁》作者一种习惯用语，亦未可知。

询问原因的“何用”不多见于一般先秦古书。《经传释词》：“‘用’，词之‘以’也……‘以’‘用’一声之转。凡《春秋公羊传》之释《经》，皆言‘何以’；《穀梁》则或言‘何用’。”

1.6　《穀梁》用“焉”问原因，有一例：

何以不言即位？成公志也。焉成之？言君之不取为公也。（隐元）本例中的“焉成之”，《公羊》作“何成乎公之意？”

1.7　《穀梁》用“何其”两次：

(1)［晋人执季孙行父，舍之于苕丘。］……何其执而辞也？（成十六）

(2)［夏逆妇姜于齐。］……何其速妇之也？（文四）

1.8　《穀梁》用“胡”“胡为”各一次：

(1) 胡不使大夫将卫士而卫冢乎？（僖十）

(2) 非之，则胡为不去也？（宣十一）

下面，将《公羊》《穀梁》询问原因的疑问词的使用情况列一简表：

词目	用法　次数　书名	公羊	穀梁	例句
曷	曷为	334	0	曷为以二日卒之？
何	何为	0	32	何为哭吾师也？
	何谓	0	1	何谓狄之也？
何	何以	340	36	公何以不言即位？此何以卒也？
	何用	0	8	何用见其中也？
	何故	2	0	何故拔剑于君所？
	何其	0	2	何其速妇之也？
	何者	1	0	何者？若楚王……
	状语	125	17	何问吾名？何忧无君？ 何言乎王正月？何甚乎郑伯？ 何讥尔？何危尔？ 何疑焉？ 何贤乎？
	谓语	250	125	其称妇何？　其言来归何也？

续表

书名 次数 词目 用法		公羊	穀梁	例句
焉	状语	0	1	焉成之？
胡	胡为	0	1	则胡为不去也？
	状语	0	1	胡不使大夫将卫士而卫冢乎？

2. 询问人、事、物的疑问词语

2.1 《公羊》《穀梁》都用“何”。

2.1.1 《公羊》《穀梁》的“何”都可出现在“主语·者·何”的句式中。例如：

(1) 周公者何？天子之三公也。(公成十二)

(2) 仲子者何？惠公之母，孝公之妾也。(穀隐元)

以上问人。

(1) 雨木冰者何？雨而木冰也。(公成十六)

(2) 大阅者何？阅兵车也。(穀桓六)

以上问事。

(1) 郊者何？天子之邑也。(公昭二十三)

(2) 楚丘者何？卫邑也。(穀僖元)

以上问物。

《穀梁》中的这类句子，有一部分是句尾用“也”的。例如：

(1) 赗者何也？乘马曰赗，衣衾曰襚，贝玉曰含，钱财曰赙。(隐元)

(2) 脤者何也？俎实也，祭肉也，生曰脤，熟曰膰。(定十四)

(3) 溺者何也？公子溺也。(庄三)

(4) 武氏事者何也？天子之大夫也。(隐三)
(5) 翚者何也？公子翚也。(隐四)
(6) 凡伯者何也？天子之大夫也。(隐七)

这里有一点要指出《穀梁》这种句式共20例，其中有11例是句尾不用“也”的，这就再次说明《文通》关于《穀梁》问句概用“也”字之说的不确。

《公羊》中有两例是“主语·何·也”的句式（主语后无“者”）：

(1) 彼何也？(宣六)
(2) 是何也？(宣六)

《公羊》的“何”还可出现在“主语·何”的句式中（主语后无“者”）。例如：

涛涂之罪何？(僖四)

这种句式全书六见，都是问××之罪是什么的。

2.1.2 《穀梁》的“何”出现在“何·动词·宾语”的句式中。从上下文义看，这个“何”是句子的主语。仅一见：

(1) 何谓其时穷人力尽？是月不雨则无及矣，是年不艾则无食矣，是谓其时穷人力尽也。(定元)

这是问“什么叫时穷人力尽?”回答说“……这就叫时穷人力尽”。答句中与“何”相照应的“是”字是主语，可以证明“何”作主语。

有一种句子，形式与此无别，但从上下文义看，“何”是间接宾语。例如：

(1) 何谓是来？谓州公也。(桓六)

此句意思是：“称谁是来？称州公［是来］。”

2.1.3 《公羊》《穀梁》的“何”都可出现在“［主语］·何（宾语）·

动词”的句式中。例如：

(1) 君将何求？(公庄十三)
(2) 何能也？能杀也。(穀隐元)

2.2　《公羊》用“曷”作动词的宾语，可以指人、事、物。例如：

(1) 然则曷称？称诸父兄师友。(隐二)
(2) 然则曷祭？祭泰山河海。(僖三十一)
(3) 阳虎者，曷为者也？季氏之宰也。(定八)

《穀梁》不用“曷”作动词宾语（全书也无一“曷”字），其他古书中也不多见，是《公羊》的特点之一。

2.3　《公羊》《穀梁》都用“孰”。

2.3.1　“孰”在《公》《穀》两书中均可作主语。例如：

(1) 孰立之？石碏立之。(公隐四)
(2) 孰灭之？桓公也。(穀僖十七)
(3) 孰灭之？齐灭之。(公庄四)
(4) 孰败之？晋也。(穀成元)

例（1）（2）“孰”指人，例（3）（4）“孰”指某国。

2.3.2　《公羊》的“孰”还可作动词或介词的宾语。例如：

(1) 孰继？继子般也。(闵元)
(2) 吾孰与处于此？(宣十五)

《穀梁》无此类句式。

2.3.3　《公羊》的“孰”还可作名词的修饰语。例如：

孰君而无称？(昭二十五)

《穀梁》无此用法。先秦古籍中也罕见。

2.3.4 《公羊》《穀梁》的“孰”均可表示抉择，意即“哪一个”。例如：

（1）则未知齐晋孰有之也？（公文十四）
（2）为人君者而弃其师，民孰以为君哉？（穀僖二十三）

2.4 《公羊》《穀梁》都用“谁”。

2.4.1 《公羊》的“谁”可作主语和名词修饰语。例如：

（1）谁谓吾弑君者乎？（宣六）
（2）因谁之力？（隐十）

《穀梁》“谁”无此用法。

2.4.2 《公羊》《穀梁》的“谁”均可作谓语，但句式不尽相同。例如：

（1）子名为谁？（公宣六）
（2）其逆者谁也？（穀文四）
（3）非子而谁？（穀宣二）

2.5 《公羊》用“焉”代人一见，例见下表。《穀梁》无。

《公羊》《穀梁》询问人、事、物的疑问词的使用情况简表：

词目	用法＼次数＼书名	公羊	穀梁	例句
何	主语	0	1	何谓其时穷人力尽？
	谓语	297	20	周公者何？仲子者何？ 赗者何也？ 涛涂之罪何？
	宾语	8	2	君将何求？　何能也？
	间接宾语	0	1	何谓是来？
	介词宾语	2	0	何以为牲？

续表

词目	用法 \ 书名 次数	公羊	穀梁	例句
曷	宾语	11	0	尔曷知？
焉	宾语	1	0	吾将焉致乎鲁国？
谁	主语	1	0	谁谓吾弑君者乎？
	谓语	1	2	其逆者谁也？子名为谁？ 非子而谁？
	定语	1	0	［因］谁之力？
孰	主语	20	5	孰立之？　孰败之？
	小句主语	1	2	［则未知］齐晋孰有之也？ 下孰敢有之？
	宾语	12	0	孰继？
	介词宾语	4	0	孰为来哉？
	定语	1	0	孰君而无称？

3. 询问处所的疑问词语

3.1　《公羊》用“孰”“恶乎”。例如：

（1）孰城？城卫也。（僖二）

（2）恶乎淫？淫于蔡。（桓六）

3.2　《穀梁》用“安”“何”“恶”。例如：

（1）安战也？战卫。（庄二十八）

（2）兄弟也，何去而之？（宣十七）

（3）恶得之？得之堤下。（定九）

例（1）问在何处作战，例（3）问在何处得到，都较明显，例（2）照《经传释词》说，“宣十七年《穀梁传》曰：‘兄弟也，何去而之？’范注曰‘言无所至’，是也”。（149 页）是“去而之何（何处）”的意思。

4. 询问情况的疑问词语

4.1　《公羊》《穀梁》询问情况都用“奈何”，构成“主语 · 奈何”

句式。例如：

（1）赵盾之复国奈何？（公宣六）
（2）其漏言奈何？（公文六）
（3）射姑之杀奈何？（穀文六）
（4）其为重耳弑奈何？（穀僖十）

这些句子后面的答话，全部是叙述经过的。“奈何”在一般古书中是询问办法的，正如《词诠》所说，“即今语之‘怎样对付’”。（96页）“奈何”用来询问经过，应是《公羊》《穀梁》的特点之一。

《穀梁》偶尔用“如何”询问经过，构成“主语·如何”的句式：

泄冶之无罪如何？（宣九）

此例后的答话是一段较长的叙述经过的文字。《经传释词》：“昭十二年《公羊传》注曰：‘如，犹奈也。’凡《经》言‘如何’‘如之何’者皆是。”（148页）

《穀梁》的“奈何”，偶尔也用于询问状况：

灾甚也。其甚奈何？茅茨尽矣。（文三）

4.2 《公羊》用“何如”询问状况。例如：

司马子反曰：“子之国何如？”华元曰：“惫矣。”曰：“何如？”曰：“易子而食之，析骸而炊之。”（宣十五）

《穀梁》未见“何如”作此用的。

4.3 《公羊》《穀梁》均用“何”作修饰语，询问情况。例如：

（1）何雠尔？远祖也。（公庄四）
（2）吾二人不相说，士卒何罪？（穀僖元）

例（1）“何雠”即“什么样的雠敌”，例（2）“何罪”即“什么样的罪”。

5. 询问办法和商量可否的疑问词语

5.1 《公羊》《穀梁》都用“如……何”询问办法。例如：

（1）宫之奇存焉，如之何？（公僖二）

（2）天有山，天崩之；天有河，天壅之，虽召伯尊，如之何？（穀成五）

（3）如受吾币而不借吾道，则如之何？（穀僖二）

5.2 《公羊》《穀梁》都用“奈何”询问办法。例如：

（1）桓曰：“然则奈何？”曰：“请作难，弑隐公。”（公隐四）

（2）然则为士匄者宜奈何？宜墠帷而归命乎介。（穀襄十九）

（3）君为此召我也，为之奈何？（穀成五）

5.3 《公羊》还用“何如”询问办法。例如：

（1）吾欲纳公，何如？（襄二十七）

《穀梁》无此用法。

6. 表示反问的疑问词语

6.1 《公羊》《穀梁》均用“恶”表反问。例如：

（1）僚恶得为君乎？（公襄二十九）

（2）天者神，子恶知之？（穀昭十八）

6.2 《公羊》《穀梁》皆用“何”表反问。例如：

（1）臣何敢不勉？（公定八）

（2）子贡曰：“冕而亲迎，不已重乎？”孔子曰：“合二姓之好以继万世之后，何谓已重乎？”（穀桓三）

6.3 《公羊》还用“盍”“奈何”“庸”“何……之有”表示反问。例如：

(1) 盍终为君矣？（隐三）
(2) 奈何君去鲁国之社稷？（昭二十五）
(3) 庸得若是乎？（庄三十二）
(4) 何幼君之有？（成十五）

《穀梁》皆无。

6.4 《穀梁》用“安”“何为……为”表示反问。例如：

(1) 取邑不书，围安足书？（襄十二）
(2) 两君合好，夷狄之民何为来为？（定十）

例（1），《注》云：“不足书”，可见其为不疑而问的反问句。例（2）的“何为……为”，与其他古书中的“何以……为”“何……为”“何以为”“何故……为”“奚以……为”“奚以为”“恶用……为”等意思相近，只是用“何为……为”这种形式，不多见于其他先秦古书。

7. 表示拟议或测度的疑问词语

7.1 《公羊》用“其诸”“无乃”。例如：

(1) 齐无仲孙，其诸吾仲孙与？（闵元）
(2) 无乃失臣民之力乎？（宣十二）

《穀梁》无此。“其诸”，除《论语》一见外，就是《公羊》七见，而罕见于其他先秦古书。

7.2 《穀梁》用“或者”表拟议。例如：

亲逆而称妇，或者公与？（文四）

《古书虚字集释》：“或者，疑词也。”（165页）这种意义的“或者”，与现代汉语的“或许”相当，而与表示选择的连词“或者”不同。

8. 表示感叹的疑问词语

8.1 《公羊》《穀梁》都用“何……之……”的句式。例如：

(1) 是何子之情也！（公宣十五）

(2) 是何与我之深也!(穀僖十)

(3) 何知之晚也!(穀文十四)

这种句式是古代汉语表示感叹的常见句式,“何”与“之”中间的部分代表被感叹者,“之”后的部分是感叹的内容。

下面将《公羊》《穀梁》以上六类疑问词的使用情况列一简表:

类别	词目	用法 次数 书名	公羊	穀梁	例句
询问处所	何	宾语	0	1	何去而之?
	安	状语	0	1	安战也?
	孰	宾语	1	0	孰城?
	恶	状语	0	1	恶得之?
		恶乎	10	0	恶乎淫?
询问情况	何	定语	2	1	何雠尔? 士卒何罪?
		奈何	67	10	赵盾之复国奈何? 射姑之杀奈何?
		何如	6	0	子之国何如?
		如何	0	1	泄冶之无罪如何?
询问办法	何	奈何	3	4	然则奈何? 为士匄者宜奈何?
		何如	4	0	吾欲纳公何如?
		如……何	6	0	宫之奇存焉,如之何? 虽召伯尊,如之何?
反问	安	状语	0	1	围安足书?
	恶	状语	2	1	僚恶得为君乎? 子恶知之?
	盍	状语	3	0	盍终为君矣?
	庸	状语	1	0	庸得若是乎?
	何	状语	3	1	臣何敢不勉? 何谓已重乎?
		何……之有	2	0	何幼君之有?
		何为……为	0	1	夷狄之民何为来为?
		奈何	2	0	奈何君去鲁国之社稷?
测度	其诸	状语	7	0	其诸吾仲孙与?
	无乃	状语	1	0	无乃失臣民之力乎?
	或者	状语	0	1	亲逆而称妇,或者公与?
感叹	何	何……之……	1	2	是何子之情也! 何知之晚也!

9. 现将《公羊》《穀梁》疑问词出现频率列表统计如下：

词目 出现次数 书名	何	曷	孰	焉	谁	恶	安	胡	庸	盍	其诸	无乃	或者	总计
公羊	1121	345	39	1	3	12	0	0	1	3	7	1	0	1533
穀梁	269	0	7	1	2	2	2	2	0	0	0	0	1	286
共计	1390	345	46	2	5	14	2	2	1	3	7	1	1	1819

从表中可以看出这样几点：

第一，“何”在两书中的出现频率占绝对优势，再次证明它是古代汉语中最活跃的疑问词。

第二，大量用“曷”（作介词宾语和动词宾语），是《公羊》的显著语法特点之一。

第三，用“其诸”表示测度，是《公羊》的又一语法特点。

第四，有几个词是两书各自独有的，可为研究两书的特点提供一些资料。

（原载语言所古汉语室编《古代汉语论文集》）

《公羊传》《穀梁传》有“称”义的词的比较

陈承泽《国文法草创》在第二章的一条脚注中说：“《公羊》《穀梁》之文……多用意动、致动，世人颇有喜其奇崛者。”① 此语甚是，两书中意动、致动（使动）用法可谓俯拾即是。只是有一些词（其中包括名词、副词、介词、动词）也用作动词，然细味其义，既非意动，也非使动，而是带有“称［记、言］”义。正如《马氏文通》所说：

> ［公隐元］齐人杀无知。何以不地？［又］何以不日？［又］何以不氏？……——所引“地”“日”“氏”……皆假为外动字，所以称其地、记其日、记其氏。(《马氏文通》(校注）中华书局，1954 年 224 页)。

只是马氏说使用这种具有“称”义的词是“《公羊》之特笔”，不确，《穀梁》中出现的频率远较《公羊》为高，应该说这是《公》《穀》之特笔。两书这类词大致可分为三种：

第 1 种：名词［副词、介词］用作“称”义动词（为叙述方便，姑称“动[a]”）；

第 2 种：动词用作“称”义动词（姑称“动[b]”）；

第 3 种：“致”用作“称”义动词。

第 1 种，由他类词用作动词，属于词类活用；第 2 种，原为动词，仍用作动词，没有跨越词类界限，只能算词义变异；第 3 种，“致”义等于“记至”，与前两类均异，单独讨论。

---

① 《国文法草创》(商务印书馆，1957 年第二章，12 页。)

1. 名词［副词、介词］用作动[a]

《公羊》中的动[a]，只限于“名、氏、地、日”和“及”等几个词。仅举数例：

（1）曹伯阳何以名？（哀八。名＝记名字、称名字，下同。）

（2）卒何以名而葬不名？（隐八）

（3）曷为以官氏？（隐一。氏＝记作姓氏。）

（4）其地何？（隐一。地＝记地名，下同。）

（5）卒于会，故地也。（宣九）

（6）此何以日？（文七。日＝记日子，下同。）

（7）葬者曷为或日或不日？（隐三）

（8）［戊寅，叔孙豹及诸侯之大夫及陈袁侨盟。］曷为殊及陈袁侨？（襄三。及＝言及。）

《穀梁》中的动[a]较《公羊》为多，大致可以分为两种情况：

（1）名词作动[a]。按动[a]的意义，又可分为A、B两类：

A. 时地类的词：时（＝记季节），月（＝记月份），日（＝记日子），地（＝记地名）。

B. 称谓类的词：人（＝称……为人），大夫（＝按大夫的规格记），夫人（称夫人，按夫人对待），名（＝称名字、记名字），氏（＝记作姓氏），狄（＝按夷狄称呼），戎（＝称戎），夷（＝按对夷狄的笔法记）。

（2）副词、介词作动[a]：遂（＝言遂），以（＝言以），及（＝言及）。

下面着重谈谈动[a]的句法功能：充当何种句子成分，前后可与哪些词语结合，实际上是作带有动[a]的各种句子的句型分析。这样可以使读者了解动[a]的全貌，同时对部分尚不熟悉《公》《穀》内容的读者，或许也能扫清一些阅读上的障碍。

1.1　动[a]作句子主语

（1）单独作主语，例如：

月，非如也。（成十三。意为：记月份，表明不是到［京师］。范宁《注》：时实会晋伐秦过京师也。会行出境有危则月，朝聘京师理无危惧，故不月。）

(2) 动[a]带宾语。例如：

①人楚子，所以人诸侯也。（僖二十七。意为：称楚君为［楚］人，是用来把诸侯贬为常人的笔法。对比《公僖二十七》“此楚子也，其称人何？”）

②名宛，所以贬郑伯，恶与地也。（隐八。意为：称宛这个名字，是用来贬抑郑伯，并表示厌恶送给别国城邑的。）

③日其事，败也。（宣十二。意为：记邲之战的日子，表明［郑国］失败了。）

④日髡之卒，所以谨商臣之弑也。（文一。《注》：夷狄君卒皆略而不日……今书日，谨识商臣之大逆尔。）

(3) 两个并列的动[a]各带宾语。例如：

①日卒时葬，正也。（襄七。意为：记国君卒的日子，记葬国君的季节，这是正常的笔法）。

(4) 两个并列的动[a]各带宾语，第一个动[a]前带状语。例如：

①不日卒而日葬，闵纪之亡也。（庄三十。意为：不记［纪叔姬］卒的日子而记葬［她］的日子，表明怜悯纪的灭亡）。

②不日卒而月葬，不葬者也。（襄三十。意为：不记［蔡景公］卒的日子而记葬［他］的月份，表明不是正常的葬礼。）

(5) 两个并列的动[a]之间连以“以”字。例如：

①［戊寅，叔孙豹及诸侯之大夫及陈袁侨盟。］及以及，与之也。（襄三。《注》：再言及，明独与袁侨，不与诸侯之大夫。今案：与，赞同。）

1.2 动[a]作句子谓语

(1) 单独作谓语。例如：

①中国日，卑国月，夷狄时。(襄六。意为：[被灭之国] 属中国境内的记灭亡的日子，附属小国记月份，夷狄之国记季节。)

(2) 动[a]带状语。例如：

①夫人薨不地。(僖元。意为：夫人死不记死的地方。)

②卑者以国氏。(庄十二。意为：卑微的人用国名记作姓氏。)

(3) 动[a]带宾语。例如：

①其曰晋，狄之也，(昭十二。意为：《经》称晋，是按夷狄称呼它的。)

(4) 动[a]既带状语，也带宾语。例如：

①大夫不以夫人。(成十四。意为：大夫不宜言以夫人。《注》：夫人见于君，宜言以夫人……)

②［公及齐大夫盟于暨。］公不及大夫。(庄九。意为：公不宜言及大夫。)

③秦人弗夫人也。(文九。弗=不之，"之"为"夫人"的宾语。意为：秦人不称成风为夫人。《注》：秦人……不言夫人。)

④何其速妇之也？(文四。意为：为什么急于称姜为妇［姜］呢？对比《公宣元》"其称妇何？")

1.3 动[a]作小句的成分

(1) 作小句主语。例如：

月之为雩之正何也？(定元。意为：记月份是雩祭的正规记法为什么呢？)

(2) 作小句谓语

A. 单独作小句谓语。例如：

①子卒日，正也。（庄二十三。意为：大夫卒记日子，是笔法之正。）

②旱时，正也。（僖二十一。陆德明《释文》：旱必历时，非一月之事，故书时为正也。案：时，记季节。）

③其地，于外也。（宣九。意为：《经》记地名，表明［黑臀］是［死于］境外的。）

④朔之名，恶也。（桓十六。意为：朔（人名）的被称名，表明厌恶［他］。）

B. 动[a] 带宾语。例如：

①大夫日卒，正也。（成十六。意为：大夫记卒的日子，是笔法之正。）

②诸侯时卒，恶之也。（僖十四。意为：对诸侯（蔡侯）只记卒的季节，表明厌恶他。《释文》引麋信语：不附中国而常事父雠，故恶之而不书日也。）

C. 动[a] 带状语。例如：

①其不地，于纪也。（桓十三。《注》：纪，当为“己”，谓在鲁也。意为：《经》不记地名，表明在鲁国境内［打仗］。）

D. 动[a] 既带状语，也带宾语。例如：

①［卫人及齐人战。］卫小齐大，其以卫及之何也？（庄二十八。意为：卫国小，齐国大，《经》言卫及齐为什么呢？）

E. 动[a] 带补语。例如：

①［秋，公子结媵陈人之妇于鄄，遂及齐侯、宋公盟。］媵，礼之

轻者也；盟，国之重者也。以轻事遂乎国重，无说。（庄十九。末句意为：言媵……〈轻事〉遂……盟〈国重〉，没有理由。）

②［公子……如京师，遂如晋。］以尊遂乎卑，此言不敢叛京师也。（僖三十。意为：言如京师〈尊〉遂如晋〈卑〉，这是说不敢背叛京师。《注》：公子遂受命如晋，不当言遂。）

1.4 可作复句的分句或分句中的成分

（1）动[a]在紧缩复句中。例如：

甚则月，不甚则时。（桓五。意为：情况严重就记月份，不严重就记季节。）

（2）动[a]在前一分句中。例如：

①其日，亦以同日也。（昭十七。意为：《经》记日子，也是因为［宋、卫、陈、郑发生灾害］在同一天。）

②其不月，失其所系也。（僖二十八。意为：［日子是系在月份上的。］《经》不记月份，就使日子无处依附了。）

③弗大夫者，隐不爵大夫也。（隐九。弗＝不之，“之”指大夫侠。意为：没有按大夫的规格记侠［的死］，是因为隐公没有加封大夫。）

④［冬……蔡侯以吴子及楚人战于伯举。］吴，其称子何也？以蔡侯之以之，举其贵者也。（定四。意为：是吴，《经》称吴子为什么？因为说蔡侯以他，所以选用了尊贵的称呼“子”。）

（3）动[a]在后一分句中。例如：

①石无知，故日之。鹢微有知之物，故月之。（僖八。意为：石没知觉，所以记［陨石的］日子。鹢是稍有知觉的动物，所以记［六鹢退飞的］月份。）

②夫人之，我可以不夫人之乎？（僖八。意为：［国君］既然把成风当夫人，我们能不称她为夫人吗？案：前一分句，《注》云：“君以为夫人。”可见“夫人”是意动用法，不属于动[a]。）

③为其伐天子之使，贬而戎之也。（隐七。意为：因卫伐天子的使

臣，所以贬称它为戎。）

④会与盟同月，则地会不地盟；不同月，则地会地盟。（成二。意为：会与盟如发生在同一个月，就记会的地点不记盟的地点；如果不在同一个月，就记会的地点也记盟的地点。）

(4) 动[a]同时出现在前后两个分句。例如：

①以其人齐，不可不人卫也。（僖二十八。意为：因为《经》称齐师为［齐］人，所以不得不称卫师为［卫］人。）

②其日，或曰日其战也，或曰日其悉也。（成二。意为：《经》记日子，有人说是为他们打了这一仗而记日子的，有人说是因为鲁国四个大夫都参了战而记日子的。）

从以上诸例的译述中可以看出，这些动[a]虽都有“称［记、言］”义，但意思上略有差异。如“日、月、时、地”多为“记……的日［月、季、地］”之义，而“人、夫人”又多为“称……为人［夫人］”之义，“大夫、狄”又多是“按大夫［狄］的笔法（规格）记”之义。此外，“称、记、言”几个词意义相近，常可互用，所以译文并不拘泥于专用某词。

还有一点要特别指出，就是副词、介词用作动[a]的问题。用1.3.E.例②和1.2（4）例①来说，前者《经》为“公子……如京师，遂如晋”，“遂”是副词，《穀梁》为“以尊遂乎卑”，“以尊”为“遂”的状语，“乎卑”是它的补语，“遂”只能说是动词。后者《经》为“侨如以夫人妇姜氏至自齐”，“以”是介词，《穀梁》为“大夫不以夫人”，“夫人”是“以”的宾语，“以”是动词无疑。这种用法，实为其他古书所罕见。

2. 动词用作动[b]

《公羊》中的动[b]，只有“卒、归”两词。例如：

(1) 外大夫不卒，此何以卒？（庄一）

(2) 曷为以此月日卒之？（成十七）

(3) ［夏四月，公子比自晋归于楚。］此弑其君，其言归何？归，无意於弑立也。（昭十三。《注》：言归者，谓其本无弑君而立之意。）

《穀梁》的动^{b}数量较多。按动^{b}的意义，又可分为两类：

第一类为丧葬类的词：卒（=记卒），葬（=记葬），崩（=称……为崩）。

第二类为动作类的词：归（=称归），以归（=称以归），逃归（称……为逃归）①，奔（=言奔），舍（=记舍），执（=言执），如（=称如），复（=称复），会（=言会）。

这些动^{b}，具有一般动词的特点，可以带状语和宾语。例如：

（1）失德不葬。弑君不葬，灭国不葬。（昭十三。意为：失德之君不记葬，被弑之君不记葬，灭国之君不记葬。《释文》：旧合书葬，有故而仲尼改之也。）

（2）执者不舍。（成十六。《注》：据昭二十三年晋执我行人叔孙婼不言舍。对比《公成十六》"执未有言舍之者，此其言舍之何?"）

（3）［晋人执季孙行父，舍之于苕丘。］何其执而辞也？（成十六。《注》：问何故书执季孙行父而言舍之，复不致之辞耶。）

（4）此不卒者也。（文三。《注》：外大夫不书卒。）

（5）其崩之，何也？（隐三。意为：称天子［死］为崩为什么呢?）

（6）逃归陈侯……存中国也。（襄十。意为：称陈侯为逃归……意在保全中国。《注》：鄬之会，陈侯不会，以其为楚，故言逃归。对比《公襄七》："陈侯逃归"句下何休《注》：加逃者，抑陈侯也。）

（1）—（4）是动^{b}带状语之例，（5）（6）是动^{b}带宾语之例。此外，动^{b}还可以充当主语、谓语、介词宾语等多种句子成分。例如：

（1）以归犹愈乎执也。（庄十。意为：称以归比言执好。《注》：为中国讳见执，故言以归。）

（2）及以会，尊之也。（僖五。意为：先言及又言会，表示尊重王世子。）

（3）会又会，外之也。（成十五。《注》：两书会，殊外夷狄。）

（4）外夫人不卒。（庄四。《注》：适大夫者不书卒。）

① "以归、逃归"是《春秋》上一种固定记法，此不妨看作动词。

(5) 其如，非如也。（文八。《经》称如［京师］，表明不是到京师。）

(6) 其复，非复也。（文八。《经》称［不至而］复，表明不是复。案：复，归。）

(7) 其崩之何也？以其在民上，故崩之。（隐三。首句意为：《经》称天子死为崩为什么呢？）

(8) 而舍，公所也。（成十六。《注》：今言舍者，以公在苕丘故也。）

(9) 然且葬之，不与楚灭，且成诸侯之事也。（昭十三。意为：然而记葬蔡灵公这件事，是为了表示不赞成楚灭蔡，并成全诸侯兴灭继绝之善事。《注》：书葬者，不令夷狄加乎中国。）

(10) 亲而奔之，恶也。（襄二十。意为：明言是陈侯的亲弟弟而又言他奔［楚］，意在贬斥陈侯。）

(11) 以其去诸侯，故逃之也。（僖五。意为：因为郑伯离开了各国诸侯，所以称他为逃［归］。《注》：专已背众，故书逃。对比《公僖五》“其言逃归何？”）

(12) 夫人卒葬之，我可以不卒葬之乎？（僖八。意为：［君］按夫人之礼处理成风的卒与葬，我们能不记她的卒与葬吗？《注》：君以夫人之礼卒葬之，主书者不得不以为夫人。案：“夫人”是名词作“卒葬”的状语。）

(13) 善其成之会而归之。（昭十三。意为：嘉善他们完成的盟会而称他们归［于蔡］归［于卫］。《注》：诸侯会而复之，故言归。）

（1）动^{b}作主语和介词宾语，（2）（3）两个并列的动^{b}作主语，（4）动^{b}作谓语，（5）—（7）作小句谓语，（8）—（10）作前一分句谓语，（11）作后一分句谓语，（12）两个并列的动^{b}作后一分句的谓语，（13）动^{b}在紧缩复句中。这类带动^{b}的句子，其他古书罕见，难怪《马氏文通》在引《穀僖八》一例后说“‘夫人卒葬’四字用如外动，奇创”[①]了。

3. 致

《公》《穀》在讨论《春秋》措辞时，经常用到这个“致”字。《广

① 《马氏文通》（校注）（中华书局，1954 年）245 页。

雅·释诂（一）》："致，至也。"《一切经音义（八）》引《三苍解诂》："致，犹至也。"从这些说法看，"致、至"在某种意义上似乎是相等的。但在《公》《穀》中却有这种情况：凡《春秋》记有"××至自××"时，《公》《穀》均用"致"（从不用"至"）来提问或议论。如《春秋》记"公至自伐齐"。《穀梁》则说："恶事不致，此其致之何也?"（僖二十六）《春秋》记"公至自齐。"《公羊》则说："桓之盟不日，其会不致……此之桓国，何以致?"（庄二十三）这就揭示出一个明显的公式：致=记至，而"致、至"这种意义上的对应关系，似为《公》《穀》所独具。

"致"字可以带状语和宾语。例如：

（1）恶事不致。（穀僖二十六。意为：坏事不记［主事者］至［自××］）。

（2）何以致伐?（公襄十八。意为：为什么记作至［自伐］呢?）

（1）"致"带状语，（2）"致"带宾语。这里要说明一点《公》《穀》的不同：提出例（2）这类问题，《穀梁》不用"致·宾语"的句式，而用"状语（以·×）·致"的句式。如"以地致何也?"（定十一）意即"记作至自某地为什么呢?"这是两书的微异之处。

"致"不仅可作句子的谓语，还可充当多种句子成分。例如：

（1）此其致之何也?（穀僖二十六。意为：这里《经》记公至［自伐齐］为什么呢?）

（2）卑以尊致，病文公也。（穀文九。意为：卑微者用尊贵者之礼记至［自××］，为了讥刺文公。）

（3）已伐而盟复伐者，则以伐致；盟不复伐者，则以会致。（穀襄十九。意为：伐后结盟又伐的，就记作至自伐×；结盟后不再伐的，就记作至自会。）

（1）"致"作小句谓语，（2）"致"作前一分句谓语，（3）"致"作后一分句谓语。

4. 结尾的话

《公》《穀》中大量出现动[a]、动[b]和"致"这种"称"义动词，除与作者的风格有关外，与两书的内容、体例也密切相连。两书都是用问答体来讨论《春秋》义法的：《经》对什么人［事、物、情况］该怎么称［记、言］。如果每句都加上“称、记、言”等字，就会不胜其烦，而使用动[a]、动[b]和“致”，则会使文句简练。当然这不是说两书就不用“称、记、言”等一类词了，相反，《公羊》用得还不少，《穀梁》也有。篇幅所限，举例从略。

（原载《语文研究》1983 年第 4 期）

《马氏文通》代字章述评

《马氏文通》（以下简称《文通》）论述字类，代字是一个重点。

《文通》代字章将代字分为四类，有的类下又分若干小类。为便于了解，将其分类情况列表概括如下：

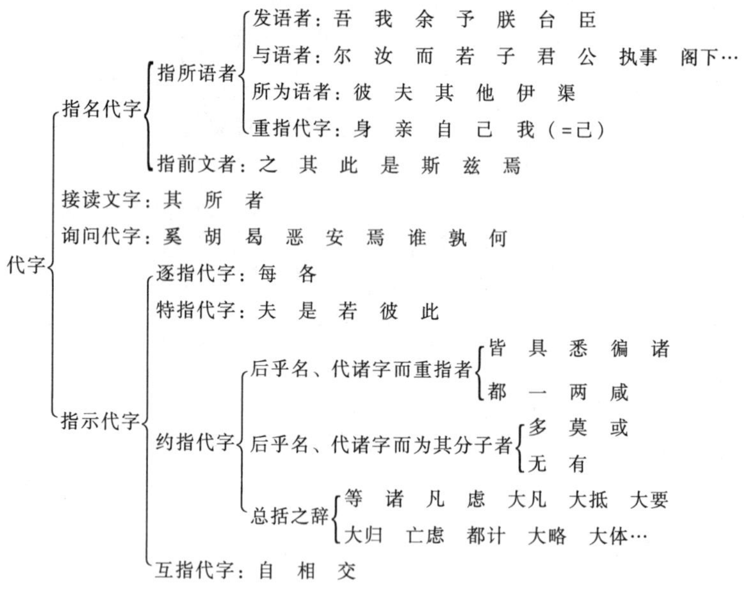

从表中可以看出，《文通》所说的指名代字，其“指所语者”，即通常所说的人称代词，“发语者”“与语者”“所为语者”分别指第一、第二、第三人称；其“指前文者”，即通常所说的指示代词的一部分（用作主语、宾语而有称代作用的指示代词）。《文通》所说的接读代字，即能“顶接前文，自成一读”的代词，包括“其、所、者”三词。询问代字，即通常所说的疑问代词。指示代字，即通常所说的指示代词的另一部分（用作名词修饰语，仅有指示作用的指示代词）。这一类，将大量非代词囊括进去，显得格外芜杂。

整个看来，《文通》对代字的概括是全面的，分析是细致的；分类也大体是合理的。正因为如此，直到今天，对代字的分类基本上仍沿用了它的体系。吕叔湘先生在《汉语语法分析问题》一书中讲代词的分类时说：“代词在总的范围方面和内部分类方面都一直有不同意见。较早的语法把这些词分属于代名词（人称、指示、疑问），形容词（指示、疑问），副词（指示、疑问）三类。这个分法在逻辑上有缺点：既然把指示形容词（副词）和疑问形容词（副词）纳入形容词（副词，之内，为什么又把人称代词等提在名词之外，单独成为一类呢？现在比较通行的办法是把这些词归为一类，只分人称、指示、疑问，不分代名词、形容词、副词。这是继承《马氏文通》的传统，至少在逻辑上较为一贯。”（43 页，商务印书馆，1979）

然而，用今天的眼光看，《文通》代字章又不无可批评之处。归纳起来，有三个方面的问题：一，界限不清，引例混乱；二，分析失当，结论片面；三，模棱两可，自相矛盾。

一　界限不清　引例混乱

首先，代字与非代字界限不清，将许多非代字划入代字中。指名代字中的“臣、执事、阁下”等虽可表示对己的谦称和对人的尊称，但称呼未必都是代字，完全可以是名词或其他，因此，“臣”等不应归入代字。重指代字一节中所列“身、亲、自、己”等，除“己”外，其余皆非代字。“亲”表示行为方式特点，是状字。“身”本是名字，但常用如“亲”字。“自”也是状字，可参看杨树达《马氏文通刊误》（35 页，商务印书馆，1931）和陈承泽《国文法草创》（15 页，商务印书馆，1957）。指示代字中的约指代字，也大多是状字，“皆、具、悉、徧、都、咸”等与指示代字“指明事物以示区别”的定义不符，却与状字中“度事成之有如许者”一类相符，因为，“如许者，言事成而有多少、浅深、厚薄、偏全之各别也”。（300 页。引《文通》语及其用例，依章锡琛《马氏文通校注》本之页数，中华书局，1954。下同。）而“皆”等恰是表明动作之“全”的，与被列入状字的“毕”，意思、用法均相同。试比较以下几例：

(1) 列侯毕已受封。(300 页)。

(2) 众皆悦之。(97 页)

(3) 余悉除去秦法。(97 页)

(4) 取信来世者咸归韩氏。(98 页)

其中“皆、悉、咸”与“毕”同样用于动词前，表示动作范围的周遍性，而“毕”既列为状字，“皆”等也应列入状字。“一、两”应是滋静字（即通常所说的数词），静字章在谈滋静字时说：“凡可以为加减乘除者皆隶焉，如一、二……”（153 页）可见“一、两”不是约指代字。如果说“举事无所变更，一遵萧何约束”等句的“一”是“一律、一概”之意，也应归入状字，而不宜归入约指代字。关于“有、无”二字，动字章说：“凡动字，所以记行也；然有不记行而惟言不动之境者，如‘有’、‘无’等字，则谓之同动。”（226 页）可见是把“有、无”看作同动字的。但在代字章又把它们列入约指代字中。尽管《文通》说：“约指代字篇内，‘有’、‘无’两字或以为代字者，以其隐指某人故耳。”（229 页）想以此说明同动字“有、无”与约指代字“有、无”的区别，但从所举的一些用例看，实难找出两者的不同。试比较如下两组例句：

(5) 二王我将有所遇焉。(98 页)

(6) 盗贼有所劝，亡逃者得轻资也。(227 页)

(7) 项王所过无不残灭者。(98 页)

(8) 仲尼之徒无道桓文之事者。(229 页)

然而例(5)(7)中的“有、无”被列入约指代字，例(6)(8)中的“有、无”则被列入同动字。至于“凡、虑、大抵、大率”等也均不应列入约指代字，因为它们同样不具备“指明事物以示区别”的指示代字的特征，而也象状字中“度事成之有如许者”一类，表示动作的程度和范围。如“商贾中家以上大率破”。“大率”即表示“破”的范围。因此，《马氏文通刊误》说：“……大凡、大率、大抵……皆状字也。”（77 页）指示代字中的互指代字项下共列有三字：“自、相、交。”“自”可视为状字，已见上文；“交”也是状字，可参看刘复《中国文法讲话》（172 页，北新书局，1932）。至于“相”字，则有的是状字，有的是代字。吕叔湘先生《“相”字偏指释例》一文说：“《马氏文通》（卷二之六）以相为互指代字……杨树达于《马氏文通刊误》（79 页）正之曰：‘按相、交皆状字，非代字。’刘复撰《中国文法讲话》亦持此解……愚按杨、刘二君之言是也。马氏盖泥于欧语之有互指代词，因而以汉文之相、交诸字当之。苟离开某种特殊语文而试从一般与抽象的见地言之，则交互之观念初无非以代词表示不可之必要，以副词表示之或更为自然。马氏之说实未免削足适履之病。然偏指之相，其词性有无变易，似犹可商榷……用此相字则宾语可以从略，且非从略不可。由此点观之，此相字不得不谓为具有一种指代作用，而此种指代作用则寻常皆以代词行之者也。（如《庄子·人间世》：‘凡交，近则必相靡以信，远则必忠之以言’，即以相与之为互文。）苟以此相字列于副词，则应定为代词性副词（Pronominal Adverb），若不拘动词前后之形式限制，则亦得径视为一种代词也。”（见《汉语语法论文集》43～44 页，科学出版社，1955）这就是说，表交互义的“相”是状字，而偏指的“相”可视为代字。《文通》仅举了表交互义的“相”字之例，而没有举偏指“相”字之例，却把它列入代字，显然不妥。

其次，代字内这类与那类间的界限不清，如指名代字与指示代字就是。《文通》没有给指名代字作出一个明确的界说，只给指示代字下定义说“所以指明事物以示区别也”（89 页），但在谈指名代字“彼”时说“用于宾次者其常，而用为偏次者则为指示代字矣”（41 页），在谈指名代字“是”时说“‘是’附于名，皆有指示之意”（52 页），在谈指名代字“之”时说“‘之’在偏次，有指示之意……则为指示代字”（46 页），在谈指示代字“夫”时，所举都是“夫”用于偏次之例，最后说“若‘夫’字单用而解如‘彼’字者，则为指名代字矣”（93 页）。综合这些说法可以看出，《文通》所说的指名代字，除包括人称代词外，就指那些用于主次（此即主语）、宾次（此即宾语）而不用于偏次（即名词修饰语）的指示代词；而它所说的指示代字，就指那些用于名词前居于偏次的指示代词。由此可见，“指名”与“指示”的区别，就是《汉语语法分析问题》中所说的“称代”与“指别”的不同。应该说，《文通》对代字进行这种区分是必要的。但由于它叙述不清以及引例混乱，实际上又混淆了二者的界限。从前面的表中可以看出，指名代字与指示代字有这样几个字是重合的：“是、此、夫、彼。”而《文通》未能着重阐明作为指名代字的“是、此、夫、彼”与作为指示代字的“是、此、夫、彼”的区别何在，反而在指名代字下引了指示代字的用例，在指示代字下又引了指名代字的用例。如在指名代字“是、此”下，引了“是心足以王矣”（52 页）“惟此时为然”（53 页）等指示代字的用例；而在指示代字“是、此、彼”下，又引了“夫如是”“如此然后可以为民父母”“息壤在彼”（95 页）等指名代字的用例。这种引例的混乱，也出现在其他指名代字与指示代字之间。比如在指名代字“斯、兹、之、其”下都引了它们居于偏次、用作指示代字的例句：

(9) 如之何其使斯民饥而死也？(53 页)

(10) 兹心不爽。(53 页)

(11) 之二虫，又何知？(46 页)

(12) 苟有其备，何故不可？(50 页)

而在指示代字节中对这几个词却连提都没有提。又比如，同一个“自”字，既被列入指名代字的重指代字中（56～58 页），又被列入指示代字的互指代字中（103 页），而两处都引有“山木自寇也，膏火自煎也”一例。正是诸如此类的引例混乱，致使指名代字与指示代字之间的界限不清。

二　分析失当　结论片面

《文通》对每个代字的各种用法及其引例都作了分析与解说，这对读者掌握代字的用处很有裨益。但有些分析是不妥当的，甚至是谬误的。

接读代字节谈“者”字读（通常称“者”字词组）用若表词时，对“公等録録，所谓因人成事者也”一例是这样分析的：“‘因人成事者’之读，乃‘所’字表词，而‘所’字即指‘公等’也”。（74 页）这种分析不太合理。表词，按《文通》的说法，应该是“后乎起词而用作语词，所以断言其为何如也”（12 页），可见，表词是说明起词“何如”的。而“因人成事者”并非说明“所”字“何如”，而是说明“公等”“何如”的，因此，它不应该是“所”的表词，而应是“公等”的表词，“所谓”作为名词性词组是“因人成事者”的修饰语。这句话的正确分析应该是：“公等”是起词，“録録”和“所谓因人成事者”都是语词。《文通》对“赵人多为张耳陈余耳目者”一例又是这样分析的：“犹云‘赵人中之为张陈之耳目者其人不少’也。‘张陈耳目者’乃‘多’之表词也。”（74 页）这种分析按照马氏自己的体系固然也未尝不可，因为他把“多”看作代字。然而，“多”不应是代字，马氏一般也把它看作静字，如静字章称“多少”为对待静字（142 页）；动字章在谈动字假借时，举了“上必多君有让”一例，并说“多”等“本皆静字”（247页）。《刊误》认为这句话应作如下分析：“‘为张陈耳目者’当为起词，‘多’当为表词，‘赵人’当为省略介字‘于’字之转词矣。”（52页）这种分析较为合理，且与《文通》解释作“赵人中之为张陈之耳目者其人不少”的意思相一致。询问代字节对“夫如是，奚而不丧？”是这样分析的：“犹云‘如是而不丧者何也？’故‘奚’字用如表词而居主次。”（88页）如照此说“奚”为表词，则起词何在？《刊误》说：“此‘奚’字当作状字解。‘奚而不丧’犹云‘何故不丧’也。”（66页）此说甚是。这里还有一个问题是，同次节明明说表词应居同次（127页），这里为何又说“表词而居主次”呢？该节对“陛下自察圣武孰与高帝”例是这样释义的：“其意当云‘陛下自察与高帝相较孰为圣武’也。”（79页）这是正确的，照此分析句子，“孰”当为起词，“圣武”当为表词。然而，马氏却说“‘孰’字当作表词”（79~80页）。如说“孰”作表词，则置“圣武”于何地？总的来看，“孰与”结合甚紧，以不拆讲为好。王引之《经传释词》解“孰与”作“何如”，甚是。指示代字节逐指代字项下，《文通》列有“每、各”二字，说：“‘每’‘各’二字而为宾次，先所宾者常也。”（89页）但在例句解说中，“每”无一例居宾次（实居偏次，但它避而不谈），“各”字有两例说为“居宾次而先焉”，这两例是：“不可者各厌其意”“每道各置三万人”（90页）。但如以“各”为宾次，则真正居宾次之“其意”“三万人”反而无着落。

《文通》对代字的用法，力图找出规律，提出带有结论性的意见。其中有很多意见是正确的，也有一些意见因材料不够完备而带有片面性。

指示代字节在介绍“吾”字用法时说：“吾”作“外动后之宾次，惟弗辞之句则间用焉”（38页）。又在“夫子尝与吾言于楚，必是故也”一例下说：“‘吾’在宾次，而为介字司词，实仅见也。”（38页）实际情况则不然。章锡琛《校注》指出，“过汝，汝给吾人马酒食极欲”和“嫂尝抚汝指吾而言曰”二例，是“吾”居外动后宾次之例；“是其生也，与吾同物”和“为吾谢苏君”二例，是“吾”在宾次而为介字司词之例（38页注），纠正了马氏结论的偏颇。询问代字节谈“谁”的用法时说：“‘谁’字惟以询人。”（78页）此说过于绝对，“谁”询事物也不乏其例。以《文通》所举之“寡人谁用于三子之计”中的“谁”来说，就是询事物“计”的，意即“我在三人的计策中该用哪一计”。《文通》释作“于三子之计，寡人未知将用谁”，似与原意不尽相符，句子也不完整。除此而外，还可补充“谁”询事物若干例：

(1) 夫谁不可喜，谁不可惧？蜹蚁蜂虿皆能害人，况君相乎？(《国语·晋语》)

(2) 子墨子曰："吾将上太行，驾骥与羊，子将谁驱？"(《墨子·耕柱》)

(3) 予之不祥者谁也？则天也。(《墨子·天志》)

(4) 夫是谁之故也？非惟旧怨乎？(《国语·楚语》)

(5) 后学谁师？呜呼兹碑！(《柳宗元集·龙安海禅师碑》)

(6) 举声但呼天，孰知神者谁？(《柳宗元集·哭连州凌员外司马》)

(7) 白云何时而归来，青山一去而谁往？(《李太白文集·奉饯十七翁二十四翁寻桃花源序》)

关于"谁"字，《文通》又说，其"在偏次，其后概加'之'字"(78页)。也不尽然。下面是"谁"在偏次而其后未加"之"字的用例：

(1) 社稷五祀，谁氏之五官也？(《左传·昭公二十九年》)

(2) 韩取聂政尸于市，县购之千金，久之，莫知谁子。(《战国策·韩策二》)

(3) 骖马，谁马也？(《战国策·宋卫策》)

(4) 王孺见执金吾广意，问帝崩所病，立者谁子。(《汉书·武五子传》)

(5) 毋问儿男女，谁儿也。(《汉书·外戚孝成赵皇后传》)

(6) 天下兵又动，太平竟何时，讦谟者谁子，无乃失所宜。(《韩昌黎集·归彭城》)

(7) 高其墙，大其门，谁家第宅卢将军？(《白香山集·杏为梁》)

关于"孰""奚"，《文通》说："'孰'……未见其在偏次者。"(79页)"'奚'……用为偏次者盖未之见也。"(87页)"孰"在偏次，固不多见，但并非没有。例如：

(1) 孰君而无称？(《公羊传·昭公二十五年》)

（2）孰王而可叛也？（《吕氏春秋·行论》）

（3）君……蹲行畎亩之中，孰暇患死？（《晏子春秋·谏上》）

“奚”用为偏次之例更不胜枚举。《刊误》已举出“奚时、奚故、奚疾、奚方”等“奚”字用于偏次之例（65页）。下面再补数例：

（1）而人不知以奚道相得。（《吕氏春秋·不侵》）

（2）夫倍上令以为威，则行恣于己以为私，百吏奚不喜之有？（《管子·重令》）

（3）侏儒有见公者，曰：“臣之梦践矣。”公曰：“奚梦？”（《韩非子·难四》）

（4）秦王，帝王之主也，君恐不得为臣，奚暇从以难之？（《战国策·齐策四》）

以上例句证明，《文通》某些结论是存在着片面性的。

三　模棱两可　自相矛盾

《文通》常对同类例句中同类性质的代词，甚至对同一例句中的同一代词，时而做此说，时而又做彼说。

指名代字节在“为”后“之”字有偏次之解一项下，举了十四个“为·之·名”式的例句，对十一例中的“之”都认为是居偏次，解作“其”，如在“为人后者为之子也”一例下说：“‘之’居偏次。”（44页）仅对其中三例的“之”解作转词（这里相当于通常所说的间接宾语），这三例是：“吾不徒行以为之椁。”（44页）“覆杯水于坳堂之上，则芥为之舟。”（45页）“项王乃疑范增与汉有私，稍夺之权。”（45页）对第一例，《文通》先说“为之椁”的“之”“可作‘其’字解。”（44页）后说：“前引‘吾不徒行以为之椁’句，‘之’亦转词也。”（45页）对第二例说：“‘之’字应作转词。”（45页）对第三例说：“犹云‘夺其权’也。然此‘之’字可作转词解。”（45页）最后这种说法尤为不妥，既将“之”解作“其”，就不是转词，因“其”居偏次，而转词应居宾次（见《文通》第三章宾次节和第十章转词节）。且这三例与其他十一例并无不同，为何作两种不同的解释呢？可见马氏对“为·之·名”式中的“之”字究竟是居偏次，还是作转词而居宾次，很有些左右摇摆。接读代字节对两个“所以……者”的句子作了两种解说。对“此吾所以取天下者也”一句，解释说：“‘所’指‘此’字，而隶于‘以’字。”（65 页）对“其所以放其良心者，亦犹斧斤之于木也”一例，解释说：“‘所’指‘者’字。”（66 页）一说“所”指其前的起词“此”，一说“所”指其后的代字“者”，这表明马氏对“所以……者”中的“所”字到底指什么，在看法上也有些模棱两可。

《文通》对某些代字或某些例句常常持两种甚至多种互相矛盾的说法。接读代字节举了“有君如是其贤也”一例，解作“有君其为贤也如是”，从而说“其”是接读代字。（62 页）而介字章讲“之”的用法时又引到此例，说“其”同于“如此之备”的“之”，并说：“‘之’‘其’两字之加否，与文义无涉也。”（315 页）如果说“其”是接读代字，那就不是“加否与文义无涉”，而是非有不可。同一节在讲“者”字读的第七种用法“有假设词气”时，举有“合己者善待之”一例，说“合己者”有假设词气，因而解作：“其人如合己也，则善待之。”（76 页）而在句读章又引到此例（507 页），却归入“外动字之止词而为意之所重者，率先弁诸句首，其外动字无弗辞者，则其后加代字以重指焉”一项下，显然把“合己者”又看作前置的止词（即通常所说的宾语）了。如按前说，“合己者”是复句的前一分句；如按后说，它只是单句中动词的宾语。两说矛盾。《刊误》认为此类例句中的“‘者’字完全是代字，绝无假设之意”（55 页），说得很对。询问代字节讲到“如何、若何、何如、何若、如……何”这类结构时曾说它们是“成语”（84 页，案：与通常所说的“凝固格式”大体相当），并说：“‘何如’与‘何若’用意相似，用如表词。”（82 页）但又说“何”是“如、若”的止词（83 页）。最后说：“‘如’‘若’等字，皆以状所比也……‘若之何’‘如何’诸语，则所状皆为代字。”（299 页）这样，“何”又成为被“如、若”所状的成分了。为什么会有种种不同的说法呢？原因是“如何、何如”等已是古代汉语表示询问的凝固格式，对于这一点，马氏又承认又不承认，既说它们是“成语”，又在例句的说明中硬要拆开分析，所以就前后矛盾，不能自圆其说了。关于“夫、或”的词类问题，《文通》前后的说法也不一致。特指代字节把“夫”归入特指代字，引“夫州吁阻兵而安忍”为例说：“论者注意‘州吁’，故以‘夫’字提明而特指焉。”（92 页）而在连字章又把“夫”归入“顶承上文”“用以劈头提起”的连字，并且也引了“夫州吁……”一例（354 页）。“或”字，约指代字项下举“诸生或言反，或言盗”为例，把“或”看作约指代字。状字章则举“或生而知之，或学而知之，或困而知之”为例说：“‘或’状字。”（290页）连字章仍举“或生而知之……”为例说：“凡事理可分举者则承以‘或’字。”（388页）又说：“必事理分举，而后‘或’字承之，方为连字。”（389页）同一用法的“或”被先后划归约指代字、状字和连字。

（原载《中国语文》1981年第2期）

《马氏文通》句读论述评

在《〈马氏文通〉评述》一文（载《中国语文》1984年第1、2期，以下称《评述》）中，对《文通》的句读理论作了概略评述，本篇只是再作些具体补充和阐发而已。

《文通》例言说："是书本旨，专论句读。"句读论在全书的重要位置于此可知。然而，正如《评述》所说，"句读论也许是矛盾最多。最不容易弄明白的部分了"。

什么是《文通》的读？卷一界说二十三说："凡有起、语两词而辞意未全者曰读。"（17，此数码指《文通》页码，以下仿此）卷十彖六说："凡有起词、语词而辞气未全者曰读。"（521）所举例子有（⌊ ⌉号内为读）：

[1] 「三代之得天下也」以仁。——"三代"，起词，"得天下也"，语词，合之为一读。(17)

[2] 民惟恐⌊王之不好勇也⌉。——"王之不好勇也"……一读……"王"乃读之起词，"不好勇"其语词也。(18) 照这样说，凡读都应该有起词（主语）和语词（谓语）两个部分。但统观全书，被称为"读"的，并不都具备起、语两词。有的是一个短语，或者只是一个单词。例如：

[3] 且子独不见夫桔槔者乎？⌊引之⌉则俯，⌊舍之⌉则仰。——"引之""舍之"两读。(496)

[4] 子（原脱）见齐衰者，⌊虽狎⌉必变。——"虽狎"二字已成一读矣。(403～404)

[5] 以齐王，由⌊反手⌉也。——⌊反手⌉为豆（案，同"读"）。(172)

[6]⌊视⌉思明，⌊听⌉思聪，⌊色⌉思温，⌊貌⌉思恭，⌊言⌉思忠，⌊事⌉思

敬，⌊疑⌉思问，⌊忿⌉思难，⌊见得⌉思义。——九句各有读以先焉。(527)

[7] ⌊危⌉而不持，颠而不扶，则将焉用彼相矣？——“危”一字为读。(265)

[8] ⌊立⌉则见其参于前也，⌊在舆⌉则见其倚于衡也，夫然后行。——“立”“在”二字先乎句而各自为读。(526~527。案，“在”应作“在舆”。)

[9] 其爱之如⌊父母⌉，而归之如⌊流水⌉。(536。案，马氏称“父母”“流水”为用如状字的“比较之读”。)

以上这种情形如何解释呢？卷十彖一“起词”节专门谈到起词省略的几种情况（492~498），比如说例［3］“‘引之’‘舍之’两读起词乃‘桔槔者’”。（496）在同卷彖二“语词”节又谈到语词省略问题，特别提出：“比拟句读，凡所与比者，其语词可省。”比如说例［5］“犹云‘以齐王之易，犹反手之易也’，‘易’……即两比句之语词也”。（502）关于这个问题，只在这里交代几句，不再多说。

读和句的关系究竟怎样呢？《文通》的“读”不同于传统所称句读的读，即诵读时的小停顿，这个，马氏称之为顿：“凡句读中字面少长而辞气应少住者曰顿。顿者，所以便诵读，于句读之义无涉也。”（513）在卷八，马氏又说：“‘以’‘为’之言所以然者则为读，置于先者其常，而置于后者则转为句矣。”根据诸如此类的说法，《评述》指出：“马氏认为语句之中有大中小三种停顿……过去的传统是管小停顿叫读，管中停顿和大停顿都叫句，马氏认为不够严密，他要管小停顿叫顿，管中停顿叫读，管大停顿叫句。”这是一种情况。还有另一种情况，就是《文通》里常说到读在句中用如名字，用如静字，等等。这种读又非常象后来语法学者所说的名词子句，形容词子句，等等。

总起来看，《文通》的读，除了现在所说的“所”字短语和“者”字短语外，大致相当于现在所说的小句（从句和子句）。照现在的一般理解，读和句是两个层次的单位，读是包含在句之内的。可是，《文通》多次说“读先乎句”（524~526），又说：“凡读先乎句者常也，其后之者可条举焉”（538），还说：“至舍读独立之句，非谓句之前后皆无读也……而前后之或有读焉，亦不若句读错置若犬牙者然也。”（544）照这些话看来，《文通》的读和句是平行单位，这显然跟现在的理解不同。细味马氏之意，读和句的关系有两种情况：一种是从句和主句的关系，而从句和主句都是句子的部分，《文通》的句，不应理解为句子，只能理解为主句，即主要的小句。这种读和句的关系，图解起来是：

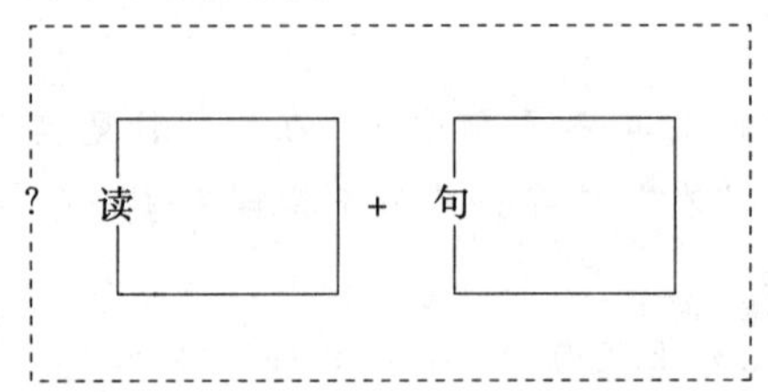

至于读加句构成的整体（如虚线所表示）叫做什么，是不是也叫做句，马氏没有明言。

另一种是包孕复句与子句的关系。《文通》所说读用如名字者（529），用如静字者（532），用如状字者（534），前两种和第三种中的一部分，是后来语法学家称为子句的。包含这种读在内的整体是否称为句，马氏虽未作专门说明，但在个别例句的解说中透露了一些信息。如：

[10]⌊民之归仁⌉也，犹⌊水之就下⌉，⌊兽之走圹⌉也。——凡所为比者与所以比者皆读也，而集成为句。(316)

[11]⌊无形者⌉，⌊数之所不能分⌉也；⌊不可围者⌉，⌊数之所不能穷⌉也。——两句，句集两读，起词之读有“者”字，表词之读有“所”字。(521)

[12] 趋时若⌊猛兽挚鸟之发⌉。

[13] 安有⌊圣明若此⌉而⌊肯信此等事⌉哉？

对例［12］，马氏说“若猛兽挚鸟之发”是一读（比读），“连‘趋时’为一句”。(539) 对例［13］，马氏说“圣明若此”“肯信此等事”是两读，“连上‘安有’两字为句”。(541) 根据这些说法，称包括读在内的整体为句，一般说是没有问题的。这种读与句的关系图解起来是：

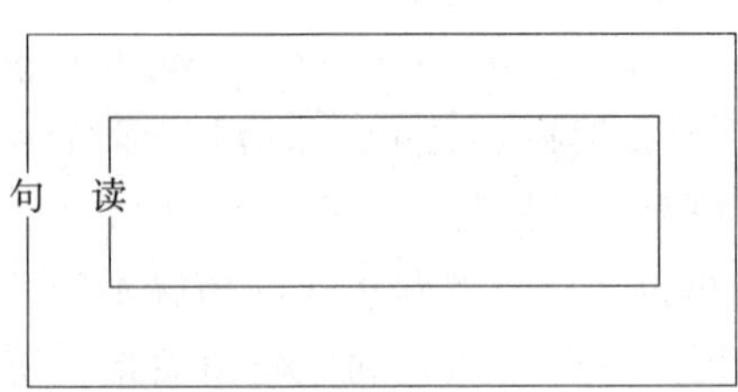

那末，句之内、读之外的部分叫什么呢？《文通》有时叫“句”，在马氏所作的句、读分析示例中有这样标注的：

[14] 其吏卒亦辄复盛推句⌊外国所有⌉读为止词，句止。(557)
[15] 阳城……遂无句⌊所不通⌉读承，句止。(558)
[16] 未尝有句⌊所贮积⌉读，句止。(558)

此外，马氏还说：“读之后乎句者……或用为止词、转词与比较之读者。”(538) 而下面四例恰是读用为止词、转词与比较的，想来马氏也认为读前的四部分是句吧（虽然在此四例下马氏并未明言）：

[17] 楚子问⌊鼎之大小轻重⌉焉。(531)
[18] 王无异于⌊百姓之以王为爱⌉也。(532)
[19] 夫子之在此也，犹⌊燕之巢于幕上⌉。(536)
[20] 趋时若⌊猛兽挚鸟之发⌉。(531)

从这里可以看出，马氏既称包括读在内的整体为句，又称句之内、读之外的部分为句。对“趋时若猛兽挚鸟之发”一句的前后两种分析尤能表明这一点：既说“若猛兽挚鸟之发”合“趋时”共为一句（见上例［12］的说明），又说“猛兽挚鸟之发”是读后乎句，因而读之前的部分“趋时若”即是句。这样，图解起来就成为：

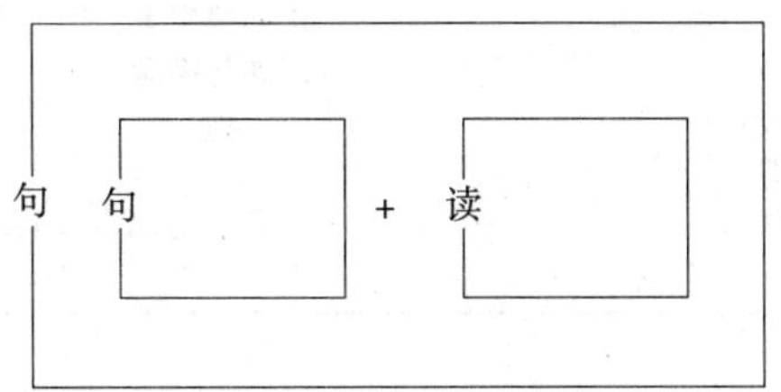

这个图式不太合理，整体既称句，部分也称句，就容易引起概念上的混乱。这里的问题正如《评述》所说：“《文通》讲句读，犯了术语不够用，问题说不清的毛病……仅仅依靠‘句’‘读’这两个术语，怎么能不左支右绌，没法把问题说清楚呢？”

下面再看马氏所说的“舍读独立”之句。这里虽不牵涉到读，但也有一个“句”指大指小的问题。马氏对舍读独立之句的每个组成部分仍称为句，比如他称“君子食无求饱，居无求安，敏于事而慎于言，就有道而正焉”是排句（舍读独立之句的一种），但又说它“叠排四句”。（544）此外，他在给“排句而意无轩轾者”下定义时也说：“凡有数句，其字数略同，而句意又相类，或排两句，或叠数句……”（544）。这些说法表明，马氏既称整体为“句”，又称构成整体的每个部分为“句”。图解起来就成为：

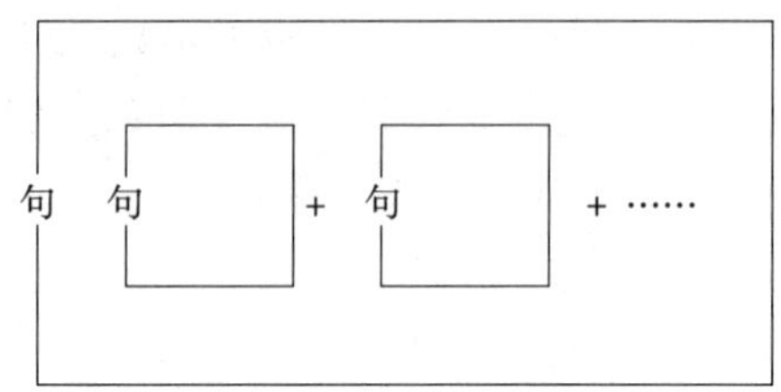

这个图式也出于上面同样的原因而不够合理。如果能称整体为句子，称部分为小句，象后来有的语法著作所作的那样，就不至于产生混乱了。

下面讨论《文通》论读的提纲。《文通》卷十论读节有这样一个提纲：

读

读之式	读之用
读之记 有接读代字：其，所，者 起词、语词间参以“之”字 有弁读连字：若，即，如，苟，纵，虽，使，曾，以，为 读之位 读先乎句有助字为殿：也，矣，耳，焉，哉，耶 读先乎句有起词为联 读先乎句无起词为联	用如名字者 用为起词 用为止词 用为转词 用如静字者：用为表词 用如状字者： 记处 记时 记举止之容：容状，比较，情景，缘因，拟议，假设……

这个提纲在逻辑上有缺点。首先，“读之式”讲读的内部形式，“读之位”讲读的对外关系，“式”是不能包括“位”的。其次，“读之位”既然是“位亦有三”，就应有三种不同的位置，而不能都是“读先乎句”。还有，连字弁读则为“记”，助字殿读则为“位”，同类现象归入不同的范畴，也是不妥的。较为合理的提纲应该是（见下页）：

这两个提纲均已见于《评述》。下面按原提纲加以讨论。

关于读之式。

先谈读之记中的几个问题。

第一，接读代字为记，马氏举有这样的例句：

> ［21］ 齐晋秦楚，⌊其在成周⌉微甚。(60)
> ［22］ 彼，⌊人之所引⌉，非引人也。(63)
> ［23］ ⌊为此诗者⌉，其知道乎？(71)

读

读之式：或有记，或无记	读之用：或在句内，或在句外
有记之读凡四： 代字领读或煞读： 其，所，者 起词、语词间参⌊之⌉字 连字弁读 助字殿读 无记之读凡二 与句共起词 不与句共起词	句内之读，其用凡三： 用如名字 用为起词 用为止词 用为转词 用如静字：用为表词 用如状字 记处 记时 记容：容状，比较，情景，缘因，拟议，假设，…… 句外之读，其位有二 读先乎句，读后乎句

什么叫“接读代字”？马氏说，“顶接前文，自成一读”的代字叫接读代字。“其，所”怎样顶接前文，自成一读呢？（案，⌊者⌉很难说是顶接前文，它之所以为接读代字，另有原因，下面再说）。拿例［21］说，“其”顶接（并指代——笔者）前文“齐晋秦楚”，它又与“在成周”构成一读：“其”为起词，“在成周”为语词；拿例［22］说，“所”顶接前文“彼”，又与其他词语构成一读：“人”为起词，“所引”为语词（“所”又是“引”的止词，即宾语）。“者”则因为它“义若起词”而“有所指”，故为接读代字。拿例［23］说，“为此诗”的动作是由“者”字所指代的人发出的，所以“为此诗者”是读：“者”为起词，“为此诗”为语词。马氏立“其，所，者”为接读代字，大体上是比照西文的关系代词，如英语中的 who, which, that 等，俄语中的 который 等。后来的语法著作多不设这类代词，把“所，者”构成的词语看作名词性短语，和小句区别开来。

第二，弁读连字（即居读前或读中的连词）究竟都包括哪些？马氏说：

“凡连字之弁乎读者，惟推宕者为然。”（525）这句话只能理解为：只有推宕连字才能弁读。(案，《文通》里的推宕连字指今天所说的让步连词、假设连词等)。但马氏书中认为是引进读的连字，实际超出推宕连字之外。如马氏说：“凡言‘既’字，皆先提一事，后及他事也。‘既’字所附者辞气未完，皆读也。”（389）既然如此，“既”也应列入弁读连字，而它是被划归承接连字的。此外，卷二“读蒙连字而‘其’为主次者”一节，除“如，若，虽”等推宕连字外，还提到以下几个连字：

比：⌊比其反也⌉，则冻馁其妻子。(49)
方：⌊士方其危苦之时⌉，易德耳。(同上)
会：⌊会其怒⌉，不敢献，君为我献之。(同上)
犹：人之有四端也，犹⌊其有四体⌉也。(同上)

马氏在引例后说：“以上诸蒙连字者，皆辞气未完之读（案，‘其有四体也’应该说辞气已完，与他例不同)，而主次则惟‘其’字。”（49）但在“读之记”的“连字弁读”一节却未再提及。

马氏还谈到“以，为”也可以弁读。不过他说：“‘以’‘为’言所以然者，则为读，置于先者其常；而置于后者则转为句矣。”(394）所举例子有：

弁读的：

[24] 秦⌊以不早定扶苏⌉，令赵高得以诈立胡亥。(394)
[25] ⌊为其多闻也⌉，则天子不召师。(同上)

弁句的：

[26] 诸侯兵皆以服属楚者，以布数以少败众也。(394)
[27] 然则一羽之不举，为不用力焉。(394～395)

同是“以，为”所弁，在前即为读，在后则为句。因此，“以，为”只应该算半个弁读连字。

这里还有一个问题，就是“以，为”所弁者后置则为句说，与有读之记者必为读说，有时会出现矛盾。请看下面几例：

[28] 如有能信之者，则不远秦楚之路，为指之不若人也。(316)
[29] 夫燕之所以不犯寇被兵者，以赵之为蔽于南也。(423)
[30] 子之辞灵丘而请士师，似也，为其可以言也。(423)
[31] 我故曰告子未尝知义，以其外之也。(394)
[32] 执莒公子务娄，以其通楚使也。(423)

按照前说，“以、为”后的部分是句；可是按照后说，它们又是读：因为例[28][29]有参读介字「之」，例[30][31][32]有接读代字“其”。马氏说：“起词、坐动之间有‘之’字者必读也，非句也。”(316)又说：“凡有接读代字者，斯为读。”(521)

第三，某些连字所弁的是读，还是句，《文通》的说法前后牴牾。略举几类情况说明。

(一)“既……又……”。马氏在承接连字节说：“‘既’字所附者……皆读也。”(389)所举之例有：

[33] ⌊汉使既传其事，⌉而后世工画者又图其迹。(391)
[34] ⌊世之龌龊者既不足以语之，⌉磊落奇伟之人又不能听焉。(391)

在“叠句有以状字、连字为呼应者”一节又引到此二例，而叠句是舍读独立之句的一种，这样一来，“既”字所弁者又成为句了。

(二)“犹[尚]……况……”。马氏把“犹[尚]”归入推宕连字，而“推宕连字，要皆用以连读而已”。(403)所举之例有：

[35] ⌊困兽犹斗，⌉况国相乎？(408)
[36] ⌊夫犬马有劳于人，尚加帷盖之报，⌉况国之功臣者哉？(408~409)

而在“叠句而意别浅深者”一节又引同类句子为例：

[37] 蔓草犹不可除，况君之宠弟乎？(547)

(三)“非独[非惟，不惟]……亦……”。马氏把“非独”等归入推宕连字，因此所弁为读，所举之例有：

［38］⌊非独羊也，⌉治民亦犹是也。(411)

［39］⌊非惟百乘之家为然也⌉，虽小国之君亦有之。(410)

［40］⌊寡人之使吾子处此，不惟许国之为，⌉亦聊以固吾围也。(410～411)

而在叠句节又引到句［38］作例。(548)

（四）“纵……”。马氏说：“其拓开跌入之辞，则有‘虽’‘纵’两字。”所举之例有：

［41］⌊纵爱身⌉，奈辱朝廷何？(403)

［42］⌊纵江东父兄怜而王我，⌉我何面目见之？⌊纵彼不言，⌉籍独不愧于心乎？(403)

［43］⌊纵上不杀我⌉，我不愧于心乎？(403)

马氏说：“诸‘纵’字皆以领读。”（403）但在“叠句”节又引了同类用例：

［44］陛下……纵不为身，奈宗庙何？(548)

除此之外，在“或……或……”等式中，也有类似情况。

这种读与句的混淆，不仅存在于有连字（或状字）相连的读和句之间，也存在于没有连字相连的“读先乎句而有起词为联者”和“排句而意无轩轾者”之间。例如：

［45］君子食无求饱，居无求安……（526）

先出现于“读先乎句而有起词为联者”中，说它是“读、句皆同一起词以为联也”，这是把“君子食无求饱”视为读的；但是后来又归入排句中(544)，它又是句了。

再谈读之位中的几个问题。

第一，马氏说，读之“位亦有三”(524)，但接着下面三大段谈的都是读先乎句。是不是读只有这一个位置呢？不是。有读在句后的，可是没放在“读之位”这一节讲，却在讲过“读之用”后才补充说：“凡读先乎句者，常也。其后之者，可条举焉。”（538）马氏引作例证的是用为止词与转词之读和用为比较之读（参例［17］［18］［19］［20］），以及读为起词而后置之咏叹句。另外，还举了几个较为特别的例子：

［46］吾将使梁及燕助之，⌊齐楚则固助之矣⌉。(539)

［47］犹有令名，⌊与其及也⌉。(538)

顺便指出一点：例［46］，马氏在卷九作为“绝句助‘矣’字”之例，而此处则说“齐楚则固助之矣”是读。

读后乎句的情况，还不止这些，用如状字之读也有在后面的。例如：

［48］子相晋国以为民主，⌊于今七年矣。⌉(535)

［49］楚子闻之，投袂而起，⌊屦及于窒皇，⌉⌊剑及于寝门之外，⌉⌊车及于蒲胥之市⌉。(536)

除了在句之前、句之后而外，读还有没有别的位置呢？有的读是在句子之中的，马氏没有专门提出作为一项，但他所引的例句里有这种情况，略举如下：

［50］齐晋秦楚，⌊其在成周⌉微甚。(60)

［51］回闻卫君，⌊其年壮，⌉⌊其行独，⌉轻用其国而不见其过。(521)

［52］佗小渠⌊披山通道者⌉不可胜言。(75)

［53］诸君⌊伪劫君者⌉，而负罪以出，君止。(536)

［54］士为⌊知己者⌉死。(74)

［55］彼，⌊人之所引⌉，非引人也。(135)

［56］冀之北土，⌊马之所生⌉，无兴国焉。(64)

［57］乃祖吾离，⌊披苫盖⌉，⌊蒙荆棘⌉，以来归我先君。(536)

［58］胡骑得广，⌊广时伤病⌉，置广两马间。(535)

［59］愈来京师，⌊于今十五年⌉，所见公卿大臣，不可胜数。(536)

［60］此⌊其过江河之流⌉，不可为量数。(61)

读之位除以上所说外，还有两种：一是在另一读之中，一是在另一读之前。在读中的，可看马氏示例中的下面几段（⌊⌉内为另一读）：

[61]⌊⟦危⟧$_{\text{一字为读}}$而不持$_{\text{至此一全读}}$⌉，⌊⟦颠⟧而不扶$_{\text{同上}}$⌉，则将焉用彼相矣？(265)

[62] 丘也闻$_{\text{下文皆记所闻，至“不安”止，皆其止词}}$⌊⟦有国有家者⟧$_{\text{一读，为起词也}}$不患寡而患不均$_{\text{至此一读}}$，⌉不患贫而患不安$_{\text{又一读}}$。(266)

[63]⌊⟦率迩者⟧$_{\text{静读}}$踵武⌉，⌊⟦逖听者⟧风声$_{\text{两状读}}$⌉，纷纶葳蕤，湮灭而不称者，不可胜数。(540)

[64]⌊贤士大夫有⟦肯从我游者$_{\text{至此一读，为“有”字止词。}}$⟧$_{\text{自“贤士大夫”至此，共为一假设之读，}}$⌉吾能尊显之$_{\text{至此句止}}$。(268)

在读前的，例如：

[65]⟦富而可求也，⟧⌊虽执鞭之士，⌉吾亦为之。(7)

[66]⟦果能此道矣，⟧⌊虽愚⌉必明，⌊虽柔⌉必强。(407)

[67]⟦若不可行，⟧⌊虽宰相为使，⌉无益也。(550)

[68] 将有介于其侧者，⟦虽其所憎怨，⟧⌊苟不至乎欲其死者，⌉则将大其声疾呼而望其仁之也。(534)

第二，马氏再三强调位先乎句是读（特别是无记之读）的重要特征，他的根据主要是，位先乎句者辞意未完，故为读。比如在“以数切谏，不得久留内”等例后说：“所引‘以’字，皆记所以然之故，或先置……辞气未完，故为读。”（394）在谈“矣”字时说：“‘矣’字之助句与助读也，无定式，惟视所助者之所置耳。所助者置诸前，辞气未足，则为读。”（434）在谈“也”字时又说：“以其所连者辞气未完，故为读，若置后……则成为句。”（429）但辞气的完与未完，往往带有很大的随意性。所以在用这个标准去辨别读与句时，常常是可此可彼的。这一点，在马氏所标注的示例中表现得很明显。下面是他对《史记·孔子世家》的标注：

余读孔氏书$_{\text{此读也}}$，想见其为人。适鲁$_{\text{言地之读}}$，观仲尼庙堂车服礼器，诸生以时习礼其家$_{\text{至此，句止}}$。余低徊留之$_{\text{读也}}$，不能去云$_{\text{至此，句止}}$。天下君王至于贤人众矣$_{\text{一句}}$。当时$_{\text{读}}$则荣$_{\text{句}}$，没$_{\text{读}}$则已焉$_{\text{句}}$。孔子布衣，传十余

> 世至此一句。学者宗之又句。自天子王侯中国言六艺者至此为读，折中于夫子句。以上之句，亦可作读观，皆以言“至圣”之由，可谓至圣矣句止。(21～22)

既标作“句”，就是说它辞气已足，又说“亦可作读观”，就是说它辞气未足。可见足与不足，实难截然划界。类似的情况还有，在《论语·季氏》一段的末句下说：“‘吾恐’至尾，此段中最全之句，其他皆谓之读可也。”(267) 在《汉书·张敞传》一段下说：“至此句止。其实自‘朝臣’至此，为一假设之读。”接下去在引文之后又说：“又两句。其实至此皆假设之读，后乃言效。”(540)

此外，马氏所作的某些示例，也不尽符合辞意未全是读、辞意已全是句的标准。例如：

[69] 布告天下至此一句，使明知联意自“使”字至此一读。(268)

[70] 度汉兵不能至，而禁其食物句，以苦汉使顿。(557)

[71] 安期生食巨枣句，大如瓜读。(556)

这三例标“句”的地方，辞意皆未全，标“读”和“顿”的地方反而觉得辞意已全。

第三，马氏讲“读之位”的第一种情况是“读先乎句而有助字为殿者”，举“姜族弱矣，而妫将始昌”等为例（525），这种提法很易使人理解为有助字为殿是“姜族弱”之所以为读的原因，实则不然。很多读可以不必有助字为殿，例如：

[72] ⌊今不取⌉，后世必为子孙忧。(265)

[73] ⌊越不为沼⌉。吴其泯矣。(527)

而且，助字助句也许比助读更为常见。可见有助字为殿并非读的标记。这一点，马氏自己也看到了，他说：“此所谓诸煞‘矣’字者，其读、句之别，惟视所置之先后耳。”（437）又说：“非诸助字所殿者之必为读也，乃其所位者之先乎句，而辞气又惟读之是称也。”（525）

第四，“读之位”的第二种情况是“读先乎句有起词为联者”，所举之例有“宋穆公疾，召大司马孔父而属殇公焉”等（525）。仿佛与句共一起词“宋穆公”是“宋穆公疾”所以成为读的原因。其实，共一起词，前者未必是读，有时可能是句。略举数例：

[74] 陛下不救，则边民绝望而有降敌之心；[ ] 救之，小发则不足，多发，远县才至，则胡又已去。(549)

[75] 今足下戴震主之威，挟不赏之功，[ ] 归楚，楚人不信；[ ] 归汉，汉人震恐。(549)

[76] 今臣新从秦来，[ ] 而言勿与，则非计也；[ ] 言与之，则恐王以臣之为秦也。(549)

[77] 士见危致命，[ ] 见得思义，[ ] 祭思敬，[ ] 丧思哀，其可已矣。(495)

[78] 今萧何未尝有汗马之劳，徒持文墨议论，不战，[ ] 顾反居臣等上。(550)

[79] 公幹有逸气，但 [ ] 未遒耳。(550)

以上六例前后都共一起词，例 [74] [75] [76]，马氏划归两商之句；例 [77] 马氏称为"凡五句，皆以'士'为起词"(495)；例 [78] [79] 马氏划归反正之句。可见前后共一起词者可以都是句。

第五，"读之位"的第三种情况是"读先乎句而无起词为联者"，包括三种类型：

（一）读、句皆无起词，例如：

[80] ⌊出⌉因其资，⌊入⌉用其宠，⌊饥⌉食其粟。(527)

（二）读、句皆有起词而不相共，例如：

[81] ⌊秦晋围郑⌉，郑既知亡矣。(527)

（三）叠接成读，例如：

[82] 诗云："宜兄宜弟。"⌊宜兄宜弟，⌉而后可以教国人。(527)

正象有起词为联不是读的标记一样，无起词为联也不是读的标记。有些舍读独立之句，也无起词为联，或各有起词而不相共。例如下面两例，《文通》都列入反正之句，即前后皆句：

[83] 可与共学，未可与适道；可与适道，未可与立；可与立，未可与权。(551，皆无起词)

[84] 楚一言而定三国，我一言而亡之。（551，各有起词而不相共。)

第（二）种类型中的某些例句，与作为舍读独立之句的某些例句也较难区别。试以例［81］与被列入舍读独立的反正之句中的如下一例比较：

[85] 秦无亡矢遗镞之费，而天下诸侯已困矣。(550)

对鉴别无记之读，马氏提出了一个较为重要的标准：“夫句者，乃以达所说之正义也。欲明正义，应将前后左右之情境先述焉，而正义乃明。故凡读之先乎句者，皆所以述正义之情境也。”（525）如果说例［81］的“秦晋围郑”是述情境的，意思是“在秦晋围郑的情况下（或时候）……”因而是读；那末，说“在秦无亡矢遗镞之费的情况下……”不也是可以的吗？马氏说：“反正之句者，即前后句意义相背，中假连字以捩转也。”（530）“秦无亡矢遗镞之费，而天下诸侯已困矣”有“而”捩转，因此是反正之句；那么，“妾自知有身矣，而人莫知”。(525）前后句意义也相背，并有“而”字捩转，为什么却归入与读相联之句，从而把“妾自知有身矣”又看作读呢？马氏认为“记作事之故”的是读，他说：“言所以然者，则为读。”(394）如果说“秦晋围郑”是言故的，意即“因为秦晋围郑……”因而是读，那么，“佛肸召，子欲往”中，“佛肸召”不正是言“子欲往”之故的吗？为何又称此为“两平句”（10）呢？

这里顺便指出一个问题，言故（所以然）者在前，固然可以说是读，但有时言故者在后，就很难再说是读了。例如：

[86] 吾属廷尉者，欲致之族。(77)

[87] 先君之所为不与臣国而纳国乎君者，以君可以为宗庙社稷主也。(423)

[88] 昔者汤伐桀而封其后于杞者，度能制桀之死命也（522)

[89] 天下匈匈数岁者，徒以吾两人耳。(522)

［90］孟尝君为相数十年无纤介之祸者，冯谖之计也。（522）

第（三）种类型为叠接成读，马氏解例［82］说："叠接'宜兄宜弟'者，即有'若是'之解，故叠接者自成为读矣。"（528）但他又说："凡叠用前文以之成读者居多，而以成句者亦有焉。"（529）所举例子是：

［91］公祭之地，地坟；与犬，犬毙；与小臣，小臣亦毙。（529）

例后说明是："三叠前字，皆为句之起词。"这两种句式本是不难分别的，但一不小心，也会自乱其例。例如：

［92］诚以君之重而进妾于楚王，王必幸妾。（528）

这跟"公祭之地，地坟"是同一句式，可是马氏把它归入"叠用前文……自成为读"一类中。又如：

［93］太子天下本，本壹摇，天下震动。（528）

马氏也作为"叠接成读"的例子。但"本壹摇"可以说是读，"天下震动"就不能不说是句了。

"叠接成读"的最后，马氏谈到这样一种情况："'如是''若是''夫如是'等语之先乎句者，皆如重申前文而自成为读矣。"（529）对于"如是"，书中还有另外五种不同的说法：

（一）"夫如是"——"夫"起词，"如是"其表词也。（95）
（二）"夫如是"——"夫"代字，"如"同动，"是"止词。（266）
（三）"如是"——"如"状字，所状为代字（指"是"）。（299）
（四）"如是""若是""夫如是"——状语有为顿者。（517）
（五）"夫如是"——可谓顿读。（266）

这几种说法，既牵涉对"如是"等内部结构的不同分析，比如"是"是表词？是止词？还是被"如"修饰的成分？也牵涉对它们整体性质的不同判断，比如，是顿，还是读？马氏感到难以决断，有时干脆叫做“顿读”。

关于读之用。

《文通》谈读之用，以字类为纲，以字类统领句子成分。比方在“用如名字”项下又分用为起词、止词、转词等（详见上文句读提纲）。这样做，不仅没有意义，还会徒增许多矛盾，不如径直说用为起词、止词等来得较为明白。下面谈几个问题：

第一，在“［读］用如名字”项下，只谈到读用为起词、用为止词和用为转词三项。而在卷二谈接读代字“者”时，提到“者”字读可用为起词、止词、表词、司词、居于偏次、用如加语和有假设辞气者，其用为七，较“读之用”节所谈多出四种，简列于下，以便了解：

（一）用作司词者

［94］士为⌊知己者⌉死、女为⌊悦己者⌉容。（74）

［95］夫为天下者亦奚以异乎⌊牧马者⌉哉？（75）

（二）居偏次者

［96］⌊不为者⌉与⌊不能者⌉之形何以异？（75）

［97］子食于⌊有丧者⌉之侧。（75）

（三）用如加语者

［98］他小渠⌊披山通道者⌉，不可胜言。（75）

［99］夫子，天下之⌊名能文辞者⌉，凡所言，必传世行后。（75）

（四）有假设辞气者

［100］其有⌊不合者⌉，仰而思之。（76）

［101］⌊合己者⌉善待之；⌊不合己者⌉不能忍见。（76）

除了“者”字读外，还有没有其他读可居偏次和用如加语呢？有的。居偏次者，例如：

［102］今乃以⌊妾尚在⌉之故，重自刑以绝从。（532）

［103］始⌊臣之解牛⌉之时，所见无非牛者。（532）

作加语的，例如：

［104］赐我南鄙之田，⌊狐狸所居⌉，⌊豺狼所嗥⌉。（135）

［105］晋有三不殆：⌊国险⌉而⌊多马⌉，⌊齐楚多难⌉。(134)

除了以上所谈读的用法外，读还有一种用法，即可作前词。例如：

［106］故⌊刚平之残也，⌉⌊中牟之堕也，⌉⌊黄城之队也，⌉⌊棘沟之烧也，⌉此皆非赵魏之欲也。(524)

［107］⌊东越相攻⌉，上使黯往视之。(35)

这些都属于读之用，但马氏在“读之用”节却未曾提到。

第二，在“［读］用为止词”节内，马氏举有这样的例句：

［108］猛虎之犹豫，不若⌊蜂虿之致螫⌉。(531)

马氏说，“蜂虿之致螫”“——若止词然”。但对同类例句，却有不同的解释。例如：

［109］人之有四端也，犹其有四体也。——“犹”亦连字，蒙读以为比。(49)

［110］民之归仁也，犹水之就下，兽之走圹也。——所以比者之读，表词也。“犹”……用若断词。(316)

［111］士之失位也，犹诸侯之失国家也。——“犹”至“也”为读，此以“诸侯之失国”比“士之失位”，皆谓“比读”，乃状读中之一也。(19)

这些不同的解释，带来了新的矛盾：如果是止词，就属于用如名字者；如果是表词，就属于用如静字者；如果是状读，就属于用如状字者。同样一种句子成分，怎么可能既用如名字，又用如静字，还用如状字呢？马氏对这类句式分析上的前后矛盾，是植根于对“犹，若，如”这几个词词类归属上的摇摆不定：时而说是动字，时而说是断词（案，即系词），等等。

第三，在“［读］用如静字者”项下，列有两类例句：

（一）用为表词者：

［112］颍考叔，⌊纯孝也，⌉爱其母，施及庄公。(533)

［113］君，⌊天也，⌉天可逃乎？（533）

［114］卫国⌊褊小⌉，老夫⌊耄矣⌉，此二人者，实弑寡君，敢即图之。（533）

（二）有接读代字者

［115］天之所废，必⌊若桀纣者⌉。（533）

［116］在宰相位凡五年，⌊所奏于上前者，⌉皆二帝三王之道，由秦汉以降未尝言；退归，未尝言⌊所言于上者⌉于人。（534）

对（一）类例，何容作过中肯的批评："如果说它用为表词，它就不是读；如果说它是读，它就不是表词。如例一（案：即本篇例［112］—引者按）说：'纯孝也'是表词，它就不是读，因为它没有起词，不合于读之界说；如果说这是读先乎句而有起词'颍考叔'为联者，则'颍考叔纯孝也'才是一读，试问这一个读又作谁的表词呢？"（《中国文法论》137～138页，新知识出版社，1957年）

在第（二）类例句的前面，马氏说："惟读之有接读代字也，则其用如静字者审必矣。"（533）引例后又说："凡有'者''所'两字之读皆用如静字者然。盖若此之读，皆以表为代者之何为何若也。"（534，案，后面这种说法与前面的说法略有不同，只限于有"者，所"之读，排除了有另一接读代字"其"字之读。）在"天下之欲疾其君者，皆欲赴诉于王"一例下说："'天下'至'者'字，一读也，而为句之起词，以表何如之人，故视同静字。"（73）为什么表示被代者何为（wéi）、何若、何如就是用如静字呢？马氏说："夫事物之可为语者，不外动静两境，故动境语以动字，静境语以静字。"（160）而言何为、何若是静境，故用如静字。马氏的这一说法，也许有他的道理，但这样一来，就又引起了新的矛盾。有"者，所"之读用为表词，说它用如静字，没有问题；但它们还可用为起词、止词、转词等，而这些用法都属于用如名字的，再说它们"用如静字者审必矣"，恐怕就不行了。马氏关于有接读代字之读用如静字的说法，与他的凡用为起、止、转词之读都用如名字这一原则有时形成了明显的对立，请看下面三组例句的对比：

（一）读为起词 { ⌊为机变之巧者，⌉无所用耻焉。——用如名字。（530）
⌊蛇先成者，⌉独饮之。——用如静字。（533）

（二）读为止词{不可，则听⌊客之所为⌉。——用如名字。(531)
皆得其⌊性之所近⌉。——用如静字。(532)

（三）读为转词{欲以⌊所事孔子⌉事之。——用如名字。(532)
各以⌊所能⌉授弟子。——用如静字。(534)

第四，在“［读］用如状字”项下，马氏列有下面几类例句：

（一）读之记处者

［117］⌊君处北海⌉，⌊寡人处南海⌉，唯是风马牛不相及也，不虞君之涉吾地也，何故？(535)

［118］吾见子某诗，⌊吾时在翰林，⌉职亲而地禁，不敢相闻。(535)

（二）读之记时者

［119］⌊且广年六十余矣，⌉终不能复对刀笔之吏。(535)

［120］愈来京师，⌊于今十五年，⌉所见公卿大臣，不可胜数。(536)

（三）读记举止之容

［121］乃祖吾离，⌊被苫盖，⌉⌊蒙荆棘，⌉以来归我先君。(536)

这些引例，多不合状字的定义与作用，如例［117］“处北海”“处南海”只是“君”和“寡人”所处之地，并非动字“虞”发生之地。例［118］“时在翰林”是记“吾”的所在，而不是记动字“闻”的所在。例［119］“年六十余”是记“［李］广”的年龄，而不是记动字“复对”的时间。以下各例仿此。正如何容所说：“读用如状字，应有其所状之字或句可指，其所状之处、之时、之容，即属于此被状之字或句者。马氏所举诸例，所谓记处、记时、记容者，往往是指读本身所表之意义而言，不是指它对于被状的字句所起的作用而言。换句话说，读所记之处、之时、之容是属于句读之起词的，而不是属句中的动字的。”（同上，141）

《文通》的句，分两大类，一类是与读相联之句，另一类是舍读独立之句。与读相联之句，略同于今天所说的主从复句的主句和包孕复句，以上谈读所涉及的多是这一类的句；舍读独立之句，略同于今天所说的并列复句，马氏又分为排句、叠句、两商之句、反正之句四种。这类句中虽然也有划类妥当与否的问题，但毕竟不象与读相联之句那样犬牙交错，矛盾百出，令人困惑，所以本篇从略。

《评述》说："一般单句的问题……例如'孟子见梁惠王'或'齐人有一妻一妾'，这是句子的基本形式，应该大讲而特讲，怎么《文通》倒没有讲到呢？不是没有讲，是分散开来讲了。卷十上来就讲几个主要句子成分：起词、语词、止词、转词，然后讲顿，讲读，讲句。除此之外，卷二接读代字节讲的是读，卷三的表词节讲的是语词的一种，特别是卷五讲动字，实际上是把句子里的几种主要成分都讲了，卷七讲介字也涉及很多句法问题。"

为便于了解《文通》的读和句，特列两个与今天通行的语法术语对照的简表：

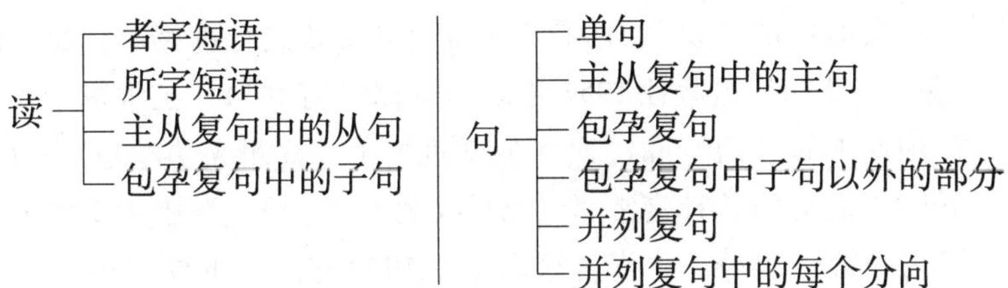

总起来说，《文通》的句读论大致成为一个系统，但是不够严密，那也是无可讳言的。

1982 年写成，1983 年 12 月第 5 次修改

（原载《语言研究》1985 年第 2 期）

《马氏文通》的“次”

对《马氏文通》的“次”，已有不少专著和文章进行过讨论，如：何容《中国文法论》（新知识出版社 1957 年版，下称“何书”），王维贤《〈马氏文通〉句法理论中的‘词’和‘次’的学说》（《杭州大学学报》1963 年第 2 期，下称“王文”），孙玄常《〈马氏文通〉札记》（《中华文史论丛·语言文字研究专辑〈上〉》，上海古籍出版社 1982 年版，下称“孙文”），林玉山《试论〈马氏文通〉的次》（《上海师院学报》，1983 年第 4 期，下称“林文”）。吕叔湘先生指导并与笔者联名发表的《〈马氏文通〉评述》（《中国语文》1984 年第 1、2 期），也对《文通》的“次”作了简要评介。本文在《评述》的基础上，对《文通》的“次”进行再探讨，并吸收何书、王文、孙文、林文的某些论点，而对其中的另外一些论点，发表些不同看法以进行商榷。

《文通》根据西方语法“格”的概念，为汉语立了“次”，作为分析句子的辅助手段。马氏说：

> 夫名、代诸字，先乎动字者为主次，后乎动字者为宾次。然而实字相关之义，有出乎主、宾两次之外者，泰西文字，若希腊、拉丁，于主、宾两次之外，更立四次，以尽实字相关之情变，故名、代诸字各变六次。（《文通》校注本，第 313 页，下略书名只注页码）

拉丁语名词即有六格：主格，宾格，属格，与格，呼格，夺格。马氏也为汉语立了六个次：主次，宾次，偏次，正次，前次，同次。马氏的六次与拉丁语的六格虽不是一一照应，然也并非偶然巧合。但汉语与西语毕竟悬殊，西语有形态变化，汉语则无；西语的格不但包括名词与其他词的相互关系，而且包括表示这些关系的形态变化。汉语的“次”，只能表示名词、代词和其他词之间的相互关系（在句中的位置）及其“孰先孰后”的次序（马氏也许正是从这种意义上取名为“次”的）。关于这个问题，本文末尾还将谈到。

马氏的六个“次”不是在一处同时提出的。卷一“正名”只给主次、宾次、偏次立了界说，卷三又说：“次有四：曰主次，曰偏次，曰宾次，曰同次。”（105 页）在同卷谈“偏次”时说：“凡数名连用而意有偏正者，则正者后置，谓之正次，而偏者先置，谓之偏次。”（108 页）同卷谈“同次”时说：“凡名、代诸字所指同而先后并置者，则先者曰前次，后者曰同次。”（124 页）综合几处所说，共得六次。这六个次不在一个平面上，实为三根轴。主次、宾次都可以居正次，正如马氏所说：“凡在主、宾次而为偏次所先者，亦曰正次。”（16 页）例如：

霍氏之祸，萌于骖乘。——“祸”主次，而亦为正次者，则对“霍氏”偏次言之也。（16 页）

君行周公之事。——“事”者宾次，“事”对“周公”偏次言，则为正次。（16 页）

前次、同次也不是基本的次，换言之，主、宾、偏皆可居前次，而同次或同于主次，或同于宾次，或同于偏次。用马氏的话说是：“凡主、宾、偏三次皆可为同次，则皆得为前次。”（124 页）分别举例如下：

同于主次：臣，外国人，不如光。（124 页）
　　　　　主次　同［于主］次
　　　　　前次　同　　　　次

同于宾次：务欲进足下趋死不顾利害去就之人于朝。（124 页）
　　　　　　　　宾次　同　［于　宾］次
　　　　　　　　前次　同　　　　　　次

同于偏次：乃求为秦相文信侯吕不韦舍人。（132 页）
　　　　　　　　同［于偏］次　偏次
　　　　　　　　同　　　　次　前次

末例在前者为同次，在后者为前次，是马氏原意，这与他“先者曰前次，后者曰同次”之说矛盾，说详下文。

我们说六个次，三根轴，具体表现在一个字可以同时居三个次上。例如：

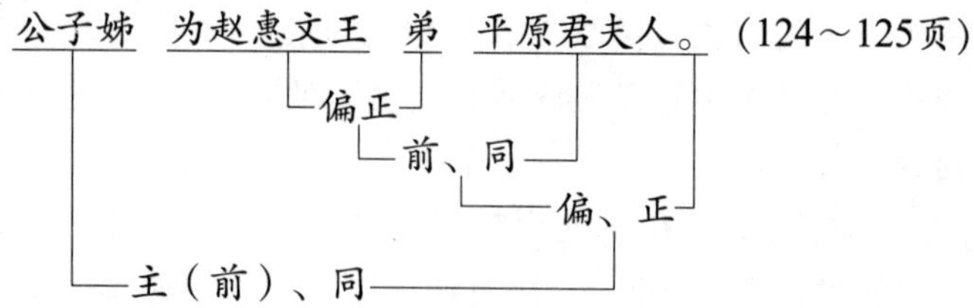

“弟”对“赵惠文王”说是正次，对“平原君”说是前次，对“夫人”说是偏次，同时居正、前、偏三次。

只有主次、宾次、偏次是基本的次。同次虽不是基本的次，但作为同次的加词（即今同位语或类似同位语的成分）是一种独特的句子成分，有单独论述的必要。所以马氏说“次”有四：主次，宾次，偏次，同次。现分别论述于后。

主　次

《文通》说：“凡句读中名、代诸字之为表词、起词者皆居主次……间有名字不为表词、起词而归入主次者有三：一，呼人对语者……二，凡慨叹而呼及名字者……三，凡题书名碑记者。”（106～107 页）据此可得主次有四类，举例分列于下：

一，起词：余读孔氏书。(21 页)

二，表词：元年者何？(81 页)

三，呼语：微之乎，子真安而乐之者！(106 页)

四，题名：号其书曰《新语》。(107 页)

马氏将“呼人对语”与“慨叹呼名”别分为二，在“慨叹呼名”下所举之例有：“噫嘻，成王！”这与“呼人对语”无本质不同，故可视为一类。

何书说：“‘同’与‘前’两名称，也是义取对待，凡名、代诸字，只要所指同而先后并置，无论它们作句读中的什么词，更无论它们是否共同作一种词，在先的就是前次，在后的就是同次；同次和前次可以但不一定同为主次、宾次和偏次。字之为句读之表词者，其所指与为起词之字之所指为一，而置于其后，故为起词者为前次，为表词者为其同次；然为起词者在句读中居主次，为表词者之次却只能称为同次，而不能称为主次；是即同次虽然可以却不一定与其前次同居一次之例。马氏只曾在所引同次诸例之后含混地说‘以上所引皆主次’，并未明言“以上所引皆同次之用如表词而居主次者'，马氏也不曾把为表词之字所居之次视同主次。误读《文通》的人却说：'句读中名、代诸字之为表词者居主次。'……至于马氏在同次诸例之前所说'凡主、宾、偏三次皆可为同次，则皆得为前次'……并不是说表词居主次又可为起词之同次。"（92～93 页）这一大段批评，失之于主观了。实际情况是，《文通》全书不止一次地明确说表词居主次。例如：

> 公子姊为赵惠文王弟平原君夫人。——"公子姊"前次，"夫人"其同次，皆在主次。（124～125 页，重点号为笔者所加，下例同。）
>
> 夫如是，奚而不丧？——"奚"字用如表词而居主次。（88 页）
>
> "何"字单用于主次者概为表词：吾所以有天下者何？（80～81 页）

马氏在此列表词于主次，在同次节又列表词于同次，二者并不矛盾。"同次云者，犹言同乎前次者。"（124 页）前次为主次，即同乎主次，因而也是主次（间接居主次）。这样处理，是本于西方语法的，西语中用作表词的字是与起词同居主格的。孙文说：

> 马氏也有把某些止词作为主次的，可以找出几个例证。比如代字章指名代字的论"其"字用法里有云……读为一句之止词而"其"字作为读之起词而居主次的例是：
>
> 《孟·梁上》：王若隐其无罪而就死地，则牛羊何择焉？——"其无罪而就死地"，读也，而为"隐"字之止词……"其"字主次。（48 页）
>
> 这里"其"作为读的主次，即是止词（一个读）的起词，也可以理解为"隐"的止词而兼作"无罪而就死地"的起词。类此者还有"己"字。论"己"字用法例：
>
> 《孟·公下》：使己为政而不用，则亦已矣。
>
> 《左昭三十一》：己所能见夫人者有如河。——两"己"字皆在主次。（59 页）
>
> 第一个"己"字是"使"的止词，同时也是"为政而不用"的起词，跟"其"字例相同。（262～263 页）

这段话，对马氏原意恐有误解。孙文所引《孟子》二例，马氏把“其无罪而就死地”和“己为政而不用”这类成分统看作承读（见“动字相承”节，270～275页），即通常所说的用小句作动词的宾语。马氏说“其、己”为主次，是就小句而言的。小句与句子属于两个不同的层次。孙文说“‘其’……也可以理解为‘隐’的止词”，这不是马氏的意思。马氏在《孟·梁上》一例下说：“‘其无罪而就死地’，读也，而为‘隐’之止词。盖王所‘隐’者非其‘牛’也，乃‘牛无罪而死’故也。”（48页）

至于孙文把处在起词位置上的意念上的受事者统说成止词，又说在起词位置上，就是主次，这是用推理的方法得出《文通》“把某些止词作为主次”这一结论的。这样推理能否站得住姑且不说，只是处处这样推理，《文通》本来就够混乱的体系，将会变得更加使人眼花缭乱、理不出个头绪来。应该说，《文通》的主次是不包括止词的。

在马氏的引例中，还有问题。有与标题不符者，有已列入他处而又误列于此者。前者如：“霸陵尉醉，呵止广。广骑曰：‘故李将军。’”马氏说：“‘故李将军’者，乃应对之名，犹云‘来者为谁’，应之曰：‘乃故李将军也’，盖表词也。”（106页）既为表词，就不应列入“呼人对语”，因“呼人对语”是“不为表词、起词而归入主次者”，这一点，马氏已明言。后者如：“嗟乎，子乎！楚国亡之日至矣。”在卷九叹字章“子”被解作叹字“嗞、兹”的同音异形字（487页），而主次节又误将此例列入，说“子”是“慨叹而呼及名字”的主次。

宾　　次

《文通》说：“名、代诸字，凡为动字之止词，与为介字之司词者，则在宾次……又句读中，凡名字用以记地、记时、记价值、记度量、记里数，类无介字为先者，皆可视同宾次。”（118页）又说：“更有名字不为起词而置先动字，或言所事之缘由，或言所用之官，或状形似者，皆可视同宾次。”（123页）现将宾次的几种类型举例于下：

一，动字之止词：子见南子。（12页）

二，介字之司词：斧斤以时入山林。（16页）

三，记地之词：徙豪富茂陵。（118页）

四，记时之词：七日七夜，至老子之所。（119页）

五，记价值之词：请买其方百金。（121页）

六，记度量之词：朱儒长三尺余。（121 页）

七，记里数之词：父去里所。（122 页）

八，名字先于动字，记由、记用、记形似者：腹诽而心谤。（123 页）

第一、二两类宾次，问题比较简单。第三类所以归入宾次，可能是因为这些词语前“类无介字为介，然终不失有介字之义”。（512 页）在说解某些例句时，马氏也常补上有关介字。例如：

> 种苜蓿、蒲陶肥饶地。——……犹言“种之于肥饶之地。”（118 页）
> 见燕使者咸阳宫。——……犹言“见之于咸阳宫”也。（118 页）

但四——七诸类例句则大部或全部无法补出介字。例如：

> 晋侯在外十九年矣。（119 页）
> 贾生年二十余。（119）
> 令子长八尺。（121 页）
> 生平毁程不识不直一钱。（122 页）

把这些加点的词语也列入宾次，究其原因，可能在马氏看来，它们与前边能补出介字的词语所表达的语义是相近或相同的，因此应属于同一个次。而对这些词语句法功能的异同，马氏全然未予考虑。

在记时记地之词语中，马氏特别提出：用“上、下、左、右、内、外”等字缀于地名、人名、时代之下，这类词语也属于宾次。所举之例有：

> 居蛮夷中久。（120 页）
> 屏居蓝田南山下。（120 页）
> 大乱之本必生于尧舜之间。（121 页）

这类词语归入宾次的原因，可能是马氏自己所说的“盖‘上、下、内、外’诸字，即所以代介字之用，故泰西文字遇有此等字义，皆为介字”。（119 页）这显然是模仿西语的。

在阐述这几类词语应属于宾次时，马氏有一种说法，常使读《文通》者大惑不解。他说：“记所在之地与所至之地，间无介字为先，故所记之地列于宾次。”（118 页）“凡此四时，类无介字为先，故亦列于宾次。”（119

页）“凡记价值、度量、里数之文，皆无介字为先，故以列于宾次。”（121页）对此等说法，杨树达在《马氏文通刊误》中批评说：“以无介字为列于宾次之原因，可谓适得其反。”（83页）马氏这些说法中，“故”字殊无来由，有介字则其后为司词，司词居宾次，马氏已明言之；又以无介字为列于宾次之由，自相矛盾。

第八类宾次最为没有道理。马氏在内动字节说：“名字不为止、转两词而惟以状动字者，则必先所状。”所举之例有“入则心非，出则巷议”。（223页）在状字假借节说：“有假借名字为状字者”，所举之例有“……目濡耳染，不学以能”。（292页）两处所谈，与第八类宾次属同类词语。用在动字前而不作起词的这种名字，说是名字状动字可，说是假借名字为状字也可，都不为无理。只是肯定了这些说法，对归入宾次的作法就是一种否定，因为状动字，即假借为状字；既为状字，又何宾次之有？

孙文说：“这些作为宾次，看来好像有点奇怪，但是《文通》是把介字的司词作为宾次的，这些例子不妨看作省略了介字的宾次。比如‘病免’可说是‘以病免’，省了个‘以’字，“家居’可说是‘居于家’，省了个‘于’字。”（265页）这种说法，只适用于部分例句，还有不少例句是很难补进介字的。例如：

> 九窍者胎生，八窍者卵生。（123页）
> 乃效女儿呫嗫耳语。（123页）
> 十九人相与目笑之。（123页）
> 因长老肉袒固谢罪，改入迺许。（123页）

对于这种情况，又该作何解释呢？

偏　次

《文通》说：“凡数名连用而意有偏正者，偏者居先，谓之偏次。”（15页）又说：“凡数名连用而意有偏正者，则正者后置，谓之正次，而偏者先置，谓之偏次。”（108页）类似说法还有。这些说法，与“次”的定义有所不同。“次”的定义是“凡名、代诸字在句读中所序之位”。而偏次的定义中却排除了代字。偏次节所举之例中也没有代字居偏次之例。是不是偏次就不包括代字呢？不是。马氏在“诸生以时习礼其家”的“其”字下注曰："代字而居偏次。"（21 页）在代字章又每每说："'吾、我、予'之为偏次也，概无'之'字为间，而'余'字有之。"（39 页）"'之'在偏次有指示之意。"（46 页）"'其'字……附名而居偏次。"（47 页）"'此'字用于偏次者。"（53 页）"'谁'字……在偏次，其后概加'之'字。"（78 页）由此可见，"偏次"定义中是应补上代字的。

马氏的偏次，只指由名字、代字充当的名词修饰语，而不包括由静字充当者。这从他下面的一些说法中可以看出：

> 凡公名前有静字或有偏次以成一顿者……皆可加以"夫"字。（93 页）
>
> 偏次之用，一如静字。（110 页）
>
> ［静字］偶者亦先焉（案：先于名字），惟衬"之"字，若偏次然。（141 页）

在谈介字"之"的用法时，又将"偏正之间，概介'之'字"和"介於静字、名字之间者"别分为二。马氏的偏次不包括名字前面的静字，是以拉丁语法为依据的，在拉丁语里，静字修饰名字是与名字同格的，马氏自然不宜将静字归入偏次。

但在马氏的叙述中，修饰名字的静字和偏次又常发生轇轕。比如，马氏所举偏次的例中有这样的句子：

> 乐正子，二之中，四之下也。（117 页）
>
> 其实皆什一也。（117 页）

马氏说"二、四、什"是偏次，但它们又是静字（滋静）。又如，代字"是、此、谁"等修饰名字（如"是心、此时、谁之子"），马氏称"用于偏次"（52 页，53 页，78 页），而"何"修饰名字（如"何器"），却说是"用如静字"（87 页）。偏次节说"齐桓、晋文"的"齐、晋"是偏次（110 页），静字章又说它们是"用如静字"的（140 页）。指名代字节说"吾国、吾家、吾身"的"吾""皆偏次"（38 页），也说"其文、其辞、其志、其行"的"其""皆偏次"（49 页），而静字章又说："'吾国、吾家、其言、其行'诸语，'吾、其'二字皆代字也，今则用如静字。"（140 页）这些情况表明，马氏看到了名字、代字作修饰语和静字作修饰语在汉语中的一致性，但囿于西方语法的框子，终未能明确地把它们划归一类。

有两种偏次，马氏在偏次节没有提到，但在动字章和代字章提到了，这就是散动用于偏次和“者”煞之读用于偏次。所举之例有：

> 彼秦者，弃礼义而上首功之国也。——“弃、上”两散动字皆在偏次，以附于“国”字。(285 页)
>
> 燕赵古称多感慨悲歌之士。——“感慨悲歌”……在偏次。(286 页)
>
> 不为者与不能者之形何以异？——“不为者”与“不能者”皆属于“形”字，故居偏次而先焉（75 页）
>
> 长逝者魂魄，私恨无穷。——犹云“逝者之魂魄”也，……“者”煞之读皆在偏次。(75 页)

这些偏次，都超出了名字、代字的范围。

至于偏次节从意义上给偏次划类，分作言正次之所属、言所有之度数等，这是难以穷尽的，而且归类往往可此可彼。这一点，孙文作了较详尽的评介，此不赘述。

同　次

《文通》说：“凡名、代诸字所指同而先后并置者，则先者曰前次，后者曰同次。”（124 页）又说同次之例有二：用如表词者，用如加词者；而加词是“凡名、代、动、静诸字所指一而无动字以为联属者”。（131 页）较前说多出了动字、静字，与“次”的定义不符。

现将马氏关于“同次”的论述概括介绍于下：

同次之用有三：

一，申言以重所事：此人亲惊吾马。(125 页)

二，重言以解前文：朕，高皇帝侧室之子。(126 页)

三，重言以为惊叹：噫，天丧予，天丧予！(127 页)

同次之例有二：

一，用如表词者六式：

（一）静字为表词：其文约，其辞微，其志洁，其行廉。(127 页)

（二）注解之句：南冥者，天池也。(128 页)

（三）封（拜、化……）……为（是）：陆生卒拜尉他为南越王。（129 页）

（四）以……为：以唐为楚相。（130 页）

（五）静字在动字之先后：内史庆醉归。（130 页）

（六）……谓（言）：生之谓性。（131 页）

二，用如加词者六式：

（七）官衔勋戚名称先后乎人名：右丞相陈平患之。（132 页）

（八）所称相同而先后殊时：一死一生，乃知交情；一贫一富，乃之交态。（133 页）

（九）约指、逐指代字加于名、代诸字后：若属皆且为所虏。（133 页）

（十）先提一事，然后分陈：晋有三不殆：国险而多马，齐楚多难。（134 页）

（十一）起词、止词后系读：佗小渠披山通道者不可胜言。（134 页）

（十二）动字、名字历陈，后续代字总结：礼义廉耻，是谓四维。（135 页）

此外，还有两种情况也被列为同次：

（十三）主次、宾次、偏次置句首，后以代字重指：鸟，吾知其能飞。（136 页）

（十四）名、代等字连书而意平列者：生庄公及公叔段。（137 页）

以上所述可以看出“同次”的内容十分庞杂，问题也比较多。

“同次之用”与“同次之例”的关系是什么呢？如果说“用”指作用，“例”指形式，“用”的第一、二两项，只能概括“例”中第九、第二两项之用。“用”的第三项为“连叠两句”，与叙说“名、代诸字于句读中应处之位”的次无关，且在“同次之例”中也不包括此“例”。所以说“同次之用”是多余的。

马氏“同次”的“同”，有三种涵义：一，所指相同（如“右丞相陈平”）；二，次相一致（如“其文约”）；三，同居一次（如“生庄公及公叔段”）。但次相一致或同居一次者，所指未必相同，这是一个根本的矛盾；由这个根本矛盾又派生出一些具体矛盾。

“同次之例”第（一）项静字作表词与起词同次，这一方面超出“次”仅限于名、代诸字的范围，另一方面也与“所指同”的同次定义相违逆。第三、四两项，“为（是）”后如果是名词，还可说是“为”前词语的同次。但“为”后还可以是静字，例如：

臭腐复化为神奇，神奇复化为臭腐。（129 页）

无以尹铎为少，无以晋阳为远。（130 页）

对这类句子，如果还说“为”后词语是“为”前词语的同次，那就由于跟第（一）项相同的理由，是不合理的。

第（五）项，说“内史庆醉归”的“醉”是“状起词者”，因而与起词同次，这也许有它西方语法上的根据，但不适合于汉语语法。“醉”应是修饰“归”的，说明“归”时的容状。如果修饰动字的词语都与起词同次，那么，所有的状字（副词）都可与起词同次了，那能行吗？且与“醉”字用法相同的“上使立诛之”“庄公寤生”“生得广”诸句中的“立、寤、生”，马氏是解作“假借动字为状字”的。既为状字，当然不能是同次。

第（七）项说“凡官衔勋戚诸加词先后乎人名者皆曰加词”，而加词是同次，这样，一部分同次就在前次之先了，这与“在先者曰前次，后者曰同次”的说法相牴牾。

第（八）—（十四）项有个共同的问题是把某些动字、静字，或读解为同次（或前次），超出了“次”的范围。例如：

动字为同次（或前次）：

一死一生，乃知交情。（133 页）

凡有季氏与无，于我孰利？（138 页）

堕肢体，黜聪明，离形，去知……此谓坐忘。（135 页）

静字为同次（或前次）：

一贫一富，乃知交态；一贵一贱，交情乃见。（133 页）

读为同次（或前次）：

晋有三不殆：国险而多马，齐楚多难。（134 页）

所以遣将守关者，备他盗之出入与非常也。（137 页）

古之圣人，其出人也远矣，犹且从师而问焉。（135 页）

彼，人之所引，非引入也。（135 页）

赐我南鄙之田，狐狸所居，豺狼所嗥。（135 页）

佗小渠披山通道者，不可胜言。(135 页)

角者，吾知其为牛。(136 页)

至于第（十四）项将同为一次的并列成分说成同次（未明言哪是哪的同次），这与“所指同而先后并置”的同次完全是两码事。吕叔湘先生在孙文校批中说：“这一类是马氏自乱其例。同次与前次相对，而所指为一，能说‘庄公’是‘公叔段’的前次，而所指相同吗?”（案：马氏将“生庄公及公叔段”列入同次之例）

在十四类同次中，马氏所引之例有应置此而置彼的情况。首先，用如表词者与用如加词者中，一部分例句就属于这一情况。马氏说加词是所指一而无动字以为联属者，而表词与起词之间有的也无动字联属。例如：

臣，工人，何术之有？(124 页)

臣，外国人，不如光。(124 页)

正因为加词与表词之间界限不清，就将一部分明明是表词者列入加词之例中，如：

今先零羌杨玉，此羌之首帅名王，将骑四千。(132 页)

余之宗兄，故起居舍人君，以道德文学伏一世。(133 页)

子所雅言，诗书执礼。(134 页)

彼，人之所引，非引人也。(135 页)

赐我南鄙之田，狐狸所居，豺狼所嗥。(135 页)

其次，在用如加词者和其他类同次中也有例句归属上的不当：同类性质的例句却归入两类中。例如：

子不语怪、力、乱、神。(134 页)

子罕言利与命与仁。(137 页)

前例，马氏归入第（十）项“先提一事，然后分陈”中，说“怪、力、乱、神”是“不语”的同次；后例又归入第（十四）项“名、代等字连书而意平列者”中，说“利、命、仁”三者为同次。正确的分析应当是：“怪、力、乱、神”和“利与命与仁”分别作动字“语”和“言”的止词，居宾次。

同次与宾次之间，本来是界限划然的，但由于马氏叙述不清和引例混乱，使得一部分同次（第三、四、六项）与宾次之间发生了纠葛，表现为两种情况，一是同类例句，时而说是同次，时而说是止词，居宾次。请看如下两例：

> 陆生卒拜尉他为南越王。(129 页)
> 孝景帝乃使使持节拜为雁门太守。(194 页)

此二例情况相同。对前一例，马氏说：“‘拜’字后‘南越王’与‘尉他’同次。”对后一例，却说：“此‘拜’后‘为’字可解以‘作为’之意，‘雁门太守’乃‘为’之止词，位在宾次。”

另一种情况是，同一个例句，先后作两种解释。例如：

> 景帝立，以唐为楚相。
> 民以为将拯己于水火之中也。

对前例，一说：“‘楚相’与‘唐’同次。”(130 页）另一说：“‘为’字……为动字而有作用矣”，“犹云‘以冯唐作为楚相’也。”（169 页）动字后的“楚相”就是宾次了。对后例，一说：“‘以’字先乎动字，间蒙上文而不言所司”，“此‘为’字作决辞用”(336 页)；另一说：“‘以为’二字即‘意谓’也……‘将拯己于水火之中也’九字乃承读。”（270 页）决辞（即系词——笔者）后为表词，与省略的“以”的司词为同次；而承读，即读作动字的止词，则居宾次。这种矛盾，是植根于马氏对“为”字词性分析上的犹豫，他说“大抵‘徵、拜、封、调’诸字后‘为’字，解以‘作为’者亦可，前于同次节内皆作断词，于义亦通”（194 页)。马氏的这种犹豫是可以理解的，在他之后的几十年里，对“为”字的词性仍然存在着不同看法。

对“谓、言、云”所在句子的分析，也存在着类似的矛盾。有时说：“凡‘谓、言’诸动字，训‘是为、解为’之意者，则先后两语所次必同。”（131 页）有时又说：“‘谓、言’诸动字后所有顿、读皆为止词。”（195 页）不可否认，这类动字的意义和用法不尽相同，马氏指出“当明辨”这种区别是对的，但他不该在这两种说法里引用很多互相重合的例句，使读者感到无所适从。

同次与偏次之间有没有纠葛呢？林文批评说，马氏把一部分加词看作偏次了，他所引用的例证是：

> 乃求为秦相文信侯吕不韦舍人。——“秦相文信侯”亦官勋之名，加“吕不韦”本名之先，而皆在偏次。

林文又指责马氏说：“在分析例句时，也常有不明确的情况……作者并没有把属于‘同次’的加词都分析为‘同次’，而是有时分析为‘同次’，有时分析为‘偏次’。”他引为例证的是：

> 秦之所恶，独畏马服君赵奢之子赵括为将耳。——“马服君”勋名，加于“赵奢”本名之先，皆为偏次。

依笔者之见，这两个例证概不能成立，因为这是对马氏原意的误解。对前上例，马氏是说“秦相文信侯”是“吕不韦”的加词（同次），又与“吕不韦”一起作“舍人”的偏次，所以他说“皆在偏次”；对前下例，马氏是说“马服君”是“赵奢”的加词（同次），又与“赵奢”一起作“子”的偏次。如果把马氏的意思用图式表示，应当是这样的：

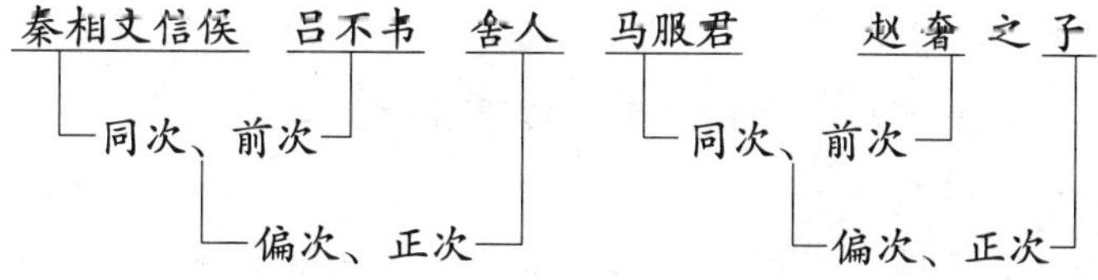

这怎么能说马氏不把加词看作同次呢？马氏十分明确地说，此二例中的加词是同次，不过其前次居偏次，它又同于偏次，所以同时也居偏次。

如果说前次、同次与偏次、正次之间有点瓜葛的话，是在对第（十一）项“者”字读作加词（同次）这类例句的不同解说上。请看下列 A、B 两组例句：

A 组{约与食客门下有勇力文武备具者二十余人偕。(117 页)
举适诸窦宗室毋节行者，除其属籍。(117 页)

B 组{佗小渠披山通道者不可胜言。(75 页)
择郡国吏木诎于文辞重厚长者，即召除为丞相史。(75 页)

对 A 组例，马氏说："凡言约分，母数偏次，子数正次。"（116 页）这就是说，加点的部分是正次，前边的"食客门下"、"诸窦宗室"为偏次。对 B 组例，马氏又认为加点的部分与前边的"佗小渠"、"郡国吏"分别为前次与同次的关系。实际上，A、B 两组例句是完全一样的。但这是分析为偏、正关系与分析为前、同关系的矛盾，不单纯是同次与偏次的混淆。

马氏为什么要立"次"？"次"到底是什么？下面将马氏的有关说法辑录于下：

凡字有义理可解者皆曰实字，即其字所有之义而类之，或主之，或宾之，或先焉，或后焉，皆随其义以定其句中之位。(《文通·序》，重点号为笔者所加，下同。)

前论名、代诸字与动、静诸字所有相涉之义，已立有起词、语词、止词、表词诸色名目，今复以名、代诸字位诸句读，相其孰先孰后之序而更立名称，凡以便于论说而已。(14 页)

词分起、止者，以言句读所集之字；而次分宾、主者，以言诸字所序之位。(14 页)

凡名、代诸字，先乎动字者为主次，后乎动字者为宾次。(313 页)

凡数名连用而意有偏正者，则正者后置谓之正次，而偏者先置，谓之偏次。(108 页)

凡名、代诸字所指同而先后并置，则先者曰前次，后者曰同次。(124 页)

从这些说法大都谈到"先、后"位置这一点看，马氏立"次"主要是为了叙说名字、代字在句中的先后位置。但我们要问：叙说先后位置非要用"次"而不能用"词"（句子成分）吗？从马氏下面一段话看，用"词"也是可以的：

盖句读所集之字，各有定位，不可易也。观乎界说，证以所引，

> 凡起词必先乎语词。语词而为外动字也，则止词后焉。间有介字与其司词系乎内动字而为加词（应为“转词”——笔者）者则先后无常。语词而为表词也者，亦必后乎起词。凡状词必先其所状。夫静字以肖事物者，亦所以状名、代字也，故先所肖焉……此句读集字与其所位之大都也。(20 页)

既然“词”也可以说明名、代诸字的先后之位，它与“次”的区别何在呢？连马氏自己也说：“言起词者，即主次也；言止词者，即宾次也。”（21 页）“起词之于主次，止词之于宾次一也。”（14 页）诚然，主次与起词、表词，宾次与止词、转词（司词），同次与加词，都是明显的重复。加之“次”本身体系上的混乱，不仅无助于分析句子，还徒然添加不少麻烦。正因为如此，何容说马氏在“词”外立“次”，是“叠床架屋”（《中国文法论》，81 页）。吕叔湘先生也说这是“多此一举”，是“天下本无事，庸人扰之为烦耳”。（对孙文校批）

林文不以为然。他说马氏立“次”，“来说明名、代诸字在句读中的所序之位，从而说明名、代诸字在句中的语法关系，这是很有意义的”。他认为，立“次”，便于论说词组和句子。他说：

> 为了便于说明词组间的结构关系，马氏才立了“次”这个名目……“右丞相陈平患之”……如果离开了句子，“右丞相陈平”中的“右丞相”和“陈平”又是什么关系呢？按照马氏的体系，“右丞相”该是前次，而“陈平”该是同次。

这意思是说，只有用“次”才能说明“右丞相”和“陈平”之间的结构关系，其实不然，我们用“词”的术语同样可以说明：“右丞相”是“陈平”（本名）的加词。林文又说：

> 除了说明词组间的关系外，还可以补充句子成分中的不足……“余读孔氏书”……“孔氏”是什么成分呢？作者所立的“次”的名目是不够论说了，所以只好说是“偏次”。有了“偏次”这个名目，句子中的句法关系就好论说了。

马氏立“词”（句子成分）名，确实没有给由名词充当的名词修饰语立个名称，所以一遇到需用这一术语时，便用“偏次”来应付。但马氏未能立此“词”名，并不等于说不能立，而非用“次”的术语来代替不可。而且，“偏次”的作用很有限，它不能包括由静字充当的名词修饰语。解决问题的办法是，立相应的“词”名，而不是为补充个别“词”名的不足而另立一套“次”的术语。换言之，我们不能用由于立“词”名不足而拿个别“次”名来应付这一事实，来说明马氏立“次”的必要性。如果说立“次”(包括后来的“位”“格”)是必要的，那该如何解释四十年代以后出现的语法著作大都摒弃了“次”(“位”“格”)的理论这个事实呢?

（原载南开大学中文系《语言研究论丛》第四辑）

《马氏文通》的研究方法及其影响

前此，尚不见有文章专门论及《文通》的研究方法及其在语法学史上的影响，本文拟就此略抒浅见。

《文通》的研究方法不止一种，最突出的要属归纳法了。马氏十分注意从大量语言事实中归纳语法规律。《文通·序》云：

> 愚故罔揣固陋，取《四书》《三传》《史》《汉》、韩文为历代文词升降之宗，兼及《诸子》《语》《策》，为之字栉句比，繁称博引，比例而同之，触类而长之，穷古今之简篇，字里行间，涣然冰释，皆有以得其会通，辑为一书，名曰《文通》。

《文通·例言》又云：

此书为古今来特创之书，凡事属创见者未可徒托空言，必确有凭证而后能见信于人。

马氏是这样说的，也是这样做的。他每提出一条语法规律，都要“繁称博引”，然后“比例而同之，触类而长之”（归纳、分类）。全书广取例证七千余条，在当时以及后世均属罕见。关于这一点，吕叔湘先生和笔者所撰《马氏文通读本·导言》已有论述。《文通》问世后的九十年间，这种归纳法已成为汉语语法研究的基本方法之一。

这一点无须多说。

下面着重谈谈《文通》所运用的比较研究法。吕叔湘先生在《中国文法要略·上卷初版例言》中说。

要明白一种语文的文法，只有应用比较的方法。拿文言词句与文言词句比较，拿白话词句与白话词句比较，这是一种比较；文言里一句话，白话里怎么说，白话里一句话，文言里怎么说，这又是一种比较。一句中国话，翻成英语怎么说；一句英语，中国话里如何表达，这又是一种比较。只有比较，才能看出各种语文表现法的共同之点和特殊之点。

《文通》的比较研究法，可分为三种。

一　共时比较研究法

《文通》对时代相近、内容略同的汉代两部重要典籍《史记》和《汉书》的语法多所比较。下引数例：

1.《史记》用“于”字《汉书》删去者，《汉书》用“于”字而《史记》删去者，难更仆数也。（292～293 页，此为《马氏文通读本》页码，下同）

(大破秦军于东阿。（《史记·项羽本纪》）
(大破秦军〔〕东阿。（《汉书·项羽传》）
(汉王即皇帝位于氾水之阳。（《汉书·高帝纪》）
(乃即皇帝位〔〕氾水之阳。（《史记·高祖本纪》）
(种瓜于长安城东。（《史记·萧何列传》）
(种瓜〔〕长安城东。（《汉书·萧何传》）
(昔汤伐桀，封其后于杞。（《史记·张良列传》）
(昔汤伐桀，封其后〔〕杞。（《汉书·张良传》）

原举例句九组，证明：在一定条件下，处所补语前可加“于”，也可不加。为了进一步证明此点，《文通》还援引同一部书上下两句有用“于”有不用“于”而不影响句意者为例：

《史记·项羽本纪》云：“今尽王故王于丑地，而王其群臣诸将善地。”——前句曰“于丑地”，后句惟曰“善地”，不介“于”字，而辞意亦明。（292 页）

2. 等句也，《史记》有“之”而《汉书》故删去者，指不胜屈。（168～169 页）

(夫陛下以一人之誉而召臣。（《史记·季布列传》）
(夫陛下以一人〔〕誉召臣。（《汉书·季布传》）

此亦天亡秦之时也。(《史记·项羽本纪》)
此亦天亡秦〔〕时也。(《汉书·项羽传》)

原举例句九组，得出结论：“由是观之，‘之’字加否无定例。《汉书》改《史记》数字则成《汉》文，此笔削之妙也。”

黎氏《比较文法》援引《文通》所举此类例句云：

〔以上领位而省去“之”字，所举例句《史记》为多。〕然论整练，《史》尚不如《汉》也。《史记》有“之”字者，《汉书》往往故删之。(第六章，159页)

3.《史记·项羽本纪》云：“公徐行即免死，疾行则及祸。”《汉书·项籍传》则云：“公徐行则免，疾行则及祸。”皆作“则”字。然有《史记》作“则”字而《汉书》作“即”字者。如《史记·高祖本纪》：“以应诸侯，则家室完。”《汉书·高帝纪》：“以应诸侯，即室家完。”

据此认为：“‘则’‘即’两字虽可互用，而辞气有缓急之别。”(507页)

此外，《文通》对时代相同、内容相类的《公羊传》《穀梁传》语法，也有所比较。如：

《公》《穀》两传，皆设为问答以解《经》，《穀梁》则问答两句概殿“也”字，而《公羊》则殿于答句者为常，其问句煞以“也”者，未之见也。此亦其笔法使然耳。(552页)

受《文通》启示，笔者曾著《〈公羊传〉〈穀梁传〉疑问词语的比较研究》一文（载《古汉语研究论文集（3）》，北京出版社，1987），证明《文通》关于《公羊》问句后不用“也”字的论断是正确的，请看下列《公》《穀》同类用例的比较：

外大夫不卒，此何以卒〔〕？(《公·定四》)
非列土诸侯，此何以卒也？(《穀·定四》)

莒无大夫，此何以书〔〕？(《公·昭五》)
以地来，此何以书也？(《穀·昭五》)

但《文通》关于《穀梁》问句“概殿‘也’字”的论断则过于绝对

化。《穀梁》问句有不用“也”者。如：

(1) 何以知公之不周乎伐郑？(《穀·成十七》)

(2) 以何以日？(《穀·僖九》)

综上所述，可以看出《文通》把共时比较研究法初步运用于以下几个方面：

(1) 同义或近义虚词的确定（如连词“则”“即”）。

(2) 同义短语、同义句型的确定（偏正短语间加“之”与否语义不变；处所补语前用“于”与否语义不变）。

(3) 专书语言风格的研讨（《文通》云：“总观两书，《史记》之文纡馀，《汉书》之文卓荦。”又云：“《汉书》改《史记》数字以成《汉》文，此削笔之妙也。”）

(4) 专书语法特点的揭示。《文通》对专书语法特点，指明多处。现仅举数例：

①秦汉文虚字最少者，莫若《汉书》。《汉书》诸篇记事最长者莫若《霍光传》，传文字约六千，所用“之”字间於两名者共计十二。（案：章锡琛补出四个，且有的“之”字两端并非名字。）(415页)

②《书经》谕令之句，率衬“哉”字，如“钦哉”“往哉”“臣哉”“邻哉”之类，所以勗之也。(554页)

③《公·隐元》：“齐人杀无知，何以不地？何以不日？何以不氏?”《公·桓七》：“曷为国之?”——所引“地”“日”“氏”“国”诸字，皆假为外动字，所以“称其地”“记其日”“记其氏”“名其国”也。此《公羊》之特笔也。(327页)（按：实为《公羊》《穀梁》二书之特点，详参拙文《〈公羊〉〈穀梁〉中有称义的词》〔载《语文研究》1983年第4期〕）

④《公·庄四》：“其国亡矣，徒葬于齐尔。”……诸引“尔”殿句……皆出《公羊传》，他书不概见。《公羊传》又以“尔”字助询问之句。《隐元》：“然则何言尔?”《隐二年》：“何讥尔?”……诸此句又《公羊传》所独也。(579页)

这些专书语法特点的揭示，只能借助于共时比较研究法。共时比较研究法，发展至今，已成为一种普遍采用的汉语研究方法，共时比较语言学也发展成为一门独立的学科。

二 历时比较研究法

《文通》运用历时比较研究法，观察到语法现象的历史发展，指明多处。如：

1.《日知录》谓“《论语》之言‘斯’者七十而不言‘此’，《檀弓》之言‘斯’者五十有二，而言‘此’者一而已。《大学》成于曾氏之门人。而一卷之中言‘此’者十九。语言轻重之间，世代之别从可知已。”蒙按《尚书》多言“兹”，《论语》多言“斯”，而《孟子》则通用“此” “是”诸字，唯引《书》一言“惟兹臣庶”而已。(101～102页)

2.〔朕〕，《书经》用之。古者贵贱皆自称“朕”，秦始皇二十六年，定“朕”为皇帝自称，臣下不得僭焉，至今仍之。古者“臣”字亦对人之通称，非如后世之专指臣下也。《史·信陵君列传》“臣乃市井鼓刀屠者”，“臣”乃朱亥对公子自称，非有君臣之分，“臣”者，仆也，如今之自称“仆”云。秦后乃专指臣下矣。(88页)

3. 惟至唐人疏状，凡引旨讫，则以“者”足之。《韩·变盐法事宜状》“右奉敕，将变盐法，事贵精详，宜令臣等各陈利害可否闻奏者。”宋、明因之。今则平行公事文尾与民间券契，概以“者”字为煞者，此殆所谓“者”字助句也。求之古文，则未之见也。(598页)

4. 有谓唐时往往以“然”字代“然后”者。《韩·论淮西事宜状》：“事至不惑，然可图功。”(520页)

5.“邪”字在四书、《左传》不多见，自《语》、《策》、诸子始用之。“邪”系楚音，此战国时南学渐北之证。(613页)

6. 更有以地之本名指人者。《韩·送杨支使序》：“知其客可以信其主者，宣州也，知其主可以信其客者，湖南也。”“宣州”“湖南”两地本名也，今用于指宦于斯地之人。人以地名，古无是也，唐以后则然。(69页)

综上所述可以看出，《文通》运用历时比较研究法解决下面几类问题：

（1）同义或近义虚词产生与盛行的历史时期不同（如最早用“兹”，后来用“斯”，再后用“此”“是”。“邪”盛行于战国时期）；

（2）同一虚词在不同的历史时期内涵不同（如“朕”“臣”原可用于普通人自称，后专用于帝王或臣下自称。“然”至唐代始含“然后”义。）；

（3）某些虚词随着历史的发展而产生新用法（如“者”至唐代始用于疏状敕旨末尾而用作句末语气助词）；

（4）某些修辞格产生时代的确定（唐代始用仕宦之地的名称代替仕宦者本人）。

《文通》不仅运用历时比较法研究某些语法现象的历史变化，也运用这种方法研究某些语法现象的历史继承性，指明后人某种文句、某个虚词的运用承自何种古籍。略举数例：

> 1.《韩·盘谷序》“与之酒而为之歌。”——“为”，介字也，“之”其司词，在宾次。此本《左传·襄公二十九年》“季扎观乐篇”内“为之歌”等句。(93 页)
>
> 2.《书·泰上》“作之君，作之师”——犹云“为之立君”“为之立师”也。昌黎本此，于《原道》作“为之君”“为之师”，于句甚顺。(94 页)
>
> 3.《越语》“鼋龟鱼鳖之与处，而鼃黾之与同渚”。《韩·上宰相书》“麋鹿之与处，猿狖之与居”，原其句法之所自，则《庄子·庚桑楚》有“拥肿之与居，鞅掌之为使”。(425 页)
>
> 4.《韩·重答张籍书》“天不欲使兹人有知乎？则吾之命不可期；如使兹人有知乎？非我其谁哉？”……即自《论·子罕》“天之将丧斯文也，后死者不得与于斯文也；天之未丧斯文也，匡人其如予何”一段映出。《论语》两提句助以“也”字，韩文则助“乎”字，而句调无别。(605 页。按：文字与原文略有出入。)
>
> 5.《韩·答冯宿书》“君子不为小人之恟恟而易其行，仆何能尔?”……与《公羊》句同。(按：指《公·隐元》“何言尔?”“何讥尔?”一类的句子。)(579 页)

后来的语法著作，作历时比较研究者有《比较文法》，如对宾语前置现象曾作如下论述：

> 宾系一般代词而为否定句者，古文中直以倒置动前为常，今语则否。
>
> 此种倒宾规则，文言虽承用之，而白话中则绝无留遗者；盖此种繁难规则之打破，自秦汉以来矣。（第三章 36～38 页）

只是这类比较在书中不多见。而对汉语语法全面进行历时比较研究的，要属《中国文法要略》了。《要略》全书以古代汉语与现代汉语相比照而写成，遇有古、今不同处均作出解说和提示。举例来说：

> "有人敲门"之类的句子，文言里表达同样的意思多用"有……者"。如"有牵牛而过堂下者"，用白话说就是"有个人牵了一头牛，打堂下过去"，但是文言里很少说"有人牵牛面过堂下"，应用一个"者"字就把"牵牛而过堂下"从一个词结的谓语转成一个词组的加语。（108 页）

特别是该书下卷"表达论"，全面地告诉读者"文言里一句话，白话里怎么说，白话里一句话，文言里怎么说"（《上卷初版例言》）。正如作者在《六版题记》中所说："这部书讲中国语法，兼及古今，比勘同异，除黎锦熙先生的《比较文法》外，同类的书还不多见。"

三　中、西比较研究法

《文通》对古汉语语法与西方语法进行比较研究，并在此基础上，构拟了相当完备和精深的古汉语语法体系。正象《文通·后序》所说："斯书也，因西文已有之规矩，于经籍中求其所同所不同者，曲证繁引以确知华文义例之所在。""探讨画革旁行诸国语言之源流，若希腊、若拉丁之文而属比之。"

《文通》中、西语法比较的文字颇多。如第七章说："泰西文字，若希腊，拉丁，于主、宾两次之外，更立四次，以尽实字相关之情变，故名、代诸字各变六次。中国文字无变也，乃以介字济其穷。"（414 页）第九章说："古希腊与拉丁文，其动字有变至六七十次而尾音各不同者。今其方言变法，各自不同，而以英文为最简。惟其动字之有变，故无助字一门。助字者，华文所独，所以济夫动字不变之穷。”（536 页）第七章说：“乃旁考泰西，见今英法诸国之方言，上稽其罗马、希腊之古语，其叹字大抵‘啞’‘呵’‘哪’之类，开口声也。而中国伊古以来，其叹字不出‘呼’‘吁’‘嗟’‘咨’之音，闭口声也。”（631 页）

尽管这些论述并未做到尽善尽美，甚至有不确之处，但这确是首次将中、西比较的方法运用于古汉语语法的研究中。

后来的语法著作，如《比较文法》，对汉语与英、德、日诸语进行比较，或探求《文通》体系之根由，或解说自身体系之所据。举例如下：

1.《文通》对于授与义诸外动词，不认为带有双宾位，然对于教示义诸动词，却又认为带双宾位、今于句法上概以凡接受事物之人为次宾位、次宾位即副位一种公式为准，而分动词意义为二。按：英文法，一说以动词之属于问（asking）者所带之双宾语皆在正宾位，谓之 two direct objects：一表所问之人，一表所问之事物，而谓之 sec-ondary object。《文通》两止词之说，就此例而衍之也。（第三章 20 页，1957 年校订本，科学出版社，下同）

2. “相”本副词，与“交”“互”等字为类；惟如英文之“each other，彼谓之 reciprocal pronoun，《文通》据之而列为互指代字。按诸文法，自较精核，今故从之，义或有迁，自不拘泥。（第三章 35 页。按：《比较文法》称“相”为复称代词。）

3. 补足位可大别为二类：一，对于主语之补位；二，对于宾语之补位，如英文法，但有补足语（Complement），此种补位，只可说为 Substantives usedin Complement. 至若《马氏文通》，则并补足语而亦无之。盖于其所因袭之葛郎玛之体系中，独不取 Complement 也。及其论次，则以此种补位概列为“同次（即同位）之用如表词者”，而实亦有所因袭：如英文法，其说 Comle ment 之 case 也，对于主语之补位，则谓之 Predicate Nominative；对于宾语之补位，则谓之 Predicate Objective。故马氏综称为用如表词之同次（同位）。此种同位，其理固通于西文，而用则大乖乎汉语。今为明辨其词法而类区其句式计，故斩断葛藤，列为补位，意谓位成自我，不容为西文法之 case 所拘也。（第五章 83 ~ 84 页）

4. 同动词略别为三：（1）决定的同动词（是、为、有）；（2）推较的同动词（象、如）；（3）不完全的内动词（变、成）。在德文法，（1）（2）为 Copula，在英文法，（3）为 Intransitive verd of incomplete predication，而（1）亦属之，即 verd “to be”；（2）则为外动。（第五章 85 页）

王力先生《中国现代语法》对汉、英语法进行系统比较，并在此基础上，指明西语对汉语语法的影响——欧化句法。下举二例：

1. 系词的增加。在西文里，形容词不能单独用为谓词，必须有系词介绍。例如中国话“他的妻子很好”，在英文里该是 His wife is very good，而不是 His wife very good。这种语法也渐渐影响到中国来。现在有些人倾向于把判断句去替代一切描写句，例如避免“他的妻子很好”一类的句子，而说成“他的妻子是很好的”一类的句子。有的人却更进一步，创造一种中国本来没有的形式，求其与西文的形式相当。中国语由描写句变成的判断句，乃是“是……的”式，例如“花是红的”。现在确有人把“的”字也减去了，说成“花是红”之类：“英国的天时与气候是走极端的，冬天是荒谬的坏。”（徐志摩《我所知道的康桥》）（319 ~ 321 页）

2. 新替代法。文法上的“他”“她”“它”，英语人称代词第三身单数有阳性、阴性和中性的分别，阳性用 he，阴性用 she，中性用 it，在现代欧化的文章里，大家也模仿英语这种分别，以“他”字当 he，另造“她”字当 she，又借“它”字当 it（有些人不用“它”字，另造“牠”字）。（365 页）

《中国文法要略》也有类似的比较与论证。如：

1. 组合式词结一般说来是文言所特有，白话里不大见。但是近来的语体文，一方面是受外国语的影响，也常有这种形式出现了：“她的质问和我的羞愧，都是一点理由没有的。”（《寄小读者》）“我心里暗笑他的迂。”（《背影》）“我辨认了星月的光明，草的青，花的香，流水的殷勤。”（《康桥》）（85 ~ 86 页。汉语语法丛书本，商务印书馆，1982）

2. 有好些字仿佛兼有内动词和形容词的性质，例如“枯”“朽”“烂”“熟”“饥”“饱”“醒”“醉”等字，用做加语的时候，形容词的性质就明显些，用做谓语的时候，就很难断定。例如：

加　语	谓　语
朽木	死且不朽
熟铁	瓜熟
醉汉	不醉无归

这一类字在词类有形式分别的语言里，常有一对形式来分别表示形容词和动词，有时由形容词孳生动词，如英语之 ripe 变 ripen（熟）；有时由动词孳生形容词，如英语的 rot 变 rotten（朽），汉语没有形式区别，这些字的归类就有些困难。另有一类字表示心理变化的，如“喜”“怒”“哀”“乐”等，在汉语里，应该认为动词，但如用英语一比较，就可以知道这些字也很有形容词的意味（英语的 glad，angry，sorry，happy 等字都是形容词）。(57～58 页)

3.“孟子见梁惠王。”“你去我不去。”第一例明明是过去的事情，第二句明明是未来的事情。可是我们不感觉有标明的必要，我们就不标明，这是汉语异于印欧语言的地方。(227 页)

（原载《吉安师专学报》1988 年第 4 期）

建立科学的语法学批评

——为《马氏文通》出版90周年而作

中国第一部语法著作《马氏文通》出版（1898）至今年已经九十个年头了。在这将近一个世纪的漫长岁月里，对《文通》的批评几乎从未间断过。这种批评，以及对其他语法著作、语法学观点、流派等的批评，姑且称之为语法学批评。本文试图对围绕《文通》进行的语法学批评作出回顾与思考。

回　顾

让我们先回顾一下九十年来对《文通》的某些批评（引述原文，不标作者）：

一、对《文通》“模仿西洋语法”的批评：

综计我们中国人研究本国文法的历史，说话十分简单，就是马建忠按照拉丁文作了一部《文通》，继起的人十分之九是因袭马氏的成说……（《中国文法通论·序》）

〔《文通》〕强以外国文法律中文，失中文固有之神味……余窃怪其书出后，于今三十余年，顾未有起而修正之者：岂虚浮之习，国人中之已深，与科学之为术严整密栗者终不相入乎？（《马氏文通刊误·自序》）

所谓比较，重在异而不在同：同则因袭之，用不着一一比较，惟其异，才用得着比较……偶忆王船山《俟解》中有句话。“不迷其所同，而亦不失其所以异。”可借用为比较文法研究的原则。一脚踢开拉丁文法而欲另建中华文法者，是“迷其所同”也；一手把住拉丁文法而遂挪作中华文法者，是又“失其所以异”也——《马氏文通》是已。《文通》引例释词小误固多，但其大端不合处只在这里（清光绪间，其兄今九十四老人丹徒马良相伯氏正编订古拉丁文法，他便跟着找出几大部古书中的例子来，装进去，修成这部《文通》，算是比严氏《英文汉诂》出版较早的一部“拉丁文法汉证”）。（《比较文法·序》）

三十年代末至四十年代初（汉语语法革新讨论）：

《马氏文通》派往往不问他们所奉为圭臬的是否还有可以从长计议的地方，也往往不问是否切合中国语文的现象，单将外国文法的老旧方案或老旧说法来范围中国的语文组织。关于这一点，过去已经有过很多的批评。比较实质的，有《中国语文的语部区分和〈马氏文通〉》的批评：“马氏凭借洋学著了《交通》一书，组织地说明文法，而后中国语文才有九种语部的区分。以我们看来，它的组织并不是把中国语文上所呈现的一切辞例，蒐集汇类，组织起来的，彻头彻尾只是用了西洋语文的组织做筛子，把中国语文筛了一道，单捡搁在筛子上的东西做材料组织起来的。”（《答复对于中国文法革新讨论的批评》）

中国过去文法家过于因袭西洋，以致普通流行的文法书上有很多削足适履的地方，我们应该依据中国语文“特殊”的性质和现象，重新来建立中国文法的体系。不过我现在只觉得《马氏文通》派应该打倒……（《因文言问题谈到文言白话的分界》）

五十年代末：

以西洋语法规律强加在汉语头上，难免削足适履、凿孔栽须的毛病……否认了语法构造的民族特点。他的生搬硬套西洋语法，开了后来研究语法者的模仿之风。而后来攻击《马氏文通》者，也集中在模仿这点上。（《关于〈马氏文通〉》）

《文通》的体系是根据“西文已有之规矩”建立起来的，在马先生看来，希腊语法也好，拉丁语法也好，汉语语法也好，“其大纲盖无不同”，“各国皆有本国之葛郎玛，大致相似，所异者音韵与字形耳”。因此他就用西文“一定不易之律”，以“律夫吾经籍子史诸书”。这种机械模仿、削足适履的坏风气，《文通》实开其端。此后有人拿纳氏的语法书做蓝本来编写汉语语法，也有人拿斯维特的语法书做蓝本来编写汉语语法。把别种语言的语法强加在汉语的身上，这种不科学的态度，已经阻碍了汉语语法学的发展，在这方面，马先生是脱不开他应负的责任的。（《关于〈马氏文通〉》）

八十年代：

从十九世纪末到二十世纪三十年代是汉语语法学的模仿时期，其主要

特点是模仿外国语法学的间架来建立汉语语法学。(《汉语语法学史》)

二、对《文通》"以文言文为研究对象"的批评。

他（马氏）的书……有一个最大的缺点……他可以引导已经通得些文义的人去看古书，但他决不能教会一个不通文义的人写一张字条……他所举的例，限于经、子、《史》、《汉》，中间跳去了近一千年，粘上一个韩愈；韩愈以后的一千多年，完全置之不问。这也决不是历史方法。(《中国文法通论》四版"附言")

马建忠是一个资产阶级改良主义的知识分子……在改良主义者中间，他又是比较保守的。他的保守思想，也充分表现在《马氏文通》中……《马氏文通》存在着三大缺点……第一，厚古薄今……他不根据当时一般人应用的浅近的文言（更不必说白话了）来阐明语法的规律，而引了许多古代经典的例子来说明，这就脱离了一般人的语文水平。(《关于〈马氏文通〉》)

资产阶级改良主义者还带着浓厚的封建性，马氏的"文章愈古愈好"的主张，正是封建文人的传统思想。(同上)

《文通》出版以后，事实上只引起了国内学者对语文法研究的风气，至于在语文教学上却并没有产生多大的效果，象他所期望的那样。只有现在符合口语的语法学，才能对语文教育、语文写作有很大的帮助。(《〈从马氏文通〉所想起的一些问题》)

思　考

回顾九十年来围绕《文通》所进行的某些批评，我们可以作出如下几点思考。

第一，科学的语法学批评应该中肯、公允，切忌以偏概全，夸大其辞。

仔细寻绎《文通》对西方语法的模仿，除了它把西语中的"格"引进汉语语法从而设立"次"的概念以外，《文通》的模仿大多只表现在个别问题上，如词类中个别小类的设立，个别句子成分的确定，个别句子的分析等，而这些只是支流，构不成《文通》的主导方面。《文通》的主导方面是：作者马建忠对古代汉语进行了长达十多年之久的全方位的考察与分析，既有宏观上的总体把握，又有微观上的深入开掘，在此基础上建立起一个相当完备而又相当精深的古代汉语语法体系。(详见王海棻：《正确评价〈马氏文通〉的模仿与创新》，《语文建设》1988 年第 3 期)

以往的某些批评，在很大程度上忽略了上述基本事实，把《文通》在个别问题上的模仿，夸大为整个体系的生搬硬套，并据以指责《文通》“削足适履、凿孔栽须”“郢书燕说”，并声言要“打倒”或彻底“革新”它，要重新建立符合汉语特点的语法新体系。然而，把这些以建立新体系自诩的语法著作拿来与《文通》一比较就会发现它们惊人地相似。以词类划分为例，陈望道先生说：

以前虽曾有过十五类的分法，也曾有过别的分类，但自从马建忠先生分做九类之后，这些书便都随着分做九类，丝忽不曾改动。所改动的只是一些字面，如将静字改作象字、形容词之类。如下表：

文通	名字	代字	动字	静字	状字	介字	连字	助字	叹字
《中等国文典》	名词	代名词	动词	形容词	副词	介词	接续词	助词	感叹词
《国文法草创》	名字	代名字	动字	象字	副字	介字	连字	助字	感字
《国语文法》	名词	代名词	动词	形容词	副词	介词	连词	助词	叹词
《高等国文法》	名词	代名词	动词	形容词	副词	介词	连词	助词	叹词

再以某些语法问题为例，当初认为《文通》的意见不可取，争论良久，但回首一望，还是以《文通》的意见为好。代词的分类便是如此。吕叔湘先生说：

代词在总的范围方面和内部分类方面都一直有不同意见。较早的语法书把这些词分属于代名词（人称、指示、疑问），形容词（指示、疑问），副词（指示、疑问）三类。这个分法在逻辑上有缺点：既然把指示形容词（副词）和疑问形容词（副词）纳入形容词（副词）之内，为什么又把人称代名词等提在名词之外，单独成为一类呢？现在比较通行的办法是把这些词归为一类，只分人称、指示、疑问，不分代名词、形容词、副词。这是继承《马氏文通》的传统，至少在逻辑上较为一贯。（《汉语语法分析问题》）

这些事实表明，《文通》体系经受了长时间的实践检验，表现出了强大的生命力。它之所以有强大的生命力，乃是因为它基本上符合古代汉语的语言实际；而一个基本符合语言实际的语法体系，怎么可能是靠“简单模仿”和“生搬硬套”建立起来的呢？上述的批评显然是以偏概全、过甚其辞了。事实上，《文通》是参照西方语法，并吸收我国古代语文研究的成果，在对古汉语的特点与规律进行细微观察与归纳的基础上创作出来的。它在某些方面对西方语法确有明显的模仿痕迹，但就其整个体系说，是基本合理和基本实用的。

第二，科学的语法学批评应该防止社会政治形势的直接支配，切忌在学术与政治之间进行不适当的联系与推理。

《文通》参照西方语法建立汉语语法体系的实践，招来如上所述的长期而激烈的批评，从某一方面说，与我国历史上长期实行的闭关锁国的政治体制和由此形成的社会心态（对外来的东西有一种近乎本能的排拒心理）有关。五十年代后期，一度主宰思想界、学术界的极“左”意识，又与这种心态合流共振，进一步形成对西方学术观点与学术方法不适当的批判与过分否定。这种思潮，表现在对《文通》的批评中，也表现在对其他语法著作的批评中。比如，《中国文法要略》采用叶斯丕孙的三品说，本不失为有益的学术实践，然而，当时的极“左”思潮，迫使作者非把采用的“三品说”上纲到犯了一个“很大的错误”不可。

对《文通》以文言文为研究对象的批评，也同样如此。《文通》出版时，正是中国社会提倡拼音文字和白话文运动的时候。这是进步的运动，毋庸置疑。

在这种社会形势下问世的《文通》，以文言文为研究对象，就被不适当地指责为“守旧的”和“封建的”。这种批评延伸到五十年代，又被指责为“厚古薄今”的。然而，作为一部古代汉语语法的著作，《文通》受到这样的批评是不公正的。提倡白话文与对古汉语语法的学术研究本不该是对立的。难道因为提倡白话文，就可以对文言文弃而不论吗？而研究古汉语语法难道可以不用文言文为研究对象吗？

长期以来，某些批评者习惯于在政治与学术之间进行的这种不适当的联系与推理，对学术研究带来的危害是显而易见的。

第三，科学的语法学批评必须以准确把握原著内容为前提，做到言必有据，切忌妄加评论，轻下断语。

我们接触到大量批评文章，其中个别文章在批评《文通》模仿西方语法时还约略举出一两个“模仿”的实例来；更多的文章，通篇不见一条实证，仅仅根据《文通》“例言”中的只言片语，诸如“此书系仿葛郎玛而作”，即断言《文通》体系是“简单模仿”和“生搬硬套”的，更有些文章，人云亦云而已。正如王力先生所说：“马氏以后，许多人都批评他照抄

西洋语法，其实是没有细读他的书。”（《汉语语法学的兴起及其发展》，《中国语文研究》第2期）

当今，由于不细读《文通》而导致对它的粗暴否定的情况可能比较少见了，但如不审慎，未加细读而论说不周的情况却仍会发生。近年出版的一本《汉语语法学史》说：“《马氏文通》没有谈到构词法……刘复《中国文法通论》……是汉语语法讲构词法的第一部书。”实际情况并非如此。《文通》在“名字诸式”、“动字骈列”、“静字诸式”和“状字［诸式］”中，都涉及古代汉语构词法。用通行术语归纳如下：

并列式：　两字同义：规模　威仪

　　　　　两字反义：安危　因果

附加式：

前加“有”：有周　有夏

前加“未”“无”“不”：［智者睹］未形　无礼［于国］［多行］不义

后加“尔”“然”“如”“焉”等：莞尔　沃若　沛然　侃侃如　谆谆焉

重叠式：融融　泄泄

联绵词：

双声：流离　踌躇

叠韵：猖狂　蹉跎

怎么能说《文通》没有谈到构词法呢？这本《汉语语法学史》又说：“《新著国语文法》提出了……动词的散动式，都大大地发展了《马氏文通》，补充了《马氏文通》的不足。实则《文通》在“散动诸式”中已经谈到散动字的各种用法：

散动作止词（“动字相承”）：函人惟恐伤人。

散动作起词：交邻国有道乎？

散动作表词：及陷乎罪，然后从而刑之，是罔民也。

散动作司词：太子之善，在于早谕教与选左右。

散动作偏次：王之不王，是折枝之类也。

散动在“者”前：耕者九一，仕者世禄。

《新著国语文法》有“动词的三种散动式”，其主要内容是：

散动当名词用（作主语、宾语、“是”字的补足语）：
种花是一种很快乐的事。
他们往天桥去看杀人。
太烦琐的礼节实在是作伪。
散动当形容词用（作形容词的附加语）：
来的人是谁？
散动当副词用（作副词的附加语）：
他笑着说话。

两相比较，后者承袭前者，并未超出前者。所不同的只是前者讲的是古代汉语，后者讲的是现代汉语而已。

近几年，老一辈语言学家，如王力先生、吕叔湘先生、朱德熙先生等写了不少的书评、序、跋等，都是具有高度科学水平的语法学批评文章。如果能够加以收集，编辑成书。对建立科学的语法学批评肯定会起到良好的示范作用；而科学的语法学批评的建立，必将推动语法学研究的迅猛发展。

（原载《烟台大学学报》1988 年第 2 期）

正确评价《马氏文通》的模仿与创新

《马氏文通》出版已经90年了。在这90年间，始终贯穿着对《文通》的批评，以及对这些批评的批评。正如陈望道先生所说："'忆了千千万，恨了千千万'，对于《马氏文通》体系的千万忆恨也就从这一部书的出版时候开始。"(《〈一提议〉和〈炒冷饭〉读后感》，下称《读后感》)对《文通》体系批评最甚者是它模仿西方语法。今天重新审视这些批评，我们发现有的批评者还举出一两条"模仿"的实证来，有的则仅根据《文通》"例言"中的一句话："此书系仿葛郎玛而作"，也有的是人云亦云而已。

近年来，王力先生、吕叔湘先生，朱德熙先生都著文批评了那些对《文通》过甚其辞的批评，充分肯定了《文通》在语法学史上的重要价值与地位。这篇文章试图结合《文通》具体内容，找出它在哪些方面是模仿（即照搬西方语法）的，在哪些方面是创新（即揭示汉语特点和规律）的，各在《文通》体系中占据什么地位，力求作出客观而公允的评价。

1.《文通》在哪些方面是模仿的？

1.1　词类问题上的模仿

1.1.1　把"其""所""者"定为接读代字，是模仿西语的关系代词。如：

(1) A micus, cui scripsi epistolam, est chirurgus.
我给他写信的那位朋友是位外科医生。

(2) Institutum nostrum habet hortum, in guo sunt flores multi.
我们学院有个花园，在那里有许多花。

英语中的关系代词有whose、who、that等。如：

The girl whose work got the prize is the youngest in the class.
作品获奖的女孩子是全班中最年幼的。

《文通》仿此，说“其”等相当于西语中的关系代词，名之曰接读代字。如：

古之圣人，其出人也远矣，犹且从师而问焉。(《韩·师说》)
幽远之小民，其足迹未尝至城邑，苟有不得其所，能自辨于县吏乎？(《韩·赠崔复州序》)

对此，《中国文法要略》批评说：“象‘古之圣人’那个例句，有人讲‘其出人也远矣，是后附形容子句，‘其’字是个联接代名词，等于英语的who，‘圣人’直接‘从师而问’（同样，‘幽远之小民’句的‘其’字说是等于whose)，巧则巧矣，但恐不合于说汉语的人的心理。”（124）

1.1.2　《马氏文通》立互指代字和自反动字，似仿效西语的反身代词。

拉丁语有反身代词，如：

Nos amamus nosmetipsos.
我们爱我们自己。

英语有反身代词，如：

I see myself.
我看我自己。

马氏仿此，把汉语里的“自”列入互指代字（此名称不确切，吕叔湘先生在《相字偏指释例》一文的注中说：“‘自’字表施受之为一，而二者既萃于一身，则‘互’于何有?”)，又把“自怨”“自悔”“自伤”称为自反动字。(〔2.5.4〕159，此为《马氏文通读本》的节次、页码，下同。）这是一种蹩脚的模仿。汉语表示动作返回自身，不是通过反身代词来表现的，更不存在自反动字。而是通过在动词前加副词“自”的语法手段（如“自爱”“自视”）来实现的，而“自+动词”是一个短语。

1.1.3 《文通》在静字（案：即形容词）章设“比”一节，并分为平比、差比、极比，似受到拉丁语、英语、俄语等西语形容词有原级、比较级、最高级的启示而仿效之。

平比：《庄·山木》：君子之交淡若水。

差比：《论·先进》：季氏富于周公。

极比：《史·平原君列传》：诸子中胜最贤。（〔4.5.1〕-〔4.5.8〕234～246）

汉语中这几种情况，或通过在形容词后加补语表示，或通过在形容词前加副词表示，后来的语法书都分散在有关章节叙述，而不像《文通》这样在静字章立“比”一节集中论述。

1.1.4 《文通》把“皆”“俱”“悉”“咸”归入代字，似也是模仿西语而来的。

英语表示“皆”等，用代词 all。如：

All of students come here.

学生们都来了。

俄语表示“皆”等，用代词 всé。如：

всé зна́ют.

大家都知道。

在汉语中，“皆”“俱”等与一般代词不同，比如，“此”“是”这些代词都可加在名词之前做修饰语，如“此人”“是心”，而“皆”等不能；“此”“是”等都可单独作主语、宾语、谓语，“皆”等却不能。它们倒和一般副词相同，用在动词前作状语，表示动作的范围是带有普遍性的，所以后来的语法著作大都把它们划归副词。

1.2 在格位方面的模仿

拉丁语有六个格：主格、属格、与格、受格、夺格、呼格。俄语也有六个格。《文通》模仿拉丁语，为汉语的名词，代词设了六个次：主次、同次、前次、宾次、正次、偏次，作为分析句子的辅助手段。拉丁语等西方语言是有形态变化的语言。拉丁语等的格不但包括名词、代词与其他词之间的关系，还包括表示这些关系的形态变化。请看拉丁语“医师”，一词的格变：

主格 medicus （医师）

属格　medicl　（医师的）

与格　medico　（给医师）

受格　medicum　（看见医师）

呼格　medice　（医师!）

俄语“国家”一词的格变：

第一格　странá　第四格　странý

第二格　страны́　第五格　странóй

第三格　странé　第六格　странé

汉语一般说没有形态变化（有人认为有广义的形态，此姑不论），因此，设“次”的概念并非必要的。比如：

> 郑伯克段于鄢。——“段”居宾次。
>
> 太叔段出奔共。——“段”居主次，又居前次。

不管位于何次，都表现为“段”这样一种形态。既然如此，“次”的作用就不复存在了，它完全可以被句子成分（即“词”）取而代之。事实上，连马氏自己也说：“言起词者，即主次也；言止词者，即宾次也。”“起词之与主次，止词之于宾次一也。”《文通》的起词、表词与主次，止词、转词与宾次，加词与同次，都是明显的重复。下面我们分别用“词”和“次”来分析句子：

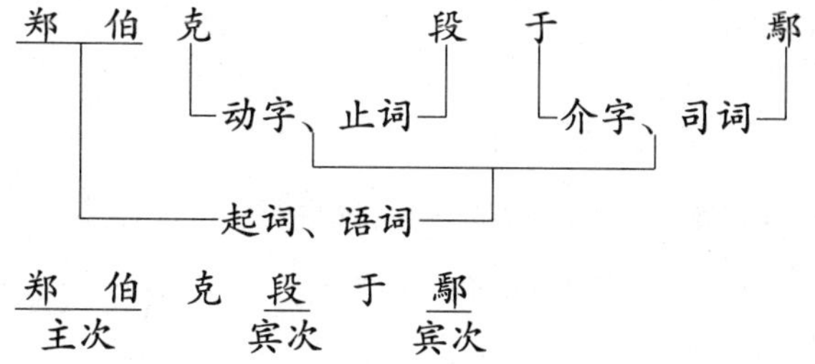

可以看出，用“词”来分析句子，不仅可以而且有时更能显现句子的层次。有人说：

> 为了便于说明词组间的结构关系，马氏才立了“次”这个名目……“右丞相陈平患之”……如果离开了句子，“右丞相陈平”中的

"右丞相"和"陈平"又是什么关系呢？按照马氏的体系。"右丞相"该是前次，而"陈平"该是同次。

其实，我们用"词"来回答这个问题，同样是可以说清楚的："右丞相"是"陈平"的加词。

黎锦熙《新著国语文法》大体上沿袭了《文通》"次"的理论，又为汉语实体词设了七个位，现在把这七个位与马氏的"次"列一对照表：

《马氏文通》	主次		宾次		同次	偏次	同次
《新著国语文法》	主位	呼位	宾位	副位	补位	领位	同位

刘复《中国文法讲话》也设了七位：主位、宾位、足位、静位、副位、叠位、呼位，与马、黎之说大同小异。

后来的语法学家多认为立"位"的做法对于汉语来说是多余的，何容称它是"叠床架屋"，吕叔湘先生说它是"天下本无事，庸人扰之为烦耳"。40年代以后的语法著作，就没有再设位次的了。

在"次"的具体分析上，也有明显的模仿痕迹。

《文通》的偏次，只包括由名词、代词充当的名词修饰语，而不包括由形容词充当者。因为，在拉丁语、俄语中，表示领属的名词用属格或第二格。如俄语"大学生的书"应为：

Кни́га студе́нта
(所有格)

而修饰名词的形容词则必须与被修饰的名词同格。

拉丁语的例子：Ad aquam destillatam. 加蒸馏水

俄语的例子：Но́вая кни́га. 新的书

依马氏看来，同格即同次，而非偏次，所以《文通》未将修饰名词的静字定为偏次。

马氏不仅把受格宾语当成宾次，而且把"前""后""上""下""内""外""间"等也看作宾次。这是因为在拉丁语中表示这类方位词时要用前置词，这些前置词要求后面的名词为受格。如：

ante　　在……前 }→受格
inter　　在……间 }

俄语：на 在……上→第四格（相当于受格）

1.3　设立句子成分方面的模仿

1.3.1　《文通》设象静司词，是因为拉丁语中有的形容词要求带属格宾语。如：I lest medicinae peritus.（他精通医学）

有的要求与格宾语。如：

Aegrotis medici care sunt.（病人关心医生）

《文通》仿此，在汉语中设“象静司词”（案：象静即形容词）。如：

言寡尤，行寡悔，禄在其中矣。
宋人有善为不龟手之药者。
人伦明于上，小民亲于下。
愿夫子辅吾志，明以教我。

1.3.2　《文通》“散动诸式”是模仿西语的动词不定式。拉丁语动词不定式可以作主语，宾语，定语等。如：

Aegroto juvare est gratum.（作主语）
帮助病人是愉快的。
legere scio，sed scribere necio.（作宾语）
我知道读，但不知道写。

仿此，《文通》立“散动诸式”一节。内容如下：

散动用如止词：《孟·公上》：矢人惟恐不伤人。（〔5.13.2.2〕361）
散动用如起词：《孟·梁下》：交邻国有道乎？
散动用如表词：《孟·公下》：无处而馈之，是货之也。
散动用如司词：《谷·僖十》：吾宁自杀以安吾君。
散动用于偏次：《孟·梁上》：是王之不王，是折枝之类也。
《孟·梁下》：耕者九一，仕者世禄。（〔5.14〕374～9）

1.3.3　《文通》对两种双宾语作不同处理，也是模仿拉丁语的。请看马氏的分析：

> 《孟·公下》：子哙不得与人燕。——“人”……“与”字之转词。(〔5.1.2〕251)
>
> 《公·隐元》：公语之故，且告之悔。(案：马氏认为“语”“告”后有两个止词。)(〔5.2.1〕261)

马氏为什么作两种不同的分析呢？原来，在拉丁语中，只有告言义动词可带两个受格宾语，而给予义动词只能带一个受格宾语和一个与格间接宾语（即《文通》所说的转词)。

1.4　句子分析方面的模仿

对“以大事小者，乐天者也”一句，马氏分析说：

> “以大事小者”一读，句之起词也。“者”字乃泛指人君，而为读之起词，“事小”，其语词……

杨树达在《马氏文通刊误》中批评说：

> 马氏认“以大事小者”“乐天者”各为一读，而以二“者”字为二读之起词，此皆拘泥于外国文法的关系代字所发生之谬误也。须知外国文用关系代字之读，其形式次序与句全同，故可以用解剖一句之方法解剖一读。若“以大事小者”五字，正与英文之以动字作静字用、加诸名词之前相同。例如 The standing man（立着的人)，“立着”只是用动字为静字以形容“人”字，不得谓“人”为起词，“立”为语词也。若谓“立”字只是一字，“以大事小”部分略多，不应只视为静字，在英文中，以许多字属于一动字居名、代之前而形容之之例普遍诚不多见……若在德文居前者乃数见不鲜矣。而在德文法中亦只作一静字看，不视为一读也。故余意“以大事小”四字只是一静字顿，所以形容代字“者”字者。
>
> 近日胡君适之为马说所惑，复应用此说于口语，谓“打虎的”之“的”字是主语，“打”字是语词。不知“打虎的”是“打虎之人”之省略，“打虎”二字，只是以散动词作静字用以形容“人”字，非语词也。

对“冉有、季路见于孔子，曰”一句，马氏说：“‘冉有、季路见于孔子’一读，以记述言之时，‘曰’坐动，其起词即前读也，盖‘曰’，者非平日之冉有、季路，乃见于孔子之冉有、季路也。”

《刊误》批评说：

> 冉有、季路见孔子而后有言，则“见”为第一动字，“曰”者第二动字也。“见”与“曰”之起词，皆冉有、季路也。马氏认“见于孔子”为述言之时，以“见于孔子”为副句，以“曰”字以下为正句，此强以外国文法律吾国文字之过也。以“曰”之起词为“冉有、季路见于孔子”一读，犹为不通。

《文通》说：“《汉·刑法志》，有君如是其贤也。——‘有君’为句，‘其’指君，犹云‘有君其为贤也如是’。”(〔2.3.13〕113)

这是改变词序后，又把“其”看作类似关系代词的词来分析句子的：

> 有君，其贤如是也。

2.《文通》在哪些方面是创新的？

《文通》的创新，主要表现在它全面深入地揭示了古汉语的特点和规律，建立了大体完整和合理的古汉语语法体系。我们用通行术语和表格形式概括《文通》体系如下（括号内加“”号者，为《文通》术语或引例；数码为《马氏文通读本》节次或页码）：

2.1 构词
- 单音词：四声别义（“动字辨音”“名字辨音”）①
- 复音词
  - 并列式（“两字同义”“同字对待”）
  - 附加式（“前加‘不’‘无’”“后加‘然’‘焉’‘乎’‘尔’……”）
  - 重叠式（“重言”）
  - 联绵词（“两字双声”“两字叠韵”……）

① 因声调不同而成另一个词，这里姑且看作一种广义的构词法。

2.2 词类
- 实词（“实字”）
  - 名词（“名字”）
  - 代词（“代字”）
  - 动词（“动字”）
  - 形容词（“静字”）
  - 副词（“状字”）
- 虚词（“虚字”）
  - 介词（“介字”）
  - 连词（“连字”）
  - 助词（“助字”）
  - 叹词（“叹字”）

2.3 句子
- 单句
  - 按谓语分类（“语词”）
    - 名词谓语句
    - 形容词谓语句
    - （谓语称“表词”）
  - 动词谓语句（谓语称“语词”）
    - 动词作宾语（“散动作止词”）
    - 小句作宾语（“读作止词”）
    - 双宾语（“两止词”）
    - 兼语式（“坐动止词又为散动起词”）
    - 连动式（“散动诸式”之一）
    - 被动句（“受动”）
  - 句子成分
    - 主语（“起词”）
    - 谓语（“语词”“表词”）
    - 宾语（“止词”）
    - 介词宾语（“司词”）
    - 状语、补语（“转词”）
    - 同位语（“加词”）
- 复句
  - 主从复句（“与读相联之句”，内含包孕句）
  - 并列复句（“舍读独立之句”）

2.4 句法

- 语序（宾语前置）
  - 否定句中代词宾语前置（〔10.3.2〕）
  - 疑问代词作动词或介词宾语前置（〔2.4.1〕〔2.4.2〕〔2.4.3.5〕〔10.3.3〕）
  - 动词或介词宾语前置加“之”“是”复指（〔7.1.4.3〕〔10.3.4〕）
  - 代词作动词宾语前置（“寡人是问”“惟汝予同”）
  - 介词宾语在介词前，介宾短语在动语前（“唯蔡于憾”“私族于谋”）（〔7.2.9〕）
  - 介词“以”的宾语前置（“夜以继日”）（〔7.3.6〕）
  - 介词“以”宾语前置加“之”复指（“鲁故之以”）（〔7.3.6〕）
- 主语、谓语间加“之”取消独立性（〔7.1.4.2〕〔10.6.1.2〕）
- 主语与介宾短语之间加“之”构成小句（“寡人之于国也…”）（〔7.2.6〕）
- 词类活用（“字类假借”）
  - 普通名词活用作动词（“左右欲兵之”）（〔5.10.1〕）
  - 专有名词活用作动词（“尔欲吴王我乎”）（〔5.10.1〕）
  - 代词活用作动词（“相与吾之耳矣”）（〔5.10.2〕）
  - 形容词活用作动词（“老吾老以及人之老”）（〔5.10.3〕）
- 名词作状语（“腹诽而心谤”）（〔3.3.5〕〔5.5〕〔6.2.1〕）

2.4 句法

- 特殊动宾关系
  - 使动（“逃王而已为王”）（〔5.6〕）
  - 意动（“时充国年七十余，上老之”）（〔5.10.3〕）
  - 为动（“君三泣臣矣”）（〔5.6〕）
  - 称动（“其人卫何也”）（〔5.10〕）
- 凝固格式
  - 所…者（“誓词”）：所不归尔帑者有如何。（120）
  - 有所：此亦有所长。（305）
  - 无所：举事无所变更。（305）
  - 有〔无〕…者：有牵牛而过堂下者。| 仲尼之徒无道桓文之事者。（126；308）
  - 何…之为：何国之为？（140）
  - 何以…为：何以文为？（140～141）
  - 以…为：无以尹铎为少。（187）
  - …之谓…：生之谓性。（188；266）
  - 唯…为：唯天下至诚为能尽其性。（226～227）
  - 如〔若〕…者：如不能言者。（452）
  - 如…然：如见其肺肝然。（237）
  - 如…耳：如发蒙振落耳。（237）
  - 如〔若〕…比：一旦临小利，仅如毛髪比…。| 若某等比咸得以荐闻。（237～238）
  - 有以：杀人以梃与刃，有以异乎？（305～306）
  - 无以：仆无以自全活。（305～306）
  - 不有：不有废也，君何以兴？（310）
  - 唯…能：夫折大木蜚大屋者，唯我能也。（317）
  - 若…然：勿助长也，无若宋人然。（390）
  - 惟…之〔是〕…：父母惟其疾之忧。| 除君之恶，唯力是视。（423；426～427）
  - 所以…：学则三代共之，皆所以明伦也。（444）
- 语气（“助字”）——以坚其约…”（442）

其一，“司词后乎介字，转词后乎动字者，常也，《内外传》（案：指《左传》）有反是者：王贪而无信，唯蔡于憾”。（437）

其二，“齐人杀无知，何以不地？| 曷为国之？——此《公羊》之特笔也”。（327）

其三，“其国亡矣，徒葬于齐尔。｜天下诸侯宜为君者唯鲁侯尔。——诸引‘尔’殿句…皆出《公羊传》，他书不概见。《公羊传》又以‘尔’字助询问之句，而带有‘若是’之义：然则何言尔？｜何讥尔？诸此句又《公羊传》所独也”。(578)

其四，“又有‘哉’字助句，先为一提，而后推言其事理者，《孟子》最习用也：不仁者可与言哉？安其危而利其灾，乐其所以亡者”。(609)

其五，“助字传信者六，传疑者六，古今文所通用者尽之矣。外此，《论语》与《左传》一用‘而’字：已而已而，今之从政者殆尔！｜若敖氏之鬼，不其馁而！”(622)

其六，“求之今文，双合字之助句者鲜矣，而参合者则仅见于《论语》《檀弓》《左传》：泰伯其可谓至德也已矣。｜勿之有悔焉耳矣。”(624～627)

其七，“《史记》以叠字为接者最习见：然今范阳少年亦方杀其令，自以城拒君。君何不齐臣侯印，拜范阳令？范阳令则以城下君…使驰驱燕赵郊，燕赵郊见之”。(686)

除此而外，《文通》还注意到古汉语某种语法现象的历史变化。如：

> 古者贵贱皆自称“朕”，秦始皇二十六年起，定“朕”为皇帝自称，臣下不得僭焉。(〔2.2.1〕88)
>
> 惟至唐人疏状，凡引敕旨讫，则以“者”足之。《韩·变盐法事宜状》：“右奉敕，将变盐法，事贵精详，宜令臣等各陈利害可否闻奏者。”宋，明因之…求之古文，则未之见也。(〔9.7〕598)

《文通》还不时指明后人文句承自何种古籍这样一种古今承袭关系。如：

> 《韩·盘谷序》：与之酒而为之歌。——“为”介字也，“之”其司词，在宾次。此本《左传·襄公二十九年》《季札观乐》篇内“为之歌”等句。(〔2.2.5.1〕93)
>
> 《书·泰上》“作之君，作之师。”——犹云“为之立君”“为之立师”也。昌黎本此，于《原道》作“为之君”“为之师”，于句甚顺。(〔2.2.5.3〕94)
>
> 《越语》：“鼋龟鱼鳖之与处，而鼃黾之与同渚。”昌黎《上宰相

书》“麋鹿之与处，猿狖之与居”，原其句法之所自，则《庄子·庚桑楚》有“拥肿之与居，鞅掌之为使”。（〔7.1.4.3〕425）

《文通》还对某些语法现象作过共时比较研究。如《史记》《汉书》的比较：

《史记》有“之”字，而《汉书》故删去者，指不胜屈，今录数则：

《史·季布列传》：夫陛下以一人之誉而召臣。
《汉·季布传》：夫陛下以一人〔〕誉召臣。
《史·季布列传》：仆游扬足下之名于天下。
《汉·季布传》：仆游扬足下〔〕名于天下。
《史·张耳陈余列传》：而责杀王之罪。
《汉·张耳陈余传》：而责杀王〔〕罪。
《史·项羽本纪》：此亦天亡秦之时也。
《汉·项羽传》：此亦天亡秦〔〕时也。（〔3.2.2〕168-9）

（原载《语文建设》1988年第3期）

《马氏文通》与中国语法学

一　《文通》的字

（一）《文通》字类理论中的几个问题

1. 文字的“字”和字类的“字”

《文通》所说的“字”，有两种不同的涵义：一是指文字，即汉字；一是指能独立运用的语言单位，即词。如说：“夫言者，心之声也；而字者，所以记言也。”（《马氏文通读本》630 页。以下所标均为《读本》页码）这里的“字”指的是文字。又如说：“记言天下之事物者，则有名字，有代字；记言事物行止之状者，则有静字，有动字。”（630 页）这里的“字”指的是词。有时同一句话中的“字”，有的指文字，有的则指词，如说：“至同一字而或为名字，或为别类之字，惟以四声为区别者。”（71 页）第一个“字”指汉字，第二、三个“字”指词。又如说：“汉文最浑厚，其名字多用双字。”（77 页）前“字”指词，后“字”指汉字。

把汉字和词用同一术语“字”来表示，有时会带来理解文义的障碍，甚至会导致逻辑上的混乱。如说“静字有两字同义者”“两字对待者”，名字有“双字同义者”“两字对待者”，这“两字”既可指两个静字或名字，也可指构成一个静字或名字的两个汉字。

为什么马氏用一个“字”代表两个不同的概念呢？主要是因为古汉语的词以单音为主，基本上是一个字代表一个词。

2. 字类的“字”

《文通》表示字类的“字”，不仅包括单词，还包括顿（短语）和读（小句）。比如名字，马氏说：“要之，名无定式，凡一切单字、偶字，以至集字成顿成读，用为起词、止词、司词者，皆可以‘名’名之。”（80 页）像“规模”“古今”“周公之事”“好德如好色者”等，都可称作名字。这个名字相当于某些讲语法的西方书中的 nominal 或赵元任《汉语口语语法》中的 nominal expression（名词性词语）。静字中也有这种情况。如“颖考叔，纯孝也”中的“纯孝”，“我非生而知之者”，《文通》称“读之用如静字”。（691～692 页）动字中，“自悔”“自度”“自忖”，《文通》称自反动字。（273 页）状字中，“朝暮”“昔者”“君处北海”“寡人处南海”“于今七年”等，《文通》称状字或“读用如状字”。（52 页）（694～695 页）连字中，“陵迟而至”“推而大之”“要其归”“推此志”，《文通》称“无属动字以为连字者”。（325 页）《文通》中只有代字、介字、叹字、助字是只指单词的。

3. 字类划分　实字与虚字

《文通》把字分成实字和虚字两类。实字有五：名字、代字、静字、动字、状字；虚字有四：介字、连字、助字、叹字。这九类字的划分，大体是合理的，直到今天，也还没有大的变化。现将《文通》的字类与新近出版的《现代汉语八百词》的词类列表对照于下：

《文通》	名字		代字	动字	静字			状字	介字	连字	助字	叹字	
《八百词》	名词	量词	指代词	动词	形容词	数词	方位词	副词	介词	连词	助词	叹词	象声词

表中可以看出两者有以下四点不同：

（1）《八百词》增加量词一类，《文通》只提到“物品之别称”，（216～217 页）却没单独立一字类。但《文通》是以古汉语为研究对象的，古汉语中量词较少，有人认为几乎没有。

（2）《八百词》增加方位词一类，《文通》没有单独立类。遇有方位词时，大多归入静字，如在《读本》第四章第 65 例下说：“‘中’‘外’‘上’‘下’诸静字……”，有时又归入状字，如把［六·125］［六·126］［六·131］诸例中的“东”“西”“左”“右”“上”“下”等都列入状字中。

（3）《八百词》增加象声词一类，也主要是依据现代汉语的。古汉语中象声词甚少。《文通》有时称为“叹字”。

（4）《八百词》把数词从形容词中分出，对于现代汉语来说是完全必要的，因为在现代汉语中数词与形容词的区别较为明显。而在古代汉语中，情况则不同，马建忠把数词和形容词划归一类，自有他的根据。这一点，在1·3节还要谈到。

不过，《文通》有的字类所包括的范围大小与现在通行的词类不尽相同。例如：代字中有一部分现在归入副词；状字内有一部分现在归入形容词；连字内有一部分现在认为是副词或介词。具体情况如下：

《文通》代字今归入副词者：

皆　具　悉　遍　都　咸

自　相　交

虑　虑率　大凡　大率　大抵　大归　大要

《文通》状字今归入形容词者：

重言：匈匈　鞅鞅　录录　融融

重言后加字：侃侃如　谆谆焉

任何一字后煞“然”等：油然　浡焉　沃若　莞尔

《文通》连字今归入副词、介词者：

既　又　不　非　方　当　甫（归入副词）

比　及　自（归入介词）

《文通》的助字只包括现在所说的句末语气词。

马氏将字类分成虚字、实字两大类，有继承也有创新。在马氏之前就有实字、虚字之说，但概念极不确定，因人而异，且多是用来讲解诗词的。宋·周辉《清波杂志》：“东坡教诸子作文，或辞多而意寡，或虚字多，实字少，皆批谕之。”宋·范晞文《对状夜语》说：“‘夜潮人到郭，春雾鸟啼山’，每句的眼（第三字）是实字，而‘无风云出塞，不夜月临关’的首（第一字）是虚字。”可见，他把名词叫实字，而把动词等叫虚字。关于这一点，《文通》说：

先儒书内更有以动字名为虚字，以与实字对待者。近世曾涤生氏与人书云：“何以谓之实字虚用？如‘春风风人’‘夏雨雨人’‘解衣衣我’‘推食食我’……‘入其门无人门焉者’‘入其闺无人闺焉者’，以上两字同者，上一字皆实字也，下一字则虚用矣”……以上曾氏之

说，是以动字为虚字者也。(48 ~49 页)

《文通》接下去说："然若‘焉’‘哉’‘乎’‘也，诸字，不知曾氏将何以名之。读王怀祖、段茂堂诸书，虚、实诸字，先后错用，自无定例，读者无所适从。今以诸有解者为实字，无解者为虚字，是为字法之大宗。"(49 页)

马氏将"实字"与"虚字"两个术语运用于语法研究，确系首创。对马氏有解、无解之说，杨树达、陈承泽等语法学家都曾给予评论。杨树达在《马氏文通刊误》中说："马氏……以无解者为虚字，则彼所分析实未尽然。盖若介字之‘以’字当‘拿’字‘因’字解，‘为’字当‘助’字‘代’字解，‘自’‘由’‘从’‘与’诸字及‘之’字皆各有解。又连字中‘与’‘及’‘且’‘然’等字亦皆有解。计马氏虚字四种中。绝对无解者，仅助字及叹字耳。"陈承泽在《国文法草创》中说："此定义……实为未惬。虚字中连字、介字之一部分，仍有事理可解。"但他们都承认："马氏分别虚、实字，自较前人为精密"，"马氏虚字、实字……分界之标准，尚属可通"。

4. 字类假借

马氏从一般用例中找出某类字经常充当何种句子成分，遇到他类字来充当这种句子成分时，便说是假借乙类字为甲类字。例如经常充当语词（即谓语）的是动字，遇到名字、代字、静字、状字充当语词（不包括表词）时，就说是假借名、代、静、状为动字；名字经常充当起词、止词，如果静字、动字、状字作起词、止词时，就说是假借静、动、状为名字。《文通》谈字类假借，分散在各有关章节，为便于了解全貌，归纳为以下 20 种：

	类别	例子
名字假借(70 ~71 页)	名借静：	不知鞍马之勤
	名借动：	圣贤之能多
	名借状：	天之苍苍
动字假借(326 ~333 页)	动借公名：	使之年
	动借本名：	尔欲吴王我
	动借代：	相与吾之
	动借静：	老吾老
	内动借状：	而视茫茫
	外动借状：	甚郑伯之处心积虑

静字假借（199 页）	静借名：	臣德　尧服
	静借代：	吾国　其言
	静借动：	饥色
	静借状：	腹犹果然
状字假借（385～386 页）	状借名：	庶民子来
	状借静：	刀刃若新发于硎
	状借动：	上使立诛之
连字假借（513～518 页）	连借名：	故（513～514 页）
	连借动：	方、当、会等（516～517 页）
	连借状：	然（518 页）
	连借介：	以、为（514～515 页）

5. 字无定类

在字类划分上，马氏有一种重要理论叫做字无定类。《文通》说："故字类者，亦类其义焉耳。""义不同而其类亦别焉。""字无定义，故无定类。"（55 页）又说："夫字无定类，是惟作文者有以驱遣之耳。"（199 页）他举的例子是：《庄子·德充符》：

> "人莫鉴于流水而鉴于止水。惟止能止众止。"——"止"字四用，"止水"之"止"，静字，言水不流之形也。"惟止"与"众止"两"止"字，泛论一切不动之物名也。"能止"之"止"，有使然之意，动字也。是一"止"字而兼三类矣。（55 页）

这种"字无定类"说，后来被黎锦熙发展为"凡词，依句辨品，离句无品"（见于《新著国语文法》）的理论。

与这种"字无定类"主张不同的是陈承泽的词类活用说。他在《国文法草创》中说：

> 各字应归入之字类，必从其本用定之，而不从其活用定之……盖凡字一义只有一质而可有数用，从其本来之质而用之者，谓之本用。《马氏文通》引《庄子·德充符》："人莫鉴于流水，而鉴于止水，惟止能止众止"一例……以余观之，马氏所举之三类，皆属"止"之活用，"止"之字类应为自动字，即"岀然而止"之"止"是也。

陈承泽认为，一字只有一类，但可有数用，谓之“活用”。现将《马氏文通》与《国文法草创》的“字类假借”与“字类活用”举例加以比较，列表如下：

《文通》的字类假借	《国文法草创》的字类活用	
名字假借静字　鞍马之勤	象字名用之　白马之白	本用的活用
名字假借动字　知吾之退未始不为进	自动字名用之　惠公之卒	
静字假借名字　臣心	名为冠象用　仁，人心也	
静字假借动字　饥色	他动字之冠象用　郦生常为说客	
状字假借静字　刀刃若新发于硎	象字副用　父母在，不远游	
状字假借动字　上使立诛之	自动字副用　尽用而求复之	
动字假借名字　使之年	名字自动用　晚来天欲雪	非本用的活用
状字假借名字　庶民子来	名字副用　三辅盗贼麻起	
动字假借静字　匠人斫而小之	象字致动用　匠人斫而小之	
动字假借名字　诸侯用夷礼则夷之	名字意动用　诸侯用夷礼则夷之	
动字假借静字　上老之	象字意动用　上老之	

字类假借说与字类活用说不同，甲类假借作乙类，即成乙类；甲类活用作乙类，仍为甲类。而活用说被后来的较多语言学家所接受。

《文通》的字类假借说与字无定类说是矛盾的。马氏在讲字类假借时常说某字本属何类。如：

A. 不知鞍马之勤，道途之远也。（“勤”“远”二字本静字，而用如通名。）（70 页）

B. 天之苍苍，其正色耶？（“苍苍”重言，本状字也，今假借为名。）（71 页）

C. 信臣精卒，陈利兵而谁何。（“谁”“何”本询问代字，今用如外动矣。）（329～330 页）

马氏还说，“老吾老”“幼吾幼”“彼长而我长之”“彼白而我白之”诸句，“所有‘老’‘长’‘幼’‘白’诸字，本皆静字，而诸句中第一‘老’字‘长’字‘幼’字，与‘长之’‘白之’之‘长’‘白’两字，则用如外动矣”。（330 页）

对此，何容在（中国文法论）里说：“它既然有其‘本为’之类，还不就是有定类吗？既说是字无定类，又按有定类来讲，这就是自相矛盾了。”（42 页）

6. 名字辨音与动字辨音

马氏在论述字类时，提出名字辨音与动字辨音问题。“名字辨音”所讨论的问题是“同一字而或为名字，或为别类之字，惟以四声为区别者”。(71 页)

“动字辨音”讨论的问题是“以音异而区为静字与动字者，或区为内、外动字者，或区为受动与外动者，且有区为其它字类者”。(71 页)

“动字辨音”讨论的问题是“以音异而区为静字与动字者，或区为内、外动字者，或区为受动与外动者，且有区为其它字类者”。(334 页)

7. 字的构造——构词法（详见本书〔五〕)

（二）名字

《文通》给名字所下的定义是：“凡实字以名一切事物者，曰名字。”(46 页)

《文通》对名字的分类名称与通行名称对照如下表：

<table>
<tr><th colspan="3">《文通》名字分类名称</th><th rowspan="2">通行名称</th></tr>
<tr><th colspan="2">类　名</th><th>例　字</th></tr>
<tr><td rowspan="3">公名</td><td>公　名</td><td>禽　兽</td><td>普通名词</td></tr>
<tr><td>群　名</td><td>师　旅</td><td>集合名词</td></tr>
<tr><td>通　名</td><td>温良恭俭让</td><td>抽象名词</td></tr>
<tr><td colspan="2">本　名</td><td>尧　舜</td><td>专有名词</td></tr>
</table>

文通的这种分类法，一方面可说是大体合理，另一方面又对汉语没有多大必要，因汉语不像西方语言那样，不同种类的名词跟能不能有复数以及前面用不用冠词有关。

此外，还有些具体问题。如把“温”“良”等作为通名不妥，与书中另一些说法有矛盾，因与“温”“良”等词性相同的“智”“贤”“勇”“仁”等，马氏归入静字。(204～205 页）在“夫子温良恭俭让以得之”这一句中，“温良恭俭让”是“以”的司词，按马氏体系，应属于通名假借静字，因为他认为“不知鞍马之勤”的“勤”就是“本静字，而用如通名”。(70 页）如果以“道”“德”“礼”等作为通名之例似更妥帖。

（三）代字

马氏给代字所下的定义是："凡实字用以指名者曰代字。"（50 页）"代字者，所以指名也，文中随在代名而有所指也。"（82 页）

《文通》论述字类，代字是一个重点。《文通》将代字分为四类，有的类下又分若干小类，现将代字分类情况列表概括如下页所示。

马氏所用的某些词语，与今出入较大，简单给予说明。马氏所说"所语者"，即谈话的三方：第一、二、三人称，也就是某些语言学者所说的三身称代。"发语者"，即说话者，第一身；"与语者"，即与之说话者，对方，第二身；"所为语者"，即谈话涉及的对象，第三身。"重指代字"，即该代字指代它前边的名字，如马氏所举"广身自射彼三人者"，（108 页）在马氏看来，"身"指代前面的名字"广"，故为重指代字。马氏给接读代字下的定义是："接读代字，顶接前文，自成一读也。"（111 页）而"其""所""者"在他看来是符合这两个条件的，故将这三个词单独划归接读代字。下面列表分别加以说明：

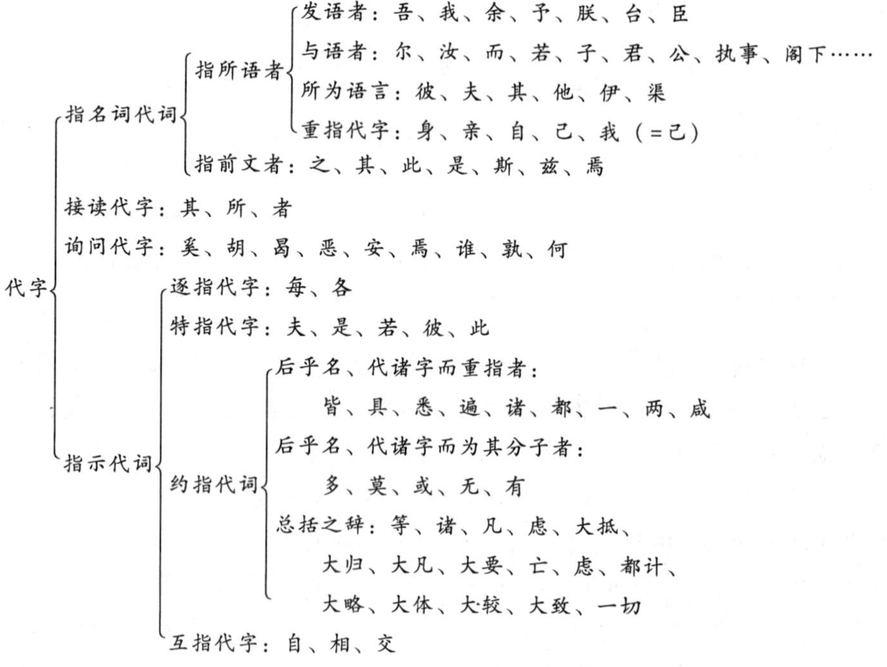

其：马氏说："接读'其'字……与前词紧接，而又自为一读……"（114页）比如："齐晋秦楚，其在成周微甚"，"其"顶接前文"齐晋秦楚"，而它和"在成周"又结合成一个读（"其"为读之起词，"在成周"为读之语词），（111页）故为接读代字。

所：马氏说："'所'字常位读领。"（115页）这里的"领"似为"衣领"义，是说"所"在读中处于中间位置。他举的例子是："彼，人之所引，非引人也。" "所"指前面的"彼"，而"人之所引"又自成一读（"人"为读之起词，"所"为读之止词）。故"所"也是接读代字。不过，"所"与"其"有所不同："所"不能说是"顶接前文"，只能说是指代前文。也就是说，"顶接"的提法缺乏概括力。

者：马氏说："'者'字之所以为接读代字者，以其为读之起词而有所指也。"（677页）又说："'者'字煞读，义若起词，故以列入接读代字。"（124页）综合两说，"者"之所以为接读代字，一是它有所指，二是它义若起词，又可自为一读。比如"为此诗者，其知道乎！"马氏说："'者'指人，犹云'为此诗之人，其知道乎'！"（124页）为什么说"者"字义若起词呢？因为，"者"义为"……的人"，而人是发出"为此诗"这个动作的，因此，"者"是意念上的起词，"为此诗者"又可自为一读（"者"是读的起词，"为此诗"是读的语词）。不过，应该指出的是，"者"为接读代字，与马氏给接读代字所下的定义也不尽相符，因为"者"并不能顶接前文。而且，说"者""义若起词"也很牵强（详见本书〔五〕）。更何况意义的分析不能代替语法的分析呢？

所谓"后乎名代诸字而重指者"，举例说："人皆可以为尧舜"，"皆"后乎名字"人"而重指"人"。"后乎名代诸字而为其分子者"，举例说："诸侯多谋伐寡人者"，"多"在名字"诸侯"之后，是"诸侯之中多……"的意思，所以说"多"是分子，"诸侯"是分母。

从上面的表中可以看出，马氏所说的指名代字，除掺进的几个副词和代词"己"外，大体上包括三身代词和通常所说的指示代词的一部分（即用作主语、宾语而有称代作用的指示代词）；而他所说的指示代字中的特指代字，指通常所说的指示代词的另一部分（用作名词修饰语，仅有指示作用的指示代词）。在指示代字中，将大量非代词囊括进去，显得格外芜杂。照现在通行的词类理论，除"夫""是""若""彼""此""或""莫"等外，均不应归入代字。

整个看来，《文通》对代字的概括是全面的，分析是细致的，分类也大体合理。正因为如此，直到今天，对代字的分类仍沿用它的观点。只是接读代字一类，是模仿西语关系代词而设（详见本书〔五〕）。实际上，接读代字“其”与指名代字“其”是一回事，难以类别。“所”和“者”的作用是使非名词性词语变成名词性词语，本身少有称代作用，勉强可算作特别指示代词。

关于《文通》的代字，谈以下四个问题：

第一，代字的分类问题。按说，指示和称代是两种词性，前者与形容词、副词相当，后者与名词相当，虽然密切相关，却不是没有分别。语法学家之中，有人重视这种分别，就区别指示代词、指示形容词、指示副词，疑问代词、疑问形容词、疑问副词。有人不重视这种分别，就不作这样的区别，只分指示与疑问，一概称为代词，不管它具体用于何处。这两种处理的得与失，这里不讨论，只是要指出，《文通》在这个问题上处理得不一贯。“此”“是”“斯”“兹”等字，他让它们兼属于指名代字的指前文者（相当于后来的指示代名词）和指示代字的特指代字，（案：“特指代字”项目下虽没有提到“斯”“兹”，但在“指名代字”项下举“斯民”“兹心”等为例说它们“皆附名而在偏次”）（104 页）又说“附于名，皆有指示之意”。（103 页）（相当于后来某些学者所说的指示形容词）。可是，在询问代字一节，对“谁”“孰”“何”“胡”“奚”“曷”“安”“焉”等字又一概称为询问代字，不区别名词性的还是形容词性的。但在状字章又把“何”“胡”等列入疑难状字，马氏说：“疑难状字，有与询问代字同字而不同用者，如‘何’‘焉’‘胡’‘乌’‘曷’‘安’诸字。”（406 页）看来，马氏是把这两种用法的“何”“焉”“胡”等看作同形异类的词了。此外，在对“何”字的个别解说中，又流露出“何”用于名词前有静字性质这层意思。如对“何器也”“王何卿之问也”等例分析说：“‘何’字合名用如静字。”马氏还说：“‘何’字合于静字，有甚之之意者，则列诸状字矣。”（142 页）对其他几个询问代字为什么又没提到这层意思呢？原来，马氏认为“‘奚’‘曷’‘胡’‘恶’‘安’‘焉’六字……用为偏次者盖未之见也”。（142 页）然而，“谁”是常用于偏次的，马氏已承认，却没有说“谁”是用如静字的。只举“吾不知其谁之子”“天下之不亡，其谁之功也”为例说：“‘谁’，为……偏次。”（133 页）

第二，界限与引例问题。《文通》中代字与非代字界限不清，将许多非代字划入代字中。指名代字中的“臣”“执事”“阁下”等虽可表示对己的谦称和对人的尊称，但称呼未必都是代字，完全可以是名词或其他，因此，

“臣”等不宜归入代字。重指代字一节中所列“身”“亲”“自”“己”等，除“己”外，其余皆非代字。“亲”表示行为方式特点，是状字。“身”本是名字，但常用如“亲”字。“自”也是状字。可参看杨树达《马氏文通刊误》（35 页）和陈承泽《国文法草创》（15 页）。指示代字中的约指代字。也大多是状字，“皆”“具”“悉”“遍”“都”“咸”等与指示代字“指明事物以示区别”的定义不符，却与状字中“度事成之有如许者”一类相符，因为“如许者，言事成而有多少、浅深、厚薄、偏全之各别也”。（396 页）而“皆”等恰是表明动作之“全”的，与被列入状字的“毕”意思、用法皆同。试比较以下四例：

A. 列侯毕已受封。（397 页）
B. 众皆悦之。（153 页）
C. 余悉除去秦法。（153 页）
D. 天下之欲铭述其先人功行，取信来世者，咸归韩氏。（154 页）

其中“皆”“悉”“咸”与“毕”同样用于动词前。表示动作范围的周遍性，而“毕”既列为状字，“皆”等也应归状字。“一”“两”按照《文通》体系应是滋静字（即通常所说的数词），静字章在谈滋静字时说：“凡可以为加減乘除者皆隶焉，如一、二。”（214 页）可见“一”“两”不应是约指代字。如果说“举事无所变更，一遵萧何约束”等句的“一”是“一律”“一概”之意，也应归入状字，而不宜归入约指代字。关于“有”“无”二字，动字章说：“凡动字，所以记行也。然有不记行而惟言不动之境者，如‘有’‘无’……等字，则谓之同动。”（304 页）可见是把“有”“无”看作同动字的。但在代字章又把它们列入约指代字中。尽管《文通》说：“约指代字篇内，‘有’‘无’两字或以为代字者，以其隐指某人故耳。”（307 页）想以此说明同动字“有”“无”与约指代字“有”“无”的区别，但从它所举用例看，实难找出二者的区别来。试比较如下四例：

A. 二王我将有所遇焉。（155 页）
B. 盗贼有所劝，亡逃者得轻资也。（305 页）
C. 项王所过无不残灭者。（155 页）
D. 仲尼之徒无道桓文之事者。（126 页）

例 A、例 C 中的“有”“无”被列入约指代字，例 B、例 D 中的“有”“无”则被列入同动字。有的学人认为，《文通》约指代字“有”“无”是以与它前面的词语有分母与分子关系为其特征的，如“二王我将有所遇焉”，即“二王之中有……”之意，“二王”为分母，“有”为分子，这样的“有”（或“无”）即为约指代字。而同动字“有”“无”与它前面的词语则没有分母与分子这层关系。据此认为：“马氏约指代字‘有’‘无’与同动字‘有’‘无’的界限基本上是清楚的。”（见唐子恒：《对〈马氏文通代字章述评〉的一点意见》，载《中国语文》1987 年第 2 期）可备为一说。只是《文通》立说混乱，有些章节的论述又未见得如此。

至于“凡”“虑”“大抵”“大率”等也都不应列入约指代字，因为它们确实不具备“指明事物以示区别”这一指示代字的本质特征和基本性能，而也像状字中的“度事成之有如许者”一类，表示动作的程度和范围。如“商贾中家以上大率破”。“大率”表示“破”的范围。《马氏文通刊误》云：“大凡、大率、大抵……皆状字也。”（77 页）

指示代字中的互指代字项下共列三字：自、相、交。“自”可视为状字，已见上文；“交”也是状字，可参刘复《中国文法讲话》（172 页）。至于“相”字，则有的是状字，有的是代字。吕叔湘先生《“相”字偏指释例》一文说：“《马氏文通》以‘相’为互指代字…杨树达于《马氏文通刊误》（79 页）正之曰：‘按：相、交皆状字，非代字。’刘复撰《中国文法讲话》亦持此解；愚按杨、刘二君之言是也。马氏盖泥于欧语之有互指代词，因而以汉文之‘相’‘交’诸字当之。苟离开某种特殊语文而试从一般与抽象的见地言之，则交互之观念初无非以代词表示不可之必要，以副词表示之或更为自然。马氏之说实未免削足适履之病。然偏指之‘相’，其词性有无变易，似犹可商榷……用此‘相’字则宾语可以从略，且非从略不可。由此点观之，此‘相’字不得不谓为具有一种指代作用，而此种指代作用则寻常皆以代词行之者也。（如《庄子・人间世》：‘凡交，近则必相靡以信，远则必忠之以言’，即以‘相’与‘之’为互文。）苟以此‘相’字列于副词，则应定为代词性副词（Pronominalad Verb），若不拘动词前后之形式限制，则亦得径视为一种代词也。”（《汉语语法论文集》43 ~ 44 页）这就是说，表交互义的“相”是状字，而偏指的“相”可视为代字。《文通》仅举了表交互义的“相”字之例，而没有举偏指“相”字之例，却把它列入代字，显然不妥。

以上所谈是代字与非代字的界限问题。下面来谈代字内这类与那类间的界限不清问题。指名代字与指示代字界限就不清楚。《文通》没有给指名代字作出一个明确的界说，只给指示代字下定义说："指示代字者，所以指明事物以示区别也"，(144 页）但在谈指名代字"彼"时说"用于宾次者其常，而用为偏次者则为指示代字矣"，(90 页）在谈指名代字"是"时说"'是'附于名，皆有指示之意"，（103 页）在谈指名代字"之"时说"'之'在偏次，有指示之意……则为指示代字"，(94 页）在谈指示代字"夫"时，所举都是"夫"用于偏次之例，最后说"若'夫'字单用而解如'彼'字者，则为指名代字矣"。(149 页）综合这些说法可以看出，《文通》所说的指名代字，除包括人称代词外，就指那些用于主次（此即主语)、宾次（此即宾语）而不用于偏次（即名词修饰语）的指示代词；而它所说的指示代字，就指那些用于名词前居于偏次的指示代词。由此可见，"指名"与"指示"的区别，就是《汉语语法分析问题》中所说的"称代"与"指别"的不同。应该说，《文通》对代字进行这种区分是必要的。但由于它叙述不清以及引例混乱，实际上又混淆了二者的界限。从前面（14 页）的表中可以看出，指名代字与指示代字有这样几个字是重合的："是""此""夫""彼"。而《文通》未能着重阐明作为指名代字的"是""此""夫""彼"与作为指示代字的"是""此""夫""彼"的区别何在，反而在指名代字下引了指示代字的用例，在指示代字下又引了指名代字的用例。如在指名代字"是""此"下，引了"是心足以王矣""惟此时为然"（103 页）等指示代字的用例；而在指示代字"是""此""彼"下，又引了"夫如是""如此然后可以为民父母""息壤在彼"（151 页）等指名代字的用例。这种引例的混乱，也出现在其他指名代字与指示代字之间。比如在指名代字"斯""兹""之""其"下都引了它们居于偏次、用作指示代字的例句：

A. 如之何其使斯民饥而死也？(104 页)
B. 兹心不爽。(104 页)
C. 之二虫，又何知？(94 页)
D. 苟有其备，何故不可？(100 页)

而在指示代字节中对这几个词却连提都没有提。再如"已"，马氏说："'已'字则主焉，宾焉，偏焉，守常而已。"(109 页)"已"居偏次，所举之例有"尧以不得舜为已忧……"，按说，这种用法的"已"也应归入指示代字，然而指示代字节却没有提到。"我"字情况同此。又比如：同一个

“自”字，既被列入指名代字的重指代字中，（107～109页）又被列入指示代字的互指代字中，（159页）而两处都引有“山木自寇也，膏火自煎也”一例。正是诸如此类的引例混乱，致使指名代字与指示代字之间的界限不清。

第三，语法分析和某些结论问题。《文通》对每个代字的各种用法及其引例都作了分析与解说，这对读者掌握代字的用处多有裨益。但有些分析是不妥当的，甚至是谬误的。

接读代字节谈“者”字读（通常称“者”字词组）用若表词时，对“公等录录，所谓因人成事者也”一例是这样分析的：“‘因人成事者’之读，乃‘所’字表词，而‘所’字即指‘公等’也。”（127页）这种分析不太合理。表词，按《文通》的说法，应该是“后乎起词而用作语词，所以断言其为何如也”。（58页）可见，表词是说明起词“何如”的。而“因人成事者”并非说明“所”字“何如”，而是说明“公等”“何如”的，因此，它不应该是“所”的表词，而应是“公等”的表词，“所谓”作为名词性词组是“因人成事者”的修饰语。这句话的正确分析应该是：“公等”是起词，“录录”和“所谓因人成事者”都是谓语。《文通》对“赵人多为张耳陈余耳目者”一例又是这样分析的：“犹云‘赵人中之为张陈之耳目者其人不少’也。‘张陈耳目者’乃‘多’之表词也。”（127页）这种分析按照马氏自己的体系固然也未尝不可，因为他把“多”看作代字。然而，“多”不应定为代字，马氏一般也把它看作静字，如静字章称“多少”为对待静字；（202页）动字章在谈动字假借时，举了“上必多君有让”一例，并说“多”等“本皆静字”。（331页）《马氏文通刊误》认为这句话应作如下分析：“‘为张陈耳目者’当为起词’，‘多’当为表词，‘赵人’当为省略介字‘于’字之转词矣。”询问代字节对“夫如是，奚而不丧?”是这样分析的：“犹云‘如是而不丧者何也?’故‘奚’字用如表词而居主次。”（143页）如果说“奚”为表词，则起词何在?《马氏文通刊误》说：“此‘奚’字当作状字解。‘奚而不丧’犹云‘何故不丧’也。”（66页）此说甚是。该节对“陛下自察圣武孰与高帝”例是这样释义的：“其义当云‘陛下自察，与高帝相较孰为圣武’也。”（133页）这是正确的。照此分析句子，“孰”当为起词，“圣武”当为表词。然而，马氏却说“‘孰’字当作表词”。（133页）如说“孰”作表词，则置“圣武”于何地?总的看来，“孰与”结合甚紧，以不拆讲为好。王引之《经传释词》解“孰与”作“何如”。指示代字节逐指代字项下，《文通》列有“每”“各”二字，说：

"'每''各'二字而为宾次，先所宾者常也。"（144 页）但在例句解说中，"每"无一例居宾次（实居偏次，但他避而不谈），"各"字有两例说为"居宾次而先焉"，这两例是："不可者各厌其意"，"每道各置三万人"。（145 页）但如以"各"为宾次，则真正居宾次之"其意""三万人"反而无着落。

《文通》对代字的用法，力图找出规律，提出带有结论性的意见。其中有很多意见是正确的，也有一些意见因材料掌握得不够完备而带有片面性。

指示代字节在介绍"吾"字用法时说："'吾'……至外动后之宾次，惟弗辞之句则间用焉。"（86 页）又在"夫子尝与吾言于楚，必是故也"一例下说："'吾'在宾次，而为介字司词，实仅见也。"（86 页）实际情况则不然。章锡琛《马氏文通校注》指出，"过汝，汝给吾人马酒食"和"嫂尝抚汝指吾而言曰"二例，是"吾"居外动后宾次之例；"是其生也。与吾同物"和"为吾谢苏君"二例，是"吾"在宾次而为介字司词之例，纠正了马氏结论的偏颇。询问代字节谈"谁"的用法时说："'谁'字惟以询人。"（132 页）此说过于绝对，"谁"询事物也不乏其例。以《文通》所举之"寡人谁用于三子之计"中的"谁"来说，就是询问事物"计"的，意即"我在三人的计策中该用哪一计"。《文通》释作"于三子之计，寡人未知先用谁"，似于原义不符，句子也显得欠缺而不完整。除此而外，还可补充"谁"询问事物若干例：

A. 夫谁不可喜，谁不可惧？蚋蚁蜂虿皆能害人，况君相乎？（《国语·晋语》）

B. 胡马望北风而立，越燕向日而熙，谁不爱其所近，悲其所思者乎？（《吴越春秋·阖闾内传》）

C. 子墨子曰："吾将上太行，驾骥与羊，子将谁驱？"（《墨子·耕柱》）

关于"谁"字，《文通》又说："其在偏次，其后概加'之'字。"（132 页）也不尽然。例如：

A. 社稷五祀，谁氏之五官也？（《左传·昭公二十九年》）

B. 韩取聂政尸于市，悬购之千金。久之，莫知谁子。（《战国策·韩策二》）

C. 骖马，谁马也？（《战国策·宋卫策》）

D. 毋问儿男女，谁儿也。（《汉书·外戚孝成赵皇后传》）

例 C、例 D，“谁”表“正次之所属”，为偏次无疑，“谁”后并无“之”字。其他两例的“谁”马氏是否也承认居偏次呢？看来也承认。他在分析同样的结构“何国”时说：“何’字附于名而用为静字，当在偏次。”（140 页）可见，“谁氏”“谁子”的“谁”也应为偏次。既为偏次，其后又不加“之”，表明马氏“其后概加‘之’字”的结论不够全面。也许如下提法更贴切些：先秦时期，“谁”在名词前表示所属，其后一般应加“之”字。

“关于“孰”“奚”，《文通》说：“‘孰’……未见其在偏次者。”（133 页）“‘奚’……用为偏次者盖未之见也。”（142 页）“孰”在偏次，固不多见，但并非绝无。如：

A. 孰君而无称？（《公羊传·昭公二十五年》）

B. 孰王而可叛也？（《吕氏春秋·谏上》）

C. 齐人弑其君，鲁襄公援戈而起曰：“孰臣而敢杀其君乎？”（《说苑·君道》）

“奚”用为偏次之例更是不胜枚举。《马氏文通刊误》已举出“奚时”“奚故”“奚疾”“奚方”等“奚”字用于偏次之例，下面再补充数例：

A. 而人不知以奚道相得。（《吕氏春秋·不侵》）

B. 夫倍上令以为威，则行恣于己以为私，百吏奚不喜之有？（《管子·重令》）

C. 侏儒有见公者，曰：“臣之梦践矣。”公曰：“奚梦？”（《韩非子·难四》）

D. 齐攻鲁，子贡见哀公，请求救于吴。公曰：“奚先君宝之用？”……于是以杨干麻筋之弓六往。（《说苑·奉使》）

“奚”也可作表词，居同次。如：

A. 予尝为女妄言之，女以妄听之，奚？（《庄子·齐物论》）

B. 翟之妖奚也？（《说苑·辨物》）

C. 仲尼之死，吾不闻鲁国之爱夫子，奚也？（《说苑·贵德》）

关于“曷”“胡”，马氏说它们“用如代字者，惟在宾次耳”。（按：宾次此指动字止词和介字司词）实则“曷”可用于主次、偏次，“胡”也可用于偏次。如：

A. 吾见其骈焉而济者，风水等耳，而有沉有不沉，非天，曷司欤？（《刘禹锡集·天论》）

B. 屈人者克，自屈者负，天曷故焉？（《法言·重黎》）

C. 而五人生于编伍之间，素不闻诗书之训，激昂大义，蹈死不顾，亦曷故哉？（《古文观止·张溥：五人墓碑记》）

D. 若天不爱民之厚，夫胡说人杀不辜而天予之不详哉？（《墨子·天志》）

E. 是聚民利以自封而瘠民也，胡美之为？（《国语·楚语上》）

F. 相国胡大罪？（《汉书·萧何传》）

G. 臣御家无方，威训不振，致使子侄衔法，仰负圣朝，悚赧兼怀，胡颜自处？（《晋书·宗室列传》）

马氏又说：“‘胡’‘曷’二字，惟为‘为’字所司，未见有司于其他介字者。”（143 页）实则不然。如：

A. 公则曷以禄夫子？（《吕氏春秋·杂下》）

B. 即不幸有方二、三千里之旱，国胡以相恤？卒然边境有急，数十万之众，国胡以馈之？（《汉书·食货志》）

C. 此胡自生？……从恶人贼人生。（《墨子·兼爱下》）

D. 非药曷以愈疾？非兵胡以定乱？（《柳宗元集·愈膏肓疾赋》）

马氏还说：“‘谁’‘孰’两字所隶介字，惟‘与’字耳。其他概不见用。”（134 页）实则不然。“谁”“孰”还可隶介字“为”。章锡琛举有若干例子：

A. 谁为为之？（《史记·自序》）

B. 孰为来哉？（《公羊传·哀公四年》）

此外，“谁”“孰”还可隶于介字“以”。如：

A. 滔滔者，天下皆是也，而谁以易之？（《论语·微子》）

B. 我有二子，一人者好学，一人者好分人财；孰以为太子而可？（《墨子·鲁问》）（案：即“以孰为太子”。）

“谁”还可隶于介字“于”。如：

盗窃之行，于谁责而可？（《庄子·则阳》）

以上材料说明，《文通》的某些结论是不够全面的。

然而有些规律是十分严格的，如“孰”从不单独作表词，可惜马氏未予指明。

第四，措辞含糊，前后矛盾问题。《文通》常对同类例句中同类性质的代词，甚至对同一例句中的同一代词，时而做此解说，时而作彼解说。指名代字节在“为”后“之”字有偏次之解一项下，举了十四个“为·之·名”式的例句，对其中十一例的“之”都认为是居偏次，解作“其”，如在“为人后者，为之子也”一例下说：“‘之’居偏次。”（93 页）仅对其中三例的“之”解作转词（这里相当于通常所说的间接宾语），这三例是：“吾不徒行以为之椁。”（93 页）“覆杯水于坳堂之上，则芥为之舟。”（93 页）“项王乃疑范增与汉有私，稍夺之权。”（94 页）对第一例，《文通》先说“为之椁”的‘之’可作‘其’字解。（93 页）后说：“前引‘吾不徒行以为之椁’句，‘之’亦转词也。”（93 页）对第二例说“‘之’字应作转词。”（93 页）对第三例说：“犹云‘夺其权’也。然此‘之’字可作转词解。”（94 页）最后这种说法尤为不妥，既将“之”解作“其”，就不是转词，因“其”居偏次，而转词应居宾次。且这三例与其他十一例并无不同，为何作两种不同的解释呢？可见马氏对“为·之·名”式中的“之”字究竟是居偏次，还是作转词而居宾次，很有些左右摇摆。接读代字节对两个“所以……者”的句子作了两种解说。对“此吾所以取天下者也”一句，解释说：“‘所’指‘此’字，而隶于‘以’字。”（117 页）对“其所以放其良心者，亦犹斧斤之于木也”一例，解释说：“‘所’指‘者’字。”（119

页）一说“所”指其前的起词“此”，一说“所”指其后的代字“者”，这表明马氏对“所以……者”中的“所”字到底指什么，在看法上也有些模棱两可。

《文通》对某些代字或某些例句常常持两种甚至多种互相矛盾的说法。接读代字节举了“有君如是其贤也”一例，解作“有君其为贤也如是”，从而说“其”是接读代字。（113 页）而介字章讲“之”的用法时又引到此例，说“其”同于“如此之备”的“之”，并说：“‘之’‘其’两字之加否，与文义无涉也。”（416～417 页）如果说“其”是接读代字，那就不是“加否与文义无涉”，而是非加不可。同节讲“者”字读的第七种用法“有假设词气者”时，举有“合己者善待之”一例，说“合己者”有假设词气，因而解作：“其人如合己也，则善待之”。（130 页）而在句读章又引到此例，（657 页）却归入“外动字之止词而为意之所重者，率先弁诸句首，其外动字无弗辞者，则其后加代字以重指焉”（653 页）一项下，显然把“合己者”又看作前置的止词（案：即通常所说的宾语）了。如按前说，“合己者”是复句的前一分句；如按后说，它只是单句中动词的宾语。两说矛盾。《马氏文通刊误》认为此类例句中的“者”字完全是代字，“绝无假设之意”。询问代字节在讲到“如何”“若何”“何如”“何若”“如……何”这类结构时，说法也不一样。见下表：

词　语	《文通》解说
何如、何若	“何”字，皆表词也。
如何、若何、奈何	“何”字，皆可作“如”“若”“奈”三字之止词。
如……何 若……何 奈……何	“如”“若”“奈”三字后有止词而后殿以“何”字者，则“何”字单用。有“何以”“何为”之意。
如何、何如、若何、何若、奈何、如之何、若之何	为成语。
若何、若之何、奈何、如何	“如”“若”所以记容之状字也……“若何”“若之何”“奈何”“如何”诸语，则所状皆为代字。

几种说法不一致，按第一种说法，“何如”等的“何”是“如”等的表词，按第二种说法，“何”又是“如”等的止词，按最后一种说法，“何”是被“如”等所状的成分，等等。为什么会有种种不同的说法呢？原因是“如何”“何如”等已是古代汉语表示询问的凝固格式，对于这一点，马氏又承

认又不承认，既说它们是“成语”，又在例句的说明中硬要拆开分析，所以就前后矛盾，不能自圆其说了。关于“夫”“或”的词类问题，《文通》前后的说法也不一致。特指代字节把“夫”归入特指代字，引“夫州吁，阻兵而安忍”为例说：“论者注意‘州吁’，故以‘夫’字提明而特指焉。”（147 页）而在连字章又把“夫”归入“顶承上文”“用以劈头提起”的连字，并且也引了“夫州盱……”一例。（465 页）“或”字，约指代字项下举“诸生或言反，或言盗”为例，把“或”看作约指代字。状字章则举“或生而知之，或学丽知之，或困而知之”为例说：“‘或’状字。”（383 页）连字章仍举“或生而知之……”为例说：“凡事理可分举者，则承以‘或’字；……”（507 页）又说：“必事理分举，而后‘或’字承之，方为连字。”（508 页）同一用法的“或”被先后划归约指代字、状字和连字。

［附表一］ 《文通》论“者”字读的语法功能一览表

功　能	例　句
为句之起词者	为此诗者，其知道乎？
为句之止词者	吾闻用夏变夷者。
用若表词者	以大事小者，乐天者也。
为司词者	士为知己者死。
居偏次者	臣愿得笑臣者头。
用如加语（词）者	择郡国吏木诎于文辞重厚长者。
有假设词气者	合己者善待之。

［附表二］ 《文通》询问代字用法一览表

询问代字	做何种句子成分	居何次	例句	《文通》的说明
谁	起　词	主　次	谁可代君者？	“谁”字惟以询人。
	表　词	同　次	追我者谁也？	
	止　词	宾　次	吾谁欺？	
	司　词	宾　次	士大夫……谁与嬉游？	
		偏　次	吾知其谁之子？	

续表

询问代字	做何种句子成分	居何次	例句	《文通》的说明
孰	起词	主次	孰肯以物为事？	①“孰与”……“孰”字当作表词。 ②未见其（指“孰”在偏次者）。
	表词	主次	王者孰谓？陛下自察圣武孰与高帝？	
	止词	宾次	后之人……孰从而听之？	
	司词	宾次	百姓足，君孰与不足？	
何	表词 止词	同次 宾次	元年者何？ 何子求绝之速也？ 何所不诛？ 夫何忧何惧？	
	司词	宾次 偏次	于何考德而问业焉？ 何国之为？	
奚	止词	宾次	子将奚先？	
	司词	宾次	由之瑟奚为于丘之门？	“奚”……为偏次者未之见也。
	表词	主次	夫如是，奚而不丧？	
曷	止词	宾次	曷之用？二簋可用享。	
	司词	宾次	夫畚曷为出乎闺？	
胡	止词 司词	宾次	胡禁不止？胡为乎泥中？	
恶	止词	宾次	恶在其为民父母也？	
	司词	宾次	君子去仁，恶乎成名？	
安	状字		安归乎？	“安”代“于何”

说明：关于“何如”“何若”“如何”“奈何”“若何”“如之何”“若之何”“谓之何”“何以……为”等的论述。此表未列。

（四）静字

《文通》给静字所下的定义是：“凡实字以肖事物之形者曰静字。”（51页）

1. 象静与滋静

马氏把静字分为两类：象静和滋静。前者就是通常所说的形容词，后者即数词。现在的语法书都把数词单独立为一类，这是因为，在现代汉语里，数词要加上量词之后才能修饰名词，古汉语里没有这个限制，古汉语里数词可以直接修饰名词，如现代汉语说“三个人走路”，古汉语说“三人行”。所以，数词跟形容词有相同之处。还有，古汉语里数词可以做谓语，如“天下之达道五。所以行之者三”。“礼仪三百，威仪三千。”（215 页）这也是与形容词相同的地方。所以，《文通》根据古汉语的情况，把数词和形容词合并为一类，不是毫无理由的。

但是，马氏也指出了象静与滋静的不同：“滋静，言事物之如干也，凡以言数也……滋静一字一数，无对待，无司词，无比品，盖质言也。”（214 页）意思是说，滋静字只表示数量的多少，没有正反对待之义，不能带司词（案：马氏认为象静后可带司词），没有表示比较的形式（案：如“重于泰山”）。

2. 静字诸用

《文通》所谓“静字诸用”，是指静字（主要是象静）的各种用法。其内容有：

（1）先乎名字

单者先乎名字不衬“之”字：孝子　慈孙（200 页）

偶者先乎名字衬以“之”字：膏腴之地，纤介之祸（201 页）

蝉联四至六字先乎名字衬以“之”字：遥荡恣睢转徙之途（202 页）

对待静字附单字之名衬以“之”字：大小之执　轻重之权（202 页）

对待静字附双字之名不衬“之”字：左右贤王（203 页）

两三静字类别而同附一名不衬“之”字：诸故群盗（203 页）

（2）静字单用如名

前文有名，后以静字代名：以小易大（案：前有“牛”“羊”诸名）（203 页）

前文无名，后以静字代名：远迩来服（案：显而易知指“民”）（205 页）

“有”“无”后承以对待静字，代名：

A. 子养亿兆人庶，无有亲疏远迩。（204 页）

B. 无老壮皆为垂涕。（205 页）

静字先以“其”字指名：冒顿匿其精兵，见其羸弱。（208 页）

“其”为分母，其后滋静为子：恶得有其一以慢其二哉？（208 页）

（3）静字殿“者”以别同类事物（206～207页）

事物名称在前，后以静字殿“者”区别：有罪，小者轧，大者死。（206页）

先分母后分子：是则罪之大者。（207页）

静字后兼用“者”字以别类：先立乎其大者，则其小者不能夺也。（208页）

（4）静字的否定形式：静字前状以“不”字：乐而不淫，哀而不伤。（209页）

（5）有浅深对待之义间以“而”“以”“且”“又”

A. 君子之道费而隐。（210页）

B. 故制号政令欲严以威。（210页）

C. 今愈虽愚且贱。（210页）

D. 隐长又贤。（210页）

（6）两静字有正反之义，正先反后，以“而无”“而不”等连之：吾闻言于接舆，大而无当，往而不返。（211页）

3. 滋静诸式

（1）数目（案：基数）表示法（214～217页）

数先于名：一气，二体，三类

数后于名，为表词：天下之达道五，所以行之者三。

数后于名，非表词，数所表事物未言而喻：自山东咸被其劳，费数十百巨万。大战十六　降人卒四万

公名有别称：（案：别称，即量词）文侯示之谤书一箧。

公名无别称：赐民百户，牛一。

数书零位，参以“有”字，概以“余”字：

A. 六十有五年。

B. 千有余岁。

（2）序数表示法（218～220页）

数前冠以“第”字：萧何第一　君课第六裁自脱

第一表以相当之字，后用“次之”：

故善战者服上刑，连诸侯者次之。

不冠“第”字而单言数：

一命而偻，再命而伛，三命而俯

记时不冠“第”字：

九月一日，愈再拜。

(3) 约数（案：即分数）表示法（220~221页）
母子皆数，参以“之”：

大都不过参国之一，中五之一，小九之一。

母子皆数，不参“之”：

汉兵物故什六七。

母后缀名：

大都不过参国之一。

母子后皆缀名：

得来还千人一两人耳。

子数不足，借动字以名之：

人众不过什三。

4. 象静司词（参见2·6节“司词”）

关于静字，谈两点：

第一，如上所说，《文通》将数词和形容词划归一类，自有其道理。所以《文通》之后问世的某些语法著作，仍有沿袭这一观点的。章士钊《中等国文典》把数词称为示纪形容词，黎锦熙《新著国语文法》、杨树达《高等国文法》也称数词为数量形容词。从王力《中国现代语法》开始，才把数词从形容词中划出而单独立类。

第二，在《文通》体系中，静字在名字前，与名字代字在名字前不同，前者不是偏次，后者是偏次。比如，马氏说：“［静字］偶者亦先焉（案：先于名字），惟衬以‘之’字，若偏次然。”（201页）所举之例为“倦罢之兵”“纤介之祸”。又说：“偏次之用，一如静字，合于正次以成一语，故不参‘之’字也。”（165页）所举之例为“天位”“冬日”等。还说：“凡公名前静字或有偏次以成一顿者……皆可加以‘夫’字。”（149页）所举之例是“夫二三有司”（名前为静字）和“夫越之流人”（名前为偏次）。从这些叙述看，马氏尽管看到名字前的静字与名字前由名字、代字充当的偏次有相似之处。但他仍把两者分为二了。为什么呢？这可以从拉丁语法中找到根据。现今较多的语法学者根据汉语的实际。把名词前的成分统统看作修饰语（定语），而不管是形容词还是名词、代词。

（五）动字

《文通》给动字所下的定义是：“凡实字以言事物之行者曰动字。”（50页）

1.《文通》动字的分类

（1）外动字：“其动而直接乎外也，曰外动字。”

A. 禽兽逼人。（247页）

B. 王如施仁政于民。（249页）

（2）自反动字：“凡止词为‘自’字‘相’字，概谓之自反动字。”（272页）

自怨　自艾　自骄

自纵　自悔　自度　自称

相窥　相望　相闻　相友

（3）受动字：“外动字之行，有施有受……如受者居主次，则为受动字。”（274 页）

以“为”“所”先于外动：

卫太子为江充所败。（275 页）

以“为”先于外动：为三军获。（276 页）

外动字后以“于”为介（案：所介为施者）：屡憎于人。（277 页）

以“见”或“被”先于外动：

A. 百姓之不见保。（279 页）

B. 吾尝见笑于大方之家。（281 页）

C. 错卒以被戮。（281 页）

以“可”“足”先于外动：

A. 民事不可缓也。（283 页）

B. 馀不足畏也。（283 页）

外动字前后无加：言听计用。（284 页）

（4）内动字：“凡行之留于施者之内者，曰内动字。”（286 页）

大风从西北而起。（287 页）

（5）同动字：“不记行而惟言不动之境者……谓之同动。”（304 页）

A. 物有本末，事有终始。（304 页）

B. 楚国之举，恒在少者。（311 页）

C. “征舒似女。”对曰：“亦似君。”（312 页）

D. 知之者不如好之者，好之者不如乐之者。（313 页）

（6）助动字：“不直言动字之行，而惟言将动之势者，谓之助动字。”

(314 页)

A. 谷不可胜食也。(314 页)
B. 凡所谋议于上者，不足道也。(315 页)
C. 孰能一之？(316 页)
D. 农夫织妇不得安业。(318 页)

(7) 无属动字："见其行而莫识其所自者，则谓之无属动字。"(324 页)

A. 大雨雪。(324 页)
B. 有年。(324 页)

《文通》将动字分为以上七类，有其长处，也有其问题。其长处是分类较细，而对词类进行细分，是推动语法研究的途径之一。其问题是有些分类不够合理，因而不够科学。比如：在外动字以外，又立自反动字一类，实无必要，因为，自反动字实际上是外动字的用法问题，正象马氏自己所说，只不过是在"外动字之先加以'自''相'等字"，如果去掉"自""相"，它们便与一般外动字无别。受动字也只是外动字的用法问题。如果除去那些表示被动的语法标志"见""被""为……所"等外，也就与外动字无异。其实，马氏有时也承认这一点。他每每说："以'为''所'两字先乎外动者""惟以'为'字先于外动者"。"外动字后以'于'字为介者。"马氏还举了几个例句：

A. 夫破人之与破于人也，臣人之与臣于人也，岂可同日而言之哉？(277 页)
B. 人之情，宁朝人乎，宁朝于人也？(278 页)
C. 通者常制人，穷者常制于人。(278 页)
D. 劳心者治人，劳力者治于人。(278 页)
E. 善战者致人，不致于人。(278 页)

在例 A 下马氏说："此以'破人'与'破于人'两相比，以见同一字之可为外动与受动也如是。"(277～278 页) 后又说："同一外动字也，介以'于'字，则转为受动字矣。"(278 页) 这恰恰表明，受动之义不从动字产生，而自“于”等产生。其实，马氏所论述的几种受动字，如果改换一个角度，作为几种受动句式来谈（像后来的语法学者论述几种被动句式一样），那就对了。

此外，无属动字也有内动、外动之分，有止词者为外动，无止词者为内动，如“三月癸酉，大雨震电”，“雨”“震”“电”是内动字，“有年”的“有”，“河南失火”的“失”却不能不说是外动字。所以，无属动字也不宜与内动、外动并列。

同动字倒是可以单独立类，只是马氏立说混乱，使得同动字与其他字类之间划界不清。同动字的几个主要成员“有”“无”“犹”“如”“若”等同时又被列入其他字类中。《文通》给“有”“无”二字的划类情况，用表列示于下：

我们说马氏把“有”“无”曾划归助动字，是因为马氏在“君子有终身之忧”等例下说：“诸引句，各以‘有’‘无’字为助动，结以‘也’字，所以论断其所有所无之诚然也。”（548 页）另外，“决辞”，马氏有时不用作字类名称，有时又用它来代替与现在系词相当的字类。不管怎么说，从表中足以看出“有”“无”被划入了几个字类中。

《文通》所归之类	例　句
同动字	君子有终身之忧，无一朝之患也。
约指代字	A. 二王我将有所遇焉。 B. 无不摧折者。
无属动字	大有年
助动字	君子有终身之忧，无一朝之患也。
决　辞	A. 所藏乎身不恕，有喻诸人者，未之有也。 B. 其家不可教而能教人者。无之。

“犹”“如”“若”的划类情况，同样混乱，见下表：

《文通》所归之类	例　句
同动字	诚如父言，不敢忘德。

续表

《文通》所归之类	例　句
连　字	人之有是四端也，犹其有四体也。
状　字	不若与人。
断　字	民之归仁也，犹水之就下，兽之走圹也。

“犹”“如”“若”为动词，但其动词意味很弱，接近于系词，有的语法书称之为准系词。但无论如何，它们不是连字和状字。

还有一个问题是，有些动字是内动还是外动难于决定。《文通》讲内动字转词时，举了“过宋而见孟子”为例，说“宋”不是“过”的止词（即宾语），而是转词（即补语），为什么呢？马氏说：“‘过宋’者，路过宋国，‘宋’为所经之处，后乎‘过’字，而无介字以间之。……以经过之行，仍止乎发者之内，如‘过宋’乃过者自过，与‘宋’无涉也。”（287页）可见是把“过”视为内动字的，然而在解说“过云州界”“过洞庭”时，又说“云州界”“洞庭”“如止词然”。（288页）

陈承泽《国文法草创》把“过”这类动词叫作关系自动字。现在很多语法学者把这类动词径直看作外动词（及物动词）。这是一种情况。

还有另外一种情况，就是同一个动词，有时为内动字，有时为外动字。正如马氏所说：“内动字无止词，有转词……然有内动字用若外动者，则亦有止词矣。”（302页）“凡诸所引内动转为外动者，皆有止词系其后焉。”“‘天下无道，以身殉道，未闻以道殉乎人者也’，同一‘殉’字，乃一曰‘殉道’，一曰‘殉乎人’，即一为止词，一为转词。”“若是动字之用有两歧者，亦时见于书。”（303～304页）

2. 动字相承

马氏说：“一句一读之内有二三动字连书者，其首先者乃记起词之行，名之曰坐动；其后动字所以承坐动之行者，谓之散动。散动云者，以其行非直承自起词也。”（353页）他指出，坐动与散动之间的关系有好多种，可以是坐动之后直接散动，也可以是在坐动与散动之间出现名字、代字作为散动的起词，与散动共同构成坐动的承读。所谓承读，用今天的话说，就是充当宾语的小句。

马氏在“动字相承”部分，无非是想叙述复杂的动词谓语（案：马氏称“语词”）。现将《文通》前前后后讲到的有关语词的情况作一简表如下：

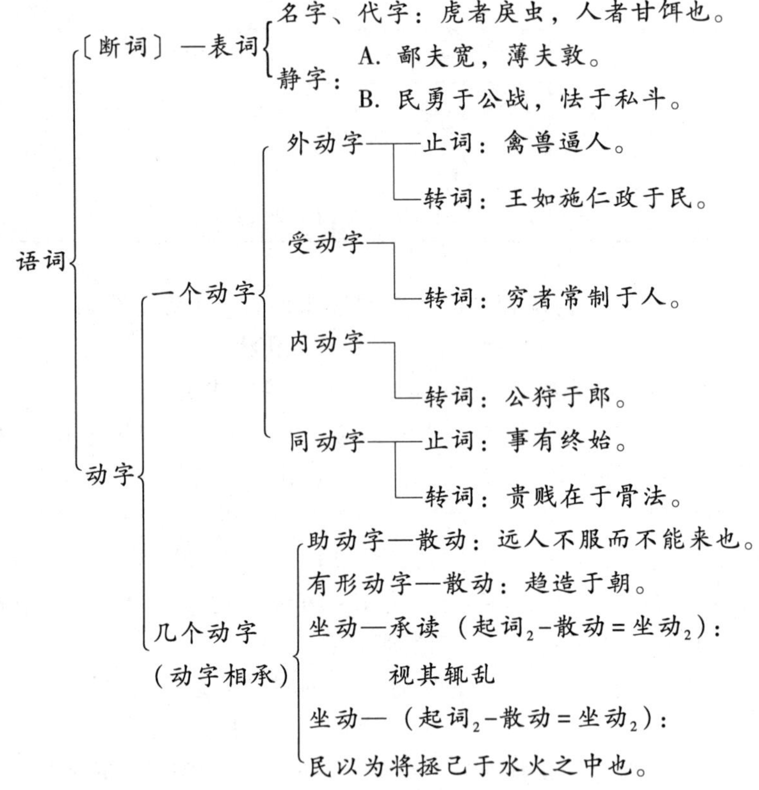

表中“几个动字”的部分，就是“动字相承”的主要内容。下页表中所示为“动字相承”的细目。

关于动字相承，谈以下两点：

第一，马氏“动字相承”之说，是从西方语法的动词不定式模仿而来的。只是他将承读中的动字也列入散动，超出了西语动词不定式的范围。但他对“曰”“云”诸动字又区别其后为间接引语（即转述）或直接引语，前者是承读，后者非承读。他说：“‘曰’、‘云’诸动字之后，虽皆为所云之语，而所语甚长，有未能以承读概之也。”（359 页）

动字相承
- 助动—散动：吾能尊显之。（坐动）
- 有形动字——散动（坐动）
  - 两动字先后置之：〔景公〕出舍于郊。
  - 有形运字—止词—散动：然友之邹，问于孟子。
  - 至—散动：天子至自视病。
- 坐动—承读（起词$_2$-散动=坐动$_2$）
  - 官司之行—承读：乍见孺子将入于井。
  - 内情所发—承读：民惟恐王之不好勇也。
  - “请”—承读：王请无好小勇。
  - “使”“令”—承读：是使民养生丧死无憾也
- 坐动-〔起词$_2$〕-散动（=坐动$_2$）：民以为将拯己于水火之中也。

（以上散动皆可有附属成分，如上面“一个动字”例）

《文通》不仅把坐动与散动之间有结构联系的算作动字相承，连两事只是先后相承甚至应该看作两个读的句子也归进去，如“然友之邹，问于孟子”，分不出哪是坐动，哪是散动。甚至连下表中这种“两动字意平而不相承者”也附列于动字相承更是不妥：

两动字意平而不相承者
- 两动字意平而不相承或两意相反，间以“而”字：
  - A. 有牵牛而过堂下者。
  - B. 昔者尧舜让而帝。
- 两动字止词相同间以“而”字
  - 动$_1$+止词+而+动$_2$+之：得天下英才而教育之。
  - 动$_1$+而+动$_2$+之：豹自后击而杀之。
  - 动$_1$+止词+而+弗辞+动$_2$：舍其路而弗由。
  - 动$_1$+之+而+弗辞+动$_2$：受之而不报。
- 有形动字承以散动。间以“而”字：王往而征之。

第二，马氏在谈承读时说：“更有起词焉以记其行之所自发，则参之于坐、散两动字之间更为一读，是曰承读。于是，所谓散动者，又为承读之坐动矣。”（359 页）所举之例有：“是使民养生丧死无憾也。”（364 页）后来提出的兼语式学说即导源于此。

《文通》对“使［令］+承读”这类句子的看法，有两点值得讨论。

第一，《文通》把这类句子和“［一般］动字+承读”的句子完全等同起来，恐未必妥。后来的语法书把“使［令］+承读”称兼语式，而把另一类叫做小句作宾语。这两类句子的区别在于：“兼语式的句子，兼语和它前面的动词结合得很紧，中间不能停顿，也不能加副词或副词性的修饰语。”（《现代汉语语法讲话》）马氏将二者混同，是分类不细的表现。

第二，马氏把“使”“令”等又强分为连字和动字，他说：“‘使’‘令’诸字用以明事势之使然者，则当视为连字而非动字也。”他以“今王发政施仁，使天下仕者皆欲立于王之朝”为例说：“天下仕者’皆欲如是者，非王所能使然也，乃‘发政施仁’之效使然也。”（365 页）照马氏的说法，“使”等紧贴上面的起词，就是动字；如果起词与“使”等之间有动字，“使”等就是连字。但是，这个分别很不好掌握。马氏在例句说明上也往往自乱其例。试比较如下两例：

A. 故裂地而封之，使之得比乎小国诸侯。（366 页）
B. 遂散六国之从，使之西面事秦……（366 页）

对例 B，马氏说：“此‘使’字亦明事势使然，连字也。”但人们会问：“得比乎小国诸侯”不也是“裂地而封之”之势使然的吗？然而，马氏在解说例 A 时却说：“‘使’字后承读起词亦用‘之’字。”“使”后既有承读，自然应是动字。还可再比较下面两例：

A. 君之惠，不以累臣衅鼓，使归就戮于秦。（365 页）
B. 穆公不忘旧德，俾我惠公用能奉祀于晋。（365 页）

对例 A，马氏说：“‘归就戮’者，‘累臣’也，‘使’字承读也。”对例 B，马氏又说：“‘俾’字，使令之连字也，与‘使’字同。”例 B 之“俾”既是连字，就意味着“我惠公用能奉祀于晋”是“穆公不忘旧德”之势使然的。但人们同样会问：“［累臣］归就戮于秦”不同样是“［君］不以累臣衅鼓”之势使然的吗？为何又说“使”是动字而非连字呢？同一个“使［俾］”字的同类用法，却强生分别，一称动字，一称连字，这又失于穿凿了。

3. 散动诸式

《文通》“散动诸式”是谈动词短语的种种语法功能的：可充当起词、表词、司词、偏次，也可以充当止词。列举如下：

散动诸式：
- 散动用如止词：孩提之童，无不知爱其亲也。（360 页）
- 散动用如起词：交邻国有道乎？（374 页）
- 散动用如表词：无处而馈之，是货之也。（376 页）
- 散动用如司词：太子之善，在于早谕教与选左右。（377 页）
- 散动用于偏次：A. 故王之不王，非挟太山以超北海之类也。（377 页）
  B. 燕赵古称多感慨悲歌之士。（378 页）
- 散动后用接读代字“者”以成读：耕者九一，仕者世禄。（378 页）

从表上可以看出，前四项都是用“词”（句子成分）表述的，唯第五项用“次”，因为马氏没有设与今天修饰语相当的“词”的名称，故用“偏次”表示。这一点，讲“次”时还将提到。

（六）状字

马氏给“状字”下的定义是：“凡实字以貌动静之容者，曰状字。”（51 页）又说：“状字之于动字，亦犹静字之于名字，皆所以肖貌之者也。凡状者，必先其所状，常例也。”（380 页）

《文通》给状字的形式规定是：

状字诸式（387～390 页）：
- 双声状字：流连、含糊
  踌躇（同一偏旁）
- 叠韵状字：胡卢、仓忙
  猖狂、绸缪（同一偏旁）
- 重言者：鞅鞅、录录、融融
- 重言后加“然”“如”“焉”等：荡荡乎、申申如
- 任用何字为状，煞以“然”“焉”“如”“乎”“尔”：油然、翦焉、突如、确乎、莞尔
- 名字、静字、读，先以“如（若）”殿以“然”：无若宋人然，宜若登天然

此外，还有许多单词只字的状字，被划入了代字，如“皆”“尽”“具”“悉”“遍”“都”等。

于是状字的收字范围和状字的职务范围就发生了矛盾。那些双声、叠韵、重言以及“～然”“～乎”的状字很难得（有的完全不）修饰动字、静字，反而经常作表词，也就是用如静字。如：

A. 僮仆欣欣如也。(388 页)
B. 荡荡乎，民无能名焉。(388 页)
C. 其兴也悖焉。(389 页)
D. 其亡也忽焉。(389 页)

这很使作者为难，他自己也承认凡是用作表词的字都不是状字，他说：“或问：‘劝齐伐燕，有诸?’曰：‘未也。’……‘未也’之‘未’字，用如表词，而非状字矣。”(404 页)

马氏把双声、叠韵、重言等划归一个字类的主张不为无理，但是不能跟“既”“又”“不”等同属一类，因为用法大不相同。这样就要在字类的区分上大事更张：把“既”“又”“不”等留在状字类；把双声、叠韵、重言等定为静字类，把原来的象静字并入动字，总称为谓字。实际上就是傅东华在《文法稽古篇》里提出来的字类系统，不过名称不同罢了。

马氏的状字，与今天所说的副词相近，但不相等。马氏的状字不仅可以修饰动字、静字，还可以修饰名字、代字等。下面是他对状字用法的论述：

状字诸用 (380～384 页)
- 状字状动字：天油然作云，沛然下雨。
- 状字状静字：子谓《韶》尽美矣，又尽善也。
- 状字状状字：吾是以不果来也。
- 状字状名字：视天下悦而归己，犹草芥也。
- 状字状代字：是以若彼濯濯也。
- 状字状顿：吾从子如骖之靳。
- 状字状读：或生而知之，或学而知之。

除前三项外，其他几项都很成问题。

马氏在“状字别义”里，从意义上把状字分为六类（392～413 页）

指事成之处者：及寡人之身，东败于齐。

记事成之时者：今乘舆已驾矣。

记事之如何成者：A. 景公悦，大戒于国。

B. 性犹杞柳也。

度事成之有如许者：仲尼亟称于水。

决事之然与不然者：A. 战必胜矣。

B. 虽有智慧，不如乘势；虽有镃基，不如待时。

传疑难不定之状者：夫子何哂由也？

附成语：久之　顷之　今者　今也

状字部分，谈以下五个问题：

第一，状字的职务问题。马氏让“状字”一身而兼二任，它既是字类的名称，指副词和副词性短语；又是句子成分的名称，指状语（案：马氏所立句子成分中，没有与今“状语”相当的成分，《文通》中固然有“状语”一词。但与今“状语”不是一回事），这显然是受西方语法的影响。马氏用“状字”来对译西语的 advernal 一名，而它既当词类名称用，也当句子成分名称用。

第二，状字的涵义问题。马氏的“状字”，既包括修饰动字、静字的字，也包括修饰名字、代字等的字，还包括描写起词容状的词语。他说：“状字为用有三：曰记处，曰记时，曰记容。惟容之所包者广，凡言及举止……之情状者。胥赅焉。”（694 页）因此，像“楚子闻之，投袂而起，屦及于窒皇，剑及于寝门之外，车及于蒲胥之市”一句，马氏认为“屦……蒲胥之市”这“后三读，所以记楚子急遽之容也”。因此都是“用如状字者”。这与今天的副词完全是两码事。

第三，关于状字的作用，马氏的叙述颇为混乱。先看他对以下五例的解说：

A. 性犹杞柳也——今以“犹”字先乎“杞柳”，则“性”为所状矣。（394～395 页）

B. 视天下悦而归己，犹草芥也。——“草芥”名字也。“犹”字状之。（382 页）

C. 士之失位也，犹诸侯之失国家也。——“犹”至“也”为读，此以“诸侯之失国”比“士之失位”，皆谓比读。（64 页）

D. 夫子之在此也，犹燕之巢于幕上。——此譬其所在之危也。

（案：马氏说“燕之巢于幕上”是用如状字之读。）（696 页）

E. 以若所为，求若所欲，犹缘木而求鱼也。——“犹”亦状字，以状所比之读而先焉。（383 页）

按例 A 的解说，“犹”是状字，它前面的“性”是被状成分。按例 B 的解说，“犹”是状字，它后面的“草芥”是被状成分。按例 C 的解说，“犹”与它后面的成分一起用作状字，它前面的“士之失位”是被状成分。按例 D 的解说，“犹”后面的“燕之巢于幕上”用如状字，“犹”前面的“夫子之在此也”是被状成分。按例 E 的解说，“犹”是状字，“缘木而求鱼”是被状成分，与例 D 解说相抵牾。

尽管马氏的说法如此分歧，但从他多处的叙述中得知，他是把“犹”前词语视为被状成分，而把“犹”及其后面的词语一起作为修饰性词语的。但这样就打破了他所立的“凡状者必先其所状”的条规了。问题的关键是“犹”等是动字。“犹……”是说明起词的，应为语词，而不是状字。

第四，状字的范围问题。固然有些状字如“皆”“俱”等被划入别类之字，但更多的是，本非状字而被揽入状字中。状字的范围就显得过于宽泛，在分析句子时，也就出现了些不尽合理的说法。如：在分析“以其昭昭使人昭昭”一句时说：“‘昭昭’重言，本状字也，今用如内动字。”（331 页）其实，“昭昭”是静字，本来就可作表词，而不必“用如内动字”。在分析“款款之愚”“拳拳之忠”“区区之薛”时说：“凡重言皆状字也，今则用如静字。”（199～200 页）如果径把重言看作静字，就无须再转这个弯了。有时，马氏索性说：“更有以状字为表词，煞以‘也’字……《论语·乡党》云‘恂恂如也’‘侃侃如也’‘訚訚如也’等句，皆是也。”（541～542 页）在分析“凡人之智，能见已然，不能见将然”一句时说：“‘已然’‘将然’两皆状字，而为‘见’之止词。”（81 页）说状字可作表词、止词，与状字“貌动与静之容”的定义不符。也违反“凡状者必先其所状”的原则。并非状字可作表词或止词，而是作表词、止词者并非状字。

最后举一个由于状字范围过宽而导致分析句子上的谬误的例子。“今也不然”一句，其中“今也”马氏解作“‘也’助静字而成为状字者”。（565 页）“不”又被解作状字中“决不然者”。（401 页）“然”，仍被解作“肖容之状字”。（395 页）这样一来。该句全部由状字构成，岂不荒唐？

第五，《文通》除状字外，还谈到“状语”“状词”“状辞”。他说：“句读中往往有连两字、三字或四字、五字以肖面貌、体态、服制、情性、材质等事，类若状语。”（673 页）可“视同状辞”（673 页）从这段话来看，“状语”和“状辞”可以互代。下面这些词语都是被列入状语或状辞的：

蜂目而豺声　持璧却立　怒发上冲冠
左股有七十二黑子　久之　今者　昔者……

这些词语字数不等，结构迥异，很难找到它们的共同之处。看来，马氏所谓“状语”“状辞”是指描写情状和表示时间等概念的一字以上的某些词语。这样说来，状语、状辞应与状字有别，但在叙述上却又常常混淆。如，“油然”“卒然”说是状字，但“卒然相睹，欢然道故”中的“卒然”“欢然”又称“两状语”。（380 页）“今也”，有时称状语、状辞，有时称状字。甚至对同一句中的同一词语也有两种叫法。“乃者，我使谏君也”中的“乃者”，一说“乃”合“者”字可“名为状辞”，（411 页）另一说“乃’衬‘者’字置于句首，则为言时状字。”（522 页）

状词，也没有明确定义，在《文通》中，状词有时与状字通用。如“油然”称状字，而“余虽靦然而人面哉”中的“靦然”，又说是“状词也”。（484 页）又如：马氏说“［读］状句中之动字者，则与状字同功”，（61 页）这种读称为“状读”，而“‘比读’，乃‘状读’中之一也”。（64 页）可见，“比读”也是用若状字的，但马氏说：“［读］用若状词者，亦必先其所状；不先者，惟以为所比之读耳。”（64 页）这样，“比读”又“用若状词”了。

关于这种混乱状况，何容说：“马氏的书里还有……‘状词’‘状语’等名称……马氏常以‘语’这个名称泛指一切言辞，并不是把它当作论句的术语……这些不同的名称，也许是应该改正而没有改正的。”（《中国文法论》75 页）

（七）介字

马氏给介字所下的定义是：“凡虚字用以连实字相关之义者，曰介字。”（414 页）共谈了五个介字：之、于、以、与、为。附带谈到“由”“用”“微”“自”诸字。现将其主要内容概括如下表：

之（414～427页）

- 介于两名字之间：霍氏之祸
- 介于静字、名字之间：圣哲之上 | 明察之官 | 忠信之长 | 一月之日二十九日八十一分日之四十三
- 介于代字、静字之间：未始有受命若斯之亟也。
- 介于名字、动字之间：
  - 介于散动字与名字之间：记过之吏，彻膳之宰
  - 介于读的起词与语词之间：夫贤士之处世也……
  - 止词先于动字、司词先于介字，参以“之”字：君亡之不恤 | 麇鹿之与处

于（428～439页）

- 在静字后表比较：君危于累卵而不寿于朝生。
- 用于静字后系司词：兴于诗，立于礼，成于乐。
- 用于动字后介转词：天将降大任于斯人也。
- 用于受动字后表行之所自发：郤克伤于矢。
- “于”及其司词先于动、静字：
  - “于”介转词：吾于武成，取二三策而已矣。
  - “于”介止词：吾于子思，则师之矣。
  - “于”介表词之偏次：于周室，我为长。
  - “于”介与起词有相关之义者：富贵于我如浮云
- 与“之”构成“……之于……”：寡人之于国也，尽心焉耳矣。
- 与“所”构成“所于”：罢则无所于归。
- 司读：王无异于百姓之以王为爱也。豫让伏于所当过之桥下。
- 司词先于“于”，“……于”先于动字：亡于不暇。

以（439～449页）

- 介名字
  - 言所用：杀人以梃与刃
  - 言所因：立适以长不以贤
- 介散动：假道于虞以伐虢
- “以”的司词省略，后直接动字：陈胜起山东，使者以闻。
- 司“何”：后有大者，何以加之？
- 司“是”：是以就极刑而无愠色。
- 司“之”：是故以之为己，则顺而祥；以之为人，则爱而公。
- 司“此”：以此攻城，何城不克？
- 司“所”：学则三代共之，皆所以明人伦也。
- 其司词在前：其有不合者，仰而思之，夜以继日。
- 连两静字：治世之音安以乐。
- 同“以为”：陛下以绛侯周勃何如人也？
- “以”后加“上”“下”“往”“来”：中人以上，可以语上也。
- 司顿，冠于句首：以楚国堂堂之大，何求不得？

与（449～455页）

- 联名字、代字之平列者：子罕言利与命与仁。
- “与”之司词参与动字之行：所欲与之聚之。
- 用于比较
  - 甲与乙孰……：夫取三晋之肠胃，与出兵而惧其不反也，孰利？
  - 甲孰与乙：今日韩魏孰与始强？
  - 与甲，宁乙：与其有聚敛之臣，宁有盗臣。
- 司“谁”：陛下虽贤，谁与领此？
- 司“何”：先生自视何与比哉？
- 司“所”：揖所与立。
- 名字为司词，先于“与”，间以“之”：麋鹿之与处，猿狖之与居。
- 其司词省略：赐也始可与言《诗》已矣。

为（455～458 页）
- 司名字：为天下兴利除害。
- 司“之”：汤使亳众往为之耕。
- 司“是”：故为是举莛与楹。
- 司“所”：谕以所为起大事。
- 司“谁”：非夫人之为恸而谁为？
- 司“曷”：曷为先言王而后言正月？
- 司“奚”：由之瑟，奚为于丘之门？
- 司“何”：今战而胜之，齐之半可得，何为止？
- 何以……为：我何以汤之聘币为哉？
- 何·名·之·为：国不竞亦陵，何国之为？
- “为”的司词省略：一倾而天下用法皆为轻重。

“由（繇）”“用”“微”“非”“舍”“自”“从”“极”“当”从略。

关于介字，谈以下五个问题：

第一，“与”字马氏划归介字，有见地。《汉语语法分析问题》指出：“介词……还有跟连词的分界问题。《马氏文通》列举古汉语中最常用的介词有五个：之、于、以、与、为。这五个介词里边倒有一个半现在的语法书里不认为是介词了。现代汉语里跟‘之’字大体相当的‘的’，也曾经被认为是‘领摄介词’，但是现在多数语法著作里已经把它划归助词。跟‘与’相当的‘和’‘跟’‘同’都是兼属连词和介词两类……现在的连、介划分法来自西方语法。按照这种划分法，凡是连接小句和小句的，不论是并列关系还是主从关系，都是连词；至于连接词和词的，就得看是哪一种关系，表示并列关系的还是连词。只有表示词和词之间的主从关系的才是介词。四分天下而连词有其三，介词只有其一，抽象地看来很不合理，但是从西方语言的形态出发，非得这样划分不可。介词是连接名词与别的词的，名词的变格决定于介词；连词连接小句或名词以外的词的时候固然没有变格问题，连接两个名词的时候仍然没有变格问题（名词是要有变格的，但是不决定于连词）。汉语没有名词变格的问题，马建忠按照连接的对象是小句还是词来划分连词和介词是有道理的。”这表明马建忠并不是一味地照搬西语框框，而是注意了汉语的特点。

第二，“之”字的问题。在讲古汉语语法的学者中间，对于“之”字向来有介字、连字两说。实际上“之”的词性既不同于一般介词，因为它不是把名字、代字介绍给动字、静字，而是把名字的修饰语介绍给名字；又不同于一般的连字，因为它不在句读之间起联系作用，而在读或顿的内部起联系作用。有些学者以为古汉语的“之”跟现代汉语的“的”相当，而“的”是不作为介词的，另一方面，既然现代联系词和词的“和”“与”都作为连词，那么古代的“之”似乎也应该归入连字。其实这两条理由都不牢靠。古代的“之”只跟“的”部分用法相当，“古之人”是“古代的人”，但是“古代的好”就不能译成“古之好”。至于跟“与”相比，在《文通》的系统里，“与”恰恰是归入介字的。

第三，古汉语中介字究竟应当包括多少字的问题。汉语的介字是从动字演变来的。于是，问题来了：那些变化还不完全的，是把它们归入介字好呢，还是让它们留在动字里好？《文通》的作者显然是主张介字的范围应该从严的。对于这一点，有两位20年代有名的语法家有截然相反的意见。杨树达在《马氏文通刊误》里说：“马氏述介词太略，除‘之’字外。（案：杨主张‘之’为连词），仅‘于’‘以’‘与’‘为’‘由’‘用’‘微’‘自’八字，再取其论及而未标出者计之，为‘非’‘舍’‘从’‘极’‘当’五字，合计仅十三字耳。其实中文中介字至多，何止此数！余于《高等国文法》中所叙述之介字凡六十有余，溢出马氏者五十许。”（108页）与此相反，陈承泽说：“《马氏文通》所认介字范围綦严，极为有识。惟将‘微’‘非’之用于不完全自动者阑入介字，为不当耳。”（《国文法草创》62页）

第四，止词先于动字，参以“之”字，这个“之”马氏归入介字，但与这个“之”用法相同的“是”该属于什么字类呢？这是一个问题，现在一般的看法是，这种用法的“之”“是”都是表示复指的代词。

再说中间参“之”还是参“是”有无规律可循的问题。马氏力图找到其中的规律，他说：“动字或有弗辞，或为疑辞者，率间‘之’字；辞气确切者，间参‘是’字。”（423页）这种说法对于有些句子是适合的，如“吾斯之未能信”，有弗辞“未”，故间以“之”字。但对另外一些句子就不适合了。如“父母唯其疾之忧”，这个句子既无弗辞，也无疑词，但间“之”字，马氏解释说：“‘父母唯其疾之忧’一句，无弗辞，无疑辞，而亦间‘之’字者，盖有‘唯’字先之也。”（423页）然而下面几例都有“唯”字先之，却又不间“之”字而间“是”字：

唯力是视　　唯吾子戎车是利

唯敌是求　　唯余马首是瞻（426页）

可见有无“唯”字先之，并不能构成间“之”的条件。马氏又说：“语气急切，间以‘是’字，常若含有‘惟’字之义。”（425～426页）这种说法也未必然，如果“是”字含有“惟”义，那么，“唯力是视”等句中的“唯”字不是成了多余的吗？对此。马氏又说：“明用‘唯’字者，以‘力是视’三字不能句也。”这样说来，“唯”字的作用仅仅是凑足四个音节罢了。总之，马氏极力寻找参“之”或参“是”的规律，这种努力值得称许，但他没能达到目的。

第五，还有些具体问题，马氏的分析是值得商榷的。比如“治世之音安以乐”中的“以”，马氏仍视为介字，恐难说通。当“以为”讲的“以”，马氏也作为介字“以”的一种用法，亦欠妥。还有，“与其有聚敛之臣，宁有盗臣”中的“与”，马氏解作介字，令人费解，现在通常把“与其”和“宁”看作连字。且马氏在推拓连字一节，把与此句式完全相同的“与其奢也，宁俭”中的“与”和“宁”也是解作连字的。（533页）

诸如此类的问题尚属不少，有的可能是马氏的疏失造成的，有的则属于至今仍未理清、仍未能圆满解决的问题。

（八）连字

马氏给连字所下的定义是：“凡虚字用以提承推转字句者，曰连字。”（464页）

《文通》连字的分类概括介绍如下：

连字
- 提起连字：今、夫、盖、且（464～471页）
- 承接连字：而、则、斯、即、或、既、又、既……又、至于、至如、若夫、若、及至、及其、如其、非……则、不……则、非……不、不……不、故、以、为、是故、方、当、甫、自、比、及、会、甫欲、甫乃（471～517页）
- 转捩连字：然、然而、然则、然后、然且、然故、然乃、乃、乃若、第、但、独、特、惟、顾（517～525页）
- 推宕连字：虽、纵、若、苟、就、使、如、设、令、果、即、诚、假、乡使、向使、假设、假令、有如、诚使、浸假、犹（尚）……况（矧）、且犹……况、犹……而况、且犹……而况、尚犹……而况、……又况、……况乎、……况于、与其……宁、与……岂若、与……孰若、抑、意、宁……宁、宁……将、将、其……其且、非惟……亦、非独……亦、不惟……亦、岂惟……抑、不惟……复、不惟……固（525～535页）

过去讲虚词的书因事立名，名目繁多，如关于连词就有“承上之辞”“继事之辞”“承上转下语助之辞”“相及而殊上事”“义转而益进”“转语”“设辞”“两设之辞”“脱或之辞”等说法（见《助字辨略》），而马氏将连字分为四类，这是一个显著的进步。不过，还有以下两个问题值得讨论。

第一，关于提起连字。马氏列入提起连字的“夫”“今”“盖”“且”，都分别又被列入其他字类中。如“夫”又被列入代字，代字部分已经谈到。“今”字的归类情况更为混乱，请看下表：

《文通》的归类	《文通》的解说	例　句
提起连字	“今”……为提起发端之辞。	今燕虐其民，王往而征之。
转捩连字	“今”字用于节首，往往以代转捩连字。	乡为身死而不受，今为宫室之美为之。
静　　字	“也”字有助静字而成为状字者。如“今也”。	向也不怒而今也怒。
状　　字	“今也”，则状字合于“也”字矣。	今也则亡。

同一句中的“今”字也有两种说法。如：“乡为身死而不受，今为宫室之美为之；乡为身死而不受，今为妻妾之奉为之……”马氏一方面说：“‘向’‘今’两字对待，则言时矣。‘乡’‘向’同。”（466 页）“凡言时之字……皆可视同状字。”（477 页）另一方面又说：“‘今’字用于节首，往往以代转捩连字。”（713 页）如果按后一种说法，“始吾于人也，听其言而信其行；今吾于人也，听其言而观其行”这句中的“今”也应是连字，但马氏说它是“记时之字置于句首以为起句之辞者，亦可列为状字”。（393 页）

“盖”的归类情况如下表：

《文通》的归类	《文通》的解说	例　句
提起连字	此以“盖”字提起者	盖闻王者莫高于周文……
状　　字	辜较之辞，状字也	盖非常鳞凡介之品汇匹俦也。
言故之连字	连字，言故。	盖均无贫，和无寡，安无倾。
起　　词	“盖”字下注：起词。	盖闻王者莫高于周文。

表中最后一项，《文通》说“盖”是“起词”，看来是指篇首之词语，而不是句子成分的起词，但由此也可看出《文通》用语的随意性。表中前

三项说明《文通》对“盖”字归类之混乱。

“且”字与“盖”“夫”“今”的情况不同，它经常承接前文，表示进一层的意思，所以，它更像承接连字。

综上所述，提起连字的成员有四，但这四个成员都很不稳定，所以，设此一类，实在有些勉强。马氏也看到了这一点，他说：“连字用以劈头提起者本无定字，而塾师往往以‘夫’‘今’‘且’‘盖’四字为提起发端之辞，今姑仍之。”（464 页）

第二，关于承接连字。除“而”“则”“斯”“即”“故”“以”“是故”是连字外，其余都不是连字。

（1）“而”：《文通》对“而”字的各种用法论述得极为详尽，后来的语法书罕有逾此者。这一点，只要阅读原文，就会看到。只是有些分析还有未尽妥帖之处。如，在“‘而’字过递动字”项下，有如下两组例句：

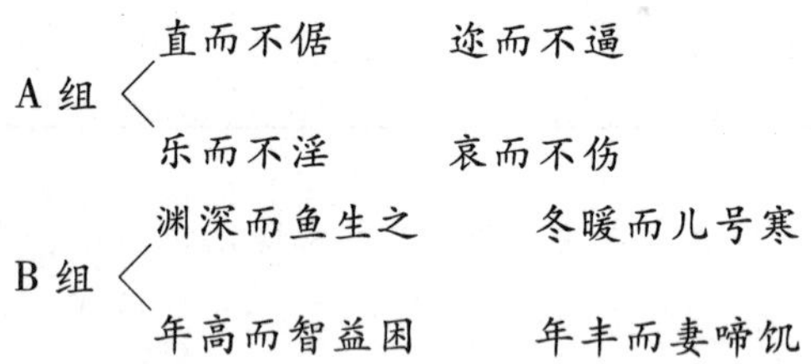

对 A 组例句，马氏前后有两种说法，一说这是“‘而’字用以过递动字者”，（471 页）另一说这是“静字反用……，状以‘不’字”。（209 页）两说相较，后说为胜。B 组例句，“而”字前后两项都是马氏所谓的读（都有起词和语词），因此，归入“‘而’字过递运字”项下未妥。

还有一种情况，即同样的结构，作两种分析。下面两组例句就是如此：

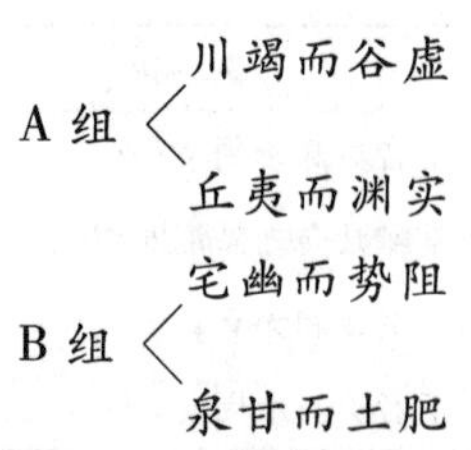

《文通》说 A 组例是“‘而’字用以过递动字者”，说 B 组例是“‘而’字用以过递动静诸字者”。其实，两组例都是同样的结构：“起词$_a$+表词$_a$+

而+起词$_b$+表词$_b$。”

马氏说：“而”字之前或之后是名字时，“其名必假为动静字矣”。这种说法，一般是对的，如“其爪牙吏虎而冠”。只是对“人而无信”“君而知礼”中的“而”作“如果”讲这种情况该如何分析，未能明言。但他称与此相同的句子“天而既厌周德矣”为设事之读，足见“而”前的起词“天”仍是名字，不“必假为动静字”。

与上边说法类似，马氏说：“‘而’字之上下截，无论字为何类，然必用若动、静字者然。”（484页）为了维护此说，他在分析“非君而谁”时说：“‘谁’为表词，既表词矣，则视同静字。”但他只说“谁”可视同静字（此说勉强），却未明说“君”可视同静字（只说下截，没说上截）。因为，马氏曾说“静字反用，状以‘不’字”，而“君”的反用是状以“非”字的，可见并非静字。

（2）“则”：马氏的论述详尽精当，无可评者。

（3）“方”“当”“甫”“自”“比”“及”，都不是连字。

“当”，马氏的分析说明前后不一贯。他先说“‘当’……记时之连字也”，接着举“当是时，楚兵冠诸侯”为例说：“‘当……’正值之辞……曰‘当是时’，谓为无主动字也可，谓为介字也亦可。”（516页）其实，“当”可作动字，也可作介字，因为，介字都由动字而来，然不是连字。

“自”，马氏认为有介字的“自”，有连字的“自”。二者的区别何在呢？马氏说，介字的“自”是“司名字，司代字……要皆与用为连字者异。”（461页）从所举例子看，介字的“自”后边一般跟名字、代字，而连字的“自”后边跟读；介字的“自”多用于记处所（具体的或抽象的），连字的“自”，马氏说是“记时之连字”。（516页）举例说：

A. 自天子以至于庶人。（461页）

B. 自我为汝家妇，未尝闻汝先古之有贵者。（516页）

马氏说例A的“自”是介字，例B的“自”是连字。不过，这种区分在语法上似无太大意义，不管记时记地，不管后边跟读还是跟名字、代字，都表示一个起点，故皆可视为介字。马氏这样区分，可能是仿照西方语法的。

“甫”似为状字。

（4）“非”“不”本是状字，马氏何以要把它们列入承接连字呢？他说："'非''不'或'不''不'之在句读也，本皆状字，而引列于连字者，以其相为呼应，而句读则由是而连。"（513 页）但能使句读由是而连的，不只是连字，状字同样可以做到。

（5）"既""又"等所连的句子，马氏的解说互相矛盾。对"既不受矣，而复缓师，秦将生心"。（510 页）马氏说法有二。一说"句读之述往事者，'矣'字助之。'既''已'等状字，加否无常"。并说该句是"有'既'……等状字先之"。（569 ~ 572 页）可见把"既"是看作状字的。但在承接连字节解释此例说："此'既'字后应以'而复'两字，则上下文不惟蝉联而下，而又有扭转之辞气也。"（510 页）并将"既"等归入"承接连字"。

（6）"不……不……"的句子，马氏也有两种解释。

A. 利不百不变法。——"不""不"……引列于连字者，以其相为呼应，而句读则由是而连。（513 页）

B. 苟为后义而先利，不夺不餍。（案：马氏说这里的"不"是"状字之决不然者"。）（401 页）

这些情况表明，某些字连用，究竟是状字还是连字，马氏缺乏统一的看法。这种看法上的矛盾，在注解"既来之，则安之"时暴露得尤为突出。他在"既"字下说："连字、状字皆可。"（355 页）

（九）助字

马氏给助字所下的定义是："凡虚字用以结煞实字与句读者。曰助字。"（536 页）马氏说："助字者，华文所独，所以济夫动字不变之穷。"（536 页）给汉语设助字一词类，乃马氏首创。

《文通》助字分两种：

传信助字：也、矣、已、耳、尔、焉、者

传疑助字：乎、哉、耶、邪、与、夫、诸、欤

马氏的助字，只包括句末语气词。

（十）叹字

《文通》给叹字所下的定义是："凡虚字以鸣心中不平者，曰叹字。"

（630 页）

《文通》讲叹字很一般，没有什么独到之处。探讨各个叹字的作用要从字音入手，汉字在这方面是发挥不了多大作用的。

二 《文通》的词

《文通》的词相当于今天所说的句子成分。词共分为七：起词、语词、止词、转词、表词、司词、加词。此外还有两个“词”，也常写作“辞”，是不太正式的成分名称，它们是断词和状词。断词，又称为决词；状词，又称为状语。还有两个虽然正式但没怎么多讲的“词”。那就是前词和后词。

（一）起词

《文通》的起词，相当于现在所说的主语。跟主语一样，起词有它的二重性。正名章给起词所下的定义是：“凡以言所为语之事物者，曰起词。”（56 页）动字章给起词所下的定义是：“言其行之所自发者，曰起词。”（247 页）从前一定义说，起词是对语词而言的；从后一定义说，起词是对止词而言的。

《文通》给起词的形式规定是：“为起词者，名、代、顿、读四者皆习见焉。”（636 页）

名字作起词：子见南子。（637 页）

代字作起词：予所否者，天厌之，天厌之！（637 页）

读作起词：知我者，其惟《春秋》乎！罪我者，其惟《春秋》乎！（637 页）

其行己也恭，其事上也敬。（687 页）

五帝之所连，三王之所争……尽此矣。（688 页）

顿作起词：敝邑之众，夫妇男女，不遑启处，以相救也。（638 页）

《文通》一方面说：“凡句读之成，必有起词、语词”，另一方面用相当的篇幅来论述省略起词之句和本无起词之句。下面将其所论省略起词和本无起词的情况概括如下：

省略起词（638～643 页）
- 议事论道：倍败攻，敌则战，少则守。
- 对语：入曰："伯夷叔齐何人也？"曰："古之贤人也。"
- 命戒：矢及君屋，死之！
- 读先乎句，句省起词：昔周辛甲之为大史也，命百官，……
- 前句起词已见，下句省起词：士见危致命，见得思义，……

本无起词（643～644 页）
- 无属动字：A. 三月癸酉，大雨震电。
  B. 今有璞玉于此。
- 公共之名代起词：A. 闻诸道路，信否？
  B. 若至近世，操作不轨……
  富厚累世不绝。

这些论述都较详尽。只是"本无起词"中的第二项以公共之名代起词，这种情况仍算有起词，如"天下莫应"一句，"天下"代"天下之人"，但"天下"仍为起词。此外，马氏所举之例中，有些公共之名所代者并非起词，如"闻诸道路"，"道路"固然是公共之名，但它是转词，故列入本无起词之句未妥。下例的"近世""累世"同此。

第十章论句读的起词一节说："句读内有同指一名以为主次、为宾次或为偏次者，往往冠其名于句读之上，一若起词者然。"所举之例是：

> 夫颛臾，昔者先王以为东蒙主，且在邦域之中矣，是社稷之臣也，何以伐为？（644 页）

这种情况在后来的语法学家中很引起一些争论，有的认为这是外位成分。近来的趋势是，把"颛臾"视为主语，而把其余部分作为谓语（包括主谓结构作谓语），马氏说："一若起词者然"，与此暗合。

（二）语词

语词，相当于今天所说的谓语。《文通》给语词所下的定义是："凡以言起词所有之动静者，曰语词。"（56 页）又说："字之为语词者，动字居多，而动即行也。"（57 页）还说："凡句读必有语词。……言'语词'，则内动、外动，受动，与凡为表词者皆赅焉。"（647 页）但又说："静字成为语词，更名曰表词。”（222 页）“然有以名字与顿、豆（案：即读）为之者，则必用若静字然。”（222 页）由此可见。所谓语词，包括两种：

语词
- 语词：动字
- 表词
  - 静字
  - 名字、代字
  - 顿、读

表词，放在下面一节讲。

关于语词的位置。马氏说：“语词后而起词先者，常也。”（647 页）但在下面两种情况下，语词在先：

（1）咏叹语词先于起词（648 页）

A. 大哉，尧之为君也！

B. 鲜矣仁！

（2）“何”字询问先于起词（649 页）

何哉，尔所谓达者？

语词的省略。马氏说：“凡句读必有语词。”（647 页）但在两种情况下语词可省：

（1）排行句读，坐动同者，一见而已，下句可省。

A. 晋侯许赂中大夫，既而皆背之；［　］赂秦伯以河外列城五，东尽虢略，南及华山……既而不与。（649 页）——省坐动“许”。

B. 吾闻其以尧舜之道要汤，未闻以割烹［　］也。（649 页）——“吾闻”后两排读，坐动字即“要汤”也，故第二读内删去。

（2）比拟句读，语词可省。

A. 夫千乘之王，万家之侯，百室之君，尚犹患贫，而况匹夫编户之民乎？——犹云“而况匹夫编户之民，能不患贫乎？”（650 页）

B. 以齐王，由反手也。——犹云“以齐王之易，犹反手之易也”。（651 页）

C. 季氏富于周公。——犹云“季氏之富，更富于周公之富”也。（651 页）

其实，这种情况很难说是省略语词，因为无法补出语词，如果补出，会显得很不自然。

《文通》在分析和举例上也有互相矛盾之处。比如对“免寡人，惟二三子”，马氏有两说。一说此句是“咏叹语词，率先起词”；（648 页）另一说此句是“表词，无助无断。加‘惟’字者，专辞也”。（652 页）照前说，“免寡人”是语词，照后说，“惟二三子”是语词。

此外，马氏说：“排行句读，坐动同者，一见而已，下句可省。”这种说法固无不可，但所举之例，省去者往往并非坐动。如“年十岁则诵古文，二十而游江淮”。马氏说：“不曰‘年二十’者，‘年’字已先见也。”然省去之“年”不是坐动，倒像读的起词。

关于语词，一向有一个容易引起混乱的问题，就是指大（“完全谓语”）还是指小（“简单谓语”）。《文通》似乎彷徨于二者之间。有时说：“凡曰语词，则动字与其所系者皆举焉。”（668 页）这好像是指大。有时又说：“字之为语词者，动字居多。”（57 页）“外动字或为语词，或为散动，其止词必位其后。”（652 页）又好像指小。例句分析上也如此。在分析“彼夺其民时”时说：“‘夺民时’其语词也。”（56 页）分析“天下之欲疾其君者，皆欲赴诉于王”时说：“‘者’字，读之起词，‘欲疾其君’，其语词也。‘欲赴诉于王’，句之语词也。”（62 页）都是指大。而在分析“余读孔氏书，想见其为人”时，在“想见”下注：“句中语词”，在“其为人”下注：“乃‘想见’之止词。”（66 页）又是指小。

（三）止词

止词。相当于今天所说的宾语，马氏给止词所下的定义是：“凡名代之字，后乎外动而为其行所及者，曰止词。”（57 页）

关于止词的构成，马氏说：“为止词者，不外名、代、顿、读四者而已。”（652 页）所举之例为：

名字作止词：天子建国，诸侯立家。（653 页）

代字作止词：尧独忧之。（247 页）

顿作止词：孔子序列古之仁圣贤人。（653 页）

读作止词：

A. 参见人之有细过，专掩匿覆盖之。（653 页）

B. 令我日闻所不闻。（122 页）

C. 吾闻用夏变夷者，未闻变于夷者也。（125 页）

动字作止词：

A. 孩提之童，无不知爱其亲也。（360 页）

B. 今病小愈，趋造于朝。（367 页）

对最后一类止词，马氏说："散动直承动字，与止词无异。"（374 页）关于止词的位置，马氏指出止词先于动字的几种情况：

（1）止词为意之所重
- 有代字重指：圣人，吾不得而见之矣。（653 页）
- 有弗辞不重指：不合己者，不能忍见。（657 页）

（2）外动字状以弗辞，或起词为"莫"等
- 止词为代字：余恐乱命，以不女违。（658 页）
- 止词非代字：老夫其国家不能恤。（659 页）

（3）询问代字为止词或司词先于动字或介字：

A. 子将奚先？（660 页）

B. 夫畚曷为出乎闺？（660 页）

（4）止词先于动字，参以"之""是"：

A. 吾斯之未能信。（423 页）

B. 除君之恶，唯力是视。（426 页）

古汉语宾语前置的几种情况，大体都已谈到。只是第一种情况，现在倾向于把先置部分（如“圣人”“不合己者”等）看作主语，而把其余部分看作谓语。对第二种情况中“国家不能恤”这类句子或小句，也倾向于把“国家”视为主语。

（四）转词

《文通》在“正名”里没有为“转词”专立一条界说，“转词”第一次出现在第二章解释“覆杯水于坳堂之上，则芥为之舟”这一例句的时候：“设改作‘则芥为舟焉’亦通。‘焉’者代‘于此’也，故‘之’字应作转词，详后。”（93 页）接着在讲动字的时候说：“外动行之及于外者，不止一端。止词之外，更有因以转及别端者，为其所转及者曰‘转词’。转词例有介字以先焉。”（248～249 页）“内动者之行不及乎外，故无止词以受其所施……而施者因内动之行，或变其处焉，或著其效焉，要不能无词以明之，是即所谓‘转词’也。”（286 页）《文通》讲转词，主要是在讲动字的连带成分和论句读时。综合几处所讲，转词从形式方面说，可以是“有介字以先焉”，或“无介字以先之”，或虽无介字却可以加介字，共有这三种情形；从所表示的内容说，可以指人、指处、指时、指价值、度量、原因、目的、效果、方面等。下面将马氏所谈转词的各种类型叙述如下；

有介字或可有介字者：

外动字后

A. 王如施仁政于民。（指人，言所归，249 页）

B. 短乐毅于燕惠王。（指人，言所向，250 页）

C. 逢蒙学射于羿。（指人，言所自，254 页）

D. 无敌于天下。（指处，言所在，250 页）

E. 傅说举于版筑之间。（指处，言受动之所在。279 页）

F. 子产使校人畜之池。（指处，言所在，252 页）

G. 杀人以梃与刃。（指物，言所用。257 页）

H. 诱进以仁义。（指事，言所用，258 页）

I. 立适（案：即嫡）以长不以贤。（指人，言所凭。440 页）

J. 晋人……假道于虞以伐虢。（指事，言所向，441 页）

K. 公语之故。（指事，言所用，661 页）

L. 穷者常制于人。（指人，言施者，661 页）

内动字后

A. 出舍于郊。（指处，言所在，290 页）
B. 东至于海。（指处，言所至，662 页）
C. 禹兴于西羌。（指处，言所自，297 页）
D. 大宛之迹，见自张骞。（指人，言所自，297 页）
E. 楚公子元归自伐郑。（指事，言所自，662 页）
F. 梁……湎于酒。（指物，言所在，295 页）
G. 惟顺于父母，可以解忧。（指人，言所归，294 页）
H. 王贰于虢。（指物，言对象，295 页）
I. 奚以异乎牧马者哉？（指人，言对象，295 页）

动字前

A. 必自孟子始。（指人，言所自，297 页）
B. 与其妾讪其良人。（指人，言所同发，258 页）
C. 为天下除残也。（指人。言目的，260 页）
D. 天子以他县偿之。（指物，言所用，257 页）
E. 例以嫌不可否事。（指事，言所因，441 页）
F. 吾自卫反鲁。（指处，言所自，286 页）
G. 六国之盛自此始。（指时，言所自，297 页）

无介字者：
外动字后

A. 姬置诸宫六日。（记所历之时，664 页）
B. 二三子用我今日。（记事成之时，664 页）
C. 有一狐白裘，直千金。（记价值，664 页）
D. 匕入者三寸。（记度量，664 页）
E. 前未到匈奴陈（案：即阵）二里所。（记距离，664 页）

内动字后

A. 孟子去齐，居休。（指处，言所在，291 页）
B. 子适卫。（指处，言所至，288 页）
C. 三过其门而不入。（指处，言所经，287 页）
D. 至于今百有余岁。（言所历之时，664 页）

动字前

A. 大隧之中，其乐也融融。（指处，言所在，663 页）
B. 城濮之役，晋师三日毂，文公犹有忧色。（记事发之时，663 页）
C. 三丈而树。（记距离，665 页）

关于转词，谈以下三个问题。

第一，先说转词包括不包括前边的介字。在这点上，马氏为说不一，有时说“转词”不包括介字。如：

A. 所欲与之聚之。（“之”转词，“与”字司焉。258 页）
B. 为渊驱鱼者，獭也。（以“为”字介转词焉。259 页）

有时说“转词”包括介字。如：

王如施仁政于民。（“施”外动字，“于民”两字后之者。其转词也。661 页）

再来说转词和加词、司词的区别问题。要按“转词例有介字以先焉”的说法，转词不包括介字；那么，怎样区别于司词？马氏在另一个地方说：“凡有介字与司词，皆可统名之曰转词。”（665 页）“转词”又包括介字在内，这又怎样区别于加词（加词的一个定义是“介字与其司词统曰加词”）？这个问题要跟“加词”一名而指二物的问题合并作为一个问题来研究。马氏先说：“介字与其司词统曰加词”“间有介字与其司词系乎内动字而为加词者，则先后无常”，所说“加词”相当于现在所说的介词短语，是一种语言单位（一种短语），不是一种句子成分，虽然跟起词、语词、止词等共用一个“词”字，却是两种性质。等到马氏写至接读代字“者”的用法时，需要有一个相当于后来的语法学者所说的形容词子句的名目，马氏采用了

“加语”一词，（他说：“加语者，前有名、代诸字，后续他语以表名、代之为何若也，义若静字者然。”像“佗小渠披山通道者，不可胜言”即为其例）跟前边的“加词”重了一个字，但是“语”和“词”还是有分别（马氏不用“词”而用“语”，可能还不准备把它作为一种句子成分）。到了讲同次的时候，又需要有一个概括后来所说的同位语（复指成分）和类似同位语的名目，马氏因为其中包括“者”字读（如“择郡国吏木诎于文辞重厚长者……”），就沿用前面的“加语”而改为“加词”，这就跟原来的“加词”完全雷同了。到了论句子成分的时候，又要给“止词”以外的动字连带成分起一个名目，就创立“转词”一名。如果转词限于指无介字为介的名词性成分，也就与司词无关，更与加词无关；可是马氏又想把无介字为介的和有介字为介的概括为一种成分，都叫作转词，这就部分地跟司词混淆了。至于介字在转词之内还是在转词之外的问题，马氏讲到转词的时候一直说“有介字为介”，可见是不把介字当作转词的一部分的，可是不知为什么最后来了个“凡有介字与司词，皆可统名之曰转词”。这一下就又跟“加词”混淆了。其实只要把这句话删掉，再把开头的“加词”删掉，让“加词”专指同位语和类似同位语的成分，这个看来非常复杂的问题就基本上解决了。至于转词和司词，还是可以并存，即使转词有介字为介也不碍事；同一个字可以同时是转词也是司词。因为司词是对介字而言，是短语构造问题，转词是对动字而言，是造句问题。看来，马氏把“加词”用来指同位语的时候就可能有把开头那个“加词”删去的意思，可是因为“一时草创，未暇审定”，就匆匆付梓，留下一个难题来困惑后人了。

第二，转词和止词的界限问题。对动字后的同一种成分，马氏时而说成止词，时而说成转词。如“北过涿鹿”的“涿鹿”先说是“记其道途所经之处，皆置内动之后如止词然”。（288 页）后又列入“记处转词”中。（662 页）马氏又说：“‘在’字……后系者为止词、为转词无常。”“在于良将”，马氏说“良将”是转词，（311 页）“天下之本在国”，马氏说“‘在’字后皆以名字为止词”。（311 页）从这里看，“在”后有介字，介字后的词语就是“在”的转词；无介字，则为止词。但有时又不是根据这个原则处理转词和止词的，如“季孙之忧不在颛臾而在萧墙之内”，并无介字，却说“颛臾”和“萧墙之内”是“转词。记处，‘在’字后无介字”。（355 页）

转、止两词的界限不清，还表现在对两种外动字例句的不同解释上。给予义的外动字可以有四种句式：予 AB，予 A 以 B，以 B 予 A，予 B 于 A。告言义的外动字同样可以有四种句式，但是在成分的分析上，马氏不同样对待：在给予义的动字，A 与 B 总是一个是止词，一个是转词（哪一式里哪是哪，这里无关紧要）；可是在告言义的动字构成的同样四式里，第一式中的 A 与 B 一概是止词。对下列两例的分析就是如此：

A. 子哙不得与人燕。（“人”……“与”字转词。251 页）

B. 后稷教民稼穑。（“教”字后两止词。261 页）

两类句子结构相同，“人”与“民”位置相当，前者马氏称转词，后者却称止词。这是模仿西方语法的结果。后来的语法书多把告言义和给予义两类动词后的词语统称双宾语，这是较为切合汉语实际的。

第三，转词和状语的交叉。《文通》的转词和状语之间有一个交叉地带，这就是转词在动字前又不带介字的那一部分记时记地成分。试比较以下两组例句：

A. 城濮之役，晋师三日榖。（663 页）
箕之役，先轸不反命。（671 页）

B. 大隧之中，其乐也融融。（663 页）
聊摄以东……其为人也多矣。（671 页）

马氏称两组第一例中的“城濮之役”“大隧之中”为记处转词，称两组第二例中的“箕之役”“聊摄以东”为状语。其实，两者是相同的成分。

还有一点要指出的是，状字章举有这样两例：“是何治宫室过度也!”“何必残身苦形，欲以求报襄子，不亦难乎?”在两例后说：“两‘何’字有‘为何’或‘何故’之解。”“总之，凡‘何’字单用而代转词者，则为状字；若为止词、为表词与为司词者，则代字矣。”（406 页）但在转词节内却未提及此种转词。

（五）表词

《文通》在“正名”里没有为“表词”专立界说，而是在“止词”的界说之后顺便提到的：“若语词言起词之何似、何若，状其已然之情者，当以静字为主。静字后乎起词而用作语词，所以断言其为何如也。惟静字为语词，则名曰表词。”（58 页）从这里看，似乎只有静字才能作表词，但马氏又说："语词而为表词者，则静字其常，而名、代诸字亦可用焉。"（61页）还说："表词则概为静字。然有以名字与顿、读为之者，则必用若静字然。"（222页）这就是说，名、代、顿、读皆可作为表词，只是当它们作表词时，得认为它们是静字性质。

综合《文通》对表词的论述，可得表词二类九型。

1. 无断词

（1）静字作表词：子产智。（222页）

（2）名字作表词：庠者，养也。（539页）

（3）代字作表词：元年者何？（649页）

（4）状字作表词：腹犹果然。（199页）

（5）散动作表词：是罔民也。（376页）

2. 有断词或同动字、状字等：

（6）"犹"类（犹、如、若、类、似）：夫兵，犹火也。（544页）

（7）"谓"类（谓、言、云）：是谓观国之光。（189页）

（8）"为"类（为、非、是、即、乃）：师直为壮。（226页）

以……为：无以尹铎为少。（187页）

以为：女以为何也？（187页）

化（封、拜、迁、任、用、合）为：臭腐复化为神奇。（186~187页）

（9）状字：子诚齐人也。（231页）

对第二类句式的表词，马氏有些犹豫。如第（6）型中的"犹""如""若"，马氏有时又解作动字，其后词语称为止词："'如'字……作'同''若'之解者，其后皆有名、代等字以为止词，或为表词亦可，与动字无异。"（313页）第（7）型中的"谓""言""云"等同样如此："'谓''言'诸动字后，所有顿读皆为止词。"（265页）第（8）型中的"封""拜"也有类似情况。

对第（8）型中的"以为"和"以……为……"，马氏在全书中多次谈到。综合起来，从形式上看，有"以为"和"以……为……"两种；从语义看，有"意谓""用作"二解。举例如下：

以为

（1）意谓：上诚以为李广老。（233页）

（2）用作：陛下得胡人，皆以为奴婢。（233页）

以……为……

（1）意谓：市人皆以嬴为小人。（232页）

（2）用作：以唐为楚相。（233 页）

对这几种情况，马氏的解说不尽相同。他开始说："'以为'有两解：一作谓辞者，则'以为'二字必联用，一作以此为彼者，则'以''为'二字可拆用，而'为'字先后两语必同次。"（187 页）这把"以为"都看作意谓义了；"以……为"也没分"意谓"义和"用作"义，"为"字前后统称为同次。马氏在表词节又说："解作'以此为彼'者，则'为'字为断词。"（231 页）这就是说，"以……为"不管是"意谓"义还是"用作"义，"为"字后都是表词，因而与"为"字前为同次。但紧接着就说："'以为'二字，间有'以此作为彼者'之意，则'为'字不仅为断词，且为动字而有作用矣。"（233 页）这样一来，"以为"和"以……为"中的"为"后就不再是表词（同次）而是止词（宾次）了。立论的混乱，势必造成分析句子的矛盾。在上举"以唐为楚相"例下说明"为"后是止词（宾次），而同次节却以此句作为"'为'字先后两语必同次"之例；（187 页）对"民以为将拯己于水火之中"一例，也有两说：一说此"为"是决辞，（442 页）其后自然应为表词（同次），另一说"'以为'二字，即'意谓'也……将拯己于水火之中也'九字为承读。"（360 页）既为承读，自是止词。其实，以今天的眼光看，以上四种情况，"为"后皆可看作宾语。

关于表词，再谈两个问题。

第一，马氏不但没给表词专立界说，并且在第十章专论句读时，也只讲起词、语词、止词、转词，不为表词立一节。为什么？表词在马氏的句子成分系统中究竟处于什么地位？

马氏讲汉语语法是参考西方语法的。西语的句子一定要有一个动词做谓语的核心。一种是一般动词，如果是及物动词，后面可以带宾语；一种是联系性质的动词，后面一定有表语（主语补足语）。但是，古汉语里不但是动词可以作谓语，形容词乃至名词、代词等都可以直接作谓语。马氏对于动词作谓语不另立名目，那么，对于形容词（以及名词、代词等）作谓语，自然也是不另立名目才合乎逻辑。可是汉语的形容词等既可以直接作谓语，又可以在前面加上有联系作用的动词、副词。后面这种情况跟西方句式相类似。如果单为这种情况立"表词"一名而不包括前一种情况，那也不好，因为两种句式实质相同，并且往往可以互换。马氏考虑的结果是立"表词"一名，兼指二者，但是，不把它看作与止词同级的成分，而与谓语动词同级，作为谓语的一种；而以形容词为代表，取其"静字"与"动字"相配。表词的特殊地位就是这样产生的。尽管已经这样处理了，马氏还是忘不了有些表词是位于动字之后的，惟恐人们把它与止词混同起来，所以在“惟静字为语词，则名曰表词”之后接下去说：“所以表白其为如何者，亦以别于止词耳。”试问：静字作语词，一般不用动字联系，怎么会跟止词混同？这后半句话不是多余的吗？

马氏讲的是古汉语，近代和现代汉语的情况有所不同。名词、代词等一般不直接作谓语，前面要有一个起联系作用的动词（同动词）。所以黎锦熙《新著国语文法》就把这种成分一概划为补足语，都是动词的连带成分；只保留形容词直接作谓语的，与动词作谓语的同等看待，就是述语。

第二，谈谈所谓断词和决词的问题。马氏说：“凡以表决断口气，概以‘是’‘非’‘为’‘即’‘乃’诸字参于起、表两词之间，故诸字名‘断辞’。……断词，一曰决词。”（225～226 页）仅从这句话看，断词相当于今天所说的系词。

但在《文通》全书中，被称作“决词（辞）”“断词（辞）”的远不止这几个字。举例来说：

> 犹、若：“民望之，若大旱之望云霓也。”——“犹”“若”诸字，用若断词。（418 页）
>
> 也：“可谓好学也已。”——“也”字断词。（625 页）
>
> 有：“盖有之矣。”——“有”者，决辞也。（309 页）
>
> 必：“必也正名乎！”——以决辞合于助字，则成为表词矣。（400 页）

除此之外，马氏还说：“‘矣’‘耳’‘已’等字，决辞也。”（536 页）“‘则’字常解，决词也。”（506 页）甚至在分析“清，寡妇也……”“黥布，天下猛将也”等句时也说：“曰‘寡妇也’，曰‘天下猛将也’……则皆加读而为决辞。”（557 页）这里，既有动字、状字，又有连字、助字，还有所谓“加读”，足以看出马氏的“断词（辞）”“决词（辞）”的涵义极不确定，它除指系词外，还泛指一切表示判断语气的词和短语。

严格说，决词应当只限于动字（即系词），不包括助字等。马氏经常也是把决词和助字严格分开的。他说，“为谁？”“为孔丘。”是“有决辞而无助字”。（59 页）说“是鲁孔丘与？”曰．“是也。”是“有决辞而兼助字矣”。（59 页）说“城非不高也”是“参以‘非’字断词……复助‘也’字……”（228 页）又说：“晏平仲婴者，莱之夷维人也”是“煞以‘也’字，而无断词参焉者也”。（540 页）说“知其罪者，惟孔距心”是“无助字无断辞者”。（652 页）这些都可证明决词与助字是截然分开的，但曾几何时，马氏又把两者混为一谈了。

至于说“有”是决辞，更无道理，这是一个表存在的动字。不是一般所谓系词。这一点，马氏也不否认。试看他对下面句子的解说：

A. 不好犯上而好作乱者，未之有也。（269 页）

马氏说例 A 是“止词为代字者，皆先动字”。（269 页）可见是把“有”看作一般动字的。而对“所藏乎身不恕，而能喻诸人者，未之有也”一句及同类性质的下一句却说：“曰‘未有’，曰‘无之’，皆决辞也。”（309 页）

B. 未有仁而遗其亲者也。（62 页）

马氏说例 B“‘仁而遗其亲者’为读，为‘未有’之止词”。可见也是把“有”看作一般动字的。而对“未有上好仁而下不好义者也”一句却说：“曰‘未有’……决辞也。”当然，说“有”是动字，属字类问题；说“有”是决辞，是语气问题，两者不一定矛盾。问题在于“有”本身并不表示决断语气，决断语气是靠助字“也”表示出来的。那么，马氏为什么要把“有”包括在决词（辞）里边呢？很可能是因为西文里边往往用同一个动词既表示一物之存在，也表示两物之等同，因而也把汉语里的“有”和“为”混为一谈了。

关于决词是不是属于表词的一部分，马氏似乎作了否定的回答。请看他下面的一些说法：

(1) 凡以表决断口气，概以“是”“非”“为”“即”“乃”诸字参于起、表两词之间，故诸字名“断辞”……一曰决词。（225～226 页）

(2) 子非鱼……——“子”起词，“鱼”名也，而为表词，参以“非”字。（226 页）

(3) 师直为壮，曲为老——“壮”“老”两静字，各为表词，“师直”“师曲”两顿为起词，“为”字参焉。（226 页）

从这些话来看，表词中似不包括决词。

（六）司词

《文通》给司词所下的定义是："凡名、代诸字为介字所司者曰司词。"相当于今天所说的介词宾语。在马氏所立的几个"词"里，司词的问题最简单。不简单的是所谓"象静司词"。马氏说："象静后之司词，犹动字后之止词，所以足其意也。"（211 页）所举之例有：

A. 言寡尤，行寡悔，禄在其中矣。——"寡"静字也。所"寡"者何？"尤"与"悔"，其司词也。（211 页）

B. 宋人有善为不龟手之药者。——"善"静字。所"善"者何？"为不龟手之药"也。"为"动字，而为所司也。（211 页）

以上是前无介字的静字司词，还有前有介字的静字司词。如：

A. 人伦明于上，小民亲于下——"于上""于下"，皆静字之司词。（213 页）

B. 公于是乎贤远于人。（213 页）

C. 愿夫子辅吾志，明以教我。——"以教"，"明"字司词。（214 页）

那么，为什么不称为"象静止词"或"象静转词"呢？这是因为这类成分在拉丁文里是用属格来表示的，一般称为宾语性属格，而动字的止词一般用宾格，动字的转词一般用与格。因此马氏不称它们为象静的止词或转词，而宁可冒同名异实、与"凡名、代诸字为介字所司者"相混淆的危险而称为象静司词。

（七）加词

《文通》里的"加词"。有两种不同的定义，这一点在讲"转词"时已经提到了。在"司词"的界说之后说："介字与其司词，统曰加词。"（61 页）（这里的"统"是"合"的意思，不是"都"的意思）在界说部分的总结中说："间有介字与其司词系乎内动字而为加词者，则先后无常。"（64 页）这是一种定义；另一种是第三章在同次节说："同次之例有二：一，用如表词者……"（185 页）"其二，用如加词者，式有六。凡名、代、动、静诸字所指一，而无动字以为联属者，曰'加词'。"（189 页）上一种加词相当于现在所说的介宾短语，第二种略与今天的同位语相当。“加词”为什么有两种定义呢？前面已经说过了。对加词的第一种定义，可以不用举例，对加词的第二种定义，马氏列举了六种表现形式：

（1）官衔、勋戚等先后乎人名者：右丞相陈平患之。（189 页）

（2）所称相同，先后殊时者：

A. 余之宗兄，故起居舍人君。（190 页）

B. 一死一生，乃知交情。（190 页）

（3）约指、逐指代字，加于名、代诸字后者：

秋豪皆高祖力也。（191 页）

（4）先提一事而后分陈者：

晋有三不殆：国险而多马，齐楚多难（192 页）

（5）起、止词后，系读以为解者：

起词系读：佗小渠披山通道者，不可胜言。（193 页）

止词系读：

赐我南鄙之田，狐狸所居，豺狼所嗥。（193 页）

（6）历陈所事，后代字以为总结者：

礼义廉耻，是谓四维。（194 页）

第（2）种形式所指对象为一，只是任某种官衔的时间先后不同，与第（1）种形式无本质区别。“一死一生，乃知交情”，马氏说：“此以‘死’‘生’两动字同指一人所历之境”，故列入加词。然这与加词“所指一而无动字以为联属者”的定义似不相符。“死”“生”所指非一，“生”不是“死”的加词。

第（3）种形式，所谓约指、逐指代字，因多不具代字性质，所以也不是加词。

第（4）种，现在一般也多认为像“国险而多马，齐楚多难”是谓语。而不认为是“三不殆”的同位语。

第（5）种，“佗小渠披山通道者”，意思似乎是“佗小渠中的披山通道者”，因此应为分母与分子关系，而非同位关系。

《文通》中，除“加词”外还有“加语”。马氏说：“加语者，前有名、代诸字，后续他语以表名、代之为何若也，义若静字者然。”（129页）这是在讲接读代字“者”字读的时候讲的。实际上加语和加词是一个东西。讲“者”字读时所举加语的例子，如“择郡国吏木屈于文辞重厚长者”“佗小渠披山通道者”，在讲同次的时候也都用来作例子，却称加词，并且说：“若此之数，不可胜道，参观接读代字，可加详焉。”（193页）

（八）前词　后词

马氏所立的词名，除上面谈到的起、语、表、止、司、转、加等七个词外，还提到“前词”“后词”两个名目。他给“前词”所下的定义是：“凡为所代者，前乎代字而见者，曰前词。亦有后乎代字而见者，亦曰前词。”（82页）所举之例为：

> 前乎代字者：贤士大夫有肯从我游者，吾能尊显之。（82页）
> 后乎代字者：吾闻之：君子不以天下俭其亲。（83页）

马氏说：“前词或为顿，或为读，或为句，或为节，举为所指。”（83页）可见“前词”就是代字所代的词语，这是西方文法书中已有的名目，英语称“antecedent”（先行词）。

在接读代字节，马氏说：“‘所’字前词置后而为代字者，概为‘者’字。”（119页）所举之例有：

> 视吾家所寡有者。——“所”指“者”，即云“视吾家所寡有之物”也。（119页）

《文通》认为此例中的“者”是“所”字的前词。

马氏给“后词”所下的定义是：“询问代字者，所以求知夫未知者也，故无前词。曰前词，则已知矣。其所以答所问者，曰后词。”（131 页）可见“后词”就是对疑问代词的答语。这是马氏独创的名目，实无必要。

（九）状词

马氏说：“凡状词必先其所状。”“其用若状词者，亦必先其所状。”（64 页）此外还用到两次“状词”，但更多的时候用“状语”。马氏说：“凡状字或名字，集至两字或三四字，以记时记处者，往往自成一顿，无所名也，名之状语”。（671 页）又说：“诸引内，所有自二字以至五字之顿，凡以肖面貌、体态、服制、情性、材质等者，皆状语也。”（675 页）可是这不是一个很正式的术语，有时也写作“状辞”，例如在谈记价值、度量的词语是状语时说：“皆可名为状辞”。（411 页）在谈肖面貌、体态一类词语为状语时说：“视同状辞耳。”（673 页）

综合几处的说法，状语有如下几类：

（1）动字+状字：为间、居顷（411 页）

（2）静字+状字：良久（412 页）

（3）状字+者〔之、也〕：间者、顷者、不者、久之、顷之、今也、始也（412 页）

（4）状字+状字：不然、非然（671 页）

（5）连字+状字：虽然（671 页）

（6）动字+代字：如是、若是（671 页）

（7）记时记地词语：韩之战、自是之后、先是十余岁、元年春、王正月、自莒疆以西（671 页）

（8）描写容状之词语：熊虎之状而豺狼之声、隆准而龙颜、美须髯、左股有七十二黑子（673 ~ 674 页）

（1）—（3）类大体上可概括为具有状字作用的短语，（4）—（6）类大体上可概括为具有连接作用的短语。状语就是状字性短语、记时记地词语、描写容状词语的综合性名称，真可谓“自集之字，类又无定”。用一个术语来概括多种内容不同、结构迥异的词语是缺乏科学性的。

三 《文通》的次

《文通》分析句子，除用“词”这套术语外，还根据西方语法“格”的概念，设立了“次”这套术语，作为辅助性手段。马氏给“次”所下的定义是："凡名、代诸字在句读中所序之位，曰'次'。"（59 页）马氏说：

> 夫名、代诸字，先乎动字者为主次，后乎动字者为宾次。然而实字相关之义，有出乎主、宾两次之外者。泰西文字，若希腊拉丁，于主、宾两次之外，更立四次，以尽实字相关之情变，故名、代诸字各变六次。（414 页）

拉丁语名词有六个格：主格、宾格、属格、与格、呼格、夺格。马氏也为汉语立了六个次：主次、宾次、偏次、正次、前次、同次。马氏的六次，与拉丁语的六格虽不是一一照应的，然而也并非偶然巧合。但汉语与西语毕竟不同，西语有形态变化，汉语则无；西语的格不但包括名词和其他词的相互关系，而且包括表示这些关系的形态变化。而汉语的次，只能表示名词、代词和其他词之间的相互关系（在句中的位置）及其"孰先孰后"的次序（马氏也许正是从这个意义上取名为"次"的）。

六个次不是在一处同时提出的。在《绪论 · 正名》里只给主次、宾次、偏次立了界说，第三章又说："次有四：曰主次，曰偏次，曰宾次，曰同次。"在同一章谈"偏次"时说："凡数名连用，而意有偏正者，则正者后置，谓之正次，而偏者先置，谓之偏次。"（163 页）在谈"同次"时又说："凡名、代诸字所指同而先后并置者，则先者曰前次，后者曰同次。"（181 页）综合几处所说，共得六次：主次、宾次、偏次、正次、前次、同次。

这六个次，不在一个平面上，实为三根轴。主次、宾次都可以居正次，正如马氏所说："凡在主、宾次而为偏次所先者，亦曰'正次'。"（60 页）例如：

> A. 霍氏之祸，萌于骖乘。——"祸"主次，而亦为正次者，则对"霍氏"偏次言之也。（60 页）
>
> B. 君行周公之事。——"事"者宾次。"事"对"周公"偏次言，则为正次。（60 页）

前次、同次也不是基本的次，换言之，主、宾、偏皆可居前次，而同次或同于主次，或同于宾次，或同于偏次。用马氏的话说就是："凡主、宾、偏三次皆可为同次，则皆得为前次。"（181 页）

分别举例如下：

同于主次的例子。

A. 臣，　外国人，不如光。(182 页)
主次　同于主次
(前次)(同次)

同于宾次的例子：

B. 务欲进足下趋死不顾利害去就之人于朝……(182 页)
宾　次　同于宾次
(前次)(同次)

同于偏次的例子：

C. 乃求为秦相文信侯吕不韦舍人。(189 页)
同于偏次　偏　次
(同次)(前次)

例 C 在前者为同次，在后者为前次，是马氏原意，这与他“先者曰前次，后者曰同次”之说矛盾。

我们说六个次三根轴，具体表现在一个字可以同时居三个次上。例如：

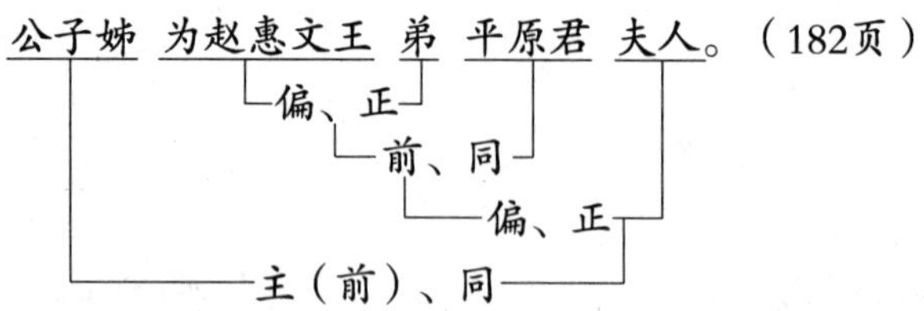

“弟”对“赵惠文王”说是正次，对“平原君”说是前次，对“夫人”说是偏次，同时居正、前、偏三次。

只有主次、宾次、偏次是基本的次。同次虽不是基本的次，但作为同次的加词（即今同位语或类似同位语的成分）是一种独特的句子成分，有单独论述的必要。所以马氏说次有四：主次、宾次、偏次、同次。

（一）主次

《文通》说："凡句读中名、代诸字之为起词者，皆居主次……间有名字不为起词而归入主次者有三：一，凡呼人对语者……二，凡慨叹而呼及名字者……三，凡题书名、碑记者。"（161～163页）据此可得主次有四类，举例分列于下：

（1）起词：余读孔氏书。（65页）

（2）表词：元年者何？（134页）

（3）呼语：微之乎，子真安而乐之者！（162页）

（4）题名：号其书曰《新语》。（163页）

马氏将"呼人对语"与"慨叹呼名"别分为二，在"慨叹呼名"下所举之例有："噫嘻，成王！"这与"呼人对语"实无本质不同，故可视为一类。

《中国文法论》说："'同'与'前'两名称。也是义取对待，凡名、代诸字，只要所指同而先后并置，无论它们作句读中的什么词，更无论它们是否共同作一种词，在先的就是前次，在后的就是同次；同次和前次可以但不一定同为主次、宾次或偏次。字之为句读之表词者，其所指与为起词之字之所指为一，而置于其后，故为起词者为前次，为表词者为其同次；然为起词者在句读中居主次，为表词者之次却只能称为同次，而不能称为主次。是即同次虽然可以，却不一定与其前次同居一次之例。马氏只曾在所引同次诸例之后含混地说'以上所引皆主次'。马氏也不曾把为表词之字所居之次视同主次。误读《文通》的人却说'句读中名、代诸字之为表词者居主次'……至于马氏在同次诸例之前所说'凡主、宾、偏三次皆可为同次，则皆得为前次'……并不是说表词居主次又可为起词之同次。"（92～93页）这一大段批评失之于主观。实际上，《文通》全书不止一次地明确说表词居主次。例如：

A. 公子姊为赵惠文王弟平原君夫人。——"公子姊"前次，"夫人"其同次，皆在主次。（182页）

B. 夫如是，奚而不丧？——"奚"字用如表词而居主次。（143页）

C. 吾所以有天下者何？（案：该例上面的标题是："'何'字单用于主次者，概为表词。"）（134页）

马氏在此列表词于主次，在同次节又列表词于同次，二者并不矛盾。"同次云者，犹言同乎前次者。”（181 页）前次为主次，同乎主次，因而也是主次（间接居主次）。这样处理，是本于西方语法的，西语中用作表词的字是与起词同居主格的。

《文通》主次部分的引例还有问题。有与标题不符者，有已列入他处而又误列于此者。前者如“霸陵尉醉，呵止广。广骑曰：‘故李将军。’”马氏说：“故李将军’者，乃应对之名，犹云‘来者为谁?’应之曰：‘乃故李将军也。’盖表词也。”（162 页）既为表词，就不应列入“呼人对语”，因马氏说“呼人对语”是“不为表词、起词而归入主次者”。后者如：“嗟乎，子乎！楚国亡之日至矣！”在第九章“子”被解作叹字“嗞”“兹”的同音异形字，（632 页）而主次节又误将此例列入，并说“子”是“慨叹而呼及名字”的主次。（162 页）

（二）宾次

《文通》说：“名、代诸字，凡为动字之止词与为介字之司词者，则在宾次……又句读中，凡名字用以记地、记时、记价值、记度量、记里数，类无介字为先者，皆可视同宾次。”（174 页）又说：“更有名字不为起词而置先动字，或言所事之缘由，或言所用之官，或状形似者，皆可视同宾次。”（180 页）现将《文通》所说的宾次的八种类型综列于下：

（1）动字之止词：子见南子。（58 页）

（2）介字之司词：斧斤以时入山林。（61 页）

（3）记地之词：徙豪富茂陵。（174 页）

（4）记时之词：七日七夜，至老子之所。（175 页）

（5）记价值之词：请买其方百金。（178 页）

（6）记度量之词：朱儒长三尺余。（178 页）

（7）记里数之词：父去里所。（179 页）

（8）名字先于动字，记由、记用、记形似者：腹诽而心谤。（180 页）

第（1）（2）两类宾次，问题比较简单。第（3）类所以归入宾次，可能是这些词语前“类无介字为介，然终不失有介字之义”。（664 页）在解说某些例句时，马氏常补上有关介字。如：

A. 种苜蓿、蒲陶肥饶地。——犹言“种之于肥饶之地”。（174 页）

B. 见燕使者咸阳宫。——犹言“见之于咸阳官”也。（174 页）

但（4）—（7）诸类例句则大部或全部无法补出介字。如：

A. 晋侯在外十九年矣。（175 页）
B. 贾生年二十余。（175 页）
C. 生平毁程不识不直一钱。（179 页）

把这些词语列入宾次，究其原因，可能在马氏看来，它们与前边能补出介字的词语所表达的语义是相近或相同的，因此应属于同一个次。而对这些词语句法功能的异同，马氏全然未予考虑。

在记时记地词语中，马氏特别指出，用“上”“下”“左”“右”“内”“外”等字缀于地名、人名、时代之下，这类词语也属宾次。所举之例有：

A. 居蛮夷中久。（176 页）
B. 屏居蓝田南山下。（176 页）
C. 大乱之本，必生于尧舜之间。（178 页）

这类词语归入宾次的原因，可能是马氏自己所说的“盖‘上’、‘下’、‘内’、‘外’诸字，即所以代介字之用，故泰西文字遇有此等字义，皆为介字”。（176 页）这显然是模仿西语的。

在阐述以上几类词语应属于宾次时，马氏有一种说法，常使读《文通》者大惑不解。他说：“记所在之地与所至之地，间无介字为先。故所记之地列于宾次。”（174 页）“凡记价值、度量、里数之文，皆无介字为先，故以列于宾次。”（178 页）对此等说法，杨树达在《马氏文通刊误》中批评说：“以无介字为列于宾次之原因，可谓适得其反。”（83 页）马氏这些说法中．“故”字殊无来由，有介字则其后为司词，司词居宾次，马氏已明言之；又以无介字为列于宾次之由，自相矛盾。

有一个问题值得提出。马氏说：“泰西文字……名、代诸字各变六次。中国文字无变也，乃以介字济其穷。”（414 页）照这样说，应该是不同介字表示不同的次。而介字后司词，马氏一概归为宾次，又怎样理解介字济汉语无变之穷呢？

第（8）类宾次最为无理。马氏在内动字节说：“名字不为止、转两词而惟以状动字者，则必先所状。”所举之例有“入则心非，出则巷议”。（300 页）在“状字假借”一节说：“有假借名字为状字者”，所举之例有

"……目濡耳染，不学以能"。(385～386 页）两处所谈，与第（8）类宾次属同类词语。用在动字前而不作起词的这种名字，说是名字状动字可，说是假借名字为状字也可，都不无道理。只是肯定了这些说法，对归入宾次的作法就是一种否定。因为状动字，即假借为状字，既为状字，又何宾次之有？

《马氏文通札记》说，这种用在动字前修饰动字的名字前"都是省略了介字的。按照介字的司词可作宾次的规律，也还能符合"。(53 页）不过，这种说法只适合于一部分例句，还有一些例句是很难补进介字的。例如：

A. 故九窍者胎生，八窍者卵生。(180 页）
B. 乃效女儿呫嗫耳语。(180 页）
C. 因长老肉袒固谢罪，改之乃许。(181 页）

对于这种宾次又该如何解释呢？

（三）偏次

《文通》说："凡数名连用而意有偏正者，偏者居先，谓之偏次。"(60 页）又说："凡数名连用，而意有偏正者，则正者后置。谓之正次，而偏者先置，谓之偏次。"(163 页）类似的说法还有。这些说法与次的定义有所不符。次的定义是："凡名、代诸字在句读中所序之位。"而偏次的定义中却排除了代字。偏次节所举之例中也没有代字居偏次之例。是不是偏次就不包括代字呢？不是。马氏在"诸生以时习礼其家"的"其"字下注曰："代字而居偏次。"(65 页）在第二章又每每说："'吾''我''予'之为偏次也，概无'之'字为间，而'余'字有之。"(87 页）"'之'在偏次，有指示之意。"(94 页）"'其'字……附名而居偏次。"(96 页）"'此'……用于偏次。""'谁'字……在偏次，其后概加'之'字。"(132 页）由此可见，"偏次"定义中是应补上代字的。

《文通》的偏次，只指由名字、代字充当的名词修饰语，而不包括由静字充当者。

但在具体叙述中，修饰名字的静字和偏次又常发生镠辐。比如，马氏所举偏次的例中有这样的句子：

A. 乐正子，二之中，四之下也。(172 页）

B. 其实皆什一也。(172 页)

马氏说,“二”、“四”、“什”是偏次,但它们又是静字(滋静)。又如,代字“是”“此”“谁”等修饰名字(如“是心”“此时”“谁之子”),马氏称“用于偏次”,(103 页~133 页)而“何”修饰名字(如“何器”),却说是“用如静字”。(142 页)“偏次”节说“齐桓”“晋文”的“齐”“晋”是偏次,(165 页)“静字”章又说它们是“用如静字”的。(199 页)“指名代字”节说“吾国”“吾家”“吾身”的“吾”“皆偏次”,(86 页)也说“其文”“其辞”“其志”“其行”的“其”“皆偏次”,(99 页)而“静字”章又说:“‘吾国’‘吾家’‘其言’‘其行’诸语,‘吾’‘其’二字皆代字也,今则用如静字。”(199 页)这些情况表明,马氏看到了名字、代字作修饰语和静字作修饰语在汉语中的一致性,但囿于西方语法的框框。终未能明确地把它们划归一类。

有两种偏次,马氏在第三章偏次节没有提到,但在第五章和第二章提到了,这就是散动用于偏次和“者”煞之读用于偏次。所举之例有:

A. 彼秦者,弃礼义而上首功之国也。——“弃”“上”两散动字,皆在偏次,以附于“国”字。(378 页)

B. 燕赵古称多感慨悲歌之士。——“感慨悲歌”……在偏次。(378 页)

C. 不为者与不能者之形何以异?——“不为者”与“不能者”,皆属于“形”字,故居偏次而先焉。(128~129 页)

D. 长逝者魂魄,私恨无穷。——犹云“长逝者之魂魄”也。……“者”煞之读,皆在偏次。(129 页)

这些偏次,都超出了名字、代字的范围。

至于马氏从意义上给偏次划类,分作言正次之所属、言所有之度数等,这是难以穷尽的,而且归类往往可此可彼。

(四)同次

《文通》说:“凡名、代诸字所指同而先后并置者,则先者曰前次,后者曰同次。”(181 页)又说同次之例有二:用如表词者,用如加词者;而“加词”是“凡名、代、动、静诸字所指一,而无动字以为联属者”。(189

页）较前说多出了动字、静字，与“次”的定义不符。

现将马氏关于“同次”的论述概括介绍于下：

同次之用有三：（181～185页）

（1）申言以重所事：此人亲惊吾马。

（2）重言以解前文（此处“重言”不同于相当于叠音词的“重言”，下条同。）：朕，高皇帝侧室之子。

（3）重言以为惊叹：噫，天丧予，天丧予！

同次之例有二：

用如表词者六式（185～189页）

（1）静字为表词：其文约，其辞微，其志洁，其行廉。

（2）注解之句：南冥者，天池也。

（3）封［拜、化］……为［是］：陆生卒拜尉他为南越王。

（4）以……为：以唐为楚相。

（5）静字在动字之先后：内史庆醉归。

（6）……谓［言］：生之谓性。

用如加词者六式（189～194页）

（7）官衔勋戚名称先后乎人名：右丞相陈平患之。

（8）所称相同而先后殊时：一死一生，乃知交情。

（9）约指、逐指代字加于名、代诸字后：若属皆且为所虏。

（10）先提一事，然后分陈：晋有三不殆：国险而马多，齐楚多难。

（11）起词、止词后系读：佗小渠披山通道者不可胜言。

（12）动字、名字历陈，后续代字总结：礼义廉耻，是谓四维。

此外，还有两种情况也被列为同次：

（13）主次、宾次、偏次置句首，后以代字重指：鸟，吾知其能飞。（194～195页）

（14）名、代等字连书而意平列者：生庄公及公叔段。（195～196页）

由此看来。同次的内容十分庞杂，问题也比较多。

“同次之用”与“同次之例”的关系是什么呢？如果说“用”指作用，“例”指形式，“用”的第（1）（2）两项，只能概括“例”中第（9）第（2）两项之用；“用”的第（3）项为连叠两句，与叙说“名、代诸字于句读中应处之位”的次无关，且在“同次之例”中也不包括此“例”。所以说“同次之用”是多余的。

马氏“同次”的“同”似有三种涵义：（1）所指相同（如“右丞相陈

平”)；（2）次相一致（如“其文约”）；（3）同居一次（如“生庄公及公叔段”）。但次相一致或同居一次者，所指未必相同，这是一个根本的矛盾；由这个根本矛盾又派生出一些具体矛盾。

“同次之例”第（1）项“静字作表词与起词同次”，这一方面超出“次”仅限于名、代诸字的范围，另一方面也与“所指同”的同次定义相违逆。第（3）（4）两项，“为［是］”后如果是名词，还可说是“为”前词语的同次，但“为”后还可以是静字。如：

A. 臭腐复化为神奇，神奇复化为臭腐。（187 页）

B. 无以尹铎为少，无以晋阳为远。（187 页）

对这类句子，如果还说“为”后词语是“为”前词语的同次，那就出于跟第一项相同的理由，是成问题的。

第（5）项说“内史庆醉归”的“醉”是“状起词者”，因而与起词同次，也许这从西方语法中能找到根据，但不适合于汉语语法。“醉”应是修饰“归”的，说明“归”时的容状。如果修饰动字的词语都与起词同次，那么，所有的状字（副词）都可与起词同次了，那能行吗？且与“醉”字用法相同的“上使立诛之”“庄公寤生”“生得广”诸句中的“立”“寤”“生”，马氏解作“假借动字为状字”。既为状字，当然不能是同次。

第（7）项说“凡官衔勋戚诸加词先后乎人名者皆曰加词”。而加词是同次，这样，一部分同次就在前次之先了，这与“在先者曰前次，后者曰同次”的说法相牴牾。

第（8）—（13）项，有个共同的问题是把某些动字、静字或读解为同次或前次，超出了“次”的范围。

例如：动字为同次（或前次）

A. 一死一生，乃知交情。（191 页）

B. 凡有季氏与无，于我孰利？（197 页）

C. 堕肢体，黜聪明，离形，去知……此为坐忘。（193 页）

静字为同次（或前次）：

D. 一贫一富，乃知交态，一贵一贱，交情乃见。（191 页）

读为同次（或前次）

A. 所以遣将守关者，备他盗之出入与非常也。（196 页）
B. 古之圣人，其出人也远矣，犹且从师而问焉。（193 页）
C. 角者，吾知其为牛。（195 页）
D. 彼，人之所引，非引人也。（193 页）

至于第（14）项将同为一次的并列成分也说成同次（未明言哪是哪的同次），这与“所指同而先后并置”的同次完全是两码事。《马氏文通札记·批注》指出：“这一类是马氏自乱其例。同次与前次相对，而所指为一，能说‘庄公’是‘公叔段’的前次，而所指相同吗?”（案：马氏在这类同次中举有“生庄公及公叔段”一例，说“庄公”与“公叔段”为同次。）

在这 14 类同次中，马氏所举之例有应置此而置彼的情况。首先，用如表词者与用如加词者中，一部分例句就属于这一情况。马氏说加词是“所指一而无动字以为联属者”，而表词与起词之间，有的也无动字相联结。如：

A. 臣，工人，何术之有？（181 页）
B. 臣，外国人，不如光。（182 页）

正因为加词与表词之间界限不清，就将一部分明明是表词者归入加词之例中。如：

A. 今先零羌杨玉，此羌之首帅名王，将骑四千。（189 页）
B. 余之宗兄，故起居舍人君，以道德文学伏一世。（190 页）
C. 子所雅言，诗书执礼。（192 页）
D. 赐我南鄙之田，狐狸所居，豺狼所嗥。（193 页）

其次，在用如加词者和其他类同次中也有例句归属不当的问题：同类例句却分别归入两类中。如：

A. 子不语怪、力、乱、神。（192 页）

B. 子罕言利与命与仁。(195 页)

例 A，马氏归入第（10）项“先提一事，然后分陈”中，例 B 归入第（14）项“名、代等字连书而意平列者”中。其实，“怪、力、乱、神”和“利与命与仁”都属于并列成分。分别充当“语”和“言”的止词，同居宾次。

同次与宾次之间，本来是界限划然的，但由于马氏叙述不清和引例混乱，使得一部分同次，如第（3）（4）（6）项，与宾次之间发生了纠葛，表现为两种情况，一是同类例句。时而说是同次，时而说是止词居宾次。请看如下两例：

A. 陆生卒拜尉他为南越王。(186 页)

B. 孝景帝乃使使持节拜都为雁门太守。(263 页)

此二例情况相同，对例 A，马氏说：“‘拜’字后‘南越王’与‘尉他’同次。”对例 B。却说：“此‘拜’后‘为’字可解以‘作为’之意，‘雁门太守’乃‘为’之止词，位在宾次。”(263 页)

同一个例句，也有两种不同的解说。对下两例的解说就是如此：

A. 景帝立，以唐为楚相。

B. 民以为将拯己于水火之中也。

对例 A，一说：“‘楚相’与‘唐’同次。”（187 页）另一说：“‘为’字……为动字而有作用矣”，“犹云‘以冯唐作为楚相’也”。(233 页）动字后的“楚相”属宾次。对例 B，一说：“‘以’字先乎动字，间蒙上文而不言所司”，“此‘为’字作决辞用”。(442 页）另一说：“‘以为’二字，即‘意谓’也……‘将拯己于水火之中’九字为承读。”(360 页）“决辞”（案：此指系词）后为表词，与省略的“以”的司词为同次，而承读，即读作动字的止词，居宾次。

同次与宾次的这种纠葛，是植根于马氏对“为”字词性分析上的犹豫。他说：“大抵……‘征’‘拜’‘封’‘调’诸字后‘为’字，解以‘作为’者亦可，前于同次节内皆作断词，于义亦通。”（263 页）马氏的这种犹豫是可以理解的，因为在《文通》后的几十年里，对“为”字的词性仍存在着不同的看法。

对“谓”“言”“云”所在句子的分析，也存在着类似的矛盾。有时说：“凡‘谓’‘言’诸动字，训‘是为’‘解为’之意者，则先后两语，所次必同。”（188 页）有时又说：“‘谓’‘言’诸动字后，所有顿、读皆为止词。”（265 页）不可否认，这类动字的意义和用法不尽相同，马氏指出“当明辨”这种区别是对的。但他不该在这两种说法里引了很多互相重合的例句，使读者感到无所适从。

同次和偏次之间有没有纠葛呢？《试论〈马氏文通〉的次》（《上海师院学报》1983 年，第 4 期）一文批评马氏把一部分加词看作偏次了，他所引的例证是《文通》下面的这段分析：

> 乃求为秦相文信侯吕不韦舍人。——“秦相文信侯”，亦官勋之名，加“吕不韦”本名之先，而皆在偏次。（189 页）

该文批评《文通》“在分析例句时，也常有不明确的情况……作者并没有把属于同次的加词都分析为‘同次’，而是有时分析为‘同次’，有时分析为‘偏次’”。他引为例证的是：

> 秦之所恶，独畏马服君赵奢之子赵括为将耳。——“马服君”勋名，加于“赵奢”本名之先，皆为偏次。（190 页）

这两个例证实际上都不能成立，这是对马氏原意的误解。对上一例，马氏是说“秦相文信侯”是“吕不韦”的加词（同次），又一起与“吕不韦”作“舍人”的偏次，所以他说“皆在偏次”；对下边一例，马氏是说“马服君”是“赵奢”的加词（同次），又与“赵奢”一起作“子”的偏次。如果把马氏的意思用图式表现出来，应当是这样的：

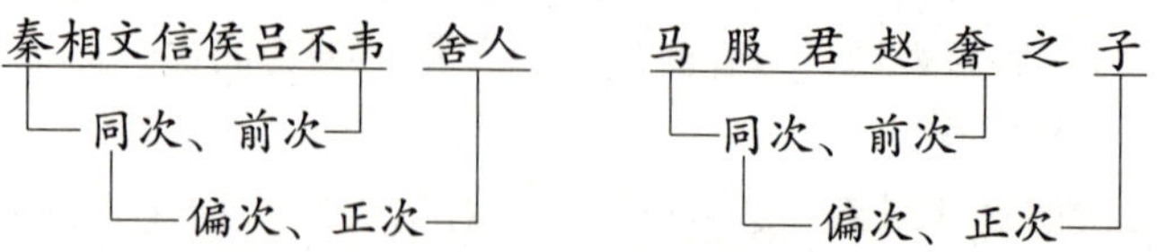

马氏十分明确地说此二例中的加词是同次，不过其前次居偏次，它又同于偏次，所以同时也居偏次。

如果说前次、同次与偏次、正次之间有点瓜葛的话，是在对第（11）

项“者”字读作加词（同次）这类例句的不同解说上。请看下列 A、B 两组例句：

A 组
> 约与食客门下有勇力文武备具者二十人偕。(173 页)
> 举适诸窦宗室毋节行者，除其属籍。(173 页)

B 组
> 佗小渠披山通道者，不可胜言。(129 页)
> 择郡国吏木诎于文辞重厚长者，即召除为丞相史。(129 页)

对 A 组例，马氏说：“凡言约分，母数偏次，子数正次。”（172 页）这就是说，“有勇力文武备具者”和“毋节行者”是正次，而前边的“食客门下”与“诸窦宗室”是偏次。对 B 组例，马氏又认为“披山通道者”与“佗小渠”，“木诎于文辞重厚长者”与“郡国吏”分别为前次与同次关系。实际上，A 组例与 B 组例是结构相同的句子。

但这是分析为偏、正关系与分析为前、同关系的矛盾，不单纯是同次与偏次的混淆。

马氏为什么要立“次”？“次”是什么？现将马氏关于“次”的几种说法辑录于下：

> 凡字有意理可解者，皆曰实字；即其字所有之义而类之，或主之，或宾之，或先焉，或后焉，皆随其意以定其句中之位。(《文通·序》)
>
> 前论名、代诸字与动、静诸字所有相涉之义，已立有起词、语词、止词、表词诸色名目。今复以名、代诸字位、诸句读，相其孰先孰后之序而更立名称，凡以便于论说而已。(59 页) 词分起、止者，以言句读所集之字；而次分宾、主者，以言诸字所序之位。(59 页)
>
> 夫名、代诸字，先乎动字者为主次，后乎动字者为宾次。(414 页)
>
> 凡数名连用，而意有偏正者，则正者后置，谓之正次，而偏者先置，谓之偏次。(163 页)
>
> 凡名、代诸字所指同而先后并置者，则先者曰前次，后者曰同次。(181 页)

从这些说法大都谈到先后位置这一点看，马氏立“次”主要（如果不是全部的话）是为了叙说名字、代字在句中的先后位置。但人们会问：叙说先后位置非要用“次”而不能用“词”（句子成分）吗？从马氏下面一段话看，用“词”也是完全可以的。

> 盖句读所集之字，各有定位，不可易也。观乎界说，证以所引，凡起词必先乎语词。语词而为外动字也，则止词后焉。……间有介字与其司词系乎内动字而为加词（案；应为“转词”）者，则先后无常。语词而为表词也者，亦必后乎起词。凡状词必先其所状。夫静字以肖事物者，亦所以状名、代字也，故先所肖焉。……此句读集字与其所位之大都也。(64 页)

既然“词”也可以说明名、代诸字的先后之位，它与“次”的区别何在呢？连马氏自己也说：“言起词者，即主次也；言止词者，即宾次也。”（66 页）“起词之于主次，止词之于宾次，一也。”（59 页）诚然，主次与起词、表词，宾次与止词、转词、司词，同次与加词都是明显的重复。加之“次”本身体系上的混乱，不仅无助于分析句子，还徒然添加了不少麻烦。正因为如此，《中国文法论》说马氏在“词”外立“次”是“叠床架屋”。《〈马氏文通〉札记·校批》也说这是“多此一举”，是“天下本无事，庸人扰之为烦耳”。

有的学人认为，马氏立“次”“来说明名、代诸字在句读中的所序之位，从而说明名、代诸字在句中的语法关系，这是很有意义的”。认为立“次”便于论说词组和句子：

> 为了便于说明词组间的结构关系，马氏才立了“次”这个名目……“右丞相陈平患之”……如果离开了句子，“右丞相陈平”中的“右丞相”和“陈平”又有什么关系呢？按照马氏的体系，“右丞相”该是前次，而“陈平”该是同次。

这意思是说，只有用“次”才能说明“右丞相”和“陈平”之间的结构关系。其实不然。我们用“词”的术语同样可以说明它们之间的结构关系：“右丞相”是“陈平”的加词。该学者还认为：

> 〔次〕除了说明词组间的关系外，还可以补充句子成分的不足……“余读孔氏书”……“孔氏”是什么成分呢？作者所立的“词”的名目是不够论说了，所以只好说是“偏次”。有了“偏次”这个名目，句

子中的句法关系就好论说了。

马氏立“词”（句子成分）名，确实没有给由名词充当的修饰语立个名称，所以一遇到需用这一术语时，便用“偏次”来应付。但马氏立“词”名不够全备，并不等于说非得用“次”来顶替不可。也不能说仅仅为了用一个偏次的名目，就必须立一整套“次”的名目。而且，“偏次”的作用很有限，它不能包括由静字充当的名词修饰语。解决问题的办法是，立相应的“词”名（句子成分名称），取消“次”的名目。如果说立“饮”（包括后来的“位”、“格”）是必要的，那该如何解释四十年代以后的语法著作大都抛弃了“次”的理论这个事实呢？

四 《文通》的读和句

《文通》例言指出：“是书本旨，专论句读。”句读论在全书的重要位置于此可知。然而，正如《评述》所说：“句读论也许是矛盾最多，最不容易弄明白的部分了。”

1. 什么是《文通》的读？马氏说：“凡有起、语两词而辞意未全者，曰读。”（61 页）又说：“凡有起词、语词而辞气未全者，曰读。”（676 页）所举之例有（〈〉号内为读）：

A. 〈三代之得天下也〉以仁。——“三代”，起词，“得天下也”，语词，合之为一读。（61 页）

B. 民惟恐〈王之不好勇也〉。——“王之不好勇”。一读，“王”乃读之起词，“不好勇”其语词也。（62 页）·

照这样说，凡读都应该有起词和语词两个部分，但统观全书，被称为读的，并不都具备起词和语词，有的是一个短语，或者只是一个单词。例如：

C. 且子独不见夫桔槔者乎？〈引之〉则俯，〈舍之〉则仰。——“引之”“舍之”两读。（643 页）

D. 见齐衰者，〈虽狎〉必变。——“虽狎”二字已成一读矣。（526 页）

E. 以齐王由〈反手〉也。——“反手”为豆。（案：即“读”）（236 页）

F.〈视〉思明，〈听〉思聪。〈色〉思温，〈貌〉思恭，〈言〉思忠，〈事〉思敬，〈疑〉思问，〈忿〉思难，〈见得〉思义。——九句各有读以先焉。(683 页)

G.〈危〉而不持，颠而不扶，则将焉用彼相矣？——“危”一字为读。(354 页)

H. 其爱之如〈父母〉，而归入如〈流水〉。(案：马氏称“父母”“流水”为用如状字的“比较之读”)(696 页)

以上这种情况如何解释呢？马氏曾谈到起词省略的几种情况（639～643 页）。比如说例 C“‘引之’‘舍之’两读起词乃‘桔槔者’”。又谈到语词省略问题，特别提出：“比拟句读，凡所与比者，其语词可省。”比如说例 E“犹云‘以齐王之易，犹反手之易也’，‘易’……即两比句之语词也。”关于这个问题，只在这里作一简单交代，不再细说。

2.《文通》的读和句的关系。《文通》的“读”不同于传统所称句读的读，即诵读时的小停顿，这个，马氏称之为顿：“凡句读中，字面少长而辞气应少住者曰顿。顿者，所以便诵读，于句读之义无涉也。”（665 页）马氏又说：“‘以’‘为’之言所以然者，则为读，置于先者其常，而置于后者则转为句矣。”（514 页）根据诸如此类的说法，《评述》指出：“马氏认为语句之中有大中小三种停顿……过去的传统是管小停顿叫读。管中停顿和大停顿都叫句，马氏认为不够严密，他要管小停顿叫顿，管中停顿叫读，管大停顿叫句。”

这是一种情况。还有另一种情况，就是《文通》里常说到读在句中用如名字。用如静字，等等。这种读又非常像后来语法学者所说的名词子句，形容词子句，等等。

总起来看，《文通》的读，除了现在所说的“所”字短语和“者”字短语外，大致相当于现在所说的小句（从句和子句）。照现在的一般理解，读和句是两个层次的单位，读是包含在句之内的。可是，《文通》多次说“读先乎句”（680～683 页），又说：“凡读先乎句者，常也。其后之者，可条举焉。”（699 页）还说：“至舍读独立之句，非谓句之前后皆无读也……而前后之或有读焉，亦不若句读错置若犬牙者然也。”（704 页）照这些话看来，《文通》的句和读是平行的单位，这显然跟现在的理解不同。细味马氏之意，读和句的关系有两种情况：一种是从句和主句的关系，而从句和主句都是句子的部分，《文通》的句，不应理解为句子，只能理解为主句，即主要的小句。这种读和句的关系，图解起来是：

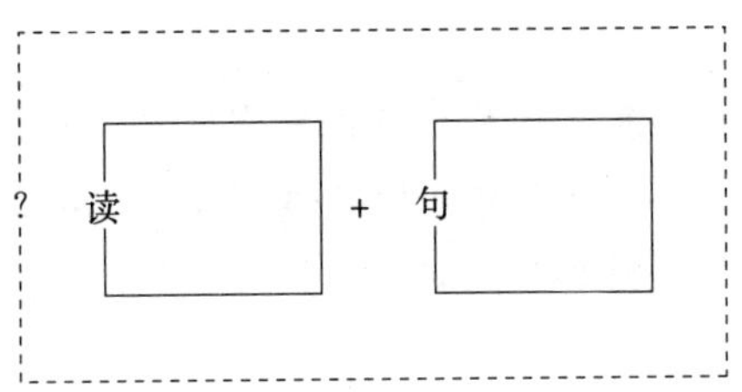

至于读加句构成的整体（如虚线所表示）叫做什么，是不是也叫做句。马氏没有明言。

另一种是包孕句与子句的关系。《文通》所说读用如名字者，（687～691页）用如静字者，（691～694页）用如状字者，（694～698页）前两种和第三种中的一部分，是后来语法学家称为子句的。包含这种读在内的整体是否称为句，马氏虽未作专门说明，但在个别例句的解说中透露了一些信息。如：

A.〈民之归仁〉也，犹〈水之就下〉，〈兽之走圹〉也。——凡所为比者与所以比者皆读也，而集成为句。(418页)

B.〈无形者〉，〈数之所不能分〉也；〈不可围者〉，〈数之所不能穷〉也。——两句，句集两读，起词之读有“者”字，表词之读有“所”字。(676页)

C. 趋时若〈猛兽鸷鸟之发〉。(700页)

D. 安有〈圣明若此〉而〈肯信此等事〉哉？(702页)

对例C，马氏说“若猛兽挚鸟之发”是一读（比读），“连‘趋时’为一句”。对例D，马氏说“圣明若此”“肯信此等事”是两读，“连上‘安有’两字为句”。根据这些说法，称包括读在内的整体为句，一般说是没有问题的。这种读和句的关系图解起来是：

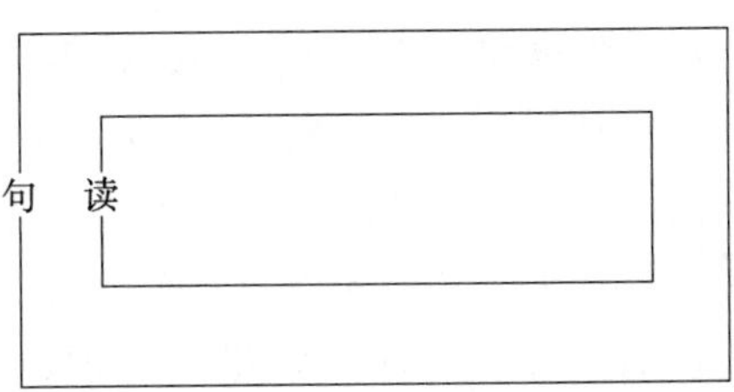

那末，句之内、读之外的部分叫什么呢？《文通》有时叫“句”，在马氏所作的句、读分析示例中有这样标注的：

A. 其吏卒亦辄复盛推句〈外国所有〉读为止词，句止。(720 页)
B. ［阳］城……遂无句〈所不通〉读承，句止。(720 页)
C. 未尝有句〈所贮积〉读，句止。(721 页)

此外，马氏还说：“读之后乎句者……或用为止词、转词与比较之读者。”而下面四例恰是读用为止词、转词与比较者，想来马氏也认为读前的部分是句，虽然在此四例下马氏并未明言：

A. 楚子问〈鼎之大小轻重〉焉。(689 页)
B. 王无异于〈百姓之以王为爱〉也。(660 页)
C. 夫子之在此也，犹〈燕之巢于幕上〉。(694 页)
D. 趋时若〈猛兽鸷鸟之发〉。(690 页)

从这里可以看出，马氏既称包括读在内的整体为句，又称句之内、读之外的部分为句。对“趋时若猛兽鸷鸟之发”一句的前后两种分析尤能表明这一点：既说“若猛兽鸷鸟之发”合“趋时”共为一句，又说“猛兽鸷鸟之发”是读后乎句，因而读之前的部分“趋时若”即是句。这样，图解起来就成为：

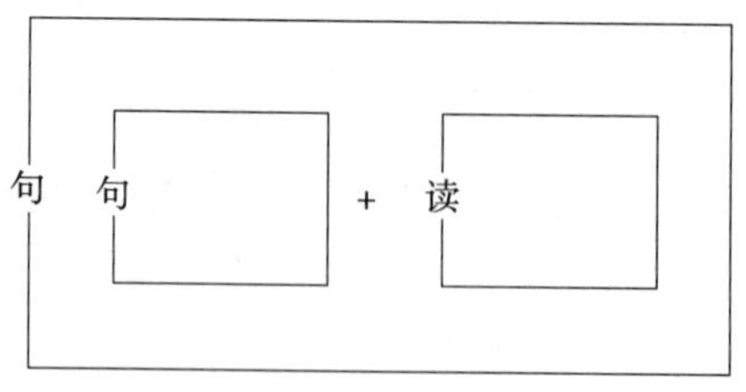

这个图式不太合理，整体既称句，部分也称句，就容易引起概念上的混乱。这里的问题正如《评述》所说：“《文通》讲句读，犯了术语不够用，问题说不清的毛病……仅仅依靠‘句’‘读’这两个术语，怎么能不左支右绌，难以把问题说清楚呢？”

下面再看马氏所说的“舍读独立”之句。这里虽不牵涉读，但也有一个“句”指大指小的问题。马氏对舍读独立之句的每个组成部分仍称为句，比如他称“君子食无求饱，居无求安，敏于事而慎于言，就有道而正焉”是排句（舍读独立之句的一种），但又说它是“叠数句”（705 页）。此外，他在给“排句而意无轩轾者”下定义时也说：“凡有数句……”（705 页）这些说法表明，马氏既称整体为句，又称构成整体的每个部分为句。图解起来就成为：

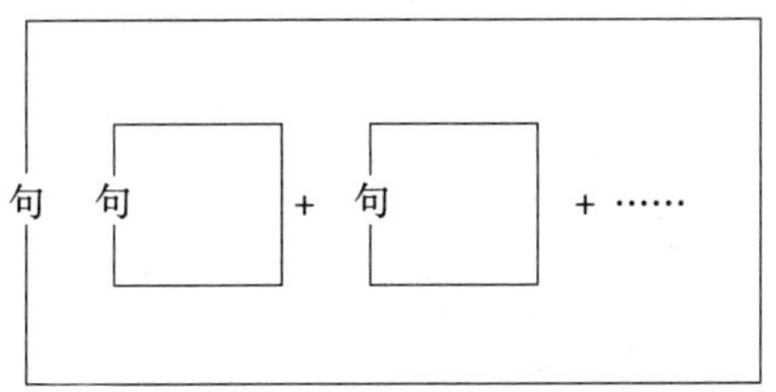

这个图式也由于跟上面同样的原因而不够合理。如果能称整体为句子，称部分为小句，像后来有的语法著作所做的那样。就不至于产生混乱了。

下面讨论《文通》论读的提纲。其提纲为：

读（676～699 页）

读之式	读之用
读之记	用如名字者
有接读代字：其、所、者起词、语词间参以“之”字有弁读连字：若、即、如、苟、纵、虽、使、曾、以、为	用为起词 用为止词 用为转词
读之位	用如静字者：用为表词
读先乎句有助字为殿：也、矣、耳、焉、哉、耶	用如状字者
读先乎句有起词为联	记处 记时
读先乎句无起词为联	记举止之容：容状、比较、情景、假设……

这个提纲在逻辑上有缺点。首先，“读之式”讲读的内部形式，“读之位”讲读的对外关系，“式”是不能包括“位”的。其次，既然是“位亦有三”，就应有三种不同的位置，而不能都是“读先乎句”。还有，连字弁读则为“记”，助字殿读则为“位”，同类现象归入不同的范畴，也是不妥的。较为合理的提纲应该是如下页所示。

下面按原提纲加以讨论。

3. 关于“读之式”

先谈“读之记”中的几个问题。

第一，接读代字为记。马氏举有这样的例句：

读

读之式：或有记，或无记	读之用：或在句内，或在句外
有记之读凡四：	句内之读，其用凡三：
代字领读或煞读：	用如名字
其、所、者	用为起词
起词、语词间参“之”字	用为止词
连字弁读	用为转词
助字殿读	用如静字：用为表词
无记之读凡二：	用如状字
与句共起词	记处
不与句共起词	记时
	记容：容状、比较、情景、假设……
	句外之读，其位有三：
	读先乎句
	读后乎句
	读在句中

A. 齐晋秦楚，〈其在成周〉微甚。(111 页)

B. 彼，〈人之所引〉，非引人也。(115 页)

C. 〈为此诗者〉，其知道乎！(124 页)

什么是接读代字？我们在前面 1・2 节已经谈到。在马氏看来，凡是有接读代字“其”“所”“者”的词语都是读。现在一般认为，“所”“者”构成的是名词性短语，与读（小句）有所不同。

第二，弁读连字（案；即居于读前或读中的连词）究竟都包括哪些？马氏说：“凡连字之弁乎读者，惟推宕者为然。”（679 页）这句话只能理解为：只有推宕连字才能弁读。（案：《文通》里的推宕连字指通常所说的让步连词、假设连词等）但在《文通》中被认为是引进读的连字，实际上超出了推宕连字的范围。如马氏说：“凡言‘既’字，皆先提一事，后及他事也。‘既’字所附者，辞气未完，皆读也。”（508 页）既然如此，“既”也应列入弁读连字，而它却是被划归承接连字的。此外，第二章中“读蒙连字而‘其’为主次者”一节（98 ~ 99 页），除“如、若、虽”等推宕连字外，还提到以下几个连字：

比：〈比其反也，〉则冻馁其妻子。

方：〈士方其危苦之时，〉易德耳。

会：〈会其怒，〉不敢献，君为我献之。

犹：人之有是四端也，犹〈其有四体〉也。

马氏在引例后说："以上诸蒙连字者，皆辞气未完之读（案：'其有四体也'应该说辞气已完，与他例不同），而主次则惟'其'字。"但在"读之记·连字弁读"一节却未再提及。

马氏还谈到"以、为"也可以弁读，不过，他说："'以''为'之言所以然者，则为读，置于先者其常，而置于后者则转为句矣"（514 页）所举之例有：

弁读的：

A. 秦〈以不早定扶苏，〉令赵高得以诈立胡亥。（514 页）

B. 〈为其多闻也，〉则天子不召师。（515 页）

弁句的：

C. 诸侯兵皆以服属楚者，以布数以少败众也。（515 页）

D. 然则一羽之不举，为不用力焉。（515 页）

同是"以、为"所弁，在前即为读，在后则为句。因此，"以、为"应该各算半个弁读连字。

这里还有一个问题，就是"以、为"所弁者后置则为句之说，与有读之记者必为读之说，有时会出现矛盾。请看下面几例：

A. 如有能信之者，则不远秦楚之路，以指之不若人也。（418 页）

B. 夫燕之所以不犯寇被兵者，以赵之为蔽于南也。（551 页）

C. 子之辞灵丘而请士师，似也，为其可以言也。（551 页）

D. 我故曰告子未尝知义，以其外之也。（515 页）

E. 执莒公子务娄，以其通楚使也。（515 页）

按照前说，"以、为"后的部分是句；按照后说，它们又是读，因为例 A、例 B 中有参读介字“之”，例 C、例 D、例 E 中，有接读代字“其”。马氏说：“起词、坐动之间。间以‘之’字……必读也，非句也。”（418 页）又说：“凡有接读代字者，斯为读。”（676 页）

第三，某些连字所弁的是读，还是句，《文通》的说法前后抵牾。略举几类情况说明：

（1）“既……又……”。马氏在承接连字节说：“‘既’字所附者……皆读也。”（508 页）所举之例有：

A. 〈汉使既传其事，〉而后世工画者又图其迹。（510 页）

B. 〈世之龊龊者既不足以语之，〉磊落奇伟之人又不能听焉。（510 页）

在“叠句有以状字、连字为呼应者”一项下又引到此二例，而叠句是舍读独立之句的一种，这样一来，“既”字所弁者又成为句了。（707 页）

（2）“犹［尚］……况……”。马氏把“犹［尚］”归入推宕连字，而“推宕连字，要皆用以连读而已”。（525 页）所举之例有：

A. 〈困兽犹斗，〉况国相乎？（531 页）

B. 〈夫犬马有劳于人，尚加帷盖之报，〉况国之功臣者哉？（532 页）

而在“叠句而意别浅深者”一节又引同类句子为例：

C. 蔓草犹不可除，况君之宠弟乎？（708 页）

（3）“非独〔非惟、不惟〕……亦……”马氏把“非独〔非惟、不惟〕”归入推宕连字，因此所弁为读。所举之例有：

A. 〈非独羊也，〉治民亦犹是也。（535 页）

B. 〈非惟百乘之家为然也，〉虽小国之君亦有之。（535 页）

C. 〈寡人之使吾子处此，不惟许国之为，〉亦聊以固吾圉也。（535 页）

而在叠句节又引到句 A 作例。（709 页）

（4）“纵……”。马氏说：“其拓开跌入之辞，则有‘虽’‘纵’两字。”所举之例有：

A. 〈纵爱身,〉奈辱朝廷何?(552 页)

B. 〈纵江东父兄怜而王我,〉我何面目见之?(纵彼不言,)籍独不愧于心乎?(525 页)

马氏说:“诸‘纵’字皆以领读。”(562 页)但在叠句节又引了同类用例:

C. 陛下……纵不为身,奈宗庙何?(709 页)

除此之外,在“或……或……”等式中,也有类似情况。

这种读与句的混淆,不仅存在于有连字(或状字)相连的读和句之间,也存在于没有连字相连的“读先乎句而有起词为联者”和“排句而意无轩轾者”之间。例如:“君子食无求饱,居无求安……”(682 页)先出现于“读先乎句而有起词为联者”中,说它是“读、句皆同一起词以为联也”,这是把“君子食无求饱”视为读的;但是后来又把此句归入排句中,(705 页)它又是句了。

再谈“读之位”中的几个问题。

第一,马氏说,读之“位亦有三”(680 页),但接着下面三大段谈的都是“读先乎句”。是不是读只有这一个位置呢?不是。有读在句后的,可是没放在“读之位”这一节讲,却在讲过“读之用”后才补充说:“凡读先乎句者,常也。其后之者,可条举焉。”(699 页)马氏引作例证的是用为止词与司词之读和用为比较之读(例已见上),以及读为起词而后置之咏叹句。还举了几个较为特别的例子:

A. 吾将使梁及燕助之,〈齐楚则固助之矣〉。(699 页)

B. 犹有令名,〈与其及也〉。(699 页)

顺便指出一点:例 A,马氏在第九章作为“绝句助‘矣’字”之例,(570 ~ 571页)而此处则说“齐楚则固助之矣”是读。

读后乎句的情况,还不止这些,用如状字之读也有在后面的。如:

A. 子相晋国,以为盟主,〈于今七年矣〉。(695 页)

B. 楚子闻之,投袂而起,〈屦及于窒皇,〉〈剑及于寝门之外,〉〈车及于蒲胥之市〉。(696 页)

除了在句之前、句之后而外，读还有没有别的位置呢？有的读是在句之中的，马氏没有专门提出作为一项，但他所引的例句里有这种情况，略举如下：

A. 齐晋秦楚，〈其在成周〉微甚。(111 页)

B. 回闻卫君，〈其年壮，〉〈其行独，〉轻用其国而见其过。(676 页)

C. 佗小渠〈披山通道者〉，不可胜言。(129 页)

D. 士为〈知己者〉死。(128 页)

E. 彼，〈人之所引，〉非引人也。(193 页)

F. 冀之北土，〈马之所生，〉无兴国焉。(116 页)

G. 乃祖吾离，〈披苫盖，〉〈蒙荆棘，〉以来归我先君。(696 页)

H. 愈来京师，〈于今十五年，〉所见公卿大臣，不可胜数。(695 页)

I. 此〈其过江河之流〉，不可为量数。(112 页)

读之位除以上所说外，还有两种：一是在另一读之中，一是在另一读之前。在读中的，可看马氏示例中的如下几段（〔 〕内为另一读）：

A. 〔〈危〉一字为读而不持至此一全读〕，〔〈颠〉而不扶同上〕，则将焉用彼相矣？(354 页)

B. 丘也闻下文皆记所闻，至“不安”止，皆其止词〔〈有国有家者〉一读，为起词也不患寡而患不均至此一读。〕不患贫而患不安又一读。(355 页)

C. 〔〈率迩者〉静读踵武〕，〔〈逖听者〉风声两状读。〕纷纶葳蕤，湮灭而不称者，不可胜数也。(701 页)

D. 〔贤士大夫有〈肯从我游者至此一读，为“有”字止词。〉故自“贤士大夫”至此，共为一假设之读。〕吾能尊显之至此一句。(357 页)

在读前的，如：

E. 〈富而可求也，〉〈虽执鞭之士，〉吾亦为之。(53 页)

F. 〈果能此道矣，〉〈虽愚〉必明，〔虽柔〕必强。(530 页)

G. 〈若不可行，〉〔虽宰相为使，〕无益也。(711 页)

H. 将有介于其侧者，〈虽其所憎怨，〉〔苟不至乎欲其死者，〕则将大其声疾呼，而望其仁之也。(693 页)

第二，马氏再三强调位先乎句是读（特别是无记之读）的重要特征，他的根据主要是，位先乎句者辞气未完（或未足，或未全）故为读。比如在“以数切谏，不得久留内”等例后说：“所引‘以’字，皆记下文所以然之故，或先置……辞气未完，故为读。”（514页）在谈“矣”字时说：“‘矣’字之助句与助读也无定式，惟视所助者之所置耳。所助者置诸前，辞意未足，则为读。”（566页）在谈“也”字时又说：“以其所连者辞气未完，故为读。若置后……则成为句。”（559页）但辞气的完与未完，往往带有很大的随意性。所以在用这个标准去辨别读与句时，常常是可此可彼的。这一点，在马氏所标注的示例中表现得很明显。下面是他对《史记·孔子世家》中一段文字的标注：

> 余读孔氏书此读也，想见其为人。适鲁言地之读，观仲尼庙堂车服礼器，诸生以时习礼其家至此句止。余低徊留之读也。不能去云至此句止。天下君王至于贤人众矣一句。当时读则荣句。没读则已焉句。孔子布衣，传十余世至此一句。学者宗之又句。自天子王侯中国言六艺者至此为读，折中于夫子句。以上之句，亦可作读观，皆以言“至圣”之由，可谓至圣矣句止。（66页）

既标作“句”，就是说它辞气已足；又说“亦可作读观”，就是说它辞气未足。可见足与不足，实难截然划界。类似的情况还有。在《论语·季氏》一段的末句说：“‘吾恐’至尾，此段中最全之句，其他皆谓之读可也。”（355页）在《汉书·张敞传》一段中说：“至此句止，其实自‘朝臣’至此，为一假设之读。”接下去在引文之后又说：“又两句。其实至此皆假设之读，后乃言效。”（701页）

此外，马氏所作的某些示例，也不尽符合辞意未全是读，辞意已全是句的标准。如：

> A. 布告天下至此一句，使明知朕意自“使”字至此一读。（357～358页）
>
> B. 安期生食巨枣句，大如瓜读。（719页）

这两例标“句”的地方，辞意未全，标“读”的地方反倒觉得辞意已全。

第三，马氏讲“读之位”的第一种情况是“读先乎句，而有助字为殿者”，举“姜族弱矣，而妫将始昌”等为例。（680页）这种提法很易使人理解为有助字为殿是“姜族弱”之所以为读的原因，实则不然。很多读可以不必有助字为殿。例如：

A.〈今不取，〉后世必为子孙忧。(354 页)

B.〈越不为沼，〉吴其泯矣。(683 页)

而且，助字助句也许比助读更为常见。可见有助字为殿并非读的标记。这一点，马氏自己也看到了，他说："此所谓诸煞'矣'字者，其读、句之别，惟视所置之先后耳。"（569 页）又说："非诸助字所殿者之必为读也，乃其所位者之先乎句，而辞气又惟读之是称也。"（681 页）

第四，"读之位"的第二种情况是"读之先乎句，有起词为联者"，所举之例有"宋穆公疾，召大司马孔父而属殇公焉"等，（681 页）仿佛与句共一起词"宋穆公"是"宋穆公疾"所以为读的原因。其实，共一起词，前者未必是读，有时可能是句。略举数例：

A. 陛下不救，则边民绝望而有降敌之心；〔 〕救之，少发则不足，多发，远县才至，则胡又已去。(710 页)

B. 今足下戴震主之威，挟不赏之功，〔 〕归楚，楚人不信；〔 〕归汉，汉人震恐。(710 页)

C. 今臣新从秦来，〔 〕而言勿与，则非计也；〔 〕言与之，则恐王以臣之为秦也。(711 页)

D. 士见危致命，〔 〕见得思义，〔 〕祭思敬，〔 〕丧思哀，其可已矣。(642 页)

E. 今萧何未尝有汗马之劳，徒持文墨议论不战，〔 〕顾反居臣等上。(712 页)

F. 公干有逸气，但〔 〕未遒耳。(712 页)

以上六例前后都共一起词，例 A、例 B、例 C，马氏归入两商之句；例 D，马氏称为"凡五句，皆以'士'为起词"；（642 页）例 E、例 F，马氏划归反正之句。可见前后共一起词者可以都是句，不必在先者为读。

第五，"读之位"的第三种情况是"读先乎句而无起词为联者"，包括三种类型：

读、句皆无起词：

〈出〉因其资，〈入〉用其宠，〈饥〉食其粟。(683 页)

读、句皆有起词而不相共：

〈秦晋围郑，〉郑既知亡矣。(683 页)

叠接成读：

《诗》云："宜兄宜弟。"〈宜兄宜弟，〉而后可以教国人。(685 页)

正像有起词为联不是读的标记一样，无起词为联也不是读的标记。有些舍读独立之句，也无起词为联，或各有起词而不相共。比如下面两例，《文通》都列入反正之句，即前后皆句：

A. 可与共学，未可与适道；可与适道，未可与立；可与立，未可与权。(712 页)(皆无起词)

B. 楚一言而定三国，我一言而亡之。(712 页)(各有起词而不相共)

再者，"读、句皆有起词而不相共"中的某些例句，与舍读独立之句的某些例句也较难区别。试以"秦晋围郑"一例与被列入舍读独立的反正之句中的如下一例比较：

秦无亡矢遗镞之费，而天下诸侯已困矣。(712 页)

对鉴别无记之读，马氏提出了一个较为重要的标准："夫句者，乃以达所说之正义也。欲明正义，应将前后左右之情境先述焉，而正义乃明。故凡读之先乎句者，皆所以述正义之情境也。"(681 页)如果说"秦晋围郑"是述情境的，意思是"在秦晋围郑的情况下……"，因而是读；那么，说"在秦无亡矢遗镞之费的情况下……"不也是可以的吗？马氏说："反正之句者，即前后句意义相背，中假连字以捩转也。"(711 页)"秦无亡矢遗镞之费，而天下诸侯已困矣"有"而"捩转，因此是反正之句，那么，"妾自知有身矣，而人莫知。"(681 页)前后句意义也相背，并有"而"字捩转，为什么却归入与读相联之句，从而把"妾自知有身矣"又看作读呢？马氏认为“记作事之故”的是读，他说：“言所以然者，则为读。”（514页）如果说“秦晋围郑”是言故的，意思是“因为秦晋围郑……”因而是读，那么，“佛肸召，子欲往”中，“佛肸召”不正是言“子欲往”之故的吗？为何又称此为“两平句”（56页）呢？

这里顺便提出一个问题，言故（所以然）者在前，固然可以说是读，但有时言故者在后，就很难再说是读了。如：

A. 吾属廷尉者，欲致之族。（131页）

B. 先君之所为不与臣国而纳国乎君者，以君可以为宗庙社稷主也。（551页）

C. 昔者汤伐桀而封其后于杞者，度能制桀之死命也。（677页）

D. 天下匈匈数岁者，徒以吾两人耳。（677页）

“叠接成读”一类，马氏解释其例说：“叠接‘宜兄宜弟’者，即有‘若是’之解，故叠接者自成为读矣。”（685页）但他又说：“凡叠用前文以之成读者居多，而以成句者亦有焉。”（686页）所举之例为：

A. 公祭之地，地坟；与犬，犬毙；与小臣，小臣亦毙。（686页）

例后说明是：“三叠前字，皆为句之起词。”这两种句式本来是不难分别的，但一不小心，也会自乱其例。如：

B. 诚以君之重而进妾于楚王，王必幸妾。（686页）

这跟“公祭之地，地坟”是同一句式，可是马氏把它归入“叠用前文……自成为读”一类中。又如：

C. 太子天下本，本壹摇，天下震动。（686页）

马氏也作为“叠接成读”的例子。“本壹摇”固然可说是读，“天下震动”就不能不说是句了。

“叠接成读”的最后，马氏谈到这样一种情况：“‘如是’‘若是’‘夫如是’等语之先乎句者，皆如重申前文而成为读矣。”（687页）对于“如是”，书中还有另外几种不同的说法：

“夫如是”——“夫”起词，“如是”，其表词也。(151 页)
“夫如是”——“夫”代字，“如”同动。“是”止词。(355 页)
“如是”——“如”状字，所状为代字“是”。(395 页)
“如是”“若是”“夫如是”——置诸句首以为顿也。(670 页)
“夫如是”——可谓顿读。(355 页)

以上几种说法，既涉及对“如是”等内部结构的不同分析。比如“是”是表词，还是止词？还是被“如”修饰的成分？也牵涉对它们整体性质的不同判断，比如，“如是”“夫如是”是顿，还是读？马氏感到难于判断，有时索性称为“顿读”。

4. 关于“读之用”

《文通》谈读之用，以字类为纲，以字类统领句子成分。比如在“用如名字”项下又分用为起词、止词、转词等。（详见上面的句读提纲）这样做，不仅没有意义，还会徒增许多矛盾，不如径直说用为起词、止词等来得较为明白。下面谈几个问题：

第一，在“读用如名字”项下，只谈到读用为起词、用为止词和用为转词三项。而在第二章谈接读代字“者”时，提到“者”字读可用为起词、止词、司词、表词，可居于偏次。可用如加语和有假设词气者，其用为七，较“读之用”节所谈多出四种：

用为司词者

A. 士为〈知己者〉死，女为〈悦己者〉容。(128 页)
B. 夫为天下者亦奚以异乎〈牧马者〉哉？(128 页)

居偏次者

A. 〈不为者〉与〈不能者〉之形何以异？(128 页)
B. 子食于〈有丧者〉之侧。(129 页)

用如加语者

A. 佗小渠〈披山通道者〉，不可胜言。(129 页)

B. 夫子，天下之〈名能文辞者〉，凡所言，必传世行后。(129 页)

有假设词气者

A. 其有〈不合者〉，仰而思之。(130 页)

B. 〈合己者〉善待之，〈不合己者〉不能忍见。(130 页)

除了“者”字读外，还有没有其他读可居偏次和用如加语呢？有的。居偏次者，如：

A. 今乃以〈妾尚在〉之故，重自刑以绝从。(690 页)

B. 始〈臣之解牛〉之时，所见无非牛者。(691 页)

作加语的，如：

A. 赐我南鄙之田，〈狐狸所居〉，〈豺狼所嗥〉。(193 页)

B. 晋有三不殆：〈国险〉而〈多马〉，〈齐楚多难〉。(192 页)

除以上所谈读的用法外，读还有一种用法：可作前词。如：

A. 故〈刚平之残也，〉〈中牟之堕也，〉〈黄城之队也，〉〈棘沟之烧也，〉此皆非赵魏之欲也。(680 页)

B. 〈东越相攻，〉上使黯往视之。(83 页)

这都属于读之用，但马氏在“读之用”节却未曾提到。

第二，在“读用为止词”节内，马氏举有这样的例句：

A. 猛虎之犹豫，不若〈蜂虿之致螫〉。(690 页)

马氏说“蜂虿之致螫”“一若止词然”。但对同类例句，却有不同的解释。如：

B. 人之有是四端也，犹其有四体也。——“犹”亦连字，蒙读以为比。(98 页)

C. 民之归仁也，犹水之就下，兽之走圹也。——所以比者之读，表词也。“犹”……用若断词。(418 页)

D. 士之失位也，犹诸侯之失国家也。——“犹”至“也”为读，此以“诸侯之失国”比“士之失位”，皆谓“比读”，乃状读中之一也。(64 页)

这些不同的解释，带来了新的矛盾：如果“若〔犹〕”后的成分是止词，就属于用如名字者；如果是表词，就属于用如静字者；如果是状读，就属于用如状字者。同样一种句子成分，怎么可能既用如名字，又用如静字，还用如状字呢？

第三，“读用如静字者”项下，列有两类例句：

用如表词者

A. 颍考叔，〈纯孝也，〉爱其母，施及庄公。(691 页)

B. 君，〈天也，〉天可逃乎？(692 页)

C. 卫国〈褊小，〉老夫〈耄矣，〉无能为也。此二人者，实弑寡君，敢即图之。(692 页)

有接读代字者

D. 天之所废，必〈若桀纣者〉。(692 页)

E. 在宰相位凡五年，〈所奏于上前者，〉皆二帝三王之道，由秦汉以降未尝言；退归，未尝言〈所言于上者〉于人。(693 页)

对前一类例句，何容作过中肯的批评：“如果说它用为表词，它就不是读；如果说它是读，它就不是表词。如例一（案：即例 A）说‘纯孝也’是表词，它就不是读，因为它没有起词，不合于读之界说；如果说这是读先乎句而有起词‘颍考叔’为联者，则‘颍考叔纯孝也’才是一读，试问这一个读又作谁的表词呢？”（《中国文法论》(137～138 页)

在后一类例句的前面，马氏说：“惟读之有接读代字也，则其用如静字者审必矣。”(692 页）引例后又说：“凡有‘者’‘所’两字之读，皆用如静字者也。盖若此之读，皆以表为代者之何为何若也。”（693 页）（案：后面这种说法与前面说法略有不同，只限于有“者”“所”之读，排除了有另一接读代字“其”字之读。）在“天下之欲疾其君者，皆欲赴诉于王”一例下说：“‘天下’至‘者’字，一读也，而为句之起词，以表何如之人，故视同静字。”为什么表示被代者何为、何若、何如就是用如静字呢？马氏说：“夫事物之可为语者，不外动、静两境，故动境语以动字，静境语以静字。”（222 页）而言何为、何若是静境，故用如静字。马氏的这一说法，也许有它的道理，但这样一来，就又引起了新的矛盾。有“者”“所”之读用为表词，说它用如静字，没有问题；但它们还可用为起词、止词、转词等，而这些用法都属于用如名字的，再说它们是“用如静字者审必矣”，恐怕就不行了。马氏关于有接读代字之读用如静字的说法，与他的凡用为起、止、转词之读都用如名字这一原则有时形成了明显的对立，请看下面三组例句的对比：

读为起词 {〈为机变之巧者，〉无所用耻焉。——用如名字。
〈蛇先成者，〉独饮之。——用如静字。}

读为止词 {不可，则听〈客之所为〉。——用如名字。
皆得其〈性之所近〉。——用如静字。}

读为转词 {欲以〈所事孔子〉事之。——用如名字。
各以〈所能〉授弟子。——用如静字。}

第四，在“读用如状字”项下，马氏列有下面几类例句：

读之记处者

A.〈君处北海，〉〈寡人处南海，〉唯是风马牛不相及也。不虞君之涉吾地也。何故？（694 页）

B. 吾见子某诗，〈吾时在翰林，〉职亲而地禁，不敢相闻。（694 页）

读之记时者

C.〈且广年六十余矣，〉终不能复对刀笔之吏。（695 页）

D. 愈来京师，〈于今十五年，〉所见公卿大臣，不可胜数。（695 页）

读记举止之容者

E. 乃祖吾离，〈被苫盖，〉〈蒙荆棘，〉以来归我先君。(696 页)

这些引例，多不合状字的定义与作用，如例 A，“处北海”“处南海”只是“君”和“寡人”所处之地，并非动字“虞”发生之地。例 B，“时在翰林”是记“吾”之所在，而不是记动字“闻”的所在。例 C，“年六十余”是记“〔李〕广”的年龄，而不是记动字“复对”的时间。馀例仿此。正如何容所说：“读用如状字，应有其所状之字或句可指，其所状之处、之时、之容，即属于此被状之字或句者。马氏所举诸例，所谓记处、记时、记容者，往往是指读本身所表之意义而言，不是指它对于被状的字句所起的作用而言。换句话说，读所记之处、之时、之容是属于句读之起词的，而不是属于句中的动字的。”（《中国文法论》141 页）

《文通》的句，分两大类，一类是与读相联之句，另一类是舍读独立之句。前者略同于今天所说的主从复句和包孕句，以上谈读所涉及的多是这一类的句；舍读独立之句，略同于今天所说的并列复句，马氏又分为排句、叠句、两商之句、反正之句四种。这类句中虽然也有划类妥当与否的问题，但毕竟不象与读相联之句那样犬牙交错，矛盾百出，令人困惑，故此不赘。

《评述》说：“一般单句的问题……例如‘孟子见梁惠王’或‘齐人有一妻一妾’，这是句子的基本形式，应该大讲而特讲，怎么《文通》倒没有讲到呢？不是没有讲，是分散开来讲了。第十章上来就讲几个主要句子成分：起词、语词、止词、转词，然后讲顿，讲读，讲句。除此之外，第二章的接读代字节讲的是读，第三章的表词节讲的是语词的一种，特别是第五章讲动字，实际上是把句子里的几种主要成分都讲了，第七章讲介字也涉及很多句法问题。”

为便于了解《文通》的读和句，特列两个用通行语法术语表示的简表：

读：
- 者字短语
- 所字短语
- 主从复句的从句
- 包孕句的子句

句：
- 单句
- 主从复句的主句
- 包孕句
- 包孕句中子句以外的部分
- 并列复句
- 并列复句的每个分句

总起来说，《文通》的句读论大致成为一个系统，但是不够严密，那也是无可讳言的。

五 比较与评议

这一部分，是拿《文通》与后来有代表性的语法著作（以下简称“后著”）进行比较，在比较中进行评议。通过比较进一步揭示《文通》的价值与地位，同时，也为汉语语法学史的研究提供一些具体资料。为保持资料的本来面貌，将适当引用原文。

（一）《文通》全备后著所略者

1. 构词法（古汉语构词法）

《文通》较全面较细致地论述了古汉语的构词法，只是它分散在若干章节来谈，现综述于下：

第一，单音节词的构词方式——“四声别义”。

《文通》在“名字辨音”（71～76页）“动字辨音”（334～350页）两节里所谈的内容实即今天所说的“四声别义”问题。他说：“同一字或为名字，或为别类之字，惟以四声为区别者”，“同一字……或区为内、外动字者，或区为受动与外动者，且有区为其他字类者”。马氏举例极多，这里择选数例：

兴＜
“诗兴”，“趣”义，去读，名字。
“夙兴夜寐”，平读，动字。

骑＜
去读，名也，“车骑”“骠骑”之类。
平读，动字，“跨马”。

观＜
去读，名也，“宫观”“京观”之称。
平读，动字，《书·盘庚上》：“予若观火。”

中＜
平读，静字也。《书·大禹谟》：“允执厥中。”
去读，外动字，“矢中的”也。《史·周本纪》：“养由基去柳叶射之，百发百中。”

这个问题的提出。非自马氏始。但究竟起自何时，历代学者看法不一。正如周法高在《中国古代语法·构词编》中说：“中国语中有用声调或其他语音上细微的分别来区分词类的方法。这种方法是从上古遗留下来的，还是汉以后才有的呢？诸家的意见颇不一致。”

陆德明在《经典释文·序》中说：“此等或近代始分，或古已为别，相承积习，有自来矣。”

清代顾炎武、钱大昕、段玉裁等都认为汉以前无此分别。钱大昕《十驾斋养新录》卷一“观”字条下说：“古人训诂，寓于声音，字各有义，初为虚实动静之分。‘好’‘恶’异义，起于葛洪《字苑》，汉以前无此分别也。‘观’有平、去两音，亦是后人强分。”卷四“长、深、高、广”条下说；“此类皆出乎六朝经师，强生分别，不合于古音”。

段玉裁《说文解字注》说：“凡今人‘食’分去、入二声，‘饭’分上、去二声，古皆不如此分别。”“凡物之好恶，引申为人情之好恶，本无二音，而俗强别其音。”

周祖谟在《四声别义释例》里说：“以余考之，一字两读，决非起于葛洪、徐邈，推其本源，盖远自后汉始。魏晋诸儒，第衍其绪余，推而广之耳，非自创也。”

四声别义的学说究竟起自何时，在我们所讨论的问题里并不重要，重要的是《文通》首次把它作为语法学上构词方法的一种提了出来。只是在论述上稍嫌零乱，后来的语法学者如周祖谟、周法高、梅祖麟等都作了条分缕析的论述。（参看周祖谟《四声别义释例》；周法高《中国古代语法·构词编》第一章“音变”；梅祖麟《四声别义中的时间层次》，载《中国语文》1980 年第 6 期）

第二，复音词的构词方式。

《文通》虽未明立“构词方式”一节，但在名字、静字、动字、状字各章都谈到了这个问题。现将《文通》数处所谈综述于下：

（1）名字诸式

名字骈列（77 ~78 页）

双字同义者：规模　威仪　形容　纪纲　制度

双字对待者：古今　是非　安危　否泰　因革

加字成名（78 页）

加“不”：不殆　不辜　不法　不义（《左·隐元》：多行不义。）

加“无”：无礼（《左·文十八》：多行无礼于国。）

加“未”：未形（《史·赵世家》：智者睹未形。）

加“有”：有邦、有夏、有周

名后殿字（79页）

加“者”：人者　南冥者

加“也”：赐也　齐也

（2）静字诸式（200页）

两字同义者：贤良　端庄　圣明　辛勤

两字对待者：穷通　安危　公私　荣枯

（3）动词骈列（351～352页）

两字对待者：兴亡　向背　褒贬

双字同义者：登临　奔驰　耕耘　吹嘘

双声者：流离　踌躇　欷嘘　留连

叠韵者：徜徉　猖狂　蹉跎　缠绵　相羊　觊觎

（4）状字诸式（387页）

双声者：含糊　展转

双声又同一偏旁：仿佛　踯躅

叠韵者：仓忙　灭裂

叠韵又同一偏旁：猖狂　绸缪

重言：匈匈　鞅鞅　融融　泄泄

重言后加“然”“如”“焉”“尔”“诸”等（388页）

重言后加“然”：喁喁然　芒芒然

重言后加“如”：侃侃如　申申如　欣欣如

重言后加“焉”：断断焉　行行焉　谆谆焉

重言后加“尔”：从从尔　扈扈尔　纵纵尔　折折尔　骚骚尔
鼎鼎尔

重言后加“诸”：勿勿诸

任一字加“然”“焉”“如”“乎”“尔”“若”等（388页）

加“然”：油然　沛然　瞭然　蹶然

加“焉”：悖焉　翦焉　欢焉

加“如”：突如　来如　荣如　辱如　晏如

加“乎”：焕乎　确乎

加“尔”：莞尔　率尔

加“若”：沃若　惕若　沛若

综合以上内容，《文通》所谈古汉语复音词的构造方式用通常术语可以概括为以下几种：

并列式：两字对待、两字同义

联绵词：双声、叠韵、双声且同一偏旁、叠韵且同一偏旁

重叠式：重言

附加式：某字后加“然”“如”“乎”等

某字重叠后加“然”“如”“焉”等

用今天的观点看，马氏的论述固然不无可商之处，如名字后殿以“者”“也”，象“人者”“二子者”“赐也”“般也”等，都不宜看作一个词；前加“不”“未”等，一般也不认为是一个词。马氏在归类上也存在着混乱，如“穷通”、“纵横”“公私”等既归入“动字骈列”，又归入“静字诸式”；“安危”同时归入“动字骈列”“名字诸式”“静字诸式”三类中。还把“甄陶”“周旋”“勉励”“矫揉”等既非双声又非叠韵的词归入“双声”或“叠韵”中。尽管如此，我们仍不得不承认《文通》对古汉语构词法论述的全面。后来的古汉语语法著作，或根本未涉及构词，或论述得较为简略。章士钊《中等国文典》只在名词、副词类里谈到合字名词、合字副词。刘复《中国文法通论》里也只谈到叠词（如“人人”）、等词（如“婚姻”）、反词（如“进退”）等，比较起来，《中国文法要略》论述稍详。

2.《文通》不把论述的内容局限在严格意义的语法范围之内，行文常常涉及修辞

比如关于修饰语与被修饰语之间“之”字的用与不用，他在讲偏次的时候说：“偏正两次之间，‘之’字参否无常。惟语欲其偶，便于口诵，故偏正两奇，合之为偶者，则不参‘之’字。凡正次欲求醒目者，概参‘之’字。”“又或偏次字偶而正次字奇，与偏次字奇而正次字偶者，概参‘之’字以四之。其或偏正两次皆偶者亦然，不参者非常例也。”（165～166 页）在讲到静字用法的时候又说：“静字先乎名者常也。单字先者，概不加‘之’字为衬。”“偶者亦先焉，惟衬以‘之’字，若偏次然；不衬者仅耳。”（200～201 页）“对待静字，如附单字之名，率参‘之’字；附于双字之名，概无参焉。”（202 页）

关于字数的奇偶，《文通》又举了另一方面的例子：“《史记·樊哙传》云：‘东攻秦军于尸，南攻秦军于集。’《汉书·樊哙传》云：‘东攻秦军尸乡，南攻秦军于集。’曰‘尸’曰‘集’，两地名皆单字，皆加‘于’字以足之；至‘尸乡’则双字矣，不加‘于’字者，殆为此耶？”（292 页）

马氏很注意语句之中的节奏。在讲到“而”字的过递作用时，他说：“前后两动字，中间‘而’字以连之。此种句法有自三字以至七八字、数十字者，爰分引之。”底下就分别引三字句一式（×而×），四字句一式（×而××），五字句一式（××而××），六字句二式（×××而××，××而×××），七字句二式（×××而×××；××××而××），最后引《史记·司马相如列传》“且夫清道而后行”一段，“而”字七见，而句法长短不一，“以见‘而’字用法之不穷”。(471～475页)

《文通》的作者还发现，节奏的制约作用不仅表现在语句的字数上，也表现在词语的位置上。“凡外动字之转词，记其行之所赖用者，则介以‘以’字。置先动字者，常也……。《孟·尽上》：‘柳下惠不以三公易其介’……诸句，其转词皆介‘以’字。《孟·尽上》：‘附之以韩魏之家’……诸句，转词介以‘以’字置于止词之后者，盖止词概为代字，而转词又皆长于止词，句意未绝耳。”(256～257页)

节奏还影响到停顿的有无以及造成停顿的手段。《文通》说，“其”字“间有所指的词或空寄句首而不必自为句读者，如是则‘其’字与前词若相联属者然……《孟·滕下》：‘梓匠轮舆，其志，将以求食也’……于义当云‘梓匠轮舆之志’，……用‘其’字，所以缓其气也”。又引《史·游侠列传》：“今游侠，其行虽不轨于正义，然其言必信，其行必果，已诺必诚，不爱其躯，赴士之厄困，既已存亡死生矣，而不矜其能，羞伐其德，盖亦有足多者焉。——‘今游侠’三字单置于首，‘其’字附于名以顶指焉，叠成数读，直至‘赴士之厄困’，然后续书‘既已存亡死生矣’一句，上接‘今游侠’之起词，犹复叠拖数句。句读起伏，声调婉转，最为可法。”(114～115页)

还有一点值得一提的是，《文通》在讲句读的末了提到段落的起句和结句。这是语法和修辞、篇章理论交界的问题。《文通》发表以后的几十年中，讲汉语语法的著作多不谈这个问题，直到最近才有语法研究不应以句子为极限的议论。这就不能小说《文通》的作者有远见了。

除以上所说，《文通》在行文中还多次谈及修辞。为使读者全面了解这方面的情况，下面摘录若干段落。

(1)《史·游侠列传》：解姊子负解之势，与人饮，使人嚼，非其任，强必灌之。——犹云“解之姊之子”也。上引五节，两偏次与正次辗转相属，皆无“之”字为间，而句意亦明，此古人用笔简洁，若今人，正次之先必加“之”字，曰“孝文后从兄之子”，“田蚡宾客之计策”，“大将军时之法令”“赵人徐夫人之匕首”“解姊之子”，则文气弱矣。(171 页)

(2) 《孟·公上》：且以文王之德，百年而后崩，犹未洽于天下。……《韩·答杨子书》：夫以平昌之贤，其言一人固足信矣。况又与崔与李继至而交说邪？——统观诸引句，“以”字冒起一顿，提振文势，最为得力。(448 页)

(3) 韩文《进学解》：今先生学虽勤而不繇其统，言虽多而不要其中，文虽奇而不济于用。行虽修而不显于众。——四句虽皆八字，然问以“虽”字，转以“而”字，一推一转，句法不板。(474～475 页)

(4) 《左·文七》：既不受矣，而复缓师，秦将生心。——此“既”字后应以“而复”两字，由上下文不惟蝉联而下，而又有扭转之辞气也。(510 页)

(5) 转捩连字中，“然”字最习用……状字之“然”，用于落句，口然之而意亦然也。连字之“然”，用以起句，口虽然而势已转也。将飞者翼伏，将跃者足缩，将转者先诺，同一理也。故“然”字非转也，未转而姑然之，则掉转之势已成。《史·高帝纪》：问其次，上曰：“王陵可，然陵少戆，陈平可以助之。陈平智有馀，然难以独任。周勃重厚少文，然安刘氏者必勃也。”——三“然”字皆转词。(518 页)

(6) 《史·汲郑列传》：且已在其位，纵爱身，奈辱朝廷何？——“纵爱身”一读，“纵”字连之，先将文势推开一宕，旋复跃入本意。(525 页)

(7) 凡字句但以实字砌成者，其决断婉转，虚神未易传出，于是有“也”“矣”“乎”“哉”诸字，以之顿煞，而神情毕露矣。所谓助字者，盖以助实字以达字句内应有之神情也。(53～54 页)

(8) “也”字助读，其为用也，反乎其助句也。助句以结上文，而助读则以起下文。其起下文也，所为顿宕取势也。盖读、句相续而成文，患其冗也，助以“也”字，则辞气为之舒展矣。(555 页)

(9) 《孟·梁上》：古之人所以大过人者无他焉，善推其所为而已矣。——“而已矣”者，止此而无馀之辞也。凡语已辞咏叹深至，则辞气纡余而长，所谓重叠言之也。(575 页)

(10) 《孟·滕上》：圣人之忧民如此，而暇耕乎？……——所引诸句，不加疑难状字，而句意仍然反说也。如“而暇耕乎”者，犹云

“不暇耕”也。……助以“乎”字，则不僵说而笔下松活，其句意则隐然无疑矣。(602～603 页)

尽管马氏所说不完全贴切，但他确实融修辞分析于语法分析之中，这对指导写作颇有裨益。可惜后来的语法著作大多删去了修辞内容，致使语法、修辞分家。

3. 充足的书证

马氏说：“此书为古今来特创之书。凡事属创见者，未可徒托空言，必确有凭证而后能见信于人。”(《文通·例言》)又说：“上稽经史，旁及诸子百家，下至志书小说，凡措字遣辞，苟可以述吾心中之意以示今而传后者，博引相参……取四书、三传、《史》、《汉》、韩文为历代文词升降之宗，兼及诸子、《语》、《策》，为之字栉句比，繁称博引，比例而同之，触类而长之，穷占今之简篇，字里行间，涣然冰释，皆有以得其会通，辑为一书，名曰《文通》。”(《文通·序》)

他是这样说的，也是这样作的。《文通》每论一条语法规律，都引大量书证。谈一个连字“而”的用法，竟引 300 条例句做证。《重印〈马氏文通〉序》说：“《文通》收集了大量的古汉语例句，大约有七千到八千句，比它后出来的讲古汉语语法的书好像还没有一本里边的例句有它的多。”张万起《〈马氏文通〉用例小汁》说：“1930 年出版的杨树达《高等国文法》，例句堪称丰富，是可以与《文通》媲美的，但用例也只有 5500 例，还没有赶上马氏的著作。二十年代，陈承泽先生曾声言，他搜集了近百万言材料，可惜未能公之于世。1922 年出版的《国文法草创》仅仅是个纲要性的作品。”(《〈马氏文通〉研究资料》，中华书局，1987)

（二）《文通》首创后著发展者

这里着重谈汉语语法研究的方法问题，主要谈比较研究法。《中国文法要略·初版例言》中说：“要明白一种语言的文法，只有应用比较的方法。拿文言词句和文言词句比较，拿白话词句和白话词句比较，这是一种比较。文言里一句话，白话里怎样说；白话里一句话，文言里怎么说，这又是一种比较。一句中国话，翻成英语怎么说；一句英语，中国话里如何表达，这又是一种比较。只有比较才能看出各种语文表现法的共同之点和特殊之点。”《要略》这里所说，可以概括为如下三种比较研究法，而这三种方法，《文通》都已采用。

1. 共时比较研究法

《文通》对汉代两部重要典籍《史记》《汉书》的语法多所比较。现举数例：

(1)《史记》用“于”字而《汉书》删去者，《汉书》用“于”字而《史记》删去者，难更仆数也。(292 页)

A. 《史·项羽本纪》：大破秦军于东阿。
《汉·项羽传》：大破秦军〔 〕东阿。

B. 《史·高祖本纪》：乃即皇帝位〔 〕汜水之阳。
《汉·高帝纪》：汉王即皇帝位于汜水之阳。

C. 《史·萧相国世家》：种瓜于长安城东。
《汉·萧何传》：种瓜〔 〕长安城东。

为证明在一定条件下“于”字可加也可不加，《文通》还援引同一部书中的同一句话上边加“于”下边不加而不影响句意者为例：

《史·项羽本纪》云：“今尽王故王于丑地，而王其群臣诸将善地。”——前句曰“于丑地”，后句惟曰“善地”，不介“于”字，而辞意亦明。(292 页)

(2) 等句也，《史记》有“之”字而《汉书》故删去者，指不胜屈。(168~169 页)：

A. 《史·季布列传》：夫陛下以一人之誉召臣。
《汉·季布传》：夫陛下以一人〔 〕誉召臣。

B. 《史·季布列传》：仆游扬足下之名于天下。
《汉·季布传》：使仆游扬足下〔 〕名于天下。

C. 《史·项羽本纪》：此亦天亡秦之时也。
《汉·项羽传》：此亦天亡秦〔 〕时也。

由是观之，“之”字加否无定例，《汉书》删改《史记》数字，则成《汉》文，此笔削之妙也。

(3)《史·项羽本纪》云“公徐行即免死，疾行则及祸”。《汉书·项籍传》则云“公徐行则免，疾行则及祸”。皆作“则”字。然有《史记》作“则”字而《汉书》作“即”字者，如《史记·高祖本纪》：“以应诸侯，则家室完。”《汉书·高帝纪》：“以应诸侯，即室家完。”(507 页)

比外，《文通》对时代相同，内容相类的《公羊传》和《穀梁传》也有所比较：

《公》《穀》两传，皆设为问答以解《经》，《穀梁》则问答两句概殿“也”字，而《公羊》则殿于答句者为常，其问句煞以“也”者，未之见也。此亦其笔法使然耳。(552 页)

受《文通》启示，著者曾撰《〈公羊传〉〈穀梁传〉疑问词语的比较研究》（载《古汉语研究论文集（三）》，北京出版社，1987）一文，证明《文通》关于《公羊》问句后不用“也”字的论断是正确的，请看《公》《穀》同类例句的比较：

A. 《公·定四》：外大夫不卒，此何以卒〔　〕？
　 《穀·定四》：非列士诸侯，此何以卒也？

B. 《公·昭五》：莒无大夫，此何以书〔　〕？
　 《穀·昭五》：以地来，此何以书也？

而《文通》关于《穀梁》问句“概殿‘也’字”的论断则失于绝对化，《穀梁》个别问句末尾有不用“也”的：

A. 《穀·成十七》：何以知公这不周乎伐郑？
B. 《穀·僖九》：此何以日？

尽管《文通》所进行的共时比较还是零星的，初步的，有些比较结果还不那么精确，但它确实首次运用共时比较研究法解决下述几方面的问题：

（1）同义或近义虚词的确定（如连词“则”与“即”）；

（2）同义短语、同义句型的确定（偏正短语间加“之”与否语义不变，如“亡秦之时”与“亡秦时”；处所补语前加“于”的句子与不加“于”的，语义相同。如“大破秦军于东阿”与“大破秦军东阿”）；

（3）专书语言风格的研究（如说“《史记》之文纡余，《汉书》之文卓荦”。《汉书》改《史记》数字以成《汉》文，此笔削之妙也。）；

（4）专书语法特点的揭示。《文通》对专书语法特点，指明多处，都是进行共时比较研究的结果。仅举二例：

A.《公·隐元》：“齐人杀无知，何以不地?”“何以不日?”“何以不氏?”《公·桓七》：“曷为国之?”——所引“地”“日”“氏”“国”诸字，皆假为外动字，所以“称其地，”“记其日”“记其氏”“名其国”也，此《公羊》之特笔也。(327 页)

B. 司词后乎介字，转词后乎动字者，常也，《内外传》（案：即指《左传》）有反是者，后此则未之见也。《左·昭十一》：“王贪而无信，唯蔡于憾。”《左·昭十九》：“其一二父兄，惧坠宗主，私族于谋而立长亲。”(437 页)

2. 历时比较研究法

《文通》多处运用历时比较研究法，阐述汉语语法的历史变化，现举数例：

（1）指名代字，除“之”“其”两字外，有“此”“是”“斯”“兹”四字……《日知录》谓“《论语》之言‘斯’者七十，而不言‘此’；《檀弓》之言‘斯’者五十有二，而言‘此’者一而已。《大学》成于曾氏之门人，而一卷之中，言‘此’者十九。语言轻重之间，世代之别从可知已。”蒙按《尚书》多言“兹”，《论语》多言“斯”。而《孟子》则通用“此”“是”诸字，惟引《书》一言“惟兹臣庶”而已。(101 ~102 页)

（2）“朕”“臣”两字，亦发语者自称也，《书经》用之。古者贵贱皆自称“朕”，秦始皇二十六年，定“朕”为皇帝自称，臣下不得僭焉，至今仍之。古者“臣”字亦对人之通称，非如后世之专指臣下也。《史·信陵君列传》中“臣乃市井鼓刀屠者”，“臣”乃朱亥对公子自

称，非有君臣之分。“臣”者，仆也，如今之自称“仆”云，秦后乃专指臣下矣。(88页)

(3) 语所友者，古曰“子”，今曰“君”，曰“公”，曰“执事”，曰“阁下”。(89页)

(4) 惟至唐人疏状，凡引敕旨讫，则以“者”足之。《韩·论变盐事宜状》：“右奉敕，将变盐法，事贵精详，宜令臣等各陈利害可否闻奏者。”宋、明因之。今则平行公事文尾，与民间券契，概以“者”字为煞者，此殆所谓“者”字助句也。求之古文，则未之见。(598页)

(5) 有谓唐时往往以“然”字代“然后”者。《韩·论淮西事宜状》：“事至不惑，然可图功。”《韩·论变盐法事宜状》：“事须差配，然付脚钱。”(520页)

(6) “邪”字在《四书》《左传》不多见，自《语》《策》、诸子始用之。“邪”系楚音，此战国时南学渐北之证。(613页)

(7) 更有以地之本名指人者。《韩·送杨支使序》：“知其客可以信其主者，宣州也；知其主可以信其客者，湖南也。”“宣州”“湖南”两地本名也，今用以指宦于斯地之人。人以地名，古无是也，唐以后则然。(69页)

(8) 《孟·尽上》：“反身而诚，乐莫大焉。强恕而行，求仁莫近焉。”——“焉”字所助者，差比之句也……此种句法，《国策》以下不习见焉。(589~590页)

(9) “甫”字记时，不见于周秦诸书，至后世始用。(516页)

(10) 愚考先秦诸书，“为”“所”二字连用以成受动者，实鲜见也。(276页)

《文通》不仅注意阐明某些语法现象的历史变化，还往往指出后人文句源于何种古籍这种承袭关系。略举数例：

(1) 《韩·盘谷序》：与之酒而为之歌曰。——“为”介字也，“之”其司词，在宾次。此本《左传·襄公二十九年》“季札观乐篇内”“为之歌”等句。(93页)

(2) 《书·泰上》：作之君，作之师。——犹云“为之立君。为之立师”也。昌黎本此，于《原道》作“为之君”“为之师”于句甚顺。(94页)

> (3)《韩·重答张籍书》:“天不欲使兹人有知乎?则吾之命不可期。如使兹人有知乎?非我其谁哉?”……皆自设难而自答之,反正夹攻,真义跃然,文笔摇曳,无逾斯者。《答张籍书》四句,即自《论语·子罕》“天之将丧斯文也”一段映出,《论语》两提句,助以“也”字,韩文则助“乎”字,而句调无别。(605页)
>
> (4)惟昌黎《答冯宿书》有云:“君子不为小人之恟恟而易其行,仆何能尔?”——此“尔”字,有“如是”之解,与《公羊》句同。(579页)
>
> (5)《越语》:“鼋鼍鱼鳖之与处,而鼃黾之与同渚。”昌黎《上宰相书》:“麋鹿之与处,猿狖之与居”,原其句法之所自,则《庄子·庚桑楚》有“拥肿之与居,鞅掌之为使”。(425页)

综上所述,可以看出《文通》开始运用历时比较研究法解决如下几方面的问题:

(1)同义或近义虚词盛行时代的历史考察(如:兹→斯→此、是);

(2)同一虚词在不同时期意义不同和用法变化的历史考察(如“朕”,秦以前用于普通人的自称,秦始专用于帝王自称:“者”,唐以后用于疏状敕旨末作语气助词);

(3)某些修辞格产生时代的历史考察(唐代始用仕宦之地的名称代表仕宦者的名字——借代格);

(4)后代典籍对先秦古籍承袭关系的探讨(《韩》“与之酒而为之歌”←《左》“为之歌”;《韩》“为之君”“为之师”←《书》“作之君”“作之师”。)

尽管马氏的论断未见得都很准确,但这些论断至少说明他注意到了历时比较研究,而不像某些批评者说的那样缺乏历史观点,把语法看成是千古不变的程式。

后来的语法著作对汉语进行历时比较研究的,首推《比较文法》与《中国文法要略》。《要略》全书是用古汉语语法和现代汉语语法比照着写成的,遇有古、今不同处,作出提示和说明。仅举一例:

> “有人敲门”之类的句子,文言里表达同样的意思多用“有……者”,如:“有牵牛而过堂下者。”用白话说,就是“有个人牵了一头牛,打堂下过去”,但是文言里很少说“有人牵牛而过堂下”,应用一

个“者”字就把“牵牛而过堂下”从一个词组的谓语转成一个词组的加语。(108 页)

《要略》下部“表达论”，系统论述了某一个范畴，古代用哪些语言格式表达，现代又用哪些语言格式表达。极富理论趣味，又具实用价值。正像作者在“六版题记”中所说：“这部书讲中国语法，兼及古今，比勘同异，除黎锦熙先生的《比较文法》外，同类的书还不多见。”

3. 中外比较研究法

《文通》对古汉语语法与西方语法进行比较研究，并在此基础上，构拟了相当完备和精深的古汉语语法体系。正像《文通·后序》所说：“斯书也，因西文已有之规矩，于经籍中求其所同所不同者，曲证繁引以确知华文义例之所在。”“探讨画革旁行诸国语言之源流，若希腊、若拉丁之文词而属比之。”在某种程度上可以说，《马氏文通》是对中、西语法进行全面比较的产物。

《文通》中、西语法比较的文字颇多。如第七章说：“泰西文字，若希腊、拉丁，于主、宾两次之外，更立四次，以尽实字相关之情变，故名、代诸字各变六次。中国文字无变也，乃以介字济其穷。”(414 页）第九章说：“古希腊与拉丁文，其动字有变至六七十次而尾音各不同者。今其方言变法，各自不同，而以英文为最简。惟其动字之有变，故无助字一门。助字者，华文所独，所以济夫动字不变之穷。”(536 页）第七章说：“乃旁考泰西，见今英法诸国之方言，上稽其罗马、希腊之古语，其叹字大抵‘哑’‘呵’‘哪’之类，开口声也。而中国伊古以来，其叹字不出‘呼’‘吁’‘嗟’‘咨’之音，闭口声也。”(631 页)

尽管这些论述并未做到尽善尽美，甚至有不确之处，但这确是首次将中、西比较的方法运用到古汉语语法的研究中来。

后来的语法著作，如《比较文法》，对汉语与英、德、日诸语进行比较，或探求《文通》体系之“所以然”，或解说自身体系之所据。举例如下：

(1)《文通》对于授与义诸外动词，不认为带有双宾位……然对于教示义诸外动词，却又认为带双宾位……今于句法上，概以“凡接受事物之人为次宾位”，“次宾位及副位”一种公式为准，而分动词意义为二。(案：英文法，一说以动之属于问（asking）者所带之双宾语皆在正宾位。谓之 two directc objects）一表所问之人，一表所问之事物，而谓之 secondary object.《文通》两止词之说，就此例而衍之也。）（第三章 20 页 1957 年校订本，科学出版社。下同）

（2）“相”本副词，与“交”“互”等字为类；唯如英文之 each other，彼谓之 reciprocal pronoun，《文通》据之而列为互指代字。按诸文法，自较精核，今故从之，义或有迁，自不拘泥。（第三章 35 页案：《比较文法》称“相”为复称代词）

（3）补位可大别为二类：一，对于主语之补位；二，对于宾语之补位……如英文法，但有补足语（Complement）；此种补位，只可说为 Substantives used in Complement. 至若《马氏文通》，则并补足语而亦无之。盖于其所因袭之葛郎玛之体系中，独不取 Complement 也。及其论“次”，则以此种补位概列为“同次”（即同位）之“用如表词者”，而实亦有所因袭：如英文法，其说 Comlement 之 case 也，对于主语之补位，则谓之 Predicate Nominative；对于宾语之补位则谓之 Predicate objective。故马氏综称为“用如表词”之“同次”（同位）。此种同位，其理固通于西文，而用则大乖乎汉语。今为明辨其词法而类区其句式计，故斩断葛藤，创为补位，意谓位成自我，不容为西文法之 case 所拘也。（第五章 83 ~84 页）（案：此段系在原文基础上概括的文字。）

（4）［同动词］略别为三：①决定的同动词（是、为、有）；②推较的同动词（像、如）；③不完全的内动词（变、成）。在德文法，①②为Copula，在英文法，③为 Intransitive verb of incomplete predication，而①亦属之，即 verb “to bc”；②则为外动。（第五章 85 页）

王力先生《中国现代语法》对汉、英语法进行系统比较，并在此基础上，指明西语对汉语语法的影响——欧化句法。下举二例：

（1）系词的增加。在西文里，形容词不能单独用为谓词，必须有系词介绍。例如中国话“他的妻子很好”。在英文里该是 His wife is very good，而不是 His wife very good。这种语法也渐渐影响到中国来。现在有些人倾向于把判断句去替代一切描写句，例如避免“他的妻子很好”一类的句子，而说成“他的妻子是很好的”一类的句子。……有些人却更进一步，创造一种中国本来没有的形式，求其与西文的形式相当。中国语由有描写句变成的判断句，乃是“是……的”式，例如“花是红的”。现在却有人把“的”字减去了，说成“花是红”之类：“英国的天时与气候是走极端的，冬天是荒谬的坏。”（徐志摩：《我所知道的康桥》）

（2）新替代法。文法上的“他”“她”“它”，英语人称代词第三身单数有阴性、阳性和中性的分别，阳性用 he，阴性用 she，中性用 it，在现代欧化的文章里，大家也模仿英语这种分别，以“他”字当 he，另造“她”字当 she，又借“它”字当 it（有些人不用“它”字，另造“牠”字）。

《中国文法要略》也有类似的比较与论证。如：

（1）组合式词结一般说来是文言所特有，白话里本不大见。但是近来的语体文，受文言文、外国语的影响，也常有这种形式出现了。如：“她的质问和我的羞愧都是一点理由没有的。”（冰心《寄小读者》）“我心里暗笑他的迂。”（朱自清《背影》）“我辨认了星月的光明，草的青，花的香，流水的殷勤。”（徐志摩《我所知道的康桥》）

（2）有好些字仿佛兼有内动词和形容词的性质，例如：“枯”“朽”“烂”“熟”“饥”“饱”“醒”“醉”等字，用做加语的时候，形容词的性质就明显些，用做谓语的时候，就很难断定。例如：

加　语	谓　语
朽木	死且不朽
熟铁	瓜熟
饥肠	朔饥欲死
醉汉	不醉无归

这一类字在词类有形式分别的语言里，常有一对形式来分别表示形容词和动词，有时由形容词孳生动词，如英语之 ripe 变 ripen（熟）；有时由动词孳生形容词，如英语的 rot 变 rotten（朽），汉语没有形式区别，这些字的归类就有些困难。另有一类字表示心理变化的，如“喜”“怒”“哀”“乐”，等等，在汉语里，应该认为动词，但如用英语一比较，就可以知道这些字也很有形容词的意味（英语的 glad，angry，sorry，happy 等字都是形容词）。（57～58 页）

（3）“孟子见梁惠王。”“你去我不去。”第一例明明是过去的事情，第二句明明是未来的事情。可是我们不感觉有标明的必要，我们

就不标明，这是汉语异于印欧语言的地方。(227 页)

(三)《文通》疏略后著详密者

1. 单句

单句应是语法研究的重点。但《文通》对单句未作专门论述，只是在讲“字”“词”和“句读”时顺便提及的，内容简略而不完整，缺乏系统性。后来的语法著作对单句都作了重点论述。

《国文法之研究》将单句按意义分为四种：直陈句、传感句（感叹句）、布臆句（祈使）、询问句。

《中国文法要略》把单句分为四类：叙事句、表态句、判断句、有无句。指出：

> 叙事句只是句子的一种，虽然是最常用的一种。此外还有三种句子：
>
> 表态句——记叙事物的性质或状态，如：
>
> 天高，地厚。
>
> 月白，风清。
>
> 判断句——解释事物的涵义或判辨事物的同异，如：
>
> 项脊轩，旧南阁子也。
>
> 鲸鱼非鱼。
>
> 有无句——表明事物的有无，如：
>
> 蜀之鄙有二僧。
>
> 我有嘉宾。

《要略》还指出：“动作和状态是两回事，但不是渺不相关的两回事，事实上是息息相通的。”具体地说有三种情况：

（1）动作完成就变成状态，叙事句动词含有“已成”意味的，兼有表态性质，尤其是被动意义的动词。如“兵破”“地夺”，和“兵挫”“地削”的句法是一样的。

（2）一般内动词，只要有“完成”的意味，就近似表态句的谓语。如“大势去矣”“水落，石出”“嘉木立，美竹露，奇石显”。

（3）动作连绵下去，也成一种状态。如“见所制蜡人……或立，或卧，或坐，或俯，或笑，或哭”。

相反，形容词作表态句谓语，有时不是表示一种无始无终的一瞬间的状态，而是表示一种状态的开始或完成，就有动作意味。如“一到十月，这些树叶便红了起来”“老夫耄矣”“故闻伯夷之风者，顽夫廉”。

一种动作没有实际出现，只是一种可能实现的事情，那么也就成为一种性质，动词前加“可”“足”或在后面加“得”，作用同形容词。如：“可怜”“可爱”“可恨”“可耻”“可悲”“可惜”“可叹”“可观”“可取”“可杀”“可辱”“不足视”“喝不得”“信不得”。(54～59页)

这些论述都极为精彩，且揭示了汉语语法的某些特点。

此外《要略》对一些特殊句式，如把字句等，也作了精辟论述。

《中国现代语法》把单句也分为三种。它说：

> 大致说起来，叙述句是以动词为谓词的，描写句是以形容词为谓词的，判断句是在主语和谓语之间加系词“是”字为连系的工具的。(78页)

《现代汉语语法讲话》把单句分为四类：

体词谓语句　　形容词谓语句

动词谓语句　　主谓谓语句

还阐述了这几类句子间的转换关系。

体词谓语句加“是”变成动词谓语句：

今天星期几？→今天是星期几？

今天不是星期四。

动词谓语句句尾加“的”，变成体词谓语句：

我昨天到。→我昨天到的。

你从哪里来？→你从哪里来的？

形容词谓语句加“是……的”变成动词谓语句：

志愿军勇敢→志愿军是勇敢的。

《现代汉语语法讲话》还说："拿句子谓语作标准，句子可分为四：体词谓语句、形容词谓语句、动词谓语句、主谓谓语句。拿句子的成分作标准，句子可分为四：单词句、无主句、主谓句、复合句。拿句子的用处作标准，句子可分为：陈述句、命令句、疑问句（这种分类不能表现结构上的不同）。"

《中国现代语法》除将单句分为叙述句、描写句、判断句外，又将叙述句细分为若干句式。

能愿式：凡句子着重在陈说意见或意志者。

可能式：表示可能性、必然性或必要性者。

A. 就是去到府上，也不能看脉。

B. 随意吃喝，不必拘礼。

意志式：表示意志者。

A. 贾环见了也要顽。

B. 不愿出去，情愿跟姑娘。

使成式：凡叙述词和它的末品补语成为因果关系者。

A. 一句话，又把宝玉说急了。

B. 是怕这儿气大了，吹倒了林姑娘……又吹化了薛姑娘。

C. 原来爬上高枝儿去了。（三合使成式）

处置式：凡用助动词把目的位提到叙述词的前面，以表示一种处置者。

那妙玉便把宝钗黛玉的衣襟一拉。

被动式：凡叙述词所表示的行为为主位所遭受者。

老太太也被风吹病了。

递系式：凡句中包含着两次的连系，其初系谓语的一部分或全部分即用为次系的主语者。

A. 一时又叫彩霞倒杯茶来。

B. 他们叫林黛玉做潇湘妃子。

紧缩式：凡复合句紧缩起来，两个部分之间没有语音的停顿者。

积累式的紧缩

平儿忙进来服侍。

目的式的紧缩

香菱，来倒茶妹妹吃。

结果式的紧缩

哄得宝玉不理我。

申说式的紧缩

身子更要保重才好。

条件式的紧缩

不问他还不来呢。

容许式的紧缩

去了也是白去的。

时间限制的紧缩

放下饭便走。

这样的单句分类和分析，较之《文通》周全而详密。

2. 状字

《文通》把状字，从意义上分为六类：指事成之处，记事成之时，言事如何成，言事成如许，决事之然否，传疑难之状。

《高等国文法》将副词细分为十个义类，每类下又分为若干小类。列示于下：

表态副词

本来的表态副词：最　颇　至　极　绝　殊　孔　太　泰　已
以　尤　稍　益　加　渐　寖　浸　愈　逾
俞　弥　差

由名词转来者

表示主语动作之态度以他物拟似主语

表示主语自身所用之方法或关系

表示对待他人之态度以他物比拟宾语

表示对待他人之态度说明其关系或态度

由代名词转来者

由形容词转来者

由动词转来者

重言的表态副词

缀助词的表态副词：乎　然　尔　焉　若

表数副词

本来的

表数之全：皆　尽　悉　举　遍　并　俱　咸　佥　毕　既
索　共　齐　胥　通

表数之分：各　每

表数之仅：仅　廑　徒　唯　惟　独　直　特　裁　财　才
在　乃　迺　但　亶　止　禔　衹　取

表数之频：屡　娄　数　亟　频　历　比　荐　仍　骤　连

表数之约：约　率　虑

附于数字之上以表数之几：可　几　且　将

附于数字之上以表数之总：凡　最

由数量形容词转来的

表时副词

表过去：已　以　既　终　业

表现在：方　正　鼎　今　见

表未来：将　且　行　方　为　其

表追溯：初　始　前　乡　向　昔　曩　日

表雅索：素　雅　宿

表经验：尝　曾

表近比：间　比

表继承：旋　还　已　既　俄　蛾　寻　随

表终竟：终　竟　卒　讫　迄　归

表会适：适　属

表绝乍：属　乍　适　乃　迺　甫

表先夙：先　早　蚤　夙　前　豫

表迟后：晚　后　末

表急速：立　暴　卒　欻　急　亟　疾　速　遄　趣　遽　忽　猥

表长久：长　久　永

表恒常：常　恒

表少暂：少　蹔

名词转来的表时副词

表地副词

由名词转来者

由形容词转来者

否定副词

叙述的否定：不　否　弗　未　莫　匪　末　蔑　非　无　毋　亡　勿　靡　罔　曼

命令的否定：勿　毋　无　莫　末　不　曼

询问副词：何　奚　安　焉　恶　乌　胡　曷　侯　遐　瑕　号　盍　阖　盖　孰　难　如台

传疑副词

本来的疑：或　或者　若　云　员　有　盖　傥　党

反诘的疑：岂　几　宁　庸　其　讵　钜　渠　距　巨　乃　虽

应对副词

应对的然：唯　诺　然　俞

应对的否：否　亡

命令副词：尚　上　苟　其　岂　唯

表敬副词：

尊人的：辱　惠　幸

自卑的：伏　窃　忝

杨伯峻《中国文法语文通解》又进一步将表态副词一类分为43个小类。

这些分类，较之《文通》细密、全面。但分类究应详密到什么程度为宜？这个问题，学界看法并不一致。

3. 介字

《文通》只重点论述了“之”“于”“以”“与”“为”五个介字，附带论及“由”“用”“微”“自”四个介字。而《高等国文法》却列有介字83个：於、乎、爰、之、诸、以、维、惟、为、谓、与、猷、从、因、自、由、用、道、导、及、比、在、越、缘、至、乘、迨、逮、迟、黎、到、讫、迄、抵、投、先、临、当、涉、即、乡、向、逐、旁、披、循、坐、非、舍、悉、空……

4. 连字

《文通》将连字分为四类：承接连字、转捩连字、提起连字、推拓连字。

《高等国文法》将连词分为：等立连词、选择连词、陪从连词、承递连词、转捩连词、提挈连词、推拓连词、假设连词、比况连词。

5. 动字

《文通》内动字下不再分类。《高等国文法》内动词下又分：普通内动词、不完全内动词（是、非）、关系内动词（去、往、过）。《文通》外动字下不再分类。《高等国文法》外动词下又分：普通外动词、不完全外动词（谓、奈）、双宾外动词。

6. 助字

《文通》助字只指语末助词，《高等国文法》助词分为语首助词、语中助词、语末助词。较《文通》完整，补正了《文通》的缺失。

（四）《文通》零乱后著梳理者

《文通》最显著的缺点之一是零乱，常常把应当汇总在一起说的话分散在几处说，把已经在甲处说的话又在乙处重复说，把应当在甲处说的话夹杂在乙处说。比如“转词”的问题，正式论述安排在第十章，别的地方固然也有必须提到的，但是全书讲到转词不下十余处，就不都是必要的了。又如公名、本名之后殿以“者”字“也”字，应当归入第九章助字部分去讲，不应列入第一章名字部分讲（79～80 页），事实上第九章内对“也”助名字也有详细论述（562～564 页）。再如名字、代字用“与”“及”等字平连，也放在同次节内讲，因为“所指或异，而所次尽同也”。（195～196 页）这样讲同次的“同”，真可谓“别开生面”。还有，讲到“且”字作为提起连字时，却插入一段“‘且’字杂出句中者，为义不一，而皆状字也，今附志焉”。（467 页）这样的情况还有不少。

《文通》的作者还时时表现出举棋不定的态度，说些可此可彼的话。这又分两种情形。

一种情形是马氏自己说可此可彼。比如，在论述“徵”“拜”等字后的“为”字的时候说：“大抵‘徵’‘拜’‘封’‘调’诸字后‘为’字，解以‘作为’者亦可，前于同次节内皆作断词，于义亦通，而句法则两意皆同。”（263 页）在谈“如”字后词语属何种句子成分的时候说：“‘如’字……作‘同’‘若’之解者，其后皆有名、代等字以为止词，或为表词亦可。”（313 页）在分析“昔者先王以为东蒙主”的时候说：“‘主’，‘为’之止词，如‘为’字作‘是’字解亦可，则‘主’字乃表词。”（353 页）在谈“方”和“当”的词性的时候说：“曰‘方今之势’，曰‘当是时’，谓为无主动字也可，谓为介字也亦可。”（516 页）凡此种种，常易使读者有莫衷一是的感觉。

另一种情形是作者对同一组字或同一类格式在不同的章节作不同的解说，这也常使读者感到迷惑。一个例子是“有”“无”“莫”“或”“多”这组字。在第二章说它们是约指代字；其中“无”“莫”二字在第五章称为泛指代字；“有”“无”二字在第五章及别处又定为同动字；“或”字在第六章又定为状字；“多”则可以比较它的反义字“寡”，那是在第四章定为可带司词的静字的。第二个例子是“犹”“如”“若”等字。马氏先说“犹”字是状字，“亦可视同同动字”，“如”“若”等字“虽为状字，而其用与动字无异，亦可列入同动字也”，这已经有点含含糊糊了。到了第六章，索性只提它们是状字，不再提起同动字。可是到了第七章，又说“‘犹’‘若’诸字，用若断词，所以决其可比之理”，这就又回到同动字了（我们知道断词和同动字在这里是一回事，同动字是就词类说的，断词是就句子成分说的）。马氏在第二章说“‘身’‘亲’‘自’‘己’四字。皆重指代字”，到了另一处又说“互指代字即‘自’与‘相’‘交’诸字”，于是“自”字究竟属于哪一类就不明确了。再举一个字类以外的例子：同一个例句“公语之故，且告之悔”，其中的“故”和“悔”，在第五章是止词，到了第十章又都变成转词了。

此外，在篇章安排方面也有诸多问题，术语用字也不统一，如既称“加词”，也称“加辞”“加语”；既称“状字”，也称“状词”“状辞”“状语”；既称“断词”，也称“断辞”“断语”。诸如此类的问题尚属不少。

这些问题的存在，与《文通》写作时间拖至十馀年之久，而后又“匆匆付梓，未暇审定”有关。后来的语法著作大都做到了体系完整，条理清楚，较之《文通》前进了一大步。

以上是就《文通》整体上的零乱而言的。下面再谈《文通》在一些具体问题论述上的零乱，以及后来的语法著作是如何进行梳理的。

1. “所”字

“所”字，《文通》分散在几个章节去谈，显得零乱而难于掌握。

在【2·3·2】节，谈“所+动词”和“所以”：

A. 《庄·天运》：彼，人之所引，非引人也。

B. 《礼·大学》：孝者，所以事君也。

在【7·2·7】节，谈“所于”：

A.《谷·僖五》：晋人执虞公。执不言所于地，缊于晋也。
B.《韩·送杨少尹序》：中世士大夫，以官为家，罢则无所于归。

在【7·4·5】节，谈“所与”：

A.《论·乡党》：揖所与立。
B.《孟·离下》：其妻问所与饮食者。

在【7·5·3】节，谈“所为”：

A.《史·项羽本纪》：谕以所为起大事。
B.《史·萧相国世家》：上所为数问君者，畏君倾动关中。

在【7·6·1】【7·6·4】节，谈“所由”“所自”：

A.《史·三王世家·赞》：自古至今，所由来久矣。
B.《左·隐三》：骄奢淫佚，所自邪也。

《中国文法要略》谈到“所”字可以把动字的止词和补词变作端语的种种情况时，把各种“所”字短语系统展示出来：

止词变作端语：仲子所居之室。
　省支端语：闻所闻而来。
　省去端语代之以“者”：所爱者，挠法活之。
补词变作端语：
　交与补词作端语：揖所与立。
　目的补词作端语：谕以所为起大事。
　原因补词作端语：陛下所为不乐，非为赵王年少……邪？
　凭借补词作端语：所以饰后宫，充下陈。
　来由补词作端语：见渔人，乃大惊，问所从来。

《要略》还特别指出：方所补词的情形又跟别的补词两样，比如说“马生于某地”，倘若拿某地作主体而改成词组，照上面“所与”“所为”“所以”“所从”等例子，应该是“马所于生之地”，但是通常不用这个“于”字：

A. 冀之北土，马之所生。

B. 其北陵，文王之所辟风雨也。

C. 市者，声之所聚。

又指出了例外，说也有用“于”字的例句：“以官为家，罢则无所于归。”

用白话比较，“他把书插在书架上”，变成词组是“他插书的书架”，不说“他插书在上的书架”。（82～83页）

这样一来，“所”字的种种用法便可一览无余了。

2. “重指”问题

《文通》谈重指分散在第二章【2·2·4】至【2·2·9】节，第三章【3·4·3·6】节和【3·4·4】【3·4·5】节，第十章【10·3·1】节等处，使人得不到完整的概念。《要略》在“外位”一节下，把重指的各种情况概括无遗：

外位止词

险阻艰难，备尝之矣。

外位补词

是役也……草木为之含悲。

繁句内第二词结的主语

A. 鸟，吾知其能飞。

B. 而愈，人知其无是疾也。

外位主语

富与贵，是人之所欲也。

外位加语

回也，其心三月不违仁。

外位端语（白话独有）
外位语为分述之词
外位语同时为两个（或更多）词结的成分

夫颛臾，昔者先王以〔　〕为东蒙主……是社稷之臣也，何以伐〔　〕为？

3. 复句

《文通》的复句，可以用一个公式表示为：

句 { 与读相联之句 { 包孕句 / 主从复句 ; 舍读独立之句——并列复句 }

《文通》关于主从复句的论述，分散在若干章节。在第十章“弁读之连字”节多所论及，归纳起来有两种：

（1）前一分句用连词“若”“如”“即”“虽”“使”者（679页）

A.《左·隐十一》：寡人若朝于薛，不敢与诸任齿；君若辱贶寡人，则愿以滕君为请。

B.《公·宣十二》：君如矜此丧人，锡之不毛之地，使帅一二耋老而绥焉，请唯君王之命。

C.《史·魏其武安侯列传》：即宫车晏驾，非大王立，当谁哉？

D.《韩·答孟尚书书》：与之语，虽不尽解，要自胸中无滞碍。

E.《汉·东方朔传》：使苏秦、张仪与仆并生于今之世，曾不得掌故，安敢望常侍郎乎？

(2) 前一分句用连字"以""为"者(679页)

A.《史·汲郑列传》:夫以大将军有揖客,反不重邪?

B.《国·吴语》:为使者之无远也,孤用亲听命于藩篱之外。

在第八章"推拓连字"节,又提到若干用弁读连字连接的主从复句(525~533页):

A.《史·汲郑列传》:纵爱身,奈辱朝廷何?

B.《孟·梁上》:苟能充之,足以保四海;苟不充之,不足以事父母。

C.《史·张释之列传》:令他马,固不败伤我乎?

D.《史·赵世家》:是以圣人果可以利其国,不一其用;果可以便其事,不同其礼。

还提到由"犹……况""尚……况""与其……宁""与其……孰若"等连词连接的主从复句。

在"绪论"〔界说二十三〕下,也谈到一些主从复句。这些复句中的从句是"状句中动字者,或记行事之处,或明行事之时,或叙作事之故"。(63页)

记行事之处者

《孟·公下》:当在宋也,予将有远行。

记成事之时者

《孟·梁下》:比其反也,则冻馁其妻子。

记作事之故者

《孟·滕下》:孔子惧,作《春秋》。

在第九章谈"焉"字时也谈到一些主从复句。

（1）设事之读，有助“焉”字者

《孟·公下》：欲有谋焉，则就之。（590 页）

（2）记时之读，有助“焉”字者

《公·定四》：于其归焉，用事乎河。（591 页）

以上是《文通》谈主从复句的情况，下面看《文通》谈并列复句的情况。《文通》并列复句分四种：排句而意无轩轾者，叠句而意别浅深者，两商之句，反正之句。

（1）排句而意无轩轾者

《文通》给这类复句所下的定义是：“凡有数句，其字数略同，而句意又相类，或排两句，或叠数句”。（704～705 页）

A.《论·里仁》：君子喻于义，小人喻于利。

B.《论·泰伯》：鸟之将死，其鸣也哀；人之将死，其言也善。

C.《韩·与于襄阳书》：世之龊龊者，既不足以语之，磊落奇伟之人，又不能听焉。

（2）叠句而意别浅深者

《文通》给这类复句所下的定义是：“叠句有似排句，其格式相似，其字数略等。所谓意别浅深者，先后句意或判轻重，或相比较之谓也。”（708 页）

A.《史·平准书》：非独羊也，治民亦犹是也。

B.《左·哀六》：再败楚师，不如死；弃盟逃仇，亦不如死。

（3）两商之句

《文通》给这类复句所下的定义是：“大致皆先之以读，以为两设者也。”（710 页）

A.《公·隐三》：以吾爱与夷，则不若爱女；以为社稷宗庙主，则与夷不若女。

B.《韩·答吕翌山人书》：其已成熟乎，将以为友也；其未成熟乎，将以讲去其非而趋是耳。(534 页)

C.《史·魏世家》：富贵者骄人乎？且贫贱者骄人乎？(534 页)

(4) 反正之句

《文通》给这类复句所下的定义是："前后句意义相背，中假连字以捩转也。捩转而不用连字者亦有焉，然不概见也。"(711 页)

A.《史·始皇本纪》：秦无亡矢遗镞之费，而天下诸侯已困矣。(712 页)

B.《左·僖二十八》：楚一言而定三国，我一言而亡之。(712 页)

上述情况表明，《文通》论复句，尚属全面，只是叙述零乱，加以界说不清，前后矛盾，使"句读"成为读者最感困惑的问题之一。

后来的语法著作的复句划分，多较《文通》明确。较早的语法书，象《中国文法之研究》，仍沿袭《文通》的观点，把包孕句和复句混为一谈，对下面两种句子统称复句：

A. 诸公皆多季布能摧刚为柔。

B. 宋殇公之即位也，公子冯出奔郑。

《中国文法要略》始把两者别分为二。它指出："一种句子，里头的词结一个套住一个……另有一类句子，里头的词结是拆得开的，我们给后面这一类另外起个名词，叫复句，把繁句缩小范围，专指前面的一类。"(89 页)

王力《中国现代语法》按分句间的意义，将复句作如下分类：

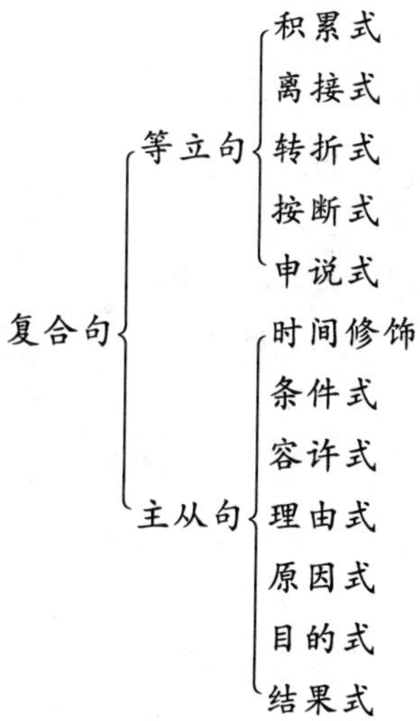

黎锦熙、刘世儒《汉语复句新体系的理论》对复句作如下分类：

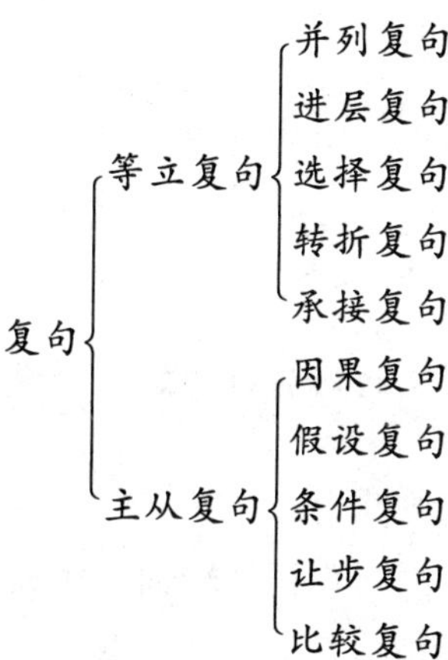

《暂拟汉语语法体系》的复句分类是：

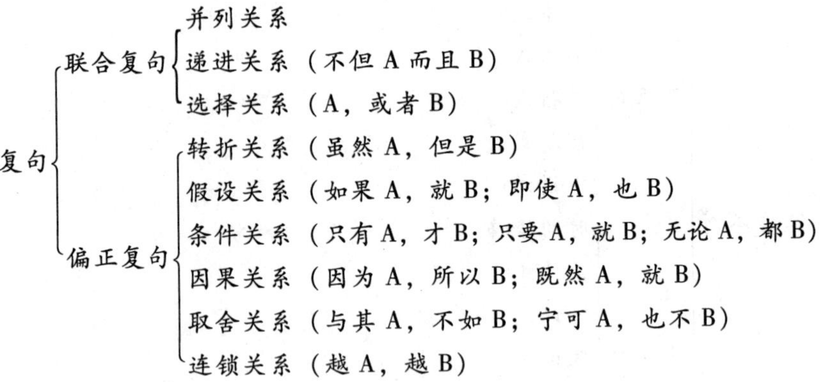

《现代汉语语法讲话》的复句分类是：

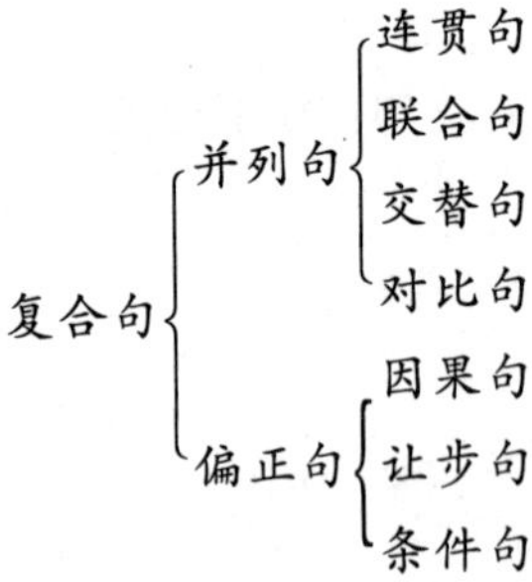

尽管各家的分类方法不尽相同，但都较《文通》眉目清楚，便于读者理解和掌握。

4. 句子成分

《文通》句子成分有七：起词、语词、表词、止词、转词、司词、加词。其中缺乏相当于今天所说的定语（名词修饰语）这一句子成分，马氏用“偏次”代替其中的一部分（由名词、代词充当的那一部分定语），而另一部分（由静字充当的定语）则无以名之。与今天“状语”相当的成分，凡由介宾短语充当者，《文通》称转词，而由单音状字充当者，仍无“词”以名之，只好还称“状字”。

《新著国语文法》句子成分有六：

主语、述语（即谓语）——主要的成分

宾语、补足语（主要即表语）——连带的成分

形容性的附加语（形附）——附加的成分

副词性的附加语（副附）

把两书所设句子成分列表对照如下：

<table>
<tr><td rowspan="2">《马氏文通》</td><td rowspan="2">起词</td><td rowspan="2">语词</td><td colspan="2">表词</td><td rowspan="2">止词</td><td rowspan="2">偏次（名、代作修饰语）</td><td rowspan="2">静字作修饰语</td><td rowspan="2">转词</td><td rowspan="2">状字</td></tr>
<tr><td>由静字充当者</td><td>由名字、代字充当者</td></tr>
<tr><td>《新著国语文法》</td><td>主语</td><td colspan="2">述语</td><td>补足语</td><td>宾语</td><td colspan="2">形容性的附加语</td><td colspan="2">副词性的附加语</td></tr>
</table>

（司词是介词宾语，属于短语内部的成分。“加词”，《新著国语文法》设“同位”，注解说：同位——用作与上五种同一的成分又同指一事物者。）（30 页）

相比之下，《新著国语文法》所设句子成分较《文通》所设更为完备和严整。

（五）《文通》所无后著始有者

1. 表达论——句法的语义分析

《文通》没有表达论，即没有对句法的语义范畴进行全面而系统的研究。《中国文法要略》始创。《汉语语法丛书·序》指出：“《要略》是迄今为止对汉语句法全面进行语义分析的唯一著作。”

著者受《要略·表达论》启发，著《古汉语疑问词语用法词典》（浙江教育出版社，1992）一书，将古汉语的疑问范畴分为十五大类（人的询问、事物询问、度量询问、时间询问、年寿询问、处所询问、原因询问、情状询问、方法询问等）；在每个范畴中，分列所使用的各种疑问词语；在每个疑问词语下，又构拟出因疑问词语的句法功能不同而形成的各种句型公式。对古汉语疑问范畴作出了较为全面而深细的表述。

2. 句法的变化

《文通》对句法变化没有多所涉及。《要略》专设“句法的变化”一章，把繁句与简句、词组与简句之间的变换规律加以系统阐述，不仅有语法上的意义，且有修辞上的意义，对于提高人们灵活运用语言的能力颇具指导作用。比如在“有无句式的利用：有（无）……者”一项下说：

> 《桃花源记》的第一句是“晋太元中，武陵人捕鱼为业”。这个“武陵人”是个带有无定性的名词，只是“某一个武陵人”；象原文这样直率，不用“有”字介绍，是比较少见的。假如我们应用“有”字

和“者”字，我们可以有三种变式：

有武陵人捕鱼为业。

有武陵人捕鱼为业者。

武陵人有捕鱼为业者。

《汉语语法丛书·序》说：“从现代语言学的角度来看，《中国文法要略》尤其能引起我们的兴趣……这部书上卷‘词句论’里讨论到句子和词组之间的变换关系，其中有些观察是相当深入的。例如书中指出叙事句一般都能转化为名词性词组，而存在句、领属句和判断句则不能转换成名词性词组。再如说带指人的‘补词’的叙事句转换成词组时必须补一个代词复指成分‘他’（你送花给一个人→你送花给他的人/我向一位老人家问路→我向他问路的老人家）。《要略》应该说是研究汉语句法结构变换关系的先驱。”

3. 共同语与方言的比较研究

《文通》没有作古代共同语与古方言的比较研究。只偶尔提到某个词为某地方言。如说：“‘邪’系楚音，此战国时南学渐北之证。”

金兆梓《国文法之研究》提出研究古代语法，要与方言比较：

> 中国文字在古代的时候，言文的划界并不是像现在这样严，尽有将方言窜入文中去的，例如“夥颐”“宁馨”“阿堵”等，都是人人所知的。还有许多实在是古代的方言，现在却没有什么大变；而现在却硬派他是文言。

他还引用《日知录》说，《荀子》每言“案”，《楚辞》每言“羌”，皆方音。楚人叫“多”为“夥”，庐江人叫“桥”为“圯”，南人叫北人为“伧”，叫“他们”为“渠们”，叫“那个”为“底个”。（19～21页）

只是金兆梓没有全面实践自己的主张。而《中国现代语法》却做了大量实践，多数章节都附有“比较语法”或“订误”，指出：同样一个意思，标准语应该如何表达，方言又应该如何表达，分析其不同，指出持方言的人应该怎样订正才能掌握标准语。下引数例：

（1）上册第一章第七节后的“比较语法”是这样说的：

A. 我给了三块钱他。

B. 张先生给了十块钱李明。

这两个例子里，近目的位指物，远目的位指人，是闽粤语及客家话的语法。若依国语，该说成：“我给了他三块钱”，“张先生给了李明十块钱”等。因为国语的语法是以近目的位指人，远目的位指物的。

（2）同章第十一节后面的“比较”是这样说的：

A. 我不吃得完这许多。

这是粤语的语法。在国语里，该把“吃”字放在“不”字的前面，把“得”字取消，说成“我吃不完这许多”或“我吃不了这么些”。

B. 我没有告诉他过。

这是吴语的语法。在国语里，该把“过”字放在“他”字前面，说成“我没有告诉过他”。

（3）第四章第二十九节后的“订误”是这样说的：

“不管你什么样聪明，不用功读书就不能成材。”这是闽粤人常犯的错误。“什么样”该改为“怎么样”。“什么”只能用于首品和次品，不能用于末品。

（4）第四章第三十二节的“比较语法”是这样说的：

“你去叫两把车子来罢。”这是湖南的称数法。车的单位名词，在各地最不一致。长沙称“把”，昆明称“张”，粤语称“乘”，吴语称“部”，国语称“辆”。

目前，普通话与方言的比较研究，正在开展中。古代汉语如何与方言进行比较研究，还是一个有待进一步深入探讨的课题。

4. 某些具体的语法现象也有被《文通》忽略而后著始发的

《马氏文通刊误》说：

马氏但举假名、静、动三种字为状字之例，而不及假代字为状字之例，然如《诗》之“匪言不能，胡斯畏忌？”“天之方艰，无然泄泄”之“斯”与“然”，皆为“如此”之义，代字作状字也。《孟子》

之“降才尔殊”，《庄子》之“子毋乃称”，“尔”“乃”二字亦“如此”义，亦代字作状字也。皆当补述。(101 页)

（六）《文通》实误后著匡正者

这里主要谈《马氏文通刊误》对《文通》错误的匡正。

1. 纠正《文通》解释例句方面的错误

(1)《汉·陆贾传》：足下中国人，亲戚、昆弟坟墓在真定。——亲戚、昆弟之坟墓〔在真定〕。(171 页)

《刊误》：“此谓亲戚与昆弟及坟墓皆在真定。”

(2)《左·哀六》：请就之位。——言就商之于位也。(253 页)

《刊误》：“原文云：‘彼，虎狼也。见我在子之侧，杀我无日矣，请就之位。’……盖陈乞此时伪事高国，日在高国之侧，今欲去高国而近诸大夫，故云‘请就之位’。‘之’者，陈乞自谓。‘请就之位’者，请高国令己就昔日之位也。”(88 页)(杨伯峻《左传注》：“陈乞伪事高国，在其侧，不得与大夫言，因为己畏被杀。而请往诸大夫行列。就而与言。”)

(3)《孟·滕下》：他日归，则有馈其兄生鹅者，己频顣曰。——“己频”者，仲子之频也，故“己”在偏次。(110 页)

《刊误》：“‘频顣’当连读，‘己’在主次。”(6 页)

(4)《史·汲郑传》：大将军青侍中，上踞厕而视之。——“之”指侍中。(194 页)

《刊误》：“‘大将军青侍中’谓卫青侍于宫廷也，‘之’字即指卫青言。马氏盖误认‘侍中’为官名。”(70 页)

(5)《左·成十三》：犹愿赦罪于穆公。——凡外动字之转词，言其行之所归，与所向之人，或所在之地，则介以“于”字，而位于止词之后。(249 页)

《刊误》："'犹愿赦罪于穆公'，乃谓'愿穆公赦晋之罪'，非谓'晋赦穆公之罪'也。故此文乃被动句，'于'字与'弥子瑕见爱于卫君'的'于'字同。下文云'穆公弗听'。其明证也。"（86 页）

2. 纠正《文通》字类划分方面的错误

（1）《文通》："天子穆穆""诸侯皇皇""君子谦谦""王臣蹇蹇""大人谔谔"，重言之以状其容。

凡实字以貌动静之容者，曰"状字"。（51～52 页）

《刊误》："'穆穆'等当为重言静字，不当以为状字……马氏于凡重言之字皆视为状字，未知其何据也，须知此等句与'柴也愚，参也鲁'等句相同。"（5 页）

（2）《孟·告下》：人皆可为尧舜，有诸？——"人"，名也，"皆"约指代字，后乎名而重指之，同在主次，而为"可"之起词。（153 页）

《刊误》："代字所以代名，当以能独立用为原则，马氏此段所举之字……'皆''尽''具''悉''遍''都'……皆无此等独立用法。"（52 页）

3. 纠正《文通》分析句子方面的错误

（1）《韩·王君墓志铭》：我得一卷书，粗若告身者。——平比者，凡象静字以比两端无轩轾而适相等者也。等之之字，为"如""若"……参诸所比两端以准其平。〔此例〕两端者，"一卷"与"告身"也，"粗若"二字，所以平比也。（234～235 页）

《刊误》："'粗'不精也，犹今言'大致'。'粗若告身'，说'大约象告身'，乃状字，非静字，马氏以为静字平比之例，非是。"（82 页）

（2）《史·项羽本纪》：梁父即楚将项燕。——"楚将"名字，用为表词，以表"梁父"为何人也。（59 页）

《刊误》:“《史记》文意在表明梁父即项燕……故表词当为‘项燕’。‘楚将’二字,在英文为同位词(Apposition),用马氏之术语,则当为加词,不得径以为表词也。”(4 页)

(3)《史·平原君列传》:公等录录,所谓因人成事者也。——“因人成事者”之读,乃“所”字表词,而“所”字即指“公等”也。(127 页)

《刊误》:“‘公等’既在上文为起词,何须复用代字?不谓‘因人成事者’为‘公等’之表词,乃谓是‘所’之表词,可谓牵强极矣。”(37~38 页)

(4)《汉·黄霸传》:侍中乐陵侯高,帷幄近臣,朕之所自亲,君何越职而举之?——此句加词,有“侍中”官名,“乐陵侯”勋名,“帷幄近臣”职名,“朕之所自亲”,“所”字加词,在氏族“高”姓之先后。又“之”字重指前名,亦加词也。(190 页)

《刊误》:“帷幄近臣”明是表词,马氏以其与“侍中”“乐陵侯”相类,而不顾其组织不同,遂以为加词,一误也;“朕之所自亲”亦表词,马氏以“所”为加词,二误也;“霸”荐“史高”,“高”乃人名,马云“氏族高姓”,三误也;“之”字代上名词之“高”,乃“举”之止词,既非加词……马氏以为同次,四误也。(67~68 页)

4. 纠正《文通》结论方面的错误

《文通》力图找出规律,做出明确结论,但往往因材料掌握不足而陷入片面性或绝对化。后来的语法著作多所纠正。

对《文通》结论的批评,往往也是对古汉语语法规律的阐发。下举数例:

(1)“奚”字,先秦之书……用为偏次者盖未之见也。(142 页)

《刊误》:“其实不然。《韩非子·人主》云:‘贤智之士奚时得用?’又:‘法术之士奚时得进用?人主奚时得论裁?’《韩非子·孤愤》:‘法术之士奚道得进?’《吕氏春秋·慎势》:‘以宋攻楚,奚时止矣?’《吕氏春秋·不屈》:‘蝗螟,农夫得而杀之,奚故?’……《列子·仲尼》:‘此奚疾哉?

奚方能已之乎？'《列子·杨朱》：'将奚方以救二子？'然则，周秦书中此种用法多矣。"（47页）

(2)《汉·霍光传》：皇后亲安女。——"亲安女"者，安之亲女也，用于偏次。（108页）

《刊误》："'亲'字明是静字，非代字也。或疑'亲'字在此句中位序不类静字，不知古文中凡一字兼为静字与领位名词所修饰时，静字恒居前，领位名词恒居后。如《史记》'翩翩浊世之佳公子，'静字'翩翩'居前。领位名词'浊世'居后是也。又'亲'字例见于《汉书》他传者，如《淮南王传》云：'王，亲高帝孙。'《汉·文三王传》：'李太后，亲平王之大母也。'《佞幸·石显传》：'野王，亲昭仪兄。'《外戚霍后传》：'皇太后，亲霍后之姊子。'"（26~27页）

(3)《汉·张释之传》：此人亲惊吾马。——"亲惊吾马"者，有所为也。如云"身惊吾马"者，乃适自桥出而惊吾马也，则文帝亦不必加罚矣。（108页）

《刊误》："'身惊吾马'与'亲惊吾马'意义全同，马氏此说，未免太无根据，近于滑稽。"（26页）

(4) 至"是""此"二字，确有不可互易之处。凡指前文事理，不必历陈目前，而为心中可意者，即以'是"字指之。前文事物有形可迹，且为近而可指者，以"此"字指之。（102页）

《刊误》："以马氏此说细按下文马氏所举诸例，'此率兽而食人也，''此'字指前文事理，乃不用'是'而用'此'。'是良史也'，其事有形可迹，近而可指，亦用'是'而不用'此'。又就马氏所举之例比较之，'是率天下而路也'，'此率兽而食人也'，句法完全相同，乃一用'是'，一用'此'。若取其文易为'此率天下而路也''是率兽而食人也'，又未尝不可通。"（23页）

(5)《史·酷吏列传》："用廉为令使。"《韩·郑公神道碑："公子

为司马，用宽廉平正得吏士心。”——“用”“以”也。所司皆静字而名用者，司名字罕见。（459 页）

《刊误》：“《史·佞幸列传》：‘卫青、霍去病亦以外戚贵。然颇用材能自进。’‘材能’名词，然犹得云静作名用也。《汉书·张禹传》：‘因用吏民所言王氏事示禹。’《匈奴传上》：‘单于既得翕侯，用其姊妻子。’《货殖列传》：‘清，寡妇，用财自卫。’《史·张耳传》：‘两人亦反用门者令里中。’《大宛列传》：‘用三千人攻戮申生等。’‘用’字司名字者夥矣，何云罕见邪！”（107 页）

（6）《韩·进学解》：“然而圣主不加诛，宰臣不见斥。非其幸欤！”——其意盖谓“不为宰臣所斥”也，则“见斥”二字反用矣，未解。（281 页）

《刊误》：“《汉书·云敞传》‘莽长子宇非莽鬲绝卫氏，恐帝长大后见怨。’‘见怨’谓怨王氏也。《后汉书·吕布传》：‘布往见司徒王允，自陈卓几见杀之状。’‘卓几见杀者’，卓几杀布也。是‘见’字古自有此种用法，非韩文创为也。”（91 页）

（七）《文通》不误后著错批者

这里主要谈《马氏文通刊误》对《文通》不适当的批评。王力《汉语语法学的兴起及其发展》（载香港《中国语文研究》第 2 期）公允地指出：

《马氏文通刊误》在校订工作上，也作得很好，马建忠引书很粗心，许多材料上的错误都得到了纠正。至于涉及语法理论，杨氏不一定比马氏高明，而且以英语语法去纠正拉丁语法，也是牛头不对马嘴的。总的说来，杨氏在语法体系上没有什么可取之处，凡是他与马建忠违异的地方，往往也就是执着英语语法的地方。例如他把“所”字改称助动词，实际上是受了英语被动式须用助动词的语法的影响；他把“在”“居”“适”“诣”“之”“如”“涉”“过”等字认为关系内动词，不认为外动词，正是由于这些词译成英语是内动词。

下面结合实际例证来谈一些具体问题。

(1)《孟·梁上》民望之，若大旱之望云霓也。——“大旱”起词也，“望”坐动也。(418 页)

《刊误》：“‘望云霓’者亦‘民’耳，非‘大旱’也，以‘大旱’为起词，荒谬。……此文当云‘若大旱时之望云霓’。古文往往省略不备耳。”(104 页)

今案：马氏分析这类句子，尚能不拘泥于意义，而同时考虑结构。《刊误》则完全从意义出发。这实际上反映了话题主语与施事主语之争。马氏的分析，更符合当今的趋势。另，如照《刊误》的说法“大旱”是时间状语，“大旱”后的“之”便无所依附；如说“大旱”是读之起词，那么，“之”便是加在起词、语词之间的介字（或称助词）。

(2)《孟·梁上》：晋国，天下莫强焉。《汉·叔孙通传》：尽问诸生，诸生或言反，或言盗。(154 ~ 155 页)

（案：马氏认为，“天下”对“莫”来说居偏次，“诸生”对“或”来说居偏次。）

《刊误》：“‘莫’‘或’……皆可独立用，故可认为代字，《论语》‘或谓孔子曰：子奚不为政？’又：‘子曰：莫我知也夫！’此‘或’‘莫’二字全无依傍之独立用法也。此节马氏解释虽不差，而其正次、偏次之说，则又失之以外国文法之形式呆填入中文，故致与本国文语气不相合。余意，‘天下莫强焉’之‘天下’，乃一种省去介字之状字用名词，盖此语本当云‘晋国，于天下莫强焉’。‘于天下’本是一种状字顿，‘于’字被省去，‘天下’二字遂成为一种状字用名词矣。”(54 页)

今案：用加字来理解文义尚可，作为语法分析的手段则不够科学，因为，这带有较大的随意性。马氏之说尚可通。现在一些学人倾向于把“天下”看作主语，“莫强焉”是小句作谓语。

(3)《左·宣十五》：余，而所嫁妇人之父也——“而”在主次。(89 页)

《刊误》：“此‘而’字极似在主次，其实不然。文实当云‘为而所嫁妇人之父’。为，介字，去读。口语则当云‘被你嫁去的妇人的父亲’。古

人于介字往往省去，此介字‘为’字被省去，‘而’字遂竟似主语矣。苟细加剖析，实不尔也。”（14 页）

今案：杨氏持此说，与他把“所”字一律定为被动助动词有关。其实，“所”字并不都用在被动句中。“而所嫁妇人”这种短语．就是“仲子所居之室”这类短语，只是在“所嫁”与“妇人”之间少一个“之”字而已。另，被动句式“为……所……”一般不能省去“为”字。

> （4）《论·颜渊》：爱之欲其生，恶之欲其死。——句中“之”“其”两字同指一人，而两字卒不可互易者，则“之”必宾次。而“其”必主次之故耳。（97 页）

《刊误》：“‘其’字乃偏次而非主次。”（20 页）

今案：马氏把“其生”“其死”看作读（子句），“其”是读的起词，故以为居主次。“其生”“其死”与“其兄”“其子”确属不同性质，不宜把“其”一律视同偏次。

章太炎在《馗书》中也从另外一个角度批评马氏这种观点说：

> 或举《孟子·万章篇》“亲之欲其贵也，爱之欲其富也”，谓“之”“其”同义而用之不得不异。野哉，其未知盖阙如也！《康诰》“孟侯朕其弟小子封”，“朕其弟”即“朕之弟”也。《书序》“虞舜侧微，尧闻之聪明”，即“尧闻其聪明也”。《左·定二》“夺之杖以敲之”，“夺之杖”即“夺其杖”也。夫何不可伐用乎？

章氏在《新方言》中又说到这个问题。

吴文祺却持相反观点，他在《关于〈马氏文通〉》一文中说：

> 章氏的批评是不正确的。“之”“其”用法不同，是周秦以来的一般的语法规律，而“之”“其”互用不别。那是上古语法的残余，或者是出于后人的模古。

> （5）《孟·离上》引《诗》：谁能执热，逝不以濯？——“谁”在主次，诘何人也。《史·萧相国世家》：谁可代君者？《汉·赵充国传》：谁可将者？《战·齐策》：谁习计会，能为文收责于薛者乎？——三

“谁”字皆在主次。(132页)

《刊误》:“三例‘谁’字实皆表词,非起词。盖‘谁可代君者’犹云‘可代君者为谁’也。‘谁可将者’犹云‘可将者为谁也’。‘谁习计会能为文收责于薛者’犹云‘习计会能为文收责于薛者谁’也。表词‘谁’字先置者,以其为疑问代字故耳……此马氏眩于外形不肯精察内容之过也。”(41页)

今案:外形就是结构,马氏分析句子考虑到结构而不单从意义出发,恰是他的长处。如照杨说,“谁可代君者?”与“可代君者谁?”竟完全相同而毫无区别,岂能服人?另,“谁能执热?”的“谁”可作起词,居主次,“谁可将者?”的“谁”何以不可作起词而非为表词不可呢?

(6)《孟·告上》:为此诗者,其知道乎?——“此”字指前引《鸱鸮》之诗。(50页)

《刊误》:“‘此’字乃指示静字,西文或称代名静字。马氏于此种但认作代字,不另分析指示静字一种,致独立用之代字与附于名词用之静字毫无区别,其说非也。此两种字用法上显然不同,不待论矣。以理论言之,指示代字包含区别作用与代替作用之字也。指示静字,则第有区别作用不含代替作用也。疑问代字,包含疑问作用与代替作用者也。疑问静字,则第有疑问作用,不含代替作用者也,两者内包之广狭不同如此,马氏比而同之,岂有当乎。”(2页)

《汉语语法分析问题》则更赞成马氏的观点:“代词在总的范围方面和内部分类方面都一直有不同意见。较早的语法书把这些词分属于代名词(人称、指示、疑问),形容词(指示、疑问),副词(指示、疑问)三类。这个分法在逻辑上有缺点:既然把指示形容词(副词)和疑问形容词(副词)纳入形容词(副词)之内,为什么又把人称代名词等提在名词之外,单独成为一类呢?现在比较通行的办法是把这些词归为一类,只分人称,指示,疑问,不分代名词,形容词,副词。这是继承《马氏文通》的传统,至少在逻辑上较为一贯。”(43页)

(7)《孟·离上》:三代之得天下也以仁,其失天下也以不仁。——“三代”起词,“得天下也”语词,合之为一读而为“以仁”

之起词；“以”动字，“仁”止词，合之为语词，共为一句。(61 页)

《刊误》：“‘以’字是介字，‘仁’字乃‘以’字之司词，此以足词作表词之用耳……盖此语在常法当云‘三代以仁得天下’，然《孟子》之语气欲侧重‘以仁’，故与常法之组织先后不同。而词性则无异也。如马氏说，则意义、用法全同之词，其词性亦变迁无定，学者岂尚有规矩可循耶?”(5 页)

《中国文法要略》的观点与《文通》更为接近，它说：“文言里利用‘之’字造成组合式词结作主语……多数用‘也’字作一顿：《礼·檀弓》：‘君子之爱人也，以德；细人之爱人也，以姑息。’《孟·离上》：‘三代之得天下也，以仁；其失天下也，以不仁。’”(118 页)

(八)《文通》有失批评过甚者

近百年来，对《文通》批评最甚者是它简单模仿西方的“葛郎玛”。但究竟它在哪些方面是模仿的？这些模仿之处在它整个体系中是占主导地位还是次要地位？后人对他的批评是否公允？这些问题都需要给予中肯的回答。

1.《文通》在哪些方面是模仿的呢

词类问题上的模仿

(1) 把“其”“所”“者”归入接读代字，是模仿西语的关系代词。

拉丁语的关系代词，是用来连接句子，代替主句中的某个词的代词。如：

Amicus, cui scripsi epistolam, est chiurgus.

我给他写信的那位朋友是位外科医生。

Institutum nostrum habet hortum, in quo sunt floresmulti.

我们学院有个花园，在那里有许多花。

英语中的关系代词有 whose、who、that 等。

The girl whose work got the prize is the youngest in the class.

作品获奖的女孩是全班中最年幼的。

《文通》仿此，说“其”是相当于西语关系代词的词，名之曰接读代字。如：

古之圣人，其出人也远矣，犹且从师而问焉。(韩愈《师说》)

幽远之小民，其足迹未尝至城邑，苟有不得其所，能自辩于县吏

乎?(韩愈《赠崔复州序》)

对此，《中国文法要略》批评说：“像‘古之圣人’那个例句，有人讲‘其出人也远矣’是后附‘形容子句’，‘其’字是个‘联接代名词’，等于英语的 Who，‘圣人’直接‘从师而问’(同样，‘幽远之小民’句的‘其’字说是等于 whose)，巧则巧矣。但恐不合于说汉语的人的心理。”(124 页)

(2)《文通》立互指代字和自反动字，似仿效西语的反身代词。

拉丁语有反身代词，如：

Nos amamus Nosmetipsos.

我们爱我们自己。

英语有反身代词，如：

I see myself.

我看我自己。

马氏仿此把汉语里的“自”列入互指代字(案：此名称不确切，《相字偏指释例》一文的注中说：“‘自’字表施受之为一，然二者既萃于一身。则互于何有?”)，又把“自怨”“自悔”“自伤”称为自反动字。(159 页)这是一种很蹩脚的模仿。汉语表示返回自身，不是通过反身代词来表现的，更不存在自反动字。而是通过在动词前加副词“自”的语法手段(如自爱、自视)来实现的，而“自+动词”是一种短语。

(3)《文通》在静字(即形容词)章设“比”一节。并分为平比、差比、极比，似受到拉丁语、英语、俄语等西语形容词有原级、比较级、最高级的启示而仿效之。

平比：《庄·山木》：君子之交淡若水。

差比：《论·先进》：季氏富于周公。

极比：《史·平原君列传》：诸子中胜最贤。(234 ~246 页)

汉语中这几种情况，或通过在形容词后加补语等表示，或通过在形容词前加副词表示，所以都分散在有关章节叙述，而不像《文通》立专节集中论述。

(4)《文通》把“皆”“俱”“悉”“咸”归入代字，是模仿西语而来的。

英语表示“皆”等，用代词 all。如：

All of students come here.

学生们都来了。

俄语表示“皆”等，用代词 Bce。

Bce зиάют.

大家都知道。

在汉语中，“皆”“俱”等与一般代词不同。比如，“此”“是”这些代词都可加在名词之前做修饰语，如“此人”“是心”。而“皆”等不能；“此”“是”等都可单独作主语、宾语、谓语，“皆”等也不能。它们倒和一般副词相同：用在动词前作状语，表示动作的范围是带有周遍性的。

（5）状字，马氏让它既作字类名称，指副词（或副词性短语），又让它兼任句子成分名称，指状语，这是仿照西语的 adverial 一词。它既当字类名称用，又当句子成分名称用。

在格位方面的模仿

拉丁语有六个格：主格、属格、与格、受格、夺格、呼格。俄语也有六个格。《文通》模仿拉丁语，为汉语的名词、代词设了六个次：主次、同次、前次、宾次、正次、偏次，作为分析句子的辅助手段。拉丁语等西方语言是有形态变化的语言，拉丁语等的格不但包括名词、代词与其他词的关系，还包括表示这些关系的形态变化。拉丁语“医师”一词的格变如下：

主格 medicus （医师）

属格 medici （医师的）

与格 medico （给医师）

受格 medicum （看见医师）

呼格 medice （医师！）

俄语“国家”一词的格变如下：

第一格 странà

第二格 страны

第三格 странè

第四格 странý

第五格 странóй

第六格 странé

汉语没有形态变化，因此，设次并不是必要的。《文通》说立次是为便于论说"名代诸字位诸句读，相其孰先孰后之序"。其实，论说先后之序，也可以用句子成分的"词"来进行。事实上，连马氏自己也说："言起词者，即主次也；言止词者，即宾次也。""起词之与主次，止词之于宾次一也。"《文通》的起词、表词与主次，止词、转词与宾次，加词与同次，都是明显的重复。下面我们分别用词和次来分析句子：

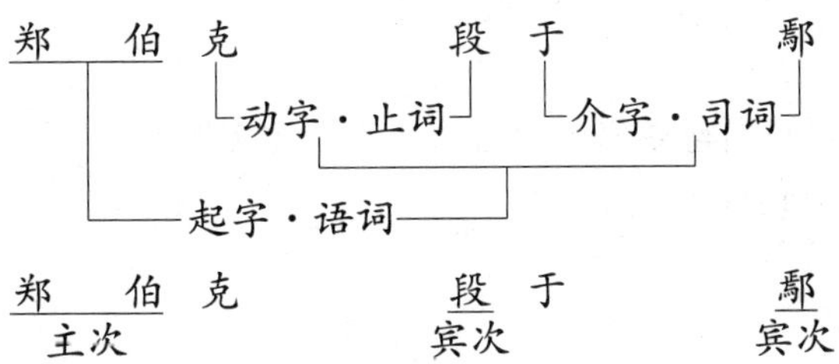

可以看出，用"词"来分析句子，不仅可以而且有时更能显示出句子的层次来。

有人说：

> 为了便于说明词组间的结构关系，马氏才立了"次"这个名目……"右丞相陈平患之"……如果离开了句子，"右丞相陈平"中的"右丞相"和"陈平"又是什么关系呢？按照马氏的体系，"右丞相"该是前次，而"陈平"该是同次。(《汉语语法学史》)

其实，我们用"词"来回答这个问题，同样是可以的："右丞相"是"陈平"的加词。

《新著国语文法》大体上沿袭了《文通》"次"的理论，又为汉语实体词设了七个位，现在把这七位与马氏的六个次列一对照表：

《马氏文通》	主次		宾次		同次	偏次	同次
《新著国语文法》	主位	呼位	宾位	副位	补位	领位	同位

《中国文法讲话》也设了七位：主位、宾位、足位、静位、副位、叠位、呼位，与马、黎之说大同小异，此不详述。

后来的语法学家多认为立位次的做法对于汉语来说是多余的，何容称之为“叠床架屋”，吕叔湘先生说是“天下本无事，庸人扰之为烦耳”。四十年代以后的语法著作，就没有再设位次的了。

在“次”的具体分析上，也有明显的模仿痕迹。

（1）《文通》的偏次，只包括由名词、代词充当的名词修饰语，而不包括由形容词充当者。因为，在拉丁语、俄语中，表示领属的名词用属格或第二格。如俄语“大学生的书”应为：

Кни́га $\frac{\text{студéнта}}{\text{第二格}}$

而修饰名词的形容词则必须与被修饰的名词同格。拉丁语的例子：

Ad aquam destillatam 加蒸馏水

俄语的例子：

Нóвая кни́га

在马氏看来，同格即同次，而非偏次。所以《文通》未将修饰名词的静字列入偏次。

（2）马氏不仅把受格宾语当成宾次，而且把“前”“后”“上”“下”“内”“外”“间”等也看作宾次。这是因为在拉丁语中表示这类方位词时要用前置词，这些前置词要求后面的名词为受格。如：

ante 在……前
inter 在……间 ⟶受格

俄语

На 在……上 →第四格（相当于受格）

句子成分方面的模仿

（1）《文通》设象静司词，是因为拉丁语中有的形容词要求带属格宾语。如：

Ille est medicinae peritus（他精通医学）

有的要求与格宾语。如：

Aesrotis medici cari sunt.（病人爱医生）

马氏仿此，设“象静司词”。他举的例子有：

言寡尤，行寡悔，禄在其中矣。

宋人有善为不龟手之药者。

人伦明于上，小民亲于下。

愿夫子辅吾志，明以教我。

《高等国文法》沿袭这种观点。认为性态形容词可以带宾语，分为下面两种情况：

有介词为介者

人伦明于上，小民亲于下。

众叛亲离，难以济矣。

省介词者

岸善〔　　〕崩。

易〔　　〕发怒。

杨树达说："此类省介词之形容词，最易误认为副词，宜注意。"

后来的语法著作，多不持此说。

（2）《文通》"散动诸式"是模仿西语的动词不定式。拉丁语动词不定式可以作主语、宾语、定语等。如：

Aegroto juvare est gratum.

帮助　病人　是 愉快的。（作主语）

I egere scio，sed scribere nescio.

我知道读，但不知道写。（作宾语）

仿此，《文通》立"散动诸式"一节。内容如下：

散动用如止词《孟·公上》：矢人惟恐丕伤人。（36 页）

散动用如起词《孟·梁下》：交邻国有道乎？

散动用如表词《孟·公下》：无处而馈之，是货之也。

散动用如司词《孟·僖十》：吾宁自杀以安吾君。

散动用于偏次《孟·梁上》：王之不王，是折枝之类也。

《孟·梁下》：耕者九一，仕者世禄。（374～378 页）

（3）《文通》对两种双宾语作不同处理，也是模仿拉丁语的。

《孟·公下》：子哙不得与人燕。——"人"……，"与"字之转词。（251 页）

《左·隐元》：公语之故，且告之悔。（案：马氏认为"语""告"后有两个止词。）（261 页）

在拉丁语中，只有告言义动词可带两个受格宾语，而给予义动词只能带一个受格宾语和一个与格间接宾语（即《文通》所说的转词）。

（4）《文通》在句子成分中顺便谈到的“前词”（“凡所为代者，前乎代字而见者，曰前词，亦有后乎代字而见者，亦曰前词。”），所举之例为：“贤士大夫有肯从我游者，吾能尊显之。”“吾闻之：君子不以天下俭其亲。”（82~83页）

似系仿照英语中的antecedent（先行词）而设。

句子分析方面的模仿

（1）“以大事小者，乐天者也”一句，马氏分析说：“‘以大事小者’一读，句之起词也。‘者’字乃泛指人君，而为读之起词，‘事小’，其语词。”

《刊误》批评说：

> 马氏认“以大事小者”“乐天者”各为一读，而以二“者”字为二读之起词，此皆拘泥于外国文法之关系代字所发生之谬误也。须知外国文用关系代字之读，其形式次序与句全同，故可以用解剖一句之方法解剖一读。若“以大事小者”五字，正与英文之以动字作静字用加诸名词之前者相同。例如The standing man（立着的人），“立着”只是用动字为静字以形容“人”字，不得谓“人”为起词，“立”为语词也，若谓“立”字只是一字，“以大事小”部分略多，不应只视为静字，在英文中，以许多字属于一动字居名、代之前而形容之之例普遍诚不多见……若在德文居前者乃数见不鲜矣。而在德文法中亦只作一静字看，不视为一读也。故余意“以大事小”四字只是一静字顿，所以形容代字“者”字者。（6页）
>
> 近日胡君适之为马说所惑，复应用此说于口语，谓“打虎的”之“的”字是主语，“打”字是语词。不知“打虎的”是“打虎的人”之省略，“打虎”二字，只是以散动词作静字用以形容“人”字，非语词也。（6页）

（2）《史·平准书》“诸买武功爵官首者，试补吏先除”一例，马氏分析说：“‘诸’代字也，‘者’以指之，读加于后，以言其何若也。”

《刊误》批评说：

> “诸”为表不定之多数之静字，非代字，马氏云代字，误一也。

> “诸”所以状“者”，“者”并不指“诸”。云“者”指“诸”，马氏之误二也。“买武功爵官首”，乃以散动字修饰“者”字，“买……者”乃一名词顿，非读，云读，马氏之误三也。“买……者”乃起词，非加语，云加语，马氏之误四也。以“买……者”为加语，则是以“诸”为起词，其误五也。大抵马氏之失，在以外国文法呆填入中文，而不复顾及中文之素质，故虽仅此一简短之句，而其说谬误百出如此。(39 页)

(3)“冉有、季路见于孔子，曰”一句，马氏说：“‘冉有、季路见于孔子’一读，以记述言之时，‘曰’坐动，其起词即前读也。盖‘曰’者非平日之冉有、季路，乃见于孔子之冉有、季路也。”

《刊误》批评说：

> 冉有、季路见孔子而后有言，则“见”为第一动词，“曰”者第二动词也。“见”与“曰”之起词，皆冉有、季路也。马氏认“见于孔子”为述言之时，以“见于孔子”为副句，以“曰”字以下为正句，此强以外国文法律吾国文字之过也。以“曰”之起词为“冉有、季路见于孔子”一读，尤为不通。(95 页)

(4)《汉·刑法志》：“有君如是其贤也。”马氏说：“‘有君’为句，‘其’指‘君’，犹云‘有君其为贤也如是。’”(113 页)

这是改变词序后，又把“其”看作类似关系代词的词来分析句子的：“有君，其贤如是也。”

尽管在以上诸方面，《文通》表现出明显的模仿西方语法的痕迹，但这些模仿之处只表现在一些具体问题上，在《文通》全书中并不占据主导地位，甚至也不占据重要地位。《文通》主导的方面是，它的作者对古汉语进行了长达十数年的全方位的考察，从语言材料的实际考察中，全面揭示了古汉语的特点及其语法规律，创立了一个相当完备的、颇为精深的古汉语语法体系（参看拙文《正确评价〈马氏文通〉的模仿与创新》，载《语文建设》1988 年第 3 期）。即使是在九十年后的今天，对这个体系也还没有大的突破；也还没有发现哪些重要的古汉语语法规律是被《文通》遗漏了的。

2.《文通》全面揭示了古汉语语法规律

(1) 疑问代词作动词和介词的宾语，放在动词或介词前（例从略）

(2) 一般宾语前置，在前置宾语和后面的动词之间加“之”“是”等

(例从略)

(3) 介词宾语前置，在前置宾语与介词之间加“之”。《文通》说：

至介字后司词，间亦先置而参以“之”字者。《论·先进》：非夫人之为恸而谁为？

《国语·越语》：鼋鼍鱼鳖之与处，而鼃黾之与同渚。

《韩·上宰相书》：麋鹿之与处，猿狖之与居。

《庄·庚桑楚》：拥肿之与居，鞅掌之为使。(424～425 页)

(4) 否定句中代词宾语前置(例从略)

不仅指出了规律，还指出了例外：一种是有弗辞而代字止词不先置者，如：

A. 《孟·告下》：为其事而无其功者，髡未尝睹之也。

B. 《礼·中庸》：吾弗为之矣。

C. 《汉·赵充国传》：汉果不击我矣。

另一种是无弗辞而代字止词先置者。如：

D. 《左·僖四》：昭王南征而不复，寡人是问。

E. 《韩·平淮西碑》：惟汝予同。——言“唯汝同予”也。

(5) 介词宾语在介词前，整个介宾短语又在动词前。如：

A. 《左·昭十一》：王贪而无信，唯蔡于憾。——所于憾者“蔡”也。故“蔡于”乃“憾”之转词，今先焉，“蔡”乃“于”字司词，今亦先焉。此皆反乎常例，而词气较劲。

B. 《左·昭十九》：其一二父兄，惧队宗主，私族于谋而立长亲。——“私族于谋”者，“谋于私族”也。(437 页)

(6) 介词“以”的规律

①“以”宾语的词性和结构

“以·名词”

表工具：杀人以梃与刃。（439 页）

表原因：立适以长不以贤。（440 页）

“以·动词”

表目的：假道于虞以伐虢。（441 页）

“代词·以”

何·以：后有大者，何以加之？（443 页）

是·以：楚是以无分。（443 页）

“以·代词”

“以·之”：以之为己，则顺而祥。（444 页）

“以·此”：以此攻城，何城不克？（444 页）

“以·短语”：以楚国堂堂之大，何求不得？（448 页）

“且以·短语”：且以文王之德，百年而后崩。（448 页）

“夫以·短语”：夫以足下之贤圣……。（448 页）

“以·方位词”：中人以上，可以语上也。（447 页）

自公以下，苟有积者尽出之。（447 页）

“以·往〔来〕”：自今日以往。（447 页）

自有生民以来。（447 页）

②“以”宾语的省略

一般省略：陈胜起山东，使者以〔　〕闻。（443 页）

助动词后省略：

可以：小国固不可以〔　〕敌大。（318 页）

足以：吾力足以〔　〕举百钧。（319 页）

能以：过三百乘，其不能以〔　〕入矣。（320 页）

得以：秦以不早定扶苏，令赵高得以〔　〕诈立胡亥。（320 页）

③“以”宾语的位置

“司词·以”：夜以继日。（445 页）

“司词·之·以”：我之不共，鲁故之以。（445 页）

“何·以”：（例见上）

“是·以”：（例见上）

“以·之”：（例见上）

“以·此”：（例见上）

（7）主语、谓语之间加“之”，取消句子独立性。马氏说：“凡读于起词、坐动之间，间以‘之’字，一若缓其词气者然。”

《孟·梁上》：民望之，若大旱之望云霓也。(418 页)

(8)《文通》说："与起词有对待之义者，必介'于'字以系于其后，而又参以'之'字者，所以读之也。故'之于'二字即所以申其对待之义，而用若读之坐动者然。"

A.《论·里仁》：君子之于天下也，无适也，无莫也。

B.《孟·梁上》：寡人之于国也，尽心焉耳矣。(435 页)

(9) 名词作状语。马氏说："名字不为止、转两词而惟以状动字者，则必先所状。"

A.《史·始皇本纪》：入则心非，出则巷议。

B.《史·主父偃列传》：臣闻天下之患，在于土崩，不在于瓦解。

C.《史·刺客列传》：范中行氏皆众人遇我，我故众人报之；至于智伯，国士遇我，我故国士报之。(299 ~ 301 页)

(10) 词类活用。马氏称字类假借。

①普通名词活用作动词

A.《史·伯夷列传》：左右欲兵之。

B.《公·隐元》：何以不日？

C.《谷·僖八》：夫人之，我可以不夫人之乎？(326 ~ 328 页)

②专有名词活用作动词

A.《孟·滕下》：虽日挞而求其齐也，不可得矣。

B.《左·定十》：尔欲吴王我乎？(326 ~ 329 页)

③代词活用作动词

A.《庄·大宗师》：且也相与吾之耳矣，庸讵知吾所谓吾之乎？

B.《汉·陈项传赞》：信臣精卒，陈利兵而谁何。(329 ~ 330 页)

④形容词活用作动词

A.《孟·梁下》：匠人斫而小之。
B.《汉·赵充国传》：时充国年七十余，上老之。（330～331页）

（11）“于”所组成的介宾短语作动词“有”“无”的状语时，总是在“有”“无”之前。

A.《孟·梁上》：夫子言之，于我心有戚戚焉。
B.《孟·梁下》：于传有之。
C.《论·先进》：于吾言无所不说。
D.《韩·与崔群书》：于吾崔君无所损益也。（432～433页）

（12）“何”“是”作介词“以”的宾语，在“以”前；“之”“此”作“以”的宾语，在“以”后。

A.《史·淮阴侯列传》：后有大者，何以加之？
B.《左·昭十二》：楚是以无分，而彼皆有。
C.《韩·原道》：是故以之为己，则顺而祥。
D.《左·僖四》：以此攻城，何城不克？（443～444页）

（13）语气助词“也”“矣”用法的区别。《文通》指出：

助字中惟“也”“矣”两字最习用，而为用各别。“也”字所以助论断之辞气；“矣”字惟以助叙说之辞气。故凡句意之为当然者，“也”字结之；已然者，“矣”字结之。所谓当然者，决是非，断可否耳。所谓已然者，陈其事，必其效而已。（536～537页）

（14）倒装句式表示咏叹。《文通》说：

凡静字有助以“矣”“乎”“哉”诸字以为咏叹者，则其起词之读，助以“也”字者，概后置焉。《论·述而》：“甚矣，吾衰也！”《论·泰伯》：“大哉，尧之为君也！”《史·汲郑列传》：“甚矣，汲黯

之戆也!”(556 页)

除以上所说，还有不少古汉语语法规律，《文通》都或详或略地提到了，如兼语式、被动句等，这里难以尽述。

(15)《文通》揭示了大量的凝固格式，后来的语法著作很少有超过它的。现依次列举若干：

“所……者”(120 页)

A.《左·文十三》：所不归尔帑者有如河。
B.《左·定三》：余所有济汉而南者有若大川。
C.《左·襄二十三》：所不请于君焚丹书者有如日。
D.《左·僖二十四》：所不与舅氏同心者有如白水。

“有所”(305 页)

A.《史·游侠列传》：此亦有所长。
B.《史·滑稽列传》：若无远有所之。

“无所”(123、305 页)

A.《史·曹相国世家》：举事无所变更。
B.《论·先进》：于吾言无所不说。

“有〔无〕……者”(126 页)

A.《孟·梁上》：有牵牛而过堂下者。
B.《孟·公下》：今有受人之牛羊而为之牧之者。
C.《孟·梁上》：仲尼之徒，无道桓文之事者。
D.《孟·公下》：齐人无以仁义与王言者。

“何……之为”(140 页)

A.《左·昭十三》：国不竞亦陵，何国之为?

B.《左·僖三十三》：秦则无礼，何施之为？
C.《左·成十二》：若让之以一矢，祸之大者，其何福之为？
D.《左·昭元》：我以货免，鲁必受师，是祸之也，何卫之为？

"何以……为"（140～141页）

A.《论·颜渊》：何以文为？
B.《左·襄十七》：是之不忧，而何以田为？
C.《荀·议兵》：然则又何以兵为？
D.《吕·异宝》：今我何以子之千金剑为乎？

"以……为"（187页）

A.《国·晋语》：晋国有难，而无以尹铎为少，无以晋阳为远。
B.《战·燕策》：不量轻弱，而欲以齐为事。

"……之谓……"（188页）

A.《孟·告上》：生之谓性。
B.《孟·滕下》：此之谓大丈夫。
C.《史·商君列传》：反听之谓聪，内视之谓明，自胜之谓强。

"唯……为"（226～227页）

A.《礼·中庸》：唯天下至诚为能尽其性。
B.《礼·中庸》：唯天下至圣为能聪明睿智。
C.《论·泰伯》：唯天为大。

"如〔若〕……然"（327页）

A.《汉·万石君传》：至廷见，如不能言者。
B.《史·信陵君列传》：于是公子立自责，似若无所容者。

"如〔若〕……然"（237 页）

A.《礼·大学》：人之视己，如见其肺肝然。

B.《庄·达生》：善养生者，若牧羊然。

"如……耳"（237 页）

A.《史·汲郑列传》：至如说丞相弘，如发蒙振落耳。

B.《史·封禅书》：吾视去妻子如脱躧耳。

C.《史·汲黯列传》：陛下用群臣如积薪耳。

"如〔若〕……比"（237～238 页）

A.《韩·为人求荐书》：今幸赖天子每岁诏公卿大夫贡士，若某等比，咸得以荐闻。

B.《韩·柳子厚墓志铭》：一旦临小利害，仅如毛发比，反眼若不相识。

关于这一格式，《文通》仅举此二例。这是汉代始见、六朝盛行的表示比喻或举例的一种凝固格式，意思是"像……那样的""像……的情况"。此补充若干例句：

A.《史·扁鹊列传》：血如豆比五六枚。

B.《晋书·谢玄传》：臣同生七人，凋落相继，惟臣一人，孑然独存。在生荼酷，无如臣比。

C.《晋书·志·礼中》：参议可如前诏峤拜，重告以中丞司徒，诸如峤比者，依关东故事辛未令书之制。

D.《晋书·贾光传》，既而郭槐女为皇太子妃，帝乃下诏断如李比皆不得还。

E.《世说新语·汰侈》：乃命左右悉取珊瑚树，有三尺、四尺、条干绝世、光彩溢目者六七枚，如恺许比甚众。

F.《世说新语·假谲》：佳婿难得，但如峤比云何？

"有〔无〕以"（305～306页）

A.《孟·梁上》：杀人以梃与刃，有以异乎？
B.《汉·贾谊传》：臣有以知陛下之不能也。
C.《庄·人间世》：子其有以语我来！
D.《庄·逍遥游》：瞽者无以与乎文章之观，聋者无以与乎钟鼓之声。
E.《史·平原君列传》：余无可取者，无以满二十人。
F.《韩·与崔群书》：仆无以自全活者。

"不有……"（310页）

A.《左·僖十》：不有废也，君何以兴？
B.《左·僖二十八》：不有居者，谁守社稷？不有行者，谁扞牧圉？
C.《左·文十二》：不有君子，其能国乎？

"唯……能"（317页）

A.《庄·秋水》夫折大木，蜚大屋者，唯我能也。
……为大胜者，唯圣人能之。
B.《庄·知北游》：唯无所伤者，为能与人相将迎。

"若……然"（390页）

A.《孟·公上》：勿助长也，无若宋人然。
B.《孟·滕下》：不见诸侯，宜若小然。
C.《孟·尽上》：道则高矣。美矣，宜若登天然。
D.《韩·送文畅师序》：民之初生，固若禽兽夷狄然。

"唯（惟）……之〔是〕……"（423、426～427页）

A.《论·为政》：父母唯其疾之忧。

B.《庄·达生》：唯蜩翼之知。

C.《韩·答李翊书》：惟陈言之务去。

D.《左·宣十二》：率师以来，唯敌是求。

E.《左·襄十四》：唯余马首是瞻。

F.《韩·上于襄阳书》：愈今者惟朝夕刍米仆赁之资是急。

“所以……”（444～445页）

A.《孟·滕上》：学则三代共之，皆所以明人伦也。

B.《孟·尽下》：所求于人者重而所以自任者轻。

C.《左·襄四》：《鹿鸣》，君所以嘉寡君也，敢不拜嘉！《四牡》，君所以劳使臣也，敢不重拜！

这些凝固格式，是古汉语所独有的，它最能反映古汉语的特质。对这些凝固格式的大量揭示，再次表明《文通》的作者着力于古汉语特点的发现，而不是一味地照搬西方语法。

3.《文通》注意揭示专书的语法规律

《文通》不仅大量揭示了古汉语语法的一般规律，还很注意发现某部典籍的独特规律。这也证明马氏不是一味模仿西方语法的。下面，引述几段有关论述：

（1）大抵《汉书》省“以”字者居多。《汉·赵充国传》：击之恐不能伤害，适使先零得施德于罕羌，〔 〕坚其约，合其党。——“以坚其约，合其党”也。（442页）

（2）司词后乎介字，转词后乎动字者，常也，《内外传》有反是者。《左·昭十一》：王贪而无信，唯蔡于憾。（437页）

（3）《公·隐元》：齐人杀无知，何以不地？《公·隐元》：何以不日？《公·桓七》：曷为国之？——……此《公羊》之特笔也。（327页）（今案：“地”“日”“国”表示“记地”“记日”“称国”之义，这种词类活用现象，不仅是《公羊传》的特点，《穀梁传》中也有大量同类用例。请参拙文《〈公羊〉〈穀梁〉中有称义的词），载《语文研究》1983年第4期）

（4）《公·庄四》：其国亡矣，徒葬于齐尔。《公·庄十二》：天下诸侯宜为君者，唯鲁侯尔。——诸引“尔”殿句，义同上。皆出《公羊传》，他书不概见。《公羊传》又以“尔”字助询问之句，而带有“若是”之义。《公·隐元》：然则何言尔？《公·隐二》：何讥尔？……诸此句又《公羊传》所独也。（578～579页）

（5）“哉”字助句，先为一提，而后推言其事理者，《孟子》最习用也。《孟·离上》：不仁可与言哉！安其危而利其灾，乐其所以者。（609页）

（6）求之今文，双合字之助句者鲜矣，而参合者则仅见于《论语》《檀弓》《左传》。（624页）

过去的九十余年，由于过分夸大了《文通》简单模仿西方语法的一面，导致了对它的过多否定，有人甚至提出“打倒《文通》”的口号来。刘复《中国文法通论》和金兆梓《国文法之研究》自称为革新派，决意要推翻《文通》的体系，建立起一个符合中国语言的历史和习惯的新体系来。事实上，他们不仅没有建立起新体系，甚至连新体系的构想也不曾提出来。

至于想修正《文通》的章士钊《中等国文典》，陈承泽《国文法草创》，杨树达《高等国文法》，在某些方面对《文通》确有重要更正、补充和发挥，但从总的体系看，并没有大的突破。陈望道先生在《〈一提议〉和〈炒冷饭〉读后感》中说：

倘将《马氏文通》体系放在眼前，和各部书（案：指以上几部书）的体系比较对照，那这几部书立刻就会聚作一团，面貌非常相似，除出小小的几点外，几乎完全相同，一眼就可以看出它们是至亲。

这个事实有力地证明，《文通》的体系是具有生命力的，因而基本上是符合汉语实际的。而一个基本符合该语言实际的语法体系，只能从该语言自身总结概括出来，而不能靠简单模仿和生搬硬套其他语言的语法得来。

（九）《文通》矛盾后著讨论者

1. 词无定类还是词有定类问题

《文通》提出“字无定类”的学说：“字类者亦类其义焉耳。”（55页）“字各有义，而一字有不止一义者……义不同而其类亦别焉。”“字无定义，故无定类。而欲知其类，当先知上下之文义何如耳”。（55页）“凡字之有

数义者，未能拘于一类。必须相其句中所处之位，乃可类焉。”（55 页）

后来的语法著作有赞成并发展这一学说的，也有反对的。前者如黎锦熙，他在《新著国语文法》中就提出“依句辨品，离句无品”的主张，后来提法有所改变，叫做“凡词，依靠句型显示词类”。（见《新著国语文法》十九版重订本）。高名凯在《关于汉语的词类分别》等文中，提出“汉语的实词没有词类的区别”。（见《中国语文》1953 年第 10 期）后者如陈承泽，他在《国文法草创》中的主张，词有定类，但可能活用于他类。陈承泽的主张，得到较多学人的认可。但至今这个问题仍在讨论中：词类活用的标准是什么？词类活用范围如何？等等。

朱德熙在《汉语语法丛书·序》里综述了这一论争：

> 早期的语法学者用印欧语的眼光看待词类。他们在给汉语的词分类以前，心目已经有了一套先入为主的划类标准。其中最重要的是以下两点：第一，认为动词、形容词不能占据主语和宾语的位置，主、宾语位置上的成分总是名词性的。第二，认为修饰名词的必然是形容词。事实上汉语里绝大部分的动词和形容词都能充任主语和宾语，在现代汉语修饰名词的也不一定都是形容词。无论在古汉语还是在现代汉语里，名词修饰名词都是很自由的。因此，如果承认以上两项标准，那就等于承认汉语里的名、动、形三类可以变来变去，流动不居。所以《马氏文通》说，“字无定义，故无定类”。《新著国语文法》也说，“凡词，依句辨品，离句无品”，到了《汉语语法论》就索性提出汉语实词无词类的主张了。

2. 词类划分标准和词类划分问题

《文通》划分词类，一方面从意义出发，另一方面又把词与句子成分的关系绝对化，一一对等起来（起词、止词只能由名字、代字充当，表词只能由静字、名字、代字充当，等等）。这两者常使马氏陷入矛盾中。比如，《文通》从意义出发，给“状字”下的定义是“凡实字以貌动静之容者”。而“录录”“泄泄”“款款”“拳拳”“区区”等重言的词，都可“貌动静之容”，因此，都列入了状字。但这类词经常充当句子的语词，如“公等录录”“其乐也泄泄”还充当名词的修饰语。如“款款之愚”“拳拳之忠”“区区之薛”。马氏又说：“状字必先其所状”，即必在被修饰的动字和静字之前，这就出现了矛盾。

究竟按什么标准划分词类？《马氏文通》是不明确的，从他的实践看，主要是根据意义。这个问题引起了长时间的讨论。

傅东华等声称要打破《文通》的词类体系，建立起一个新的体系。他在《一个国文法新体系的提议》（见陈望道等《中国文法革新论丛》中华书局 1958）一文中提出内动词和形容词可划归一类。他说：

> 作述语者，或为形容词，或为动词，界限亦不清楚。如“心烦意乱”的，“烦”“乱”谓为形容词可，谓为内动词亦无不可。故即形容词与动词之界限，亦有时而含混。编者拟以凡作述语之形容词与动词合并为一类，名之为言词。

傅东华给汉语分成八个词类：名词、言词（旧之作述语的动词、形容词、名词）、训词（旧性态形容词之限制用法者及旧性态副词合并为此类）、指词（旧之代名词）、助词（除性态副词外的旧副词及旧助动词）、系词（旧连词、介词和同动词的一部分）、语词（旧表语气之助词和表领摄的“之”“的”）、声词（旧叹词）。

对傅氏词类系统颇有持异议者。他把作述语的形容词划归言词，而把限制用法的形容词划归训词，那就是说“山高”的“高”是言词，“高山”的“高”是训词，这岂不也是词无定类吗？所以，傅氏的词类划分也没有得到普遍认可。追溯原因，大概是他只依据功能（在句中充当何种句子成分）一个标准，也是难以合理划分词类的。

文炼、胡附在《谈词的分类》（《中国语文》1954 年第 2～3 期）一文中认为，汉语有形态（狭义形态和广义形态），可据以划分词类。所谓狭义形态指单词的接头接尾，广义形态，除了单词的形态变化外，还包括词和词的相互关系，词和词的结合，语词的先后次序等。狭义形态。像“儿”“子”“头”。加不加“儿”“子”“头”词性不一样，如，错：错儿；胖：胖子；看：看头。广义形态，如：（1）凡能连在数量词、指示代词后面的词应划归名词。（2）能将“不”“会”“能”“敢”“该”等加在前面，后面可以和“了”“着”“过”“起来”“下去”“过来”“过去”相结合，本身可以重叠的，划归动词。（3）前面可以和“真”“十分”“非常”“很”结合，后面可以和“极了”“得很”结合，有的可以重叠，单音词重叠以后，一般要加上词尾（如“儿”“的”等），双音词重叠的形式是叠字而不是叠词的，划归形容词。

王力《关于汉语有无词类的问题》指出，汉语划分词类应有词义、形态、句法三个标准。此文对现代汉语的词类划分颇有建树。

《现代汉语语法讲话》认为区分词类的标准应是性质和用法。

（1）性质{ 词汇意义
　　　　　与其他词的组合能力

人、马、蒲公英{ 词汇意义：都是事物名称
　　　　　　　　组合能力：前面都可加数量词 }名词

来、告诉、打听{ 词汇意义：表示一种动作
　　　　　　　　组合能力：前面可加“不”否定 }动词

（2）用法——担任何种句子成分。如：次动词通常不做谓语的主要成分。助动词通常用在动词前，也可独立使用。

由于词类划分标准各不相同，所以对汉语词类就有各种不同的划分方法。下面是几部重要语法著作的词类划分对照表：

马建忠	黎锦熙	王力	吕叔湘 朱德熙	曹伯韩	陆志韦	张志公	
马氏文通	新著国语文法	中国现代语法	语法修辞讲话	语法初步	北京话单音词词汇	汉语语法常识	语法讲话
（实字）	（实体词）	（实词）				（实词）	
名字	名词	名词	名词（实）	名词	名词	名词	名词
	量词	单位名词	副名词（虚）	代词	普通变化词	动词	代词
代字	代名词	数词	动词（实）	动词	（动词）	助动词	指示词
	（述说词）		副动词（虚）	联系动词	形容词	形容词	数词
动字	动词	动词	形容词（实）	准联系动词	形容变化词	数量词	量词
	助动词	助动词	数词*	形容词	（指代词）	指代数	动词
	同动词	（形容词）	代词（虚）		代名词	（虚词）	形容词
	（区别词）	（半实词）			数名词	系词	
静字	形容词				助名词		
状字					（副词）		
					上加副词		
虚字	副词	副词	副词（虚）	副词	下加副词	副词	副词
		（半虚词）			（作用词-虚字）	介词	
	（关系词）	代词			引起词		
介字	介词	系词		介词	联接词	连词	连词
					语助词	助词	语助词
连字	连词	（虚词）	连接词（虚）	连接词	（杂词）		
	（情态词）	联结词	语气词（虚）	（虚）语气词	感叹词		
助字	助词				问答词	叹词	象声词
叹字	叹词	语气词	象声词（虚）	感叹词	形声词		

3. 实词与虚词的范围问题

《文通》首次把实字、虚字的术语运用于语法研究，他提出的标准是“有事理可解者曰实字，无解而惟以助实字之情态者曰虚字”。对这一定义，杨树达、陈承泽都进行过评论。(48 页）胡裕树也评论说：“有解、无解的差别，实际上也是概念上的差别。如果根据马氏自己的‘字各有义’的说法，说介字、连字、助字无解已经够牵强了，把叹字划入无解的虚字更没有理由，因为叹字是可以单独成句的。从概念范畴来讲虚实，必然不能自圆其说。”他比较推崇陈望道提出的如下标准：

> 实词是在组织上能够独立自主的，可以称为自立词，虚词是在组织上必须依附实词才能成一节次的，可以称为他依词，自立词可就其自身寻求意义，他依词必须就该词和自立词的连贯上寻求意义，看它如何节限自立词的意义。

胡裕树认为，陈望道的这段论述才算“找到了〔实词与虚词的〕合理的标准：能够独立用作句子成分的是实词，必须依附实词才能充当句子成分的是虚词……这样的分类才是语法上的分类”。

由于实词、虚词划分标准不同，各家划定的实词、虚词的范围也不尽相同。下面把几家的意见列一对照表：

分类 作者	书名	实词					半实词	虚词				半虚词
马建忠	《马氏文通》	名字	代字	动字	静字	状字		介字 连字	助字	叹字		
王力	《中国现代语法》	名词 单位名词		动词 助动词	形容词	数词	副词	联结词	语气词			代词 系词
吕叔湘 朱德熙	《语法修辞讲话》	名词		动词	形容词	数词		连接词 副名词 副动词	语气词	代词	象声词 副词	
张志公	《汉语语法常识》	名词	指代词	动词 助动词	形容词	数量词		介词 连词	助词	叹词	副词 系词	

《汉语语法分析问题》认为：

> 不少语法著作里提到实词、虚词的分别，可是对于怎样划分，有不同的主张，例如指代词和副词算实词还是虚词，意见就不一致。按中国古来传统，指代词属于虚词，是从意义上考虑。要是从句法功能看，指代词大多数与名词、形容词相当，就应当归入实词。副词呢，从句法功能看，也应当归入实词，可是它们的意义有比较实的，也有比较虚的，少数是虚而又虚，如“就”“才”“还”“也”“又”。因此有的书上把指代词称为“半虚词”，把副词称为“半实词”，这也可见虚词和实词难于截然划分了。又如有些书上把方位词列为名词的附类，把判断词（是）、助动词、趋向动词列为动词的附类，也是因为这几类词虽然包括在实词（名，动）范围之内，但是它们的作用是辅助性的，跟虚词相近。看来光在“虚”“实”二字上琢磨，不会有明确的结论；虚、实二类的分别，实用意义也不很大。(35 页)

4. 主语、宾语问题

（1）主语问题

主语问题上的争论，集中在是施事者为主语，还是话题为主语。《文通》在这个问题上是模棱两可、时此时彼的。他一方面说：“言其行所自发者，曰起词。”（247 页）“动静之情……所从发者，起词也。”（636 页）“行所自发”“所从发”，即施事；另一方面又说：“凡以言所为语之事物者，曰起词。”(56 页)“所为语之事物”，象话题。

下面来看《文通》实际上是怎样确定主语的。举例说明：

①“王者莫高于周文。”马氏不把“王者”看作起词，而看作偏次。这表明马氏不是把话题看作主语的。否则，“王者”应看作主语，“莫高于周文”是小句作谓语。

②“夫颛臾，昔者先王以为东蒙主，且在邦域之中矣，是社稷之臣也，何以伐为?”马氏分析此句说：“‘夫颛臾’三字冒起，一若起词者然。”(644 页）这又像是把话题看作主语的。

（2）宾语问题

宾语问题上的争论，主要在于是受事为宾语呢，还是动词后面的体词为宾语。《文通》一方面说：“凡名、代之字，后乎外而为其行所及者，曰止词（即宾语）。”(57 页）这是把受事当宾语的。另一方面又说：“语词而为外动字也，则止词后焉。”（64 页）这又像是把动词后面的体词性成分看作宾语的。

下面来看《文通》实际上是怎样确定宾语的，举例说明：

①“所藏乎身不恕而能喻诸人者，未之有也。”马氏分析此例说：“‘所’字至‘者’字，读也，‘有’之止词……”（309 页）他把这种句子归入“惟有止词而无起词”一类中。这表明他完全以受事为止词（宾语），即使位置在前，也不例外。

②马氏说：“内动字无止词，有转词，固已。然有内动字用若外动者，则亦有止词矣。”（302 页）他所举之例有：

A. 君三泣臣矣。——为臣泣。（302 页）

B. 子期似王，逃王而己为王。——使王逃。（303 页）

这显然是把动词后的体词性成分看作止词，而不管它们是还是受事。

③《孟·尽上一》：“天下无道，以身殉道，未闻以道殉乎人者也。”——同一“殉”字，乃一曰“殉道”，一曰。“殉乎人”，即一为止词，一为转词。《孟·梁下》“君子不以其所养人者害人。”《孟·滕上》：“曰害于耕。”——同一“害”字，一曰“害人”，一曰“害于耕”，即一为止词，一为转词。（303 ~ 304 页）这里同样表明马氏是把动词后的体词看作止词的，而不像后来杨树达所主张的，没有介词的说成是省略了介词“乎”“于”。

可是，对于内动字后面的体词性成分，马氏的处理又与此不同。下面例句中动词后的体词性成分，他统称“转词”：

子适卫。

子之武城。

不能造朝。

五日而至郢。

上述情况表明，《文通》划定主语、宾语的标准是不明确和不一贯的，有时是相互矛盾的。

关于主语、宾语问题，1955 年 7 月至 1956 年 3 月，国内语言学界开展了一次较大规模的讨论。中心问题是，主语、宾语的确定是依据施受关系

（语义）还是依据结构（词序）关系。

黎锦熙《主宾小集》提出宾语在前有三种：

宾提动前：他什么事情都做。

宾踞句首：谁的责任谁负。

反宾为主：钱花完了。

他认为时地词在句首，有的是主语，只有下面两种，不能看成主语：

副冠句首：哪儿他也不去。

副夺主位，主退谓后：台上坐着主席团。

邢公畹先生主张，从结构（词序）上确定主语、宾语，不管施事、受事，在动词前为主语，在动词后为宾语。他说："总起来说，主语就是一句话里在前头的体词或体词结构。从汉语的习惯说，因为它要表现主题事物，所以是体词，而且在地位上是在前头的。宾语是谓语中的体词或体词结构。动谓词跟宾语之间的内部关系就叫动宾关系。这一内部关系的外部表现，在次序上就是动词在前，宾语在后。"

《汉语口语语法》说："在汉语里，把主语、谓语当作话题和说明来看待，比较合适，主语不一定是动作的作为者。"（第二章 45 页）

《现代汉语语法讲话》重视句子格式和词序。它认为"语法就是讨论句子的各种格式"。而"句子的格式里头，最要紧的就是词的次序"。它不同意宾语倒装的说法。它说：

> 倒装说的主要困难在于好些"倒装"的宾语不能"顺装"。比如有些句子，动词之后已带宾语或准宾语，不能兼管倒装的宾语。例如："后半场，中锋换了人。""这点东西，我藏了好些天。""中锋换了"还可以说"换了中锋"，"中锋换了人"既不能说成"换了人中锋"，也不能说成"换了中锋人"。同样，"这点儿东西，我藏了好些天"，既不能说成"我藏了好些天这点儿东西"，也不能说"我藏了这点儿东西好些天"。又比如有些句子，虽然有动词，可是管不着"倒装宾语"。例如："这事儿我们也没有办法！""这事儿咱们上当了！"这两句没有法子说成"我们也没有办法这事儿""咱们上当这事儿了"。又比如带"得"字的动补结构做谓语，例如："你看这事儿我办得怎么样？"不能说成"你看我办得这事儿怎么样？"如果说成"你看我办这事儿办得怎么样？"句法变了（多了一个"办"字）。如果说成"你看我办这事儿怎么样？"不但句法变了（少了个"得"字），连意思也变了（不是问

这事儿办得好不好，而是问我办这事儿是不是合适）。

《讲话》还说：

> 如果把所谓“倒装宾语”挪到动词后头去，意思就整个儿变了。例如“你什么都懂，你什么都知道”，如果说成“你都懂什么，你都知道什么”，就变成反问语气，意思是你什么都不懂，你什么都不知道，跟原句的意思正相反。……再从另一方面说，倒装说分别主语宾语，完全依赖施受关系。有时候动词是两面性的，施事受事不好分，倒装不倒装很难断定。例如：“田英……腰都直不起。”“张金龙脸色就变了。”“究竟是人直不起腰，还是腰直不起呢？是人变了脸色，还是脸色自个儿变了呢？”（26～27页）

与主语、宾语问题有关，对下面几种句子的分析也多有分歧：

A. 鸟，吾知其能飞。

《文通》认为，“鸟”是“其”的同次，（194页）是“用如加词者”。（189页）

后来有的语法著作基本上沿用这一观点，认为“鸟”是外位语。《国文法之研究》对这种句子是这样说的：“在我国文法上，还有一种形式上看似主词，而其实并非真正主词的：‘鸟，吾知其能飞。’”（63页）当今的语法分析，倾向于把“鸟”看成主语，“吾知其能飞”是小句作谓语。

B. 险阻艰难，备尝之矣。

《文通》分析这一句子说：“‘之’指词，重指‘险阻艰难’也。故‘险阻艰难’既为止词而置先句首者此也。”（194页）（案：《文通》认为“险阻艰难”是止词“之”的加词，同次。）

《中国文法要略》认为“险阻艰难”是外位止词。（120页）近年来不少人主张“险阻艰难”是主语，后面的词语是谓语。

C. 庖有肥肉，厩有肥马，民有饥色，野有饿莩。

《文通》分析此句说："四句'有'字，各有起词与止词也。"（304 页）可见，它认为"庖""厩"等表示处所的名词是主语。而《国文法之研究》说："在我国文法上，还有一种形式上看似主词，而其实并非真正主词的：'庖有肥肉，厩有肥马……'"。（63 页）

《要略》对这类句子是这样论述的：

> 时地性起词的有无句——很多有无句是拿方所词作起词的，例如："蜀之鄙有二僧。"这些"蜀之鄙"之类的词语，意义上是"方所补词"，表示事物存在于何处。"有人于此"的"于此"位置在"有"字之后，显然是补词。"于传有之"，"于我心有戚戚焉"，这两句里的补词就移在"有"字之前，但是还有一个"于"字表示他们的性质，假如删去这个"于"字（例如"传有之"），就变成"蜀之鄙有二僧"的句法了。
>
> 但是"蜀之鄙"之类的词语既然占据了起词的位置，又可以和"我有嘉宾"（这里面的"我"字公认为"有"的起词）式的句子混列在一起，如："庖有肥肉，厩有肥马，民有饥色，野有饿莩。"这里一、二、四这三小句是"蜀之鄙有二僧"一类，"民有饥色"是"我有嘉宾"一类，但是四句联立得很调和，可以推见他们确是同一类型。因此我们无妨把"蜀之鄙"也认做起词，或称为"准起词"。（66 页）

5. "是""非""为""即""乃"

这些词《文通》称为决词或断词。《中国现代语法》称为系词，《高等国文法》称为不完全内动词。对这类词的词性归属上的不同，直接影响到对它们后面的句子成分的定性。如果是系词，后面是判断语或表语；如果是不完全内动词，后面是补足语。现在，较多人认为这五个词不必捏成一类。"非""即""乃"是副词，"为"是动词，"是"原是标准系词，但近年来也有不少人称之为系词性的动词。

6. "犹""如""若"

这些词《文通》归入状字（394 ~ 395 页），但它又说："'如''若'等字，虽为状字，而其用与动字无异，亦可列入同动字也。"（312 页）《新著国语文法》《高等国文法》称之为不完全内动词，《中国现代语法》称之为准系词。（232 页）这个问题上的分歧，同样涉及对这类词后面的句子成分的定性。现在不少人倾向于把这类词看作及物动词，后面的成分是宾语。这样处理较为明快。

7. “适”“往”“之”

这类动词，《文通》称为内动字，《国文法草创》《高等国文法》称为关系内动词。杨树达认为这类词后面都应该有介词引进处所词作为转词，如没有介词，应视为省略。请看下面两组例句：

> 无几何而使捆之于燕。(《庄·徐无鬼》)
> 有为神农之言者许行，自楚之〔　〕滕。(《孟·滕上》)
> 今病小愈，趋造于朝。(《孟·公下》)
> 昔者有王命，有采薪之忧，不能造〔　〕朝。(《孟·公下》)

杨说，用“于”者为正例，不用者为变例，但他承认“古书中变例多于正例”。他批评说：“《马氏文通》以省‘于’字者为常，但从例句之多寡为言，不从文法之理论为说，非是。”（101 页）这段批评，未见得正确。《中国文法要略》说：

> 〔外动词与内动词〕不能看得太死。例如“跳”，平常不带止词，是个内动词，但是在“跳绳”“跳月”“鲤鱼跳龙门”这些词语里头不能不算是外动词。同样，“闹”字在“莫闹，莫闹”里头是内动，在“闹新房”“孙行者闹天官”里头，又成了外动。另有许多动词真不容易断定它是内动为主还是外动为主，他们有时带止词，有时不带，但不一定要算省略。例如：
>
> 食不言，寝不语。
> 夏礼，吾能言之。
> 子不语怪、力、乱、神。
> 学而不思则罔，思而不学则殆。
> 见得思义。
> 行有余力，则以学文。
>
> 再有一些动词，非但有时无止词，有时有止词，而且在甲句里做他的起词的那一类字，到乙句里成了他的止词。例如：
>
> 用之则行，舍之则藏。
> 君子藏器于身，待时而动。
> 血流漂杵。
> 流血五步。

这是个富有理论上的趣味的问题。(32～33页)

《要略》还说:

文言里有一类动词,用"于"和不用"于"一样的普通,我们不能说不用"于"一定是省略;我们甚至可以说不用"于"字的时候,那些动词是外动词,就拿方所词作止词。例如:

{在于王所者,长幼尊卑皆薛居州也。(《孟·滕下》)
 在王所者,长幼尊卑薛皆非居州也。(《孟·滕下》)

{昔者有王命,有采薪之忧,不能造朝。(《孟·公下》)
 今病小愈,趋造于朝。(《孟·公下》)

这一类动词很不少。有些文法书上的所谓"关系内动词",一大部分都有这种现象。(205～206页)

除以上所列问题外,还有许多讨论的问题,在此难以尽述。仅再举一例:

对"紾兄之臂而夺之食"一句,《文通》是这样分析的:"曰'夺之食'者,转词为代字而先于止词。"(251页)

而《马氏文通刊误》则认为:"'夺之食'……古'之'字解作'其'字用者。"

《要略》说:

"夺""取"或"学""问"等义的动词后面也可以跟一类补词,这类补词和起词的关系恰恰和普通受词相反:不是补词因这个动作而有所失,就是起词因此而有所得。这一类补词假如要另外起个名目,可以称为反受词。为简单起见,也可以仍称受词……〔如〕"牵牛以蹊人之田,而夺之牛。""紾兄之臂而夺之食。"(45～46页)

总之,《文通》暴露了许多矛盾,提出了许多问题,引起了后来一些语法著作的讨论。在不断的讨论与探索中,汉语语法学得到了发展并日臻完备。吕叔湘先生在《马氏文通札记·校批》中说:

《文通》这部书几乎到处是矛盾,但是在今日仍然不失为一部重要的著作。其所以重要……正在于著者自己不意识到其中的矛盾而让它尽量呈现。继马氏而起的语法学者大都看到了《文通》内部的矛盾（不管看到的多或少），把容易解决的解决了，把难于解决的掩盖起来。他们的体系看起来比《文通》干净、完整，但是不如《文通》更能刺激读者的思考。《马氏文通》之可贵，就在于它充分提供矛盾，我们现在读《文通》主要也是为了揭露矛盾。通过这一揭露，更深入地探索这些矛盾的根源，了解问题的本质，提到方法论的高度来研讨。这样就有可能把我们引导到解决汉语语法体系问题的正确道路上去，《马氏文通》也就在这个意义上起到了积极的作用。

六　《文通》简明词典

〔凡例〕

（1）词典中的词目选自《马氏文通读本·词语索引》。

（2）词目后括号内的数码，是该词在《马氏文通读本》中出现的页码。

（3）词目后所引例证，有关词语下以～～号标志。

（4）例证出处，书名一律简称：论语——论，庄子——庄，史记——史，汉书——汉……

（5）一词如有两个以上义项，用 1、2……分列。

（6）词目按音序排列。

B

本名　（68　79　80　147　189　199　326　563）专有名词，如：尧、舜。

比辞　（313）有“如同”义、表示等比的动词，像“如”等。

比读　（64 690）1. 在“犹”“如”等比辞后被用来表示比喻的小句。如：士之失位也，犹诸侯之失国家也。（《孟·滕下》）2. 介词“于”的宾语是读（包括者字短语），在形容词后表示比较的对象，这个读也称比读。如：其贤于世之患不得之而患失之者。（《韩·圬者传》）

比较之读　（696）同于“比读”。

比拟句读（比拟之句）　（650　651）在连词“况”后的小句。如：隗且见事，况贤于隗者乎？

弁读连字　（679）假设连词与让步连词“若”“如”“即”“使”“虽”“纵”等。这些词都用于主从复句的从句（读）中，故称弁读连字。

表词　（58　124　127　134　137　185　188　215　222～234　353　374　375～376　400　433～434　499　539～543　651　691）由形容词或名词、代词、名词性短语等充当的谓语。如：柴也愚，参与鲁。（《论·先进》）春者何？岁之始也。（《公·隐元》）

别称　（215～216）量词。如：黄金千镒　白璧十双

宾次　（59　60～61　86　132～133　141　174～181　644）大体相当于某些西语的宾格。动词的宾语、介词的宾语、记时记地之词等皆属宾次。

C

差比　（234　238　240　432　651）主语所代表的人或事物在形容词（谓语）所表示的性状方面同“于”引进的比较对象有差异，叫差比。如：季氏富于周公。（《论·先进》）

差比之句　（589）表示差比的句子。

成语　（136　411）1. 记时、记处的单音节词和其他词合成的词语。如：居顷，复从北方来传言。（《史·信陵君列传》）2. 由“何”与其他词结合而成的固定格式，象“如何”“若何”“奈何”“如之何”等。

承动　（424）一个动词在另一个动词后（也可前置）承受其动作，这种语法现象，叫承动。如：远人不服而不能来也。（《论·季氏》）非无贿之患，而无令名之难。（《左·襄二十四》）

承读　（359～366　561～562）充当动词宾语的（读）小句或短语。如：今人乍见孺子将入于井。（《孟·公上》）孤不敢忘天灾。（《国·吴语》）

承接连字　（471～517）《文通》四种连词之一。包括“而”“则”“斯”“即”“或”“既……又”“非……则”“故”“以”“为”等。

承转连字　（604）表示抉择的连词，包括“抑”“宁”“将”等。如：天道乎，抑人故也？（《国·周语》）

重言　（183　388）1. 叠音词（《文通》归入状字）。如：贤者以其昭昭使人昭昭。（《孟·尽下》）2. 同义或近义词语的重复出现，包括一些同位语、名词性谓语、申说语等。如：朕高皇帝侧室之子。（《汉·南粤传》）与汉战荥阳南，京索间。（《史·项羽本纪》）

重言状字　（388）同“重言”1。

重指　(153) 一个代词，指代它前面的名词或其他词语。如：众皆悦之。(《孟·尽下》)(皆，《文通》列入代字。)

传信助字　(538　578　598　621　624　626　627) 句末语气词中疑问语气词之外的部分。《文通》重点论述的传信助字有七个：也、矣、已、耳、尔、焉、者。

传疑助字　(536　599　617　621　627　629) 疑问语气词。《文通》重点论述的传疑助词有六个：乎、哉、耶、与、夫、诸。

次　(59　161~198) 1. 仿照西语的格而设立的术语。《文通》的次有六：主次、宾次、偏次、正次、前次、同次。2. 次序、顺序。《文通》："至论事之次，或云'其一'、'其二'……"(219 页)

D

代字　(50　82~85　174　199　272　329　382　416　456　461　564　651　652　656) 代词。但具体内容与今天所说的代词不尽相同。

单静字　(203) 单音节的形容词。

单字之名　(202) 单音节的名词。

叠接　(685~686) 相连两句，后一句是前一句或前句中某个成分的重复。如：《诗》云："宜兄宜弟。"宜兄宜弟，而后可以教国人。(《礼·大学》) 其次致曲，曲能有诚。(《礼·中庸》)

叠句　(586　610　705　707　708~710) 1. 意义相近、字数略同的两个或两个以上的句子。如：文王之囿，方七十里，刍荛者往焉，雉兔者往焉，与民同之。(《孟·梁下》) 2. 第二句是第一句的重叠。如：得其所哉！得其所哉！(《孟·万上》)

叠言　(184) 后一句（或词语）是对前一句（或词语）的重叠。如：吾师乎！吾师乎！(《庄·大宗师》) 孰为来哉！孰为来哉？(《公·哀十四》)

叠韵状字　(332) 两个叠韵字构成的状字。如：太傅之计，旷日弥久，心惛然恐不能须臾。(《史·刺客列传》)

动字　(50　63　70　199　247　326~334　359~361　362~363　379　380　442　453　458　462　471~475　476　477　478　479　480　481　564　596　599) 动词。《文通》动字分内动、外动、受动、同动、助动、无属动字。

动字辨音　(334~350) 同一个字因声调不同而或为动词，或为别类之词。如：恶，读去声，为及物动词，"憎"义；读入声，为形容词，"不善”义；读平声，为疑问代词，“何处”义。

动字假借 （326～333）其他词类的词用作动词。

《文通》动字假借共四种：

动字假借名字。如：疑年，使之年。（《左·襄十》）

动字假借代字。如：且也相与吾之耳矣。（《庄·大宗师》）

动字假借静字。如：老吾老以及人之老。（《孟·梁上》）

动字假借状字。如：贤者以其昭昭使人昭昭。（《孟·尽下》）

动字骈列 （351～352）双音节动词的构造方式。

《文通》所论有四种：

两字反义：穷通 浮沉 安危 褒贬

两字同义或近义：登临 奔驰

两字双声：踌躇 流离

两字叠韵：徜徉 蹉跎 经营

动字相承 （353～374）后一个动词承受其前一个动词的动作；或一个带有动词谓语的小句，承受前面动词的动作。如：趋造于朝。（《孟·公下》）吾见师之出而不见其人也。（《左·僖三十二》）采薇而食之。（《史·伯夷列传》）

动字相承仿照西语的动词不定式，却又超出动词不定式的范围。

读 （61～64 83 148 193 224 225 230 235 309 418～422 435～437 514～515 543 555 566 571 577 636～647 651 676～699）包括小句（从句和子句）、所字短语、者字短语。如：三代之得天下也以仁。（《孟·离上》）彼，人之所引，非引人也。（《庄·天运》）百里奚自鬻于秦养牲者。（《孟·万下》）

读之用 （687～698）读（小句、所字短语、者字短语）的句法功能。《文通》论述“读之用”有三：综述如下表。

读之用
- 用如名字
  - 用为起词：其行已也恭，其事上也敬。（《论·公冶长》）
  - 用为止词：吾见其进也，未见其止也。（《论·子罕》）
  - 用为转词：王无异于百姓之以王为爱也。（《孟·梁上》）
- 用如静字：吾非生而知之者。（《论·进而》）
- 用如状字
  - 记处：臣尝游海上，见安期生。（《史·封禅书》）
  - 记时：昔夏之方有德也，远方图物。……（《左·宣三》）
  - 记容：乃祖吾离，披苫盖，蒙荆棘，以来归我先君。（《左·襄十四》）

读之记 （676～680）读的标志。凡有读之记者必为读。《文通》读之记有三：①接读代字“其”“所”“者”。如：回闻卫君，其年壮，其行独。（《庄·人间世》）②起词、语词之间加“之”。如：民之从之也轻。（《孟·梁上》）③弁读连字“如”“若”“虽”“纵”等。如：故诚能勿失其柄，天下虽有不顺，莫敢触其锋。（《汉·梅福传》）

读之位 （680～684）读（小句、所字短语、者字短语）的位置。读的位置本有多种不同，但《文通》只谈到“读先乎句”这一种位置。（详见《马氏文通读本·导言》“读”的部分）

断词 （226　263～264　434　458）1. 系词。《文通》重点论述的系词有五：是、为、即、乃、非。参下“决词”条。2. 表示判断口气的语气词。如：君子食无求饱，居无求安，慎于事而敏于言，就有道而正焉，可谓好学也已。（《论·学而》）

断辞 （226　262　264　651）同“断词”。

对待静字 （202）由两个反义字构成的形容词。如：大小之狱，虽不能察，必以情。（《左·庄十》）

对待之名 （77）由两个反义字构成的名词。如：古今、是非、否泰、进退。

对语之句 （639）对话时所用的语句。如：入曰：“伯夷、叔齐何人也？”曰：“古之贤人也。”曰：“怨乎？”曰：“求仁而得仁，又何怨？”（《论·述而》）

顿 （83　149　225　382～383　448　542　651～652　665～676）语句中的停顿。有时是一个小句，有时是一个短语，有时只是一个单词。如：以楚国堂堂之大，何求不得？（《史·滑稽列传》）百骸、九窍、六藏，赅而存焉。（《庄·齐物论》）

F

发语辞 （147）略等于句首语气词（或称句首助词）。如：夫州吁，阻兵而安忍。（《左·隐四》）

反正之句 （711～714）表示转折关系的复句。两分句间多用转折连词“然”“而”等。如：秦无亡矢遗镞之费，而天下诸侯已困矣。（《史·秦始皇本纪》）

泛指代字 （269）《文通》：“惟外动字加弗辞，或起词为‘莫’‘无’诸泛指代字，其止词为代字者，皆先动字。”可见，泛指代字即指“莫”

“无”等否定性无指代词。这类词，《文通》划入约指代字。

弗辞 （269 270 271 272 309 361 503 548 653 655 658 660）否定词，包括否定副词“不”“未”、否定性无指代词“莫”，以及表示否定的动词“无”等。

G

感叹之句（叹句） （568）感叹句。如：远矣，全德之君子!（《庄·田子方》）甚矣，鲁侯之淑，鲁侯之美也!（《公·庄十二》）

公名 （68 79 147 199 215 326 562）普通名词。如：是鸟也，海运则将徙于南冥。（《庄·逍遥游》）

公共之名 （643 644）这是一个不确定的概念。《文通》:“有不用起词本字而以公共之名代之者，如人以地名是也。”所举公共之名的例子有：河南、布衣、天下、道路。其中既有普通名词，又有专有名词。

H

合助助字 （624）两个语气助词连用。又称“双合助字”。如：商也始可与言《诗》已矣。（《论·八佾》）其余不足观也已。（《论·泰伯》）

后词 （131）用来回答疑问词之询问的词语。《文通》立此术语，但不曾使用。

呼人之次 （161）主次的一种，也叫“呼语之次”。如：赐也！非尔所及也。（《论·公冶长》）

互指代字 （159 450～451）用在动词前表示交互义的词，《文通》列有“自”“相”“交”三词。其实，“自”并无交互义。

活字 （51）相对于静字（形容词）而立的一个术语，实即动字。

J

极比 （234 241～246）《文通》立“比”一节，分平比、差比、极比三种。“极比”即在一定范围内程度最高者。如：诸子中胜最贤。（《史·平原君列传》）

记处之读 （694）表示处所的小句或短语。如：君处北海，寡人处南海，唯是风马牛不相及也。（《左·僖四》）上郡以西旱。（《史·平准书》）

记处转词 （662）《文通》转词相当于充当状语、补语的介宾短语和间接宾语。记处转词，即表示处所的这类词语等。如：出于五鹿，乞食于野

人。(《左·僖二十三》)

记时连字　(99) 用在某些词语前，表示“正值……时”“等到……时”等义的词。如：士方其危苦之时易德耳。(《史·平原君列传》) 比其反也，则冻馁其妻子。(《孟·梁下》) 其中大多是连词。

记时之读　(591　696) 表示时间的小句或短语。如：于其出焉，使公子彭生送之；于其乘焉，搚干而杀之。(《公·庄元》)

记时转词　(663) 表示时间的词语。有的并不符合转词定义，《文通》统称记时转词。如：君命一宿，女即至。(《左·僖二十四》)

继事之词（继事之辞）　(496　509　521) 复句中后一分句所叙之事与前一分句所叙之事先后相继，中间用“则”“乃”“又”等字连接，而“则”“乃”“又”等字，《文通》称继事之词。如：弟子入则孝，出则弟。(《论·学而》) 设欲知马贾，则先问狗，已问羊，又问牛，然后及马。(《汉·赵广汉传》)

继事之连字　(590) 略同于“继事之词”。

记数静字　(211)《通文》把数词列入形容词。一般形容词称象静，数词称滋静，后者偶而又称记数静字。

加词　(64　189~194) 大体相当于同位语，有时又包括名词性谓语。如：右丞相陈平患之 (《史·陆贾列传》) 今先零羌扬玉，此羌之首帅名王，将骑四千。(《汉·赵充国传》)

加读　(193) 加词是读（小句、所字短语、者字短语），即称加读。如：古之圣人，其出人也远矣，犹且从师而问焉。(《韩·师说》) 彼，人之所引，非引人也。(《庄·天运》)

加语　(124　129) 同“加词”。

假设之词（假设之辞）　(310　460　468　563)

具有假设之义的词语或句子。如：不有废也，君何以兴？(《左·僖十》) 微管仲，吾其披发左衽矣。(《论·宪问》)

假设之读　(698) 表示假设的分句。如：微樊哙奔入营谯让项羽，沛公几殆。(《汉·樊哙传》)

较量之词　(133　138) 表示比较或商量可否、询问方法的疑问词语“孰”“奈何”等。如：师与商也孰贤？(《论·先进》) 诸侯不从，奈何？(《汉·高帝纪》)

接读代字　(85　111~131　378　676~677　688　691　692) 仿照西语的关系代词而设的一类代词，包括“其”“所”“者”三词。如：回闻卫君，其年壮，其行独，轻用其国而不见其过。（《庄·人间世》）天下诸侯，宜为君者，唯鲁侯尔。（《公·庄十二》）冀之北土，马之所生，无兴国焉。（《左·昭四》）

节　（83）大体相当于句群或段落。

结句　（714　715）段落结尾之句。如：《论·季氏》的结句是：吾恐季孙之忧，不在颛臾，而在萧墙之内也。

介字　（53　249　414　422　424　428　437　439　449　455　459～463）介词。《文通》重点论述的介词有五：之、于、以、与、为。附带提到的介词有四：由、用、微、自。

禁止之词（禁戒之词）　（404）表示禁令口气的否定副词“勿”“毋”等。如：己所不欲，勿施于人。（《论·先进》）

警辞　（184）表示感叹语气的语句。如：天乎！天乎！国，子之国也。（《谷·僖十》）

静字（57　70　185　188　199～246　330～331　381　386　415～416　428～429　446　475～477　478～479　480～481　540～541　564　566　595　607　691～692）形容词，包括形容词和数词，《文通》称前者为象静，后者为滋静。如：故闻柳下惠之风者，鄙夫宽，薄夫敦。（《孟·万下》）海内之地，方千里者九。（《孟·梁上》）

句　（55～56　61　83　514～515　576　581　636～643　686　700～721）《文通》的句包涵甚广：单句、主从复句中的主句、包孕句、包孕句中子句以外的部分、并列复句、并列复句中的每个分句。（详见拙文《马氏文通句读论述评》，华中工学院《语言研究》，1985 年第 2 期）

决词　（226）系词。《文通》所论决词有五：是、为、即、乃、非。如：夫斯乃上蔡布衣。（《史·李斯列传》）梁父即楚将项燕。（《史·项羽本纪》）子非鱼，安知鱼之乐？（《庄·秋水》）

决辞　（309　310　400）1. 系词，同“决词”。2. 表示决断语气的词语。如：黥布，天下猛将也，善用兵。（《史·留侯世家》）其家不可教而能教人者，无之。（《礼·大学》）必也正名乎！（《论·子路》）

K

慨叹之辞　（162）表示感叹语气的语句。如：噫嘻成王！（《诗·周颂》）君，何见之晚！（《史·廉蔺列传》）

L

捩转　(487) 转折 (指连词表示的转折作用)。如：人不知而不愠，不亦君子乎？(《论·学而》)

连及之辞　(195) 连词。如：子罕言利与命与仁。(《论·子罕》)

连字　(53　455　464　466　471　491　508　513　516　521　522　524　530　531　533　535) 连词。《文通》连字分四类：

提起连字：夫、今、盖、且

承接连字：而、则、或、既……又、非……则、至于、至如、若夫、及至、及其、如其、方、当、甫、自、比、及、会

转捩连字：然、然而、然则、第、但、独、特、惟、顾、而顾

推拓连字：纵、虽、如、苟、令、即、果、诚、设、假、就、使、乡使、向使、假设、假令、浸假、犹……况〔矧〕、尚……况〔矧〕、与……宁、抑、将、宁、其……其、非惟……亦、非独……亦

两商叠句　(614) 同下"两商之句"。

两商之句 (两商句)　(534　619～620　710～711)

表商较和抉择的句子。如：知不足邪，意知而力不能行邪？(《庄·盗跖》) 以吾爱与夷，则不若爱女；以为社稷宗庙主，则与夷不若女。(《公·隐三》)

M

名字　(49　68　71　72　73　77　78　180　225　299　301　382　385　415　416　417　439　445　453　455～456　459　460　461　594　607　651　687) 名词。《文通》名词的分类如下：

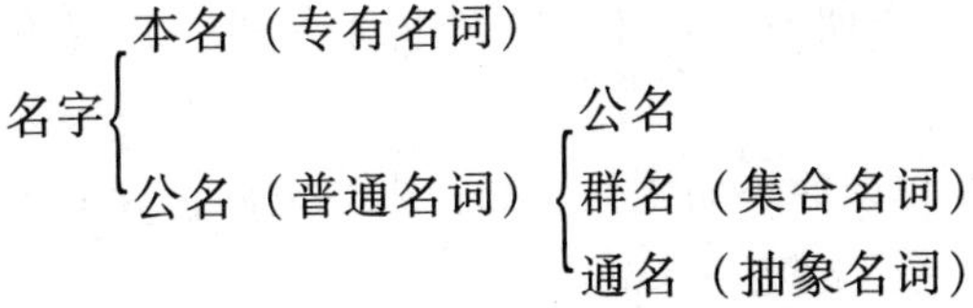

名字辨音　(71～76) 同一个字因声调不同而或为名词，或为别类之词。如：比，读平声，为名词；读上声，为动字；读去声，亦为动词。

名字骈列　(77) 双音节名词的构造方式之一：并列。

《文通》论及者有二：

两字同义。如：规模　威仪　形容　纪纲

两字反义。如：是非　因革　安危　升沉

名字诸式　（77）双音节（或三音节）名词的构造方式。《文通》论及者有三种：

名字骈列（见上）

加字成名{加“不”“无”“未”。如：不义、无礼、未形
加“有”。如：有邦、有夏

名后殿字{殿“者”。如：人者、二子者、南冥者
殿“也”。如：赐也、野马也

最后一种，今天都不看作一个名词，“者”“也”是助词。

命戒之句　（640）命令句、（或称祈使句）。如：子曰：“毋，以与尔邻里乡党乎！”（《论·雍也》）

N

内动　（57　286　288　294　297　302　303　661）1. 不及物动词。2. 不及物动词所表示的动作行为。

内动字　（57　286　293　296　297　298　302　661）不及物动词。如：孔子行。（《论·微子》）

拟议之读　（698）含有假设意义的小句或短语。如：不以舜之所以事尧事君，不敬其君者也。（《孟·离上》）

拟议之句　（600　613）反诘句。如：杀吾美人，不亦甚乎？（《史·平原君列传》）天下方有急，王孙宁可以让邪？（《汉·魏其传》）

P

排句　（224　704～708）字数大体相等、意义大致相同的两句或数句并列。如：为人谋而不忠乎？与朋友交而不信乎？传不习乎？（《论·学而》）

排行句读　（649）依序排列的小句或句。如：先王之制，大都不过三国之一，中五之一，小九之一。（《左·隐元》）

偏次　（60　86　124　128　133　163～173　374　377～378　417～418　433～434　644）修饰主次的次。类似西语中的属格（或所有格）。如：仲尼之徒，无道桓文之事者。（《孟·梁上》）

偏次之用　（163～165）偏次的意义分类。《文通》列有若干类：

表所属。如：元王之子，帝之从弟也。《（汉·贾谊传》）

表度数。如：千金之裘，非一狐之腋也。(《汉·叔孙通传》)

表形似。如：是子也，熊虎之状而豺狼之声。(《左·宣四》)

表处所。如：秦孝公据郩函之固，拥雍州之地。(《史·秦始皇本纪》)

表时间。如：赍三十日粮。(《汉·赵充国传》)

撇转之辞 (533) 表递进关系的连词，有"非惟……亦""非独……亦""岂惟……抑""不惟……复"等。

平比 (234~235 651) 参与比较的两者情况相同，没有高下之分。如：且君子之交淡若水，小人之交甘若醴。(《庄·山木》) 以齐王，由反手也。(《孟·公上》)

平比之句 (675) 表示平比的句子。如：今与王言如响。(《左·昭十二》)

Q

起词 (56 61 96 124 188 222 247 269 353 374~375 418~421 433~434 528 529 539 636~646 648 649 666~668 683 684 688) 主语。如：孔子行。(《论·微子》) 恶在，其为民父母也？(《孟·梁上》)

起句 (514 714~715) 段落或句群中的首句。

前词 (82 83 84 90 101 115 118 131 189)

1. 被代词指代的词语。可在代词前，也可在代词后。如：贤士大夫有肯从我游者，吾能尊显之。(《汉·高帝纪》) 吾闻之：君子不以天下俭其亲。(《孟·公下》) 仲子所居之室，伯夷之所筑与？抑亦盗跖之所筑与？(《孟·滕下》) 2. 位置在前的词语。如：德言盛，礼言恭。(《易·系辞》)

前次 (181 182) 两个名词（或代词）所指相同，在前者为前次，在后者为同次。如：臣，工人，何术之有？(《庄·达生》) 务欲进足下趋死不顾利害去就之人于朝。(《韩·答吕瞭山人书》)

群名 (69) 集合名词。如："师""旅""乡""党"。

S

参合助字（参合字） (624 626 627 630) 三个句末语气词连用。如：泰伯其可谓至德也已矣。(《论·泰伯》) 独吾君也乎哉！(《左·襄二十五》)

散动 (353 359 361 363 367 368 374 375 377) 两个动词

相连，后一动词承受前一动词所表示的动作行为，称散动。如：远人不服而不能来也。（《论·季氏》）散动也可不在另一动词之后，参“散动诸式”条。

散动字 （417～418 439 441 442）不充当谓语主要动词的动词或动词短语。如：甚失贤圣远见之明，逆负先帝忧国之意。（《汉·赵后传》）假道于虞以伐虢。（《孟·万上》）

散动诸式 （374～379）散动词的语法功能和用法。

《文通》列有五种：

散动用作起词。如：交邻国有道乎？（《孟·梁下》）

散动用如表词。如：及陷乎罪，然后从而刑之，是罔民也。（《孟·梁上》）

散动用如司词。如：吾宁自杀以安吾君。（《谷·僖十》）

散动用于偏次。如：王之不王，是折枝之类也。（《孟·梁上》）

散动用在“者”前。如：耕者九一，仕者世禄也。（《孟·梁下》）

商较之词（商量之词） （138）商量可否或询问方法的疑问词语。有“奈何”“如何”“如之何”等。如：诸侯不从，奈何？（《汉·高帝纪》）

含读独立之句 （704～715）大致相当于并列复句。《文通》舍读独立之句分为四类：排句而意无轩轾者。如：君子喻于义，小人喻于利。（《论·里仁》）

叠句而意别浅深者。如：非独羊也，治民亦犹是也。（《史·平准书》）

两商之句。如：以吾爱与夷，则不若爱女；以为社稷宗庙主，则与夷不若女。（《公·隐三》）

反正之句。如：秦无亡矢遗镞之费，而天下诸侯已困矣。（《史·秦始皇本纪》）

设辞 （528 529）表示假设的连词，有“如”“若”“苟”“令”“即”“果”“诚”“设”等。如：王如知此，则无望民之多于邻国也。（《孟·梁上》）

设辞之读 （530）表示假设（多含假设连词）的分句。如：心诚求之，虽不中不远矣。（《礼·大学》）

设譬之读 含有连词“与其”的分句。如：与其为善于乡也，不如为善于里；与其为善于里也，不如为善于家。（《国·齐语》）

设事之读 （572 590）表示假设的分句，略同“设辞之读”。如：苟志于仁矣，无恶也。（《论·里仁》）见贤焉，然后用之。（《孟·梁下》）

设问句（设问之句） （608 599 613 617）发出疑问的句子，即

疑问句。如：此与禽兽奚择哉？（《孟·离下》）

实字　（48～52　414　428　439　455　536　562　564）实词。《文通》实词包括名词、代词、动词、形容词（包括数词）、副词五类。

使令之读　（689）兼语式。如：孤不天，不能事君，使君怀怒以及敝邑，孤之罪也。（《左·宣十二》）

受动　（275～278　279～280　282～285　314～316　430　432　661）被动，或被动句。如：卫太子为江充所败。（《汉·霍光传》）

受动字　（274～285　661）表示被动的动词。实际上，与及物动词无异，不必单列一类。如：通者常制人，穷者常制于人。（《荀·荣辱》）

数目　（214）基数词。如：声亦如味，一气二体三类四物五声六律七音八风九歌以相成也。（《左·昭二十》）

双合助字（双合字）　（627～630　624）两个句末语气词连用。如：君子食无求饱，居无求安，敏于事而慎于言，就有道而正焉，可谓好学也已。（《论·学而》）

双名　（328　329）双音节名词。如：辟伯晋而京师楚也。（《公·哀四》案：京师，名词活用作动词。）

双声状字　（387）由两个双声字构成的双音节副词。如：流离、含糊。其中有些不是副词。

双字　（394）由两个字构成的副词。如：犹豫、仿佛、仓忙、蹉跎。

双字之名　（77　201　202）双音节名词，同“双名”。

如：于是太子豫求天下之利匕首。（《史·刺客列传》）申之以盟誓，重之以婚姻。（《左·成十三》）

司词　（60～61　124　128　141　211　374　377　422　428～429　431～432　436～438　441～443　445　450）介词宾语。如：王坐于堂上。（《孟·梁上》）

T

叹辞　（556　607）1. 感叹句。如：甚矣，汲黯之戆也！（《史·汲郑列传》）2. 表示感叹的词语。如：乌乎、嗟乎。

叹字　（54　630～635）感叹词。如：子曰：“噫！”（《公·哀十四》）

特指（特指代字）　（144　147～152）用在名词前只有指示作用而无称代作用的代词，如：“夫”“是”“若”“彼”“此”等。如：此二人者，实弑寡君。（《左·隐四》）

提顿之句　（587　588）段落开头表示总提顿的句子。如：王天下有三重焉，其寡过矣乎！（《礼·中庸》）

提起连字　（464～471）用于句首的助词，如：“夫”“今”“且”“盖”等。如：夫国君好仁，天下无敌。（《孟·离下》）

通名　（70～71）抽象名词。如：“仁”“义”“礼”“智”“信”。

同次　（153　181～198　672～673）两个名词（或代词）先后并置，所指相同，在前者为前次，在后者为同次。但有时在前者称同次。如：臣，外国人，不如光。（《汉·霍光传》）右丞相陈平患之。（《史·陆贾传》）

同次之例　（185～197）同次的类型、表现形式。有两种：

同次作表词。如：南冥者，天池也。（《庄·逍遥游》）

同次作加词。如：海春侯大司马曹无咎。（《史·项羽本纪》）

同次之用　（182～184）同次的作用。《文通》论同次之用有三：

申言以重所事（代词重指前面的名词，以强调动作行为）。

如：此人亲惊吾马。（《史·张释之列传》）

重言以解前文（同义重复以示强调）。如：与汉战荥阳南、京索间。（《史·项羽本纪》）

叠言以为惊叹（词语或小句重叠表示惊叹）。如：吾师乎！吾师乎！（《庄·大宗师》）

同动（同动字）　（304～314）同动词。《文通》论到的同动词有“有”“无”“似”“类”“在”“犹”“如”。如：物有本末，事有终始。（《礼·大学》）楚国之举，恒在少者。（《左·文元》）

统括之辞　（155）表示总括之义的词“等”和“诸”。

推拓（宕）连字　（525～535）大体相当于让步连词和假设连词。计有“纵”“虽”“如”“若”“苟”“令”“即”“果”“诚”“设”“假”“使”等。

推宕之读　（530）表示让步和表示假设的分句。如：苟能充之，足以保四海；苟不充之，不足以事父母。（《孟·梁上》）

W

外动（外动字）　（57　247　248　249　269　279　284　333　433　462　652　653　658　661）及物动词。如：王如施仁政于民……（《孟·梁上》）

谓辞　（187　231　233）具有主观上“认为”之义的动词。如：文王

曰：“女以为何也？”（《礼·文王世子》）

无属动字 （324~325 643）无主动词。如：庚辰，大雨雪。（《公·隐九》）

无主动字 （516）同“无属动字”。

物名别称（物品之别称） （216）量词。参前“别称”条。如：安邑千树枣……齐鲁千亩桑麻。（《史·货殖列传》）

X

相因之句 （714）后一分句是前一分句的结果或原因，这样的复句，《文通》称相因之句。如：以为不壹劳者不久佚，不暂费者不永宁，是以忍百万之师以摧饿虎之喙。（《汉·匈奴传》）

象静 （199 200~211 234 566 568）形容词。如：吾君已老矣，已昏矣。（《谷·僖十》）

象静司词 （211~214 428~429 432）形容词后的一种连带成分。如：人伦明于上，小民亲于下。（《孟·滕上》）言寡尤，行寡悔。（《论·为政》）

虚字 （48 49 53~55 414 461 536）虚词。《文通》虚词有四种：介词、连词、助词、叹词。

序数 （218）序数词。如：萧何第一，曹参次之。（《史·萧相国世家》）

悬设之读 （559）复句中表示假设的分句。如：苟自救也，社稷无陨，多矣。（《左·桓五》）

询商之辞 （533）表示抉择的连词，有“抑”“将”“宁”等。如：求之与，抑与之与？（《论·为政》）

询问代字 （85 131~144 457 660）疑问代词。有“何”“奚”“胡”“安”“焉”等。

Y

疑辞 （423 660）表示疑问或表示不确定语气的词。如：末之也已，何必公山氏之之也？（《论·阳货》）古者民有三疾，今也或是之亡也。（《论·阳货》）

疑难之状字 （406）疑问副词。如：夫子何哂由也？（《论·先进》）胡能有定？（《诗·邶风·日月》）

言容之读 （698）句中表示容状、情景、原因等的小句。如：夫子之

在此也，犹燕之巢于幕上。(《左·襄二十九》)

言故之辞 (521)“乃”作“于是”解时，其后为言故之辞。如：以为诸侯莫足游者，乃西入关。(《史·主父偃列传》)

言故之读 (558) 复句中表示原因的分句。如：以其郊于大国也，旦旦而伐之，可以为美乎？(《孟·告上》)

言时之字 (477) 表示时间的副词性词语。如：既而太叔命西鄙北鄙贰于己。(《左·隐元》) 终日而不获一禽。(《孟·滕下》)

言时状字 (749) 同“言时之字”。

言效之词 (495)“则”后词语是“则”前词语的效果，这个“则”，《文通》称为言效之词。

言效之句 (572) 由“则”“斯”“而”连接的复句，其后一分句是前一分句的结果，这种复句，《文通》称为言效之句。

咏叹之句 (226 556 606 611 615 617 648) 感叹句。如：大哉，尧之为君也！(《论·泰伯》)

咏叹语词 (648) 感叹句的谓语。如：痛哉，夫君！(《鬼谷子·与苏秦张仪书》)

有形动字 (367 372)“往”“来”“奔”“驰”“趋”等表示行动的动词。

有形之动 (367)“往”“来”之类的动作行为。

语词 (56 57 58 59 222 353 647～652 668～669) 1. 谓语。有时单指动词谓语，有时兼指形容词谓语和名词谓语。2. 助词。(402) 如：不其乱尔。(《逸周书·芮良夫》)

语辞 (267) 助词。如：静言思之，不能奋飞。(《诗·邶风·柏舟》)

语已辞 (576) 句末语气词。如：生事毕而鬼神事始已。(《礼·檀弓》)

语终辞 (576) 同“语已辞”。

约分 (153) 两个相连词语，前者表总体，后者表部分，这种情况，《文通》称约分。如：诸生或言反，或言盗。(《汉·叔孙通传》)

约数 (206～207 220) 表示分母与分子关系者。如：是则罪之大者。(《孟·离下》) 故关中之地，于天下三分之一，而人众不过什三。(《史·货殖列传》)

约指代字 (153～158 191)《文通》指示代字的一种。有“皆”“尽”“悉”“遍”“都”“一”“两”“具”“莫”“或”“多”“无”“有”等。实际上，除“莫”“或”外，大都不是代词。

Z

正次 （60 417～418）在偏次后、被偏次修饰的名词所居之次。如：君行周公之事。（《汉·霍光传》）

直决之词 （499）系词，此指表示判断的“则”字。

止词 （57 62 97 124 125 137 141 247 261～274 374 421～422 652～661 669 688）受事宾语。如：羊肉不慕蚁，蚁慕羊肉。（《庄·徐无鬼》）

指名代词 （86 91 101）《文通》代词的一种，包括人称代词“吾”“汝”等和只作主语、谓语、宾语而不作名词修饰语的那部分指代词。如：我无尔诈，尔无我虞。（《左·宣十五》）吾何畏彼哉？（《孟·滕上》）爱公叔段，欲立之。（《左·隐元》）

指示代字 （85 144）《文通》代词的一种，包罗甚广，如下表：

指示代字
- 逐指代字：每、各。如：每事问。（《论·八佾》）盍各言尔志？（《论·公冶》）
- 特指代字（用在名词前，只有指示作用的代词）：夫、是、若、彼、此。如：有是三者，何乡而不济？（《左·昭四》）
- 约指代字
  - 重指前面的名、代字者：皆、尽、悉、遍、都、咸、具、一、两。如：人皆可以为尧舜，有诸？（《孟·告下》）
  - 为名、代字之分子者。如：晋国，天下莫强焉。（《孟·梁上》）
  - 等、大抵、大凡、大要……
- 互指代字：自、相、交。如：山木自寇也，膏火自煎也。（《庄·人间世》）

逐指代字 （144 191）《文通》指示代字的一种，有“每”“各”二字。参“指示代字”表。

助动字 （304 314～323 359 442～443 454 547）助动词。有“可”“足”“能”“得”等。如：孰能一之？（《孟·梁上》）

注解之句 （186）对主语作出注释，说明主语所代表的人或事物是谁、是什么的句子。这种句子，通常称判断句。如：南冥者，天池也。（《庄·逍遥游》）

助字 （53～54 227 400 536～630 652 680～681）句末语气词。如：子谓《韶》尽美矣，又尽善也。（《论·八佾》）

转词 （248～260 294～296 297～299 431～432 661～665 669～670）动词的连带成分，可在动词前，也可在动词后。如：昔者有馈生鱼于郑子产。（《孟·万上》）子哙不得与人燕。（《孟·公下》）杀人以梃与刃。

（《孟·梁上》）太叔出奔共。（《左·隐元》）

转捩连字　（517～525）转折连词。有“然”“而”“第”“但”“独”“特”等。如：上曰：“王陵可，然陵少戆。”（《史·高祖本纪》）吾每念常痛于骨髓，顾计不知所出耳。（《战·燕策》）

转语辞　（521）转折连词。

状词　（64）状语或状语性成分。如匍匐往，将食之。（《孟·滕下》）

状读　（64）说明谓语动词的时间、方式等的小句或短语。如：比其反也，则冻馁其妻子。（《孟·梁下》）民望之，若大旱之望云霓也。（《孟·梁下》）

状语　（412　670）两个或两个以上的字构成的表时间、处所等的词语。如：久之，文帝称善。（《史·张释之列传》）顷者足下离归土，临安定。（《汉·杨恽传》）聊摄以东，姑尤以西，其为人也多矣。（《左·昭二十》）

状字　（51　71　229　331～333　380～413　541　607　694）略相当于副词。如：子谓《韶》尽美矣，又尽善也。（《论·八佾》）今也则亡。（《论·先进》）

状字别义　（391～413）副词的意义类别。《文通》所论有六：

指事成之处。如：尉左右视。（《史·张释之列传》）

指事成之时。如：鲁平王将出。（《孟·梁下》）

言事成之式。如：壹似重有忧者。（《礼·檀弓》）

言事之度数。如：仲尼亟称于水。（《孟·离下》）

决事之然否。如：士诚小人也。（《孟·公下》）

传疑问不定之状。如：回何敢死？（《论·先进》）

状字假借　（385～387）副词以外的词作句子成分中的状语，《文通》称状字假借。《文通》所论有三：

状字假借名字。如：庶民子来。（《孟·梁上》）

状字假借静字。如：刀刃若新发于硎。（《庄·养生主》）

状字假借动字。如：破广军，生得广。（《汉·李广传》）

状字诸式　（387～390）双音节副词的构造方式。计有六种：

双声。如：流离、含糊

叠韵。如：相羊、逡巡

重言。如：匈匈、鞅鞅

重言+“然”“如”“乎”。如：芒芒然、侃侃如、荡荡乎

任何一字+“然”“焉”。如：油然、决然、翦焉、“若……然”等。

如：不见诸侯，宜若小然。（《孟·滕下》）

滋静 （199 208～209 214～221 568）数词。《文通》归入静字。如：天下之达道五，所以行之者三。（《礼·中庸》）

自反动字 （272～274）“自+动词”表示动作返回自身，《文通》称此为自反动字。实际上是一个短语，并非一个动词。如：于是公子立自责。（《史·信陵君列传》）

坐动 （353 359 361 418～422 435 503 547 587～588 649）几个动词相连，第一个动词称坐动。如：寡人愿安承教。（《孟·梁上》）今病小愈，趋造于朝。（《孟·公下》）

七 主要引用书目

杨树达	《马氏文通刊误》	商务印书馆	1931
陈承泽	《国文法草创》	商务印书馆	1957
刘　复	《中国文法讲话》	北新书局	1932
黎锦熙	《新著国语文法》	商务印书馆	1955
吕叔湘	《汉语语法论文集》	科学出版社	1955
吕叔湘	《汉语语法分析问题》	商务印书馆	1979
王　力	《中国现代语法》	中华书局	1954
何　容	《中国文法论》	新知识出版社	1957
孙玄常	《马氏文通札记》	安徽教育出版社	1984
章士钊	《中等国文典》	商务印书馆	1920
丁声树等	《现代汉语语法讲话》	商务印书馆	1962
吕叔湘	《中国文法要略》	商务印书馆	1982
金兆梓	《国文法之研究》	商务印书馆	1983
杨树达	《高等国文法》	商务印书馆	1929
赵元任	《汉语口语语法》	商务印书馆	1979
杨伯峻	《中国文法语文通解》	商务印书馆	1955
陈望道	《中国文法革新论丛》	中华书局	1958
黎锦熙	《比较文法》	科学出版社	1957
吕叔湘	《现代汉语八百词》	商务印书馆	1981
王立达译	《汉语研究小史》	商务印书馆	1959

古汉语字、词及语法研究

古今词义褒贬义的变迁

随着社会生活的发展，词义也发生了变迁。变迁的情况极为复杂。本文只举数例谈谈古今词义褒贬的变迁。

一　古代为褒义词，现代变为贬义词

〔爪牙〕古代作“虎士”“武臣”“捍卫国家之臣”“得力助手”“亲信”等讲。如：

(1) 祈父！予王之爪牙。(《诗经·小雅·祈父》)——司马！我是王室的虎士（武臣）。

(2) 将军者，国之爪牙也。(《汉书·李广传》)——将军是捍卫国家的武臣。

(3) 夫虽无四方之忧，然谋臣与爪牙之士不可不养而择也。(《国语·越语上》)——〔国家〕虽然尚无四方侵扰的忧患，然而出谋划策之臣与捍卫国家之臣是必须加以培养和选择的。

(4)〔王尊〕诚国家爪牙之吏。(《汉书·王尊传》)——〔王尊〕确实是国家的得力重臣。

(5) 荣以此特加赏爱，任为爪牙。(《魏书·尔朱兆》)——尔朱荣因此〔对尔朱兆〕特别给予赞赏和爱护，任命他做了亲信大臣。

现代汉语中，“爪牙”的意思是“比喻坏人的帮凶”。如：“穆仁智是恶霸黄世仁的爪牙。”

〔勾当〕古代作“办理”“管理”讲。如：

(6) 事无大小，士彦一委仲举，推寻勾当，丝发无遗。(《北史·序传》)——事情无论大小，士彦一律委托给仲举，〔仲举〕变通办理，没有一丝一毫的差错。

(7)〔赵德〕专勾当州学，以督生徒。(《韩昌黎集外集·潮州请置乡校牒》)——〔赵德〕专门管理州学，来督促学生。

(8) 某有一女子，年七八岁，常言“何不令我勾当家事?”(《太平广记·李宗回传》)——我有一个女儿，年龄七八岁，常说“为什么不让我管理家里的事情?”

现代汉语中，“勾当”专指坏事。如：“张阿大整天东游西逛的，不知他都干些什么勾当。”

〔肮脏〕古代作“刚直倔强”讲。

如：

(9) 有如张公子，肮脏在風尘。(《李太白诗·鲁郡尧祠送张十四游河北》)——象张公子那样，在尘世中刚直倔强。

(10) 感物动牢愁，愤时颇肮脏。(《甫里集·纪事》)——在牢狱之中触物生愁，激愤时世颇为刚直倔强。

(11)〔诔〕被奖与如此，然皆肮脏自信。(《宋史·田锡王禹偁张诔传论》)——〔诔〕就是这样地被〔天子〕赞赏的，然而很倔强自负。

现代汉语中，“肮脏”只作“恶浊、不纯洁”讲。如：“这里真肮脏。”“这个人的灵魂真肮脏。”

二　古代为贬义词，现代变为褒义词

〔深刻〕古代作“严峻刻薄”讲。

如：

(12) 夫议政者，苦其谄谀倾险辩慧深刻也……深刻则伤恩惠。(《汉书·息夫躬传》)——议论政事，最避讳阿谀奉迎险险狡黠严酷刻薄……严酷刻薄就要伤害恩惠。

(13) 所治即上意所欲众，予监吏深刻者；即上意所欲释，予监吏轻平者。(《汉书·张汤传》) ——所处治的人如果是君王所想治罪的，就交给严酷刻薄的狱吏；如果是君王所想释放的，就交给稍微平和些的狱吏。

(14) (宽饶) 深刻喜陷害人，在位及贵戚人与为怨。(《汉书·盖宽饶传》) —— (宽饶) 严峻刻薄喜欢陷害别人，在位的官吏和贵戚人人都怨恨 (他)。

现代汉语中“深刻”的意思是“能触及事物的本质，不肤浅”。如：“他观察事物很深刻。”

(原载《普通话》(香港) 第二辑)

“曷”字琐议

为了弄清古代汉语疑问代词“曷”字的用法和意义，笔者对先秦36部古书及先秦以后的若干文言文著作进行了考察。本文不拟系统论述这个问题，只在前人研究的基础上，根据考察所得材料，谈几点零星的看法，也提一个问题。

一 “曷” 可作主语

现在语法著作均未谈到“曷”可作句子主语的问题，然而下面一例，“曷”确系主语：

(1) 吾见其骈焉而济者，风水等耳，而有沉有不沉，非天曷司欤？（《柳宗元集，刘禹锡：天论中》）

例（1）是说舟在水中，风力与水势一样。却有的下沉，有的不沉，不是天，（是）什么主宰着它呢？“曷司欤”是个句子，主语是“曷”，谓语是“司”。

二 “曷” 可作名词修饰语

一般语法书没有谈到“曷”可作名词修饰语问题。丁声树先生在《论诗经中的“何”“曷”“胡”》[1] 一文中说：“‘何’字可以加于任何名词（不限事物）之上。……‘曷’字只有‘曷月’一例：‘怀哉怀哉，曷月予

① 《历史语言研究所集刊》，1948年，第十本。

还归哉？'（王风・扬之水。凡三见。）……'曷'字此处是用于表示时间的名词之上，在表时的名词之上'何''曷'都可以用；此外，'何人''何草'之类就只能用'何'，而不能用'曷'了。"又说："汉书六十四王褒传载王褒作的《圣主得贤臣颂》其中有云：'其得意若此，则胡禁不止，曷令不行？这是有意摹古的文字，而实际上却不合于古。"

在唐代的材料中，有"曷月"一例，也有"曷"加在其他名词之上的两例：

(2) 悼恸之怀，曷月而已矣？(《柳宗元集・亡妻弘农杨氏志》)

(3) 齐景有嬖，曰梁丘子……曷贤不赞？卒赞于此。(《柳宗元集・梁丘据赞》)

(4) 诚天地之无亲，曷膏肓之能极？(《柳宗元集・愈膏肓疾赋》)

例（3）（4）与"曷令不行"情况相同。说明一种错误仿古而不合于古的语法现象，后来发展成为现实。

三　"曷"可作动词宾语

对于"曷"能不能做动词宾语问题，语法学界存在着不同看法。《古代汉语》说："作为宾语……'曷'只用于……'曷为'，这是值得注意的。"[①] 而这里的"为"是介词。根据考察的情况，"曷"作动词宾语有以下三点值得注意：

（一）"曷"作动词宾语的一般情况：先秦 36 部书中"曷"作动词宾语有 20 余例。仅举数例：

(5) 是若不行，则汤武在上曷益？桀纣在上曷损？(《荀子・荣辱》)

(6) 虽有圣王礼义，将曷加于正理平治也哉？(《荀子・性恶》)

(7) 朝居严，则曷害于治国家哉？(《晏子春秋・谏下》)

（二）《公羊传》中"曷"作动词宾语 11 例，如：

---

① 王力主编《古代汉语》上册，第一分册，262 页，中华书局，1962 年。

(8) 然则曷称？(隐二)

(9) 然则曷用？(庄二十四)

(10) 然则曷祭？(僖三十一)

(11) 秦伯怒曰："若尔之年者，宰上之木拱矣。尔曷知？"(僖三十三)

(12) 夷伯者，曷为者也？(僖五) 例 (12) "曷为者"的"为"是动词，"曷为者"意即"做什么的人"，"曷"是"为"的宾语。

(三)"曷"作动词宾语，一直延续到先秦以后的文言文中。例如：

(13) 王府君临郡积年，不知足下曷为者也。(《三国志·魏书·贾逵传》注引《魏略》)

(14) 藐藐孤女，曷依苟恃？(《陶渊明集·祭程氏妹文》)

(15) 神之曷依？宜仁之归。(《柳宗元集·贞符》)

(16) 献后益于帝，谆谆以不命。复为叟者，曷戚曷孽！(《柳宗元集·天对》)

(17) 斯民曷仰？邦国殄瘁。(《文选·齐故安陆昭王碑文》)

(18) 鼻无垩，斤将曷运？目无膜，篦将曷施？(《韵语阳秋》)

(19) 文墨之彬彬，足以舒吾愁兮，已乎已乎，曷之求乎？(《柳宗元集·答问》)

例 (19) 的宾语"曷"提在动词"求"前，中间加"之"标志，与《易·损卦》中的"曷之用？二簋可用享"的"曷之用"句式相同。上述情况表明，"曷"作动词宾语是一个不容忽视的语法现象，语法著作对此应给予介绍。

四 "曷"可作介词"以"的宾语

《马氏文通》说："……'曷'…惟为'为'字所司，未见有司于其他介字者。"① 后来的有些语法书，也多半只谈"曷"作介词"为"的宾语，而不及其他。考察结果表明，不论是先秦古书，还是后来的文言文著作，

① 《马氏文通》校注本 88 页，中华书局，1954 年。

都有“曷”作介词“以”的宾语这类用例，例如：

(20) 公则曷以禄夫子？(《晏子春秋·杂下》)

(21) 吾曷以识此？(《管子·轻重》)

(22) 曷以知舞之意？(《荀子·乐论》)

(23) 群公卿士诚以天命不可拒，民望不可违，孤亦曷以辞焉？(《三国志·魏书·文帝纪》注)

(24) 三叹问府主，曷以赞我皇？(《杜诗详注·望岳》)

(25) 伊知非妃，伊之知臣，曷以不识？(《柳宗元集·天对》)

(26) 适过之，曷以云无？(《唐宋传奇集·任氏传》)

(27) 宋之刁萎，非其人有超焉者，曷以洗此？(《说郛·西园诗麈》)

五 “曷”字意义上的两点补充

(一)“曷”指时间又一例。

《论诗经中的“何”“曷”“胡”》指出，“曷”在《诗经》中一般都是用来表未来时间的，并说：“‘曷’字这种表示询问未来时间的用法，是诗经文法之一特色，别处很不多见；然而也不是绝无旁证可考。据我所见到的，诗经而外，尚有以下五条确证。”其所举五条中，有两条是“曷”的异体字“害”和“朅”的用例，其他三条是：1. 时日曷丧？(尚书) 2. 吾子其曷归？(左传) 3. 呜呼上天，曷惟其同？(荀子)

此外，我们还可补充，《公羊传，成公十七年》一例：

(28) 然则郊曷用？郊用正月上辛。

例(28)意思是：举行郊祭该用什么时间？郊祭该用正月上旬的辛日。足见，这里的“曷”也是询问未来时间的。所不同的是，这个“曷”不是作动词的状语，而是作动词的宾语。

(二)“曷”指人二例。

《汉语史稿》把“曷”归入“指物”一类①，这是符合绝大多数情况的，但有例外：前引例（8）和例（17）的“曷”是指人的。例（8）的答话是：“称诸父兄师友”，可证“曷”指人。例（17）是问安陆昭王已死，百姓将仰仗谁，也可见“曷”是指人的。

六　提出一个问题

在36部先秦典籍中，“曷”作动词宾语和介词宾语这种情况仅出现在七部书中，即《公羊传》、《晏子春秋》、《管子》、《荀子》、《吕氏春秋》、《战国策》、《仪礼》。饶有趣味的是：这七部书中用“曷”作宾语的例子，在另外一些先秦古书中的同类用例则用“何”。请看以下比较：

A
桓未君，则曷为不言奔？（公羊·隐公元年）
不告朔，则何为不言朔？（穀梁·文公六年）

B
尔曷为哭吾师？（公羊·僖公三十三年）
何为哭吾师？（穀梁·僖公三十三年）

C
尔曷知？（公羊·僖公三十三年）
尔何知？（左传·僖公三十二年）
何知？（穀梁·僖公三十三年）

D
涂之人可以为禹，曷谓也？（荀子·性恶）
敢问何谓也？（左传·隐公元年）

E
缚者，曷为者也？（晏子春秋·杂下）
夫易，何为者也？（周易正义）
是稷稷何为者也？（庄子·则阳）

F
吾君不游，我曷以休？吾君不豫，我曷以助？（晏子春秋·问下）
吾王不游，吾何以休？吾主不豫，吾何以助？（孟子·梁惠王下）

这七部书之间有什么内在联系呢？考察发现，它们多与齐人（或齐语）有关。《公羊传》世传于齐人公羊氏，最后由公羊寿与齐人胡母子都著于竹

① 王力：《汉语史稿》第三章，286页，科学出版社，1958年。

帛[①]。《晏子春秋》，据唐人柳宗元考证，是“墨子之徒有齐人者为之”[②]。《管子》，据郭沫若考证，它“虽不是管仲所作，但多取材于齐国官书档案。”[③]《荀子》作者是赵人荀卿，但他十五始游学于齐，在齐国从事政治活动，著书立说、充当辩士，达几十年之久[④]。所以，他的著作带有齐语特点也是很自然的。《仪礼》与《吕氏春秋》均非一人所著。《吕氏春秋》是这样成书的：吕不韦从各地招揽食客三千人，使他们“人人著所闻……号曰吕氏春秋”。[⑤] 在这些著者中，难免有齐人，而这些“曷”作宾语的情况，或者出于齐人手笔吧！

《战国策》为汉刘向辑录成书，它真实地反映了当时各国的政治活动及人物言行。全书“曷”作宾语只有3例：

(29)〔齐威〕王曰：“此不叛寡人明矣，曷为击之?”(齐策)

(30) 鲁仲连曰：“…曷为与人俱称帝王，卒就脯醢之地也?”(赵策)

(31) 辛垣衍曰：“……今吾视先生之玉貌非有求于平原君者，曷为久居此围城之中而不去也?”(赵策)

例(31)是辛垣衍与齐人鲁仲连对话时说的。与齐人对话，使用齐语的某些字眼儿，是完全可能的。关于这一点，我们还可以找到如下例证：

(32) 晏子将使楚，楚王闻之，谓左右曰：“晏婴，齐之习辞者也，今方来，吾欲辱之，何以也?”左右对曰：“为其来也，臣请缚一人过王而行，王曰：‘何为者也?’对曰：‘齐人也。’王曰：‘何坐?’曰：‘坐盗’”。晏子至，楚王赐晏子酒；酒酣，吏二缚一人诣王，王曰：“缚者，曷为者也?”对曰：“齐人也，坐盗。”王视晏子曰：“齐人固善盗乎?”(晏子春秋·杂下)

当楚人内部定计策时，楚人说“何为者”，而当面对着齐相晏婴时，楚

---

① 见《四库全书》提要。

② 《柳河东集·辨晏子春秋》，四卷，71页，上海人民出版社，1974年。

③ 郭沫若:《奴隶制时代》。

④ 《史记·荀卿传》,《荀子集解》引卢文弨语。

⑤ 《史记·吕不韦传》。

王却故意模仿齐人腔调，说成“曷为者”，这样，就可以使他的话对晏婴更具侮辱性与挑衅性。一字之别，声貌跃然，耐人寻味。

应该说明的一点是：这七部书中也用“何”作宾语，如：

(A) 然夫子之于寡人，何为者也？（晏子春秋·杂上）

(B) 君将何求？（公羊传庄公十三年）

对此，我们能不能说：用“何”作宾语是先秦官话习惯，而用“曷”则是齐地方言习惯呢？否则，对这种现象又该作何解释呢？愿提出这个问题，就教于同行。

（原载《教学与研究》（中学语文版）1981 年第 2 期）

“最”字古今谈

人们对“最”字应该是不会感到陌生的，它表示“极端、胜过一切”的意思，不管是大人还是小孩，也无论是男人还是女人，都会在说话时经常用到这个词。让我们先举几个常见的用例：

(1) 中国是世界上人口最多的国家。

(2) 珠穆朗玛峰是世界上最高的山峰。

(3) 我最爱听相声。

(4) 现在的青年人最喜欢读书。

(5) 阿香家住在村子的最西头。

(6) 他因为个子高，坐在教室的最后一排。

如果仔细观察这些例句，会发现其中“最”字的位置总是紧贴在形容词、表示精神活动的动词、方位名词的前边。这是现代汉语“最”字的位置。那么，古代汉语中的“最”字，位置是怎样的呢？这有两种情况。一种情况与现代汉语大致相同。如：

(1) 其属小大数百城，地方数千里，最大国也。（《汉书·西域传》）——安息国领有几百个城邑，国土方圆几千里，是〔西域一带的〕最大国家。

(2) 孔子，道德之祖，诸子之中最卓者也。（《论衡·本性》）——孔子是提倡道德的先驱，是诸子中最卓越的人。

另一种情况则与现代汉语不同：“最”字远离形容词和方位名词而居于整个短语或小句之首。下面，举几个例子，并译成现代汉语，通过两相对比，就可看出“最”字古、今位置的不尽相同：

(1) 臣以为令韩以中立以劲齐，最秦之大急也。(《战国策·韩策一》)——我认为让韩国中立来抵御齐国，是秦国最大的困厄。

(2) 身与士卒平分粮食，最比其羸弱者。(《史记·司马穰苴传》)——自己与兵士平分粮，并且是比照其中最病弱的。

(3) 天下以言为戒，最国家之大患也。(《汉书·杨胡朱梅云传》)——天下都戒惧良言，是国家最大的祸患。

(4) 是时贾生年二十馀，最为少。(《史记·屈原贾谊列传》)——这时贾谊年龄二十馀，是最年轻的。

(5) 田骈之属皆已死。齐襄王时，而荀卿最为老师。(《史记·孟子荀卿列传》)——田骈等人都已死去。到齐襄王时，荀卿是最老的师长。

(6) 楼兰国最在东垂。(《汉书·西域传》)——楼兰国在〔西域的〕最东边。

(7) 春去，最谁苦？(《宋词选·刘辰翁：兰陵王》)——春天过去了，谁最苦？

从以上七例后面的译文可以看出，凡是古代汉语“最”字在整个短语或小句之首的，译成现代汉语时，“最”字都后移到短语或小句内部的形容词或方位名词之前了。

关于“最”字古今位置的不同，前辈学者已有论及者。《汉书·郑吉传》“中西域而立莫府”一句，颜师古注：“中西域者，言最处诸国之中，近远均也。”清代学者刘淇在《助字辨略》中说：“最处诸国之中者，言处诸国之最中，倒文也。”

现在，再来说说“最”字的意义古代较现代要宽广得多。除做副词外，还可以做形容词，意思是“军功居首位”。如：

(1) 攻槐里、好畤，最。(《史记·绛侯周勃世家》)——攻打槐里、好畤两地，军功居首位。

“最”字有时做动词，当“总计、聚会”等讲。如：

（1）最从高帝得相国一人、丞相二人……（《史记·周勃世家》）——总计跟从高帝得到相国一人、丞相二人……

（2）大最乐戏于沙丘。（《史记·殷本纪》）——在沙丘大肆聚会游戏。

“最”字由古代的多义，发展为今天的单义，正是体现了词义发展的一条规律——词义的缩小。

（原载〔香港〕《普通话》第三期）

"许"字用法例释

古代汉语"许"字用法甚广，分属于五个词类，现分别说明于下。

1. "许"作动词，有"答应""准许"等意思。这里不作详细介绍，仅举二例：

①且君尝为晋君赐矣，许君焦、瑕，朝济而夕设版焉。（左传·僖公三十年）〔"许"，答应。〕

②晋明帝欲起池台，元帝不许。（世说新语·赏誉）〔"许"，准许。〕

2. "许"作名词，有"处所"的意思。有以下四种格式。

2.1 "名词（名词短语）·许"。例如：

①支道林、殷渊源俱在相王许。（世说新语·文学）〔"相王许"，相王处，相王家。〕

②退半岭许，闻上绝然有声。（世说新语·栖逸）〔"半岭许"，半山坡处。〕

2.2 "何（恶）·许"。例如：

①何许最关人？乌啼白门柳。（李白：杨叛儿）[1]〔"何许"，何处，作主语。〕

②先生不知何许人也。（陶渊明：五柳先生传）〔"何许"作名词

---

① 此例以及下面一小部分诗词中的用例引自张相《诗词曲语词汇释》。

“人”的修饰语。〕

③舟车既以成矣，吾将恶许用之？（墨子·非乐）〔“恶许”，何处，作动词“用”的状语。〕

2.3 “小句·许”。例如：

江南朋旧在许，也能怜天际。（史达祖：齐乐天）〔“江南朋旧在许”，江南朋友相识所在的地方，作“怜”的主语。〕

2.4 “方位词·许”。例如：

合欢桃核堪恨，里许元来有别人。（温庭筠：杨柳枝）〔“里许”，里面的地方，里头，作“有”的状语。〕

3. “许”作代词。

3.1 作疑问代词，意思同“何”，与介词“为”连用，构成“为·许”。例如：

①为许朝来有新喜，庭阁一骑报平安。（杨万里：早炊蕉步得家书）〔“为许”，为何，为什么，作“有”的状语。〕

②意中为许无佳况？梦里分明到故乡。（杨万里：舟中不寐）

3.2 作指示代词，与“此”大体相同。

有如下几种格式：

3.2.1 “如·许”。例如：

①啼鸟还知如许恨，料不啼清泪长啼血。（辛弃疾：贺新郎·别茂嘉十二弟）〔“如许”，如此，这么，作动词“恨”的状语。〕

②白发短如许，黄菊倩谁簪？（辛弃疾：水调歌头·舟次扬州和杨济翁周显先韵）〔“如许”，用于形容词“短”后作补语。〕

③君试观，满青镜，星星鬓影今如许。（晁补之：摸鱼儿·东皋寓居）〔“如许”作谓语。〕

④问怎生禁得，如许无聊。（柳永：临江仙）〔“如许”作动词短语“无聊”的状语。〕

3.2.2 “为·许”。例如：

燕来红壁语，莺向绿窗啼。为许长相忆，阑干玉筋齐。（沈佺期：杂

诗。)〔“为许”不同于3.1的“为许”，是“为此”义，有连接作用。〕

3.2.3　“动词·许”，“许”同“此”。

例如：

①玄度才情，故未易多有许。(世说新语·赏誉)〔“许”，此，指玄度才情，作动词“有”的宾语。〕

②已是不成眠，如何更遭许？(杨万里·夜雨不寐)〔“遭许”，遭此。〕

3.2.4“助动词·许”“许”同“如此”。

例如：

①如今老嫩那能许，卧听邻斋夜读书？(杨万里：夜闻肖伯和与予上弟读书)〔“能许”，能如此。〕

②强尊前抖擞旧精神，谁能许？(管鉴：满江红)

3.2.5　“许·名词”，“许”同“此”，意即“这”“这样”。例如：

①莲社高人留翁语，我醉宁论许事。(辛弃疾：贺新郎)〔“许事”，此事，这样的事，作宾语。〕

②许身一何愚，窃比稷与契。(杜甫：自京赴奉先县咏怀五百字)〔“许身”，此身，作主语。〕

③许愁亦当有许酒，吾酒酝尽银河流。(陆游：江楼吹笛饮酒大醉中作)〔“许愁”，这样的愁，作主语。“许酒”，这样的酒，作“有”的宾语。〕

3.2.6　“许·形容词”，“许”同“如此”。例如：

①略略烟痕草许低，初初雨影伞先知。(杨万里：晚归遇雨)〔“许低”。如此低，作谓语。“许”又作“低”的状语。〕

②东邻安得如渠白，西域何曾有许香。(刘克庄：梅花十绝)〔许香，如此香，作“有”的宾语。〕

③许大乾坤吟未了，挥鞭回首出陵阳。(杜荀鹤：自江西归九华)

〔“许大”，如此大，偌大，作“乾坤”的修饰语。〕

“许大”又作“许来”“许来大”[①]，意即“这样多”“这样大”。例如：

①艺奇思寡尘事多，许来寒暑又经过。（元稹：琵琶歌赠管儿）〔“许来寒暑”，这么多寒暑。〕

②许来大中都城内。（关汉卿：拜月亭）〔“许来大”，这样大。〕

3.2.7 “许·多”，“许”同“如此”。
例如：

①只恐双溪舴艋舟，载不动许多愁。（李清照：武陵春）〔“许多”，如此多，作“愁”的修饰语。〕

②负我看承，枉施我许多时价。（石孝友：惜奴娇）〔“许多时”又作“日许多时”。“日许时”，大概是当时熟语。[②]〕

3.2.8 “能（宁、尔）·许”，有“如此”“这么”的意思。
例如：

①小松能许劣，学我弄吟髭。（杨万里：病后觉衰）〔“能许”，如此，作“劣”的状语。〕

②柳上青虫宁许劣，垂丝到地却回身。（杨万里：过招贤渡）〔“宁许”，如此，作“劣”的状语。〕

③九华山色真堪爱，留得高僧尔许年。（杜荀鹤：醉书僧壁）〔“尔许”，这么（多），作“年”的修饰语。〕

④颔髭尔许长，大笑欹巾冠。（范成大：沁园春）〔“尔许”，作形容词“长”的状语。〕

《汉语史稿》说：“在唐宋时代，和‘这么’‘那么’的用法大致相

---

① 见《诗词曲语词汇释》“许”字条。

② 同①。

当的有……‘能许’……‘尔许’ ‘宁许’等”，并指出三者是一声之转。①

4.“许”作不定数词，表示约数，与“约”“来”“多”相当。有如下十种格式：

4.1 “数词·许”。例如：

①郗公始正谓损数百万许。(世说新语·俭啬)〔“数百万许”，约几百万，作“损”的宾语。〕

②庾公俄而率左右十许人步来。(世说新语·容止)〔“十许”，十来个，作名词“人”的修饰语。〕

③遣婢籴米，因而逃窜，三四许日，方复擒之。(颜氏家训·治家)〔“三四许”作“日”的修饰语，“三四”表示不甚确定的数字，“许”可不译出，意即“三四天”。〕

4.2 “数词·许·数词”。例如：

述果使其将谢丰、袁吉将众十许万，分为二十营，并出攻汉。(后汉书·吴盖陈臧列传)〔“十许万”，十来万。〕

4.3 “数词·许·量词”。例如：

①楼高十许丈，三层累砖所成不用一木。(渭南文集·入蜀记第四)〔“十许丈”，十多丈，十来丈，做“高”的补语。〕

②殷洪乔作豫章郡，临去，都下人因附百许函书。(世说新语·任诞)〔“百许函”作“书”的修饰语。〕

③自富阳至桐庐一百许里，奇山异水，天下独绝。Z〔吴均：与朱元思书“一百许”与例②“百许”同。“一百许里”作谓语。〕

④渠之广，或咫尺，或倍尺，其长可十许步(柳宗元：石渠记)〔“十许步”前有表示“大约”意思的“可”字。〕

⑤河决积久，日月侵毁，济渠所漂数十许县。(后汉书·循吏列传)〔“许”前的“数十”，表示不确定的数字，“许”字可不译出。〕

---

① 王力：《汉语史稿》第三章，科学出版社，1958年，284~285页。

4.4　“数词·量词·许”。例如：

①庾子嵩读《庄子》，开卷一尺许便放去。（世说新语·文学）〔“一尺许”，一尺多。〕

②中流忽有一大鱼，跳破琉璃丈来许。（杨万里：舟人吹笛）〔“丈来许”，一丈多，“来”表“约”义。〕

③一服即大下，去数段许纸如拳大。（世说新语·术解）〔“数”表示不确定的数字，“许”可不译出，“数段许纸如拳大”，几段象拳头那样大的纸。〕

4.5　“多·许·〔量〕”“多多·许”“少·许”。例如：

①命骑追之，已觉多许里。（世说新语·假谲）〔“多许里”，许多里，“多许”后有量词“里”。〕

②五柳能消多许地，客程何苦镇匆匆。（范成大：馀杭道中）〔“多许”作名词“地”的修饰语。〕

③简文道王怀祖，才既不长，於荣利又不淡，直以真率少许，便足对人多多许。（世说新语·赏誉）〔“多多许”，意即“许许多多”。〕

值得注意的是，跟现代汉语“许多”意思相当的是“多许”。而古汉语中的“许多”，倒与今语“如此多”“这么多”相当，后来逐渐变化为“很多”的意思。

4.6　“诸·许”“一·许”。例如：

①王长史父形貌既伟，雅怀有概，保而用之，可作诸许物也。（世说新语·容止）〔“诸许”，许多，作“物”的修饰语。〕

②但要蛰虫启户，何须一许震惊。（范成大、雷震诗）〔“一许”，一点儿，用在“震惊”前，表示动量。〕

4.7　“如·名词（名词短语）·许”，“许”表示“那么大”的意思。例如：

①乃命左右悉取珊瑚树有三尺四尺条干绝世、光彩溢目者六七枚，

如恺许比甚众。（世说新语·汰侈）〔“如恺许比”，象恺（的珊瑚树）那么大的。〕

②以粒如粟米许投入水中，俄而满大盂也。（洞冥记）〔“如粟米许”，象小米那么大，对“粒”起修饰作用，意即“象小米那么大的一粒”。〕

4.8 “动宾短语·许”“许·名词短语”，“许”是“一些”的意思。例如：

①王述转尚书令，事行便拜。文度曰：“故应让杜许。”（世说新语·方正）〔让杜许：对杜谦让一些。〕

②君章曰：“不审公谓谢尚何似人？”恒公曰：“仁祖是胜我许人。”（世说新语·规箴）〔“胜我许”，比我强些，作“人”的修饰语。〕

③倩谁留许春寒著，更放梅花住少时。（杨万里：春暖郡圃散策）〔“许春寒”，一些春寒。〕

4.9 “几·许”，表示疑问，意即“多少”，有时也作“多久”解。例如：

①一人修道，济度几许苍生？（颜氏家训·归心）〔“几许”，多少，作“苍生”的修饰语。〕

②染柳烟浓，吹梅笛怨，春意知几许？（柳永：永遇乐）〔“几许”作“知”的宾语。〕

③是中却有商量处，且道青原几许高？（杨万里：题王季安主簿佚老堂）〔“几许”作形容词“高”的状语。〕

4.10 “何·许”，不同于2.2的“何许”，是“多少时间”“多久”的意思，与4.9例②的“几许”意近。例如：

佳期旷何许？望望空伫立。（孟浩然：秋宵月下有怀）〔“何许”，多久。〕

5. “许”作句末或句中助词。例如：

①空有恨，奈何许！（辛弃疾：贺新郎·赋滕王阁）

②风流意态犹难画，潇洒襟怀怎许传？（杨天咎：鹧鸪天）〔“怎许传”，即“怎传”。〕

③敛眉语芳草，何许太无情？（万楚：题情人药栏）〔“何许太无情”，即“何太无情”。“何许”不同于2.2的“何许”，也不同4.10的“何许”。〕

（原载《教学与研究》1981年第4期）

古汉字浅谈

第一节　汉字的源流

关于汉字的起源，我们的先人曾经作过探讨，古书上有这样一些记载：

一　所谓“结绳而治”

《周易·系辞下》：“上古结绳而治。”《庄子·胠箧》：“昔者容成氏、大庭氏……伏羲氏、神农氏，当是时也，民结绳而用之。”《说文·叙》：“及神农氏结绳为治，而统其事。”郑玄《周易·注》：“结绳为约，事大，大结其绳；事小，小结其绳。”

在文字产生之前，古代劳动人民可能确实采用过结绳的方法来帮助记忆或向别人传递信息。直到现在，某些经济文化落后的民族，仍有用结绳记事的。例如，人们在借债时，在绳子上先打一个结，再打三个结，又打五个结，表示先借一元，再借三元，又借五元。等到偿还的时候，仍按偿还数目依次解结。世界上最著名的结绳记事的民族是秘鲁的印加人。他们记事的绳子用羊毛或驼毛搓成，并染成不同的颜色，以表示不同的意思，如红色表示兵卒和战争，黄色表示黄金，白色表示白银或和睦，绿色表示稻禾，黑色表示灾难或死亡。他们在一条较粗的主绳上，系上不同颜色的细绳，利用绳子的颜色和结的形状、大小、距离等，表示各种事物和情况。当时的统治者就根据各地传递过来的记事绳了解地方的收成、税收或敌情等。1981 年 8 月 10 日《人民日报》报道称在秘鲁利马省的拉帕斯村发现了一条长达 250 公尺的印加人记事绳（见图 1）。此外，西非的阿拉特人、墨西哥的助尼人也都曾使用过结绳的方法。这些情况都可从旁证明我国古代所谓“结绳而治”的记载是可信的。

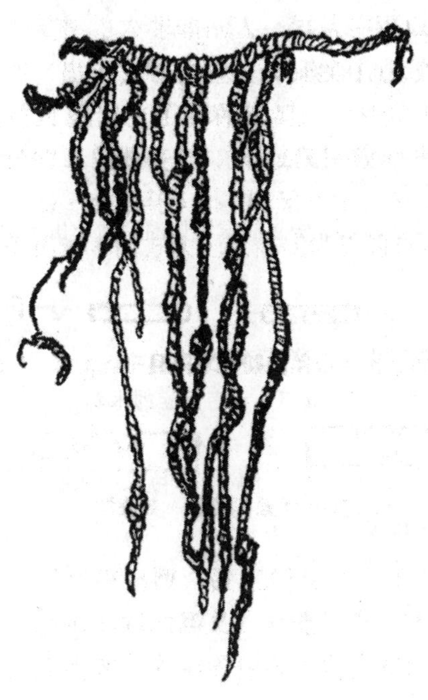

图 1　秘鲁印加人记事绳图形

但是，结绳与文字的起源无关。因为，结绳最多能用来记录数目，或作为某种事物的象征来唤起人们的记忆，它远非记录语言的符号，因此，它还不是文字的前身。

二　所谓“契刻”

《周易·系辞下》：“上古结绳而治，后世圣人易之以书契，百官以治，万民以察。”刘熙《释名·释书契》：“契，刻也；刻识其数也。”数目往往是诸多事物中的关键所在，也是最易引起争端的问题。所以，古人用刻木记数作为信约。最初人们只在竹片或木片上刻上数目，后来也有把契分成两半，分别刻成能够彼此吻合的齿形，双方各执一半作为凭证的。关于这种情况，《列子·说符》中的一则记载可以使我们看到一点端倪：“宋人有游于道，得人遗契者，归而藏之，密数其齿，告邻人曰：‘吾富可待矣。’”这则故事固然是讥讽那些仅凭一纸空文便想入非非的人，但从中可以看出古代确有刻成齿状的契约存在。出土文物也进一步证实了这种情况。甘肃西宁县周家寨仰韶期遗址就出土了两种骨契，一种是上面刻有线条的，一种是边上呈齿状的（见图 2）。不仅汉民族如此，其他兄弟民族亦复如此。

《旧唐书·南蛮传》："俗无文字，刻木为契。"直到现在，云南的佤族仍用刻木的方法记天数或借贷的数目（见图3）。

图2 甘肃西宁县周家寨仰韶期遗址出土的骨契

图3 云南佤族的木契

尽管古人确曾用契刻记数，但它仍与文字的起源无关。因为，刻上一个齿，可以表示不同的涵义：可能代表一天时间，也可能代表一个货币单位，或代表一个别的什么。它没有成为固定的语言符号，也就是说，它不能代表一个固定的词。

三 所谓"八卦"

《说文·叙》："古者庖牺氏之王天下也……始作易八卦……及神农氏结绳为治而统其事。"八卦始于何时，为何人所创，现已无考。

八卦的卦名是：

☰乾 ☷坤 ☲离 ☵坎

☳震 ☶艮 ☱兑 ☴巽

《文选·潘岳：为贾谧作赠陆机诗》中有这样的句子："结绳阐化，八象成文。"八象即八卦。宋·郑樵《通志·六书略》把八卦中某些卦形作为"水、火、川"的原始字，这是缺乏根据的。因为，很难设想，原始的汉字会仅有那么几个形体。可见，文字起源于八卦的说法也是不可信的。

那么，究竟汉字是怎样产生的呢？根据许多专家的研究，得出的较为一致的结论是：汉字起源于图画。远古时期，由于记事的需要，用图画的方式把人、物、事件表现出来，刻绘在砖木、石壁上。如1972年5月在甘肃嘉峪关市黑山崖壁石上发现的石刻画像，可能就是北方少数民族两千多年前的壁画，其中有形象逼真的鹿、虎、鸟的图画（见图4）。这些图画是文字的先导，仍不是文字本身，因为，它们还没有固定的涵义，它们与词之间还没有形成固定的关系。比如，壁画中的一只虎，它可能表示这里有虎，也可能表示在这里打死了一只虎，等等。而且，这只虎可以这样画，也可以那样画；可以多几笔，也可以少几笔，没有固定的形体。这些特点，足以把图画和文字区别开来。

图4　甘肃嘉峪关市黑山崖壁石上的石刻画象

随着记录语言的需要，图画逐渐简化，去掉繁复的描绘之笔，使它的形体固定化，并和词之间建立起固定的关系（一个形体代表一个词），有固定的读音，这就成为文字了。像甲骨文和铜器铭文中的鹿、虎、鸟就都已经是文字而不再是图画了（见图5）。

图5　西周铜器铭文

从图画逐渐演变为文字，这是一个群众性的创造，决不是某一个圣人的杜撰。我国远自春秋战国时期就流传着“仓颉造字”之说。《吕氏春秋·君守》：“仓颉作书。”《韩非子·五蠹》：“古者仓颉之作书也，自环谓之厶，背厶谓之公。”《荀子·解蔽》：“好书者众矣，而仓颉独传者壹也。”《淮南子·本经》：“昔者仓颉作书而天雨粟，鬼夜哭。”仓颉是否确有其人，现已不可考，即使真有其人，他至多也不过是作些文字的整理工作并颁布于众使之推广罢了。清代学者黄侃说得好：“然则仓颉作书云者……非必前之所无，忽然创造，乃名为作也。”①

① 《黄侃论学杂著·说文略说》。

迄今为止，已经发现的最早的文字要属殷商时代的甲骨文了。甲骨文是1898年（光绪廿四年）首先在河南省安阳小屯村发现的，之后在郑州二里冈等地继有发现。现已见到的甲骨有十六七万片，上有单字四千多个。目前有些学者认为，甲骨文不是最初的文字，其理由是：第一，甲骨文中已有为数不少的形声字，商代后期，形声字已占20%左右。第二，甲骨文基本上摆脱了图画的性质，而这个变化决非短期内所能完成。他们认为，汉字的起源应该上推到距今六千年的史前时期。唐兰在写于1935年的《古文字学导论》中就已指出，辛店期陶瓷上的刻画就应该看作文字，他把这些刻画中的某些形体拿来与甲骨文、金文比较，认为两者形体十分接近。他在1977年7月14日和1978年2月23日的《光明日报》上，又撰文力主山东莒县出土的大汶口陶器上的象形符号（见图6）已经是最早的文字。有的学者持类似观点，有人举出新石器时代的仰韶、马家窑、龙山、良渚文化的一部分刻画符号来与金、甲文字比较（见图7），从而认为这些刻画符号是最早的文字。

图6　山东莒县大汶口陶器上的象形符号

现代汉字　一二三四五六七八九十百千万

甲骨文

金　文

刻画符号

刻画符号	甲骨文	金文	现代汉字
			甲
			井
			癸
			丁

图 7

第二节　汉字的形体①

从商代的甲骨文到今天的行书，汉字形体经历了多次变化。这种变化以隶书为分水岭。隶书以前的汉字称古文字，隶书以后的汉字称今文字。

隶书彻底改变了汉字的象形和会意性质，如“马”字的形体变化（见图 8），就足以表明这一点。正如许慎在《说文解字·叙》中所说：“是时秦烧灭经书，涤除旧典，大发吏卒，兴戍役，官狱职务繁，初有隶书，以趣约易，而古文由此绝矣。”这段话是说，秦时烧毁经书，废除旧典，大兴戍役，狱讼日增，狱吏繁忙，就开始使用隶书，以求简单易写，古文字从此就不再流行了。这表明，隶书成为古、今文字的分界线。

图 8　“马”字的形体变化

① 这一节，对经本植《古汉语文字学知识》中的有关论述多所参照，在此一并声明并致谢。

古文字包括甲骨文、金文、籀文、战国古文、小篆，今文字包括隶书、楷书、草书、行书。

一　甲骨文

甲骨文就是刻在龟甲兽骨上的文字，因为它是用来占卜吉凶的，所以又称甲骨卜辞。又因为它是用刀子契刻的，又是从殷代都城遗址发掘的，所以又称殷虚书契，简称殷契。

甲骨文记载的内容相当丰富，包括社会生活的各个方面，如农事、气候，田猎、征战、灾异，等等。殷商时代崇尚迷信，凡事必先占卜问卦。其具体做法是，先在磨平的龟甲兽骨上从里向外钻孔，使孔槽接近表面，然后放在火上烧灼，甲骨上就会呈现不同形状的裂纹，这些裂纹就是卜兆。由卜人根据卜兆判断吉凶，并将所卜之事用刀子契刻在甲骨上。（见图 9）

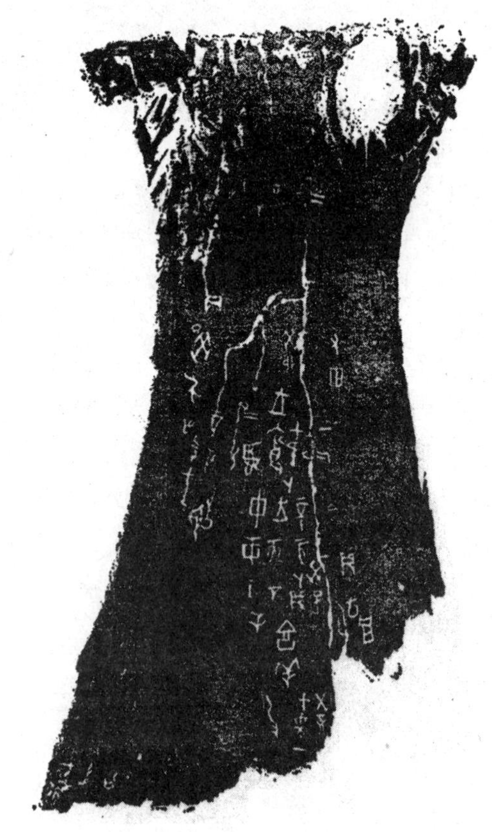

图 9　刻有文字的兽骨

甲骨文的书写工具是金属刻刀，又是刻在坚硬的龟甲兽骨上，所以，其笔画多为细而长的瘦笔（见图10）。

图 10

甲骨文中，主要是象形字、会意字和指事字，在商代后期，也出现了较多的形声字。象形字如“日、月、雨、山、水、洲、木、禾、瓜、豕、象、鱼”（见图11）；会意字如“告、侵、征”；指事字如“腋、上、下”等。形声字如“沚”。此外，甲骨文中还出现了不少假借字，如借“子”为“巳”，借“又”为“有、祐”，借“且”为“祖”。

图 11

甲骨文中有很多异体字，同一个字，偏旁位置不固定，可在左，也可在右，可在上，也可在下。意义相近的偏旁可以互相代换，如从“牛”的字可以换作从“羊”，从“豕”的字可以换作从“鹿”，从“人”的字可以换作从“女”。了解这种近义偏旁可以互代的情况，有助于解决古书中的某些问题。扬雄《方言》：“娃，美也。”实际上，“娃”即“佳”，偏旁“女”代替了偏旁“人”。《汉书・叙传》：“初刘媪任高祖而梦与神遇”，实际上“任”即“妊”，偏旁“人”代替了偏旁“女”。除了这种互代之外，偏旁的数目也可多可少，如“正（征）”可从口从止，也可作两止。同一个字，笔画也可繁可简，如“网”可写作与今天形体相差不多的“网”，也可将交叉的线条增至十余画之多。有的字具有象形和形声两体，如“囿”或象园林之形（象形），或从口又声（形声）。

有的字虽都是象形字，但有几种不同的形体。如：

羊：——形体不同

龟：——正侧不同

牢：——结构成分不同

甲骨文中还存在着大量的合文，就是将两个字或三个字写在一起。如“七人”写作“”，“五十”写作“”，“祖乙”写作“”，“十二月”写作“”。

二　金文

金文是刻铸在青铜器上的铭文，因古代称“铜”为“金”，所以称金文。也有以钟、鼎两种器物作为青铜器的代表从而称为“钟鼎文”的。又有因为古代把祭祀视为吉礼，把所用祭器视为吉金，从而称金文为“吉金文”的，《吉金文存》就是从这种意义上定名的。

什么是青铜器呢？一般是指商、周两代用青铜铸造的礼器，包括鼎、钟、尊、毁（guǐ）、簠（fǔ）、卣（yǒu）、壶、斝（jiǎ）、觯（zhì）、爵、盘、镒、匜（yí）、盉（hé）以及兵器等器物（见图 12a、12b、12c）。商、周两代迷信盛行，祭祀被当作国家大事之一，所以这些青铜祭器也就具有重要价值。周天子加封诸侯要以赏赐青铜器作为标志和信符。灭人之国也要迁其重器。“问鼎”成为觊觎他国政权的代称。《左传・宣公三年》就有这样的记载：“楚子观兵于周疆，定王使王孙满劳楚子，楚子问鼎之大小轻重焉。”每有重大的行动，如祭祀、征伐、封赏等，都要铸造青铜器作为纪念，在器物上写明铸造该器物的原因、目的，并铸上一些吉祥套语。从现已发现的青铜器铭文看，大体有记载典祀、歌颂战功、封赏功臣、订立盟约、训诰百官、赞颂先王勋业等方面的内容。

图 12a　商代文丁时期的司母戊方鼎

图 12b　散氏盘

迄今为止，已经发现的有铭文的青铜器已有四千多件，共有铭文三千五百余字，已识者已远过半数。商代青铜器上的铭文较短，且都是“子孙永宝用”之类的简单套语。周代青铜器上的铭文较长（见图 12d）。虢季子白盘的铭文为 111 字（见图 13），令彝的铭文为 187 字，大盂鼎的铭文为 291 字（见图 14b）。还有铭文更长的器物，像克鼎铭文为 289 字，令散氏盘文为 357 字，毛公鼎铭文更多达 497 字，实为世所罕见。这些铭文成为我们研究商周历史和古文字的信实资料。

图 12c　西周恭王时期的格伯簋

图 12d　格伯簋及铭文

图 13a　西周宣王时期的虢季子白盘

图 13b　虢季子白盘铭文

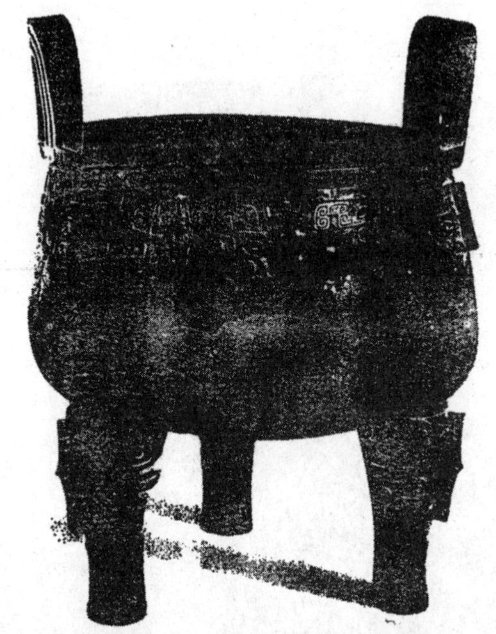

图 14a　西周康王时期的大盂鼎

图 14b　大盂鼎铭文

金文的形体特点与甲骨文的笔画细瘦不同，而是圆润肥厚的，这与金文是首先刻在模子上再行铸造的特点有关。金文字体比甲骨文更规整，书法也更考究。

金文中的形声字较甲骨文为多，容庚《金文编》中衣部、宀部、食部、广部的字共 71 个，除与甲骨文相同的 14 个字外，新增的 57 字中，就有 46 个为形声字。①

三　籀文

籀文，也称大篆。《汉书・艺文志・六艺略》小学类首列史籀十五篇，班固自注："周宣王太史作大篆十五篇，建武时亡六篇矣。"又说："史籀篇者，周时史官教学童书也。"《说文・叙》："及宣王太史籀著大篆十五篇，与古文或异。"籀文究竟是不是周宣王太史籀所作，近代颇有争议。王国维认为："此篇首句盖云：'太史籀书'，即太史读书之意，故后人称为史籀篇。班、许以太史为官名，籀为人名，甚误。"②

籀文是春秋战国之际的汉字，但较多学者认为它是秦地流行的秦系文字。也有人认为籀文是当时汉字的繁叠形式，如"乃"籀文作"𠄎"，"囿"籀文作"𡇙"。它比甲骨文、金文以及后来的小篆、隶书等笔画都要繁叠重复（见图 15）。

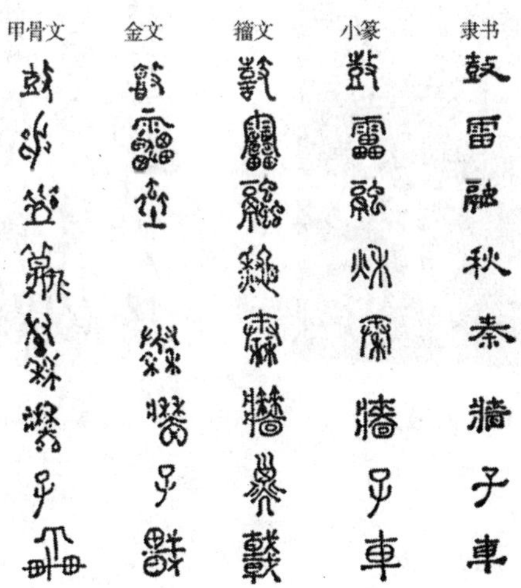

图 15　籀文与甲骨文、金文、小篆，隶书的比较

① 郭宝钧：《青铜器时代》。

② 《观堂集林・史籀篇疏证序》。

《说文》在“重文”（即古文字中与小篆不同的形体）和“正文”中收录了籀文二百二十多个。段玉裁在概括籀文的形体特点时说：“凡籀文多繁重（chóng）。”

唐朝初年在天兴（即今陕西省宝鸡）出土的十个石鼓上的文字，一般称之为石鼓文，与籀文颇相似，学者把它归入籀文范围。章太炎说：“〔石鼓文〕虽叵复见远流，亦大篆之次也。”又说：“石鼓不知作于何时，必云宣王所作，史籀所书，因无其征，然大致不相远。”① 此说近是。石鼓现存故宫博物院，其中一石字迹已漫灭无存，其余九石也多缺损，字迹可见者仅三百余字（原有字数估计在六百字以上）。近代书画家、篆刻家吴昌硕曾临摹石鼓文，有人说他的临摹“寓妩媚于奇崛之中，圆熟精悍，刚柔相济”。（见图 16）

图 16　石鼓文　　**吴昌硕临石鼓文**

四　战国古文

战国古文，又称六国古文，或简称古文。《说文·叙》：“古文，孔子壁

① 《国故论衡·理惑论》。

中书也……鲁恭王坏孔子宅，而得《礼记》《尚书》《春秋》《论语》《孝经》。又北平侯张苍献《春秋左氏传》。”《汉书·艺文志》：“武帝末，鲁恭王坏孔子宅，欲以广其宫，而得古文《尚书》及《礼记》《论语》《孝经》凡数十篇，皆古字也。”这里所说的“凡数十篇”，是指比当时通行的用隶书书写的今文《尚书》《礼记》多出的篇数。据考，这些古文经传为战国时人所写，在秦始皇焚书时藏入孔宅壁中。《说文》所采录的古文，主要来自这些古文经传。

图 17　楚帛书

孔壁古文除保留在《说文》中者外，曹魏正始年间的三体石经（用古文、小篆、隶书三体写成），其中的古文亦即孔壁古文。此外，历来出土的帛书（像楚帛书，见图 17）、竹简、兵器、货币、符玺等器物上的战国文字，以及近年出土的侯马盟书，（见图 18）都是战国古文的遗存。

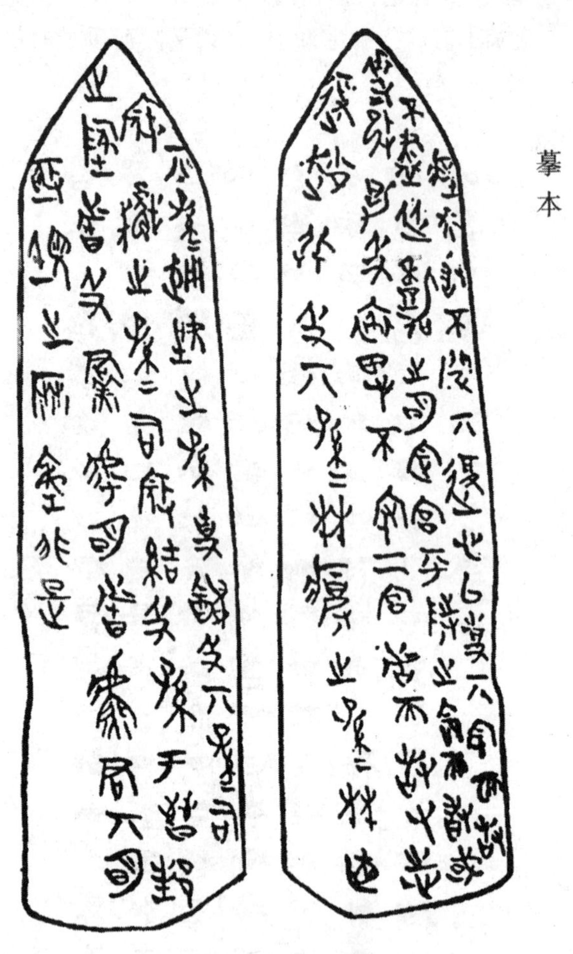

图 18a 侯马盟书

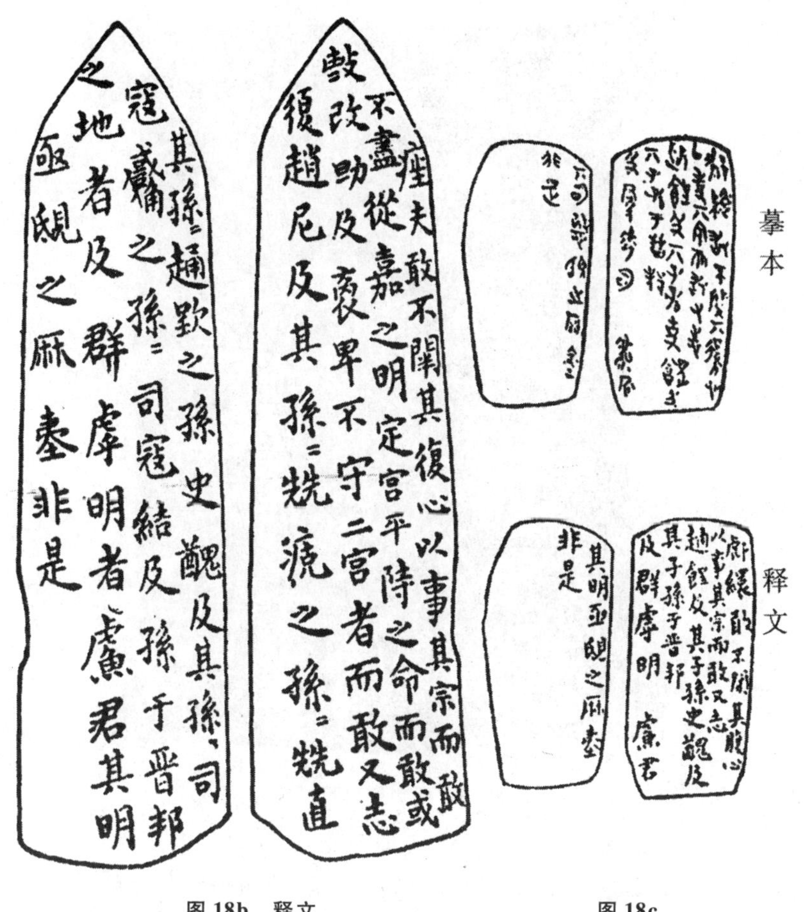

图 18b　释文　　　　图 18c

五　小篆

小篆，也称秦篆，是秦始皇统一中国后为统一文字而规定的字体。（见图 19）。《说文 · 叙》：“其后诸侯力政……分为七国，田畴异晦，车涂异轨，律令异法，衣冠异制，言语异声，文字异形。秦始皇帝初兼天下，丞相李斯乃奏同之，罢其不与秦文合者。斯作《仓颉篇》，中车府令赵高作《爰历篇》，太史令胡毋敬作《博学篇》，皆取史籀大篆，或颇省改，所谓小篆者也。”

小篆并非李斯一人所创。秦统一前，类似小篆的字体已经在金石文字中出现。如宋代发现的诅楚文三石，是战国后期的刻石，其文字形体多与

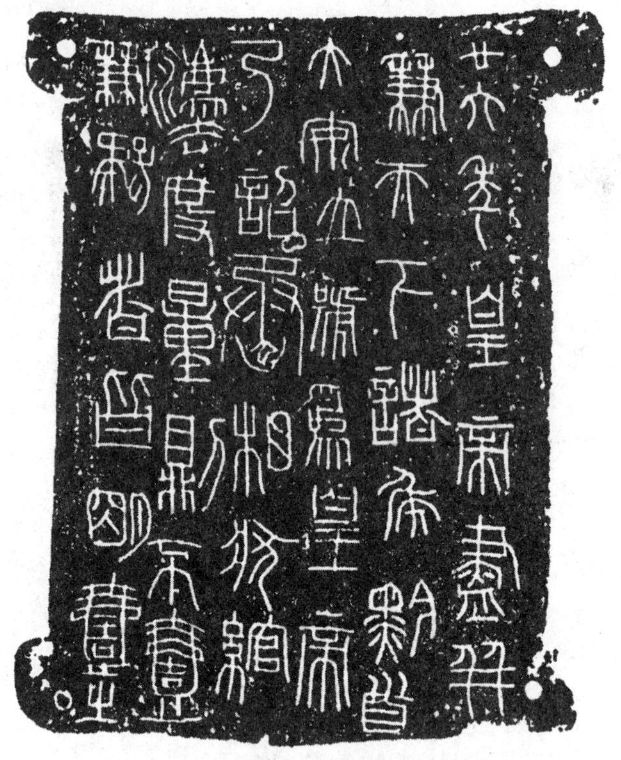

图 19　秦始皇诏版（原寸）

小篆相类。秦大良造鞅铜量，据考铸于秦孝公十六年，其文字已为小篆。流入日本的新郪虎符，为秦统一前的符信，也已是道地的小篆了（见图20）。李斯等人可能对早已流行的小篆做了些整齐划一的工作，并加以推广罢了。

图 20　新郪虎符

《说文·叙》所说“取史籀大篆，或颇省改，所谓小篆者也”，是说小篆中的一部分是对大篆进行简化而来的。小篆对大篆的简化，有以下几种形式：

1. 形体本身重叠的，去掉重叠的形体。如：[illegible]→[illegible]（宜）
2. 构字成分重叠的，去掉重叠的成分。如：[illegible]→[illegible]（败）
3. 声符繁复的，去掉繁复部分。如：[illegible]→[illegible]（速）
4. 笔画繁多的会意字，改为形体简单的形声字。如：[illegible]→[illegible]（囿）
5. 打破六书的取义，部分形体发生伪变。如：[illegible]→[illegible]（则）

比起甲骨文和金文来，小篆的笔画均匀（每画粗细一样）。一部分字实行了简化（见图 15）。形体固定，改变了甲骨、金文的反正不拘、偏旁无定的情况。异体字明显减少。已无合文。小篆在古文字的简化和规范化方面是有其独特贡献的。

秦统一后的小篆刻石，是最重要的小篆标本，可惜除了始皇二十八年的泰山刻石仅存的九个字（见图 21a）外，其他刻石今已无存，仅有部分拓片，如峄山刻石部分拓片。（见图 22）。

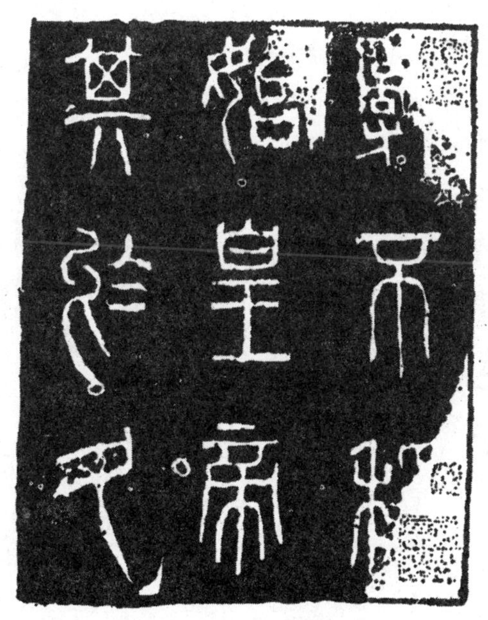

图 21a　明代安国拓本中泰山刻石的前九个字

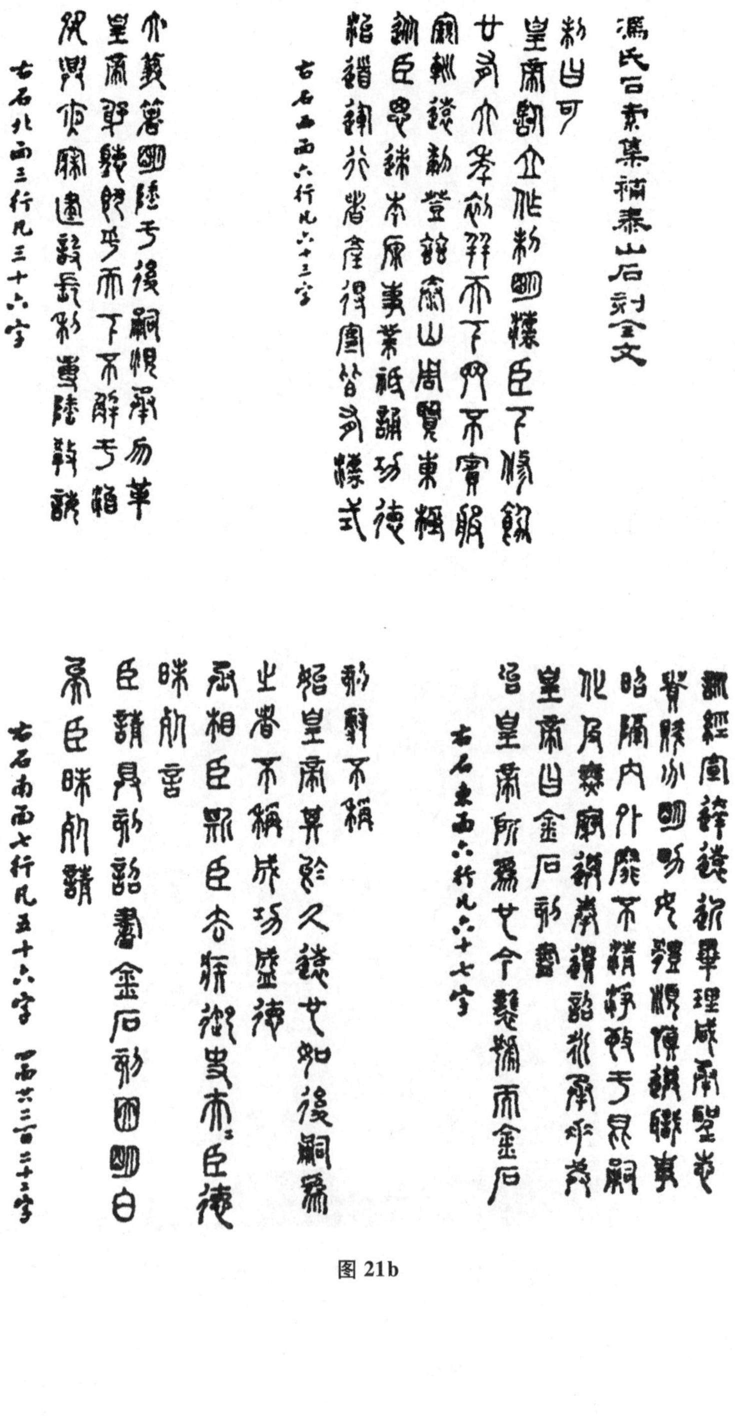

馮氏石索集補泰山石刻全文

制曰可
皇帝臨立作制明法臣下修飭
廿有六年初并天下罔不賓服
親巡遠黎登茲泰山周覽東極
從臣思跡本原事業祗誦功德
治道運行諸產得宜皆有法式

右石西面六行凡六十三字

大義箸明陲于後嗣順承勿革
皇帝躬聽既平天下不懈于治
夙興夜寐建設長利專隆教誨

右石北面三行凡三十六字

訓經宣達遠近畢理咸承聖志
貴賤分明男女禮順慎遵職事
昭隔內外靡不清淨施于昆嗣
化及無窮遵奉遺詔永承重戒
皇帝曰金石刻盡
始皇帝所為也今襲號而金石

右石東面六行凡六十七字

刻辭不稱
始皇帝其於久遠也如後嗣為
之者不稱成功盛德
丞相臣斯臣去疾御史大夫臣德
昧死言
臣請具刻詔書金石刻因明白
矣臣昧死請

右石南面七行凡五十六字　四面共二百二十二字

图 21b

《说文》共收小篆九千余字，有的字形体与刻石拓片不尽相同，可能是后人传写《说文》致误。

图 22　峄山刻石片断

图 23　汉隶

六　隶书

隶书分古隶和今隶两种。古隶又称秦隶，今隶又称汉隶。《说文·叙》："是时，秦……大发吏卒，兴戍役，官狱职务繁，初有隶书，以趣约易。""秦隶书，秦始皇帝使下杜人程邈所作也。"《汉书·艺文志》："隶书……起于官狱多事，苟趣省易，施之徒隶也。"

隶书是否因"施之徒隶"而得名，今已不可知。但隶书确是一种简单易写的字体。它的使用并非自秦代始。唐兰认为，隶书的先导是渐趋草率的战国古文。[①] 战国时期的楚帛书，形体已接近于秦隶。由于隶书在秦之前

① 《中国文字学》。

已经出现，所谓“程邈所作”之说自然就很难成立。但程邈对隶书做了些规范化和推广之类的工作倒是完全可能的。秦始皇支持推行隶书。对此，郭沫若曾作过评价：“为了提高工作效率，而有意识地采用了隶法，这正是秦始皇的杰出处。”①

秦隶是由古文字向今文字的过渡，它仍带有小篆的部分特征，如笔画仍旧是粗细均匀的，只是变小篆的连笔为断笔，将小篆的圆转曲笔简化为方正平直的笔势罢了。这种秦隶一直通行至西汉。自西汉中叶开始，出现了有波势和挑法的汉隶。(见图 23) 它是对秦隶的艺术加工和美化。

隶书使汉字的形体发生了根本变化。在此之前，古文字是以曲线为主，以描摹实物之形的象形字为基础的。隶书的出现，大大突破了古文字的象形性质，古文字的曲线形体和小篆的圆匀线条也一变而为方折，地道的方块汉字从此形成。后来通行并居统治地位的楷书，除在笔锋的波折态势上与隶书有所不同外，结构无大差别。汉字的隶变，奠定了两千年来汉字形体的基础。隶变对于汉字记录汉语的符号性质来说，是一场真正的变革，大大降低了汉字的繁难程度，提高了书写速度。当然，随之而来的是隶变使由形知义的难度增加了。有些本来涵义完全不同的形体，隶变后完全混一了。如：“鸟”字的鸟爪形，“燕”字的燕尾形，“然”字的火形，经过隶变，统统都是四点。王念孙等清代学者曾总结出隶变使汉字发生变化的几个方面：

（一）隶变把一些字的本义搞乱了。当“尽”，讲的字本作“渴”，而作“想喝”讲的字本从水歇声。隶变后从水歇声的字不用了，“想喝”义的字就用“渴”了。“气”本为“云气”义，隶变后用为“乞求”之“乞”(“气”减去一笔)，于是以当“祭祀用的活牲”讲的“氣”字代替了“云气”义的字，而“氣”的本义又造“餼”字来代替。

（二）隶变后增加形体。如“浆”，篆书从将省，隶变后作“漿”。

（三）隶变后减省形体。如“净”，小篆原从水静声，隶变后从水争声。“沃”小篆“夭”上原有草字头作“渼”，隶变后作“沃”。

（四）隶变后改变了字形结构。如：

春　秦　奉　泰

这几个字，小篆体的上部形体各不相同，隶变后都作“𡗗”形。

（五）小篆中不同的字，隶变后成为一个字。小篆花木之“花”是个象

① 《古文字辩证的发展》。

形字，荣华之“华”于象形字上加“艸”，华山之“华”于象形字上加“山”，而隶变后统统作“華”。

（六）小篆中为一字，隶变后分成两个或几个字。“饕”和“叨”，小篆为一字，“或”和“域”小篆为一字。隶变后各为不同意义的两个字。

隶变后还改变了部分偏旁的写法。小篆中一个单字和它作为偏旁时的写法是一样的，而隶变后，部分偏旁却与作为单字时的写法不同。仅举数例：

单字形体	隶变后偏旁形体		
肉	肋（在左）	肯（在下）	胡（在右）
手	把（在左）	拳（在下）	看（在上）
阜	陇（在左）	埠（在右）	
示	祀（在左）	祭（在下）	
心	情（在左）	慕（在下）	
火	炊（在左）	炙（在下）	光（在上）
水	江（在左）	荥（在下）	
犬	狼（在左）	獒（在下）	猷（在右）

隶变后，有些形声字的声符或形符已很难辨识。如：

[illegible] 从巾父声　隶变后作“布”
[illegible] 从禾千声　隶变后作“年”
[illegible] 从衣毛声　隶变后作“表”

这样一来，依据隶书分析汉字的结构、探讨汉字的本义，以及判断汉字的读音都变得困难了。为解决这个问题，清·顾蔼吉著《隶辨》一书，依据《说文》小篆，归纳出隶书的正、变、省、加几种规律，对于人们通过隶书了解词义颇有帮助。宋·娄机的《汉隶字源》，清·翟云升的《隶篇》，也是同类性质的书。

七　楷书

楷书，又称正书、真书，“楷”即法式之意。楷书萌芽于西汉，盛行于六朝以后。楷书由汉隶演变而来，是汉隶的进一步简化。它把隶书的波势挑法变得平稳，把隶书的慢弯变为硬勾，把隶书的方形改为长方形，书写更加自然简易，因此它成为至今通行的字体。三国时期钟繇的《贺剋捷表》，东晋王羲之的《乐毅论》《黄庭经》，都是楷书的典范。现存的钟、王楷书，都是唐代以后的摹帖。从北朝到隋唐时期的大量碑刻，像隋朝张公礼书写的《龙藏寺碑》，（见图 24）唐代欧阳询的《九成宫醴泉铭》（见图 25）等，也都是标准的楷书。

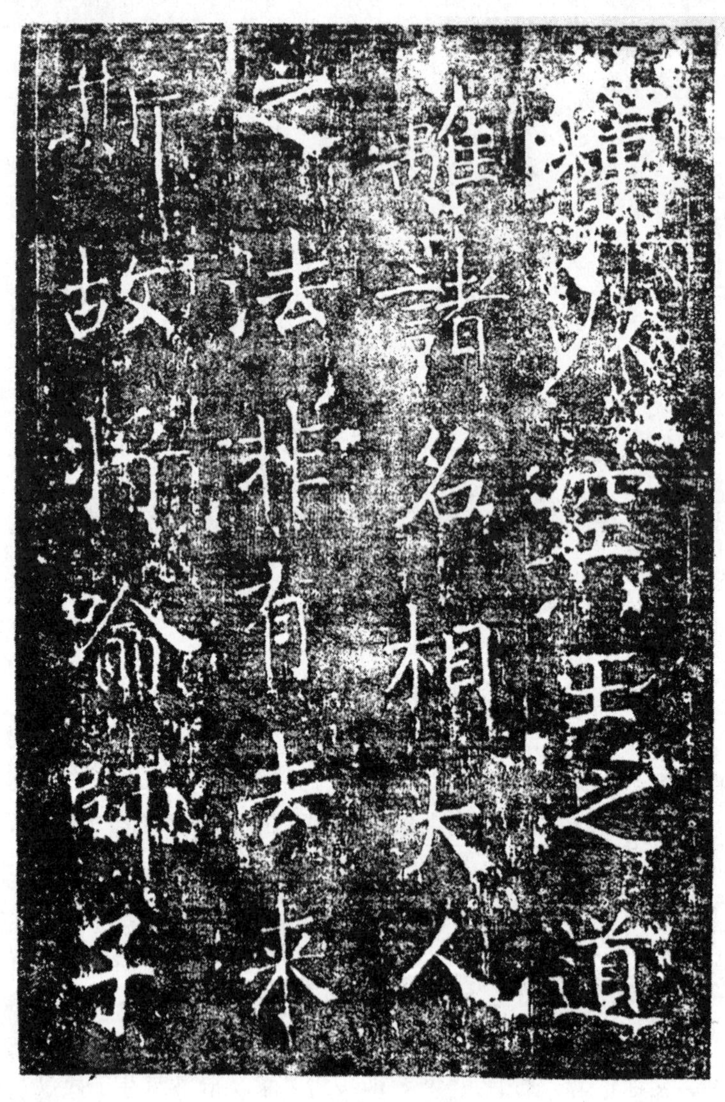

图 24a　隋龙藏寺碑

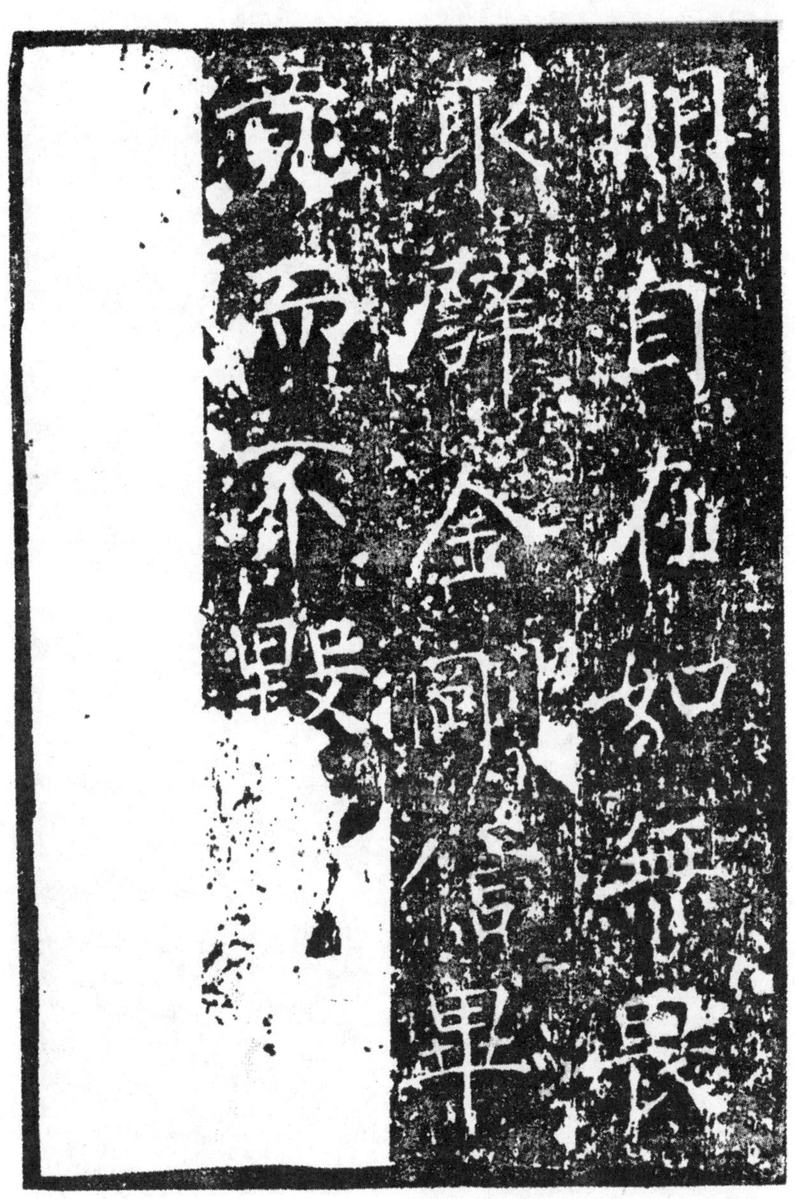

图 24b　隋龙藏寺碑

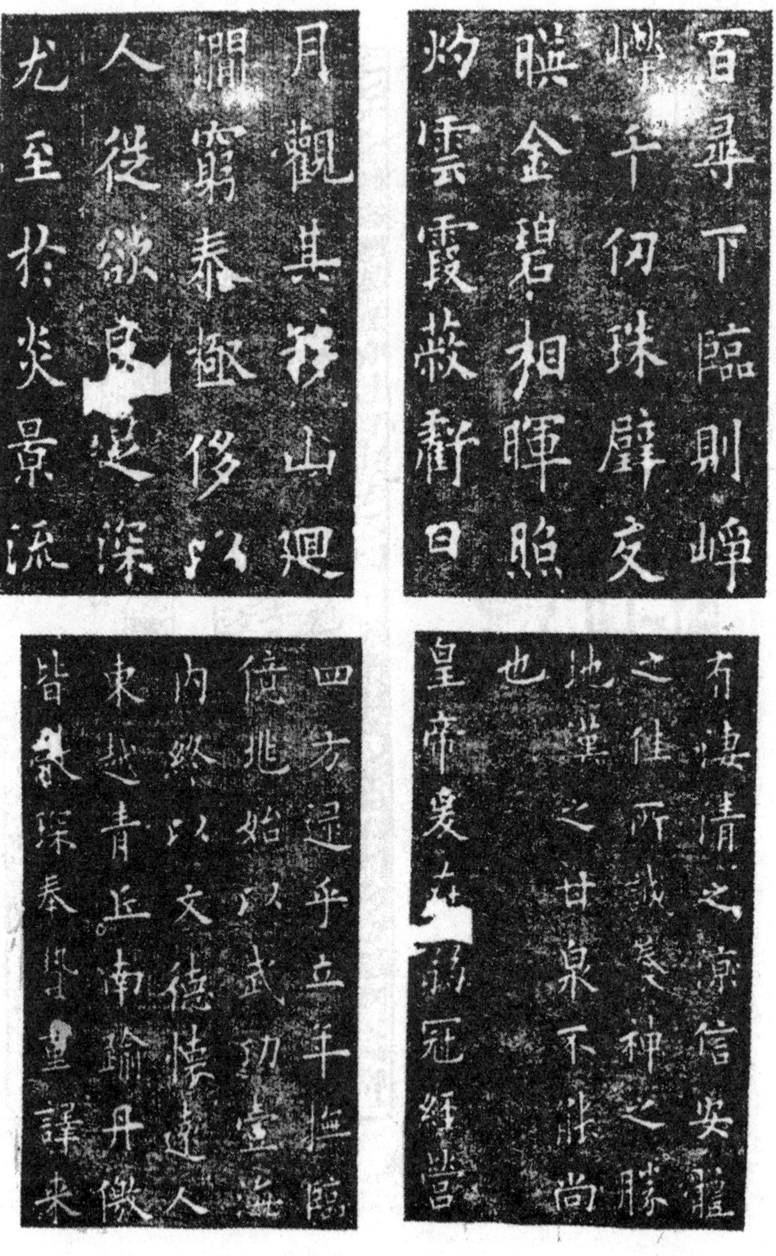

图 25 （上）宋拓欧阳询九成宫
（下）南宋拓欧阳询九成宫

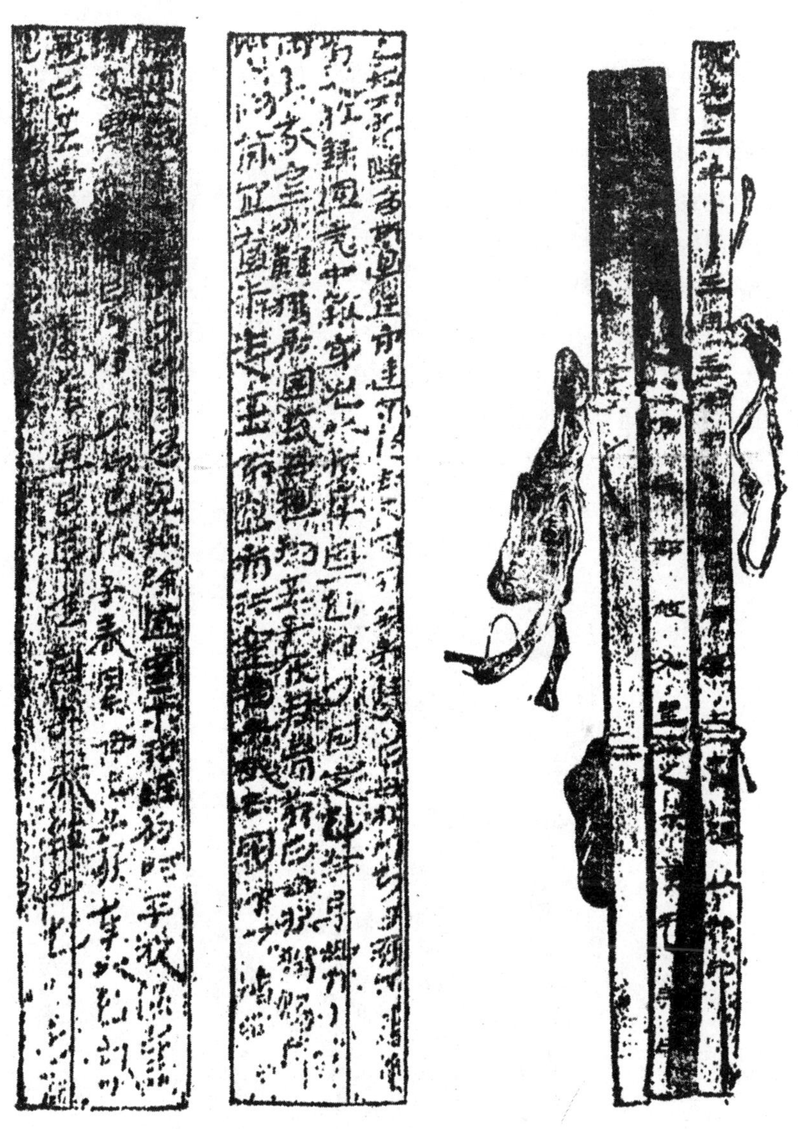

图 26 居延汉简

八 草书

草书是书写快速的草率字体，与汉隶平行发展。草书分两类：一类是从汉隶发展而来的，叫草隶，也叫章草，另一类是从楷书发展而来的，叫今草或狂草。

“章草”一名的来历，说法不一。一说章草来自章程书（即楷书）。另一说，东汉章帝刘炟喜爱这种字体，特准许书法家杜操（因避曹操讳，改名杜度）用这种字体给皇帝写奏章，由此得名。出土的汉简有不少是用章草写成的，如居延汉简。(见图 26)

章草较隶书简易，某些点画有所省略，笔画有波势，或断或连，但字字独立。同一个字，写法相同，较易认识。

今草完全没有了隶书的波折，上下字牵连不断，一字内的点画也多相连，一气呵成。较有名的今草是王羲之、王献之父子的帖。（见图 27a，27c）唐代开始出现带有更大随意性的狂草，以张旭、怀素为代表，世称“颠张狂素”。张旭草书散见于历代集帖。怀素草书传世者有《自叙》《苦笋》《千字文》等帖。狂草除在书法艺术上有其价值而外，已无实用价值，因为一般人都不认识。

图 27a　中秋帖（王献之）

九　行书

行书是介于楷书和草书之间的字体。它的书写速度比楷书为快，但不像草书那样难以辨认，因此具有极大的使用价值，至今仍为人们普遍习用的字体。

行书在东汉末已经流行。东晋王羲之父子的行书为行书的楷模，如王羲之的《兰亭序帖》。可惜真品已不复存在，现在通行的均为传刻本。（见图 27b）

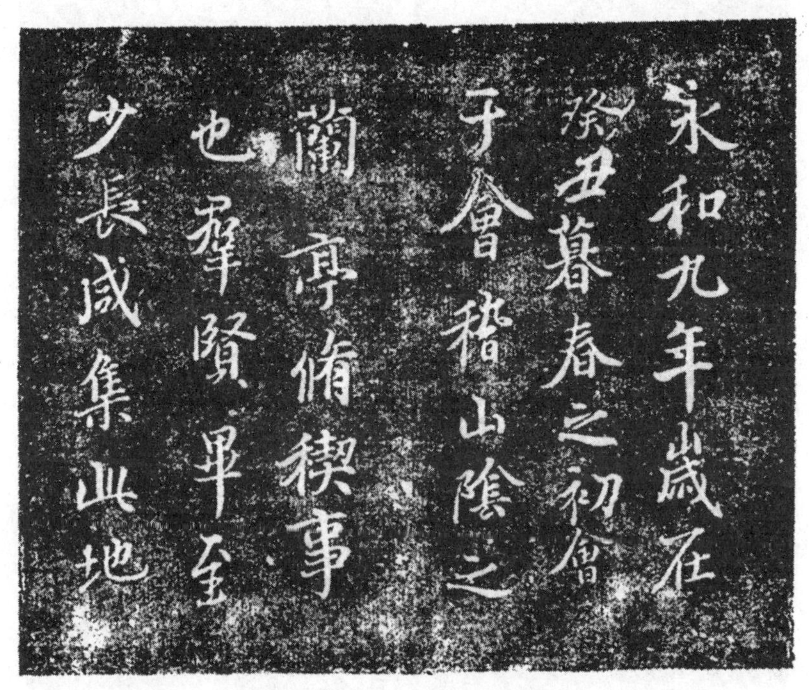

图 27b　兰亭序（褚摹袖珍本）其一

汉字形体的变化，一般不是表现在结构上，而是反映在笔画的态势上。

汉字形体的变化，不是突然发生的，往往要经历一个漫长的过程。开始可能是少数人或少数字的变化，而后慢慢地被更多的人所认可，推广开来，就形成一种新的字体。

汉字形体的变化，与书写工具有直接关系，如隶书的波挑，楷书的硬勾，都是金属刻刀难以刻出的。

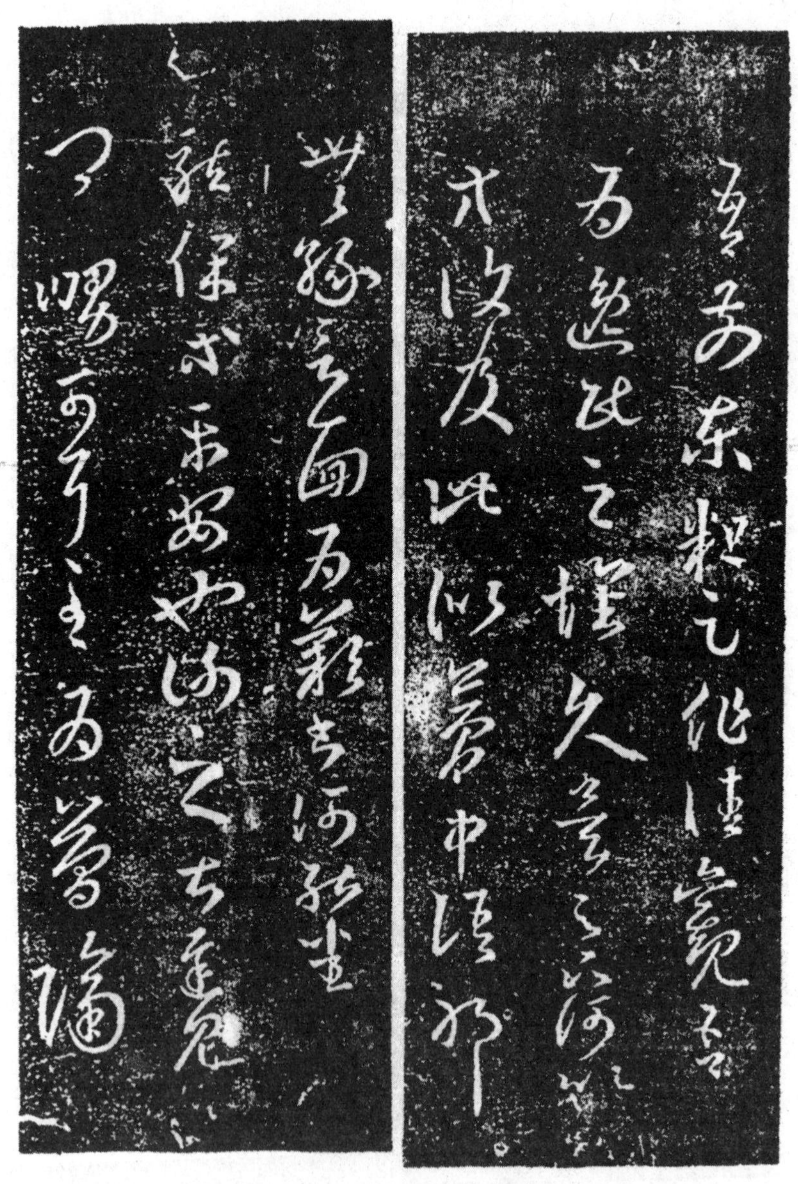

图 27c　十七帖（听水阁本）其二、其三

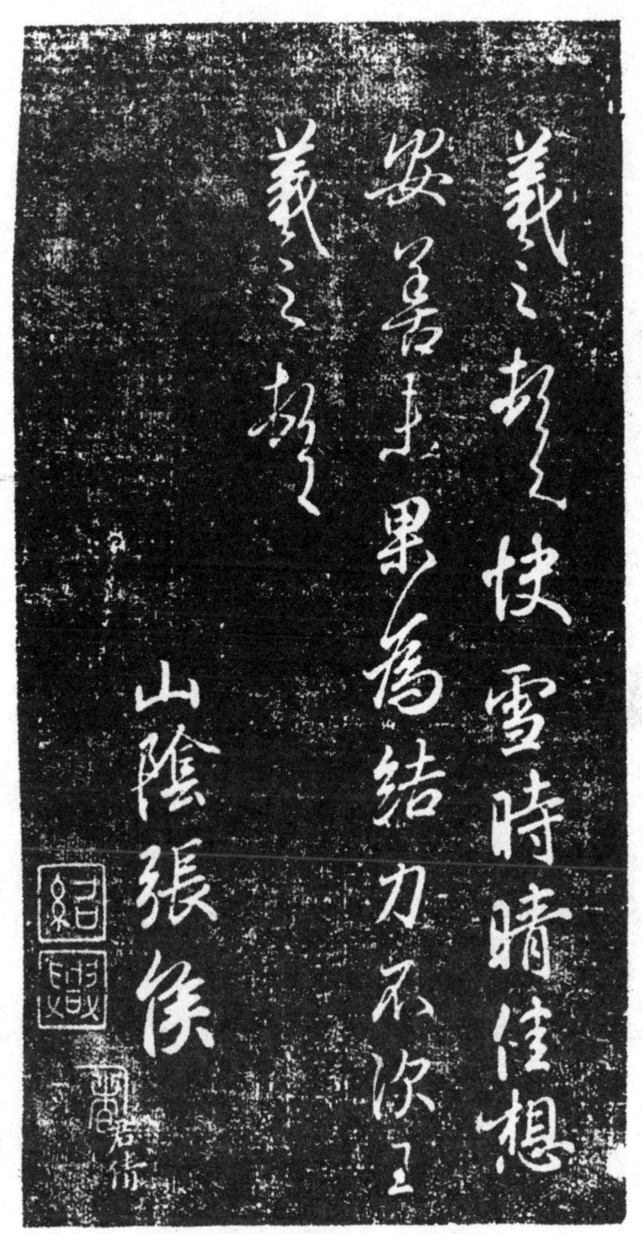

羲之頓首快雪時晴佳想
安善未果為結力不次王
羲之頓首
山陰張侯

图 27d　快雪时晴帖（王羲之）

文字作为记录语言的工具，总是要求书写快速而方便。所以那些难写的字体，如战国时期出现的起首肥而后渐细的蝌蚪书，用一些线条绘成鸟形或虫形的鸟虫书（见图28），都未能得到通行。只有那些简便易写的形体，才成为全民使用的字体。

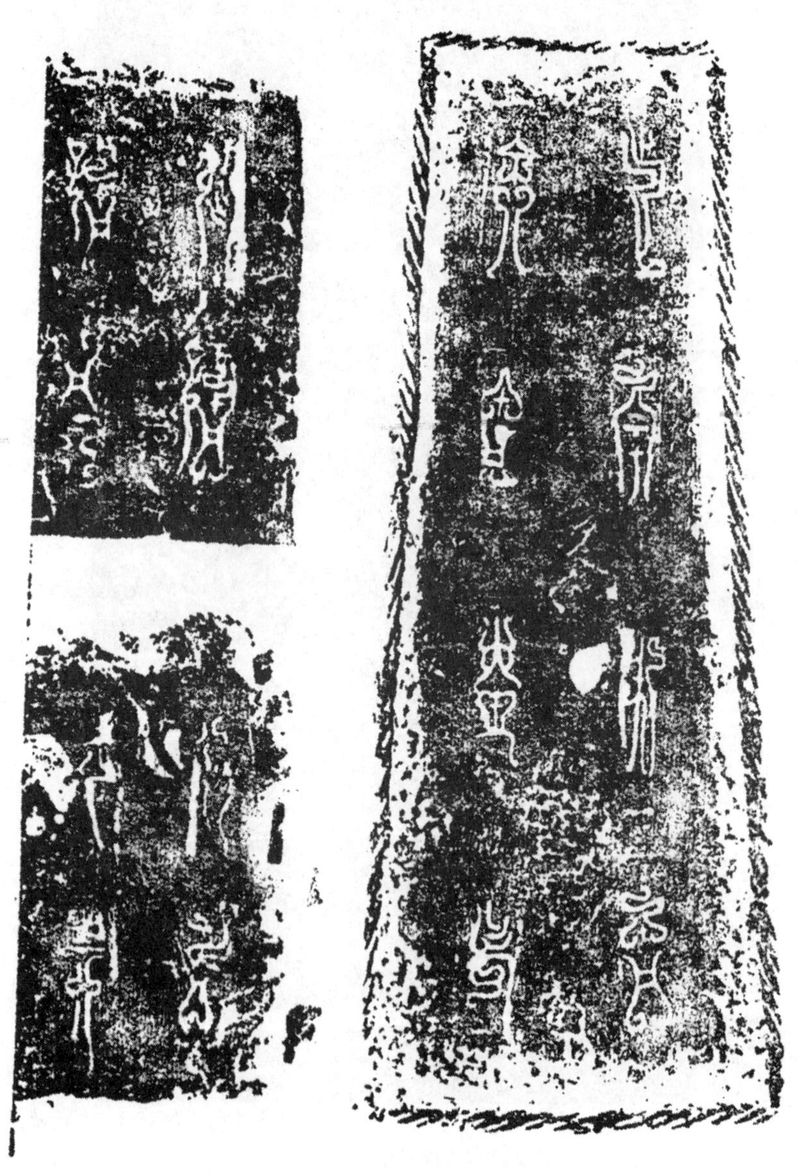

图28a　楚王酓璋戈

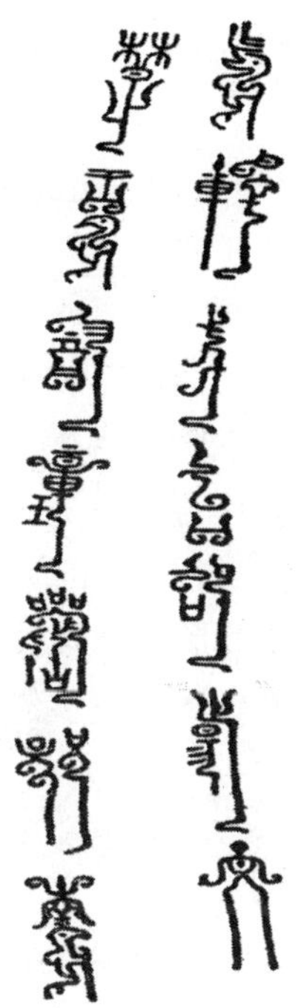

图 28b　楚王酓璋戈

汉字形体的变化，常常是交错着进行的，同一时期可有两种或多种形体存在。而且，同一形体，由于书写人的风格不同，又可分为许多不同的字体，如众所周知的赵孟頫体、柳公权体、欧阳询体、魏碑体，等等。这些所谓的体，是指书写风格而言的，并非结构上有明显区别。明代以后，由颜真卿体演变而来的印刷体，一直沿用到今天的出版物上。但这不过是一种楷书罢了。

第三节　六　书

六书，是战国末期至汉代人们根据汉字的实际，归纳出的汉字的六种结构方式。“六书”之名始见于《周礼·地官·保氏》：“保氏掌谏王恶而养国子以道，乃教之六艺……五曰六书。”《说文解字·叙》：“周礼，八岁入小学，保氏教国子，先以六书，一曰指事。指事者，视而可识，察而见意，上、下是也。二曰象形。象形者，画成其物，随体诘诎，日、月是也。三曰形声。形声者，以事为名，取譬相成，江、河是也。四曰会意。会意者，比类合谊，以见指撝，武、信是也；五曰转注。转注者，建类一首，同意相受，考、老是也。六曰假借。假借者，本无其字，依声托事，令、长是也。”

六书的名目和顺序，各家不尽相同，现将三种说法列示如下：

班固《汉书·艺文志》：象形，象事，象意，象声，转注，假借
《周礼》郑玄引郑司农说：象形，会意，转注，处事，假借，谐声
许慎《说文解字·叙》：指事，象形，形声，会意，转注，假借

现在较多人认为班固的顺序为好，许慎的名目为胜。

六书说并不能概括所有汉字的形体结构，所以，它远不是周密完善的汉字形体结构条例；但对于绝大多数汉字形体结构，它还能够给予分析和说明。因此，至今还有学习和了解它的必要。

一　象形

象形就是用描摹实物形体或实物某一特征的方法来造字，使人一见字形便知字义。最初的象形字酷似实物，近似图画。但它又不同于图画，因为它与词之间已经有了固定的关系，并有固定的读音。

一般说来，只有具体实物才有形可仿，因此象形字多是实物的名称。如：

山：象山峰耸立。
水：象水流的样子。
洲：象水中小岛。
果：象树上结的果实。
禾：象禾苗下垂的样子。
瓜：象瓜蔓中结出的瓜。

凡是象形字，《说文》都标以“象形”或“象～形”的字样。如：

羽：“鸟长毛也，象形。”
目：“人眼也，象形。”
自：“鼻也，象鼻形。”

高：“崇也，象台观高之形。”

象形字分独体象形字和合体象形字。独体象形字，如“日、月、水、火”等字。合体象形字，如“果”，假如只画一个圆的果实形，人们可以认为是“田”或兽蹄，因此，只好连同下边的木形一起写出。再如“瓜”，若只画出瓜的圆形，也易使人产生歧解，而画出瓜蔓就可以准确达意。

有的学者认为合体象形字应划归象意文字。

二 指事

指事，是用在象形字基础上加上一点或一画以标明意之所在的方法来造字。如在象形字“刀”字的刃部加上一点就变成指事字“刃”；在象形字“木”的上部加一横，就变成指事字“末”；在“木”的下部加一横，就变成指事字“本”。

许慎《说文》所举指事字的例子是“上、下”。有些学者对此持有异议。高亨认为“上”字“象物在物上之形”，“下”字“象物在物下之形”，因此他认为“上、下”两字“目为指事未尝不可，但目为独体象形则更切合。”①

指事字数量较少，《说文通训定声·说文六书爻列》中共列指事字125个，其中有的还未必是指事字。

三 会意

《说文》：“比类合谊，以见指㧑，武、信是也。”会意是用将两个以上的象形字合在一起表达一种新义的方法来创造文字。因此，会意字都是合体字。许慎所举“信”字，可以作为会意字的代表。《说文》：“信，诚也，从人言。”人说出话来应该是诚信的，或人用说话表示信约，故合“人、言”两体构成“信”来表示“诚信”义。而许慎所举“武”字虽属会意字，但不是“止戈为武”义。从甲骨文“武”字的形体看，从戈从止，止是人的脚，戈是武器，整个形体表示一个人携带武器将出发参加某种军事行动。

有些学者对会意字又进行了分类，只是有些分类过于琐细，使人有扑朔迷离之感。相比之下，高亨的分类较为合理，切合实用。他将会意字分

① 《文字形义学概论》。

为三类：

(一) 异文会意：就是由两个或两个以上不同的形体表达一种新义。如：

男《说文》："丈夫也，从田从力，言男用力于田也。"(按："力"在甲骨文中是农具的象形，隶变后作"力"。)

见《说文》："视也，从儿从目。"(案："见"的繁体字为"見"，下面的"儿"，金、甲文字作"?"，是"人"的象形。)

囚《说文》："系也，从人在囗中。"

祭《说文》："祭祀也，从示以手持肉。"(案："⺼"即"肉"字隶变后的形体之一，"又"，金、甲文字中作"又"，是"手"的象形。)

寒《说文》："从人在宀下以草荐复之，下有仌。"

(案："仌"，古"冰"字。)

(二) 同文会意：就是由两个或两个以上相同的形体表达一种新义。如：

林《说文》："平土有丛木曰林，从二木。"

从《说文》："相听也，从二人。"

众《说文》："众立也，从三人。"

毳《说文》："兽细毛也，从三毛。"

轟《说文》："群车声也，从三车。"

品《说文》："众庶也，从三口。"

㗊《说文》："众口也，从四口。"(案："嚻"字从此。)

茻《说文》："众草也，从四屮。"(案：莽、莽字从此。)

(三) 对文会意：就是会合正反相对的两个相同形体表达一种新义。如：

北《说文》："乖也，从二人相背。"(案：小篆作二人相背之形，实即古"背"字。)

鬥《说文》："两士相对，兵杖在后。象斗之形。"(案：甲骨文作二人以手搏斗之形。)

> 舛《说文》："对卧也。"（案：古文字作方向相反的两足，表示违背之义。）

会意字常常表现出某种局限性，即造字者用这两个形体表达自己的某种意思，然而，这两个形体所表达的往往不止这一种意思，别人可以产生不同的甚至相反的理解。比如"安"，造字者可能要用女子深居家中的形体表示贞静、安分之义，但别人也可理解为女子被囚禁在家中从而表示"囚、拘"之类的意思。又如"囚"，造字者想要用人被拘禁在一个固定的范围里来表示囚禁义，但别人可以理解为人被保护在一个隐蔽的地方从而为"护"义。这就只好靠约定俗成来解决问题了。

在会意字问题上，是有争议的。往往一个字，此人说是会意，彼人说是象形，第三个人又说是形声。甲骨文和金文的发现，对解决这个争端颇有助益。《说文》就把某些会意字解释为形声字了。究其原因有二：一是把在某字基础上添加一些说明性质的形体而构成的异体字误认作形声字了。如："复"与"復"，在金文中是一个字的两种形体，"彳"是表示行走的意思，加在"复"上，表示往来与行走有关。而《说文》就把"復"解作"从彳复声"的形声字了；另一原因是许慎不知字的本义，或误识字形。"俄"字的甲骨文形体左边呈人形，右边是刑具"我"。（案："我"甲骨文作[illegible]形，后被假借作第一人称代词，"刑具"义遂废）"俄"即刖刑。参张政烺《释甲骨文俄、隶、蕴三字》，载《中国语文》1965 年第 4 期。"俄"字实为会意字，《说文》却解作"从人我声"的形声字。"宫"，甲骨文作吕形，考古发掘的情况表明，实为地下居室的象形，加上"宀"，表明是人的居室，为合体会意字，《说文》也解作"从宀躳省声"的形声字了。

四　形声

用表义和表音两部分符号共同构成一个新字的造字方法叫形声。表义符号称义符或形符，表音符号称音符或声符。《说文》："形声者，以事为名，取譬相成。"这两句话的意思是根据事物的意义确定字的形符，再加上相同或相近的声音符号，共同构成一个字。

形声字的形符和声符的位置是多种多样的：

> 声符在右，如：江、河、鞭、桃、论、炉
>
> 声符在左，如：鸠、锦、期、放、故

声符在上，如：婆、娑、架、想、妄、忘、唇
声符在下，如：花、草、室、篇、窝、琵、琶
声符在内，如：街、衢、闺、固、裹、圆、圃
声符在外，如：闻、问、闽、衡
声符在两边，如：辨、瓣、辫
声符在左上，如：新（按：辛是声符）

形声是汉字造字的主要方式。因为象形字、指事字，会意字都属于表意文字，看见一个字，却读不出它的音。而且，这些字对抽象概念的表达也无能为力。而形声字却不同，一切抽象概念，一切新出现的事物，都能造出相应的形声字来表示。这种情况，正像清·陈澧所说："水字，木字，象形甚易，而江河皆水，松柏皆木，造字若何分别？但可造为形声字，此形声字所以最多也。"①。形声字在汉字总数中约占80%，据有的学人统计，《说文》9353字中，7697个为形声字。

形声字的产生过程，有人认为是先经过同音假借，再加上区别意义的形符。如"堇"的本义为黏土，后假借为"饥谨"义的字，为了区别意义，又在左边加上形符"食"而成"饥馑"的"馑"。"馑"始见于金文中。再如"比"，甲骨文假借作"考妣"义的字，后在左边加上形符"女"而成"考妣"的"妣"。

形声字的形符对于理解字义很有作用。形符标志着一个大的意义范畴，凡是以此为形符的形声字，字义一般都在这个范畴之内。比如，凡以水为形符的字，大多与水有关：

江：长江　河：黄河
洪：大水　涓：小水
滴：水点　洌：水清
渊：回水　浦：水边
渎：水沟　津：渡口
潦：雨水　汤：热水
漾：水面　微动。
滓：水中沉淀物。

① 《东塾读书记》。

凡以“斤”（斧头）为形符的字多与砍伐工具或砍、劈之类的行为有关：

斨：方孔斧　斯：劈木
所：伐木声　新：砍柴（后被假借作“新旧”字，本义遂废。）

凡以“山”为形符的字多与山峰或崇高义有关：

岸：水边高起之地　岬：两山之间
岑：山小而高　嵬：山高貌
崇：高　峤：尖峭的高山
峥：高峻　巅：山顶
巍：高大貌　峦：小而锐峭的山

“心”，古人认为是思维的器官。《孟子·告子上》：“心之官则思。”所以，凡以“心”为形符的字，多与思维活动或人的情感有关，例子不胜枚举。

有的形声字的形符还可以帮助人们了解词的本义，解决古书中的某些难题。如“页”是人头的象形，所以，凡以“页”为形符的字，多与头部有关。“颜”，《说文》：“眉目之间也。”实即额头。《史记·高祖本纪》：“高祖为人，隆准而龙颜。”所谓“龙颜”，即前额似龙。“题”的本义是“额”，《楚辞·招魂》：“雕题黑齿”，“雕题”即额头上的花纹。“领”本义是脖子，“引领而望”，即伸着脖子盼望，后来引申作衣领的领。

有些形符隶变后不易辨识其本义了，如果看小篆的形体，还能看出一些。象“阜”本义是土山，因此，凡以“阜”为形符的字，多与山有关，如“阳”（左边的阝，小篆均作阜）是山的南面，“阴”是山的北面，“陬”是山脚，“邱”是土山。

有的形符所代表的事物消失了，所以，其本义也不易辨识。如“贝”，《说文》：“海介虫也……古者货贝而宝龟，周而有泉，至秦废贝行钱。”可见，“贝”在上古时代是一种货币（后来废而不用了）。所以，凡以“贝”为形符的字，其本义多与钱财或贸易有关。如“贿”，《说文》：“财也。”“赈”，《说文》：“富也。”“贤”，《说文》：“多财也。”“贸”，《说文》：“易财也。”“贫”，《说文》：“财分少也。”

形声字的声符一般都有标音作用。有的形声字与其声符读音完全一致（不包括声调）。如：

哥——歌　永——泳　比——妣　虚——墟
木——沐　士——仕　韦——伟　士——仕
袁——猿　专——砖

有的形声字与其声符在上古同属一个韵部，或韵部相近，可以通转或对转。同属一个韵部的，如：

“吸、汲、岌”与“及”同属缉部
“紫、疵、柴”与“此”同属支部
“脯、浦、葡”与“甫”同属鱼部

韵部相近可以通转或对转的，如：

萧——幽部　肃——觉部
遗——微部　贵——物部
砭——谈部　乏——叶部

由于古今语音变化较大，有许多声符现在已不能反映该形声字的读音了。如“適、敵、摘”同样是以“商”为声符的字，现在的读音却相差很大。

有些形声字的声符缺乏标志，常易与会意字的某些相同形体混淆，从而分辨不清哪些是形声字，哪些是会意字。如：“休”与“沐”都有“木”，而前者是会意字，后者是形声字。“取”与“饵”都有“耳”，而前者是会意字，后者是形声字。

省声和省形的问题，也是需要掌握的一些常识。为着书写方便，有时将声符或形符省掉一部分，就叫省声或省形。凡省声的字，《说文》多标以“~省声”。如：

炊　“爨也，从火吹省声。”
齋　“戒絜也，从示齊省声。”

疫　“民皆疾也，从疒役省声。”

省形的字，《说文》多标以“从～省”。如：

耆　“从老省，旨声。”
瓢　“从瓠省，票声。”
屐　“从履省，支声。”

还有一种会意兼形声的字，就是在会意字的两个构成形体中，有一个与该字的声音相同。《说文》多标以“～亦声”。如：

汲　《说文》：“引水也，从及水，及亦声。”
婢　《说文》：“女之卑者也，从女卑，卑亦声。”
娶　《说文》：“取妇也，从女从取，取亦声。”

有些字，《说文》原未注明“～亦声”，而清·段玉裁在《说文解字注》中指出来也属于会意兼形声字。如：

苷　“甘草也。从艸甘声。”段注：“此以形声包会意。”
茁　“草初生出地貌，从艸出声。”段注：“言会意以包形声也。”

五　转注

《说文·叙》：“转注者，建类一首，同意相受，考、老是也。”这种说法意思含混，所以历来解说不一。大体可分为三派：

一派主张形转，以南唐·徐锴和清·江声为代表。他们认为同一部首而意义相近的字都是转注，如“老、耆、耄、孝”等。但是，照他们的说法，《说文》中同部首的字大都应该是转注字了，这显然不能成立。

另一派主张义转，以清·戴震、段玉裁为代表。他们认为互训的字都是转注，如“初、哉、首、基、肇、祖、元、胎、俶、落，权舆”等。照此说，“建类一首”这句话便没有着落了。

第三派主张声义转，以章太炎为代表。他强调声音，认为“考、老、寿”都属幽部，同一声类，最初产生的是“老”字，这是语根。凡意义相同、声音相同或相近的同一语根的字，就是转注字。

转注是一种为同义字造字的方法。陆宗达说："为从某一语源派生的新词创造新字，这是汉字发展的一条重要法则，也就是转注。"① 许慎所说"同意相受"，从中可知转注字应是一群同义字，用转注的方法为这些同义字制造新字。章太炎说："字之未造，语言先之矣，以文字代语言，各循其声。方法有殊，名义一也，其音或双声相转，迭韵相迤，则为更制一字，此所谓转注也。"② 这段话正确地阐明了转注的含义。"建类一首"，是说建立字类要统一它们的字首。"同意相受"是统一字首的具体方法，即授予一个同义字，也就是说用一个同义字相注释，作为它的义符。例如，语言里［lǎo］这个词，既已造了"老"字来记录它，后来，语言起了变化，念成了［kǎo］，于是就在"丂"上面注一个同义的"耂"，写成"考"。这种用同义字辗转相注的方法叫转注。转注字的特点在于，字首的意义等于转注字的意义，也就是说，义符确切地表示了转注字的意义，因为用来注释的字首是一个同义字。

转注这种造字方法有两个重要条件：一是必须部首相同；二是必须是同义相注。转注是孳乳文字的一条重要途径。下面举几组转注的例子：

（一）老　考　耆　耋

老《说文》："考也。七十曰老。"

考《说文》："老也。从老省，丂声。"

耆《说文》："老也。从老省，旨声。"

耋《说文》："年八十曰耋。从老省，至声。"（段注：小篆既从老省矣，今人或不省，非也。）

（二）舟　船　舸

舟《说文》："船也……象形。"

船《说文》："舟也。从舟铅省声。"

舸《说文》："舟也。从舟可声。"

---

① 《说文解字通论》。

② 《国故论衡·转注假借说》。

（三）至　到　臻

至《说文》："鸟飞从高至地也。"罗振玉认为，"至，象矢远来降至地之形。"

到《说文》："至也。从至刀声。"

臻《说文》："至也，从至秦声。"

转注字和形声字有相似之处，即都有形符和声符，但它们的形符各不相同：转注字的形符与转注字是同义的，而形声字的形符只是指示字义的种类和范畴。

六　假借

《说文·叙》："假借者，本无其字，依声托事，令、长是也。"许慎的定义还是明确的，那就是：某个概念本来没有相应的文字来表达，就借一个同音的字来表达。但许慎所举的"令、长"两个例字，却引出了长期的争论。朱骏声等人认为这两个字不是假借字，因此他在《说文通训定声·转注》中换作"朋、来"二字。"朋"原为凤鸟之形，借为朋党之朋，"来"本为小麦，借为来去之来。章太炎则认为，许慎所说的假借，就是词义的引申。陆宗达也说："词义发展了，不另造新词新字，而是给旧词旧字增加上新义。这在训诂学上说，叫作引申义；以造字法而言，则谓之假借。"[①] 丁福保认为"令、长"应为"令、良"，因避光武帝叔父讳而改为"长"，"令、良"两字声母相同，因此可以互相假借。这种理解与一般人不同。

朱骏声认为"令、长"两个字不是假借之例的看法是有道理的。"令、长"是词义引申的例子。"令"原义为发号施令，后引申为发号施令的人；"长"原义为头发长、年长之意，后引申作县长之长、长老之长等。朱氏所举"朋、来"二字确属假借之例。

假借分两种情况，一种是本无其字，假借同音的字代替它；另一种是已有其字，而用同音之字来达意。正如王引之在《经义述闻·通说下》所说："许氏《说文》论六书假借曰：'本无其字，依声托事，令、长是也'，盖无本字而后假借他字，此谓造作文字之始也。至于经典古字声近而通，

---

① 《说文解字通论》。

则有不限于无字之假借者。往往本字见存，而古本则不用本字而用同声之字。学者改本字读之，则怡然理顺；依借字解之，则以文害辞。”下面分别介绍这两种假借。

（一）本无其字的假借

这种假借，又称为“造字的假借”或“六书的假借”。这种假借由来已久，甲骨文、金文中已多见。它产生的原因是，客观事物和人们认识的发展是无穷尽的，而汉字的字数不可能是无穷尽的。要以有限的文字来表达无限丰富的事物，就只好采用已有的音同或音近的字，而不另造新字。如：

西《说文》：“鸟在巢上，象形。”“西”是名词，本义是“鸟巢”。后假借作方位词。

耳《说文》：“主听者也，象形。”“耳”是名词，本义是“耳朵”。后假借作语气助词。

汝《说文》：“水出宏农卢氏，还归山东入淮。”“汝”是名词，本义是水名。后假借作第二人称代词。

而《说文》：“须也，象形。”“而”是名词，本义为“胡须”。后假借作连词、第二人称代词、语气助词。

乌《说文》：“孝鸟也，象形。”“乌”是名词，本义是鸟的一种。后假借作叹词和疑问副词。

隹《说文》：“鸟之短尾总名也，象形。”“隹”是名词，本义是短尾鸟。后假借作助词。

这类假借字，古书中经见。实词中有，虚词中也有。如“泉”本是当“水原”讲的名词，假借作“货泉”字。“殿”本是当“击声”讲的名词，假借作“宫殿”字。“族”本是当“箭头”讲的名词，假借作“民族”字。“戚”本是当“斧刀”讲的名词，假借作“亲戚”字。“求”本是当“皮衣”讲的名词，假借作“干求”字。“不”本是当“花柎”讲的名词，假借作否定副词。“又”本是当“右手”讲的名词，假借作当“再次”讲的副词。“然”本是当“燃烧”讲的动词，假借作连词和形容词性的代词。“所”本是当“伐木声”讲的形容词，假借作特别指示代词。“恶”本是当“过恶”讲的名词，假借作疑问副词，等等。

（二）本有其字的假借

这种假借，有人称之为“用字的假借”，也称“通假”，是指古书中音同或音近的字之间的互用。如："士卒多饥死，乃畔散。"（《史记·吴王濞列传》）"畔"本义是田界，在这里假借作"叛离"字。"所识穷乏者得我与？"（《孟子·告子上》）"得"本义是"得到"，在此假借作"感恩戴德"义。"尺蠖之屈，以求信也。"（《周易·系辞下》）"信"本义是"诚信"，在此假借作"伸展"义。"归孔子豚。"（《论语·阳货》）"归"本义是"女子出嫁"，在此假借作"馈赠"义。

掌握这类本有其字的假借字，对阅读古书很有裨益。而要弄清这类通假现象，不但需要有深厚的古代文献知识基础，还要有丰富的古音知识。清·王引之父子、段玉裁、朱骏声等学者，都在研究上古音的基础上，辨明了古书中许多本有其字的假借。这些研究成果，多载入《读书杂志》《经义述闻》《说文解字注》《说文通训定声》中，值得认真学习和继承。

第四节　古今字

同一个词先后用不同的字表示，这样就形成了古今字。段玉裁在《说文解字注》中说：

凡言古今字者，主谓同音，而古用彼，今用此异字。

凡读经传，不可不知古今字。古今无定时，周为古则汉为今，汉为古则晋、宋为今，随时异用者谓之古今字。

一般说来，古代造的字叫古体字，后来造的字叫今体字。如先有"其"字，后造"箕"字；先有"景"字，后造"影"字；先有"反"字，后造"返"字；先有"知"字，后造"智"字；先有"耆"字，后造"嗜"字，等等。

古今字产生的原因大致有二：

（一）字义的引申。如：

支《说文》："去竹之枝也。"木之枝条又作"枝"。人的四肢也谓之支、枝。《史记·扁鹊仓公列传》："三岁四支不能自用。"《荀子·儒效》："行礼要节而安之，若生四枝。"此义后造"肢"字表示。

解《说文》："判也，从刀判牛角。"引申有"散"义。《吕氏春秋·决胜》："民解落。"高诱注："解，散也。"故心意离散也称"解"，如《汉书·陈余传》："恐天下解也。"此义后造"懈"字表示。《诗·大雅·烝民》："夙夜匪解"，《韩诗外传》作"懈"。

责《说文》："求也。"其本义为"债"，引申为"责备、责任"义。后为本义造"债"字表示。如《战国策·齐策》："谁习计会，能为文收责于薛者乎?"《史记·孟尝君列传》作"何人可收债于薛者?"

这一类的古今字还有很多，如：

芒：铓　战：颤　阙：缺　益：溢
冥：瞑　伯：霸　赴：讣　奉：捧
写：泻　身：娠　勾：钩　县：悬

（二）字的假借。如：

要《说文》："身中也。"即"腰"的古字。被假借作"邀请"字，《左传·哀公十四年》："练季路要我。"为使两义在文字表现上有所区别，原义另造"腰"字表示。

类似的例子还有：

孰：熟　辟：避　其：箕
展：辗　奉：俸　采：彩
莫：暮　弟：悌　然：燃
匡：筐　衰：蓑　何：荷

古今字的一个重要特点是，今字使用后，古字并未废弃，两体并行，各有分工。如"债"字产生后，"债务"一般用此字，而"责任"等则用古字"责"。但今字的读音有时与古字不同，这同样是为了区别意义。

今字产生的方式，大致有四种：

（一）以古字为基础，加上形符。如：

要：腰　支：肢　莫：暮

（二）改变古字原来的形符。如：

赴：讣　没：殁　敛：殓　说：悦

（三）完全改换形体。如：

战：戰　伯：霸

（四）对古字稍加增损。如：

大：太　不：丕　閒：间　角：甪

古字在先秦古籍中用得较多，后来就较少使用了。古今字与假借字有区别，现以“辟：避”“莫：暮”两组字为例加以说明。

辟　本义是“法”，《诗·大雅·板》：“无自立辟。”假借作“躲开”字，《史记·张丞相列传》：“高祖尝辟吏。”“躲开”义另造今字“避”表示。

莫　本义是“日落”，《诗·齐风·东方未明》：“不夙则莫。”假借作否定性无指代词，《荀子·天论》：“在天者莫明于日月。”“日落”义另造今字“暮”表示。

如果用图式表现出来，假借字与古今字的关系应是：

辟（法）假借辟（躲开）

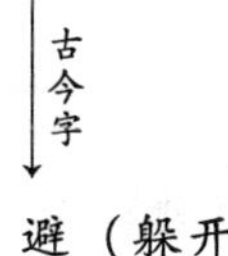

避（躲开）

莫（日落）假借莫（否定性无指代词）

暮

如果将“辟”说成“避”的假借字，将“莫”说成“暮”的假借字，那就错了，因为这种说法不符合汉字发展的实际情况。

第五节 异体字

异体字是指同一个字有两种或两种以上的不同形体，它们在读音、意义上完全相同，在任何情况下都可以互换。这些异体字，在古书中随处可见。仅举数例：

辍耕之垄上。（《史记·陈涉世家》）
朕望长陵东门，见二臣之垅。（《后汉书·和帝纪》）

木处则惴慄恂惧，猨猴然乎哉？（《庄子·齐物论》）
猿猱欲度愁攀援。（《李太白全集·蜀道难》）

旁日月，挟宇宙，为其脗合。（《庄子·齐物论》）
皆与天象吻合，无纖毫差。（《宋史·律历志》）

摇唇鼓舌，擅生是非。（《庄子·盗跖》）
扬脣吻之音。（《论衡·率性》）

盈盈一水间，脉脉不得语。（《文选·古诗十九首》）
回照金屏里，脈脈两相看。（梁·简文帝：《对烛赋》）

安期生僊者。（《史记·封禅书》）
自称臣是酒中仙。（《全唐诗·杜甫·饮中八仙歌》）

常见的异体字还有：

睹：覩　线：線　歎：嘆　俯：俛　雞：鷄
雁：鴈　賸：剩　棄：弃　驱：敺　时：旹
蚓：螾　迺：乃　惭：慙　和：咊　礙：碍
蠶：蚕　傑：杰　夢：梦　袴：裤　嵒：岩
雜：襍　磚：甎　焰：燄
憑：凭　地：坔　暖：煖　诒：贻　郤：却
踪：蹤　筍：笋　崑：崐　羣：群　哗：譁
溪：磎　溯：泝　误：悮　梅：楳　掩：揜
猫：貓　馈：餽　鹅：鵞　秋：烁　峰：峯
泪：淚　磥：礌　略：畧　瓮：甕　裙：帬
稿：稾

从以上诸例，可以归纳出异体字的方式有如下几种类型：

（一）都是形声字，但形符不同。如：

睹：覩　诈：咋　诒：贻　砖：甎

暖：煖　误：悮　猫：貓　裙：帬

（二）都是形声字，但声符不同。如：

袴；裤　笥：笋　线：線　蚓：螾

踪：蹤　梅：楳　臆：肊　溯：泝

掩：揜　馈：餽　瓮：甕

（三）声符、形符的相对位置不同。如：

和：咊　秋：烁　崑：崐　略：畧

羣：群　鹅：鵞　峯：峰　稿：稾

（四）一个是形声字，另一个非形声字。如：

淚：泪

还有其他类型的异体字，这里不再一一列举。更有些异体字的形成，完全没有规律可循。如“賸”和“剩”，“寨”和“砦”，“韬”和“弢”。

有些字形体不同，声音相同，但意义稍有区别者，不属于异体字。如：

赞：讚　悽：凄　游：遊

第一组字在“赞扬”的意义上通用，但“赞助”义只用“赞”。第二组字在“悲伤”的意义上通用，但“凄凉”义只用“凄”。第三组字在“游玩”的意义上通用，但“游泳”义只用“游”。不过，这些形体不同、而意义略异的字后来在简化汉字中有的合并成为一个字了。

还有一种情况，古代本为异体字，后来却分化成了两个意义不同的字。如：

“育”和“毓”本为异体字，都为“生育”义。后来，“毓”多用于“培育”义，而“生育”义只用“育”。

“苣”和“炬”本为异体字，都是“火炬”义。后来，“火炬”只用“炬”，而“苣”则只用于“莴苣”义。

对于异体字，一般辞书中有两种处理方法。一种是另立字头，在字头下注明“同～”，《康熙字典》《辞海》《辞源》均作如此处理。另一种是通用字体下注明异体字，《说文》在一字的释义后注明“或作～”。《现代汉语词典》《新华字典》也都在通用字的字头后用括号标明其异体字。

收异体字最多的工具书，是《康熙字典》和《中华大字典》。

第六节　繁简字

繁简字就是指同一个字有繁体和简体两种写法，所谓繁和简，是指笔画多或少而言的。

简体字古已有之。甲骨文、金文中都有不少简体字。如“采”，甲骨文中可以从爪、木，木上有果实形，作采摘果实状；但也可以只从爪从木。在汉代的金石文字中，已经有把“壽”简化作“寿”，把“質”简化作“质”的了。《说文》中的“蚊”也是繁体字“蟁”的简化字。但这些都还是零星的，是群众自发创造的。新中国成立后，在党和政府的领导下，汉字的简化工作才取得了显著成效，并有力地推动了文化教育事业的发展。

简化汉字，采取了以下几种方法：

（一）同音代替字。在不引起混淆的情况下，用一个简体的同音字，代替另一个繁体字。这些字之间原来在意义上可以是不相干的。如：

麪：面　瀋：沈　餘：余　衝：冲
醜：丑　髮：发　複：复　乾：干
穀：谷　幾：几　臺：台　餘：余
摺：折　隻：只

（二）形声字。用形声的方法简化汉字。又分以下几种情况：

原字声符太繁，改为简单的声符。如：

盤：盘　擔：担　戰：战　燈：灯
運：运　驚：惊

删去声符。如：

廠：厂　廣：广

原字声符表音不准的，改用表音较准的声符。如：

遷：迁

原来不是形声字而笔画又繁的，改为笔画简单的形声字。如：

戰：战　竄：窜　華：华　審：审

原字形符太繁的，改为笔画简单的形符。如：

願：愿　點：点　鳳：凤　齒：齿

删去形符。如：

誇：夸　殺：杀　術：术

（三）特征字。用原来字形中某个具有特征的部分代替原字。如：

聲：声　習：习　鄉：乡　兒：儿
寧：宁　業：业

（四）轮廓字。保留原字的轮廓，省略其中部分笔画。如：

滙：汇　傘：伞

（五）会意字。用两个或两个以上的简体字（或偏旁）构成一字，表示一个意思。如：

滅：灭　淚：泪　寶：宝　網：网　標：标

（六）符号字。把原字笔画繁难部分用简单笔画代替，这些笔画既不表音，也不表义，只是一个符号而已。如：

歡：欢　趙：赵

（七）草书楷字化。把草书改为楷书，可以减少笔画。如：

書：书　爲：为　專：专　門：门
馬：马　盡：尽　會：会　堯：尧
發：发　興：兴　東：东　齊：齐
孫：孙　變：变　畫：画　車：车

（八）古字。有些字古代的形体本来就很简单，后来由于添加了声符或形符，变得繁复了，现仍采用原来的古字。如：

雲：云　從：从　氣：气　復：复　捨：舍
憑：凭　爾：尔　湧：涌　捲：卷

有些是古代的通假字，采用其中形体简单的。如：

纔：才　薦：荐　禦：御　製：制

第七节　异读字

异读字就是指有两个或两个以上读音的字。

异读字产生的原因很复杂，有的与古今语音变化有关，有的与方音相互渗透有关，有的与书面语和口头语的读音不同有关。

异读字大体分五种情况：

（一）声母相同，韵母不同。如：

蚌 bèng（蚌埠）　：bàng（蚌壳）
大 dài（大夫、大王）　：dà（大小）
爪 zhuǎ（爪子）　：zhǎo（爪牙）
仔 zǎi（牛仔）　：zǐ（仔细）
隽 juàn（隽永）　：jùn（英隽）
牢 liǎo（牢落）　：láo（牢固）
告 gù（告朔饩羊）　：gào（报告）
氓 méng（外来百姓）　：máng（流氓）
亡 wú（亡赖、亡何）　：wáng（灭亡）
内 nà（笑而不内）　：nèi（内外）
没 méi（没有）　：mò（沉没）
杉 shā（杉木）　：shān（水杉）
还 hái（还要）　：huán（归还）
坯 pī（土坯）　：pēi（铜坯）
胖 pán（心广体胖）　：pàng（肥胖）

（二）韵母相同，声母不同。如：

陶 yáo（皋陶）　：táo（陶器）
汤 shāng（江水汤汤）　：tāng（汤水）
泌 bì（泌水，在河南省）　：mì（分泌）
见 xiàn（发见）　：jiàn（看见）
折 shē（折本）　：zhé（攀折）
仓 sāng（沆仓子）　：cāang（仓库）
召 shào（《召南》）　：zhào（号召）
叨 dāo（唠叨）　：tāo（叨光）
弟 tì（孝弟）　：dì（兄弟）
佛 bó（佛然）　：fó（佛教）
余 xú（余吾，镇名）　：yú（其余）
居 jī（谁居？居，语气助词）　：jū（居住）
追 duī（追师，古官名）　：zhuī（追赶）
校 xiào（校官）　：jiào（校对）

鸟 diǎo（鸟乱） ：niǎo（飞鸟）
辟 bì（复辟） ：pì（开辟）
颇 pō（偏颇） ：bō（颇黎，同“玻璃”）
逢 péng（逢逢，鼓声） ：féng（相逢）

（三）声母、韵母都相同，声调不同。如：

澎 pēng（澎湃） ：péng（澎湖）
吐 tú（吐谷浑） ：tù（吐痰）
同 tòng（胡同） ：tóng（相同）
台 tāi（天台县） ：tái（台湾）
可 kè（可汗） ：kě（可以）
并 bīng（并州，古地名） ：bìng（并且）
父 fǔ（田父） ：fù（父母）

（四）韵母相同，声母，声调不同。如：

比 pí（皋比） ：bǐ（比较）
扒 bā（扒墙） ：pá（扒手）
术 zhú（白术） ：shù（艺术）
长 zhǎng（兄长） ：cháng（长短）
怔：lèng（发怔） ：zhēng（怔忡）
卷 quán（卷髮） ：juǎn（席卷）
查 zhā（山查） ：chǎ（检查）
圈 juàn（羊圈） ：quān（圆圈）
盛 chéng（盛饭） ：shèng（盛衰）

（五）声母、韵母均不同，声调或同或异。如：

责 zhài（收责） ：zé（责任）
宿 xiǔ（星宿） ：sù（住宿）
罢 pí（罢敝） ：bà（罢工）
拂 bí（拂士） ：fú（拂晓）

适 dí（适子）　　　　：shì（舒适）
差 cī（参差）　　　　：chā（差别）
些 suò（语气助词）　　：xiē（些微）

还有其他类型的异读字，不再详述。

异读字数量不小，读书时会经常遇到。如果该发何音拿不准时，要勤查字典辞书，以免出现差错，贻误他人。

第八节　汉字改革

汉字为什么要改革？汉字是世界上历史最悠久、影响最深广的文字之一。汉字在汉民族历史上有过伟大的贡献。几千年来丰富的文化遗产是靠汉字记载和保存下来的。在今天和今后的一段时间里，汉字仍然是我国人民共同使用的文字，将继续发挥其巨大作用。

但是，毋庸讳言，汉字存在着明显的缺点：第一，它是表意文字，一个字一个形体，看到形，读不出声；读出声写不出形；看到形，读出声，也未必懂得它的意思，要靠一个个地死记来掌握。第二，它的字数太多，总数在六万个上下，常用的也有七八千个，难记难认。第三，绝大多数汉字笔画繁多，从教育部 1952 年公布的两千个常用字来看，平均每字有 11.2 笔。第四，结构复杂，有左右（如“颤”）、左中右（如“湖”）、上下（如“志”）、上中下（如“蓄”）、半包围（如“同”）、全包围（如“固”）等多种结构。有的左简右繁（如“曦、擅”），上简下繁（如“巍、巅”），有的左繁右简（如“豺、鄱、鄢”）、上繁下简（如“懲、懟”）。第五，不少字形体相近，很难辨识。如：

己（jǐ）：已（yǐ）：巳（sì）
戊（wù）：戌（xū）：戍（shù）：戎（róng）
剌（cì）：剌（là）
崇（chóng）：祟（suì）

第六，一字多音，极易混淆。如：

给 gěi：jí
吓 hè：xià

抹 mǒ：mò：mǎ

由于以上几方面的原因，使汉字成为世界上较为难记，难认、难写的文字。儿童从入学开始，长达十数年还往往掌握不了常用的几千字，因而时常出现认错、写错，用错的情况。另外，汉字在印刷、电报，打字、检字等方面都比拼音文字耗费人力，尤其是会给电子计算机的使用带来许多困难。鲁迅先生把繁难的汉字比做劳动人民面前的“高门槛”，他说：“为了这方块的带病的遗产，我们最大多数人，已经几千年做了文盲来殉难了……如果大家还要活下去，我想就只好请汉字来做我们的牺牲了。”① 又说：“我坚决主张，以新文字来替代这种障碍大众进步的汉字。”②

由此看来，汉字如不改革，不仅对文化教育事业的发展带来困难，而且对科学事业的发展、对实现四个现代化，也将产生不利影响。为此，政府十分重视汉字改革问题，广大群众也迫切要求汉字改革。

汉字改革的方向，是世界文字共同的拼音方向。拼音采取什么字母？经过有关部门审慎考虑，决定采用拉丁字母形式。现在已经推行的《汉语拼音方案》，就是用的拉丁字母。

汉字要改革成为拼音文字，是一项艰巨而长期的任务，必须做好一系列准备工作。简化汉字就是这些准备工作中的一项。它可为汉字改革打下牢固的思想基础，使人们认识到汉字改革的必要性和可能性。而且，汉字简化工作可以推动文化的普及，对推广普通话也将产生积极影响。而这一切都是文字改革不可或缺的环节。

1949 年以来，在汉字简化方面进行了卓有成效的工作。1952 年，文字改革委员会搜集群众中流行的简体字进行研究。1955 年 1 月 7 日，公布《汉字简化方案（草案)》。同年 5 月，报刊开始试用一部分简化汉字。1956 年 1 月 28 日，国务院全体会议通过关于公布汉字简化方案的决议。《汉字简化方案》共有简化字 515 个。共分三个表。第一表所列简化字 230 个，已经由大部分报刊试用。从当年 2 月 1 日起，在全国印刷和书写的文件上一律通用。第二表所列简化汉字 285 个，及第三表所列简化偏旁 54 个，先公布试用，然后作某些必要的修改后正式批准推行。公布的简化字，到 1959 年分四批推行完毕。四批推行的时间和字数是：1956 年 2 月 1 日，第一批推行

① 《花边文学·汉字和拉丁化》。

② 《鲁迅全集补遗·几个重要问题》。

260字；1956年6月1日，第二批推行95字；1958年5月15日，第三批推行70字；1959年7月15日，第四批推行92字。四批共推行517个简化字。除了《汉字简化方案》第二表中还有28个字没有推行外（这28个字仍可继续试用），一、二表里的所有简化字（487个字）全部得以推行。另外，1956年2月1日推行的第一批简化字中有30个是根据偏旁类推的简化字，因此，四批总数为517个字。

1964年2月4日，国务院规定《汉字简化方案》中所列简化字用作偏旁时，应同样简化；《汉字简化方案》的偏旁简化表中所列偏旁，除了四个偏旁（讠、饣、纟、钅）外，其余偏旁独立成字时，也应同样简化。文字改革委员会根据这一规定精神，编印了《简化字总表》。《总表》以《汉字简化方案》为基础，对简化偏旁进行了调整，用这些简化偏旁，又类推简化了一批繁体字，使简化字增至2238个（因《总表》第二表中的“须、荟”与第一表重见，实际应为2236个）。《总表》共分三个表：第一表有352个不作偏旁用的简化字；第二表有132个可作偏旁用的简化字和14个简化偏旁；第三表有1754个简化字，这些字是用第二表的简化字和简化偏旁类推出来的。

（原载《实用古代汉语》）

说明：《实用古代汉语》为教学参考书，本人执笔部分写作时曾参考同行的某些观点，但因时间过去数十年，已记不清所参考的书名，特此声明。

疑问代词“奚”及其与“何”字用法的比较

先秦古籍的注疏在遇有“奚”字时，常常注以“何也”。近来有些语法虚词专著，如裴学海《古书虚字集释》：“奚，何也。”这种说法，作为对“奚”字词汇意义的诠释，自然无可非议；但如果意味着“奚”与“何”的用法完全相等，就不对了。至于象刘复的《中国文法讲话》说：“‘奚’……用法大致与‘何’字相同。”就更显得不妥。事实上，“奚”与“何”既有某些相同点，又存在很多差别。对于这些差别，不同的语法书也有不同的说法。为了系统了解古代汉语疑问代词“奚”及其与“何”用法的异同，笔者对先秦主要典籍进行了全面考察。

疑问代词“何”不见于甲骨文和金文，但在《尚书》《诗经》等先秦早期典籍中已开始使用。越到后来，“何”字使用越广泛，以至发展成为古代汉语中出现频率最高、最活跃的疑问代词之一。疑问代词“奚”比“何”晚出，不仅在甲骨文、金文中没有，在《尚书》《诗经》《周礼》《易经》《仪礼》《老子》《公羊传》《穀梁传》中也未见。只是在如下一些古书中始见：《左传》（4 例）、《国语》（6 例）、《战国策》（21 例）、《楚辞》（1 例）、《礼记》（4 例）、《论语》（10 例）、《墨子》（10 例）、《荀子》（10 例）、《孟子》（23 例）、《庄子》（58 例）、《韩非子》（66 例）、《吕氏春秋》（46 例）、《晏子春秋》（12 例）。从这里可以看出，“奚”的出现范围不及“何”字广泛。下面将分项讨论“奚”字的用法，并与“何”进行比较。两者用法相同处，将并列“奚”“何”的同类用例。每项用法中所列“奚”字出现的次数，均系上述 13 部书中该种用法的累计数。为叙述方便，在某些项中用 y 代表“奚”与“何”。

一、作主语。“奚”不能作主语。“何”可作主语，询问事物或地方。

例如：

[1] 公曰："何贵？何贱？"……对曰："踊贵，屦贱。"（左传·昭公三年）

[2] 封略之内，何非君土？（左传·昭公七年）

二、作状语。"奚""何"均可作状语。

1. 用在动词前询问原因，意即"为什么"。例如：

[3] 夫子何哂由也？（论语·先进）
子奚乘是车也？（韩非子·外储说左下）

[4] 何不日鼓瑟？（诗·山有枢）
子奚不为政？（论语·为政）

2. 用在助动词或副词前表示反诘，意即"怎么""哪里"。例如：

[5] 何足算也？（论语·子路）
奚足论哉？（庄子·盗跖）

[6] 何敢与君友也？（孟子·万章下）
奚敢有请？（战国策·韩策三）

[7] 鬼神何遽不明？（墨子·公孟）
桓公奚遽易哉？（韩非子·难二）

3. 用在"啻"（"适"、"翅"）前，共同表示反诘，意即"岂止"等。"奚啻（翅）"有如下4例：

[8] 臣以死奋笔，奚啻其闻也？（国语·鲁语上）

[9] 跖之徒问于跖曰："盗有道乎？"跖曰："奚啻其有道也？"（吕氏春秋·当务）

[10] 奚翅食重？（孟子·告子下）

[11] 奚翅色重？（同上）

先秦未见用"何啻""何翅"的，偶有用"何适"的：

［12］故盗跖之徒问于跖曰："盗亦有道乎？"跖曰："何适而无有道也？"（庄子·胠箧）

《经传释词》说："'何适而无有道也'本作'何适其有道邪'。'适'与'啻'同。言岂但有道而已哉，乃圣勇义智仁五者皆备也。"（卷九，10 页，中华书局，1956。）《词诠》认为："'啻'多与'不''奚'连用。"（卷五，283 页，中华书局，1954。）诚然如此。

4. 用在"其"前。例如：

［13］先生之衣何其恶也！（吕氏春秋·顺说）
［14］何其声之似我君也！（孟子·尽心上）
［15］君人者奚其劳哉？（韩非子·难二）
［16］夫如是，奚其丧？（论语·宪问）

"何其"表达感叹语气，意即"多么""怎么那么"等；"奚其"表达反诘语气，意即"何必""怎么"等。但汉代偶有用"奚其"表感叹的：

［17］今君不爱万夫之命，而伤一人之死，奚其过也！（说苑·君道）

5. 用在"而"前。"奚"在"而"前，构成"奚而不……"的句式，表示询问或反诘。例如：

［18］夫如是，奚而不丧？（论语·宪问）
［19］奚而不知也？（孟子·万章上）

"何"未见如此用法。

6. 用在动词前表感叹。意即"多么""怎么那么"等。例如：

［20］子何击磬之悲也！（吕氏春秋·精通）
子奚哭之悲也！（韩非子·和氏）
［21］是何智者之众也！（韩非子·内储说·七术）
是奚衣之恶也！（晏子春秋·重而异者）

“何”字用以感叹之例不胜枚举，而“奚”表感叹仅见5例。先秦后仍有用“奚”表感叹的。例如：

［22］汝奚辱北宫子之深乎！（列子·力命）

［23］奚圣人之多变也！（法言·君子）

“奚”作状语共计约85次。

三、作动词宾语。

1. 用在一般动词前，询问地方和事物。例如：

［24］吾不之楚，何适乎？（战国策·秦策一）
彼且奚适也？（庄子·逍遥游）

［25］治国何患？对曰：最苦社鼠。（韩非子·外储说右上）
治国最奚患？对曰：最患社鼠矣。（同上）

《礼记·杂记》中有1例，“奚”字是询问时间的；如：

［26］哀公问子羔曰：“子之食奚当？”对曰：“文公之下执事也。”《注》：“问其先人始仕食禄以何君时。”可见“奚”是问时间的。

“何”作某些动词（如“云”）的宾语时，不提在动词前。例如：

［27］有扈牧竖，云何而逢？（楚辞·天问）

“奚”字则未见有这种用法。

2. 用在动词“为”前，构成“y·为·者”的格式，意即“干什么的（人）”。例如：

［28］彼何为者也？（庄子·渔父）
子奚为者也？（战国策·中山策）

“何为者”很常见，“奚为者”仅4例。

3. 用在“如”“若”前，构成“y·如”“y·若”的凝固格式，用以询问情况、办法或征询对方的意见。例如：

[29] 吾欲立舍，何如？（公羊传·哀公六年）
吾欲攻韩，奚如？（韩非子·右上）

[30] 女以为何若？（战国策·齐策六）
君以为奚若？（国语·周语中）

有时还可在“奚若”前加连词“而”“则”。例如：

[31] 吾欲慕巫而奚若？（礼记·檀弓下）

[32] 徙市则奚若？（同上）

“何如”“何若”与“奚如”“奚若”，除了前者极多而后者很少（“奚如”8例，“奚若”10例）外，还有如下四点不同：

（1）“何如”“何若”可以作名词修饰语，“奚如”“奚若”则不能。例如：

[33] 齐王亦何如主也？（吕氏春秋·贵直）

[34] 子之所谓天下之明主者，何如者也？（战国策·燕策一）

[35] 此为何若人也？（墨子·攻守）

（2）“何如”可作状语，“奚如”则不能。例如：

[36] 何如其知也？（论语·公冶长）

[37] 凤兮，凤兮，何如德之衰也？（庄子·人间世）

（3）“何如”“何若”可倒置为“如何”“如……何”“若何”“若……何”，而“奚如”“奚若”则不能。例如：

[38] 帝曰：俞！予闻，如何？（尚书·尧典）

[39] 人而不仁，如礼何？（论语·八佾）

[40] 君实深之，可若何？（左传·僖公十五年）

[41] 寇深矣，若之何？（同上）

（4）“何如”在汉代以后经常用于表示比较的疑问句，而“奚如”则没有获得相应的发展。例如：

［42］予秦地何如毋予？孰吉？（史记·虞卿传）

［43］长安何如日远？（世说新语·夙惠）

“奚若”偶而用于比较问句，“何若”却未见有此用法。例如：

［44］若之功奚若我哉？（列子·力命）

“何”常与“奈”结合成为“奈何”“奈……何”，而“奚”则不能与“奈”结合，这仍是因为“奚”不能倒置在动词后面的缘故。

4. 用在“谓”前，询问事情和情况。

例如：

［45］何谓也？（左传·隐公元年）

奚谓也？（庄子·徐无鬼）

［46］何谓四恶？（论语·尧曰）

奚谓小忠？（韩非子·十过）

所不同的是，“何谓”可以倒置为“谓何”“谓……何”，“奚谓”却不能。例如：

［47］赫赫师尹，不平谓何？（诗·小雅·节南山）

［48］救而弃之，谓诸侯何？（左传·僖公二十八年）

“奚”作动词宾语（包括作“如”“若”的宾语）共92次。《汉语史稿》说：“‘奚’用于宾语的比较少见。”（289页）这个数字似不算少见了。《古代汉语》说：“‘奚’……只能用作宾语（动词宾语和介词宾语）和状语，但是用作状语远比用作宾语常见。”据统计，“奚”作介词宾语（见下文）58次，加上作动词宾语的92次，共150次，而“奚”作状语共85次，远不及作宾语的多。

四、作介词宾语。

1. 作介词“以”的宾语。

（1）“y·以”用在动词前，询问原因或事物。例如：

［49］毁泉台何以书？（公羊传·文公十六年）
君其试臣，奚以遽言叱也？（战国策·秦策五）

［50］客将何以教寡人？（吕氏春秋·顺说）
太师将奚以教寡人？（韩非子·外储说右上）

［51］不为者与不能者之形何以异？（孟子·梁惠王上）
为吾臣与为狄人臣奚以异？（庄子·让王）

《古书虚字集释》说象例［51］这类句中的“奚”，“犹‘无’也”。（卷四，265页，中华书局，1980）此说不妥。这里的“奚”仍为疑问代词，意即“什么”，“奚以异”即“用什么来区别呢”。

“何以”还可放在动词（或动宾短语）后，“奚以”则不能。例如：

［52］臣之报其君何以？（晏子春秋·内篇问上）

［53］救饥何以？对曰：信。（国语·晋语四）

“何以”还可倒置为“以何”，“奚以”则不能。例如：

［54］杖者以何为也？（礼记·问丧）

郑注：“怪所为施。”“言得杖乃能起也。”可见这里的“以何”仍是介宾短语用来询问原因的，“为”是动词，意即“设”“施”等。

（2）构成“y……为”式，表示反诘。例如：

［55］秦制天下，将何以天下为？（战国策·赵策四）
君长有齐阴，奚以薛为？（战国策·齐策一）

“何”还能与其他词构成“何用……为”“何为……为”等，“奚”只有这一种格式，共9例。

2. 作介词“为”的宾语，“y・为”用在动词前询问原因。例如：

[56] 予何为不受？（孟子・公孙丑下）
君奚为不杀？（韩非子・说林上）

“何为”还可用在句末，“奚为”则不能。例如：

[57] 贵有德，何为也？为其近于亲也。（礼记・祭义）

“奚为”共15例。

3. 作介词“自”的宾语，“y・自”用在动词前询问从来之地。例如：

[58] 乱何自起？（墨子・兼爱）
水奚自至？（吕氏春秋・贵直）

“奚自”也可单独发问。例如：

[59] 晨门曰：“奚自？”子路曰：“自孔氏。”（论语・宪问）

“奚自”共3例。

4. 作介词“由（繇）”的宾语。“y・由（繇）”用在动词前询问地方或方法。例如：

[60] 上下未形，何由考之？（楚辞・天问）
凡为善难任善易。奚由知之？（吕氏春秋・审分）

“奚由”共6例，全部出自《吕氏春秋》。

5. 作介词“道”的宾语。“y・道”用在动词前，意即“经由何处”，引申为“通过什么方式”。例如：

[61] 何道出？（韩非子・外储说右上）
奚道至于此乎？（吕氏春秋・杂篇）

[62] 何从何道则得道？（庄子・知北游）

法术之士奚道得进？（韩非子·孤愤）

这里有两点值得一提：其一，《高等国文法》把例［62］的“奚”列入疑问形容词，从而把“道”看作了名词，而把例［61］和另外几例的“奚道”看作介宾短语，其实，这些“奚道”并无两样，均为介宾短语。其二，“奚”作“道”的宾语，只能在“道”前，不能在“道”后。《韩非子·十过》中有“此奚道出？”一句，有的本子作“此道奚出”。王先慎说：“今作‘此道奚出’者，后人不知‘道’字之义而妄改之耳。”可见此例并不构成例外。然而，“何道”确有作“道何”的。例如：

［63］楚君虽欲攻燕，将道何哉？（战国策·楚策四）

这表明：“何”作“道”的宾语，一般在“道”前，偶而在“道”后，与“奚”不同。

6. 用在介词“与”前，构成“y·与”，用以表示比较。“奚与”有2例，均见于《韩非子》：

［64］卫君之爱疑奚与媪？（韩非子·外储说右上）
［65］卫君之贤疑奚与媪？（同上）

这种用法的“奚与”大致同于“孰与”。“何与”在先秦没有用于比较疑问句的，后来偶而有之。例如：

［66］将军自料何与刘备？琮曰：不若也。（后汉书·刘表传）

“何”还可作其他介词如“于”“用”“从”等的宾语，“奚”则不能。例如：

［67］哀我人思，于何从禄？（诗·小雅·正月）
［68］何用弗受也？为以王命绝之也。（穀梁传·庄公六年）
［69］然则义何从出？子墨子曰：义不从愚且贱者出，必自贵且知

者出。(墨子·天志中)[①]

五、作名词修饰语。

1. 用在名词“故”前,“y·故”询问原因。例如:

[70] 人何故为之也?(韩非子·内储说上)

君奚故不朝?(晏子春秋·内篇谏上)

“奚故”可以向说话的对象提出询问;也可用来设问,接着说话人自己给予回答。

例如:

[71] 蝗螟,农夫得而杀之,奚故?为其害稼也。(吕氏春秋·不屈)

[72] 入于泽而问牧童,入于水而问渔师,奚故也?其知之审也。(吕氏春秋·疑似)

“奚故”的这种用法,与“何者”“何则”类似。例如:

[73] 何者?若楚王之妻媦,无时焉可也。(公羊传·桓公二年)

[74] 不恃赏罚,而恃自善之民,明主弗贵也。何则?国法不可失,而所治非一人也。(韩非子·显学)

“何故”未见有用以设问的。“何故”在用于询问时可以作谓语,而“奚故”则不能,只在动词前作状语。例如:

[75] 是何故?(国语·周语上)

[76] 此何故也?(战国策·齐策一)

“奚故”用于提问3次,用于设问4次,全部出自《吕氏春秋》。

2. 用在名词“说”前,“y·说”意即“什么说法”“什么理由”。用于

① 这个例子用的“何”是指人的,“奚”字不能指人,这一点,《汉语史稿》早经指出。

动词前询问缘由。例如：

[77] 则天下何说以乱哉？（墨子·尚同）

夫奚说书其不义以遗后世哉？（墨子·非攻）

这种用法的“奚说”有3例均见于《墨子》。有1例见于《韩非子》，是“奚说”作谓语的：

[78] 三虱食彘，相与讼，一虱过之，曰：“讼者奚说？”三虱曰：“争肥饶之地。”（韩非子·说林下）

3. 用在名词“时”前，“y·时”询问时间。例如：

[79] 何世而无嵬，何时而无琐？（荀子·正论）

法术之士奚时得进用？人主奚时得论裁？（韩非子·人主）

“奚时”共5例，3例见于《韩非子》，2例见于《吕氏春秋》。

4. 用在其他名词前，“何·名”很常见，不再举例。“奚·名”还有5个。例如：

[80] 以身为人者，如此其重也，而人不知以奚道相得。（吕氏春秋·不侵）

[81] 此惟救死而恐不赡，奚暇治礼义哉？（孟子·梁惠王上）

例［80］的“奚道”是名词短语，作介词“以”的宾语，“以奚道相得”意即“用什么方法得到（人）”。例［81］的“奚暇”即“（有）什么闲暇”。

先秦“奚”所能修饰的名词仅有“故”“说”“时”等六七个。后来范围有所扩大，但仍很有限。例如：

[82] 奚物而谓石？（列子·黄帝）

[83] 此奚疾哉？（列子·仲尼）

5. 构成“y……之·动”的格式，表示反诘。例如：

[84] 今及之矣，何不济之有？（国语·晋语四）
百吏奚不喜之有？（管子·重令）

“奚……之·动”仅 2 例，另 1 例见于《庄子·列御寇》。先秦以后，这种句式时有出现。例如：

[85] 谁之不如，而不公卿？奚养之违，以不久生？（韩昌黎集·唐故河南令张君墓志铭）

[86] 若竭其国，劳其人，抗其首，以市伯名于天下，又奚仁义之有？（柳宗元集·轻币）

《马氏文通》说：“‘奚’用如代字，惟在宾次耳……用于偏次者，盖未之见也。”（87 页，校注本）对于这种说法，杨树达在《〈马氏文通〉刊误》中举出若干实例予以驳正。《古代汉语》说，“奚”只能作宾语和状语，实际上仍否定了“奚”作名词修饰语的可能性。据统计，“奚”作修饰语共 23 次，是一个不容忽视的语法现象。

六、作谓语。

“何”可作谓语，询问事物和原因。例如：

[87] 地震者何？（公羊传·文公九年）

[88] 何哉，尔所谓达者？（论语·颜渊）

[89] 今恩足以及禽兽而功不至于百姓者，独何与？（孟子·梁惠王上）

“奚”能不能作谓语？考察材料中有 1 例是“奚”出现于句尾的：

[90] 予尝为女妄言之，女以妄听之，奚？（庄子·齐物论）

成玄英疏：“奚，何也。我试为女妄说，女亦妄听，何如？”《古书虚字集释》从此说，引例［90］说：“奚，何如也。”关于这句话，历来有争议，郭庆藩《庄子集释》认为，此“奚”应属下句读，朱桂曜本“奚”下又加

“若”字。近人周法高说，这句话“可能为‘女奚以妄听之’之倒文”。（《古代的询问代词》，历史语言所集刊，1955 年，26 本）这些情况表明，不少人对“奚”单独作谓语是怀疑和否定的。但这种种猜测，未必尽然。属下读说于文义不通，倒文说缺乏佐证，且两字不紧接，很难形成倒文。笔者倒有另外一种推测：这个“奚”是经常出现在句尾的语气词“矣”字的形误。《读书杂志》在“史记”“何道出”条下说：“《韩子·十过》篇作‘此奚道出’。旧本‘奚道’讹作‘道矣’。”（上册，“史记”，31 页，商务印书馆。）这里既有“奚”与“道”的倒误，又有“奚”与“矣”的形误。后者恰是“矣”误作“奚”的佐证。如果这种推测可以成立，这句话便可文通句顺：“我姑且跟你随便说说，你也就随便听听吧。”

不过，也还有另外一种可能性：《庄》例是正确的，这种用法的“奚”恰恰从这里开始。这样说，是因为汉代有类似用例，只是用作谓语的“奚”不是“何如”之意，而是“什么”“为什么”之意。例如：

[91] 然则翟之妖奚也？（说苑·辨物）

[92] 仲尼之死，吾不闻鲁国之爱夫子，奚也？（说苑·贵德）

[93] 武子胜事赵简子久矣，其宠不解，奚也？（说苑·臣术）

[94] 国胜君出，非祸而奚？（说苑·善说）

这究竟是错误的仿古，还是在《庄》例基础上语言的发展？是值得探究的一个问题。

最后用几句话概括一下全文内容：

疑问代词“奚”产生于春秋末期，发展于战国时代。在一部分书中“奚”颇有与“何”并驾齐驱之势，但在它的用法远不及“何”字完备时便中衰了。汉代以后，除个别书中（如《说苑》《列子》）用“奚”较多外，一般很少用它了，长长一部《史记》，“奚”字不过十来个，真可说是寥若晨星。

“奚”固然也有“何”字所无的独特用法，但总的来说，它的用法远不及“何”字完备和灵活。除了它不能单独作主语和谓语（姑采此说）外，一个比较明显的趋势是：它与动词、介词结合时，只能前置而不能后置。对于这一点，我们姑且称为“奚”字的前置倾向。“奚”用法的另一特点是：某种用法只限于一部或两部书。

比如，“奚故”用于设问，只见于《吕氏春秋》，“奚由”同此；“奚与”用于比较问句，只见于《韩非子》；“奚说”用在动词前询问缘由，只见于《韩非子》；“奚时”只见于《韩非子》和《吕氏春秋》。对于这种情况，我们称为“奚”字用法的个性化特征。

附注：

①周法高说：“伪古文《仲虺之诰》云：‘初征自葛，东征西夷怨，南征北狄怨，曰：‘奚独后予?’不知书经不用‘奚’字，亦可证其伪也。”

②本文所谈“何”字用法远非其全部用法。

（原载《辽宁师院学报》1981 年第 4 期）

先秦疑问代词“谁”与“孰”的比较

本文从“谁”“孰”的意义和用法两方面进行比较，着重谈语法界有不同意见的一些问题。

先从“谁”“孰”产生的时间谈起。周法高先生在《中国古代语法·称代篇》中说：“疑问代词‘谁’，甲骨文、周金文未见此用法，今文《书经》无之，《诗经》及列国时代常见。”（1959 年台北版，209 页）。又说：“疑问代词‘孰’，甲骨文、周金文未见，《书经》《诗经》无之。”（213 页）。考察结果，“谁”在《尚书·益稷》中一见：“谁敢不让？敢不敬应。”“谁”在《诗经》中出现四十四次。《左传》“谁”“孰”并见，但“谁”远比“孰”多，其比例为 109 ：18。据传与《左传》同为左丘明所著，因而与《左传》为同期作品的《国语》中，“谁”也多于“孰”，比例为 55 ：32。到了诸子群书及其他同期古籍中，情况则有所不同，除《墨子》一书外，“孰”的出现次数均超过了“谁”。下列表一是先秦十七部书中“谁”“孰”出现次数的统计：

表一

	尚书	诗经	左传	国语	墨子	老子	论语	孟子	荀子	庄子	晏子	吕氏春秋	楚辞	战国策	公羊传	穀梁传	礼记	共计
谁	1	44	109	55	23	1	12	11	12	11	9	13	15	14	3	2	2	336
孰			18	32	17	9	16	23	16	55	18	23	26	44	37	6	7	347

这表明，作为疑问代词，“谁”的产生早于“孰”，但到后来，“孰”字运用渐广，以致在大多数先秦古籍中出现的次数都超过了“谁”。

一 从意义上比较

（一）问人。“谁”“孰”都用来问人。例如：

（1）我不为难，谁敢兴之？（国语·晋语）

（2）乡人长于伯兄一岁，则谁敬？（孟子·告子上）

（3）死者如可作也，吾谁与归？（礼记·檀弓）

（4）是谁之过与？（论语·季氏）

（5）其逆者谁也？（穀梁传·文公三年）

（6）公曰：“孰可使？”曰：“臣莫尊于世子，则世子可。”（穀梁传·僖公十年）

（7）圣王有百，吾孰法焉？（荀子·非相）

（8）百姓足，君孰与不足？（论语·颜渊）

一般语法著作说，“谁”用来问人，而“孰”则主要表示选择，此说似不够确切。从同时出现“谁”“孰”的十五部书中看，问人用“谁”的265次，用“孰”的180次。“孰”虽不及“谁”多，也还是很频繁的。而在有些书中，用“孰”问人则远远超过了用“谁”，见下页表二。情况表明，总的说“谁”“孰”都是用来问人的。

（二）问事物。《马氏文通》说：“‘谁’字惟以询人……‘孰’字人物并询。”（78—79页）王力主编《古代汉语》说：“‘谁’字跟现代汉语的‘谁’一样，是指人的疑问代词……‘孰’字经常表示选择，它可以指人，也可以指事物。”（上册第一分册，250页）这两种说法都否定了“谁”指事物的可能性。但有的书认为“谁”可指事物。考察材料证明这一看法比较全面。下面是十七部书中“谁”指事物的例子：

表二

	庄子	老子	公羊传	共计
孰	28	6	16	50
谁	8	1	3	12

(9) 夫谁不可喜，谁不可惧？蛹蚁蜂虿皆能害人，况君相乎？（国语·晋语）

(10) 子墨子曰：“吾将上太行，驾骥与羊，子将谁驱？”耕柱子曰：“将驱骥也。”（墨子·耕柱）

(11) 予之不祥者谁也？则天也。（墨子·天志）

(12) 寡人谁用于三子之计？（战国策·楚策）

(13) 宣孟曰：“而名为谁？”（吕氏春秋·报更）

(14) 夫是谁之故也？非惟旧怨乎？（国语·楚语）

例（9）的“谁”，人与动物并指，例（10）的“谁”指动物，例（11）的“谁”指天，例（12）的“谁”指“计”，例（13）的“谁”指“名”，意思是：“你的名字叫什么？”例（14）的“谁”指事，“谁之故”意即“什么缘故”。

“孰”能不能指事物呢？《文言虚字》说，不含抉择意义的“单用的‘孰’字通常只用以指人，不指物……古书里有例外”。（37页）这里指出了不含抉择之意的“孰”可偶尔用来指事物。看来情况确实如此。例如：

(15) 知者易为之兴力而功名綦大，舍是而孰足为也？（荀子·王霸）

(16) 故纯朴不残，孰为牺尊？白玉不毁，孰为珪璋……五色不乱，孰为文采？五声不乱，孰应六律？（庄子·马蹄）

(17) 孰为贵？孰为知？曰天为贵，天为知而已矣。（墨子·天志）

(18) 孰为此者？天地。（老子·二十三章）

(19) 孰城？城卫也。（公羊传·僖公元年）

(20) 然则孰败之？晋也。（穀梁传·成公元年）

(21) 孰次之？对曰：“中山次之。”（吕氏春秋·先识）

例（15），《集解》说：“舍是任贤之事何足为之？”可见“孰”指事。例（19）（20）（21）均指国家。如果把《公羊》《穀梁》《吕氏春秋》中“孰”指国家都计算在内，“孰”指事物在十七部书中共十七例；如果不计算在内，则仅四五例而已。

（三）表示抉择。“孰”经常用来表示抉择，几乎所有的语法书都谈到了。那么，“谁”能不能表示抉择呢？《文言语法》说：“‘孰’前如有先行词，是表示‘孰’字所代的范围的，‘孰’字便有‘抉择其一’的意思，相当于口语的‘哪一个’‘哪一件’，这样用法，古人就不用‘谁’字。”（64页）而《中国文法要略》在谈抉择疑问词“孰”时，同时指出：“但称人的时候也可以用‘谁’。”（178页）并举了《左传·宣公二年》“人谁无过？”为例。考察结果表明，《要略》的说法是正确的。这里再举几例：

（22）四方诸侯，其谁不解体？（左传·庄公八年）

（23）邯郸人谁来取者？（战国策·秦策）

（24）况其下之人，其谁敢不战战兢兢，以事百神？（国语·楚语）

（25）自公以下至于庶人，其谁敢不斋肃恭敬致力于神？（国语·楚语）

（26）鲁之班长而又先，诸侯其谁望之？（国语·鲁语）

（27）虽四邻诸侯之闻之也，其谁不敬惧于君之威而欣喜于君之德？（国语·晋语）

（28）苟主社稷，国内之民其谁不为臣？（左传·庄公十四年）

（29）诸侯其谁不欣焉望楚而归之？（左传·昭公元年）

（30）哀公曰：“敢问人道谁为大？”孔子愀然作色而对曰：“……人道政为大。”（礼记·哀公问）

这种“谁”用于抉择的情况，与“孰”相同。请看以下对比：

{人谁获安？（国语·晋语）
人孰偷生？（同上）

{诸侯谁纳我？（左传·文公十六年）
而今诸侯孰谋我？（战国策·赵策）

“孰”“谁”表抉择，情况是否完全一样呢？不然。二者的区别是：“孰”表抉择数量多、普遍，“谁”表抉择数量少（十七部书中共二十例），且主要集中于《左传》《国语》两书；“孰”表抉择既可指人，也可指事物，“谁”表抉择一般限于指人，指事物只是极个别的，如例（30）；“孰”不仅可表抉择，还可以表示对两者高下、得失的比较，而“谁”却不能表示比较。

二　从用法上比较

所谓用法，即指在句中可以充当何种句子成分。

（一）作主语。“谁”“孰”均可作句子的主语。例如：

(31) 谁谓雀无角？何以穿我屋？（诗经·召南·行露）

(32) 今谁责寡人哉？（晏子春秋·内篇谏上）

(33) 祸兮福之所依，福兮祸之所伏，孰知其极？（老子·五十八章）

(34) 孰归之？诸侯也。（穀梁传·定公五年）

这类例句很常见，无须多说。值得提出的是，在有些书中，主语只用“孰”而不用“谁”。《庄子》“孰”作主语四十次，而未见“谁”作主语的，“谁”字十一例，全部作动词和介词的宾语或名词修饰语。《老子》“孰”作主语六次，“谁”字一例，作名词修饰语。《礼记》“孰”作主语三次；“谁”字二例，一作介词宾语，一作判断句谓语。《公羊传》情况与上三部书稍有不同：“孰”作主语二十次，“谁”字三例，一作主语，一作名词修饰语，一作判断句谓语。从这些情况看，在某些书中，“谁”“孰”的分工是明确的：“孰”作主语（也有作其他成分的），“谁”则不作主语。这种现象看来似乎并非偶然，但究竟原因何在，有待进一步研究。

（二）作动词宾语。“谁”作动词宾语，语法书普遍承认。至于“孰”作宾语，则有不同说法。《汉语史稿》说：“‘孰’字主要是用于选择，而且不能作宾语。‘吾谁欺？’不能说成‘吾孰欺？’‘未知其谁立’，虽然表示选择，也不能说成‘未知其孰立。’”（287 页）但《中国古代语法·称代篇》则认为“孰”可作动词宾语，《文言虚词浅释》也持相同观点。材料说明，后一种观点较全面。下面是“孰”作宾语的例句：

(35) 王者孰谓？谓文王也。（公羊传·隐公元年）

(36) 孰隐？隐子也。（公羊传·庄公九年）

(37) 孰继？继子般也。（公羊传·闵公元年）

(38) 孰侯？侯屈完也。（公羊传·僖公四年）

(39) 然则婴齐孰后？归父也。（公羊传·成公十五年）

(40) 不如谓周君曰：“孰欲立也？微告翦，翦令楚王资之以地。”（战国策·东周）

同样的例句，《公羊传》还有，《荀子》中也有一例（见例 7）。此外，《仪礼·丧服》中有两例：

(41) 为人后者孰后？后大宗也。

(42) 为旧君者孰谓也?

以上情况表明,“孰”可作动词宾语,但数量不多,且不普遍,较多地集中于《公羊传》中(共十二例)。这种现象是否与方言有关,也有待进一步研究。

(三)作介词宾语。“谁”“孰”均可作介词宾语,这里只谈两者作介词“与”的宾语有何异同。

“谁”作“与”的宾语,是问人的。例如:

(43) 吾谁与为亲?(庄子·齐物论)

(44) 吾谁与归?(礼记·檀弓)

(45) 吾以国人出,君谁与处?(左传·定公十年)

“孰”作“与”的宾语,有两种情况:一种是问人,同于“谁与”。例如:

(46) 子去我而归,吾孰与处于此?(公羊传·宣公十五年)

(47) 百姓足,君孰与不足?百姓不足,君孰与足?(论语·颜渊)

另一种是“孰与”连用表示比较。例如:

(48) 鬼神孰与圣人明智?(墨子·耕柱)

(49) 从天而颂之,孰与制天命而用之?(荀子·天论)

(50) 吾孰与徐公美?(战国策·齐策)

(51) 魏敬谓王曰:“以河内孰与梁重?”(吕氏春秋·应言)

这种表示比较的用法是“谁与”所没有的。

(四)作名词修饰语。“谁”“孰”均可作名词修饰语。

关于“谁”作修饰语,《马氏文通》说:“‘谁’字……在偏次,其后概加‘之’字。”(78页)《古代汉语》说:“‘谁’……可以用作定语……但是‘谁’字后面必须用‘之’字。”(251页)其实,“谁”做修饰语(或称“偏次”“定语”)有两种形式:“谁·名”和“谁·之·名”。分别说明于下。

1. “谁·名”。例如：

(52) 社稷五祀，谁氏之五官也？(左传·昭公二十九年)

(53) 韩取聂政尸于市，县购之千金，久之，莫知谁子。(战国策·韩策)

(54) 何法之道，谁子之与也？(荀子·王霸)

(55) 章父之恶，取笑诸侯，吾谁乡而入？(国语·晋语)

(56) 百濮离居，将各走其邑，谁暇谋人？(左传·文公十六年)

(57) 君为明君，臣为忠臣，彼信贤，境内将服，敌国且畏，夫谁暇笑哉？(吕氏春秋·慎人)

(58) 凡人主必信，信而又信，谁人不亲？(吕氏春秋·贵信)

这种格式中的“谁”通常不指人，它与其后名词的关系一般不是领属性的，而是修饰性的。但有例外：

(59) 卫人迎新妇，妇上车，问：“骖马，谁马也？”御曰：“借之。”(战国策·宋卫)

(60) 且夫饥代事也，犹渊之与阪，谁国无有？(吕氏春秋·长攻)

例（60）的“谁国”可理解为“谁之国”，也可理解为“何国”。如果照前一种理解，它与例（59）一样属于例外：“谁”指人，与其后名词为领属关系。

2. “谁·之·名”。例如：

(61) 瞻乌爰止，于谁之屋？(诗经·大雅·正月)

(62) 戎有中国，谁之咎也？(左传·昭公九年)

(63) 臣杀其君，谁之过也？(国语·鲁语)

(64) 吾不知谁之子，象帝之先。(老子·四章)

(65) 因谁之力？因宋人、蔡人、卫人之力也。(公羊传·隐公十年)

这种格式中的“谁”一般均指人，与其后名词为领属关系。但也有例外。即例（14）的“谁之故”，从上下文义看，是“何故”的意思，“谁”并非指人，与“故”也不是领属关系。

《文言语法》说：“‘谁’……可以用作领属性的附加语，但须用小品词‘之’字附于其后。不然，便易与作形容词用的相混淆。”（63 页）这种说法，符合绝大多数用例。如能再指出例外，像例（59）（60）和（14），就会更完备。

周法高先生的说法与杨伯峻先生不尽一致，他举有如下两例：

（66）王孺见执金吾广意，问帝病所溃，立者谁子。（汉书·武五子传）

（67）取牛官令舍妇人新产儿，婢六人，尽置暴室狱，毋问儿男女，谁儿也。（汉书·外戚孝成赵后传）

他认为两例中的“谁子”“谁儿”“当解作‘谁之子’‘谁之儿’”，并认为“‘谁十名语’仍多指人”。我们如果把杨先生的说法限于指先秦，而把周先生的说法看作兼指汉代，那么，两说就可以由彼此对立而变为互相补充了。

关于“孰”作名词修饰语问题，《马氏文通》说：“‘孰’……未见其在偏次者。”（79 页）这种看法颇具普遍性，但失之于绝对化。《文言虚字》则比较客观地指出：“‘孰’字……不能加在名词之上。古书里间或有这样的例子，后世不见。”（37 页）考察结果正是如此。十七部先秦古籍中，“孰”作修饰语仅三例：

（68）景公曰：“孰君而无称？”（公羊传·昭公二十五年）

（69）孰王而可叛也？（吕氏春秋·行论）

（70）若使古而无死，太公、丁公将有齐国，桓、襄、文、武将皆相之，君将戴笠、衣褐、执铫耨以蹲行畎亩之中，孰暇患死？（晏子春秋·内篇谏上）

对例（68）何休注：“谁为君者而言无所称乎？”这样讲固然不算错，然终觉迂曲。如把“孰”看作“君”的修饰语，便可解作“哪位国君能没有称呼呢”，于义更顺。例（69）义同此。例（70）的“孰暇”，与“何暇、谁暇”等相同，意思是“〔有〕什么闲功夫”，“孰”作名词“暇”的修饰语。“孰”作名词修饰语，只有“孰·名”这一种形式，而没有“孰·之·名”的形式。

（五）作判断句谓语。“谁”做判断句谓语，一般有三种形式：“主·谁”式。例如：

(71) 南冠而絷者谁也？（左传·成公九年）
(72) 此谁也？（战国策·齐策）
(73) 子之师谁邪？（庄子·田子方）

“主·为·谁”式。例如：

(74) 夫执舆者为谁？（论语·微子）
(75) 仲子所欲报仇者为谁？（战国策·韩策）
(76) 子为谁？（礼记·檀弓）

“非（舍）……谁”式。例如：

(77) 主晋祀者，非君而谁？（左传·僖公二十四年）
(78) 君弑，反不讨贼，则志同，志同则书重，非子而谁？（穀梁传·宣公二年）
(79) 当今之世，舍我其谁也？（孟子·公孙丑上）

这三种格式的共同点是“谁”字都在句尾。而“孰”字没有这种用法。只有一例是“孰谁”连用作判断句谓语的：

(80) 秦王身问之：“子孰谁也？”棼冒勃苏对曰：“臣非异，楚使新造盩棼冒勃苏……”（战国策·楚策）

然而，此例不能认为是“孰”字单独具有这种功能。

（六）作状语。“孰”作状语，十七部书中有如下几例：

(81) 孰两东门之可芜？（楚辞·九章·哀郢）
(82) 孰虚伪之可长？（楚辞·九章·悲回风）
(83) 固人命兮有当，孰离合兮可为？（楚辞·九歌·大司命）
(84) 孰是君也而可无死乎？（国语·越语）

(85) 孰是人斯而有是臭也?(国语·晋语)

此外,在时间稍晚的《楚辞·七谏·哀命》中也有一例:

(86) 孰江河之可涸?

"孰"作状语诚然不多见,但《中国文法讲话》说:"〔孰〕也有用为询问副词的,如《晋语》:'孰是人斯而有是臭也?'(孰=何以)这种都不过是偶然一见,不足为法。"(147 页)也显得过于绝对。因为这种用法并非一见,《楚辞》一书就数见;也不能说这种用法"不足为法",作为一种语言现象,仍然是值得研究的。而"谁"未见有此种用法。

(七)作谓语动词。"谁"活用作动词充当谓语的,有一例:

(87) 子生五月而能言,不至乎孩而始谁。(庄子·天运)

郭象注:"谁者,别人之意。"即今天所说"知道谁是谁了"。"谁"的这种用法,在整个先秦古籍中仅此一见。只是到了汉代,才出现了"谁何""孰何"一起活用作动词的情况。例如:

(88) 良将劲弩,而守要害之处,信臣精卒,陈利兵而谁何。(过秦论)

(89) 及景帝立,岁余,不孰何绾,绾日以谨力。(汉书·卫绾传)

"孰"字未见有单用作动词的。《庄子·天运》中"谁"字活用作动词,可能是疑问代词活用作动词的滥觞。

综上所述,"谁""孰"的异同如下:

从意义上说,"孰"和"谁"一样都是用来问人的,"谁"有时可问事物,"孰"有抉择意义时,人和事物都可问,没有抉择意义时,也可问事物,但较少见。"孰"经常表示抉择和比较,"谁"也可表抉择,但不能表比较。"谁"表抉择,一般只代人。

从用法上说,"谁"和"孰"均可作主语,但有的书上主语只用"孰"而不用"谁"。"谁"和"孰"均可作动词宾语,但"孰"作动词宾语不及"谁"字普遍。"谁"和"孰"均可作介词宾语,"谁与"是普通介宾词组,

“孰与”用法有二：其一同于“谁与”，另一则作为凝固格式表示比较。“谁”和“孰”均可作名词修饰语，但“孰”作修饰语非常罕见，“谁”作修饰语有两种形式：“谁·名”与“谁·之·名”，前者的“谁”一般不指人，与其后名词是修饰关系，后者的“谁”一般指人，与其后名词为领属关系，但汉代开始，“谁·名”也常表领属关系。“谁”可作判断句谓语，“孰”则不能。“孰”可作状语，“谁”则不能。“谁”可偶而作动词谓语，“孰”则不见有此用法。

（原载《中国语文》1982 年第 1 期）

谈古代白话小说中的“把”“打”“相”“地”

1. 一种特殊的“把”字句：“S·把·O”

在古代白话小说中，常遇到一种特殊的“把”字句，即“把”不是作为提前宾语的介词出现，而是作为主要谓语动词出现。也就是说，“把”后只有名词性短语构成的宾语，而不再出现其它动词。如果用S代表主语，用O代表宾语，这种“把”字句的句型公式即为：“S·把·O。”如：

（1）我把你这个泼怪！（《西游记》二十二）

（2）西门庆骂道：“我把你这贼奴才！”（《金瓶梅》三十五）

（3）我把你这不识高低、不知进退的蠢牛！敢在我跟前撒泼！（《禅真逸史》十）

（4）骂说：“我把你这个贼臭奴才！……甚么不是你鼓令的？”（《醒世姻缘》五十六）

（5）晁思才说：“我把你这不识抬举不上芦苇的忘八羔子！”（《醒世姻缘》五十七）

（6）我把你这个烂了嘴的！我就知道你是编派我呢。（《红楼梦》十九）

（7）好大胆！我把你这个混账东西！这里是什么地方，你敢来掉鬼！（《红楼梦》九十六）

这种“S·把·O”句，都是由第一人称的“我”指斥、詈骂第二人称的“你”的，宾语O由“你这（个）+詈词”构成。

这种句子在某些方言口语中还有存留，如河南方言。发出这种语句时，除了带着恶狠狠的语气外，还常伴有要处置（比如要打）的动作。“我”要把“你这（个）……”怎么样，从动作中便知，不必再说出。所以，这实际上是“把”字句的省略。

2. 动词前加“打”：“打 · V”或“打 · 一 V”

白话小说中还常见到动词前加“打”字，构成“打 · V”式，更多见的是动词前还有“一”，即“打 · 一 V”式。如：

(1) 走过林子那边去，打一看，只见松树林中傍山一座坟庵。(《水浒》三十一)

(2) 近处打一瞧，原来是个大头鬼。(《三宝太监西洋记》十九)

(3) 宋四公在里面，听得是东京人声音，悄地打一望，又象个干办公事的模样，(《古今小说》三十六)

(4) 探手打一摸，一颗人头；又打一摸，一只人手共人脚。(《古今小说》三十六)

(5) 栾太守打一喝：“老鬼何不现形！”那老鬼即变为一老狸，叩头乞命。(《警世通言》三十六)

(6) 本道走来人丛外，打一看时，只见一个先生。(《警世通言》三十九)

(7) 待诏见说，连忙走去，分开人众，打一看，果是女儿扯住长老。(《清平山堂话本 · 莲女成佛记》)

(8) 打一跳，跳在溪水里。(《古今小说 · 宋四公》)

(9) 大步向前，赶上捉笊篱的打一夺，把他一笊篱钱都倾在钱堆里。(《古今小说 · 宋四公》)

(10) 皇甫松去衣架上取下一条绦来，把妮子缚了两只手，掉过屋梁去，直下打一抽，吊将妮子起去。(《古今小说 · 简帖僧》)

(11) 忙呼水手打看，果然是个单身妇人，坐于江岸。(《古今小说 · 金玉奴》)

“打 · 一 V”中的 V 多为人体四肢、五官的动作，如“看（瞧、望）”“摸”“喝”“跳”“夺”等。这个“打”只是动词的标志，并无实义，完全可以不用它而意思无变。请看下面两例：

(1) 那女子接得在手，才上口一呷，便把那个铜盂儿望空打一丢，

便叫："好好，你却来暗算我！你道我是兀谁？"（《醒世恒言》十四）

（2）二郎接着盏子，吃一口水，又把盏子望空一丢，大叫起来道："好好！……"（《醒世恒言》十四）

同一篇中，一处用"望空打一丢"，另一处用"望空一丢"，意思并无区别，足见"打"并无实义，只是动词的一个标志，或可视为助词。这种助词在汉语中存留的时间并不很长，不过宋元明三代而已。

3. 动宾短语前加"相"："相·V·O"

历来"相"字有二义，一表交互，二表偏指。无论是哪种，"相"后动词都不带宾语。但近代汉语中确还存在着另外一种"相"字短语，即"相"后动词带有宾语，表现为"相·V·O"式。如：

（1）侍者来，相看一切后便问："将军是什摩处人？"（《祖堂集》四）

（2）娘子，相待官人吃些茶。（《金瓶梅》三）

（3）月娘等相送西门庆到玉楼房门首方回。（《金瓶梅》二十一）

（4）于是众姐妹相伴月娘回家。（《金瓶梅》三十三）

（5）出厅来相见公子。（《古今小说·金钗钿》）

（6）我有件事相烦你。（《古今小说·杨思温》）

（7）教得我会时，无甚相谢你。（《清平山堂话本·莲女成佛记》）

（8）我不曾相犯你，你如何便打我？（《清平山堂话本·莲女成佛记》）

（9）实不相瞒，是小人路上相遇此妇人。（《清平山堂话本·董永遇仙记》）

（10）我因无子，相烦你二人说亲。（《宋元明话本小说选·志诚张主管》）

（11）当下相辞员外自去。（《宋元明话本小说选·志诚张主管》）

这种"相·V·O"是近代汉语出现的叠架现象之一①。以例（7）为例，可说"相谢"，也可说"谢你"，均可通。"无甚相谢你"是以上两种说法的叠架形式。这里的"相"已虚化为可有可无的助词。

4. 动词后加“的（地）”：“V·的（地）”

近代汉语，尤其是白话小说中，若干动词后常常加“的（地）”，构成“V·的（地）”式。如：

(1) 掇条凳子，自近火盆边坐的。(《金瓶梅》一)

(2) 官客在新盖卷棚内坐的吃茶。(《金瓶梅》二十)

(3) 良久，扶他上炕坐的，和玉箫将话儿劝解他，做一处坐的。(《金瓶梅》二十六)

(4) 跑在后楼，靠着床沿坐地，兀自心头突突的跳一个不住。(《古今小说·蒋兴哥重会珍珠衫》)

(5) 或时去闲坐地，看做生活。(《清平山堂话本·莲女成佛记》)

(6) 看见一个女孩儿，方年二九，生得花容月貌，这范二郎立地多时，细看那女子。(《醒世恒言》十四)

(7) 也不知他仔细，只见他在那里住地，依旧挂招牌做生活。(《京本通俗小说·碾玉观音》)

(8) 自把了酸馅去，却在金梁桥顶立地。(《古今小说·宋四公大闹禁魂张》)

(9) 只见西门庆家小厮玳安，夹着毡包，骑着马，打妇人门首过的。(《金瓶梅》八)

(10) 忽有一书生，白襕角带，纱帽乌靴，左手携酒一壶，右手将着瓦钵一副，背着琴剑书箱，来御花园中游赏，来得晚了，无处坐地。(《三国志平话》上)

《汉语大词典》引《西厢记》“山门下立地”的王季思注：“地，助词，立地犹云立着也。”据考察，一部分“V·的（地）”可以用“V·着”去注释，而另外一部分“V·的（地）”则很难解作“V·着”。例（1）“掇条凳子，自近火盆边坐的”，似应解为“坐下”。例（4）“跑在后楼，靠着床沿坐地”，也应如此解。例（5）“或时去闲坐地，看做生活”，应理解为“有时去闲坐坐”，即“坐一会儿”。例（6）“看见一个女孩儿……生得花容月貌，这范二郎立地多时”，应解作“呆立多时”或“站在那里多时”。例（9）“打妇人门首过的”，就更难解作“过着”，只能解作“经过”。例（10）“来得晚了，无处坐地”，更不可能是“坐着”，只能解作“无处落坐”或“没处坐”。由此看来，“V·的（地）”可以看作由词根和词尾构成的一个复音词，“的（地）”在很多时候只是为了凑足音节从而使“V”变做双音节词而已。

（原载《山西师大学报》（社会科学版）1992年第19卷）

“几何”浅说

“几何”一语在古代汉语中很常见，从先秦到宋代一直被广泛使用着。仅两千来字的《管子·问第》篇，就用“几何”43次。“几何”所询问的内容多种多样，其句法功能也很齐备。本文拟从内容和用法两方面对“几何”加以概括介绍。

一　内容

（一）“几何”可询问时间。

1. 询问时间长短。例如：

（1）晏子曰：“为仆几何？”对曰：“三年矣。”（《晏子春秋·杂上》）

（2）楚之白珩犹在乎？其为宝也几何矣？（《柳宗元集·左史倚相》）〔几何，意即“几世”。〕

（3）市令言之相曰：“市乱，民莫安其处，次行不定。”相曰：“如此几何顷乎？”市令曰：“三月顷。”（《史记·循吏列传》）

2. 用于反问，表示时间之短。例如：

（4）民生于地上，寓也，其与几何？（《国语·吴语》）

（5）生涯能几何？常在羁旅中。（《杜诗详注·遣兴三首》）

（6）一生一世，其久几何？（《韩昌黎集·送穷文》）

（7）酸寒溧阳尉，五十几何耄？（《韩昌黎集·荐士》）

例（4）的“与”是助词，“其与几何”意即“它能有多久呢？”这种句子，《左传》《国语》习用。例（7）的意思是：“（孟郊）五十岁当上溧阳尉，五十岁到七十岁（一说七十以上称耄）能有多久呢？”

（二）“几何”可询问年龄。例如：

（8）太后曰：“敬诺。年几何矣？”对曰：“十五岁矣。”（《战国策·赵策四》）

（9）桓公曰：“叟年几何？”对曰：“臣年八十有三矣。”（《韩诗外传集释卷十第一章》）

（三）“几何”可询问数量。

1. 询问数量多少。

询问人的数量。例如：

（10）上问曰：“如我能将几何？”信曰：“陛下不过能将十万。”（《资治通鉴·汉纪·高帝六年》）

（11）管仲迎而问之曰：“吾子相梁并卫之时，门下使者几何人矣？”孟简子曰：“门下使者有三千余人。”管仲曰：“今与几何人来？”对曰：“臣与三人俱。”（《说苑·贵德》）

（12）将而死国难者几何人？（《柳宗元集·问战》）

询问东西的数量。例如：

（13）问天下一岁钱谷出入几何？（《史记·陈丞相世家》）

（14）问兵车之计几何乘也？（《管子·问第》）

（15）所辟草莱有益于家邑者几何矣？（《管子·问第》）

询问事情的数量。例如：

（16）天下一岁决狱几何？（《史记·陈丞相世家》）

（17）其不合于道者几何？（《韩昌黎集·进士策问十三首》）

2. 用于反问，表示数量之少。例如：

（18）然则郭氏功名，其与存者几何？（《柳宗元集·段太尉逸事状》）

（19）靖诸内而败诸外，所获几何？（《左传·僖公二十七年》）

（20）不深念远虑，后悔当几何？（《说苑·敬慎》）

例（20）的“当几何”，意即“顶多少事”。

（四）“几何”可询问长度。例如：

（21）客曰：“人长之极几何？”仲尼曰：“僬侥氏长三尺，短之至也。”（《国语·鲁语下》）

（22）客曰：“人长几何？”仲尼曰：“僬侥氏三尺，短之至也。”（《史记·孔子世家》）

（五）“几何”可询问距离。

1. 询问距离的远近。例如：

（23）子赣问焉曰：“此至承几何？”（《说苑·敬慎》）〔承，地名。〕

2. 用于反问，表示距离之近、相差不多。例如：

（24）虽有寿夭，相去几何？（《庄子·知北游》）

（25）唯之与阿，相去几何？善之与恶，相去若何？（《老子二十章》）

（六）“几何”可询问面积或范围。例如：

（26）昭王曰：“薛公之地，大小几何？”公孙弘对曰：“百里。”（《战国策·齐策四》）〔百里，指方圆百里。〕

（27）王曰：“薛之地小大几何？”（《吕氏春秋·不侵》）

（28）南北顺椭，其衍几何？（《楚辞·天问》）〔衍，广。〕

例（26）、（27）“几何”前有“大小”“小大”，“几何”义与“如何”相近。

（七）“几何”可以询问容积。例如：

（29）问曰：“先生能饮几何而醉？”对曰：“臣饮一斗亦醉，一石亦醉。”（《史记·滑稽列传》）

（八）“几何”可以询问价值。例如：

（30）楚昭王曰：“其值几何？”风湖子曰：“臣闻此剑在越之时，客有酬其直者，有市之乡三十，骏马三匹，万户之都二，是其一也。”（《吴越春秋·阖闾内传》）

（31）借问价几何？黄金比嵩丘。（《韩昌黎集·驽骥》）

二 用法

“几何”未见有作句子主语的，但它可以充当以下几种句子成分：

（一）“几何”可作谓语。例如：

（32）俟河之清，人寿几何？（《左传·襄公八年》）

（33）年几何矣？（《史记·赵世家》）

（34）几何其不为禽兽也？（《韩昌黎集·与孟尚书书》）

例（34）是“其不为禽兽也几何”的倒装，意即“不沦为禽兽能有多久?”或者，可作另一种分析：“几何”是全句状语，全句意思是：“能有多久不沦为禽兽呢?”

（二）“几何”可作宾语。例如：

（35）虏掠得几何？（《资治通鉴·汉纪》）

（36）能益几何？（《晏子春秋·杂下》）

（三）“几何”可作定语。例如：

（37）外人之来从而未有田宅者几何家？（《管子·问第》）

（38）问国之伏利其可应人之急者几何所也？（《管子·问第》）

（39）茂问曰：“子亡马几何时？”对曰：“月余日矣。”（《后汉书·卓鲁魏刘列传》）

（四）“几何”可作状语。例如：

（40）此以人之国侥幸也，几何侥幸而不丧人之国乎？（《庄子·在宥》）

（41）枯鱼衔索，几何不蠹？（《韩诗外传集释》）

（42）毛血日益衰，志气日益微，几何不从汝而死也？死而有知，其几何离？（《韩昌黎集·祭十二郎文》）

例（40）的“几何侥幸”是反问句，意即“能〔有〕多久侥幸”。例（41）的“几何不蠹”义同此：“能〔有〕多久不生蠹虫。”例（42）“几何不从汝而死”意即“能〔有〕多久不随你之后而死”，也就是说不能久活；“几何离”也是“没〔有〕多久分离”的意思。凡“几何”用作状语时，多为反问，表示时间之短等。

（五）“几何”可作补语。例如：

（43）卫灵公问孔子：“居鲁得禄几何？”对曰：“奉粟六万。”（《史记·孔子世家》）

三 “几何”与“几”、“何”

“几何”的某些用法可以由“几”或“何”来代替而意思不变。

（一）问人的数量（或反问）时，“几何人”可以换成“几人”。例如：

（44）诸臣之委室而徒退者，将与几人？（《国语·晋语》）〔与，助词。〕

(45) 海内甚广，知音几人？(《柳宗元集·祭吕衡州温文》)

(46) 设使国家无有孤，不知当几人称帝，几人称王。(《资治通鉴·汉纪》)

细味文义，例（45）的“几人”是表示人少之意的，而例（46）的“几人”却是表示人数之多的。

问人的数量时，“几何”也可换成“几”。例如：

(47) 备乃乘单舸往见瑜曰：“今拒曹公，深为得计，战卒有几？”瑜曰：“三万人。”（《资治通鉴·汉纪》）〔对比例（10）：“能将几何。”〕

(二) 问物（包括动物）的数量时，“几何”可换作“几”。例如：

(48) 上问：“车中几马？”庆以策数马毕，举手曰：“六马。”(《史记·万石张叔列传》)〔对比例（14）：“兵车之计几何乘。”〕

(三) 问事情的数量，“几何”可换作“几”。

例如：

(49) 曾子问曰：“诸侯旅见天子，入门，不得终礼，废者几？”孔子曰：“四。”（《礼记·曾子问》）〔对比例（17）：“其不合于道者几何。”〕

(四) “几何”还有一种用法，即：它用于叙述句，前加“无”“亡”等否定词，表示人数之少、年寿之短、时间不久等义。这种用法，常可换成“几”或“何”。试对比如下几组例句：

(50) A. 今攻赵，北地入燕，东地入齐，南地入楚魏，则秦所得无几何。(《战国策·秦策三》)

B. 善恶既分，余寇无几。(《后汉书·皇甫张段列传》)

(51) A. 人之生乎地上之无几何也，譬之犹驷驰而过隙也。(《墨子·兼爱下》)

B. 吾年无几矣。(《晏子春秋·谏下》)

(52) A. 无几何而往,则户外之屦满矣。(《庄子·列御寇》)

B. 无几而地陷为污泽。(《后汉书·西南夷列传》)

(53) A. 行此无几何而疾止。(《韩诗外传集释》)

B. 邻人无何盗之以献魏王。(《尹文子·大道上》)

(54) A. 无几何也,去寡人而行。(《庄子·德充符》)

B. 无何,伯祖终于临邛而窆焉。(《柳宗元集·伯祖妣赵郡李夫人墓志铭》)

(55) A. 居无几何,家果失火。(《说苑·权谋》)

B. 居无何,二世杀死。(《史记·滑稽列传》)

(56) A. 居亡几何,谒亡同游。(《列子·周穆王》)

B. 居无何,使者果召参。(《史记·萧相国世家》)

由此可见,本可用一个疑问词表达的意思,有时却要连用两个疑问词表达。类似这样的情况,古代汉语中还有。比如问人,本可用“谁”或“孰”表达,但在个别古书上却用“孰谁”、“谁何”、“何谁”表达。试对比如下几组例句:

(57) A. 子谁也?(《新序·节士》)

B. 子孰谁也?(《战国策·楚策一》)

(58) A. 若所追者谁?(《资治通鉴·汉纪》)

B. 若所追者谁何?(《史记·淮阴侯列传》)

(59) A. 子为谁?曰:为仲由。(《论语·微子》)

B. 公为何谁矣?曰:渔父者子。(《吴越春秋·吴王阖闾》)

其他例子,如:

(60) 使而子为墨者,予也,阖胡尝视其良?(《庄子·列御寇》)

对于这种现象,究竟如何分析,有待于进一步研究。这里只谈一点想法。连用两个疑问词,可能有三种情况:一是为了音节上的需要,比如把音节偶数化,读起来更朗朗上口。如例(51)(54)(55)(56)上边的句子可能属于这种情况;二是复语偏义(正如有复词偏义现象一样,短语中也可存在复语偏义现象），“孰谁”义偏在“谁”（因“孰”不用在句末作谓语），“谁何”、“何谁”义偏在“谁”；三是加强语气。例（60），王先谦《集解》说：“‘阖’同‘盍’，‘何不’也，‘胡’亦‘何’也，‘阖’、‘胡’连文如古书‘尚犹’、‘惟独’之例，自有复语耳……冤魂告语，深致其怨。”足见，疑问词连用有时还可带有某种修辞色彩。

（原载《语文战线》1981 年第 12 期）

多少与久暂

——诗词中若干疑问词语相反义项试解

古代汉语中经常用来询问数量和询问时间的疑问词语为数不少。比如，询问数量的有“几、多少、几许、几多”等；询问时间的有“几时、几日、几何、几多时、几何时、何当、早晚”等。这些词语，在一般情况下表示询问，要求作出回答。

这一点已为大家所熟知，故不赘述。本文要着重探讨的是：同样是这些疑问词语，同样由这些疑问词语构成的疑问句，在诗词中大多不用于询问，也不要求作出回答。它们所表示的语义是明确的：有的表示数量之多，有的表示数量之少；有的表示时间漫长，有的表示时间短暂。其中有若干词语，在不同的语境中，既可以表示数量之多，也可以表示数量之少；既可以表示时间漫长，又可以表示时间短暂；即具有两个相反的义项。下面以疑问词语为线索分别加以论述。

表示数量多少的疑问词语

几　当它表示数量多时，含有“很多、无数”等义。如：

（1）几回鸿雁来又去？肠断蟾蜍亏复圆。（刘商：胡笳十八拍，第十一拍）

（2）各自心中事，悲乐几般情？（朱敦儒：水调歌头）

（3）镜面绿波平，照几度，人来去？（山亭宴：湖亭宴别）

（4）和泪眼，片时几番回顾？伤心脉脉谁诉？（柳永：鹊桥仙）

（5）望极蓝桥，但暮云千里，几重山，几重水？（张先：碧牡丹）

（6）别来音信千里，怅此情难寄。碧纱秋月，梧桐夜雨，几回无寐？（晏殊：撼庭秋）。

例（1）是说鸿雁无数次地去了又来，来了又去；例（2）是说各自怀有悲喜哀乐等多种情感；例（3）是说平静的湖面却照映出无数送别迎归的人；例（4）是说片刻之间多次回望；例（5）是说隔千山万水；例（6）是说有许多不眠之夜。

当“几”表示数量少时，含有“很少、没几次、没几个”等义。如：

(7) 地冷骨未朽，几人全性命？（杜甫：述怀）

(8) 送死多于生，几人得终老？（丁鹄：挽歌）

(9) 持杯月下花前醉，休问荣枯事，此欢能有几人知？（苏轼：虞美人）

(10) 老去情怀能有、几人知？（叶梦得：虞美人）

(11) 人情纵似长情月，算一年年，又能得、几番圆？（张先：系裙腰）

(12) 随波逐浪到天涯，迁客生还有几家？（白居易：浪淘沙）

(13) 此曲只应天上去，人间能得几回闻？（杂曲歌辞，入破第二）

例（7）是说很少有人能保全性命；例（8）是说没有几个人能生还；例（9）（10）是说很少为人所知；例（11）是说很少团圆，例（12）是说没有几家能生还，例（13）是说人间很少能听到此种乐曲。

多少　这是较后起的疑问词，它在诗词中大多表示数量之多，有时也可表示数量之少。当它表示数量多时，含有“许多”“无限”等义。如：

(1) 青楼临大道，幽会处，两情多少？（晏殊：迎春乐）

(2) 红笺寄与添烦恼，细写相思多少？（王安石：谒金门）

(3) 雁足空来书断绝，眉头顿著愁多少？（袁去华：满江红）

(4) 多少绿荷相依恨？一时回首背西风。（樊川诗集注，齐安郡中偶题）

(5) 南朝四百八十年，多少楼台烟雨中？（杜牧：江南绝句）

(6) 君看渡口淘沙处，渡却人间多少人？（刘禹锡：浪淘沙）

(7) 江山如画，一时多少豪杰？（苏轼：念奴娇）

(8) 郁孤台下清江水，中间多少行人泪？（辛弃疾：菩萨蛮）

(9) 青天许大，多少好风光？（朱敦儒：蓦山溪）

(10) 当年万里龙沙路，载多少离愁去？（赵彦端：青玉案）

(11) 东君管尽闲花草，红红白白知多少？(侯真：菩萨蛮)

(12) 多少相思多少泪？都尽在，不言中。(沈端节：江城子)

(13) 无尽今来古往，多少春花秋月？(朱熹：水调歌头)

例（1）是说两个幽会的情人温情脉脉；例（2）是说一封信写出了无限思情；例（3）是说因与亲人书信断绝，顿时有无限愁思涌上心头；馀例仿此梦当“多少”表示数量少时，含有“不多，微孝没几个”等义。如：

(14) 梅花落尽桃花小，春事余多少？(叶梦得：虞美人)

(15) 遇坎乘流随分了，鸡虫得失能多少？儿辈雌黄堪一笑。(周紫芝：渔家傲)

(16) 假饶真百岁，能多少？(周紫芝：感皇恩)

例（14）是说春天的景物所剩无多；例（15）是说鸡虫的得与失都是微不足道的；例（16）是说活到百岁的人没有几个。

几许 表示数量多时，含有“很多、无限”等义。如：

(1) 赠我柳枝情几许？春满缕，为君将入江南去。(张先：渔家傲)

(2) 暗记丁宁千万句，一寸柔肠情几许？(惠洪：青玉案)

(3) 一曲《阳关》情几许？知君欲向秦川去。(苏轼：临江仙)

(4) 一从翠辇无巡幸，老却蛾眉几许人？(樊川别集：洛中)

(5) 欲知方寸，共有几许新愁？(贺铸：石州引)

(6) 正是和风丽日，几许繁红嫩绿？(柳永：西平乐)

“几许”表示数量少时，含有“没几个、很少、没多少”等义，如：

(7) 贪饵凡几许？徒思莲叶东。(王右丞集，纳凉)

(8) 一枝谁寄长安去，想得韶光能几许？(毛滂：玉楼春)

(9) 人生能几许？细算来何物？(万俟咏：别瑶姬慢)

(10) 百岁光阴能几许？醉乡日月，莫问人间寒暑。(张纲：感皇恩)

例（7）是说鱼儿为贪吃不多一点儿的钓饵，却永远失去了自由；例（8）是说想得韶光却得不到多少；例（9）是说人生岁月很有限；例（10）

是说百年光阴也没有多少。

几多 表示数量多时，含有“很多、无限”等义。如：

(1) 桃满西园淑景催，几多红艳浅深开？（樊川外集，酬王秀才桃花园见寄）

(2) 试引芳樽，不知消得几多依暗？（王沂孙：醉蓬莱）

(3) 取次梳妆，寻常言语，有得几多姝丽，拟把名花比？（柳永：玉女摇仙配）

(4) 人脉脉，水悠悠，几多愁？（晏几道：诉衷情）

(5) 几年湖海扁舟，几多愁？（毛滂：相见欢）

(6) 心事几多白发？客情无数青山。（王千秋：西江月）

例（1）是说很多鲜花颜色有深浅地竞相开放，例（2）是说酒杯浇去了许多忧伤与苦闷；例（3）是说有很多美丽的女子和花比美争艳；例（4）、（5）都是说有很多忧愁，例（6）是说重重心事增添了许多白发。

“几多”表示数量少时，含有“没几个、很少、没多少”等义。如：

(7) 念昔同游者，而今有几多？（刘禹锡：岁夜咏怀）

(8) 咫尺烟江几多地？不须怀抱重凄凄。（李煜：送邓王二十弟从益牧宣城）

(9) 复令悲此曲，红颜余几多？（庾子山集，夜听捣衣）

(10) 浮世事，能有几多长？（朱敦儒：望江南）

例（7）是说旧日同游的朋友亲人现在没有几个人了；例（8）是说虽然离别但相距不远（没多长距离），不必过于感伤，例（9）是说再让弹此曲徒生悲伤，红润的美貌就馀下很少了，例（10）是说世间的琐务都没有多久的。

表示时间久暂的疑问词语

几时 当它表示时间漫长难耐时，含有“永不、永难、久不、不知什么时候”等义。如：

(1) 铁骑几时回？金闺怨早梅（沈佺期：折杨柳）

(2) 酒一杯，泪双垂，君到长安百事违，几时归？（朱敦儒：柳枝）

(3) 离恨结成心上病，几时消散？（杜安世：安公子）

(4) 绿杨芳草几时休？泪眼愁肠已先断。（钱惟演：木兰花）

(5) 醉了醒来春复秋，我心事，几时休？（全宋词·双调）

(6) 不知桥下无情水，流到天涯是几时？（蔡枏：鹧鸪天）

(7) 长江东，长江西，两岸鸳鸯两处飞，相逢知几时？（欧阳修：长相思）

(8) 恨君却似江楼月，暂满还亏，暂满还亏。待得团圆是几时？（吕本中：采桑子）

例（1）例（2）都是说外出征战的亲人久出不归；例（3）是说心上的离愁别恨永难消散；例（5）是说重重心事永难消解；例（6）是说桥下的流水流到天涯不知要到什么时候；例（7）是说相逢谁知道是在什么时候；例（8）是说等待团圆不知要等到什么时候。

“几时”表示时间短暂时，含有“没多久、没多长、没几天”等义。如：

(9) 天长地久，人生几时？（曹植集校注·金瓠哀辞）

(10) 在世复几时？倏如飘风度。（李白：古风五十九首）

(11) 人生能几时？朝夕不可保。（王梵志诗校辑·人生能几时）

(12) 细算人生，能有几时？（张继先：沁园春）

(13) 今日又非夕，春风能几时？（季端：芜城）

(14) 山川满目泪沾衣，富贵荣华能几时？（李峤：汾阴行）

(15) 任是花好须落去，自古，红颜能得几时新？（欧阳修：定风波）

(16) 以色事他人，能得几时好？（李白：妾薄命）

例（9）（10）（11）（12）是说人生没有多久，例（13）是说春天很快就会过去，例（15）是说青春很快就会捎失，例（14）是说富贵荣华也不能持久。

几日　与“几时”大体相同。它表示时间漫长难忍，如：

(1) 此地送君还，茫茫似梦间。后期知几日？前路转多山。（李

端：古别离）

（2）裁缝寄远道，几日到临洮？（李白：子夜四时歌）

例（1）是说以后相会不知到什么时候；例（2）是说不知什么时候才能寄到临洮。

“几日”表示时间短暂，如：

（3）柳下系船犹未稳，能几日，又中秋？（刘过：唐多令）

（4）平生能几日？不及且遨游。（刘希夷：故园置酒）

例（3）是说没有几天就又到了中秋；例（4）是说一生是短暂的。

几何 只能表示时间短暂，含有“没有多久、能有几天”之义。如：

（1）对酒当歌，人生几何？譬如朝露，去日苦多。（曹操集·短歌行）

（2）人生能几何？毕竟归无形。（王维：哭殷遥）

（3）生涯能几何？常在羁旅中。（杜甫：遣兴三首）

（4）忧患大，是非多，纵得荣华有几何？（徐积：君不悟）

何日 何时 何当 早晚 这几个疑问词语都只能表示时间漫长。含有“究竟到什么时候才能……”之义。如：

（1）刘郎何月是来时？无心云胜伊。行云犹解傍山飞，郎行去不归。（欧阳修：阮郎归）

（2）此情不可道，此别何时遇？（李白：金乡送韦八之西京）

（3）离愁别恨，无限何时了？（柳永：中吕宫）

（4）古来万事东流水，别君去兮何时还？（李白：梦游天姥吟留别）

（5）无情春色尚识返，君心忽断何时来？（长孙佐辅：宫怨）

（6）江山凡人在？天涯孤棹还。何当重相见？尊酒慰离颜。（温庭筠：送人东去）

（7）君问归期未有期，巴山夜雨涨秋池。何当共剪西窗烛？却话巴山夜雨时。（李商隐：夜雨寄北）。

（8）春来消息断，早晚是归时，（令孤楚：远别离）

（9）吴娃双舞醉芙蓉，早晚复相逢？（白居易：忆江南）

(10) 梦里长安早晚归？和泪立斜晖。(魏夫人：武陵春)

例（1）是说究竟什么时候刘郎才能回来；例（2）是说，此次离别究竟什么时候才能再见；例（3）是说离愁别恨永无止境；例（4）是说与君此别什么时候才能回还；例（5）是说君心变了久不愿回。例（6）是说究竟什么时候才能相见；例（7）是说究竟什么时候才能一起剪去西窗的烛花；例（8）是说究竟什么时候才能回去；例（9）是说究竟什么时候才能再相见，例（10）是说究竟什么时候梦里才能回归。

几多时　几何时　只能表示时间短暂，含有“没多久”之义。如：

(1) 鸿雁过后春归去，细算浮生千万绪。来如春梦几多时？去似朝云无觅处。(欧阳修：玉楼春)

(2) 留连能得几多时？两夜清风唤起。(毛滂：西江月)

(3) 寓形宇内人几何时？岂问去留为？(杨万里：归去来兮引)

(4) 浮生一梦几多时？有谁得似青山耐？(张抡：踏莎行)

例（1）是说人生象春梦那样短暂而飘渺；例（2）是说留连又能有多久；例（3）（4）都是说人生短暂。

综合以上所说，可列为如下二表：

语义类别	表示数量								表示时间										
疑问词语	几		多少		几许		几多		几时		几日		几何	何日	何时	何当	早晚	几多时	几何时
表义功能	多	少	多	少	多	少	多	少	久	暂	久	暂	暂	久	久	久	久	暂	暂

语义类别	表示数量之多	表示数量之少	表示时间长久	表示时间短暂
疑问 词语	几、多少 几许、几多	几、多少 几许、几多	几时、几日、何日 何时、何当、早晚	几时、几日 几何、几多时、几何时

表示数量的多或少，表示时间的长久或短暂，有没有规律可循，怎样进行辨析呢？下面从语法结构和语言环境两方面来谈这个问题。

第一，语法结构方面的规律。

1. 疑问词语前后出现“能、能得、能有”等词语时，一般都表示数量少、时间短。因为能［得］和疑问词语一般构成反诘问句，形式上是问

“能［得］多少?”“能［得］多久?”等，实际语义则为没有多少、没有多久等。如：

自言能得几人归｜几人得终老｜此欢能有几人知｜老去情怀能有、几人知｜又能得，几番圆｜人间能得几回闻｜鸡虫得失能多少｜假饶真百岁，能多少｜想得韶光能几许｜人生能几许｜百岁光阴能几许｜春光能几许｜浮世事，能有几多长？｜细算人生，能有几时？

（以上诸例表示数量之少）

少壮能几时｜人生能几时｜细算人生，能有几时｜春风能几时｜宛转娥眉能几时｜富贵荣华能几时｜红颜能得几时新｜以色事他人，能得几时好｜能几日，又中秋｜平生能几日｜人生能几何｜生涯能几何｜留连能得几多时?

（以上诸例表示时间短暂）

2. 疑问词语前如有动词“知”，一般表示数量多和时间长。因为“知+疑问词语”构成反诘问句，形式上是问“知道有多少?”“知道有多久?”实际语义则为数量之多、时间长久到无法确知。如：

往事知多少｜红红白白知多少

（以上二例表示数量之多）

相逢知几时？｜后期知几日？

（以上二例表示时间长久）

第二，语境方面的规律。

1. 情理方面。凡是人们所珍爱的和愿意得到的东西，往往嫌其数量少，叹其存在的时间短。所以，凡与人生、人的少壮时期，年轻貌美、富贵荣华、亲朋好友团圆、春光等相关联的疑问词语，大都表示数量少和时间短。如：

春事余多少？| 想得韶光能几许 | 人生能几许 | 春光能几许 | 念昔同游者，而今有几多 | 红颜余几多。

（以上诸例表示数量之少）

人生几时 | 少壮能几时 | 春风能几时 | 宛转娥眉能几时 | 富贵荣华能几时 | 人生几何 | 纵得荣华有几何 | 人生几何时？

（以上诸例表示时间短暂）

凡是人们失去的东西盼望复得，总感到时间漫长难耐。所以，凡与游子回归、亲朋团聚、旧地重游等相关联的疑问词语，大多表示时间漫长。如：

铁骑几时回 | 征戍几时回 | 居到长安百事违，几时归 | 相逢知几时 | 待得团圆是几时 | 后期知几日？| 刘郎何日是来时 | 何日得重游 | 此别何时遇 | 别君去兮何时还 | 何当重相见 | 何当共剪西窗烛 | 何当还故处 | 早晚是归时 | 早晚复相

表现人的情感，总是极言其多，其久，所以，凡与离愁别恨、春闺幽怨、思情等相关联的疑问词语，大多表示数量多，时间久。如：

几回鸿雁来又去 | 悲乐几般情 | 照几度、人来去 | 片时几番回顾 | 几回无寐 | 误几回，天际识归舟 | 暗惹离恨多少 | 泪流多少 | 两情多少 | 细写相思多少 | 眉头顿著愁多少 | 多少凄凉味 | 载多少离愁去 | 多少相思多少泪 | 赠我柳枝情几许 | 一寸柔肠情几许 | 一曲《阳关》情几许 | 君似庾郎愁几许 | 共有几许新愁 | 几许春情睡梦中 | 人脉脉，水悠悠，几多愁 | 几年湖海扁舟，几多愁

（以上诸例表示数量之多）

离恨结成心上病，几时消散 | 我心事，几时休 | 愁与恨，几时极 | 离愁别恨，无限何时了？

（以上诸例表示时间长久）

2. 上下文。有的疑问词语本身很难分辨其表多还是表少、表久还是表暂，但与它结合的词语可以帮助分辨；有和疑问词语所在的单句很难分辨其表多还是表少，表久还是表暂，但其上句或下句可以帮助分辨。

从与疑问词语相结合的词语加以分辨的，如：

［几（1）］从“来又去”可以得知，“几回”是表示数量之多的；［几（2）］从“悲乐”可以得知？“几般”是表示数量之多的；［多少（11）］从“红红白白”可以得知“多少”是表示数量之多的；［几许（6）］从“繁红嫩绿”可以得知“几许”是表示数量之多的；［几多（1）］从“浅深开”可以得知“几多”是表示数量之多的。

［几时（6）］从“流到天涯”（天本无涯）可以得知“几时”是表示时间漫长的。

从上句或下句加以分辨的，如：

［几（5）］从上句“暮云千里”可以得知“几重山、几重水”是表示山水之多的；［多少（5）］从上句“南朝四百八十寺”可以得知“多少楼台烟雨中”是表示楼台之多的；［多少（9）］从上句“青天许大”可以得知“多少好风光”是表示好风光之多的。

［多少（12）］从下句“都尽在、不言中”可以得知“多少相思多少泪”是表示相思之情和相思之泪数量之多的；［几时（10）］从下句“倏如飘风度”可以得知“在世复几时”是表示人生短暂的；［几何（1）］从下句“譬如朝露”可以得知“人生几何”是表示人生短暂的。

本文所谈，限于诗词，但不等于说诗词以外，就没有这些现象。“几何”表示时间短暂，在先秦以至后代的典籍中都不乏其例。如：

（1）民生于地上，寓也，其与几何？（国语·吴语）。

（2）若壅其口，其与能几何？（国语·周语上）

（3）今也举夷狄之法而加之先王之教之上，几何其不胥而为夷也？（韩昌黎集·原道）

（4）毛血日益衰，志气日益微，几何不从汝而死也？（韩昌黎集·祭十二郎文）

例（1）是说人生在世像寄宿一下，没有多久；例（2）是说靠堵众人之口来维持平静是不会持久的；例（3）是说象那种做法，不要多久就会都沦为夷狄了；例（4）是说没有多久也将随你之后而死去。

他如“几”表数量之多，“几日”表时间之短，也都可找到用例：

(1) 设使国家无有孤，不知当几人称帝、几人称王。（资治通鉴·汉纪·献帝建安十五年）

(2) 杀害人如是不止，几日不大乱？（柳宗元集·段太尉逸事状）

例（1）是说将有许多人出来称帝称王，例（2）是说不要多久就会大乱。

（原载《古汉语研究》1991 年第 2 期）

“以（已）来”可以表示未来时间

古代汉语中表示时间的“以（已）来”，一般说都是指从过去某时到说话或著文时这一时段的。比如“自蚩尤以来，未尝若斯也”。（《史记·天官书》）是指从蚩尤到著文时这段时间。“从四岁以来，羌人无所疾苦。”（《汉书·元后传》）是指从四年前到著文时这段时间。但在先秦古籍中，我们还可以见到另外一种表时间的“以（已）来”，是指从说话或著文开始到未来那段时间的。为行文方便起见，对前面一种称“以（已）来A”，对后面一种称“以（已）来B”。先举“以（已）来B”的例句于下：

①韩昭侯谓申子曰：“法度甚〔不〕易行也。”申子曰：“法者，见功而与赏，因能而授官。今君设法度而听左右之情，此所以难行也。”昭侯曰：“吾自今以来知行法矣。”（《韩非子·外储说左上》）

②空雄之遇，秦、赵相与约，约曰：“自今以来，秦之所欲为，赵助之；赵之所欲为，秦助之。”（《吕氏春秋·淫辞》）

③被瞻据镬而呼曰：“三军之士皆听瞻也：自今以来，无有忠于其君，忠于其君者将烹。”（《吕氏春秋·上德》）

④孟胜曰：“不然。吾于阳城君也，非师则友也，非友则臣也，不死，自今以来，求严师必不于墨者矣，求贤友必不于墨者矣，求良臣必不于墨者矣。”（《吕氏春秋·上德》）

遍查《史记》《汉书》，共得《史记》“自今以来”四例，《汉书》“自今以来”十三例，“终今以来”一例。仅举数例于下：

⑤自今以来，操国事不道如嫪毒、不韦者，籍其门。（《史记·秦始皇本纪》）

⑥今法有诽谤妖言之罪，是使众臣不敢尽情，而上无由闻过失也……自今以来，有犯此者勿听治。(《史记·孝文本纪》)

⑦朕闻太古有号毋谥。中古有号，死而以行为谥。如此，则子议父，臣议君也，甚无谓，朕弗取焉。自今已来，除谥法。(《史记·秦始皇本纪》)

⑧盗贼出入，不可不备，自今以来，若有召王者必见吾面，我将先以身当之。(《史记·赵世家》)

⑨朕惟耆老之人，发齿堕落，血气衰微，亦亡暴虐之心，今或罹文法，拘执囹圄，不终天命，朕甚怜之。自今以来，诸年八十以上非诬告杀伤人，他皆勿坐。(《汉书·宣帝纪》)

⑩今王富于春秋，气力勇武，获师傅之教浅，加以少所见闻，自今以来，非五经之正术，敢以游猎非礼导王者，辄以名闻。(《汉书·宣元六王传》)

⑪上召贾为太中大夫，谒者一人为副使，赐佗书曰："……愿与王分弃前患，终今以来，通使如故。"(《汉书·西南夷两粤朝鲜传》)

从以上诸例可以看出，这种"以（已）来 B"大多与"自今"连用，个别时候与"终今"，连用，构成"自今以（已）来""终今以来"这类格式。"终今以来"就是"从今以后永远"，颜师古注作"从今……至于终久"。"自今以来"就是"自今以后""从今以后"，这一点，从下面两例的比照中可以看得清楚：

⑫〔南粤王〕下令国中曰："吾闻两雄不俱立，两贤不并世。汉皇帝，贤天子。自今以来，去帝制黄屋左纛。"(《汉书·西南夷两粤朝鲜传》)

⑬〔南越王〕于是乃下令国中曰："吾闻两雄不俱立，两贤不并世。皇帝，贤天子也。自今以后，去帝制黄屋左纛。"(《史记·南越列传》)

由此看来，在一个相当的历史阶段中，"自今以来"和"自今以后"，并行不悖，是表示未来时间的两种不同说法。

细味"以（已）来 B"的"来"，似为"将来""来日""来年"的来，而"以（已）来 A"的"来"则为"〔延续〕下来""〔经历〕过来"的

“来”。这两个“来”的词性、词义均有所不同，或许应当看作同形同音而异义的两个词。

据考察，《史记》《汉书》中的“自今以（已）来”“终今以来”大多出现在帝王或摄政太后的诏谕中，个别的出现在律令文告中，是否为当时的公文套语亦未可断言。

（原载《语文研究》1987 年第 3 期）

“所生”指儿子，指母亲？

大家知道，“所”字是古代汉语中一个特别的指示代词，它和它后面的动词共同构成一个名词性短语，指代该动词所代表的动作行为的对象。比如，看见了某些事物，这些事物可以说是“所见”，听到了某些情况，这些情况就可以说是“所闻”。人们常说的“谈谈你的所见所闻吧”，其实就是谈谈你看见的或听到的事物和情况。根据“所”字的这个特点，“所生”（“生”为“生育”义）应该指“生”的对象，即应该指儿子，然而，汉魏以降，“所生”大多指“生”的施事者，即指生母。请看下列例句：

(1) 既尽礼皇储，则所生不容无敬。（《南史·后妃·武丁贵嫔传》）——既然对王位继承人尽行礼仪，那么对他的生母就不允许不尊敬。

(2) 叔度母早卒，奉姨若所生。（《南史·何尚之传》）——叔度的母亲早年去世，[他] 事奉姨母象 [事奉] 生母一样。

(3) 初，明帝少失所生，为太后所摄养。（《南史·后妃·孝武昭路太后传》）——当初，明帝年少时就失去了生母，被太后抚养成人。

(4) 嘉兴徐泰幼丧父母，叔父隗养之，甚于所生。隗病，泰营侍甚勤。（搜神记·卷十）《汉魏六朝笔记小说大观》355 页

所生，指生身父母，这类用法很早就有，《诗经》可能是这种用法的滥觞。例如：

(5) 夙兴夜寐，毋忝尔所生。《诗·小雅·小宛》——早起晚睡，

不要屈辱你的生身父母。

有时，“所生”后再标以“母”“夫人”“氏”“嫔”“妃”等代表女性的字眼，这就使“所生”指生母的意思更加显豁。例如：

(6) 咸和元年，所生郑夫人薨，帝时年七岁。(《晋书·帝纪·简文帝》)——咸和元年，生母郑夫人去世，皇帝当时才七岁。

(7) 性至孝……事所生母陈氏，尽就养之道。(《陈书·徐陵传》)——很有孝心，事奉生母陈氏，尽了赡养老人的孝道。

(8) 太子所生母黄贵嫔早亡，令潘妃母养之。(《南史·齐本纪》)——太子的生母黄贵嫔早年去世，让潘妃抚养他长大成人。

(9) 升平四年，故太宰武陵王所生母丧。(《晋书·礼·志》)——升平四年时，原太宰武陵王的生母去世。

(10) 请依宋世故事，流尸江中……并毁其所生彭氏坟庙。(《南史·陈宗室诸王传》)——请按照宋世时的惯例，把尸体抛入江中……并且拆毁他生母彭氏的坟墓和庙宇。

(11) 叔父谦之字处光，以义烈知名。年数岁，所生母亡。(《南史·朱异传》)$_{5-1514}$

和“所生”的“所”字意义、用法相同的，还有“所母”“所养”等短语中的“所”。“所母”、“所养”均指养母，或养母养父。例如：

(12) 庄襄王所母华阳后为华阳太后，真母夏姬尊以为夏太后。(《史记·吕不韦列传》)——庄襄王的养母华阳后封为华阳太后，生母夏姬被尊奉为夏太后。

(13) 申积中……襁褓中，杨绘后其父起求之为子。及长，知非杨氏而绝口不言。年十九，登进士第，事所养父母，尽孝终身。(《宋史·孝养·申积中传》)——申积中……还在襁褓中的时候，杨绘就向他父亲申起要求把申积中给自己做儿子。等到申积中长大之后，知道自己不是杨姓的亲生儿子但绝口不说。十九岁当上了进士，侍奉他的养父养母，终身尽其孝道。

只是“所母”“所养”的用例极为少见。

“所生”偶或有指生父的。如：

（14）当君而叹尧舜之美，譬犹人子对厥所生，誉他人之父。（《宋书·礼志三》）

（原载《普通话》〔香港〕第4辑）

古汉语疑问词语的歧义与鉴别

古汉语疑问词语的语义范畴，大致可分为十六类：人的询问，事物询问，涵义询问，度量询问，时间询问，处所询问，情状询问，方法询问，商榷询问，原因询问，自设询问，感叹询问，反诘询问，抉择询问，反复询问，比较询问。

我们要对疑问词语进行义类划分时会发现，有些疑问词语可能属这类，也可能属那类，这就是歧义现象。例如：

（1）韩信曰："先生相人何如?"对曰："贵贱在于骨法，忧喜在于容色，成败在于决断，以此参之，万不失一。"韩信曰："善。先生相寡人何如?"……通曰："相君之面，不过封侯，又危不安；相君之背，贵乃不可言。"（《史记·淮阴侯列传》）

这一段话中，"先生相人何如?""先生相寡人何如?"这两个句子，究竟属于两个义类，还是属于一个义类?从它们本身很难作出判断。因为"何如"既可以问"怎么办"，也可以问"怎么样"。前者属于方法询问，后者属于情状询问。要鉴别它们的义类，就要参照其他因素，比如问句后面的答语。从答语看，"先生相人何如"是问给人相面的办法的，属于方法询问，"先生相寡人何如"是问韩信本人的面相怎么样（吉凶祸福）的，属于情状询问。

据调查，疑问词语的歧义有以下七种：

（一）是原因询问，还是事物询问?

（2）子夏避席问曰："夫子何叹焉?"（《孔子家语·六本》）

歧义{夫子为什么感叹？ （原因询问）
夫子感叹什么？ （事物询问）

(3) 公曰："太师奚笑也？"(《韩非子·难二》)

歧义{太师为什么笑？ （原因询问）
太师笑什么？ （事物询问）

(4) 微君之故，胡为乎中露？……微君之躬，胡为乎泥中？(《诗经·邶风·式微》)

歧义{为什么在露中？ （原因询问）
在露中干什么？ （事物询问）

歧义{为什么在泥中？ （原因询问）
在泥中干什么？ （事物询问）

（二）是人的询问，还是事物询问？

(5) 何欲置？(《战国策·西周策》)

歧义{打算立谁？ （人的询问）
打算放置什么？ （事物询问）

(6) 大夫此言将何谓也？(《战国策·楚策一》)

歧义{大夫这话指谁而言？ （人的询问）
大夫这话说明什么？ （事物询问）

(7) 麟也，胡为来哉？(《孔子家语·辨物》)

歧义{麟为谁来呢？ （人的询问）
麟为什么来呢？① （事物询问）

---

① 仅就"胡"字而言，是指代事物的。而"胡为（wèi）"连用则可询问原因，属于原因询问。

(8) 寡人将恶乎属国而可?(《庄子·徐无鬼》)

歧义{我把国家委托给谁好呢? (人的询问)
我把国家寄托在什么东西上好呢? (事物询问)

(9) 景公探爵鷇,鷇弱,故反之。晏子……曰:"君胡为者也?"(《说苑·贵德》)

歧义{你是干什么的〔人〕?[①] (人的询问)
你干什么〔去了〕? (事物询问)

(三) 是人的询问,还是情状询问?

(10) 败伐之事,谁国无有?(《说苑·权谋》)

歧义{谁的国家没有? (人的询问)
什么样的(或哪个)国家没有? (情状询问)

(11) 颈自以为身残处秽,动而见尤,欲益反损,是以抑郁而无谁语。(《汉书·司马迁》)

歧义{因此心情抑郁而没有谁可以告诉。 (人的询问)
因此心情抑郁而没有什么话〔可说〕。 (情状询问)

(四) 是事物询问,还是情状询问?

(12) 其后帝闲居,问左右曰:"人言云何?"(《史记·外戚世家》褚先生补)

歧义{人们说些什么? (事物询问)
人们议论〔的情况〕怎么样? (情状询问)

(13) 曰:"《孝经》云何?"曰:"在上不骄,为下不乱。"(《北

① "者"如看作代词,"胡为者"义同"谁",属于人的询问。

史·王纮传》)

歧义{《孝经》说些什么？　　（事物询问）
《孝经》怎么样？　　（情状询问）

(14) 赏罚信乎民，何事而不成？(《吕氏春秋·慎小》)

歧义{干什么而不成功？　　（事物询问）
什么事情不成功？　　（情状询问）

(15) 彼独不欲雨乎？祠之何益？(《晏子春秋·内篇谏上》)

歧义{祭祀河伯能增加些什么？　　（事物询问）
祭祀河伯有什么益处？　　（情状询问）

（五）是商榷询问，还是方法询问？

(16) 公曰："吾欲居西方，何如？"(《史记·郑世家》)

歧义{我想到西方去生活，怎么样？　　（商榷询问）
我想到西方去生活，该怎么办？　　（方法询问）

（六）是涵义询问，还是原因询问？

(17) 晏子曰："谋度于义者必得，事因于民者必成。"公曰："奚谓也？"(《晏子春秋·内篇问上》)

歧义{指什么而言呢？[①]　　（涵义询问）
为什么呢？　　（原因询问）

（七）是情状询问，还是处所询问？

(18) 当涂之人，乘不胜之资，而旦暮独说于前，故法术之士奚道得进？(《韩非子·孤愤》)

---

① "奚谓"的"谓"如是作"指……而言"讲，可属于涵义询问。

歧义{法术之士用什么〔样的〕方法求得进用？　　（情状询问）
　　　法术之士从哪里得以进用呢？　　（处所询问）

以上歧义现象主要是由以下两种原因造成的：

第一，疑问词（或语）的一词多义和一词多用。象第（一）类型的出现，是由于“何、奚、胡”这几个疑问词既可作动词的状语，用来询问原因，作“为什么”讲，又可作动词的宾语，用来询问动作的对象，作“什么”讲。第（二）种歧义类型的出现，是由于“何、胡、恶”既可指代人，又可指代事物。第（三）种歧义类型的出现，是由于“谁”既可指代人，表示领属关系，当“谁的”讲，又可用同“何”字，表示修饰关系，当“什么样的”“哪个”讲。第（五）种歧义类型的出现，是由于“何如”既可用来表示商询，当“〔你看〕怎么样”“行不行”讲，又可用来询问方法，当“怎么办”讲。

第二，与疑问词相结合的词的一词多义和一词多用。象第（四）种歧义类型的出现，是由于与疑问词“何”相结合的“云”字，既可是动词，当“说”讲，又可与“何”相结合，用同询问情状的“如何”，当“怎么样”讲。与“何”相结合的“事”既可是动词，当“干”讲，又可是名词，当“事情”讲。与“何”相结合的“益”，既可是动词，当“增加”讲，又可是名词，当“好处”讲。第（六）种歧义类型的出现，是由于与疑问词“奚”相结合的“谓”，既可是动词，当“指……而言”讲，又可作介词“为”讲。第（七）种歧义类型的出现，是由于与疑问词语相结合的“道”，既可是名词，当“方法”讲，又可是介词，当“从”讲。

怎样鉴别这些歧义现象呢？有三种方法：

第一，参照疑问句后面的答语，例（2）“夫子何叹焉”后面的答语是“孔子曰：‘夫自损者必有益之，自益者必有决之，吾是以叹也。’”“是以”即“因此”，是回答“为什么”的，据此可知例（2）属于原因询问。例（3）“太师奚笑也”下面的答语是“臣笑叔向之对君也”，“叔向之对君”是所笑之事，据此可知例（3）属于事物询问。例（9）“君胡为者也”下面的答语是：“景公曰：‘我探爵鷇，鷇弱，故反之。’”是所为之事，据此可知例（6）属于事物询问。例（12）“人言云何？”下面的答语是：“人言且立其子，何去其母乎”，是“云”的内容，据此可知该例属于事物询问。例（13）略同。例（16）“吾欲居西方何如？”下面的答语是“其民贪而好利，难久居”。是表示不同意“居西方”的，据此可知该例属于商榷询问。

例（17）“奚谓也?”下面的答语是“……以此谋者必得矣……以此举事者必成矣”，是说明“谋度于义者必得，事因于民者必成”的原因的，据此可知该例属于原因询问。

第二，参照不同典籍、不同篇章、不同版本的同类文句。例（5）“何欲置?”在同书《东周策》的同样记载中，此句作“孰欲立也”，可证例（5）属于人的询问。例（6）“大夫此言将何谓也”，鲍彪本此句作“谁谓”，可证例（6）属于人的询问，再验之以下文答语“令尹子文是也……叶公子高是也”，更可证明这一点。例（7）“胡为来哉?”《孔丛子·记问》作“孰为来哉?”《公羊传·哀公十四年》作“孰为来哉?”何休注：“见时无圣帝明王，怪为谁来。”可证例（7）属于人的询问。例（8）“寡人将恶乎属国而可?”《吕氏春秋·贵公》同样一段记载中此句作“寡人将谁属国?”可证例（8）属于人的询问。再验之以下文“鲍叔牙……隰朋可”，更可证明这一点。例（11）“是以抑郁而无谁语”，《文选》五臣本作“是以独郁悒而谁与语”，李善本作“与谁语”，可证例（11）属于人的询问。

第三，参照一般语法规律和同类格式的其他文句。例（10）“谁国无有?”“谁国”究竟是问“谁的国家”还是问“什么样的国家（哪个国家）”呢？根据上古汉语的语法规律，指代人，又表示领属关系的“谁”（即当“谁的”讲），它与后面的名词之间一般都加“之”[①]。如：

（A）臣杀其君，谁之过也？（《国语·鲁语上》）

（B）因谁之力？因宋人、蔡人、卫人之力也。（《公羊传·隐公十年》）

（C）上堂见玉，曰：“谁之玉也?”曰：“诸侯之玉。”（《说苑·指武》）

“谁”表修饰，意同“何”（即当“什么样的”“哪个”讲）时，与后面名词之间一般不加“之”字。如：

（A）凡人主必信，信而又信，谁人不亲？（《吕氏春秋·贵信》）

---

① 有个别例外，如：“卫人迎新妇，妇上车，问：‘骖马，谁马也？’御曰：‘借之’。”（《战国策·宋卫策》）

(B) 韩取聂政尸，暴于市，购问，莫知谁子。(《史记·刺客列传》)

根据这条语法规律，“谁国”意即“什么样的国家(哪个国家)”的意思，属于情状询问。

例(14)“何事而不成?”“何事”究竟是“什么事情”之意，还是“做什么”之意?古汉语这类句式较常见。如：

(A) 秦兵已令，而君制之，何求而不得?何为而不成?(《战国策·魏策三》)

(B) 怀敌附远，何招而不至?(《全汉文·卷十六》)

(C) 若首举义旗，伐叛匡主，何往而不克?何向而不摧?(《周书·贺拔胜》)

(D) 夫天下者，殿下之天下，富有四海，何求而不获?何欲而弗从?(《北史·高允传》)

从这些例句看，“何”后都是动词，整个句子可以列为如下格式“何+动1+而+不+动2”，由此可证例(14)属于事物询问。

例(15)“祠之何益”，同类格式也习见于古籍。如：

(A) 上乃觉悟，虽追前失，悔之何逮?(《后汉书·张王种陈列传》)

(B) 吾闻晋王用兵，天下莫敌。脱有危败，悔之何及?(《资治通鉴·后梁纪均王龙德元年》)

(C) 此由刺史无德所致，捕之何补?(《南史·梁宗室》)

从这些例句看，“何”后都是动词，整个句子可以列为如下格式：“动1+之十何+动2”。由此可见例(15)“何益”为“增益什么”之义，属于事物询问。

有些句子的歧义如果用以上三种方法均得不到鉴别，那就在解释上可此可彼了。例(4)可解作“为什么在露中”“为什么在泥中”，也可解作“在露中干什么”“在泥中干什么”；例(18)可解作“法术之士用什么方法得以进用”，也可解作“法术之士从哪里得以进用”。

古汉语疑问词语的歧义现象远不止这些。它偶尔还可以出现在疑问词和某个专有名词之间。中华书局点校本《史记·淮阴侯列传》上有这样一段文字：

居一二日，何来谒上。上且怒且喜，骂何曰："若亡，何也?"何曰："臣不敢也，臣追亡者。"上曰："若所追者谁何?"曰："韩信也。"

末二句，还可作如下标点：

上曰："若所追者谁?"何曰："韩信也。"

按点校本的标点，下面加"·"的"何"是疑问代词，按第二种标点，加"·"的"何"则是萧何的名字。那么，究竟哪种标点更好呢？似以第二种标点为好。原因是，古汉语用"谁何"问人不见于其他典籍。两个疑问代词连用问人，只有"孰谁、何谁"两种形式。如：

（A）子孰谁也?（《战国策·楚策》）
（B）我已为东帝，尚何谁拜?（《史记·吴王刘濞列传》）
（C）公为何谁矣?（《吴越春秋·吴王阖闾》）

"谁何"在古籍固然常见，但都不是用来直接问人的，而只用于间接询问——转述的询问。如：

（A）吾与之虚而委蛇，不知其谁何。（《庄子·应帝王》）
（B）兼包海内，泽及后世，不知为之者谁何。（《淮南子·本经训》）

据此可知"何"为萧何的名字，应属下作"何曰"。这与前面的"何曰"也显得较为一贯。

类似的情况，还有一例。《晏子春秋·内篇谏下》有这样一段文字：

晏子曰："有逢于何者，母死，兆在路寝，当如之何？愿请合骨。"

王念孙据治要本考“如之”二字当为“牖下”二字之误，“何”为衍文。陶鸿庆大体上同意王校，只是说“何”并非衍文而是“逢于何”的名字。后人将人名“何”误解为疑问代词“何”，又将磨损不清的“牖下”二字同“何”一起附会作“如之何”。综合王、陶两人的意见，这段文字应改为：

晏子曰：“有逢于何者，母死，兆在路寝，当牖下，何愿请合骨。”

看来，这个争论植根于“何”是疑问代词还是人名这种歧义现象。

以上两例表明，歧义现象甚至对标点、校勘古书都会产生影响。

（原载《语文教学通讯》1987 年第 8、9 期）

名词、代词、数词用作动词释例

——兼谈名词用作状语

名词、代词、数词用作动词和名词用作状语，是古代汉语常见的语法现象。本文试图从这种现象中寻找一些规律，并简略谈谈如何进行今译。

一　名词用作动词（兼及名词用作状语）

（一）名词用作意谓性动词。

《古代汉语读本》说："名词用作意谓性动词，这种意谓性动词放在宾语前面，表示当事人主观上把宾语所表示的事物看成为这个名词所表示的事物"（79页，人民教育出版社，1960年，下同）用A表示意谓性动词，用B表示其宾语，译成现代汉语可按如下公式："以·B·为A"。例如：

（1）驰于方外，休乎宇内，烛十日而使风雨，臣雷公，役夸父，妾宓妃，妻织女。（淮南子·俶真训。=以雷公为臣，以宓妃为妾，以织女为妻）

（2）桓公之于管仲，耳而目之。（盐铁论·刺复。=以管仲为耳朵，以管仲为眼睛）

（3）南昌故郡，洪都新府……襟三江而带五湖。（王勃：滕王阁序。=以三江为衣襟，以五湖为衣带）

（4）况吾与子渔樵于江渚之上，侣鱼虾而友麋鹿。（苏轼：赤壁赋。=以鱼虾为伴侣，以麋鹿为朋友）

（5）芥千金而不盼，屣万乘其如脱。（孔稚珪：北山移文。=以千金为草芥，以万乘为鞋子）

意谓性动词，也可以是双音节词。例如：

(6) 夫人之，我可以不夫人之乎？（穀梁传·僖公八年。=以之为夫人）

(7) 今我在也，而人皆籍吾弟，令我百岁后，皆鱼肉之矣。（史记·魏其武安侯列传。=以吾弟为鱼肉）

(8) 邑人奇之，稍稍宾客其父。（王安石：伤仲永。=以仲永父为宾客）

(9) 伯恭晚岁亦念其憔悴可怜，欲拉试而俎豆之。（陈亮：甲辰答朱元晦书。=以我为俎豆，意即器重我）

意谓性动词也可以是专有名词。例如：

(10) 孔子之作《春秋》也，诸侯用夷礼则夷之，进于中国则中国之。（韩昌黎：原道。=以诸侯为夷，以诸侯为中国〔的邦国〕）

以上诸例是意谓性动词在前，名词宾语在后，但也有意谓性动词在名词后的。例如：

(11) 鼎铛玉石，金块珠砾。（杜牧：阿房宫赋。=以宝鼎为铁锅，以美玉为石头，以金子为土块，以珠子为瓦砾）

（二）名词用作致使性动词。

《古代汉语读本》说：“致使性动词放在宾语前面，使得宾语所表示的事物成为这个名词所表示的事物。”（77 页）用 A 表示致使性动词，用 B 表示其宾语，译成现代汉语可按如下公式：“使（让）·B·动·A。”例如：

(12) 使赵不将括即已，若必将之，破赵军者必括也。（史记·廉颇蔺相如列传。=使括任将）

(13) 纵江东父老怜而王我，我何面目见之？（史记·项羽本纪。=让我做王）

(14) 越国以鄙远，君知其难也。（左传·僖公三十年。=使远方〔的国家〕做边疆）

(15) 留灵修兮憺忘归，岁既晏兮孰华予？（楚辞·山鬼。=使我为花，意即使我年轻）

(16) 故扁鹊不能肉白骨，微箕不能存亡国也。（盐铁论·非鞅。=使白骨生肉）

专有名词也可作致使性动词。例如：

(17) 是欲臣妾我也，是欲刘豫我也。（胡铨：戊午上高宗封事。=使我成为刘豫〔式的傀儡〕）

名词作一般动词。细分起来有两种情况：

1. 以作为动词宾语的名词，表达该动宾短语所包括的内容。以 A 表示用作动词的名词，译成现代汉语可根据以下公式“动+A”。例如：

(18) 昔者郑武公欲伐胡，故先以其女妻胡君以娱其意。（韩非子·说难。=〔给胡君〕做妻）

(19) 女必死于殽之岩唫之下，我将尸女于是。（穀梁传·僖公三十三年。=收〔你的〕尸体）

(20) 宁戚饭牛车下，而桓公任之以国。（邹阳：狱中上梁王书。=〔给牛〕喂饭〈饲料〉）

(21) 秦卫将军梁成等帅众五万屯于洛涧，栅淮以遏东兵。（资治通鉴·淝水之战。=〔在淮水上〕设栅栏）

(22) 魏女色绝，郑袖鼻之。（论衡·累害。=割〔魏女的〕鼻子）

(23) 人楚子，所以人诸侯也。（穀梁传·僖公二十七年。=〔对楚子〕称人，〔对诸侯〕称人）

(24) 不日卒而月葬，不葬者也。

（穀梁传·襄公三十年。=〔对死亡〕记日子，〔对埋葬〕记月份）

这种用法的词可以是几个连在一起的。例如：

(25) 故齐冠带衣履天下，海岱之间敛袂而往朝焉。（史记·货殖列传。=〔为天下〕提供帽子带子衣服鞋子）

这种用法的词，也可不带宾语。例如：

（26）龙食与蛇异，故其举措与蛇不同，闻为道者，服金玉之精，食紫芝之英，食精身轻，故能神仙。（论衡·道虚。=成神仙）

（27）鸟有凤，兽有麟，鸟兽皆可凤麟乎？（扬子法言·问明。=比上凤比上麟）

（28）洞庭波兮木叶下。（楚辞·九歌。湘夫人。=生起波纹）

（29）春，王正月，公侵齐，门于阳州。（左传·定公八年。=攻城门）

（30）何以不称夫人？哀未君也。（公羊传·定公十五年。=尽君〔道〕）

（31）雨木冰者何？雨而木冰也。（公羊传·成公十六年。=结冰）

专有名词也可用作此种动词。例如：

（32）盖君子谓伯夷隘，柳下惠不恭。故传曰："不夷不惠，可否之间。"（后汉书·黄琼传。=不像伯夷，不像柳下惠）

（33）世间圣人莫不尧舜，恶人莫不桀纣。（论衡·变虚。=效法尧舜，类似桀纣）

2. 用动作借以进行的东西的名称或人体器官的名称来表达该动作。以A表示用作动词的名词，用B表示其宾语，译成现代汉语可按如下公式："以（用）·A·动·B"。例如：

（34）我以宜阳饵王。（战国策·秦策。=以饵诱王）

（35）小国之仰大国也，如百谷之仰膏雨焉。若常膏之，其天下辑睦。（左传·襄公十九年。=以膏施小国）

（36）取其弓，鞭马南驰数十里。（史记·李将军列传。=用鞭策马）

（37）左右欲刃相如。（史记·廉颇蔺相如列传。=以刃杀相如）

（38）龙亡漦在，椟而藏之。（论衡·奇怪。=以盒藏漦）

（39）秦有郑地，得垣雍，决荧泽而水大梁。（战国策·魏策。=以水淹大梁）

（40）区区之心愿断三人头，竿之藁街。（胡铨：戊午上高宗封

事。=用竿挑三人头)

(41) 墨者东郭先生……囊图书，夙行失道，望尘惊悸。(马中锡：中山狼传。=以囊装图书)

(42) 吾为子口隐矣。(公羊传·隐公四年。=以口探隐公〔之意〕)

(43) 曹子手剑而从之。(公羊传·庄公十三年。=用手拿剑，)

(44) 乃布令求百姓之饿寒者，收谷之。(战国策·齐策。=用谷救百姓中饥寒交迫的人)

(三) 名词用作状语。这里不谈时间名词或方位词作状语，只谈一般名词作状语。可分四种情况。

1. 表示对人的态度。以A表示用作状语的名词，译成现代汉语可按如下公式："象〔对〕·A〔那样〕"或"用〔对〕·A〔的态度〕"。例如：

(45) 于是有缚广武君而致戏下者，信乃解其缚，东向坐，西向对，师事之。(史记·淮阴侯列传。=象对老师那样)

(46) 齐将田忌善而客待之。(史记·孙子吴起列传。=用对宾客的态度)

这种用法的词可以是双音节词，或者短语。例如：

(47) 今而后知君之犬马畜伋。(孟子·万章上。=象对狗马那样)

(48) 及秦军降诸侯，诸侯吏卒乘胜多奴虏使之。(史记·项羽本纪。=用对奴隶俘虏的态度)

(49) 夫众人畜我者，我亦众人事之。(吕氏春秋·不侵。=用对普通人的态度)

(50) 高后儿子畜之。(史记·齐悼惠王世家。=象对儿子那样)

2. 表示动作行为的处所。以A表示用作状语的名词，译成现代汉语可按如下公式："在·A。"例如：

(51) 是故败吴于囿……又郊败之。(国语·勾践栖会稽。=在城郊)

(52) 今夫贵人之子，必宫居而闺处。(枚乘：七发。=在宫帷中，在闺阁中)

有些表处所的词，意思比较抽象。例如：

（53）今众辱程将军。（史记·魏其武安侯列传。=在众人前，当众）
（54）王色不许我。（史记·商君列传。=在脸色上）

3. 表示动作行为的方式、特点。这种词，多为动物名称，也有其他东西的名称。以 A 表示用作状语的名词，译成现代汉语时可按如下公式："象·A〔那样〕或象·A〔似的〕"。例如：

（55）秦虽欲深入，则狼顾，恐韩魏之议其后也。（史记·苏秦列传。=象狼似的〔不断回头〕）

（56）又间令吴广之次所旁丛祠中，夜篝火，狐鸣呼曰："大楚兴，陈胜王"。（史记·陈涉世家。=象狐狸那样）

（57）如此，则中国无狗吠之惊，而边境无鹿骇狼顾之忧矣。（盐铁论·险固。=象鹿那样〔惊惧〕，象狼那样）

（58）患在位者之虎饱鸱咽。（盐铁论·褒贤。=象老虎那样〔吃得饱〕，象鸱那样〔吞咽〕）

（59）〔狼〕龟盘蛇息。（马中锡：中山狼传。=象龟那样，象蛇那样）

（60）潭西南而望，斗折蛇行，明灭可见。（柳宗元：小石潭记。=象北斗星似的，象蛇似的）

（61）则人物归之，缀至而辐凑。（史记·货殖列传。=象绳索似的，象车辐〔集中于车毂〕那样）

专有名词（代表人的）偶而也可作此用。例如：

（62）孔子读而仪、秦行，何如也？（扬子法言·渊骞。=象孔子那样〔读书〕，象张仪、苏秦那样〔行动〕）

名词短语也可作状语。例如：

（63）天下之士云合雾集，鱼鳞杂遝。（史记·淮阴侯列传。=象鱼鳞似的）

4. 表示动作行为使用何种工具。以 A 表示用作状语的名词，译成现代汉语可按如下公式：“用·A。”例如：

（64）秦传留至咸阳，车裂留以徇。（史记·陈涉世家。=用车〔分裂〕）

（65）朱亥袖四十斤铁椎，椎杀晋鄙。（史记·魏公子列传。=用椎〔击杀〕）

也可以是双音节词。例如：

（66）遂率子孙荷担者三夫，叩石垦壤，箕畚运于渤海之尾。（列子·汤问。=用箕畚〔运〕）

二　代词用作动词

（一）人称代词用作动词。

1. 人称代词用作意谓性动词。情况略同于一（一）。

例如：

（67）且也相与吾之耳矣，庸讵知吾所谓吾之非吾乎？（庄子·大宗师。=以之为我）

（68）由我者吾，不我者天。（韩愈：董府君墓志铭。=以〔我〕为我）

2. 人称代词用作一般动词。也是用作为动词宾语的人称代词，表达该动宾短语所包括的内容。情况略同于一、（三）1。例如：

（69）见公卿，不为礼，无贵贱，皆汝之。（隋书。杨伯丑传。=〔对之〕称汝）

（70）游雅常众辱奇，或尔汝之。（魏书·陈奇传。=〔对之〕称尔称汝）

（71）王安丰妇常卿安丰，安丰曰：“妇人卿婿，于礼不为敬，后

勿复尔。”（世说新语·惑溺。=〔对安丰〕称卿，〔对丈夫〕称卿）

（72）子生五月而能言，不至乎孩而始谁。（庄子·天运。=认识谁，意即认人了）

（73）信臣精卒，陈利兵而谁何。（贾谊：过秦论。=斥问“谁”、“什么”，意即戒备森严）

（74）及景帝立，岁馀，不孰何绾。（汉书·卫绾传。二问“谁”问“什么”，意即过问，干预）

三　数词用作动词

（一）数词用作致使性动词。情况略同于一（二）。例如：

（75）士也罔极，二三其德。（诗经·卫风·氓。=使其德成为二三，意即不专一，忽然这样忽然那样）

（76）庾信初作杨都赋成，以呈庾亮，亮以亲族之怀大为其名价云：“可三二京，四三都。”（世说新语·文学。=使二京赋变为三个，使三都赋变为四个）

（二）数词用作一般动词。今译时似无公式可循，可据上下文义灵活译出。例如：

（77）伯乐喟然太息曰：“一至于此乎，是乃其所以千万臣而无数者也。”（列子·说符。=胜臣千万倍）

（原载《语言教学与研究》1981年第2期）

古代汉语代词连用现象试析

阅读古文，有时会遇上两个代词（指示代词、人称代词、疑问代词，或同类，或跨类）连用的情况。如全日制十年制学校高中语文课本（人民教育出版社，1980）中有这样一例：

有过于江上者，见人方引婴儿欲投之江中，婴儿啼。人问其故。曰："此其父善游。"（吕氏春秋·察今）

例中的"此其"就属于代词连用。对于这种现象，各语法书或古文读本的分析不尽相同；同一本书，有的解释也前后各异。因此，还有进一步探讨之必要。

代词连用，粗分起来，有如下几类：

1. 指示代词"此、是、彼、夫"和人称代词"其、厥"连用，包括"此其、此厥、是其、彼其、夫其、夫厥"等式。例如：

①此其过江河之流，不可为量数。（庄子·秋水）

②此其日何也？（穀梁传·隐公八年）

③楚强则秦弱，楚弱则秦强，此其势不两立。（战国策·楚策）

④方其梦也，不知其梦也，梦之中又占其梦焉，觉而后知其梦也；且有大觉，而后知此其大梦也。（庄子·齐物论）

⑤此其代陈有国乎？不在此，其在异国，非此其身，在其子孙。（左传·庄公二十二年）

⑥自此其父之死，吾蔑与比而事君矣。昔者，此其父始之，我终之。（国语·晋语）

⑦此厥不听，人乃训之，乃变乱先王之正刑。（尚书·无逸）

⑧夫王者之与亡者，制人之与人制之也，是其为相县也亦远矣。（荀子·王制）

⑨齐有处士锺离子无恙耶？是其为人也，有粮者亦食，无粮者亦食。（战国策·齐策）

⑩彼其于世，未数数然也。（庄子·逍遥游）

⑪彼其之子，不与我戍申。（诗·王风·扬之水）

⑫又怪屈原以彼其材游诸侯，何国不容。（史记·屈原贾生列传）

⑬彼其发短而心甚长，其或寝处我矣。（左传·昭公三年）

⑭对曰："其为人宽，好自用，以慎。此三者，其美德已。"周公曰："……彼其宽也，出无辨矣，女又美之；彼其好自用也，是所以窭小也……；彼其慎也，是其所以浅也。"（荀子·尧问）

⑮华元曰："去之！夫其口众我寡。"（左传·宣公二年）

⑯夫其子孙必光启土，不可偪也。（国语·郑语）

⑰羿淫游以佚畋兮，又好射夫封狐；固乱流其鲜终兮，浞又贪夫厥家。[①]（楚辞·离骚）

对这一类代词连用[②]，某些语法书或古文读本作了不同的解释。《马氏文通》解作"前词为代字而'其'字直接者"，认为"此、是、彼"等是句的起词（即主语），"其"是读（即子句）的起词，并称"其"为接读代字（校注本，61 页）。《比较文法》在分析上引例①时说：

盖方着一"此"字指代上文之"海"，而欲加以断语，忽思宜与"江河"为比乃得有力之赞扬，则必衍成子句以为句主然后可断，遂藉"其"字之力引"此"字之义以入子句中，此代词"其"脱胎换骨之妙用也。（194 页，科学出版社，1957）

此说与《文通》大致相同，也是把"其"看作代词，充当子句的主语。

---

① 《称代编》认为"厥"指羿，"夫"为指示词（100 页）。

② 并非所有连在一起的"此其、彼其"等都是我们所说的代词连用，有的"此、彼"是主语，"其"属于谓语部分，如："其父死于战，此其幼孤也。"（说苑·复恩）后句意思是："这是他的遗孤。"有的"其"是表示推测语气副词或语气词，如："彼其子重也！"（左传·成公十六年）句意是："他大概是子重吧！"关于这类问题，可参阅洪成玉：《古汉语复音虚词和固定结构》（浙江人民出版社，1983）。

《高等国文法》沿袭《文通》之说，称这类现象是“前词为代名词而重指之者”，并强调指出：“旧读皆以‘此、彼，是’连下作一句读者，非也。”照此说法，例①应作如下标点：“此，其过江河之流……。”（122 页，上海商务印书馆，1935）《中国古代语法·称代编》（周法高著，下称《称代编》）把“此其、是其”和一部分“彼其”的“其”解作代词（104），而把另一部分“彼其”的“其”解作语助（如例⑪的“其”）或加在修饰语与名词之间的“之”（如例⑬的“其”，134 页）。《古汉语虚词》也是如此，对例⑬的“彼其”，时而解作“彼之”，将句子译为“他的头发短，心思却很深”（7 页，中华书局，1981）；时而又把“彼、其”都解为代词，从而将句子译为“他呀，他的头发虽然短，心思却打算得很深很远”（113 页），而把例⑪⑫中“彼其”的“其”说成“既无意思，作用也不明显，仅仅多一音节罢了”（113 页）。《古代散文选》在注解例⑩时说：“彼其，两个同义代词叠用，这是古汉语中一种特殊用法。”并把句子译作“他在世间，没有汲汲然追求什么。”（97 页，人民教育出版社，1980）将“此其”译作“他”，似乎是看作一个词的。而在注释《察今》一例时却译作“这是（由于）他的父亲善于游泳”，把“此”对译作“这（是）”，把“其”对译作“他的”（138 页）。在注释晁错《论贵粟疏》“此其与骑马之功相去远矣”一例时也说：“此，这样，指上文所说的情况，其，指入粟受爵之功。”（173 页）似乎又是看作两个词了。凡此种种，表明对代词连用现象，还缺乏明确的、统一的认识。

分析上述诸例可以发现，连用两个代词和单用两个中的一个，其意义和作用大致无别。《吕氏春秋·察今》“此其父善游”，《意林》作“其父善游”，“此其”同“其”，指代婴儿，句意是：他的父亲善于游泳。例②“此其日何也”，同年《公羊传》作“其日何”，“此其”同“其”，指代《春秋》，句意是：它记日子为什么？例③“此其势不两立”，《资治通鉴·周纪·显王三十六年》作“其势不两立”，“此其”同“其”，指代楚、秦，句意是：两国的力量不能同时强大。再看其余各例。例①“此其”同“其”或“此”，指代海，句意是：它浩瀚无涯，超过长江黄河流量甚多，无法用数量计算。例④前边的“知其梦也”与后边的“知此其大梦也”，除后边多一“大”字和“其”与“此其”指代的对象不同外，意思无别，句意是：当人做梦时，并不知道自己在做梦，梦中还在占梦，醒了之后才知那是梦；而且有大的觉醒之后才知道一生是梦。例⑤“此其身”即“其身”与《战国纵横家书·触龙见赵太后》“近者祸及其身，远者及其子孙”（75 页，文物出版社，1979）的“其身”同义，可译作“他本身”，句意是：这人恐怕要代替陈而享有国家了吧！但又不在这里而在别国，不在他本身，而在他的子孙。《春秋左传注》将“此其身”解作“此人之身”（223 页，中华书局，1980），意思甚是，唯以“之”解“其”恐未妥，“此之身”不词。例⑥两个“此其”皆同“其”，指代司马侯之子，句意是：自从他父亲死后，就没有谁跟我一起经常劝谏国君了。过去，他父亲开始劝谏，我末了劝谏。例⑦，《注》云：“此其不听中正之君，人乃教之以非法，乃变乱先王之正法。”可见“此厥”即“此其”，同“厥（其）”，指代不听君主之命的人[①]。例⑧“是其”同“是”或“其”，指代上文，句意是：做君主者与被灭亡者，统治人与被人统治，它们（之间）悬殊也太大了。例⑨“是其”同“其”，指代锺离子，句意是：他这人呵，让有粮食者能吃上饭，没粮食的也能吃上饭。例⑩“彼其”同“彼”或“其”，指代宋荣子，句意是：他在人世间，没有汲汲然追求什么。例⑪“彼其”，《称代编》说“其”为语助，又引郑笺：“之子，是子也。”（134 页）然“彼其是子”叠床架屋，扞格难通。实则“彼其”同“彼”，“之”为语助，“彼子”意即“那个人”，与《诗・小雅・菀柳》“彼人之心”的“彼人”同义，句意是：那个人呵，不跟我去守卫申国。例⑫“彼其”同“其”，指代屈原，句意是：又责怪屈原凭着他的才能去游说各诸侯国，哪个国家不容纳他。例⑬，《春秋左传注》认为，这类句中的“彼其”，皆“彼之”义，“其”作“之”用（1243 页）。此说对作修饰语的“彼其”来说尚且可通，对作主语的“彼其”来说已属牵强；而对跟“彼其”性质相同的“夫其”来说就殊难通解了。也就是说，如说“彼其”的“其”同“之”，也应说“夫其”的“其”同“之”，然而，在“夫”和名词之间加“之”不合古汉语语法，正如《称代编》所说，“夫”字“决不能用作领位，后面也不能加‘之’”（137 页）例⑭“彼其宽”等三句与前边“其为人宽”等三句相互照应，“彼其”与“其”同，皆指伯禽，句意是：回答说“他为人宽厚，喜欢依靠自己的才能处理事情，并且很谨慎，这三点（可以）算是他的美德了。”周公说：“唉呀，（你）把人家厌恶的当作美德呵！君子努力遵循道德行事，所以他的百姓都归正道。他宽厚，是出于不能辨别好坏，你却赞美他。他好依靠自己的才能处理事情，这是他气量小的缘故……他谨慎，这是他知识肤浅的缘

---

① 《经传释词》：“‘此厥不听，人乃训之’……皆谓‘此之不听’也。”（113 页）照此说，“此”似应指“君主之命”。本文未采此说。

故。”例⑮“夫其”，即“彼其”，《经传释词》：“‘夫’，犹‘彼’也。”（237页，中华书局，1956）“夫其”同“其”，指代役人，句意是：华元说：“离开他们！他们的嘴多我们的少。”例⑯“夫其”同“其”，指代季䋎，句意是：他的子孙一定会广泛开拓其疆土，（故）不能进逼他。例⑰“夫厥”，即“夫其”，《经传释词》：“厥，其也。”（112页）“夫厥”同“厥”，指代羿，句意是：羿过分贪恋田猎之事，又喜欢射杀犬兽；喜好淫乱的人很少有好结果，寒浞终于霸占了他的妻室。

这类代词连用，出现较频繁，解说颇分歧，所以论述较详。以下四类，不经见，情况与第一类很多地方相近似，所以，拟综合起来加以简要说明。

2. 两个指示代词连用，包括“夫此、是夫、此若”等式。

3. 两个人称代词连用，包括“朕其、朕余、余朕”等式。

4. 两个疑问代词连用，包括“孰谁、谁何、何谁”等式。

5. 指示代词“其、伊”[①] 和疑问代词“谁、何”连用，包括“谁其、其谁、伊谁、伊何”等式。现统一举例于后：

⑱变化代兴，谓之天德。天不言而人推高焉，地不言而人推厚焉，四时不言而百姓期焉，夫[②]此有常，以至其诚者也；君子至德，嘿然而喻，未施而亲，不怒而威，夫此顺命，以慎其独者也。（荀子·不苟）

⑲《汉书·张苍传》云；“年老口中无齿。”盖于此一句之内，去“年”及“口中”可矣。夫此六文成句而三字妄加，此为烦字也。（史通·记事）

⑳皆使人载其事而各得其宜，然后使谷禄多少厚薄之称，是夫群居和一之道也。（荀子·荣辱）

㉑王何不使辩士以此若言说秦？（史记·苏秦传）

㉒若昔朕其逝。（尚书·大诰）

㉓朕其弟小子封。（尚书·康诰）

㉔朕余名之……（吉日剑）

㉕女台（以）邱余朕身。（叔夷钟）

㉖楚王身问之；“子孰谁也？”（战国策·楚策）

㉗上曰：“若所追者谁何？”（史记·淮阴侯列传）

---

① “伊”，《称代编》说它“可用作近指代词”（111页）。本文采纳此说。

② 此“夫”在句中，不宜看作发语词。

㉘我已为东帝，尚何谁拜？（史记·吴王濞列传）
㉙谁其尸之？有齐季女。（诗·召南·采蘋）
㉚怒者其谁耶？（庄子·齐物论）
㉛有皇上帝，伊谁云憎？（诗·小雅·正月）
㉜哲人伊何？时惟后稷。（陶渊明集·劝农）

以上四类，与第一类同，连用的两代词，其作用和意义跟其中某一个代词相当。例⑱两“夫此”均同“此”，分别指代天地四时和君子，句意是：迁恶、向善交替进行，叫作最高德行。天不说话人们却推崇它的高，地不说话人们却推崇它的厚，四时不说话百姓却能预知季节变化。天地四时不变的秩序，是它们诚信的表现。君子有最高的德行，他们默默不语而人们能知晓，不施恩惠而人们感到亲切，不发怒而有威严，君子能遵循自然规律，是他们专一守仁行义的表现。例⑲“夫此”指“六文”（六个字）。例⑳“是夫”同“是”，指代上文，句意是：让人们担负职务而各得其所，然后使人们得到与职务相称的俸禄，这是使社会上下关系协调一致的方法。例㉑“此若”同“此”或“若”，可说“此言”（同篇即有“王何不使辩士以此言说秦王”可证），也可说“若言”（《荀子·王霸》有“君子者可以察若言矣”可证），句意是：王为什么不派善于辞令的人用这话去说服秦国呢？例㉒㉓“朕其”同“朕”，指成王自己，句意分别是：“顺着古道我去东征”“我的弟弟封”（“朕”作修饰语，义即“我的”），或许有人将例㉒的“其”解作表“将要”义的副词或语气词，但此说不合于例㉓；《称代编》将例的“其”解作加在修饰语和名词间的“之”（54页），但此说又不合于例㉒。而将“朕其”视同“朕”，则两例均可通。例㉔㉕的“朕余、余朕”同“朕”或“余”，《称代编》第二章第一节有“‘余’和‘朕’连用”一段，并引《两周金文辞大系》说：“‘朕余’者，犹今言我自己也。”“‘余朕’犹今言‘我自己’。”“大率用‘朕余’者表示主格，用‘余朕’者表示领格。”（54页）“我自己”只是在语气上较“我”更为强调些罢了。例㉖“孰谁”同“谁”（因古汉语疑问代词“孰”从不用于句尾单独充当谓语），句意是：楚王亲自问他：“你是谁呢？”例㉗“谁何”同“谁”，《资治通鉴·汉纪·高帝元年》引此句时作“若所追者谁”可证，句意是：高祖问：“你追的是谁？”例㉘“何谁”同“谁”，《汉书·吴王濞传》此句作“尚谁拜”可证，句意是：我已当了东帝，还向谁拜？例㉙㉚“谁其、其谁”皆同“谁”，句意分别为：“主使这种现象的是谁呢？”“谁主此事？

美丽少女。”例㉛“伊谁”同“谁”，句意是：皇天上帝，憎恨谁呢？例㉜“伊何”同“何”，句意是：哲人是谁（“何”可指人，同“谁”）？实是后稷。

综观上文对五类代词连用现象共32例的分析，可以清楚看到，连用的两代词（分别用A、B表示）所表示的概念不是A、B所表示的两个概念的总和，而是A（或B）所单独表示的概念；“A B”所具有的语法功能也与A（或B）无异，或充当主语、谓语，或充当修饰语。既如此，我们有理由认为“A B”已黏合为一个词了，这种词，可以称为复合代词。当然，上述五类32例中的“A B”情况不尽相同，一种是A与B同义或等义（如“此若、朕余、余朕”），另一种A与B近义或异义（如“此若”等三词以外的其余各词），前一种是构词法中的同义叠用，后一种则是复词偏义。这两种方式，在名词、动词、形容词中极为常见，自不待言；就是在副词、疑问副词、连词和助动词中也经常遇到，从而构成复合虚词的重要组成部分。

既然“A B”是一个词，就不必象《文通》那样，把A看作句子的主语，把B看作子句的主语。事实上一些作修饰语的“A B”，象例⑤“非此其身”，例⑥“此其父”，例“彼其材”，例⑬“彼其发”，例⑮“夫其口”，例⑯“夫其子孙”等，用马氏的观点分析都很困难。同样，“A B”既然是一个词，也就不必象《高等国文法》所主张的那样，把A与B用逗号点开了，如果把例⑤⑥⑫等的A、B点开，就变成了这样：“非此，其身……”“自此，其父之死……”“以彼，其材……”而这就与原义大相径庭了。

古汉语中是否确有复合代词；有，都包括哪些形式[①]复合代词出现是否有条件；有，这些条件是什么？这些问题，还有待进一步研讨。

（原载《天津师大学报》1983年第6期）

---

① 有如下两例，是否属于复合代词，附此供讨论：（1）其子迎门，臻惊曰：“此汝亦来耶？”（隋书·文学·刘臻传）（2）伊余何为者，勉励从兹役？（陶渊明集·乙巳岁三月为建威参军使都经钱溪）

用于询问的反义词语

多　少

“多少”询问数量，古代就已如此。请看《全宋词》的用例：

①试问弹泪多少？湿遍楼前草。（朱敦儒：《桃园忆故人》）——试问流下了多少眼泪？〔流下的眼泪〕可湿遍楼前的草地。

②郁孤台下清江水，中间多少行人泪？（辛弃疾：《菩萨蛮》）——郁孤台下的清江水里，有多少离人的眼泪呢？

“多少”的这种用法一直沿用到现代汉语：

①你们公司有职员多少？

②这个学校共有多少学生？

近远　远近　疏近

“近远”與“远近”，可以用来询问距离，相当于“多远”：

①李陵问：“火去此间近远？”左右报言：“火去此间一里。”（《敦煌变文集·李陵变文》）——李陵问：“火离这儿有多远？”左右的人回答：“火离这儿有一里远。”

②闽王问：“报慈与神泉相去近远？”（《五灯会元·报慈光云禅师》）——闽王问：“报慈院离神泉距多远？”

③缵又指方山曰："此山去燕然远近？"（《北史·李孝伯传》）——缵又指着方山问："这座山离燕然山有多远？"

④姥访："其居远近？"生绐之曰："在延平门外数里。"（《太平广记·李娃传》）——老太太问："你家离这儿有多远？"青年撒谎说："在延平门外几里远的地方。"

"近远"和"远近"不仅可以用来询问具体的距离，还可以询问人与人之间关系的远近：

①遥呼万年谓曰："君与今帝姓族近远？"（《太平广记·刘万年》）——远远地招呼刘万年，对他说："您跟现今皇帝亲族的关系近乎吗？"

②当有客姓吉，敬容问："卿与邴吉远近？"答曰："如明公之与萧何。"

（《南史·何敬容传》）——曾经有个姓吉的人何敬容问他："你跟邴吉的关系近乎吗？"姓吉的人回答说："就像你跟萧何的关系那么远。"

我读《南史》看到有一个用"疏近"询问人的关系远近的例子，"疏"即"远"，"疏近"当与"远近"相类。这个例子是：

帝谓亶曰："夏侯溢于卿疏近？"亶答云："是臣从弟。"（《夏侯祥传》）——帝对亶说："夏侯溢跟你的关系近乎吗？"亶回答说："〔他〕是我的堂弟。"

深浅　浅深　厚薄　高下　大小

下面是询问深度、厚度（例中指数量的多少）、高度、面积的反义词"深浅""浅深""厚薄""高下""大小"的例子：

①新愁不受诗排遣，尘满玉毫金砚。若问此愁深浅？天阔浮云远。（《全宋词·郑域：桃源忆故人》）——写诗也无法排遣新增的忧愁。所以（已不再写诗。）笔砚上落满尘灰。如果要问这忧愁有多深？就像辽阔的云天那样深幽和高远。

②渡口问渔家：“桃源路浅深?”（《全唐诗·刘长卿：石围峰》）——渡口问打渔人：“通向桃花源的路径有多深?”

③弘农令之女既笄，适卢生。卜吉之日，女巫有来者，李氏之母问曰：“小女今夕适人，卢郎常来。巫当屡见，其人官禄厚薄?”（《太平广记·卢生》）——弘农令的女儿已行成年之礼，嫁给姓卢的青年。占卜的日子，来了一个女巫，女孩子的母亲询问女巫：“小女儿今天已嫁给卢姓青年，卢生常来，你会常见到他，他的俸禄有多厚呢?”

④兴伯复云：“厅事东头桑树上有鬼……”康祖不信，问：“在树高下?”（《太平广记·刘道锡》）——兴伯复说：“办公厅堂东边的桑树上有鬼……”康祖不相信，问道：“在树干多高的地方?”

⑤乌问象云：“汝先到此树边之时，其树大小?”白象答曰：“我到树边之时……树才胜我也。”（《敦煌变文集·四兽姻缘》）——乌问象说：“你最先到这棵树边的时候，那棵树有多大啦?”白象回答说：“我到树边时……树刚比我高一些。”

早晚　长短　贵贱

“早晚”和“长短”询问时间和询问寿命，“贵贱”询问价钱如：

①帝曰：“卿早晚放朕归去?”（《敦煌变文集·唐太宗入冥记》）——帝说：“你甚么时候放我回去?”

②王曰：“其人寿命长短?”即令鬼使检子京帐寿命：合得九十七。（《敦煌变文集·搜神记》）——王说：“这个人寿命多长?”当即让鬼翻检子京的寿命簿：该得九十七岁。

③问白曰：“汝国马价贵贱?”报云：“马有数等，贵贱不同。”（《太平广记·侯白》）——问侯白说：“你们国家马的价钱怎么样?”回答说：“马有几等，贵贱不一样。”

虚　实

“虚实”可以用来询问事情的真实性，相当于现代汉语里的“真的

吗?”如:

①仁倩情不信佛,意尚疑之,因问景云:“佛法说有三世因果,此为虚实?”答云:“皆实。”(《太平广记·睦仁倩》)——仁倩实不信佛,心里怀疑,于是问景说:“佛法说有三世因果,这是真的吗?”

②唐张茂昭为节镇,频吃人肉。及除统军,到京。班中有人问曰:“闻尚书在镇好人肉,虚实?”(《太平广记·张茂昭》)——唐时张茂昭做节镇,常吃人肉,等他升成统军,到京以后,班里有人问道:“听说尚书在镇上时好吃人肉,真是吗?”

③官问:“汝所言兄杀牛,虚实?”弟曰:“兄前奉使招慰獠贼,使某杀牛会之。实奉兄命,非自杀也。”(《太平广记·孔恪》)——官问:“你所说的哥哥杀牛,是真的吗?”弟弟说:“哥哥奉命招抚獠贼,让我杀牛来接待他们。实在是奉了哥哥的命令,不是我自己要杀的。”

(原载《普通话》〔香港〕1990 年第 2 期)

古代汉语的比较问句

所谓比较问句，就是对两者或数者（人、物、事）的高下、优劣、得失进行询问的句子。这类句子在古代汉语中出现频率很高。因此，弄清这类句子的特点，对掌握古代汉语来说是十分必要的。本文试图对这类句子作一个较全面的列举，并归纳成几个大类，对每类中的各种不同形式，分别用文字加以说明，每类中的第一个例句并附有译文。为叙述方便起见，归类时将采用如下几个符号：

参与比较的两方［或数方］：A、B［C、D］

比较的内容（一般是形容词）：X

一　用“孰”的比较问句

1.1　“A［与］B·孰·X”。例如：

(1) 师与商也孰贤？（《论语·先进》）
A　B　X

(2) 吾子与管仲孰贤？（《孟子·梁惠王下》）
A　B　X

(3) 吾与徐公孰美？（《战国策·齐策一》）
A　B　X

例（1）（2）（3）中的A、B是名词或人称代词，指的是人。“孰”可以译作“谁”。例（1）的意思是：“师和商两人相比谁好？”

(4) 礼与食孰重？（《孟子·告子下》）
A　B　X

(5) 脍炙与羊枣孰美?(《孟子·尽心下》)
  A B X

例(4)(5)中的A、B是名词，指的是物，“孰”可译作“什么”。例(4)的意思是：“礼和食什么重要?”

(6) 独乐乐，与人乐乐，孰乐?(《孟子·梁惠王下》)
  A B X

(7) 我有是人也，与无是人也，孰愈?(《墨子·节葬下》)
  A B X

(8) 今吾道路修远，无会归，与会而先晋，孰利?(《国语·吴语》)
  A B X

例(6)(7)(8)中的A、B是短语或小句，指的是事，“孰”可译作“哪种”等。例(6)的A、B间没有连词“与”。句子意思是：“独自欣赏音乐，同跟别人一起欣赏音乐，哪一种更快乐?”

以上八例的A、B、X都比较简单明确，易于掌握，下面有些句子就稍嫌复杂，句子中增加了某些附加成分，所表达的意思也更多些。例如：

(9) 王自以为与周公孰仁且智?(《孟子·公孙丑下》)
  [A] B X

例(9)的A是“王”，承前省略了，因此我们用[A]表示。句子中的X由两个并列的形容词组成。这句意思是：“王自己认为[王]跟周公相比谁仁德并且明智呢?”

(10) 齐魏合与离，于秦孰利?(《战国策·韩策一》)
  A B X

(11) 齐魏别与合，于秦孰强?(同上)
  A B X

例(10)在“孰”前多了“于秦”这个介宾短语，用来指明比较范围的，即不是泛泛地说哪种情况有利，而是限定在“对于秦国”的范围内。B是“[齐魏]离”。句子意思是：“齐魏两国联合与[齐魏两国]分裂，对于秦国哪种情况有利呢?”例(11)仿此。

（12）强楚、弊楚，其于王孰便也？（《战国策·韩策一》）
A　B　X

例（12）的A、B间没有用连词“与”；“于王”前多一代词“其”，是指代“强楚、弊楚”这两种情况的。全句意思是：“增强楚国，削弱楚国，这两种情况对于您哪种有利呢？”

（13）杀晋君与逐出之，与以归之，与复之，孰利？（《国语·晋语》）
A　B　C　D　X

例（13）参与比较的不只两项，而是四项，表示对晋君的四种处置方法。全句意思是：“杀掉晋君，与驱逐他，与送他回国，与［帮助他］恢复君位，那种做法有利？”

（14）与其杀是人也，宁其得此国也，其孰利乎？（《国语·越语》）
A　B　X

例（14）“与其……宁……”本来是表示一种肯定的意思：否定A，选定B。在这种结构后又用“孰”来询问。此类句子较少见。“孰”前的“其”是指代A、B两种情况的。全句意思是：“与其［打仗］杀伤许多人，宁愿得到整个越国，这两种情况哪种有利呢？”

二　用“孰与”的比较问句

2.1　“A·孰与·B”。例如：

（15）然则君料臣孰与舜？（《战国策·楚策四》）
A　B

（16）公之视廉将军孰与秦王？（《史记·廉颇蔺相如列传》）
A　B

例（15）（16）的A、B指的是人。B后没有表示比较的内容X，从而这种比较宽泛而不具体的“孰与”，可译作“与……相比怎么样”。例

（15）意思是："那么你认为我与舜相比怎么样？"

（17）卿之功孰与武安君？（《战国策·秦策五》）
A　B

（18）楚王之猎孰与寡人乎？（司马相如：《子虚赋》）
A　B

（19）救赵孰与勿救？（《战国策·齐策一》）
A　B

（20）从天而颂之，孰与制天命而用之？（《荀子·天论》）
A　B

例（17）—（20）的 A、B 指的是事情。例（17）的 A 是"卿之功"，B 是"武安君［之功］"，"之功"承前而省。句子意思是："你的功劳比武安君［的功劳］怎么样呢？"

有时，A 是较长的一段文字。例如：

（21）君何不以此时归相印，让贤授之，必有伯夷之廉；长为应侯，世世称孤，而有乔松之寿，孰与以祸终哉？（《战国策·楚策三》）
A　B

（22）妾赖天而有男，则是君子之为王也，楚国封尽可得，孰与其临不测之罪乎？（《战国策·楚策四》）
A　B

例（21）的 A 是蔡泽对应侯说明胜利时应该归相印的道理，接着拿它与 B"以祸终"相比。全句意思是："你为什么不在这时交出相印，让位给贤者并授相印给他，这样做一定会有伯夷一样廉洁的名声，永远可作应侯，世代可保尊位，并可有乔松一样的高寿，比起以遭祸告终怎么样呢？"例（22）类此。

2.2　"A·孰与·B·X"。例如：

（23）吾孰与城北徐公美？（《战国策·齐策一》）
A　B　X

（24）我孰与皇帝贤？（《史记·陆贾传》）
A　B　X

（25）我孰与萧何、曹参、韩信贤？（同上）
A　B　X

例（23）—（25）的A、B是名词或人称代词，指的是人。它们与2.1的句子所不同的是，在B后有表示比较的内容（X），因此，这种比较不是空泛的，而是具体的。例（23）的意思是："我与城北徐公相比谁漂亮？"

（26）应侯之用秦也，孰与文信侯专？（《战国策·秦策五》）
A　B　X

（27）早救之孰与晚救之便？（《战国策·齐策一》）
A　B　X

例（26）（27）的A、B是小句或短语，指的是事情。例（26）的B是"文信侯［之用秦］"。句子意思是："应侯被秦国任用和文信侯［被秦国任用］那个权大位尊？"

（28）大王自度于皇帝孰与太上皇之与高帝及皇帝与临江王亲？
A　B　X

（《汉书·窦田灌韩传》）

例（28）结构较复杂。"大王自度"与例（9）的"王自以为"相同。A是"［大王之］于皇帝"，因句首已出现"大王"，故承前省略了。B是由两个并列的"……之与……"的结构组成的。句子意思是："您自己考虑［您］跟皇帝之间比起太上皇跟高帝之间以及皇帝跟临江王之间哪个更亲呢？"

（29）良曰："秦时与臣游，项伯杀人，臣活之。今事有急，故幸来告良。"沛公曰："孰与君少长？"（《史记·项羽本纪》）
［A］B　X

例（29）的A承前文而省，指"项伯"；X是由两个意义相反的形容词组成。句子意思是："［项伯］跟你谁大谁小？"

值得注意的是，有一种句子，表面看去与"A·孰与·B·X"句式相同，实则不然。"孰与"前的成分不是参与比较的一方A，而是代表比较范围的。例如：

（30）民孰与之众？（《战国策·秦策五》）
［A］ B X

（31）金钱、粟孰与之富？（同上）
［A］ B X

（32）国孰与之治？（同上）
［A］ B X

（33）相孰与之贤？（同上）
［A］ B X

（34）将孰与之武？（同上）
［A］ B X

（35）律令孰与之明？（同上）
［A］ B X

从上下文可以看出，这几句话是拿赵国和秦国进行多方面比较的，先从人民方面比，再从金钱、粟方面比……。例（30）的A是"赵"，承前省略了，B是"之"，代"秦"。句子意思是："在人民方面赵国和秦国相比哪个国家众多？"例（31）—（32）类此。对这类句子，要细心分辨，方能正确理解句意。

（36）今之如耳、魏齐孰与孟尝、芒卯之贤？（《战国策·秦策四》）
A B X

例（36）X前有一"之"字，意思与无"之"字的"A·孰与·B·X"这种句子相同。句子意思是："今天的如耳、魏齐与孟尝、芒卯相比谁贤？"当然，这个句子还可以做另外一种分析，即：A是"今之如耳、魏齐［之贤］"，"之贤"因B中已有，这里就省略了。这样分析，句子意思是："今天如耳、魏齐［的贤德］与孟尝，芒卯的贤德相比怎么样？"

（37）君之圣孰与尧也？（《战国策·楚策四》）
A X B

例（37）与（36）所不同的是，“之X”出现在A后。这个句子也可以有两种分析，从而有两种意思：“君跟尧相比谁圣明？”或“君的圣明与尧［的圣明］相比怎么样？”

2.3 “X·［A］·孰与·B”。例如：

（38）大王自料，勇悍仁彊孰与项王？（《史记·淮阴侯列传》）
（X = 勇悍仁彊，［A］，B = 项王）

例（38）的“大王自料”与例（9）的“王自以为”、例（28）的“大王自度”意思相近。X在A前，A是“大王”，承前省略了。句子意思是：“大王自己估计，在勇悍仁疆方面，［大王］与项王相比怎么样？”

三 用“孰若”的比较问句

3.1 “A·孰若·B”。例如：

（39）夫保全一身，孰若保全天下乎？（《后汉书·逸民列传》）
（A = 保全一身，B = 保全天下）

（40）为两郎僮，孰若为一郎僮耶？（《柳宗元集·童区寄传》）
（A = 为两郎僮，B = 为一郎僮）

这类句子，B代表的事情往往是作者或说话人所肯定的，A是否定的，也就是说，A、B一般不能互换位置。例（39）的意思是：“保全一人和保全天下相比怎么样呢？”如果把这句话的意思理解为：“保全一人，哪如保全天下呢？”也许更确切些。

3.2 “A·孰若·B·X”。例如：

（41）食孰若礼重？[①]
（A = 食，B = 礼，X = 重）

例（41）后有X，指明了比较内容。句子意思是：“食与礼相比哪个

① 例（42）转引自吕叔湘先生的《文言虚字》。

重要?"

四 用"何如"的比较问句

4.1 "A·何如·B"。例如:

(42) 樊建何如宗预也?(《三国志·蜀志·诸葛亮传》)
A B

(43) 阮籍何如司马相如?(《世说新语·任诞》)
A B

例(42)(43)的A、B指的是人。例(42)的意思是:"樊建比起宗预怎么样?"

(44) 君书何如君家尊?(《世说新语·品藻》)
A B

(45) 君《筝赋》何如嵇康《琴赋》?(《世说新语·文学》)
A B

例(44)(45)的A、B指的是物。例(44)的意思是:"你的书法比起你父亲[的书法]怎么样?"

(46) 举体无余润何如举体非真者?(《世说新语·排调》)
A B

(47) 微何如其明也?(《法言·问明》)
A B

例(46)(47)的A、B指的是事情。例(46)的意思是:"举止没有润饰,比起行为不真诚怎么样?"

(48) 卿自谓何如郗鉴?(《世说新语·品藻》)
[A] B

例(48)的"自谓"略同于例(9)的"王自以为",例(28)的"大王自度”，例（38）的“大王自料”。A承前省略了。句子意思是：“你自己认为［你］同郗鉴相比怎么样？”

值得注意的是，有两种句子，形式上颇似“A·何如·B”这种句式，实则不同。一种是：

(49) 王以为何如其父？（《史记·廉颇蔺相如列传》）
　　　　［A］　　B

例（50）的A不是“王”，而是上文出现的“赵括”“以为”前没有“自”字，故不同于例（9）（28）（38）。句子意思是：“您认为［赵括］比他父亲怎么样？”

另一种是：

(50) 我何如主也？（《吕氏春秋·过理》）
(51) 陛下以绛侯周勃何如人也？（《史记·张释之列传》）

例（50）（51）的“我”与“主”、“绛侯周勃”与“人”都不是参与比较的两方A与B。这里的“何如”是“主”与“人”的修饰语。例（50）的意思是：“我是什么样的国君呢？”例（51）类此。

(52) 卿定何如裴逸民？（《世说新语·品藻》）
　　　A　　　　　B

例（52）“何如”前有副词“定”。句子意思是：“你比裴逸民到底怎么样？”

4.2　“A·何如·B·X”。例如：

(53) 汝意谓长安何如日远？（《世说新语·夙惠》）
　　　　　　A　　　　B X

例（53）B后有X。句子意思是：“你认为长安跟太阳相比，哪个离我们远？”

4.3　“A·X·何如·B”。例如：

（54）陛下以关羽之亲何如先帝？（《资治通鉴·魏纪·文帝黄初二年》）
A X B

例（54）X前加“之”，与例（37）相仿。此例也可作两种分析，两种释意：“您认为关羽跟先帝相比谁亲？”或“您认为关羽的亲比起先帝的亲怎么样？”

五 用“何与”的比较问句

5.1 “A·何与·B”。例如：

（55）楚王之猎何与寡人？（《史记·司马相如列传》）
A B

例（55）的B是“寡人［之猎］”。句子意思是：“楚王的游猎跟我［的游猎］相比怎么样？”

5.2 “X·（A）·何与·B”。例如：

（56）先主疑与瑁同族，法正进曰：“论其亲疏，何与晋文之于子围乎？”（《三国志·蜀志·二主妃子传》）
X ［A］ B

例（56）的X由两个意义相反的形容词组成，略同于例（29），A是“先主之于瑁”，承前省略了。句子意思是：“谈到亲疏关系，你跟王瑁比起晋文跟子围怎么样呢？”

六 用“奚与”的比较问句

6.1 “A·奚与·B”。例如：

（57）卫君之爱疑奚与媪？（《韩非子·外储说右上》）
A B

（58）卫君之贤疑奚与媪？（同上）
　　　　　A　　　　B

例（57）的 B 是“媪［之爱疑］”。句子意思是：“卫君爱我比起您老人家［爱我］怎么样？”例［58］仿此。（“疑”是人名。）

七　用“奚若”的比较问句

7.1　“A·奚若·B”。例如：

（59）若之功奚若我哉？（《列子·力命》）
　　　　A　　　B

例（59）的 B 是“我［之功］”。句子意思是：“你的威力比起我［的威力］怎么样？”或者“你的威力哪如我［的威力］”。参照 3.1。

八　用“曷若”的比较问句

8.1　“A·曷若·B·X”。例如：

（60）太液昆明，鸟兽之囿，曷若辟雍海流道德之富？（班固：《东都赋》）
　　　　　A　　　　　　　　B　　　　X

例（60）X 前加“之”，与例（36）略同。句子意思是：“太液湖、昆明湖，鸟兽集聚的苑囿，比起学校教育和道德的丰富怎么样？”或“太液湖、昆明湖，鸟兽集聚的苑囿，那如学校的教育和道德的丰富？”

古代汉语比较问句的各种类型大体如此，但使用的频率很不相同。用“孰”“孰与”“何如”的很多；用“孰若”“何与”的较少；而用“奚与”“奚若”“曷若”的实属罕见。

此外，在比较问句中，“孰与”与“何如”意思相同，可以通用。例如：

(61) 陛下以关羽之亲何如先帝？荆州大小孰与海内？(《资治通鉴·魏纪·文帝黄初二年》)

“关羽之亲何如先帝?”与“荆州大小孰与海内?”是一个对偶句，同样的意思，用不同的方式表达（一用“何如”，一用“孰与”）。可以收到错综变幻、文句铿锵的效果。

然而，“孰与”跟“何如”有时代先后的差异，先秦未见有用“何如”的比较问句，汉代开始出现，魏晋则大量使用，以至在某些书中，“何如”甚至完全取代了“孰与”。比如，《世说新语》中用“何如”的比较问句有三十多个，而用“孰与”的却一个也没有。(只有用“孰”的比较问句两三个)。

《战国策·赵策三》有这样一个句子：

(62) 赵王与楼缓计之曰：“与秦城何如？不与何如?”① 这两句话固然具有比较得失的意思，但从“何如”的本身看，仍是在询问情况。而《史记·平原君虞卿列传》却是这样引用这句话的：

(63) 赵王与楼缓计之曰：“予秦地何如勿予？孰吉?”

由此我们似可做这样的推断：“A·何如·B”这种句式是由“A·何如·B·何如”这种句式简化而来的。

(原载《语言教学与研究》1981 年第 2 期)

① 《经传释词》说：“……‘与秦城何如不与’，今本‘不与’下衍‘何如’二字，辩见《读书杂志》。”本文未取此说。

古代汉语反复问句源流初探

一句话从正反两方面发问的句子叫反复问句，象现代汉语里的“你知道不知道?”就是这类句子。古代汉语中的反复问句，在现行高中语文课本中便不乏其例。如:

(1) 于是王召见，问蔺相如曰:“秦王以十五城请易寡人之璧，可予不?”相如曰:“秦强而赵弱，不可不许。”(司马迁:《廉颇蔺相如列传》)——可以给不〔可以给〕?

(2) 丈人附耳谓先生曰:“有匕首否?”先生曰:“有。"(马中锡:《中山狼传》)——有匕首没〔有匕首〕?

(3) 凭谁问:廉颇老矣，尚能饭否?(辛弃疾:《永遇乐·京口北固亭怀古》)——还能吃饭不〔能吃饭〕?

这表明在中学语文教学中会不时遇到古代汉语的反复问句。遇到这类句子，也有一个准确释意的问题。就拿例(3)来说，课本对“尚能饭否”的注解是“饭量还好吗?”这样讲，当然大意不差，但不够确切，未能教给学生理解这类句子的一般规律。如果注解改为“还能吃饭不〔能吃饭〕?”意即“饭量还不减当年吗?”则更好。

古代汉语反复问句共有几种形式?它们各产生自何时?经历了怎样的发展演变过程?语文教师搞清楚这些问题，就会使自己全面地、系统地掌握古代汉语的常见句型之一——反复问句，这对提高自己的古文阅读能力，提高语文课特别是古代汉语的教学质量，是会有很大帮助的。

一

远在商代甲骨卜辞中，就出现了反复问句，共有三种形式：

A式——动词后加“不”字。例如：

(4) 庚申卜，王贞：余伐不？（《殷墟文字》）——我去讨伐不〔去讨伐〕？

(5) 戊申卜，己攺不？(《殷契摭佚续编》)——己日攺（晴）不攺（晴）？

B式——动词后加“不”，“不”后重复出现同一动词。例如：

(6) 癸卯卜：乙巳雨不雨？(《殷契粹编》)——乙巳日下雨不下雨？

C式——“不”后加动词，动词后加“其”，“其”后加同一动词。例如：

(7) 王其田，不雨其雨？（《殷契粹编》）——不下雨还是下雨？

甲骨卜辞中的这些格式，多用来卜问战争和下雨与否。C式句中的“其”字，带有选择连词的意味。

周代金文和先秦早期文献《尚书》中，未见有反复问句，这大概与它们是记叙体有关。《诗经》中反复问句只一见：“攘其左右，尝其旨否”（《小雅·甫田》）——尝尝它味道美不美。到了稍晚的《战国策》《孟子》《庄子》等先秦古籍中，反复问句才较多出现，只是A式较少，笔者所见仅三例：

(8) 齐多知，而解此环不？(《战国策·齐策》)——能解开这个玉连环不〔能解开〕？

(9) 欲为大事，亦吉否？(《战国策·齐策》)——吉利不〔吉利〕？

(10) 既已告矣，未知中否。(《庄子·天地》)——不知道中意不〔中意〕。

较多的则是一种新的句式，我们姑称D式。

D式——动词后加语气词（或不加），接之以选择连词（或无）后加“不”（“否”），句尾有语气词。例如：

(11) 公取之代乎？其不与？（《吕氏春秋·爱类》）——你取石头代替爱子之头呢，还是不〔取石头代替爱子之头呢〕？

(12) 然则夷吾将受鲁之政乎？其否也？（《管子·大匡》）——管夷吾打算接受鲁国的政位呢，还是不〔接受鲁国的政位〕呢？

(13) 如此则动心否乎？（《孟子·公孙丑上》）——动心不〔动心〕呢？

这种格式，多为复合句，如例［11］［12］。第二分句前的“其”是选择连词。这种句式所表达的意义与A、B、C三式没有差别，但形式上显得繁复。

到了秦代，A、B、C三式均未见，D式偶见，而较多的是另一种新句式，我们姑称E式。

E式——“不”前助动词加动词，“不”后只有同一助动词。例如：

(14) 甲当购不当？不当。（《睡虎地秦墓竹简·法律答问》）——甲这个人应当受奖不应当？

(15) 得此公痒（癃）不得？（《睡虎地秦墓竹简·法律答问》）——能与因公废疾的人同样处理不能？

到了汉代，B、C、E式或不见或罕见，D式尚有存留。A式却又大量涌现。例如：

(16) 子去寡人之楚，亦思寡人不？（《史记·张仪列传》）——想念我不〔想念我〕？

(17) 司监若此，可谓称不？（《汉书·王莽传》）——可以算称职不〔可以算称职〕？

(18) 可禳否？（《史记·齐太公世家》）——可祈祷除去〔灾害〕不〔可〕？

魏晋南北朝时期，B、C、D、E各式或不见或罕见，独A式占了优势。《世说新语》在这方面是有代表性的，全书用“不”的反复问句共48例，其中47例均属A式。例如：

(19) 汝叔落贼，汝知不？(《豪爽》)——你知道不〔知道〕？

(20) 汝竟识袁彦道不？(《任诞》)——你到底认识袁彦道不〔认识袁彦道〕？

同一时期的其他书文中，同样如此。例如：

(21) 顷何以自娱，颇复有所述造不？(魏文帝：《与吴质书》)——又有什么著述没有？

(22) 酒中复有所见不？(《晋书·乐广传》)——酒里又看见什么没有？

这种情况，一直延续到宋代。例如：

(23) 闻夫人家先多坟籍，犹能忆识之不？(《后汉书·列女传》)——还能记忆背诵出它们不〔能〕？

(24) 颇思蜀否？(《资治通鉴·魏纪·元帝咸熙元年》)——思念蜀不〔思念蜀〕？

(25) 知否？知否？应是绿肥红瘦。(李清照：《前调》)——知道不〔知道〕？

从以上论述可以看出，反复问句的A式，在从商到宋的漫长历史时期中，经历了一个从有到无，从少到多的发展过程，因为它既简练又富于表现力，所以经过时间的筛选，自汉代开始，它终于成为古汉语反复问句的基本格式。

二

与句尾带“不”（“否”）的反复问句意思相同，唐宋诗文中又派生出一种句尾加“无”的格式。例如：

(26) 晚来天欲雪，能饮一杯无？（白居易：《问刘十九》）

(27) 妆罢低声问夫婿，画眉深浅入时无？（朱庆馀：《近试上张水部》）

(28) 江州司马平安否？惠远东林住得无？（杨巨源诗）

《汉语史稿》认为，这种用法的“无”是疑问语气词。有些学者也将“入时无”注译作“合时吗”。笔者认为，这里的“无”和句尾的“不”“否”，一样，都是否定词，被它们否定的动词承前省略了，释意时往往需要补出。如例（26）意即“能饮一杯酒不能饮一杯酒”，或可简化为“能饮一杯酒不能”；例（27）意即“画眉深浅合时不合时”。可见，句尾的“无”对动词有一种否定意味，与单纯的疑问语气词不尽相同，例（28）尤可资证明：前后两句对仗，前句用“否”，后句用“无”，前句意即“……平安不平安”，后句意即“……住得住不得”。可见“否”“无”相当，如果说“无”是疑问语气词，“否”又该作何词看待？我们并不否认，这种用法的“无”后来发展成为疑问语气词“么”“吗”；但在它未成“么”“吗”前，仍以视为否定词为宜。

三

还有一种反复问句，句末用“未”。例如：

(29) 君除吏已尽未？（《史记·魏其武安侯列传》）——你封官加爵已经到头了没有？

(30) 卿家痴叔死未？（《世说新语·识鉴》）——你痴呆的叔叔死了没有？

(31) 日高烟敛，更看今日晴未？（李清照：《念奴娇》）

这种句子与句末加“不”（“否”）“无”的句子所表达的意思略有不同。句末加“不”（“否”）“无”的句子，是问某一情况和动作能不能、愿不愿实现，或某一动作、某一事物存在不存在；句末加“未”的句子则是问某一情况或动作已经实现还是尚未实现。后者在释意时多可作“……没有？”如果把例（5）和例（31）拿来对比，就会分辨出其意思上的差别：例（5）是问己日能晴不能晴；例（31）则是问今天晴了没有。

句末用“未”的反复问句，最早见于《史记》（即（29）），《汉书·田蚡传》也有基本相同的一例：“君除吏尽未?”可以说《史记》《汉书》发了此种反复问句的滥觞。

反复问句还有其他一些格式。例如：

（32）天下有至乐无有哉?（《庄子·至乐》）——天下有绝顶的快乐没有呢?

（33）请问黄帝者人也，抑非人邪?（《孔子家语·五帝德》）——黄帝是人呢，还不是人（而是神）呢?

但这些格式均较少见，且与上述几式大同小异，故不详论。

（原载《语文教学通讯》1981年第8期）

近代汉语中一种新型反复问句

古代汉语的反复问句有多种形式，其中历史最悠久、使用最广泛的一种就是：在一个肯定句之后加一个否定词“不（否）”或“无”。（请参看拙文《古代汉语反复问句源流初探》，载《语文教学通讯》1981年第8期）例如：

（1）戊申卜，已攺（晴）不？（《殷契摭佚续编》）

（2）秦王以十五城请易寡人之璧，可予不？（《史记·廉颇蔺相如列传》）

（3）欲为大事，亦吉否？（《战国策·齐策》）

（4）晚来天欲雪，能饮一杯无？（《白氏长庆集·问刘十九》）

这种句尾否定词“不（否）、无”是对它前边的句子的一种否定，译成现代汉语时，让前边句子的主要谓语成分在否定词“不”后重新出现一次即可。例（1）可译作“已日晴不晴”？例（2）可译作“可给不可给？”例（3）可译作“吉祥不吉祥？”例（4）可译作“能饮【一杯】不能饮？”

也许是对这种句型的误用，近代汉语中出现了一种新型反复问句：在一个带有否定词的句子后再加否定词“不（否）”或“无”，构成“不【莫】……不（否）【无】？”的句式。例如：

（1）帝问曰：“朕前拜舞者，不是辅阳县尉催子玉否？”（《敦煌变文集·唐太宗入冥记》）

（2）项羽遂乃高喝：“帐前莫有当直使者无？”季布捉刀：“奉霸王当直。”（《敦煌变文集·汉将王陵》）

（3）台州涌泉景欣禅师，泉州人也。自石霜开示而止涌泉。一日，

不披毳浆吃饭，有僧问："莫成俗否？"师曰："即今岂是僧邪？"（《五灯会元·涌泉景欣禅师》）

（4）寅曰："主人莫是高手否？"因曰："若管中窥豹，时见一斑。"（《太平广记·宁茵》）

（5）张老曰："和尚莫受此龙献珠否？此龙甚穷，唯有此珠，性又悭怪。今若受珠，他时悔无及。"僧不之信。（《太平广记·张老》）

（6）行五十许里，天王问绍："尔莫困否？"绍对曰："亦不甚困，犹可支持三二十里。"（《太平广记·崔绍》）

（7）至约之所，立见青衣立候，迎问曰："莫是李十郎否？"（《太平广记·霍小玉传》）

有时，在前边的句子和后边的否定词之间用连词"以"。例如：

（8）子胥心口思惟："此人向我道家中取食，不多唤人来捉我以否？"（《敦煌变文集·伍予胥》）

近代汉语的"莫"可以作"没、没有、不"等解，因此，带有"莫"（"不"也包括在内）字的句子应该是否定句，否定句后再加一个否定词，这个否定词只能是对前面否定句（主要是否定句谓语的主要成分）的再否定，否定的否定即构成肯定。这种新型反复问句，译成现代汉语可以译作"不是【没有】……还是是……"。例（1）可译作"不是辅阳县尉催子玉还是是辅阳县尉催子玉呢？"例（2）可译作"帐前没有当直使者还是有当直使者？"例（3）可译作"没有成俗还是已经成俗？"例（4）可译作"不是高手还是是高手？"例（5）可译作"和尚没有接受这条龙献给你的珠子还是接受了？"例（6）可译作"你不累还是累了？"例（7）可译作"不是李十郎还是是李十郎？"例（8）可译作"【他们】不会叫来很多人捉拿我还是会……呢？"

这样今译，比较容易接受和理解，但颇嫌迂曲。不如把句尾的否定词看作由它虚化而成的语气助词，相当于现代汉语的"么、吗"。例（1）可译作"不是辅阳县尉催子玉吗？"例（2）可译作"帐前没有当直使者吗？"例（3）可译作"没成俗吗？"例（4）可译作"不是高手么？"馀例仿此。

（原载《语文教学通讯》1986年第10期）

“如（若）·n·比”小议

《马氏文通》在“论比”一节里，与“如（若）……然”等格式并列，提到“如（若）……比”的格式，可惜未深入展开，所以被后来出版的语法、虚词专著所忽略。

细审“如（若）……比”式，实为用比喻或举例的方式来说明事物或人的情状的。在“如（若）……比”中间的，一般是用来比喻或举例的事物名称或人的姓名（用 n 表示）。例如：

（1）菑川王美人怀子而不乳，来召臣意。臣意往，饮以莨菪药一撮，以酒饮之，旋乳，臣意复诊其脉，而脉躁。躁者有余病，即饮以消石一齐（jì），出血，血如豆比五六枚。（史记·扁鹊仓公列传）

（2）士穷乃见节义，今夫平居里巷相慕悦，酒食游戏相征逐……誓生死不相背负，真若可信。一旦临小利害，仅如毛发比，反眼若不相识。（韩昌黎集·柳子厚墓志铭）

以上二例为比喻式。例举式有以下数例：

（3）玄奉诏便还，病久不差，又上疏曰：“臣同生七人，凋落相继，惟臣一己，孑然独存。在生荼酷，无如臣比。”（晋书·谢玄传）

（4）建武元年，以温峤为散骑侍郎，峤以母亡值寇，不临殡葬，欲营改葬，固让不拜。元帝诏曰：“温峤不拜，……其令三司八座、门下三省、外内群臣，详共通议如峤比，吾将亲裁其中。”……于是有司奏日“……案辛未之制，已有成断，皆不得复遂其私情，不服王命，以亏法宪。参议可如前诏峤受拜，重告以中丞司徒，诸如峤比者，依东关故事辛未令书之制。”峤不得已，乃拜。（晋书·志·礼中）

(5) 初，前妻李氏淑美有才行……父丰诛，李氏坐流徙，后娶城阳太守郭配女（案：即郭槐），即广城君也。武帝践阼，李以大赦得还，帝特诏充置左右夫人，充母亦敕充迎李氏……既而郭槐女为皇太子妃，帝乃下诏断如李比皆不得还。（晋书·贾充传）

(6) 温公（案：即温峤）丧妇。从姑刘氏家值乱离散，唯有一女，甚有姿慧，姑以属公觅婚。公密有自婚意，答云："佳婿难得，但如峤比云何？"姑云："丧败之余，乞粗存活，便足慰吾余年，何敢希汝比？"（世说新语·假谲）

(7) 石崇与王恺争豪，并穷绮丽以饰舆服。武帝，恺之甥也，每助恺，尝以一珊瑚树高二尺许赐恺，枝柯扶疎，世罕其比，恺以示崇，崇视讫，以铁如意由之，应手而碎。恺既惋惜，又以为疾己之宝，声色甚厉。崇曰："不足恨，今还卿。"乃命左右悉取珊瑚树，有三尺四尺、条干绝世、光彩溢目者六七枚，如恺许比甚众。（世说新语·汰侈）

(8) 乃命左右悉取其家珊瑚树，高三，四尺者六、七枚，如恺比者甚众。（资治通鉴·晋纪·武帝太康三年）

(9) 偏旁之书，死有归杀。子孙逃窜，莫肯在家……丧出之日，前门然火，户外列灰，祓送家鬼，章断注连：凡如此比，不近有情，乃儒雅之罪人，弹议所当加也。（颜世家训·风操）

(10) 今幸赖天子每岁诏公卿大臣贡士，若某等比成得以荐闻。（韩昌黎集·为人求荐书）

这种"如（若）·n·比"式中"比"的词义是什么，词性又如何，解决这两个问题，是弄清这种格式性质的关键。《说文》："比，密也。"段玉裁注："其本义谓相密也，余义……'例'也，'类'也……皆其所引申。"《经籍纂诂》："比，辈也。"细味诸例中的"比"字确属"类，辈"之义，为名词。但"比"这个名词，独立性很差，只有当它前面有名词、代词或短语（即 n）时，它才是有意义的。我们常常可以看到这种"n·比"式的用例：

(11) 事御之后，如洪言，海内识真，莫不闻见，刘歆以来，未有洪比。（晋书·律历志）

(12) 惔少清远，有标奇，与母任氏寓居京口，家贫，织芒屩以为

养……后稍知名，论者比之袁羊。惔喜，还告其母，其母聪明妇人也，谓之曰："此非汝比……"（晋书·刘惔传）

"n·比"是个偏正结构的名词性短语，它所表示的语义是"n的同类"，即"n这样的人（事、物）"。例（11）"洪比"意即"洪这样的人"，例（12）中的"汝比"意即"你这样的人"。上引例（6）中"何敢希汝比"的"汝比"意亦即"你这样的人"。

"n·比"前加上具有"象似"义的动词"如（若）"，就成为"如（若）·n·比"式了，它所表示的语义是"象n这样的人（事、物）"。饶有兴味的是，"n·比"未见作主语的，而"如（若）·n·比"则不仅可作宾语等，更经常作主语。现逐例分析于下。例（1）"如豆比"作小句"如豆比五六枚"的主语。例（2）"如毛发比"单独成句。例（3）"如臣比"，例（4）第一个"如峤比"分别作动词"无、议"的宾语。余例中的"如（若）·n·比"皆为句子的主语。值得单独一提的是，例（7）的"如恺许比"意思是"象恺［的珊瑚树］那样的珊瑚树"，"恺"后的"珊瑚树"承前而省略了；"许"有"那么、那样"等义，与"比"字为近义连用。

从"如（若）·n·比"的语义和句法功能看，它都是一个名词性的短语；而该短语的名词性，是取决于"比"的名词性质的。在"n·比"中，"n"是"比"同一性修饰语，在"如（若）·n·比"中，"如（若）·n"组成动宾短语作"比"的修饰语，下面一例在"如·n"与"比"之间用了结构助词"之"，就足以说明这种情况：

（13）太平兴国初，迁起居舍人，奉使契丹。辽主问："党进何如人？如进之比有几？"仲甫曰："国家名将辈出，如进，鹰犬材耳，何足道哉？"（宋史·辛仲甫传）

那么，例（4）第二个"如峤比"和例（8）"如恺比"后的"者"能不能否定"如（若）·n·比"式的名词性质呢？我们说，不能。因为"者"可以出现在名词或名词性短语之后而成为语气助词。

从上述分析中可知，"如、（若）·n·比"式的"比"，与"如（若）……然"式中相当于现代汉语助词"似的"的"然"是不同的，因而《文通》把"如（若）·n·比"和"如（若）……然"式视同一律，并说“以‘比’附于一端之后，一若助字者然”（章氏校注本，173 页），恐怕是未必妥帖的。

“如（若）·n·比”式始见于汉代，较多见于魏晋南北朝时期，唐、宋以降，偶见，但始终未得到充分发展。但它毕竟是古汉语中确曾使用过的格式之一，故仍有提出讨论的必要。

（原载《字词天地》第 5 期　1984.4）

精练的句法　生动的比喻

——从“蝟缩、蠖屈、蛇盘、龟息”谈起

在众所周知的《中山狼传》（马中锡著，收在高中语文课本第三册）里有这样一段文字：

> 狼……乃跼蹐四足，引绳而束缚之，下首至尾，曲脊掩胡，蝟缩蠖屈，蛇盘龟息，以听命先生。

文中的“蝟、蠖、蛇、龟”不是“缩，屈、盘、息”等动作的施动者，因此，不是句子的主语，主语是狼。那么，“蝟、蠖、蛇、龟”是什么句子成分呢？是状语，是由禽兽名称一类的名词充当的状语。也就是说，“蝟缩、蠖屈、蛇盘、龟息”是四个“状·动”结构，这种结构，从句法上说是精炼的：一般由两个字组成；从修辞上说，是运用比喻的手法描绘动作的情态。上面四个“状·动”结构，具有下列的意义：［狼］象刺猬一样蜷缩一团，象尺蠖（一种小虫）一样卷曲身子，象蛇一样盘曲起来，象龟一样趴伏不动。真可以说是言简意赅，生动形象，把狼遇到追捕时狡猾地隐蔽自己的姿态生动地活画出来了。

这种用禽兽名称一类名词作状语的句法，远在《诗经》、诸子等先秦古籍中就已经出现，汉代以后更行发展，在辞赋一类文体中使用尤多。下面，大体依照时序列举二十例，分为两组：

第一组：

> ①维师尚父，时维鹰扬。（诗·大雅·大明）
>
> ②夫圣人，鹑居而鷇食。（庄子·天地）
>
> ③汤以车九两（辆），鸟阵雁行。（墨子·明鬼下。阵，列阵。）

④有人自南方来，鲋入而鲵居。(吕氏春秋·贵直)

⑤非患儒之鸡廉，患在位者之虎饱鸱咽。(盐铁论·褒贤)

⑥文学言行……辞小取大,鸡廉狼吞。(盐铁论·褒贤)

⑦足下若能卷甲电赴，犹或有济；若其狐疑，求我枯鱼之肆矣。(晋书·宗室列传)

⑧处位而任政者，皆短于仁义，长于酷虐，狼挚虎攫，怀残秉贼。(文选·王子渊：四子讲德论)

⑨今主上幼冲，贼臣虎据……雄才奋用之秋也。(三国志·魏志·常林传)

⑩定国禽兽行，乱人伦。(史记·荆燕列传)

第二组：

⑪今使一死贼伏于旷野，千人追之，莫不枭视狼顾。何者？恐其暴起而害己也。(吴子·励士)

⑫昭王……蚕食诸侯，使秦成帝业。(史记·李斯列传)

⑬秦之纲绝而维弛，山东大扰，异姓并起，英俊乌集。(史记·淮阴侯列传)

⑭如使匈奴后嗣卒有鸟窜鼠伏，阙于朝享，不为畔臣。(汉书·萧望之传)

⑮如此，则中国无狗吠之警，而边境无鹿骇狼顾之忧矣。(盐铁论·险固)

⑯于是群雄蜂骇，义兵四合。(晋书·陆机传)

⑰进临汉中，则阳平不宁，十万之师，土崩鱼烂。(文选·陈孔璋：檄吴将校部曲文)

⑱公……诛其丑类，莫不鱼惊鸟散。(陈书·高祖本纪)

⑲径至成都，汉中诸城，皆鸟栖而不敢出。(资治通鉴。晋纪·武帝咸宁二年)

⑳莚不归家省母，遂长驱而去，母狼狈追之。(晋书·周处传)

两组例句，情况不尽相同。第一组，侧重于用某种禽兽的习性来比喻人（包括拟人化的其他事物）的动作行为的性质；第二组，侧重于用某种禽兽的外部特征来比喻动作行为的方式或情态。先说第一组。例①“鹰扬”，高亨注：“如鹰的飞扬，写太公的武勇。”可见是用鹰的矫健高翔，比喻太公的丰功伟绩。例②“鹑居”，《释文》：“如鹑之居，犹言野处。”“鷇”，《疏》：“鸟之子，食必仰母而足。”可见是用鹑、鷇的居无定处和食不丰足等特性，比喻圣人生活的俭约。例③“鸟阵雁行”，《间诂》：“鸟散而云合，变化无穷者也。”可见是用雁、鸟飞向的变化无常，比喻汤的兵车行阵的灵活多变。例④“鲋入、鲵居”，高诱注：“鲋，小鱼。鲵，大鱼，鱼之贼也。而鲵居人国，喻为人害也。”可见是用鲋的弱小比喻人入国时的安分，用鲵吞食小鱼的特性比喻人入国后的侵害。余例的“虎饱、鹞咽、鸡廉、狼吞、狐疑、狼挚、虎攫、虎据、禽兽行”均如此。再说第二组，例⑪的“枭视、狼顾”是用枭的注视远方和狼的频频回头的动作特征，比喻人对贼的注目与警戒。例⑫的“蚕食”，是用蚕逐步吃尽桑叶的动作特征，比喻昭王的一步步兼并诸侯。例⑬的“乌集”，是用乌鸦飞落一片的行动特征，比喻众多英雄豪杰的聚集。例⑭的“鸟窜鼠伏”，是用鸟、鼠小量的暗自活动的特征，比喻匈奴后嗣的小规模偷袭。例⑮⑯的“鹿骇、蜂骇”，是用鹿、蜂等易于惊惧的特征，比喻边境之民的骇怕与群雄的警觉与紧张。例⑰的“鱼烂”，同《公羊传》“鱼烂而亡”的“鱼烂”，何休注：“鱼烂从内发”，可见这里是用鱼从内部腐烂的特点，比喻十万之师的内部溃败。余例的“鱼惊、鸟散、鸟栖、狼狈追”均如此。

这种句法，由于它既简练，又富表现力，所以，直到现代汉语的成语中，仍有较多的遗留。如习见的“抱头鼠窜、蚕食鲸吞、蜂拥而来、虎视眈眈、狼奔豕突、龙腾虎跃、鼠窃狗盗、乌合之众、蝇营狗苟”等都是。

（原载《字词天地》1984 年第 1 期）

六朝以后汉语叠架现象举例

在研究汉语历史语法时，我们可以观察到，在六朝及其以后的典籍中，[①] 尤其在白话著作中，大量呈现这样一种现象：将意义相同或相类的两个词或格式（分别用“A”“B”标示）重合交叠起来使用，或构成一种不尽同于“A+B”的新格式，[②] 或为“A+B”的并列联立格式，（均用“AB”标示）。在较多情况下，A与B为古代汉语词或格式的遗留；有的则是较后期的词或格式；也有的“AB”是古语成分与当时口语成分的杂糅。这种现象，在语义上犹如叠床架屋，姑称叠架观象；体现这种现象的语言形式，则称叠架形式。

一　疑问词语[③]的叠架形式

（一）A与B叠架为一种新格式

1. 如之奈何——为询问方法的“如之何”与“奈何”的叠架形式。

A. 如之何——义为“对此怎么办”。

（1）哀公问于有若曰：“年饥，用不足，如之何？”（《论语·颜渊》）

B. 奈何——义为“怎么办”。

① “六朝及其以后”在这里指从六朝开始迄于明清这段历史时期。

② 这种格式或应作如下表述：“AB+BC”=A（B）C。

③ 这里不包括疑问代词“谁”。

（2）王曰："取吾璧，不予我城，奈何？"（《史记·廉颇蔺相如列传》）

AB. 如之奈何——义为"对此怎么办"。

（3）先主曰："若车胄先到徐州不出，如之奈何？"（《至治新刊全相平话·三国志》）

（4）陈玄礼曰："陛下，心已变，臣不能禁止，如之奈何？"（《元人杂剧选·唐明皇秋夜梧桐雨》）

（5）我囊空如洗，如之奈何？（《警世通言·杜十娘怒沉百宝箱》）

2. 何以故——为询问原因的"何以"与"何故"的叠架形式。①

A. 何以——义为"为什么"。

（1）君无咫尺之地，骨肉之亲，处尊位，受厚禄，一国之众见君莫不敛衽而拜，抚委而服，何以也？（《战国策·楚策一》）

B. 何故——义为"为什么"。

（2）今吾在难，此正子报怨之时，而逃我者三，何故哉？（《孔子家语·致思》）

AB. 何以故——义为"为什么"。

（3）善知识，我此法门，从一般若生八万四千智慧。何以故？为世有八万四千尘劳。（《六祖坛经·南宗顿教……施法坛经》）

（4）知识，一一身具有佛性。善知识不将佛菩提法与人，亦不为人安心。何以故？《涅槃经》云，早已授仁者记。（《神会语录·南阳和上顿教解脱禅门直了性坛语》）

（5）莫作是念，何以故？（《敦煌变文集·金刚般若波罗蜜经讲经文》）

① 偶或可见"何意故"（"何意"与"何故"的叠架形式），如：《警世通言·玉堂春落难逢故夫》："苏氏！你谋杀亲夫，是何意故？"

3. 缘何（底）事——为询问原因的“缘何（底）”与“何（底）事”的叠架形式。

A. 缘何（底）——义为“为什么”。

（1）比日上（尚）能称汉将，缘何今日自来降？（《敦煌变文集·李陵变文》）

（2）缘底名愚公？都由愚所成。（《全唐诗·王维：愚公谷》）

B. 何（底）事——义为“为什么”。

（3）何事比我于新妇乎？（《吕氏春秋·不屈》）

（4）老我而今衰谢，梦绕故园松菊，底事更迟留？（《全宋词·王炎：水调歌头》）

AB. 缘何（底）事——义为“为什么”。

（5）和尚缘何事开地狱门？（《敦煌变文集·大目乾连冥间救母变文》）

（6）至竟息亡缘底事？可怜金谷堕楼人。（《樊川诗集注·题桃花夫人庙》）

“为何事”“因何事”“因何故”“因甚缘故”等似均属这类叠架格式。

（1）不知何人家女孩，为何事来溺水而死？（《古今小说·张舜美元宵得丽女》）

（2）花向今朝粉面匀，柳因何事翠眉颦？（《全宋词·辛弃疾：浣溪沙》）

（3）邻里翁婆省汝，因何故不出？（《太平广记·卢淑伦女》）

（4）因甚缘故将女婿斧劈死了？（《京本通俗小说·错斩崔宁》）

4. 若远近（近远）——为询问距离的“若远”与“远近（近远）”的叠架形式。

A. 若远——义为“多远”。

（1）敦煌定若远？一信动经年。（《先秦汉魏晋南北朝诗·刘孝先：春宵》）

B. 远近（近远）——义为“多远”。

（2）此山去燕然远近？（《北史·李孝伯传》）
（3）（刘公）乃曰：“园近远？”（《太平广记·刘晏》）

AB. 若远近、若近远——义为“多远”。

（4）汉宫若远近？路在沙塞上。（《全唐诗·戴叔伦：昭君词》）
（5）山阿若近远？独有楚人知。（《先秦汉魏晋南北朝诗·刘删：赋松上轻萝》）

（二）“A+B”的并列联立格式

5. 怎生奈何——为询问方法的“怎生”与“奈何”的叠架形式。
A. 怎生——义为“怎么办”。

（1）今王翦攻吾邦，此事怎生？（《新刊全相平话·秦并六国》）

B. 奈何——义为“怎么办”。

（2）庄公曰：“我甚思母，恶负盟，奈何？”（《史记·郑世家》）

AB. 怎生奈何——义为“怎么办”。

（3）若徐州有失，怎生奈何？（《至治新刊全相平话·三国志》）
（4）似此这般，怎生奈何？（《元刊杂剧三十种·晋文公火烧介子推》）
（5）三藏道：“如此怎生奈何？”行者道：“师父放心，且莫焦恼。”（《西游记·二十二回》）

6. 怎（争）奈何——为询问方法的“怎（争）”与“奈何”的叠架形式。

A. 怎（争）——义为“怎么”。

（1）失却龙驹怎战争？（《元刊杂剧三十种·萧何月夜追韩信》）

（2）陈平曰：“相公争知此事？”王陵曰：“刘章妻阿茶公主说来。”（《新刊全相平话·前汉书续集》）

B. 奈何——义为“怎么办”。

（3）文公问箕郑曰：“救饿奈何？”对曰：“信。”（《韩非子·外储说左上》）

AB. 怎奈何、争奈何——义为“怎么办”。

（4）我一身死后小可，怎奈何老母无人赡养也？（《新刊全相平话·武王伐纣书》）

（5）今冬多雨雪，贫家争奈何？（《五灯会元·琅琊慧觉禅师》）

二　副词（状语）的叠架形式

均为“A+B”的并列联立格式。A 与 B 多为表示范围周遍性的副词：古汉语中表示周遍性的副词“尽”“皆”“悉”“咸”“都”“总”“并”“共”“尽”的多种两字组合形式，几乎都能找到实际用例。在某些典籍中，也可见到程度副词或时间副词的叠架形式。

7. 尽皆——为副词“尽”与“皆”的叠架形式。

A. 尽——义为“都”。

（1）故民之力尽在于地利矣。（《商君书·外内》）

B. 皆——义为“都”。

（2）国老皆贺子文。（《左传·僖公二十七年》）

AB. 尽皆——义为“都”。

（3）晋朝四十二寺，尽皆湮灭，唯此寺独存。（《洛阳伽蓝记·城西》）

（4）我交一瞌睡神下界，令百人尽皆昏沉。（《敦煌变文集·八相变》）

（5）真个是地裂山崩，众人尽皆悚惧。（《西游记·十四回》）

8. 悉皆、皆悉——为副词“悉”与“皆”的叠架形式。

A. 悉——义为“都”。

（1）王命众悉至于庭。（《尚书·盘庚上》）

B. 皆——义为“都”。

（2）后数日驿至，果地震陇西，于是皆服其妙。（《后汉书·张衡列传》）

AB. 悉皆、皆悉——义为“都”。

（3）安人上表，以为自非淮北常备，其外余军悉皆输遣。（《南史·李安人列传》）

（4）自此以后，京邑比丘，悉皆禅诵，不复以讲经为意。（《洛阳伽蓝记·城东》）

（5）与摩则慧日乾坤朗，有昧悉皆明。（《祖堂集·福先招庆和尚》）

（6）凡诸求利，皆悉如此。（《宋书·文九王传》）

（7）百官忙怕，皆悉搥胸。（《敦煌变文集·韩朋赋》）

9. 咸皆——为副词“咸”与“皆”的叠架形式。

A. 咸——义为“都”。

（1）庶绩咸熙。（《尚书·尧典》）

B. 皆——义为“都”。

（2）雷雨作而百果草木皆甲坼。（《易经·解》）

AB. 咸皆——义为“都”。

（3）今约、峻凶逆无道，痛感天地，人心齐壹，咸皆切齿。（《资治通鉴·晋纪·成帝咸和三年》）

（4）幽王之惑褒女也，祆始于夏庭；曹伯阳之获公孙强也，征发于社宫……咸皆不求而自合，不介而自亲矣。（《文选·李康：运命论》）

（5）海上之民，咸皆见之。（《洛阳伽蓝记·城内》）

（6）四方居民，咸皆仰叹。（《新刊全相平话·武王伐纣书》）

10. 都皆——为副词“都”与“皆”的叠架形式。

A. 都——义仍为“都”。

（1）农事都已休，兵戈况骚屑。（《杜工部集·喜雨》）

B. 皆——义为“都”。

（2）两军相当，两将相望，皆坚而固，莫敢先举。（《孙膑兵法·威王问》）

AB. 都皆——义为“都”。

（3）教外路头目并在朝大小众臣都皆食之。（《新刊全相平话·前汉书续集》）

（4）于是汉下群臣都皆有诗句，各索饮酒。（同上）

（5）满营军健，都皆喜悦笑无休。（《刘知远诸宫调》）

11. 都总——为副词“都”与“总”的叠架形式。
A. 都——义仍为“都”。

(1) 积年之疾，一朝都除。(《列子·周穆王》)

B. 总——义为“都”。

(2) 圣贤书辞，总称文章。(《文心雕龙·情采》)

AB. 都总——义为“都”。

(3) 我为前生造业，广杀猪羊，善事都总不修。(《敦煌变文集·目连缘起》)

12. 并悉——为副词“并”与“悉”的叠架形式。
A. 并——义为“都”。

(1) 俾我兄弟并有乱心。(《左传·昭公三十二年》)

B. 悉——义为“都”。

(2) 愚以为宫中之事，事无大小，悉以咨之。(《三国志·蜀书·诸葛亮传》)

AB. 并悉——义为“都”。

(3) 药草俱尝遍，并悉不相宜。唯须一个物，不道亦应知。(《游仙窟》)

(4) 业也命也，并悉关天。(《敦煌变文集·伍子胥变文》)

13. 皆总、总皆——为副词“总”与“皆”的叠架形式。
A. 皆——义为“都”。例略。
B. 总——义为“都”。

(1) 中间经羿、浞二氏，盖三数十年，而此《纪》总不言之。(《〈史记·夏本纪〉注》)

AB. 皆总、总皆——义为“都”。

(2) 雀儿及燕子，皆总立王前。(《敦煌变文集·燕子赋》)

(3) 日月星辰皆总现，山河大地及龙宫。(《敦煌变文集·维摩经押座文》)

(4) 陛下百万雄兵，骁将莫知其数，皆总不及于项羽。(《新刊全相平话·前汉书续集》)

(5) 两部脉尽总皆沉，一命已归黄壤下。(《京本通俗小说·碾玉观音》)

14. 并皆——为副词“并”与“皆”的叠架形式。

A. 并——义为“都”。

(1) 天下淆乱，高皇帝与诸公并起。(《汉书·贾谊传》)

B. 皆——义为“都”。例略。

AB. 并皆——义为“都”。

(2) 一日朝会，见诸侍中并皆年少，无一宿儒大人可顾问者，诚可叹息。(《后汉书·李固传》)①

(3) 时太子詹事周捨撰《礼疑义》，自汉魏至于齐梁，并皆搜采。(《梁书·孔休源传》)

(4) 其粟还吴被蒸，入土并皆不生。(《敦煌变文集·伍子胥变文》)

15. 咸共——为副词“咸”与“共”的叠架形式。

A. 咸——义为“都”。

① 《后汉书》从成书时间说，也可算做六朝时期的作品。

（1）于诸侯之约，大王当王关中，关中民咸知之。（《史记·淮阴侯列传》）

B. 共——义为“都”。

（2）少事长，贱事贵，共帅时。（《礼记·内则》）

AB. 咸共——义为“都”。

（3）夫人恒自谦损，不以富贵骄物，朝野咸共称之。（《梁书·王僧辩传》）

（4）时人多谓之痴，惟族兄文业每叹服之，以为胜己，由是咸共称异。（《晋书·阮籍传》）

这类范围副词的叠架形式，不止以上几类，还有“并总”“咸尽”“悉共”“皆共”“尽总”“总悉”“咸悉”“并共”“总俱”等，甚至有三个这类副词构成的叠架形式。

（1）吴之战士，并总平安。（《敦煌变文集·伍子胥变文》）

（2）其弟师诲、兄师悦及儿侄二百口，咸尽戮焉。（《旧五代史·梁书·王师范传》）

（3）睦父子之至，容可悉共逃亡。（《宋书·何尚之列传》）

（4）同辈皆共推伏。（《隋书·杨尚希传》）

（5）（数百人）来至半路，尽总却回。（《六祖坛经·南宗顿教……施法坛经》）

（6）汉骑驴则胡步行，胡步行则汉骑驴，总悉输他便点。（《游仙窟》）

（7）天下难得之货，咸悉在焉。（《洛阳伽蓝记·城南》）

（8）都尉令长并共患之。（《搜神记·十九》）

（9）人总俱从父母生。（《敦煌变文集·季布诗咏》）

（10）总持秘密，无不通和，上中下类之音，悉皆尽会。（《敦煌变文集·维摩诘经讲经文》）

（11）取得平王骸骨，并魏陵昭帝，并悉总取心肝，行至江边，以祭父兄。（《敦煌变文集·伍子胥变文》）

(12) 制度名牒皆悉具存。(《晋书·石崇传》)

时间副词和程度副词的叠架形式也时有发现。

(13) 如今现放着许多银子，不理正事。(《警世通言·赵春儿重旺曹家庄》)

(14) 所以目今现在乃叔政老爷家住，帮着料理家务。(《红楼梦·二回》)

(15) 太子作偈已了，即便归宫，迷闷忧烦，极甚不悦。(《敦煌变文集·八相变》)

(16) 阿嬢见后园果子非常最好。(《敦煌变文集·舜子变》)①

三 代词的叠架形式

均为“A+B”的并列联立格式。在西周金文和其他先秦典籍中，曾出现“朕余”“此若”“孰谁”“谁何”“何谁”等形式，笔者在《古汉语代词连用现象试析》一文（见《天津师大学报》1984年第6期）中曾经论及。本文要讨论的是六朝以后出现的若干新的代词叠架形式：谁谁、它（他）谁、吾（我）侬、身己、己身等。

16. 谁谁——为问人的代词“谁”的同形叠架形式，义为“谁”。

(1) 犹记是，卿卿惜；空复见，谁谁摘？但当时一笑，也成陈迹。(《全宋词·刘辰翁：满江红》)

(2) 休说二十四桥，便一分无赖，有谁谁识？(《全宋词·刘辰翁：酹江月》)

17. 它（他）谁②——为表示别指的代词“它（他）”和问人的代词“谁”的叠架形式。义为“谁”。

---

① 《红楼梦·三回》“看其外貌，最是极好”。与此近似，唯形式略异。

② “它（他）谁”中的“它（他）”为不确定的某人，从这种意义上说，“它（他）谁”也是一斡代词的叠架形式。

（1）天遣两家无嗣子，欲将文集与它谁？（《全唐诗·元稹：偶成自叹因寄乐天》）

（2）某甲看他则有分，他谁彩某甲？（《祖堂集·洞山和尚》）

（3）把古今遗恨，向他谁说？（《全宋词·辛弃疾：满江红》）

（4）撇得我孤孤零零难存济，我凄凄楚楚告他谁？（《元曲选·马致远：青衫泪》）

18. 吾（我）侬——为第一人称代词“吾（我）”与“侬”的叠架形式。

A. 吾——义为“我”。

（1）曾子之母曰：“吾子不杀人。”（《战国策·秦策二》）

B. 侬——义为“我”。

（2）道子领曰：“侬知侬知。”（《晋书·会稽王道子传》）

AB. 吾（我）侬——义为“我”。

（3）吾侬心事凭谁诉？（《全宋词·刘辰翁：金缕曲》）

（4）你辈见侬底欢喜，别是一番滋味子，长在我侬心子里，我侬断不忘记你。（《古今小说·临安里钱婆留发迹》）

19. 身己、己身——为第一人称代词“身”与“己”的叠架形式。

A. 身——义为“自己”。

（1）申包胥曰：“吾为君也，非为身也。”（《左传·定公五年》）

B. 己——义为“自己”。

（2）稽于众，舍己从人。（《尚书·大禹谟》）

AB. 身己、己身——义为“自己”“自身”。

(3) 伤嗟个辈亦是人，一生将此关身己。(《全唐诗·贯休：村行遇猎》)

(4) 要知这源头是什么，只在身己上看。(《朱子语类辑略·训门人》)

(5) 世间一等流，诚堪与人笑。出家弊己身，诳俗将为道。(《寒山诗》)

“身己”前还可出现第一人称代词“自家”，从而构成“自家身己”这种三重叠架形式，义为“自己”。

(6) 看圣贤书，便句句下着实，句句为自家身己设，如此方可以讲学。(《朱子语类辑略·训门人》)

四　句子格式的叠架形式

叠架为一种新的句式。

20. 不……(以)不——为否定句式“不……”与反复问句式“……(以)不”的叠架形式。

A. 不……——义为“不……”。

(1) 若不去邪？(《史记·越王勾践世家》)

B. ……(以)不——义为“……还是不……呢”。

(2) 魏帝自来以不？(《魏书·李孝伯传》)

AB. “不……(以)不”——义为“不……还是并非不……呢”。

(3) 吴王问子胥曰：“今欲伐楚，可用几兵？”子胥启吴王曰：“且须万兵。”吴王曰：“万兵不少以不？”(《敦煌变文集·伍子胥变文》)

(4) 子胥心口思惟：“此人向我道家中取食，不多唤人来捉我以不？”(同上)

与此相类的叠架形式还有“不……否”“莫……否”“无……否”。

(1) 尔果不妄否?(《太平广记·赵和》)

(2) 朕前拜舞者不是辅阳县尉崔子玉否?(《敦煌变文集·唐太宗入冥记》)

(3) 天王问绍:“尔莫困否?”绍对曰:“亦不甚困。”(《太平广记·崔绍》)

(4) 又问曰:“无杀伤否?”(《太平广记·红线》)

21. 被……见……——为被动句式“被……”与“见……”的叠架形式。

A. 被……——义仍为“被……”。

(1) 亮子被苏峻害。(《世说新语·方正》)

B. 见……——义为“被……”。

(2)(蔡泽)去之赵,见逐。(《史记·范雎蔡泽列传》)

AB. “被……见……”——义为“被……”①。

(3) 仆是弃背帝乡宾,今被平王见寻讨。(《敦煌变文集·伍子胥变文》)

(4) 汝今日莫非被董太师见责来?(《三国志通俗演义·凤仪亭布戏貂蝉》)

(5) 王夫人心中为的是凤姐未经过丧事,怕他料理不起,被人见笑。(《红楼梦·十三回》)

此外,还有被动句式“为……所……”与“见……”的叠架形式“为……所见……”:

---

① 另有“为……见……”的叠架格式。如:《宋书·庐江王祎传》:“近又有张道士,为公见信。”《太平广记·郑生》:“妾家于村中,为盗见诱至此。”

(6) 今凉州部……数为小吏黠人所见侵夺。(《后汉书·西羌传》)

(7) 诸葛恪、滕胤、吕据，盖以无罪为峻琳兄弟所见残害。(《三国志·吴书·孙琳传》)

(8) 臣……惟酷好学问文章，未尝一日暂废，实为时辈所见推许。(《韩昌黎集·潮州刺史谢上表》)

除上述四种外，还有许多其它叠架形式，如连词叠架形式“如若”“为因”“纵虽”，动词叠架形式“往诣”“如似”，介词叠架形式“打从”，以及副词的其他叠架形式“遂乃”“但只”，还有某些动词性短语和固定格式的叠架形式“无计奈何”“没计奈何”，最后是少数疑问句式的叠架形式。

(1) 如若凭脚足而行，虽劳一生，终不得见。(《敦煌变文集·前汉刘家太子传》)

(2) 遂向死人作颂曰：“死人你住是何乡？为因何病丧街坊？”(《古本平话小说集·济颠语录》)

(3) 其山举高三阡三百六十万里，纵虽卿一生如去，犹不能至。(《敦煌变文集·前汉刘家太子传》)

(4) 世尊我不堪往诣彼问疾。(《敦煌变文集·维摩诘经讲经文》)

(5) 乍观往之，如似未彻；假令刮削，其文转明。(《洛阳伽蓝记·城北》)

(6) 这吴八公子打从父亲任上回来，广有金银。(《醒世恒言·卖油郎独占花魁》)

(7) 众皆大惊，遂乃邀至茶坊啜茶解闷。(《古今小说·赵伯升茶肆遇仁宗》)

(8) 此但只是成块乱石，安得有神哉？(《清平山堂话本·夔关姚卞吊诸葛》)

(9) 那明皇无计奈何，只得带百官逃难。(《古今小说·新桥市韩五卖春情》)

(10) 大娘子没计奈何，细思父言亦是有理。(《京本通俗小说·错斩崔宁》)

(11) 小妇娘女四人，意欲坐山招夫，四位恰好，不知尊意肯否如何。(《西游记·二十三回》)

（12）舍利弗心口思惟："此姊见佛，不知得忍不得忍否？我当问之。"（《五灯会元·舍利弗尊者》）

（13）你为何大惊小怪做什么？（《宋元明话本小说选·白娘子永镇雷峰塔》）

（14）贤弟！生虽居此，未尝游此寺，今是清明时候，盍进嬉戏可乎？（《古本平话小说集·济颠语录》）

余　论

语言现象的产生和发展是个渐变的过程，叠架现象在六朝以前并非绝无，只是其大量涌现，是从六朝开始的。六朝时期是汉语发生巨大变化的时期。其间出现了接近当时口语的文人著作《世说新语》等；同期或稍后出现的讲唱文学、小说、变文、禅师语录、词曲等，都以口语为主。口语的大量运用，对古汉语严格的语法规则有所突破，显得松散和自由，既出现了两种古语同义成分的叠合，又出现了古今同义成分的杂糅，这些都是古汉语在当时的变体。这些变体，由于大多具有同义重复、语义明晰、浅近易懂的特点，故便于读者尤其是听众理解和接受。

六朝开始，古汉语单音节词急速向双音节词变化。同义叠架是单音词双音节化的方式之一。叠架现象初始带有较大的随意性，可以因人而异，所以呈现繁杂多样的情势。后经筛选，有的在语言实践中被保存下来、沿用下去，有的则在一段时间和一定范围内使用后即被淘汰下去。本文所举，较多属于后者。也有沿用至今的，如今天北京口语仍用"打从"一词。

叠架形式的出现，与诸种韵文的出现有密切关系。在诗词曲中，由于格律上的需要，往往不得不拈上一个同义（有的甚至还同形）词语来充数。"至竟息亡缘底事？可怜金谷堕楼人。""犹记是，卿卿惜；空复见，谁谁摘"，"天遣两家无嗣子，欲将文集与它谁"，"撇得我孤孤零零难存济，我凄凄楚楚告他谁"，"伤嗟个辈亦是人，一生将此关身己"，均属这类情况。有的虽算不上诗词曲，但为了求得语句的整齐和谐与声韵之美，也会运用叠架形式。"业也命也，并悉关天"，"日月星辰皆总现，山河大地及龙宫"，均属此类。

本文"四"所述两种句子格式的叠架，形成若干较为奇特的句式。"万兵不少以不"义为"万兵不少吗"或"万兵少不少"。此义用"万兵不少乎”或“万兵少不”均可表达。而将两式叠架起来，义为“万兵不少呢还是并非不少”，颇为累赘。“今被平王见寻讨”义为“如今被平王追捕”，此义用“今被平王寻讨”或“今见寻讨于平王”皆可表达。两式叠架以后，则成画蛇添足。这种现象应视为非规范仿古而形成的病句，还是视为一定时期内出现的新句型？笔者尚无定见。

总起来说，叠架现象是汉语发展过程中确曾出现的语言现象，它构成了六朝以后汉语（尤其是近代白话）某种独特的风格与韵味，值得深入探讨。

（原载《中国语文》1991 年第 5 期）

物体大小表述方式的历史考察

一

物体大小，指物体的面积、体积以及粗细等。

从先秦到明清这上下几千年，持汉语者是怎么来称说和表述物体的大小呢？表述的方式方法在每个历史时期有些什么变化呢？这个问题在汉语研究中是个不大的问题，也许正因为其小，迄今尚未见到有对它进行专门考察和研究的文章。本文拟对这个问题做出回答。

我们考察了先秦时期的《诗经》《论语》《孟子》《庄子》《墨子》《荀子》《韩非子》《吕氏春秋》《晏子春秋》，两汉时期的《史记》《汉书》《论衡》，以及六朝以降的诸多典籍，从中归纳出物体大小的两种表述方式：其一，确切说明物体的长度、宽度和高度；如果是圆形或球形物体，则说明其半径或直径；如果是国土或土地面积，则说明其方圆里数或亩数等。这种表述，内涵明确，故称之为“确切表述式”。其二，用一个同样大小的物体来比况物体的大小。这种表述，往往带有不确切性，即模糊性。比如说冰雹有鸡蛋那么大，这只是说冰雹和鸡蛋大体相当，并非完全相等，更何况鸡蛋的大小也不是十分确定的呢？为此，故称这种表述方式为“模糊比况式”。

二

据考察，先秦典籍中确切表述式被大量运用，表述土地面积者尤多见。仅举四例：

(1) 赵主父令工施钩梯而缘播吾，刻疎人迹其上，广三尺，长五尺，而勒之曰："主父常游于此。"（韩非子·外储说左上）

(2) 古者文王处丰镐之间，地方百里，行仁义而怀西戎，遂王天下（《韩非子·五蠹》）。

(3) 文王之囿，方七十里（《孟子·梁惠王下》）。

(4) 卿以下必有圭田，圭田五十亩。余夫二十五亩（《孟子·滕文公上》）。

而模糊比况式，在我们考察的近十部典籍中，仅见二例：

(1) 景公病疽在背，高子、国子请。公曰："职当抚疡。"高子进而抚疡……公曰："大小何如?"曰："如豆。"（《晏子春秋·容篇杂下》）

(2) 一凿而属绳，绳长四尺，大如指（《墨子·杂守》）。按：这里的"大"指粗细。

三

两汉时期，确切述式仍盛行不衰，如：

(1) 太初祖庙东西南北各四十丈，高十七丈（《汉书·王莽传》）。

(2) 是岁，罢小钱，更行货布，长二寸五分，广一寸，直货钱二十五（《汉书·王莽传》）。

(3) 货钱径一寸，重铢，枚直一（《汉书·王莽传下》）。

这一时期的模糊比况式，其使用频率较先秦有所提高，仅在我们考察的3部书中就有数例，如：

(1) 臣尝游海上，见安期生，食臣枣，大如瓜（《史记·孝武本纪》）。

(2) 有大鸟，卵如甕（《史记·大宛列传》）。按：《汉书·西域传》同此。

(3) 鸱夷滑稽，腹如大壶（《汉书·游侠传》）。

(4) 有气大如鸡子，从天而下，我故有娠（《论衡·吉验》）。

四

在六朝以后的典籍中，确切表述式沿用依旧。如：

(1) 那箱儿有八寸高下，一尺长短，四寸宽窄（西游记·七三）。

(2) 珠盈径寸，纯白，而夜有光（《搜神记·二〇》）。

(3) 你道有多大？东西二百里，南北一百二十里，周围五百里，广三万六千顷（《古今小说·钱秀才》）。

(4) 如今请人做满月，开宴六七日，并无三寸长一寸阔的请帖儿到我（《古今小说·金玉奴》）。

(5) 却原来是一尺阔三尺长的一个小轴子（《古今小说·滕大尹》）。

这一时期的模糊比况式，不仅数量猛增、随处可见，而且比况的格式也呈现多样化的势头。为列示这些格式，拟采用两个符号：N_1——表示被表述物体（可为名词、名词性短语、量词或数量短语，其下用“·”号标明），N_2——表示用以比况的物体（可为名词、名词性短语、数量短语或其它词语结构，其下用“△”号标明）；格式中其它部分，用本字。

1. “大小”式——式中有“大小”字样。

1_a. “N_2·大小·N_1”——N_1充当被修饰语，“N_2·大小”作修饰语。如：

(1) 只见有豆粒大小一个臭虫叮他师父（《西游记·四六》）。

1_b. “N_1·有（如）·N_2·来·大小”——N_1充当主语，“有（如）·N_2·来·大小”做谓语。“来”表约数。如：

(2) 仙桃树上结得一个大桃子，有碗来大小（《西游记·四六》）。按：“碗来大小”，即“象碗那么大”，或“跟碗差不多大小”。

(3) 从水上流下一片大石，如席来大小（《新刊全相评话·武王伐纣书》）

1_c. “N_1·大小·如·N_2”——N_1 充当主语，“大小·如·N_2”作谓语。如：

(4) 四角锲上亦有金铎，大小如一石甕子（《洛阳伽蓝记·城内》）

2. “大”式——式中有“大”字。

2_a. “N_2·大·（的）·N_1”——N_1 充当被修饰语，“N_2·大”作修饰语。修饰语与被修饰语之间，或有“的”，或无“的”。如：

(1) 这是锦片的一团美意，也是天大的一桩事情（《古今小说·金钗钿》）按：“天大的事”为比喻义。

(2) 小女背后做出天大事来（《古今小说·闲云庵》）。按：“天大事”为比喻义。

(3) 平时酒杯往来，如兄若弟，一遇虱大的事，才有些利害相关，便尔我不相顾了（《古今小说·吴保安》）。按：“虱大的事”为比喻义。

(4) 拳头大块空中舞，路上行人只叫苦（《清平山堂话本·董永遇仙传》）。

(5) 上放着一颗桂圆大的珠子，光华耀目（《红楼梦·九二》）。

(6) 那鼻涕眼泪把一个砌花锦边的褥子已湿了碗大的一片（《红楼梦·九七》）。

(7) 把这四样水调匀了，丸了龙眼大的丸子，盛在旧瓷坛里（《红楼梦·七》）。

(8) 到晚间脱了衣服，只见肋上青了碗大的一块（《红楼梦·三〇》）。

(9) 制台一看是手折，上面写的都是黄豆大的小字（《官场现形记·五三》）

2_b. "N_2·来·大·（的）·N_1"——N_1 充当被修饰语，"N_2·来·大"作修饰语，与被修饰语之间或有"的"或无"的"。"来"表约数。如：

（10）我若负了你情意，生碗来大疔疮（《金瓶梅·八》）。

（11）便走到土库门前，见一具胳膊来大三簧锁锁着土库门（《古今小说·宋四公》）

（12）一张时，见一条吊桶来大的蟒蛇睡在床上（《古今小说·雷峰塔》）。

2_c. "N_2·许·大·N_1"——N_1 充当被修饰语，"N_2·许·大"作修饰语。"许"表约数，与 2_b 式中的"来"大致相当。如：

（13）我言国家大事，有安社稷功，止得线许大官，汝何等人，反在我上（《宋史·弥德超传》）。按："线许大"修饰"官"，为比喻义。

（14）有斛许大蚁死在穴中（《太平广记·桓谦》）。

2_d. "N_1·有（如）·N_2·大"——N_1 充当主语，"有（如）·N_2·大"作谓语。如：

（15）馒头足有斗大（《西游记·四〇》）。

（16）打大前儿，河里就淌凌，凌块子有间把屋子大（《老残游记·一二》）。

（17）树边便起一瘤，如拳大（《南史·张邵附徐嗣伯》）。

（18）手中托一丸仙药，如鸡卵大（《古今小说·张道陵》）。

2_e. "N_1·如（共）·N_2·许·大"——"许"表约数。其余略同于 2_d 式。如：

（19）两耳及鼻孔中皆有黄金，如枣许大（《搜神记·一五》）。

（20）公乃下，以一指提上，与房共饮之，酒器如拳许大，饮之至暮不竭（《太平广记·壶公》）。

（21）药如鸡卵许大（《太平广记·张守一》）。

（22）近岁有一男子，既贫且贱；于上吻忽生一片赘肉，如展两手许大，下覆其口（《太平广记·赘肉》）。

（23）中正有一大孔，透见那畔之空，其孔远见，如笠子许大（《入唐求法巡礼行记》）。

（24）白即云："背共屋许大，肚共碗许大，口共盏许大，众人射不得。"皆云："天下何处有物共盏许大口而背共屋许大者？定无此物，必须共赌。"白与众赌讫，解云："此是胡燕窠。"（《太平广记·侯白》）

2_f. "N_1·似（有·犹如）·N_2·来·大"——"来"表约数。其余同 2_d、2_e 式。如：

（25）近来愁似天来大，谁解相怜，谁解相怜；又把愁来做个天（《全宋词·辛弃疾：丑奴儿》）

（26）我说起来，冤有天来大，仇有海样深（《西游记·九》）。

（27）扑地一声，跳出一只吊睛白额斑烂猛虎来，犹如牛来大（《金瓶梅·一》）。

2_g. "N_1·似·N_2·样·大"——"样"有代词性，犹"那样""那么"。其余略解于 2_d、2_e、2_f 二式。如：

（28）内育仙胞，一日迸裂，产一石卵，似圆球样大（《西游记·一》）。

2_h. "N_1·大·如·N_2"——N_1 充当主语；"大·如·N_2"作谓语。如：

（29）得茧百二十头，大如瓮（《搜神记·一》）。

（30）时有一物，大如水牛（《搜神记·四》）。

(31) 汉元帝永光二年八月，天雨草而叶相樛结，大如弹丸（《搜神记·六》）。

(32) 明日，见其迹大如斛，行数里，还入河（《搜神记·六》）。

(33) 建业有妇人，背生一瘤，大如数斗囊，中有物如茧栗（《搜神记·二〇》）。

(34) 小夫人将一串一百单八颗西珠数珠，颗颗大如鸡豆子，明光灿烂（《宋元明话本小说选·志诚张主管》）。

(35) 其花大如丹盘；玉色灿烂（古今小说·灌园叟）。

(36) 忽见面前一双玉色蝴蝶，大如团扇（《红楼梦·三七》）。

3. "……相似"式——式中有"……相似"字样。

"N_1·小·做·N_2·相似"——N_1充当主语，"小·做·N_2·相似"作谓语。如：

(1) 他将那宝贝颠在手中，叫"小！小！小！"那时就小做一个绣花针儿相似（《西游记·三》）。

4. "……若"式——式中有"……若"字样。

"有·N_2·若·者"——"者"指代N_1，充当被修饰语，"N_2·若"作修饰语。如：

(1) 淘一日约得四五分，此法桔槔之苦，漏金多矣。因向淘者购取三四枚有黄豆若者。而淘者曰："犹有蚕豆若者。"此盖所谓豆金，非沙中之屑金也（《适可斋记行·勘旅顺纪》）。按："黄豆若者"，即"象黄豆那么大的金块"；"蚕豆若者"，即"象蚕豆那么大的金块"。

5. "类……然"式——式中有"类……然"这种固定格式。

"N_1·类·N_2·然"——N_1充当主语，"类·N_2·然"做谓语。如：

(1) 八点钟开车过桑代那歌，地属法国，乃康熙二十三年蒙古王亚郎克散所让给者。居民三万，四境皆英地，蕞尔十余里介乎其间，诚类弹丸黑子然（《适可斋记行·南行记下》）。

6. “粗细”式——式中有“粗细”字样。

6_a. “N_1·N_2·来·粗细”——N_1充当主语，“N_1·来·粗细”做谓语。如：

（1）耳中取出宝贝，幌一幌，碗来粗细（《西游记·四》）。

（2）把那针儿幌一幌，碗来粗细（《西游记·十四》）。

（3）把耳朵里铁棒取来，迎风捻了一捻，就碗来粗细（《西游记·四四》）。

6_b. “似N_2·来·粗细·的·N_1”——N_1充当被修饰语，“似·N_2·来·粗细”作修饰语。修饰语与被修饰语之间有“的”。如：

（4）手里拿着一条铁棒，就似碗来粗细的一根大扛子（《红楼梦·七四》）。

7. “细”式——式中有“细”字。

“N_1·细·如·N_2”——N_1充当主语，“细·如·N_2”作谓语。如：

（5）有仙人枣……核细如针（《洛阳伽蓝记·城内》）

8. “粗”式——式中有“粗”字。

“N_2·来·粗·N_1”——N_1充当被修饰语，“N_2·来·粗”作修饰语。如：

（6）只见房中盘着一条吊桶来粗大白蛇，两眼一似灯盏（《古今小说·雷峰塔》）。

9. “如……比”式——式中有“如……比”这种固定格式。

“N_1·如·N_2·比”①——N_1充当主语，“如·N_2·比”作谓语。如：

(7) 呜呼！士穷乃见节义，今夫平居里巷相慕悦，酒食游戏相征逐，诩诩强笑语以相取下，握手出肺肝相示，指天日涕泣，誓生死不相背负，真若可信。一旦小利害，仅如毛发比，反眼若不相识，落陷井不一引手救，反挤之，又下石马者，皆是也（《韩昌黎集·柳子厚墓志铭》）。

有时，表述一个物体的大小，可以同时使用确切表述式和模糊比况式。如：

(8) 拿出外面，只有二丈长短，碗口粗细（《西游记·三》）。按："二丈长短"为确切表述式，"碗口粗细"为模糊比况式。

从物体大小两种表述方式的发展轨迹看，模糊比况式在近代汉语中得到了长足的发展。究其原因，与近代口头文学的兴起有关，这种表述方式生动形象，带有明显的口语特色。模糊比况式的多样化，正体现了语言的表述方式由简略到详备的发展规律。

（原载《北京师范大学学报》1993 年第 4 期）

古代短时词语的构成方式

“寸金难买寸光阴”，表明时间的可贵。所以，自古以来，人们时常感，叹时间的短暂易逝。在古代散文、诗词、小说中，表示时间短暂的词语——短时词语，极其丰富，难以尽举。本文根据已经搜集到的资料，将短时词语的构成类型归纳为五类。

（一）本身带有“片时”“迅疾”义的词，或单独用作短时词语，或与其它词或词素结合成为短时词语。如：

（1）弘霸惧，援刀自刳腹死，顷而蛆腐。（《新唐书·郭弘霸传》）

（2）居顷之，石建卒。（《史记·李将军列传》）

（3）顷间，琚等从玄宗至楼上。（《旧唐书·王琚列传》）

（4）顷然，有奇女坠地。（《柳河东集·谪龙说》）

（5）恨不能学个缩地法，顷刻到家。（《古今小说·珍珠衫》）

（6）顷刻间摘下许多。（《宋元明话本小说选·灌园叟晚逢仙女》）

（7）顷之，烟炎张天。（《资治通鉴·汉纪·献帝建安十三年》）

（8）少顷之间，丫环掌灯过来。（《宋元明话本小说选·卖油郎独占花魁》）

（9）俄氛雾四起，混然一白。（《吴船录·上》）

（10）徐鼓箜篌而歌，哀声入云。行路听者，俄而成市。（《洛阳伽蓝记·城南》）

（11）走向东北，俄尔不见。（《晋书·五行志下》）

（12）蛾而大幸，为婕妤。（《汉书·孝成班婕妤传》）

（13）俄然雾起，浮图遂隐。（《洛阳伽蓝记·城内》）

（14）俄顷风定云墨色，秋天漠漠向昏黑。（《杜工部集·茅屋为秋风所破歌》）

(15) 徵村切里，俄刻十催。(《南齐书·竟陵王（萧）子良传》)

(16) 于是群情喜悦，登即四散。(《魏书·尔朱荣列传》)

(17) 成仓猝莫知所救，顿足失色，旋见鸡伸颈摆扑。(《聊斋志异·促织》)

(18) 行之未久，旋即厘改。(《宋史·范仲淹传》)

(19) 倏忽数百，千时俄顷。(《文选·郭景纯：江赋》)

(20) 即今倏忽已五十。(《杜工部集·百忧集行》)

(21) 倏然变阴黑，烈烈鸣窗风。(梅尧臣《师厚明日归南阳夜坐有怀》)

(22) [青衣小儿] 乃发声而泣，倏然不见。(《搜神记·一八》)

(23) 别卿以来，倏焉二载。(《魏书·崔挺传》)

(24) 社中神狐倏闪闪，脑尾分磔垂弓櫜。(曾巩《一鹗》)

(25) 倏闪之间，云阵四合。(牛僧孺《玄怪录·岑顺》)

(26) 寻琼宫于倏瞬，望银台于须臾。(谢庄《舞马赋》)

(27) 虽宅宙之宏远，倏俄顷而屡经。(《初学记·湛方生：风赋》)

(28) 佗遂下手，所患寻差。(《三国志·魏书·华佗传》)

(29) 坐须臾，沛公起如厕。(《史记·项羽本纪》)

(30) 须臾之间，只见风伯招风雨师降雨。(《古今小说·张道陵》)

(二) 在时间性词语前面（偶或在后面）加上"无""未""不""不多""少""浅""寡""片""劣"等否定性词语或表少类词语，构成短时词语（"几""何""几何"古代有时为时间性词语）。如：

(1) 人之生乎地上之无几何也，譬之犹驷驰而过隙也。(《墨子·兼爱》)

(2) 上无礼，下无学，丧无日矣。(《孟子·离娄上》)

(3) 寺门无何都崩。(《洛阳伽蓝记·城西》)

(4) 视事日寡，辅政未久。(《汉书·平当传》)

(5) 今钦点为巡盐御使，到任未几。(《红楼梦·第二回》)

(6) 不久吾尸必出墓矣。(《古今小说·羊角哀》)

(7) 不一日，来到姑苏地方。(《古今小说·柳七官》)。

(8) 到郡不二日而受其祸。(《清平山堂话本·川萧琛贬霸王》)

(9) 不一时只见三个奶妈并五六个丫环拥着三位姑娘来了。(《红

楼梦·第三回》)

(10) 你不日就要赴任，我有多少话与你说。(《红楼梦·第九十六回》)

(11) 不多时，摆上了饭。(《红楼梦·第十一回》)

(12) 不多一时，也自睡觉去了。(《红楼梦·第十回》)

(13) 少间，买市罢。(《古今小说·史弘肇》)

(14) 少刻，文帝呼近御臣宣冯唐入阁中。(《清平山堂话本·老冯唐直谏汉文帝》)

(15) 少时，三人下轿。(《红楼梦·第十三回》)

(16) 老身暂去，少停就来。(《古今小说·珍珠衫》)

(17) 少憩片时，忽然狂风大作。(《古今小说·张道陵》)

(18) 其女魅病，劣时便除。(《敦煌变文集·叶净能诗》)

(三) 用人体四肢、五官某些动作的快速易行，如一俯一仰、一顾一盼、一呼一吸、一拈指、一眨眼、一转睛，一掉头、一伸足、一闪念等，比喻时间的短暂。由表示此类动作的短语构成短时词语。如：

(1) 去此若俯仰，如何似九秋？(《先秦汉魏晋南北朝诗·阮籍：咏怀》)

(2) 景物易流徙，今古同俯仰。(王慎中《游白鹿洞》)

(3) 俯仰间，万事总成陈，新愁结。(《全宋词·赵必豫：满江红·和李自玉蒲节见寄韵》)

(4) 即今相逢两幻质，转盼变灭如飞烟。(《剑南诗稿·记梦》)

(5) 周流八极，万里一息，何其辽哉！(《文选·王子渊：圣主得圣臣颂》)

(6) 有奇字素无备者，旋刻之，以草火烧，瞬息可成。(《梦溪笔谈·技艺》按：瞬息，一转瞬一呼吸的功夫。)

(7) 瞬息间又乐极生悲。(《红楼梦·第一回》)

(8) 宇宙一瞬息，人生等浮云。(《朱文公文集·再赋解嘲》)

(9) 去往由如弹指顷，乘云往返疾如风。(《敦煌变文集·目连缘起》按：弹指，或谓佛教用语。)

(10) 光阴拈指，却当七日正会。(《西游记·第十二回》)

(11) 时光迅速，日月如梭。拈指之间，在家中早过了一月有余。

（《古今小说·志诚张主管》）

（12）连饮三钵，撚指却早酒带半酣。（《三国志平话·上》）

（13）话说武松从搬离哥家，撚指不觉雪晴。（《金瓶梅·第二回》）

（14）日夜挂心，撚指又过了半月。（《古今小说·任孝子烈性为神》）

（15）四时光景急如梭，一岁光阴如撚指。（《醒世恒言·卖油郎独占花魁》）

（16）今岁时羊恰好，眨眼是秋成。（《全宋词·吴潜：水调歌头·出郊玩水》）

（17）此时是十月天气，日正短，转眼便晚了。（《水浒·第三一回》）

（18）残红转眼无寻处，尽属蜂房燕户。（《陆游集·杏花天》）

（19）正是光阴似箭，转眼间腊尽春来。（《官场现形记·第二十一回》）

（20）他又在汉子根前戳舌儿，转过眼就不认了。（《金瓶梅·第十一回》）

（21）观古今于须臾，抚四海于一瞬。（《文选·陆机〈文赋〉》）

（22）转瞬荣枯，真似春云秋叶一般。（《红楼梦·第九十二回》）

（23）三千逆数到春秋，战国兴亡一转眸。（《浪语集抄·宿大城寺与寺僧行都子坟城》）

（24）转瞬间有甲士牵板奴来，立于李座前坎中。（九篇集·李福进）

（25）三十年前事总记得，眼前事转头忘了。（《新刻袖中锦》）

（26）与人共计议，云何才转背便卖恶于人？（《宋书·蔡廓传》）

（27）人间转面非，清魂殁犹共（宛陵集·椹涧昼梦）

（28）方转念间，忽狂风大作，波浪掀天。（《异骊稗编·鼋将军显灵》）

（29）虽有强国劲兵，不得还（xuan）踵而身为擒。（《汉书·徐乐传》按：还踵，犹言转足之间。）

（30）委命沟壑，展足可待。（《於陵子·辩穷》按：展足，举步。）

（31）因为你要拜徐大人的门，你那天托我之后，我跟手就来看博翁。（《官场现形记·第二十八回》）

有一部分短时词语，由第（一）类短时词语与第三类短时词语结合而成。如：

(1) 年挥忽而莫反，时瞬霎其如电。(《全梁文·梁武帝：孝思赋》按：瞬，此为一转眼珠功夫；霎，一会儿。)

(2) 寻琼宫于倏瞬，望银海于须臾。(《宋书·谢庄列传》按：倏，一刹那。)

(3) 出门转眄正陈迹，药饵扶吾随行之（《杜工部集·晓发公安》)

(4) 可怜台上谷，转目已阴繁（临川集·咏谷）

还有些短时词语，为第（二）类结构方式与第（三）类短时词语相结合的产物，即用“不”“未”等否定词加于表示五官活动的短时词语之前构成新的短时词语。如：

(1) 不一瞬间，烟开云霁，峰岫层出。(《寓简》)

(2) 凡人之暂无本实有。无，未转瞬，有已随之。(《广弘明集·形神论》)

还有一种短时词语，也是用否定词加在表示某些动作的词语前构成的。如：

(1) 不顿饭时，已看了好几出了。(《红楼梦·第二十三回》)

(2) 没两盏茶时，宝玉又来了。(《红楼梦·第二十回》)

(3) 吹不了半只曲儿，忽见个侍女推门而入。(《古今小说·闲云庵》)

（四）用某种物体（多是圆形物体或球体）运动或变化的迅速，表示时间短暂。由表现这些运动和变化的动词短语构成短时间词语。如：

(1) 昔高祖纳善不及，从谏若转环。(《汉书·梅福传》)

(2) 盛色如转环，夕阳落深谷。（刘商《铜雀妓》按：盛色如转环：美好的容颜象转环那样快速地消失。)

(3) 贼卓乱王室，君臣如转环。(陆龟蒙《奉和袭美二游·徐诗》

按：君臣，君臣易位。）

（4）其取进也，顺倾转圆，不足以喻其便；逡巡放屣，不足以况其易。（《后汉书·蔡邕传》）

（5）碌碌复碌碌，百年双转毂。（贾岛《古意》按：毂，车轮的中心，在此也可理解为车轮。喻百年时间象转动车轮一样短暂。）

（6）时不留乎激矢，生乃急于走丸。（鲍照《观漏赋》按：走丸：球形物的滚动。）

（7）即日罢退高安侯董贤，转漏之间，忠策辄建，纲纪咸张。（《汉书·王莽传》按：时用铜壶滴漏计时。转漏，一次滴漏前后转移之顷刻）

（8）世情恶衰歇，万事随转烛。（杜甫《佳人》按：转烛，风中烛影的闪动。）

（9）忽然看见三官气象一新，唬了一跳，飞风儿报与老鸨。（《醒世通言·第二四回》）

（10）早有人报知盛公子，盛公子飞风儿出来。（《歧路灯·第四十四回》）

（五）将表示早晨和表示晚上的两个时间词连接起来，构成短时词语。常见的有“旦暮”“朝夕之中”“朝暮”“旦夕”“旦夕间”“旦晚”“早[蚤]晚”“昏旦”“昏夙”等。

（1）魏且旦暮亡矣。（《战国策·韩策一》）

（2）今王与耳旦暮且死，而公拥兵数万，不肯相救。（《史记·张耳陈余列传》）

（3）我汉家老寡妇，旦暮且死，欲与此玺俱葬，终不可得。（《汉书·元后传》）

（4）扰扰纷纷旦暮间，经营闲事不曾闲。（《全唐诗·元稹·余杭周从事…》）

（5）今病在於朝夕之中，臣奚能言？（《吕氏春秋·贵公》）

（6）太仆定有死罪数事，朝暮人也。（《汉书·杨恽传》）

（7）蒲苇一时纫，便作旦夕间。（《玉台新咏·古诗为焦仲卿妻作》）

（8）今复睹此文，旦夕当下笔。（苏轼《答孙志康书》）

(9) 老夫…年逾八旬，死在旦夕。(《古今小说·滕大尹》)

(10) 我旦夕死人，安用宝为？(《资治通鉴·晋纪·安帝隆安五年》)

(11) 拙夫已寻屋在城，只在旦晚就搬。(《古今小说·新桥市》)

(12) 公且备物，仆乘间言之，旦晚当有报命。(《聊斋·局诈》)

(13) 我这条性命只在早晚，必然难保。(《古今小说·葛令公》)

(14) 看他左右只在早晚要死，不若趁此机会杀了，去山下掘个坑埋了。(《古今小说·沈小官》)

(15) 新诚耿十八，病笃，自知不起，谓妻曰："永诀在早晚耳。"(《聊斋·耿十八》)

(16) 我本有个伙伴，在后面走着，大约早晚也就到。(《儿女英雄传·第五回》)

(17) 列位高邻息怒，不必说得，蚤晚就着他搬去。(《古今小说·新桥市》)

(18) 痛彼道边人，形骸改昏旦。(杜甫《苦热遣怀奉呈阳中丞》)

(19) 因思千古同昏旦，几席羹墙尚宛然。(顾炎武《意有未尽再赋四章·其一》)

(20) 劳劳薄领头班白，承务酬官在昏夙。(张养浩《赠刘仲宪》)

(21) 人生不得似龟鹤，少去老来同旦暝。(《全唐诗·白居易：和雨中花》)

除以上五类外，还有一些短时词语暂时难以归类。如：

(1) 莽召问群臣禽贼方略，皆曰："此天囚行尸，命在漏刻。"(《汉书·王莽传》)

(2) 角城高垒，指日沦陷。(《南史·齐本纪》)

(3) 你若不还，我叫你目前流血。(《水浒·第十四回》)

(4) 允闻之，谓著作郎宗钦曰："闵湛所营，分寸之间恐为崔门万世之祸，吾徒无类矣。"未几而难作。(《北史·高允传》)

表示短时，有正面表述者，一如上述几类。也有用反诘形式表述者，如；"人生几何?""富贵荣华能几时?""岁月如流，平生何几?""青春貌美能几日?"关于这种短时词语，我在《多少与久暂》一文（载《古汉语研究》1991 年第 2 期）中罗列甚详，此不赘述。

正如本文开头所说；人们珍惜光阴，又时常感慨人生的短暂，时光的易逝；也时常记叙世事或自然景色的瞬息万变。这些，是汉语中短时词语极为丰富的根本原因。

表现短时，除用本身具有短时义的词语外，还用人体器官动作的简易快速，和某些物体运动的快速，来比喻时间的短暂，具有就近取譬、生动易懂的特点。至于日出日落，日复一日，更使人们普遍感受到时光的快速，用表示早晨和表示晚上的一对词来表示时光短暂，更有其心理的或文化的基础。

最后要指出的一点是，短时词语是个模糊概念，究其深层语义，有的可能指几天甚至若干年，有的则指几分钟几秒钟乃至更短时间。我们之所以统称之为短时词语，是因为它们在说话人的意念中都有表示时间短暂的，都可以用“一会儿”“不久”“很快”“没多久”“不一会功夫”“一下子”等去对译。

（原载《镇江师专学报》1993 第 1 期）

古汉语表年龄的语词及其文化背景

古汉语有关人的年龄的表述方式，较常见的、与今相差无多的有以下几种：数词+“岁”、单用数词、“年”+数词、“年”+数词+“岁”、数词+“龄”等。如：

（1）万有千岁，眉寿无有害。（《诗经·鲁颂·閟宫》）

（2）四十、五十而无闻焉，斯亦不足畏也已。（《论语·子罕》）

（3）孔子卒，年七十三。（《史记·孔子世家》）

（4）卫玠年五岁，神衿可爱。（《世说新语·识鉴》）

（5）通子垂九龄，但念梨与栗。（《陶渊明集·责子》）

关于年长与年幼，古人常以“长”“幼”表示，年纪大些与年纪小些，则用“少长”表示，少年时期与进入老龄，又用“少壮”与“老大”等表示。如：

（1）问国君之年，长，曰能从宗庙社稷之事矣；幼，曰未能从宗庙社稷之事也。（《礼·曲礼下》）

（2）沛公曰：“孰与君少长？”良曰：“长于臣。”（《史记·项羽本纪》）

（3）少壮不努力，老大徒伤悲。（《文选·古辞·长歌行》）

此外，我们发现古汉语中还有一些较为特殊的年龄表述方式，其中蕴含着社会礼制的、民俗的乃至心理方面的诸多文化现象。

一　年龄表述与人的头发

头发总是随着年龄的增长而发生变化的，所以在年龄与头发之间，经常出现互代的情况。“年龄”被称作“年发”或“年鬓”，“童年”被称作“童发”，“晚年”被称作“晚发”。

(1) 共此伤年发，相看惜去留。(《全唐诗》骆宾王《秋日送别》)

(2) 老少异时，盛衰殊日，虽佩恩宠，还羞年鬓。(《全上古三代秦汉三国六朝文·全梁文》萧子范《到临贺王府笺》)

(3) 童发慕道心，壮年随尘机。(《全唐诗》鲍溶《感兴》)

(4) 未应悲晚发，炎瘴苦华年。(《全唐诗》张子容《永嘉作》)

人的年龄用头发来表述，大致体现在三个方面。

其一，以头发的不同颜色表述年龄。“二毛”指黑发与白发参半的老年人，“华发”“华颠”“华首”“华鬓”指头发斑白的老年人，“白首”“垂白”指白发苍苍、白发下垂的老年人，“黄发”指头发白久变黄的老年人。

(1) 君子不重伤，不禽二毛。(《左传·僖公二十二年》)

(2) 伏惟幕府初开；博选精英，华发旧德，并为元龟。(《蔡中郎集·荐边文礼书》)

(3) 唐且华颠以悟秦，甘罗童牙而报赵。(《后汉书·崔骃传》)

(4) 又多征名儒，以充礼官……故朝多皤皤之良，华首之老。(《后汉书·樊准传》)

(5) 顾惭华鬓，负影只立。(《陶渊明集·命子》)

(6) 髫发厉志，白首不衰。(《后汉书·伏湛传》)

(7) 结发起跃马，垂白对讲书。(《鲍氏集·拟古》)

(8) 黄发垂髫，并怡然自乐。(《陶渊明集·桃花源记》)

其二，用发形、发式表述年龄。

“髦”是“鬏”的假借字。《说文》：“鬏，发至眉也。”即幼儿下垂至眉的短头发。故称童年为“童髦”。

(1) 夫幼智之人材智精达，然其在童髦皆有端绪。(《人物志·七缪》)

“髫”指儿童下垂的头发。《集韵》：“髫，髫髦，童子垂发。”故“髫”及一系列含“髫”的词语“髫髻”“髫龀”“垂髫”“髫辫”“髫发”“髫龄”“髫年”“髫丱”等都用来指小孩和幼年。

(1) 益既髫，叔父呼而谓曰：“而犹能象父颐颔乎?”(《九龠集·先府君本传》)

(2) 始在髫髻，而知廉让；十岁就学，能通诗论。(《后汉书·周燮传》)

(3) 髫龀夙孤，不尽家训；及就学庐，便受大典。(《后汉书·边让传》)

(4) 臣垂髫执简，累勤取官。(《三国志·魏书·毛玠传》)

(5) 慧心朗识，发于髫辫。(《广弘明集》谢灵运《昙云法师诔》)

(6) 龆龀髫发，夙智早成。(《庾子山集·柳遐墓志》)

(7) 筠抱显于髫龄，兰芬凝于丱齿。(《王子安集·四分律宗记序》)

(8) 因戏成塔，发自髫年；仁心救蚁，始于丱岁。(《全唐文》李百药《化度寺故僧邕禅师舍利塔铭》)

(9) 余自髫丱之年，便多闻往说，不足备之大典，故系之小说之末。(《隋唐嘉话·序》)

“鬌”，指古时小儿剪发时留下不剪的头发。《礼记·内则》：“子生三月之末，择日剪发为鬌，男角女羁。”疏：“三月剪发，所留不剪者谓之鬌。”故童年称“髫鬌”(例见上(2))“鬌剪之年”。

(1) 独夫扰乱天常，毁弃君德……挺虐于鬌剪之年，植险于髫丱之日。(《梁书·武帝纪》)

“丱”(guàn)，古时儿童的一种发式，即将头发束起成两角形。《诗·齐风·甫田》：“婉兮娈兮，总角丱兮。”朱熹集传：“丱，两角貌。”故“丱”和含“丱”的词语“丱日”“丱童”“丱岁”“丱齿”“丱角”“童丱”“丱女”等均指童年或少年时期。

(1) 大历初，宪英死，子乾运立，甫丱，遣金隐居入朝待命。(《新唐书·东夷传·新罗》)

(2) 发睿德于龆年，表岐姿于丱日。(《陈书·鄱阳王伯山传》)

(3) 至若娈婉丱童及弱年崽子，或单舟采菱，或叠舸折芰。(《水经注·滱水》)

(4) [萧复] 棹小舟，唯领一丱岁女僮。(《全唐文》温庭筠《乾𦠆子·李丹》)

(5) 筠抱显于髫龄，兰芬凝于丱齿。(《王子安集·四分律宗记序》)

(6) 自丱角未尝从人受学，操笔为戏，文皆成理。(《临川先生集·王平甫墓志》)

(7) 忆余童丱时，尝听家君言。(《震川别集·琼州张子的与余同年》)

(8) 不知徐福归何处，丱女童男泣海田。(《小畜集·笋》)

“总角”，古时未成年男女的一种发式。《说文》：“总，聚束也。”将发束为两结，形状如角，故称“总角”。“总角”以及“总发”“总丱”皆指童年与少儿。

(1) 挺宏志于总角，奋英势于弱冠。(《宋书·谢灵运传》)

(2) 总发抱孤念，奄出四十年。(《陶渊明集·戊申岁六月中遇火》)

(3) 梁朝皇孙已下，总丱之年必先入学，观其志尚。(《颜氏家训·勉学》)

“束发”，古时男孩成童，将头发束成一个发髻。故用“束发”表示儿童、少年时期。

(1) 束发而就大学，学大艺焉，履大节焉。(《大戴礼·保傅》)

(2) 束发方读书，谋身苦不早。(《全唐诗》李贺《春归昌谷》)

“羁贯”，古时成童发式，女曰羁，男曰贯。后以“羁贯”指男女幼童。“羁角”“羁丱”同此。

(1) 羁贯成童，不就师傅，父之罪也。(《穀梁传·昭公十九年》)

(2) 或问："礼难以强世?"曰："难故强世。如夷俟倨肆，羁角之哺果而啗之，奚其强?"(《法言·五百》)

(3) 方羁丱，即诵书目千言。(《新唐书·许王素节传》)

其三，用头发上的饰物等表述年龄。

"笄"，固定发髻或冕弁用的簪子。古俗女子满十五岁将头发绾起，插簪子固定之。《礼记·内则》："女子……十有五岁而笄。"故"笄"和含"笄"的词语"弱笄""初笄""笄年"都指少女成年。

(1) 既笄，归于文帝。(《晋书·后妃列传·文明皇后》)

(2) 肇自弱笄，有馥其芳，言告言归，作合于荀。(《艺文类聚》潘岳《南阳长公主诔》)

(3) 小妇赵人能鼓瑟，侍婢初笄解郑声。(《艺文类聚》梁简文帝《从军行》)

(4) 自孩提至笄年，不履堂阈。(《全唐文·唐文拾遗》王顼《唐故颍川陈夫人墓志铭》)

"冠"，帽子的总称。《说文》："冠，絭也。所以絭发。弁冕之总名也。"《释名·释首饰》："冠，贯也，所以韬发也。"古代礼俗，男子二十(或十九)岁行成人之礼，结发戴冠。据《礼记·曲礼》云，男子二十而冠，而《荀子·大略》《仪礼·士冠礼》《说苑·建本》则谓十九而冠。故称男子二十(或十九)岁为"冠""既冠""弱冠"(始加冠，体尚未壮，故曰弱。《礼记。曲礼上》："二十曰弱冠。")

(1) 逮冠，强立博览，外嗛嗛若不足，中敏力甚。(《文鉴》宋祁《冯侍讲行状》)

(2) 帝既冠，太后诏曰："昔遭不造，帝在幼冲……今归事反政，一依旧典。"(《晋书·后妃列传·康献褚皇后》)

(3) 郎中温雅，器识纯素……志成弱冠，道敷岁暮。(《文选》袁宏《三国名臣序赞》)

二　年龄表达与人的牙齿

牙齿总是随着年龄的变化而不断改变的，所以古时在年龄与牙齿间常常出现互代的情况。年龄常被称为“年齿”，老年被称为“老齿”“暮齿”，壮年、年轻时则被称作“壮齿”“茂齿”，幼年、童年又被称作“幼齿”“童齿”“童牙”“弱齿”。

(1) 舜举乎童土之地，年齿长矣，聪明衰矣，而不得休归。(《庄子·徐无鬼》)

(2) 孤寡老疾不能自存者，皆就蠲养，耆年老齿，岁时有饩。(《宋书·自序》)

(3) 信年始二毛，即逢丧乱，藐是流离，至于暮齿。(《庾子山集·哀江南赋序》)

(4) 壮齿不恒居，岁暮常慷慨。(《文选》左太冲《杂诗》)

(5) 吾已竭阴，弟非茂齿。(《周书·王褒列传》)

(6) 惟孝肃性俭约，事亲以孝闻。虽在幼齿，宗党间每有争讼，皆至孝肃所平论之。(《隋书·徐孝肃传》)

(7) 其余中流之士，或举之于淹滞，或显之乎童齿，莫不赖劭顾叹之荣。(《三国志》注引《汝南先贤传》)

(8) 唐且华颠以悟秦，甘罗童牙而报赵。(《后汉书·崔骃传》)

(9) 虽则弱齿，双德兼苞。(《艺文类聚》左芬《万年公主诔》)

“龀”，指儿童换牙，在七八岁时。《说文》：龀，毁齿也。男八月生齿，八岁而龀。女七月生齿，七岁而龀。因称七八岁的年龄为“龀”“龀毁”“童龀”“龀年”。

(1) 邻人京城氏之孀妻有遗男，始龀，跳往助之。(《列子·汤问》)

(2) 咨尔体之淑姣，嗟末命之何辜，方龀毁而总角，遭广历而逝且。(《古希楼金石萃编·魏皇女残碑》)

(3) 休志操坚正，童龀时，兄弟同学于济源别墅。(《旧唐书·裴休传》)

（4）吾龀年之时，诵咒受道于法朗道人。（《金楼子·自序》）

“龆”，也是指儿童换牙。《集韵·萧韵》：“龆，毁齿也。”故称七八岁儿童为“龆年”“龆龀”。

（1）平考殒没，我在龆年，母氏鞠育，载矜载怜。（《蔡中郎集·议郎胡公夫人哀赞》）

（2）尚希龆龀而孤，年十一，辞母请受业长安。（《隋书·杨尚希传》）

以上是用牙齿记述年龄的情况。也有将记头发特点的词和记牙齿变化的词并列起来表述年龄的，童年称“龀髫”“髫龀”“丱齿”“龆龀髫发”等，有时索性称年龄为“齿发”。

（1）子之遘闵，曾未龀髫。（《文选》潘岳《杨仲武诔》）

（2）公髫龀知礼，早年驰誉。（《庾子山集·郑堂墓志铭》）

（3）筠抱显于髫龄，兰芬凝于丱齿。（《王子安集·四分律宗记序》）

（4）龆龀髫发，夙智早成。（《庾子山集·柳遐墓志铭》）

（5）齿发蹉跎将五十，关河迢递过三千。（《长庆集·十年三月三十日别微之》）

三　年龄表述与人的视力、体力

人的视力强弱好坏，与年龄也密切相关，因而也可以用来表示年龄。

“眊”，两眼昏花，视物不清。《说文》：“眊，目少精也。”《孟子·离娄上》：“胸中正，则眸子瞭眊；胸中不正，则眸子焉眊。”赵岐注：“眊者，蒙蒙不明之貌。”人老，视力衰退，两眼昏花，故老年称“眊”“老眊”。

（1）及眊悼之人，刑罚所不加，圣王之制也。（《汉书·平帝纪》）

（2）朕嘉孝弟，力田，哀夫老眊孤寡鳏独或匮于衣食，甚怜愍焉。（《汉书·武帝纪》）

人的体力强弱更与年龄密切相关。婴儿或年少称“弱”，幼年或少年称“弱口”“弱龄”“弱辰”“弱年”“弱岁”等，长大后或成年则称“壮”“壮齿”“壮年”。而老年则称“颓龄”“颓年”。

(1)［黄帝］生而神灵，弱而能言，幼而徇齐，长而敦敏，成而聪明。(《史记·五帝本纪》)

(2) 悉没入弱口为奴婢。(《后汉书·西羌传》)

(3) 弱龄好古，晚节逾厉。(《隋书·辛德源列传》)

(4) 伊皇祖之弱辰，逢时艰之孔棘。(《沈隐侯集·郊居赋》)

(5) 容貌甚美，弱年有器望。(《北齐书·高祖十一王列传》)

(6) 弱岁受学于南阳刘虬，强记敏识，出于群辈。(《梁书·庾承先传》)

(7) 及壮，试为吏，为泗水亭长。(《史记·高祖本纪》)

(8) 壮齿不恒居，岁暮常慷慨。(《文选》左太冲《杂诗》)

(9) 勤役未云已，壮年徒为空。(《文选》袁阳源《效古》)

(10) 弱质难恒，颓龄易丧。抚须生悲，视颜自伤。(《宋书·谢灵运传》)

(11) 岁岁依穷海，颓年惜故阴。(《全唐诗》刘长卿《酬张夏》)

四 年龄表述与人的皮肤

年老的人，背部皮肤粗糙多皱，犹如鲐鱼之皮，后以“鲐”“鲐背”“鲐皮”“鲐叟”“鲐老”表示年老或老人。

(1) 驱鲐稚于淮曲，暴鳏孤于泗濆。(《宋书·谢灵运传》)

(2) 昔申涪鲐背，方辞东国。(《周二·沈重列传》)

(3) 鲐皮识仁惠，丱角知靦耻。(《全唐书》李贺《昌谷》)

(4) 苇杖霑仁，鲐叟攀轮而不暇。(《全唐文》王勃《乾元殿颂》)

(5) 笑云鲐老不为礼，飘萧雪鬓双垂颐。(《全唐诗》郑嵎《津阳门》)

五　年龄表述与人的养育

婴幼儿食乳，并在襁褓中，或在大人的怀抱中，所以，婴幼儿时期称“孩乳”“襁抱”“孩抱”。

(1) 延从女弟年在孩乳，其母不能活之，弃于沟中。(《后汉书·虞延传》)

(2) 邓太后以殇帝襁抱，远虑不虞，留庆长子佑与嫡母耿居清河邸。(《后汉书·清河孝王庆传》)

(3) 一儿方孩抱，终日泣呱呱。(《归庄集·伤家难作》)

六　年龄表述与文献

某种文献上与年龄有关的说法，往往被广泛运用开去，加以固定化，成为某种年龄的代称。《论语·为政》：“吾十有五而志于学，三十而立，四十而不惑，五十而知天命，六十而耳顺，七十而纵心所欲，不逾矩。”后来便称十五岁为“志学”，三十岁为“立”“立年”“而立”，四十岁为“不惑”，五十岁为“知命”“知命之年”，六十岁为“耳顺”，七十岁为“纵心”。

(1) 年在志学，谋过老成。(《曹子建集·武帝诔》)

(2) 吾年已过立，未露官伍。(《宋书·孔觊列传》)

(3) 王武子以上将开府，未满立年。(《庾子山集·周上柱国齐王宪神道碑》)

(4) 令阁方当而立岁，贤夫已近古希年。(《侯鲭录·东坡再谪惠州》)

(5) 行行向不惑，淹留遂无成。(《陶渊明集·饮酒》)

(6) 吾今年四十有四，介已知命，侯又杖乡。(《徐孝穆集·与杨仆射书》)

(7) 自弱冠涉乎知命之年，八徙官而一进阶。(《文选》潘岳《闲居赋序》)

(8) 徐州刺史吕虔檄为别驾，祥年垂耳顺，固辞不受。(《晋书·王祥列传》)

(9) 年逾纵心，功遂身亡。(《广弘明集》谢灵运《庐山慧远法师诔》)

“强仕”，《礼记·曲礼》：“四十曰强而仕。”这是说男子年四十，智力体力皆强，可以出仕。后以“强仕”为四十岁的代称。

(1) 且年甫强仕，方申才力，摧苗落颖，弥可伤惋。(《梁书·张缅传》)

(2) 欲成大器，殊未为迟。况年方强仕，政入官时。(《全宋词》无名氏《满庭芳·寿张》)

“致事”，语出《礼记·曲礼上》“大夫七十而致事”，义即“还禄位于君”“致其所掌之事于君而告老”。也作“致仕”。后以此作为七十岁的代称。

(1) 司空瓘年未致仕，而逊让历年。(《晋书·卫瓘列传》)

(2) 既位极人臣，年逾致仕，思欲退仕。(《晋书·陈骞列传》)

“悬车”，《白虎通·致仕》：“臣年七十悬车致仕者，臣以执事趋走为职，七十阳道极，耳目不聪明，跂踦之属，是以退老去避贤者……悬车，示不用也。”《文选》蔡邕《陈太丘碑文序》：“时年已七十，遂隐丘山，悬车告老。”古人七十岁辞官归家，废车不用。后称七十岁为“悬车”，又作“悬舆”。

(1) 尚之清忠贞固，历事唯允。虽年在悬车，而体犹充壮。(《宋书·何尚之列传》)

(2) 度以年及悬舆，王纲板荡，不复以出处为意。(《旧唐书·裴度传》)

“古稀”，《杜工部草堂诗笺·曲江》：“酒债寻常行处有，人生七十古来稀。”后称七十岁为“古稀”“稀寿”“稀年”。

(1) 弟年近古稀矣，单身行游，只为死期日逼。(《焚书·答刘晋川书》)

(2) 自涉稀寿来，疑道无多岁月。(《全宋词》程大昌《好事近·生朝纪梦》)

(3) 蟾宫客，未老得清闲，寿算过稀年。(《全宋词》无名氏《最高楼·寿人七十二》)

“舞勺”，古代文舞的一种。《礼记·内则》：“十有三年，学乐、诵诗、舞勺。成童，舞象。”注：“先学勺，后学象，文武之次也。”疏：“舞勺者，勺，籥也，言十三之时，学此舞籥之文舞也。”后来，未成年之时便称“舞勺”。

(1) 追念舞勺时，已识栖鸾人。(《元宪集·余卧病畿邑御史王君……特见存访》)

(2) 张梦晋名灵，盖正德时吴县人也……当舞勺时，父命灵出应童子试。(《笔记小说大观·张灵崔莹合传》)

“舞象”，古武舞名。《礼记·内则》：“成童，舞象，学射御。”疏：“成童，谓十五以上。”后称十 五岁或成童为“舞象之年”。

(1) 臣舞象之年，鼓箧鳣序。(《周易略例序》)

“幼学”，《礼记·曲礼上》：“人生十年曰幼，学。”郑玄注：“名曰幼，时始可学也。”后因称十 岁为“幼学之年”。

七 年龄表述与两数相乘

甩两个数词（乘数与被乘数）并列，表示年龄（两数之积）。比如用“二七”表示十四岁，“二八”表示十六岁，“三六”表示十八岁等。

(1) 年时二七犹未笄，转顾流眄鬟鬓低。(《乐府诗集》陈后主叔宝《东飞伯劳歌》)

(2) 二八佳人细马驮，十千美酒渭城歌。(《分类东坡诗·李钤辖

座上分题戴花》)

(3) 窈窕双鬟女，容德俱如玉……无媒不得选，年忽过三六。(《全唐诗》白居易《续古诗》)

(4) 洎方年之四五，实始筮之弱龄。(《魏书·李平列传》)

(5) 试屈指，我公今岁，才方八八。(《全宋词》无名氏《满江红·寿人六十四》)

八　年龄表述与比喻

用比喻的手法表示年龄，较常见的有四种。

其一，用一天的黄昏或晚上比喻人的老年与晚年。

“桑榆”“日薄桑榆”“桑榆暮景”是指日落时分。《太平御览》引《淮南子》：“日西垂景在树 端，谓之桑榆。”注：“言其光在桑榆上。”“西夕”指太阳西落，“晚”“晚暮”指天近黄昏。后来这些词语都喻指人的老年、晚年或老人。

(1) 年在桑榆间，影响不能追。(《曹子建集·赠白马王彪》)

(2) 臣日薄桑榆，位高轩冕，经邦论道，自顾缺然。(《隋书·李穆传》)

(3) 葵藿微诚，已蒙识察；桑榆暮景，所冀哀怜。(《全唐文》刘禹锡《为裴相公让官第三表》)

(4) 伏愿陛下矜臣西夕，愍臣一至。(《宋书·王敬弘传》)

(5) 孔子晚而喜《易》。(《史记·孔子世家》)

(6) 行年将晚暮，佳人怀异心。(《曹子建集·种葛篇》)

其二，用一年的末尾，年底等喻指人的晚年。“岁暮”“岁宴”“晚岁”等即其例。

(1) 今堪年衰岁暮，恐不得自信。(《汉书·刘向传》)

(2) 吾生将白首，岁宴思沧州。(《全唐诗》王维《秋夜独坐怀内弟崔兴宗》)

(3) 晚岁迫偷生，还家少欢趣。(《杜工部草堂诗笺·羌村》)

其三，用春花、韶光喻指年轻时期，用秋叶、寒冬喻年老。

(1) 春荣谁不慕?岁寒良独希。(《文选》潘岳《金谷集作》)

(2) 世为冑族，江左有闻，晚叶彫流，沦胥以瘁。(《冥通记》卷一)

(3) 莫道韶华镇长在，发白面皱专相待。(《李贺歌诗编外集·嘲少年》)

其四，将人生比喻作道路和旅途，以“晚路”“晚途”喻人的晚年。

(1) 晚路殊躁急，佞佛过甚，为时所消。(《新唐书·孟简传》)

(2) 晚途流落不堪言，海上春泥不自翻。(《分类东坡诗·次韵王郁林》)

九 年龄表述与宗教习俗

宗教习俗在年龄表述中也有诸多反映。

“挂履”，和尚到七十岁，不再外出云游，将履挂起。后称和尚七十岁为“挂履”。

(1) 庚午暮春，为师挂履之辰。(《梨洲遗著汇刊·天岳禅师七十寿序》)

僧尼受戒的年数称“僧腊”，也称“僧夏”，因受戒的僧尼每年坐夏一次，故称。

(1) 世寿七十又九，僧腊六十有二。(《宋学士全集·孤峰德公塔铭》)

(2) 太和八年十二月二十三日，终于本院，报年八十六，僧夏六十五。(《全唐文》白居易《智如和尚茶毗幢记》)

十　其他年龄表述方式

用“秩”表示年龄。《正字通》：“十年为一秩。”《容斋随笔》卷一：“白公诗云：‘行开第八秩，可谓尽天年。’注曰：‘时俗谓七十以上为开第八秩。’盖以十年为一秩云。”故四十岁称“四秩”，七十岁称“七秩”，七十岁以上称“开第八秩”，八十多岁则称“开九秩”。

（1）人生天地两仪间，只住百年，今三纪虚过，七旬强半，四秩看看。（《全宋词》魏了翁《生日谢寄居见任官载酒三十七岁》）

（2）美华年七秩，人生稀有。新阳七日，天意安排。（《全宋词》吴势卿《沁园春·寿董宪使》）

（3）行开第八秩，可谓尽天年。（《全唐诗》白居易《喜老自嘲》）

（4）公开九秩身方健，我甫六旬心已疲。（《攻媿集·老态》）

《说文》：“旬，遍也。十日为旬。”后十年也称一旬。故七十岁称“七旬”，八十岁称“八旬”。

（1）且喜同年满七旬，莫嫌衰病莫嫌贫。（《长庆集·偶吟自慰兼呈梦得》）

（2）富贵康宁寿八旬，明时乞得自由身。（《滏水文集·张清献公庆八十寿》）

（原载《中国语文》1994 年第 5 期）

古代记时方式与社会文化

在钟表发明以前，先人们创造了多种记时方式，他们用随时体察到的带有较强规律性和时间性的事体来记述时间。透过这些记时方式，可以了解不少民族心理和民俗的文化现象。这种记时，大多带有不确切的性质。比如，用日光天色记时，“黑早”表示天未亮时，但究竟指4时还是5时？而且，夏天的黑早与冬天的时间大不相同。“昏黄”“黄昏”指天黑以后，但由于与上相同的原因，也带有相当的模糊性。

一　以天色的明暗记述时间

一天（夜间除外）的时间，从早晨到晚上，天色不断发生变化，也就是说，天色是时间早晚的重要标志，故而人们常用天色记述一天的时间。如记述黎明前的一段时间，常用“昧爽”“昒爽”（昒，昏暗）“［东方］未明”“黑早”等表示。

（1）时甲子昧爽，王朝至于商郊牧野。（尚书·牧誓）

（2）十一月辛巳朔旦冬至，昒爽，天子始郊拜太一。（汉书·郊祀志上）

（3）东方未明，颠倒衣裳。（诗经·齐风·东方未明）

（4）展眼到了十四日，黑早，赖大的媳妇又进来请。（红楼梦·四七）

早晨（天始亮或天亮后一段时间）则常用“昧明”“明发”“拂明”“辨色”“［东方］欲白”“窗外透白”“向曙”“拂曙”“大朗”等表示。

（1）昧明，王乃秉枹，亲就鸣钟鼓。（国语·吴语）

(2) 明发不寐，有怀二人。(诗经·小雅·小宛)

(3) 周亟杀一马，拂明，亟遣以半体送之。(癸辛杂识续集·张世杰忠死)

(4) 辨色趋中禁，分班列上台。(全唐诗·权德舆：奉和李相公早朝)

(5) 渐渐东方欲白，事已告竣。(醉茶志怪·刘玉)

(6) 忽翻身见窗外透白，急起来叫道："悟空，天明了，快寻袈裟去。"(西游记·一七)

(7) 仰视斜月西转，天色向曙。(聊斋·彭海秋)

(8) 今夜只应还寄宿，明朝拂曙与君辞。(全唐诗·高适·寄宿田家)

(9) 二月初一日，东方一缕云开，已而大朗。(徐霞客游记·游白岳山日记)

太阳落山至黄昏这段时间，常用"曛黑""昏黑""昏冥［暝］""昏黄""黑晚"等表示。

(1) 辱书，适曛黑，使者立复，不果。(皇甫持正文集·答李生第一书)

(2) 急返岳庙，已昏黑。(徐霞客游记·游嵩山日记)

(3) 时已昏冥，遂上楼，与妇人棲宿。(风俗通·怪神·世间多有精物妖怪百端)

(4) 白日登山望烽火，昏黄饮马傍交河。(全唐诗·李颀·古从军)

(5) 张胜也十分小心在意，虽溲溺亦必等到黑晚。(古今小说·李秀卿义结黄贞女)

二　以太阳的位置或日影的正斜记述时间

1. 太阳位置的变化，确切地说，是由于地球自转形成的人们对太阳视角的变化，是一天（黑夜除外）时间早晚的标志。《全唐诗·白居易〈偶作二首〉》："一日分五时，作息率有常。"五时即"日出、日高、日午、日西、日入"，主要是以太阳的位置为划分标准的。人们常用"日出"表示晨时的开始，而用"日高""日高三丈""日高五丈""日出（上）三竿"等表示晨时至午前的一段时间。

（1）朝奠日出，夕奠逮日。（礼记·檀弓上）

（2）日高卧未起，顾见惊且磋。（公是集·樱桃）

（3）却羡升平好官府，日高三丈放朝衙。（失文公文集·刻漏）

（4）及日上三竿，方有旨意出来。（西游记·一〇）

中午时间用“日中”“日午”等表示；午后则用“日昳”“日侧”“日斜”“日施”“日昃”等表示。

（1）叔孙归，曾夭御季孙以劳之，旦及日中不出。（左传·昭公元年）

（2）至日午，方始雾收。（清平山堂话本·汉李广世号飞将军）

（3）旦至食，为麦；食至日昳，为稷；昳至铺，为禾。（史记·天官书）

（4）上时每旦临朝，日侧不倦。（隋书·杨尚希传）

（5）单阏之岁兮，四月孟夏。庚子日施兮，服集予舍。（史记·屈原贾生列传）

（6）日斜归戚里，连骑勒金羁。（全唐诗·陈嘉言：晦日重宴）

（7）至日昃，果有道人衣素，坐庙门槛。（九龠集·吕翁事五）

傍晚前后，则用“日下昃”“日薄虞渊（虞渊，传说为日落处）”“日薄西山”“日入”“日禺（禺，禺谷，传说为日落处）”“日西”“日西夕”“日已下舂”（《淮南子·天文》：“［日］至于虞渊，是谓高舂；至于连石，是谓下舂。”高诱注：“言将欲冥，下象息舂，故曰下舂。”）“夕阳西下”等记述。

（1）丁巳，葬我君定公，雨，不克葬。戊午，日下昃，乃克葬。（公羊传·定公十五年）

（2）戊午，日下稷，乃克葬。（穀梁传·定公十五年）

（3）余逝将西迈，经其归庐，于时日薄虞渊，寒冰凄然。（文选·向秀：思归赋）

（4）日薄西山，则马首靡讬。（文选·赵至：与嵇茂齐书）

（5）建元四年十月丙午，日入后，土雾勃勃如火烟。（南齐书·五行志）

（6）治平元年，常州日禺时，天有大声如雷，乃一大星，几如月，

见于东南。(梦溪笔谈·神奇)

(7) 议至日西，不决。(晋书·张华列传)

(8) 一谈复一笑，不觉日西夕。(滏水文集·和渊明归田园居送潘清客六首)

(9) 入东华门时，日已下舂。(徐霞客游记·游嵩山日记)

(10) 凭栏念及，夕阳西下，暮烟四起江村。(全宋词·吴礼之：雨中花)

2. 日影（古作景）即阳光照射下的物体影子。正午过后，物景偏离正北方向而出现倾斜，因此午后时间常称“景斜”“景昃”“昃景”；傍晚太阳落山后物影随之消失，故称这段时间为“毕景”。时间短暂、迅速，则称“日不移景”“迅景”“景刻”“转景”等。

(1) 非无一樽酒，玩之到景斜。(公是集·樱桃)

(2) 景昃而食，夜分而寝。(资治通鉴·齐纪·明帝建武元年)

(3) 犹复中宵不寝，殷勤多士之林；昃景忘疲，涣汗非常之辞。(杨炯集·原州百泉县令李君神道碑)

(4) 心无别虑，笔下暂停，或毕景忘餐，或连宵不寐。(隋书·李德林传)

(5) 我闻五代时，大梁王彦章日不移影连打唐将三十六员。(水浒传·七〇)

(6) 怅过眼光阴似瞬，回首欢娱异昔，流年迅景，霜风败苇惊沙。(全宋词·方千里：西平乐)

(7) 勤王之师在畿内者，急宣亟告，景刻不可差。(新唐书·陆贽传)

(8) 是时府在西城，去家七百余里，休谒往来，转景即至。(隶释·仙人唐公房碑)

有一个用日影位置记时的典故：唐德宗时翰林院厅前有花砖道，学士入值以日影到五砖时为准。翰林学士李程每于日影过八砖时始至。号八砖学士。后以“八砖影转”等表示时间较晚，如：

睡起八砖影转，归来双烛光浮。(全宋词·吴儆：朝中措·代宗仲温上德操)

三　以星月的运行规律及其形变记述时间

星、月的升没、移位、形状变化是依据时间的不同有规律地进行的。月亮星星沉没常发生在天将明时，故以“月落星沉”表示黎明。如韦庄《酒泉子》：“月落星沉，楼上美人春睡。”是说天已黎明，楼上美人仍在酣睡中。“月没参（shēn）横（月亮沉没，参星横斜）”的情况发生在深夜，故以此表示夜已深。如《乐府诗集·相和歌辞·善哉行》：“月没参横，北斗阑干，亲友在门，饥不及餐。”

1. 以星辰的隐现记述时间

王祯《农书·二〇》：“凡寒暑昏晓，已验于星；若占候时刻，惟漏可知。”足见星辰在表述“寒暑昏晓”时的作用。星辰一年一周转，霜每年遇寒而降，故常以“星霜”指岁月、年岁（关于以霜记时，详见下文）。如《全唐诗·白居易：岁晚旅望》：“朝来暮去星霜换，阴惨阳舒气序牵。”“星霜换”实即岁月更迁变换。此外，“星言（言，词尾无义）”表示早，犹今言“披星戴月”，“侵星”也表示时间尚早，犹今言“星星尚未沉落时”。“星阑”即星将沉没，表示夜将尽，天将晓。

（1）命彼倌人，星言夙驾。（诗经·鄘风·定之方中）

（2）北堂侍膳侵星起，南亩催耕冒雨归。（小畜集抄·寄金乡张赞善）

（3）鸟归息舟楫，星阑命行役。（先秦汉魏晋南北朝诗·谢灵运：夜发石关亭）

此外，凡“星”用于动词前作状语，都表明动作行为是在星辰尚未沉落、很早时施行的，犹言“披星戴月”“星夜”。

（1）乔故椽陈留杨匡闻之，号泣星行列到洛阳。（后汉书·杜乔列传）

（2）会公孙瓒师旅南驰，陆掠北境，臣即星驾席卷，与瓒交锋。（后汉书·袁绍列传）

（3）休休六军，咸同斯武。兼途星迈，亮兹行阻。（先秦汉魏晋南北朝诗·魏明帝：善哉行）

（4）吾当亲督万众，继卿星发。（资治通鉴·晋纪·海西公太和五年）

(5) 今方与梁相拒，又命将星行。(资治通鉴·后梁记·均王贞明六年)

还有用某个星宿的方位记叙月份的。如用“昏张中”指阴历三月，因为三月日落黄昏时，张星出现在南方正中。“大火中（大火星居南方正中）”“虚中（虚星在南方正中）”“昴中（昴星居南方正中）”分别指四月、八月、九月。

(1) 阴降百泉，则修桥梁，昏张中，则务种谷。(淮南子·主术)

(2) 大火中，则种粟菽；虚中，则种宿麦；昴中，则收敛畜积，伐薪木。(淮南子·主术)

2. 以月亮的位置、形状记述时间

用月亮位置记述时间，表现为“月未中”，表示未到中夜时，而用“月斜”“月西斜”表示午夜已过，或下半夜，或天亮前一小时许。

(1) 饮散兰堂月未中，骅骝娇簇绛纱宠。(全宋词·李元膺：浣溪沙)

(2) 叟催余出门，月斜鸡唱，余怅惘渗慄，独行十余里。返寓，则东方已曙。(汉宫春色·青溪居士：蒋孝廉西征述异记)

(3) 官舍悄，坐到月西斜。(全宋词·汪元量：望江南·幽州九日)

用月亮的形状记时。比如，“圆日”是月亮最圆的日子，指每月的十五日，例如：

国朝程祖庆《吴郡金石目》云：“隆兴塔砖题记‘隆兴二年九月圆日。’圆日，月圆之日，犹言望日。见翻宋本《司马氏书仪序》后署‘菊月圆日’”(茶香室续抄·望日称圆日)。

也常用月亮的上弦、下弦表示每月的初七、初八（孔颖达谓初八、初九）和二十二日或二十三日。因为在初七、初八时，太阳跟地球的连线和地球跟月亮的连线成直角时，在地球上看到的月相呈D形，称上弦（也称初弦）。又《诗经·小雅·天保》“如月之恒”句，孔颖达疏：“八日、九日，大率月体正半，昏而中，似弓之张而弦直，谓上弦也。”而二十二日或二十三日时，太阳跟地球的联线和地球跟月亮的联线成直角时，在地球看到的月相呈 ɑ 形，称下弦。

(1) 已巳孟秋上弦，夫子手录，时年七十有一。（王船山诗文集·姜斋文集·显考武夷府君行状）

(2) 然事起月之初弦，道人尚居崑山（九龠集·别集·葛道人传）

(3) 凉飔动秋色，算佳辰恰是，下弦当日。（全宋词·方岳：瑞鹤仙·寿宋倅，七月二十三日）

四　以风霜雪雨露记述时间

风霜是某段时间内出现的自然现象，但被作为“时间”、“岁月”的代名词。如《文苑英华·沈全期：游少林寺》：“雁塔风霜古，龙池岁月深。”“风霜”与“岁月”同义互用。“霜”是北方秋季出现的自然现象，因而常以“霜节”等表示秋季。此外，一年二十四节气虽说主要是根据太阳在黄道上的位置来划分的，但其中“雨水、谷雨、白露、寒露、霜降、小雪、大雪”等，确与同期出现的霜雪雨露等自然现象直接相关。比如：“霜降”是指阳历十月二十三日或二十四日。《礼记·月令季秋之月》云：“是月也，霜始降，则百工休。”“白露”是指阳历九月八日前后。《礼记·月令孟秋之月》云：“是月也，凉风至，白露降，寒蝉鸣。”“雨水”是指阳历三月十八、十九、二十日。《礼记·月令仲春之月》云“仲春之月，始雨水，桃始华。”“寒露”指阳历十月八日或九日。元·吴澄《月食七十二候集解》云：“寒露，露气寒冷，将凝结也。”

(1) 霜节明秋景，轻冰结水湄。（全唐诗·唐太宗：幸武功庆善宫）

(2) 从霜降以后至春分以前，凡有触冒霜露，体中寒即病者，谓之伤寒也。（伤寒论·伤寒例）

(3) 谚曰：“白露身弗露。”言至是天气乃肃，可以授衣耳。（清嘉录·秋兴）

(4) 加十五日，指寅，则雨水。（淮南子·天文）

(5) 寒露之日，鸿雁来宾。（逸周书·时训）

五 以农时、农作物或其它植物的盛衰记述时间

农作物及其它植物的盛衰都有很强的时间性，因而以此记时是较常见的方式之一。分别为以下几种情况。

1. 以农作物的播种时期或成熟时期（即农忙时期）或非收获亦非播种、除草时期（即农闲时期）记时。比如“田月”“农月”即指农忙的月份，而“闲月”即指农闲的月份。“乏月”则指青黄不接的农历四月。“桑时”则指养蚕之季。“蚕月”亦然。某种瓜果成熟时间，也被用来记时。“瓜时”即瓜果成熟时，也即人们吃瓜之时。“及瓜”则习惯地指来年吃瓜的时候。

（1）且田月向登，桑时告至，士女呼嗟，易生噂议。（南齐书·武十七王列传·竟陵文宣王子良）

（2）每至农月，贵塞讼端。（旧五代史·周书·世宗纪）

（3）自二月一日至八月终，并禁绝饮燕，亦不许赴会他所，恐妨农功，虽闲月亦不许痛饮。犯者抵罪。（金史·世宗本纪中）

（4）四月也，是谓乏月，冬谷既尽，宿麦未登。（太平御览二二·四时纂要）

（5）齐侯使连称、管至父戍葵丘，瓜时而往，曰：“及瓜而代。”（左传·庄公八年）

2. 在花卉盛开之时记时。古代有依花卉的开落而确定岁时的历法，称为“花历”。明·程羽文《花历序》云：“花有开落凉燠，不可无历，秘集月令，颇与时舛，今更辑之，以代挈壶之位，数白记红，谁谓山中无历也?”“花朝”是节日名称。《梦粱录·二月望》：“仲春十五日为花朝节，浙间风俗，以为春序正中，百花争望之时，最堪游赏。”“花朝”即指农历二月十五日。“菊月”指菊花盛开的十月。“荷旦”指荷花盛开人们赏荷的日子，定为六月二十四日。

（1）屈指花朝才两夜，详烟瑞气腾芳郁。（全宋词·无名氏：壶中天·寿溪园，二月十三日）

（2）时嘉庆五年，岁次庚申菊月下浣，龙眼屋里山楼居士同学愚弟姚兴泉拜手。（梦厂杂著·姚序）

3. 以表示植物末端的“杪（miǎo）”字记时。“杪”本为树之末端，用来表示季节或岁月的末后。“岁之杪”即岁末，“春杪”即春末。“秋杪”即秋末。或将“抄”字前置，意思无变。“杪春”即晚春、春末。“杪秋”即晚秋、秋末。“杪冬”即冬末。“杪岁”即岁末。“杪季”常指朝代之末。

（1）冢宰制国有，必于岁之杪。（礼记·王制）

（2）三巴春杪，客馆梦回风雨晓。（全宋词·黄庭坚：减字木兰花）

（3）再来值秋杪，高阁夜无喧。（全唐诗·孟浩然：夜登孔伯昭南楼）

（4）江上花开尽，南行见杪春。（全唐诗·李端：送友人游江东）

（5）靓杪秋之遥夜兮，心缭悷而有哀。（楚辞·宋玉：九辩）

（6）杪冬正三五，日月遥相望。（全唐诗·崔曙：早发交崖山还太室作）

（7）况交霜雪于杪岁，晦风雨于将晨。（晋书·桓彝列传论）

（8）明公受帐严冬，持兵杪岁。（徐孝穆集·与章司空昭达书）

（9）［秦］降及杪季，骄于得意，穷奢极泰，加之以威虐。（抱朴子·用形）

六　以动物的活动规律记述时间

1. 以鸡鸣记时。公鸡司晨，自古而然。故以鸡鸣记述黎明前后这段时间，在古代典籍中的例证不胜枚举。“鸡初鸣”“鸡鸣”“鸡唱”等指夜一时至三时。“二唱”即鸡叫二遍时，亦即夜三时左右。

（1）荀偃令曰：鸡鸣而驾，塞井夷灶，唯余马首是瞻。（左传·襄公十四年）

（2）鸡鸣入机织，夜夜不得息。（玉台新咏·古诗为焦仲卿妻作）

（3）坐至鸡唱，有守门兵入告臣曰：“请兵已围守各门矣。”（瞿式耜集·临难遗表）

（4）夜二唱后，西王母驾五色之班龙上殿。（初学记四·汉武帝内传）

2. 以昆虫、兽类的活动记时。“惊蛰”是二十四节气之一，是以土地解冻、蛰伏过冬的动物惊起活动而得名，指阳历三月五日或六日。而“昆虫未蛰”则指入冬之前。昆虫入冬则潜伏起来不食不动。“豺未祭兽”指十月以前。《礼记·月令》：“季秋之月，菊有黄华，豺乃祭兽，戳禽。”秋末气候渐冷，豺多捕兽做冬粮，把杀死的兽向四周陈列，就象陈物而祭一样。“獭未祭鱼”指开春以前。《礼记·月令》：“孟春之月（正月），鱼上冰，獭祭鱼。”獭生活于水边，捕鱼而食。“鹰隼未挚”指立秋前。挚，凶猛之义。立秋鹰始凶猛。“虾蟇鸣燕降”，指农历三月。

（1）是时正月尾，于节甫惊蛰。（平仲清江集抄·二十二日大风发长芦）

（2）昆虫未蛰，不得以火烧田。（淮南子·主术）

（3）豺未祭兽，置罘不得布于野。（淮南子·主术）

（4）獭未祭鱼，网罟不得入于林。（淮南子·主术）

（5）鹰隼未挚，罗网不得张于溪谷；草木未落，斤斧不得入山林。（淮南子·主术）

七　以人群的活动规律记述时间

1. 以人的行止记时。人们白天活动，晚九时后回家歇息，故此时称“人定”。较此更晚些，则称“夜深人静”。

（1）人定时，步果引去。（后汉书·耿弇列传）

（2）大葫芦挈小葫芦，恼乱檀那得便沽。每到夜深人静后，小葫芦入大葫芦。（全宋词·黄庭坚：渔家傲）

2. 以人的炊事或饮食活动记时。“半炊”即做半顿饭的时间；“食顷”即一顿饭时间；“半食”即吃半顿饭时间；“两茶顷”即喝两杯茶的时间。这是表示时段的。而“旦食”“蚤食时”则常常被用来表示时点。

（1）约我到寺，即推堕水中。候半炊时，有一钱泛起，当拜之。（聊斋·僧术）

（2）躬仰天大呼，因僵仆……血从鼻耳出，食顷，死。（汉书·息夫躬传）

（3）初，昱在东宫，年五六岁时……好缘漆帐竿，去地丈余，如此者半食久，乃下。（宋书·后废帝本纪）

（4）至元二十年戊子岁，冬十月二十四日丙子，夜正中，地大震……凡两茶顷，甫定。（癸辛杂识·续集上）

（5）与鲔大战武库下，杀伤甚众，至旦食乃罢。（后汉书·坚镡传）

（6）五月丙戌，地动，其蚤食时复动。（史记·孝景本纪）

3. 以人的五官四肢的活动记时。这种方式主要用来记述时间的短暂与快速。因为人的一俯一仰、一顾一盼、一呼一吸、一转眼一掉头、一拈指一投足，都是既便宜又快速的，故以此表示时间之短暂。

（1）虽有强国劲兵，不得旋（xuàn）踵而身为擒。（汉书·徐乐传）

（2）委命沟壑，展足可待。（於陵子·辩穷）

（3）俯仰之间，刺贼落马，因即斩之。（北齐书·綦连猛传）

（4）阳开阴合，变霜露于旋回，蠖动螟飞，起雷霆于指顾。（王子安集·彭州九陇县龙怀寺碑）

（5）其时后者方前，前者倏仆，呼吸间积尸累累矣。（墨余录·科试轧毙）

（6）即今相逢两幻质，转盼变灭如飞烟。（剑南诗稿·记梦）

（7）残红转眼无寻处，尽属蜂房燕户。（陆游集·杏花天）

（8）他又在汉子根前戳舌儿，转过眼就不认了。（金瓶梅·十一）

（9）三十年间如转眸，屈指十九归山岳。（文忠诗抄·哭圣俞）

（10）但见李冠幞头，衣黄袍，南坐握固。转睫间有甲士牵板奴来，立于李座前坎中。（九籥集·李福达）

（11）昨晚检阅经笥，偶得于故纸中，转首已三十余年矣。（辍耕录·钱武肃铁券）

（12）时光迅速，日月如梭。拈指之间，在家中早过了一月有余。（古今小说·志诚张主管）

关于这个问题详见王海棻《古代短时词语的构成方式》一文（《镇江师专学报 1993 年 1 期》）

八 以更鼓记述时间

古代把一夜分为五个时段，叫五更。每个更时都击鼓报更，所以也称“更鼓”或“鼓更”。“一更”“初更”“鼓一”“鼓动”“鼓声初”等，指晚19时至21时，“二更”“二鼓”“鼓二”“更才二”指晚21时至23时，“三更”指21时至1时，“四更”“四鼓”“鼓四”指1时至3时，“五更（头）”“鼓残”“更阑”指3时至5时。“更定”“鼓绝”指5时以后。

（1）一更船泊郓州城，城外巡军夜柝鸣。（增订湖山类稿·湖州歌九十八首）

（2）裴耀卿勤于工事，夜有案牍，昼决狱讼。常养一雀，每夜至初更时有声，至五更则急鸣。（开元天宝遗事·知更雀）

（3）到鼓一中，星月皆没，风云并起，竟成快雨。（三国志·魏书·方技传）

（4）鼓动出新昌，鸡鸣赴建章。（全唐诗·白居易：早朝）

（5）驱马每寻霜影里，到门常在鼓声初。（全唐诗·林宽：献同年孔郎中）

（6）至二更时，衔枚出研敌，敌惊动，遂退。（三国志·吴书·甘宁传）

（7）届二鼓，始扶醉渐散者半。（滇南新语·夜市）

（8）平旦入见，至鼓二乃出。（三国志注引《世语》）

（9）流芳只怕春无几，拼夜欢，更才二。（全宋词·吴潜·青玉案：已未三月六日四明窗会客）

（10）自初更至三更，火始得息。（周忠介公烬馀集·福州高珰纪事）

（11）四更天欲曙，落月垂关下。（庾子山集·行途赋得四更应诏）

（12）潜预知死日……四鼓开霁，撰遗表，作诗颂，端坐而逝。（宋史·吴潜列传）

（13）鼓四起坐，夜半益刍。（古文苑·王褒：僮约）

（14）中有双飞鸟，自鸣为鸳鸯。仰头相向鸣，夜夜达五更。（玉台新咏·古诗为焦仲卿妻作）

（15）残梦五更头，酒醒依归愁。（全宋词·赵必瑑：菩萨蛮·戏菱生）

(16) 鼓残鸦去北，漏在月沉西。（全唐诗·林宽：和周繇校书先辈省中寓直）

(17) 更定，逾垣而去。（聊斋·青蛾）

(18) 鼓绝天街冷雾收，晓来风景已堪愁。（全唐诗·翁承赞：晨兴）

(19) 如今已是更阑时候，妾身出来了，不可复进。（初刻拍案惊奇·二三）

九　以晷漏记述时间

晷是测度日影以确定白昼时间的仪器。漏壶（也称“滴漏”，或简称“漏”）是记述昼夜时间的仪器。人们常以晷漏这些计时器或器物上的某个部件表示“时间”之义。比如“晷”“日晷”“晷景”“漏箭”在诗文中常表“光阴”“岁月”“时间”之义，“晨晷”指“清晨”，“昃晷”指“过午”，“更漏”指“夜晚”，“顷刻”“晷刻”“晷候”“晷漏”“漏刻”指“须臾”。他如“漏下”指时间已晚，“漏夕”指“深夜”，“漏分”指半夜，“漏尽”“漏穷”指天将拂晓。

(1) 济甫诗最苦，寸晷不识闲。（元好问集·寄英禅师）

(2) 臣以浅陋，误承圣问，追零日晷，不敢久留，语不及悉，遂辞而退。（临川集·本朝百年无事扎子）

(3) 忧愁费晷景，日月如跳丸。（韩昌黎集·秋怀诗之九）

(4) 叹急景浮生，虚负漏箭。（清·陈维崧：绕佛阁·初冬同友小憩中隐禅院）

(5) 平章百姓，一日万机，未晓求衣，昃晷不食。（旧唐书·李密列传）

(6) 八月更漏长，愁人起常早。（全唐诗·戎昱：长安秋夕）

(7) 毫厘之差，或致弊于寰海；晷刻之误，或遗患于历年。（韩昌黎集·为韦相公让官表）

(8) 臣等初奉圣谋，高深未测；及闻凯旋，晷候不差。（全唐文·张九龄：请东北将吏刊石纪功德状）

(9) 昔木德将谢，昏嗣流虐，一漢漢黔黎，命悬晷漏。（梁书·范云沈约列传论）

（10）举目相看，命悬漏刻，不忍死亡，出战城下。（北齐书·文襄纪）

（11）风度蒲牢，都城漏下矣。荒野寂寥，保无有暴客相值。（夜谭随录·谭九）

（12）龙旗萦漏夕，凤辇拂钩陈。（全唐诗·杜审言：扈从出长安应制）

（13）漏分不能卧，酌酒乱繁忧。（先秦汉魏晋南北朝诗·鲍照：拟阮公夜不能寐）

（14）吾父喜交游，与诸公夜饮，或漏尽乃归。（方苞集·弟椒涂墓志铭）

（15）踟蹰请防密，徒倚恒漏穷。（文选·颜延之：直东宫答郑尚书）。

关于古代记时方式不止以上所述，比如干支纪年等方面，我们将进一步探讨。汉语记时模糊自古有之，即使引进钟表以后，这种对时间的模糊表述方式仍未消泯，比如“四五点钟”“两点来钟”“六点多钟”，等等。何况类似钟表的古老记时器滴漏和日晷本都可以明确标示时点和时段，但日常仍以模糊词语来指称时间。这正体现了中国人数千年形成的万物生生不息、不断运动的传统观念。

（原载《烟台大学学报》1995 年第 3 期）

论古汉语记时词语的开放性和多样性

一

记时词，就是记述时间（包括与时间密切相关的人的年龄）的词和短语。由于人们无时无刻不生活在时间的长河里，需要记录和表述的时间概念极其复杂，人们便创造出多种多样的记时方式和难以计数的记时词语。从数量方面看，自商周的甲骨金文至明清时期的小说，其中的记时词语多得真可谓触目皆是，浩如烟海，而且随着时代的发展还可能继续产生新的记时词语；从来源上说，现有的记时词语是通过多种途径产生的，而且在这些途径中有的在今天看来仍有形成新的记时词语的可能。这样就使得记时词语具有了不封闭性，或者说开放性。

从词汇学的角度说，有一批专门用来表述时间的词，即通常所说的时闻名词和时间副词。如："晨""晦""朔""望"等。但是表述复杂多样的时间概念，仅靠这些词是远远不够的，需要大量借用其他类的词与时间名词结合而成为新的记时词语。大致说来，借用的词主要有下述几类。

借用数词。数词加在时间名词前后构成的记时词语，大多用来记述时段或时点，如"百刻""半春""二分""万古"等。除用基数词外，也用"孟""仲""叔""季""首""元"等序数词，如"孟夏""仲月""季世""首岁"等。

借用动词或介词。动词、介词与时间名词构成的动宾结构、介宾结构或动补结构的记时词语，表示正值、抵达、临近某个时点，或开始、超过、间隔、经历、结束某个时段。如"薄暮""拂曙""经年""自今"等。

动词"来""去"在时间名词前构成偏正结构的记时词语，表示未来的或过去的某个时段。如"来春""去冬"等。

借用形容词（包括颜色词）。形容词在时间名词前（偶或在后）构成偏正结构的记时词语，也有用两个形容词构成的记时词语。如“大年”“弱岁”“闲月”“永昼”等。

借用方位名词。方位名词在时间名词前后构成记时词语，如“后时”“前夕”“先春”“正昼”等。

借用代词。代词在时间名词前起指示作用，它们共同构成的记时词语表示这个、那个或另一个时点或时段。如“彼时”“其冬”“是岁”“他日”等。

借用副词。副词用于时间名词前，构成偏正结构的记时词语，如“不日”“既望”“将夕”“未曙”等。

借用名词。名词在时间名词前构成偏正结构的记时词语，如“冰月”“花朝”“兰时”“霜节”等。

表示十二生肖的名词用于时间名词前，表示民间赋予它们的时间概念（多半是年份），如“鸡年”“蛇年”等。

二

记时词语的不封闭性，主要原因在于其能产性极强：除以上所谈几种情况外，可以说表述任何物事的代词、名词、名词短语、动词、动宾短语、小句等，只要在它们的前面加上“逮及”“黎”“自”“趁”，或在它们的后面加上“时”“之时”“间”“日”，或在它们前后加上“当……之时”“正……处”“正在……之间”等词语，便可产生数量无限的记时词语。其他情况还有：

两个时间名词连用，可构成一批新的记时词语。这也有几种情况。

同义连用或近义连用。如“畴昔”“期年”“宵夜”“朝旦”等。

反义连用。如“旦夕”“昏晓”“早暮”“今昔”等。

此外，时间名词的词义引申与交互使用，也可产生新的记时词语。举例来说.“旦”原指一天中的早晨，却可用来表示一年之初与一月之初。如“岁旦”“月旦”。“暮”，原指一天中的晚上，却常用来表示一季之末、一年之末和一月之末。如“暮春”“岁暮”等。

一般名词（非时间名词）与动词或动词与动词可构成记时词语。有以下三类。

表示人体四肢五官动作的动宾短语或并列短语，如“弹指”“转眸”

“俯仰”“瞬息”等。

某些表示物体快速转动或移动的动宾短语，如“转毂”“转环”。

其他动宾短语、偏正短语、并列短语或主谓短语，如“掌灯” “绵长”等。

有些带有模糊性的词语，也可以用来记时。值得一提的是，由于这些词语的表义带有模糊性，它们往往可以表示多种时量。如“半年三月”，或指半年，或指三个月，或长于半年，或短于三个月。与此相似，一些带有比况性和约估性的词语也可以用来记时，并且也在表义上带有模糊性。如“半炊”“半食久”是指做半顿饭的时间或吃半顿饭工夫，而半顿饭的时间则是个不确定的模糊概念。再如表时间短暂的“俄顷”“俯仰”“转瞬”等，它们可以指短至一秒钟左右的时段，也可指几小时、几天、几个月。而反过来表示时间长久的“久之”“久许”，在不同的环境里，可指几小时，也可指几天乃至几个月、几年。至于表示时间不早的“日出三竿”“日高”，表示午后的“晌午大错”“晌午歪”等，就带有更大的模糊性了。

三

由于记时词语是开放的，所以它们的结构便形成了多样化的局面。从结构类型来看，记时词语可以有单词、短语和成语三类。下面依类列举。

1. 单词。单词包括单音节词和双音节词两种。

单音节词比较常见，如“岁”“年”等。

双音节词有连绵词和附加词两类。连绵词如“刹那”“斯须”“须臾”等。附加词又可分两种情况，一种情况是“词头+词根”，如“维初”“伊始”“伊昔”等；另一种情况是“词根+词尾”，如“俄尔”“夜里”等。

2. 短语。有相当一部分记时词语是采用短语形式构成的，短语的内部关系多种多样。

动宾结构或介宾结构。可分几种情况：“动+名”式，如“转眸”；“动+形”式，如“破亮”；“动+数”式，如“无几”；“动+方”式，如“落后”；“动［介］+代”式，如“自兹”；“动+短语”，如“有自来”。

偏正结构。也可分几种情况：“数［量］+名”，如“寸阴”；“名［方］+数”，如“夏半”；“名［方］+名［方］”，如“腊尾”；“介+名［名］”，如“兹前”；“形十名”，如“新朔”；“动+名”，如“来纪”；“副+形”，如“垂老”；“副+短语［动·宾］”，如“既生魄”；“副+数”，如“未几”。

并列结构。并列结构有同近义并列和反义并列两类。属于同义或近义并列的有："名+名"，如"现今"；"形+形"，如"新近"；"数+数"，如"三七"；"方+方"，如"先前"；其他结构形式，如"立便"。属于反义并列的有："名+名"，如"晦朔"；"动+动"，如"俯仰"。

主谓结构，如"耳顺""年迈""日昃""夜阑"等。

重叠结构，如"年年""岁岁"等。

特殊结构，如"谷雨""来兹""寻而""以往"等。

3. 成语。成语按其结构来分：有"偏正+偏正"，如"旷年历载"；有"动宾+动宾"，如"连月逾年"；有"偏正+并列"，如"暮景桑榆"；有"主谓+主谓"，如"暮去朝来"；有"小句［主+谓］"，如"岁聿其暮"。

四

记时词语的开放性，究其由来，很大一部分原因是由于记时方法与社会文化有密切的关系。在钟表发明以前，我们的先人创造了多种记时方法。他们用随时体察到的带有较强规律性和时间性的事物来记述时间，这样形成的记时词语就往往带有明显的社会文化色彩。今天我们透过这些记时方法，可以了解到不少社会礼制的、民俗的乃至心理方面的文化现象。

为了节省篇幅，下面我们仅把涉及社会文化方面的记时词语粗略地列举出来，不再一一作详细的说明。

1. 以天色的明暗记述时间。

如记述黎明前的一段时间，常用"昧爽""（东方）未明""黑早"等表示。

2. 以太阳的位置或日影的正斜记述时间。

用太阳位置的变化记时的，如"日出五丈"，表示晨后至午前的一段时间。

用日影（古作景）即阳光照射下物体的影子记时的，如傍晚太阳落山后物影随之消失，故称这段时间为"毕景"。

3. 以星月的运行规律及其形变记述时间。

以星辰的隐现记述时间的，如星辰一年一周转，霜每年遇寒而降，故常以"星霜"指岁月、年岁。

以月亮的位置、形变记述时间的，如以"月未中"表示未到中夜时，用"圆日"指农历每月十五。

4. 以风霜雪雨露记述时间。

风霜是某段时间内出现的自然现象，用来表示某时或某个节日。如“霜降”，指阳历十月二十三或二十四日。

5. 以农时、农作物或其他植物的盛衰记述时间。

农作物及其他植物的盛衰都有很强的时间性，因而以此记时是较常见的方式之一。如“菊月”，指菊花盛开的十月。

6. 以动物的活动规律记述时间。

有以鸡鸣记时的，如“鸡初鸣”；有以昆虫、兽类的活动记时的，如“惊蛰”。

7. 以人群的活动规律记述时间。

有以人的行止记时的，如“人定”；有以人的炊事或饮食活动记时的，如“食顷”；有以人的五官四肢的活动记时的，这种方式主要用于记述时间的短语，如“旋踵”。

8. 用两个数词相连（这两个数字分别为乘数与被乘数，两者的乘积为某日），构成记时词语，如“三五”即指每月十五日，有时专指正月十五日。

9. 以古文献中的某些资料记述时间。如《诗经·豳风·七月》：“七月流火，九月授衣。”后来就称九月为“授衣”。

10. 以更鼓记述时间，如“初更”“鼓绝”。

11. 以晷漏记述时间，如“更漏”“晨晷”。

12. 年龄表述与社会文化。

古汉语有关人的年龄的表述方式，有这样几种：“数词+‘岁’”、单用数词、“年+数词”“年+数词+岁”“数词+‘龄’”，如“万有千岁”“九龄”“年七十三”等。此外，我们发现古汉语中还有一些较为特殊的年龄表述方式，其中蕴含着诸多文化现象。现在分别作一些说明。

年龄表述与人的头发。如以“童发”指童年。同时也可以用发形、发式或头发上的饰物来表述年龄。如称童年为“童髦”，称少女成年为“初笄”等。

年龄表述与人的牙齿。牙齿总是随着年龄的变化而不断改变的，所以古时在年龄与牙齿间常常出现互代的情况。如老年被称为“老齿”“暮齿”。

年龄表述与人的视力、体力。人的视力好坏，一般也与年龄密切相关，因而也可以用来表示年龄。如“眊”，指两眼昏花，视物不清。《说文》：“眊，目少精也。”人老，视力衰退，两眼昏花，故老年称“眊”“老眊”。

人的体力强弱更与年龄密切相关。婴儿或年少称“弱”，幼年或少年称“弱口”“弱龄”“弱年”“弱岁”，长大后或成年则称“壮”“壮齿”“壮年”。而老年则称“颓龄”“颓年”。

年龄表述与人的皮肤。年老的人，背部皮肤粗造多皱，犹如鲐鱼之皮，后以“鲐”“鲐背”“鲐皮”“鲐叟”“鲐老”表示年老或老人。

年龄表述与人的养育方式。婴幼儿食乳，并在襁褓中，或在大人的怀抱中，所以，婴幼儿时期称“孩乳”“襁抱”“孩抱”。

年龄表述与古代文献。某种文献上与年龄有关的说法，往往被广泛运用开去，加以固定化，成为某种年龄的代称。常见的如“而立”“不惑”等就来自《论语·为政》。

年龄表述与两数相乘。用两个数词（乘数与被乘数）并列，表示年龄（两数之积）。如“二七”（十四岁），“二八”（十六岁），“三六”（丨八岁）等。

年龄表述与比喻。用一天的黄昏或晚上比喻人的老年与晚年，如“桑榆”原指日落时分，后来喻指人的老年；用一年的末尾、年底等喻指人的晚年，“岁暮”“岁宴”“晚岁”等即其例；用春花、韶光喻指年轻时期，用秋叶、寒冬喻年老；将人生比喻作道路和旅途，以“晚路”“晚途”喻人的晚年。

年龄表述与宗教习俗。如“挂履”，指和尚到七十岁不再外出云游，将履挂起。后来就称和尚七十岁为“挂履”。

（原载《第二届国际古汉语语法研讨会论文选集》）

古汉语度量范畴初探

所谓“度量范畴”，就是包括物体的长度、高度、厚度、深度、面积、体积、粗细、数目、重量、价值等的语义范畴。对古汉语度量范畴的研究，就是考察、搜集在古汉语中表达该范畴的全部词语（包括词、语、句）形式。这个问题内涵丰富，资料浩繁，要给予全面详尽的搜集与论述，颇费时日，且须由一部专著来包容与承载。本文摘其要者加以浅论。

据初步考察，古汉语度量范畴的表述方式大体有二：一是数量表述法，一是比况表述法。

1. 数量表述法

所谓数量表述法，就是主要用数词和量词进行表述的方法。下面将句中主要成分列成若干格式，每个格式下列出相关书证。

1.1　表示长度（包括距离）的数量表述法

“（M①）+数+量”：

---

① 文章语料来源：《春秋左传注》，北京：中华书局，1981 年版。《论语译注》，上海：上海古籍出版社，1995 年版。《战国策笺注》，天津：南开大学出版社，1993 年版。《译注国语》，南昌：江西高校出版社，1998 年版。《孟子译注》，北京：中华书局，1960 年版。《吕氏春秋》，上海：学林出版社，1984 年版。《晏子春秋》，北京：中华书局，1962 年版。《史记》，北京：中华书局，1975 年版。《汉书》，北京：中华书局，1962 年版。《论衡全译》，贵阳：贵州人民出版社，1993 年版。《列子全译》，贵阳：贵州人民出版社，1993 年版。《淮南子校释》，北京：北京大学出版社，1997 年版。《新序全译》，贵阳：贵州人民出版社，1994 年版。《说苑校证》，北京：中华书局，1987 年版。《颜氏家训集》，上海：上海古籍出版社，1980 年版。《齐民要术》，北京：农业出版社，1982 年版。《梦溪笔谈》，成都：巴蜀书社，1995 年版。《洛阳伽蓝记》，上海：上海古籍出版社，1978 年版。《太平广记》，北京：中华书局，1961 年版。《徐霞客游记》，北京：京华出版社，2000 年版。《水浒全传》，长沙：岳麓书社，1988 年版。《西游记》，长沙：岳麓书社，1987 年版。

（1）或百步而后止，或五十步而后止。以五十步笑百步，则何如？（孟子，梁上—5）——“步”，量词，古代举足两次为1步。

（2）吕梁悬水三十仞，流沫三十里。（列子，黄帝—46）

（3）牧野之战，血流浮杵，赤地千里。（论衡，语增—469）

“（M）+有+数+量+遥（远）”：

（4）那菩萨立云步看时，见……径过有八百里遥，上下有千万里远。（西游记·8回—52）

“离+D+有+数+量+之+遥+有+M”：

（5）离此有三里之遥，有一座濯垢泉。（西游记·72回—551）

“D+方+数+量+远近+有+M”：

（6）这观音院正南二十里远近，有座黑风山。（西游记·16回—119）

“D+之+方+数+量+有+M”：

（7）冀州之西二万里，有孝养之国。（拾遗记·卷1—500）

“数+量+远近+到+M”：

（8）又行七八里远近，才到三层门。（西游记·75回—573）

“（M）+有+数+量+远近”：

（9）那沙僧出林找八戒，直有十馀里远近。（西游记·28回—210）

（10）行有三四里远近，八戒把九环锡杖递与唐僧。（西游记·48回—372）

“（M）+有+数+量+路”：

(11) 这朵云……将身一抖，跳将起来，一筋斗就有十万八千里路哩！（西游记·1回—12）

“（M）+长（修）+数+量”；

(12) 秦昭王令工施钩梯而上华山，以松柏之心为博，箭长八尺，棋长八寸，而勒之曰：“昭王尝与天神博于此矣。”（韩非子·外储说左上—645）

(13) 周穆王大战西戎，西戎献锟吾之剑，火浣之布。其剑长尺有咫。（列子·汤问—163）——“尺有咫”1尺8寸（一说1尺7寸）。咫，8寸（一说7寸）

(14) 上有木禾，其修五寻。（淮南子·地形—431）——“寻”，古代指8尺（一说7尺）。

(15)（椰）有叶，状如蕨菜，长丈四五尺，皆直竦指天。（齐民要术·椰—596）——“丈四五尺”，1丈4尺或1丈5尺的样子。

“（M）+长+数+量+许”。“许”表约略，相当于表约数的“来”“左右”。

(16) 有一物，长尺许，形似冬瓜。（搜神记·卷15-395）——“尺许”，1尺左右。

(17) 实长寸许。（齐民要术·益智—612）

(18) 水泫然微流，有一小龙，长五六寸许，随水来出。（太平广记88·佛图澄—574）——两个1相连的数词，已有不确定义，又用表约略义的“许”。今语罕有，古语时见。

“（M）+长+数+许+量”；

(19) 临淄有大蛇，长十许丈。（搜神记·卷7-338）——“十许丈”，10丈左右。

(20) 府中有二大蛇，长数许丈。（搜神记·卷19-426）——

“数”，几，有不确定义，后又用表约略义的“许”，古语时见。

“（M）+长+数+量+已来”。“已来”表约略，与今表约数的“来”左右相当。

（21）令以盆覆于上，逡巡去盆，花已生矣，渐渐长大，颇长五尺已来。（太平广记86·王处回—560）

“（M）+（有+）数+量+长短”：

（22）窗棂上挂着一条赤金，有二尺长短。（西游记·24回—179）

（23）行者……去耳朵内取出铁棒，迎风幌了一幌，就有丈二长短。（西游记·45回—348）　　“丈二”，一丈二尺。

（24）毗蓝随于衣领里取出一个绣花针……有五六分长短。（西游记·73回—563）——“分”，1寸的十分之一。

“（M）+长短+数+量”：

（25）蒹实虽名“三蒹”，或有五六，长短四五寸。（齐民要术·廉—679）

“（M）+大+数+量”：

（26）蛇萦绕一白石龟，大可三二寸。（太平广记86·杜鲁宾—563）——此“大”指龟长；“可”，大约；“三二寸”，即今所说“两三寸”。

“离（去）+D+数+量+有+M”：

（27）去亭六七里，有一端正妇人。（搜神记·卷16-407）

（28）离此间三十馀里，有座山，唤做五台山。（水浒传·4回—31）

（29）我家离此西下，有三百馀里，那里有座城，叫做宝象国。（西游记·29回—212）

“（M）+离+D+有+数+量+远近”：

（30）好行者……飞向前边，离小妖有十数里远近。（西游记·42回—317）

（31）他原住处离此西下有四百里远近。（西游记·74回—571）

“（M）+径+数+量”。“径”，动词，历经。

（32）夫起临洮属之辽东，城径万里。（论衡·祸虚—367）

“Da+Db+相去+数+量”。此式一般表示两地（Da、Db）或两地之两物间的距离。

（33）文王生于岐周，卒于毕郢……地之相去也千有馀里。（孟子·离下—184）

（34）天与地相去万五千里，今王因而半之，当起七千五百里之台。（新序·刺奢—197）

（35）当秦末，二石相去百馀步，芜没无有蹊径。（拾遗记·卷7—539）——“步”，其制历代不一，周以八尺为一步，秦以六尺为一步。

“Da+去+Db+数+量”：

（36）臣国去此三十万里。（海内十洲记—67）

（37）臣国去轩辕之丘十万里，少典之子采首山之铜，铸为大鼎。（拾遗记·卷4-520）

（38）皇帝又问：“剑南去此多少？”净能奏曰：“去此三千里。”（敦煌变文集·叶净能师）

“（M）+离+D+有+数+量+地”：

（39）“离阁有多少近远？”“离阁有一百步地。”（老乞大谚解）

“自+Da+至于+Db+数+量”：

（40）自钱来之山至于隗山，凡十九山，二千九百五十七里。（山海经·西山经）

（41）自西夏至于珠余氏及河首，千又五百里。（穆天子传·4-18）

“Da+到+Db+有+数+量+地”：

（42）玉姐说：“这里到庙中有多少远?”金哥说：“这里到庙中有三里地。”（宋元明话本小说选·玉堂春落难逢夫）

（43）“这里到夏店有多少路?”“有三十里多地。”（老乞大谚解）

“Da+到+Db+有+数+量+之上”：

（44）“这里到京里有几程地?”“这里到京里还有五百里之上。”（老乞大谚解）——“五百里之上”，五百多里。

“（Da+到 Db+）有+数+量+之+遥”：

（45）往西天大路，在那直北下，此间到那里有千里之遥。（西游记·50 回—383）

（46）三藏问：“有多少远?”行者道：“一望无际，似有千里之遥。”（西游记·64 回—488）

“（M）+数+量+之外”：

（47）仲尼闻之曰：“夫不出于尊俎之间，而知千里之外，其晏子之谓也。”（晏子春秋·内篇杂上-326）

“（M）+不及（不满）+数+量”。此式表示 M 未达到某个数量。下式同。

（48）十幅红绡为帐，方不及四五尺，不知如何伸脚。（梦溪笔谈·艺文 1-109）

（49）行者看了道：“好笑！干净都是些小人儿，长的……不满三

尺。”（西游记·72回）

“数+量（+之）+M”。M是被数量词修饰的成分。下同。

（50）故孔子以六尺之杖，谕贵贱之等，辨疏亲之义。（吕氏春秋·异用—561）

（51）千尺大蟒，万丈长蛇。（西游记·27回~197回）

（52）李逵看那人时，六尺五六身材，三十二三年纪。（水浒传·38回—310）——“六尺五六”，六尺五六寸。

“有+数+量+长短+的+M”：

（53）把钉耙的幌一幌，教“变!”就变了有三十丈长短的耙柄。（西游记·64回—488）

1.2 表示高度的数量表述法

“（M）+数+量”：

（54）黑枣者，其树百寻。（拾遗记·卷3-510）

“（M）+高（崇）+数+量”：

（55）太行、王屋二山，方七百里，高万仞。（列子·汤问—131）

（56）冠古也墓而不坟，今丘也，东西南北之人也，不可以弗识也。于是封之，崇四尺。（礼记·檀弓上）

（57）四边并无一物，只中央一个石碑，约高五六尺。（水浒传·1回—5）

“（M）+去+地+数+量”。此式表示距地面的高度。

（58）大贼星，出正南南方之野。星去地可六丈。（史记·天官—380）

（59）树大四围，巢去地五丈五尺。（搜神记·卷6-324）

(60) 太后始造七层浮图一所，去地百仞。（洛阳伽蓝记·城南）——古时8尺为1仞（一说7尺）。与今1.6米相当。

“（M）+数+量”：

(61) 夫子之墙数仞，不得其门而入。(论语·子张—237)

“M+有+数+量+高”：

(62) 那里有一座高台，约有三丈多高。(西游记·45回—346)

“（M）+数+量+之+上”：

(63) 不知夫五尺童子，方将调饴胶丝，加己乎四仞之上。(战国策·楚4-392)

(64) 故蒲且子之连鸟于百仞之上……此皆得清净之道、太浩之和也。(淮南子·览冥—632)

“（M）+长+数+量”。此式的“长”，实指身高。

(65) 人形长七尺，形中有五常。(论衡·感虚—330)

(66) 籍长八尺二寸，力扛鼎，才气过人。(汉书·陈胜项籍传—1796)

“数+量+之（的）+M”。此式M是被数量词语修饰的成分。

(67) 以三十万之众守十仞之城，臣以为虽汤、武复生，弗易攻也。(战国策·魏3-616)

(68) 夫一仞之墙，民不能逾；百仞之山，童子升而游焉，陵迟故也。(说苑·政理—149)

(69) 九重的高阁如殿宇，万丈的层台似锦标。(西游记·29回—214)

“（M）+有+数+量+高下”：

（70）好呆子，捻个诀，念个咒语，把腰躬一躬，叫“长!”就长了有二十丈高下。（西游记·64回—488）

（71）那箱儿有八寸高下，一尺长短。（西游记·73回—558）

“有+数+量+高下+的+M”：

（72）好呆子，捻个诀，念个咒语，把腰躬一躬，叫“长!”就长了有二十丈高下的身躯。（西游记·64回—488）

“（M）+直上去+有+数+量+高”：

（73）直见那正中间有根大树……直上去有千尺馀高。（西游记·24回—179）

“（M）+直上+数+量”：

（74）西海之滨，有孤桑之树，直上千寻。（拾遗记·卷1-495）

1.3 表示宽度的数量表述法

“（M）+广+数+量”。“广”，常指宽度。

（75）终发北之北有溟海者，天池也，有鱼焉，其广数千里，其长称焉。（列子·汤问—125）

（76）东方有桑树焉……其叶长一丈，广六七尺。（神异经·东荒—49）

（77）忽山岫间有一人，长五六丈，手捉弓箭，箭镝头广二尺许，白如霜雪。（搜神后记·卷7—472）

“（M）+有+数+量+宽（阔）”：

（78）三藏道：“徒弟呵！这河有多少宽么？”八戒道：“约摸有十

来里宽。”（西游记·43回）

（79）那浴池约有五丈馀阔。（西游记·72回—552）

“（M）+有+数+量+宽窄”：

（80）那箱儿有……四寸宽窄。（西游记·73回）

“（M）+幅+广+数+量”：

（81）有列明锦，文似列灯烛也，幅皆广三尺。（拾遗记·卷2-506）

1.4　表示厚度的数量表述法

“（M）+厚+数+量”：

（82）公问焉：“鲁之年谷何如?”对曰：“阴冰凝，阳冰厚五寸。”（晏子春秋·内篇杂上—332）

（83）今邢州城乃（郭）进所筑，其厚六丈，至今坚完。（梦溪笔谈·人事-79）

（84）亲从外至，见卧雪中，呼起，雪厚数寸。（太平广记84·唐庆-548）

“（M）+高+数+量+许”：

（85）初犹有路影，未几，下皆积叶，高尺许。（徐霞客游记·闽游日记-51）

“（M）+数+量”：

（86）古者棺椁无度，中古棺七寸，椁称之。（孟子·公下—81）

1.5　表示深度的数量表述法

“（M）+深+数+量”：

（87）元封二年，大寒，雪深五尺。（西京杂记·卷1-91）

（88）临邛火井一所，从广五尺，深二三丈。（博物志·卷2-194）——“从广”，纵横。

（89）探初祖洞，洞深二丈。（徐霞客游记·游嵩山日记—35）

“（M）+深+数+量+已来”：

（90）广丈之舍，约深三四尺已来。（聊斋志异·雨钱）——“已来”，左右。

“（M）+人地（+深）+数+量”：

（91）金五百斤……埋在堂屋东头，去壁一丈，人地九尺。（搜神记·卷3-301）

（92）民往视之，有大石自立。高丈五尺，大四十八围，入地深八尺。（搜神记·卷6-321）

“（M）+有+数+量+深”：

（93）那呆子双手举耙……然后用嘴一拱，拱了有三四尺深。（西游记·38回—289）

“（M）+有+数+量+深浅”：

（94）那浴池……内有四尺深浅。（西游记·72回—552）

“有+数+量+深+见+M”：

（95）又掘下去，约有三四尺深，见一片大青石板。（水浒传·1回—6）

“数+量+深浅+M”：

(96) 石板底下，却是一个万丈深浅地穴。(水浒传·1回—6)

“有+数+量+深浅+的+M”：

(97) 虽是只有一二尺深浅的水，却寒冷的当不得。(水浒传·32回—54)

“数+量+之+M”：

(98) 当与汝登高山，履危石，临百仞之渊，若能射乎?(列子·黄帝—38)

1.6 表示面积的数量表述法

“(M) +数+量”。这里的“量”，多为古时专门表示面积的量词。

(99) 大王之国……战车万乘，奋击百万，沃野千里。(战国策·秦1—57)

(100) 卿以下必有圭田，圭田五十亩。(孟子·滕上—119)——“圭田”，供祭祀的田土。“亩”，周制，6尺为步(或曰6尺4寸、8尺)，百步为亩。秦、汉时以5尺为步，240步为亩。唐以广1步、长240步为亩。清以5方尺为步，240步为亩。

(101) 东方朔曰：“臣有吉云草十顷，种于九景山东。”(汉武帝别国洞冥记·卷2—130)

“数+量+之+M”：

(102) 舜之与尧俱帝者也，共五千里之境，同四海之内。(论衡·书虚—240)

(103) 五亩之宅，树之以桑，五十者可以衣帛矣。百亩之田，勿夺其时，数口之家可以无饥矣。(孟子·梁上—5)

“数+量+长+数+量+阔+的+M”：

(104) 开宴六七日，并无三寸长一寸阔的请帖儿到我。(古今小

说·金玉奴）

“数+量+阔+数+量+长+的+M”：

（105）却原来是一尺阔三尺长的一个小轴子。（古今小说·滕大尹）

“（M）+数+量+许”：

（106）积茭之法：于高燥之处，竖桑、棘木作两圆栅栏，各五六步许。（齐民要术·养羊—313）——“五六步许”指圆周长度。

（107）南有花园，可二顷许。（太平广记·93-618）

“（M）+方+数+量”。“方”指纵、横；“量”，一般用专表长度和距离的“里”。“方…里”，即“纵横各…里”的面积。偶尔也有用其他量词的。

（108）天子之田方千里，公侯之田方百里。（礼记·王制）

（109）今秦地形，断长续短，方数千里。（战国策·秦1-70）

（110）其寺东西南北，方五百步。（洛阳伽蓝记·城南）

“（M）+方圆+数+量”。“方圆”，周围的长度。

（111）徽宗道：“见说月宫方圆八百里，若到广寒宫，须有一万亿，如何得到?”（宣和遗事·亨集）

（112）自这南方有个去处，地名唤做梁山泊，方圆八百馀里。（水浒传·35回—280）

“（M）+周回+数+量”。“周回”，周围的长度。

（113）未央宫周回二十二里九十五步五尺。（西京杂记·卷1-78）

（114）御道南有洛阳大市，周回八里。（洛阳伽蓝记·城西）

“（M）+周围+数+量”：

（115）你道有多大？东西二百里，南北一百二十里，周围五百里。（古今小说·钱秀才）

“（M）+广员+数+量”。“广员”，指土地面积的长和宽。员，圆。

（116）又西二百二十里，日三危之山，三青鸟居之。是山也，广员百里。（山海经·西山经—39）

（117）又北三百五十里，曰白沙山，广员三百里，尽沙也。（山海经·北山经—73）

（118）山在沔水中，高十五丈，广员一里二百三十步。（水经注·沔水）

“（M）+东西+数+量，南北+数+量”：

（119）凡四海之内，东西二万八千里，南北二万六千里。（吕氏春秋·有史-658）

（120）秦为阿房殿……东西千步，南北三百步。（博物志·卷6-209）

（121）所主土地，东西五千馀里，南北二千馀里。（太平广记9·宣律师-622）

“（M）+南北+数+量，东西+数+量”：

（122）令造七寺，南北一百四十里，东西八十里。（太平广记93.宣律师—619）

“（M）+广+数+量，长+数+量”：

（123）赵主父令工施钩梯而缘播吾，刻人迹其上，广三尺，长五尺，而勒之曰：“主父常游于此。”（韩非子·外储说左上）

（124）芭蕉……叶广二尺，长一丈。（齐民要术·芭蕉-620）

“（M）+圆+数+量”。“圆”，周围长度。

（125）傍墙阴地作区，圆二尺，深五寸。（齐民要术·种瓜-113）

“（M）+围+数+量”。“围”，周围长度。

（126）澄左乳旁先有一孔，围四五寸。（太平广记 88·佛图长-581）

“（M）+径+数+量”。“径”，直径。

（127）货币径一寸，重铢。（汉书·王莽传下）
（128）下有盘石，径四五丈。（齐民要术·竹-633）

“（M）+大小+径+数+量”：

（129）割却碗半上，剜四厢各作一圆孔，大小径寸许。（齐民要术·养羊-317）——“大小径寸许”，圆孔的大小是直径为 1 寸左右。

“（M）+小大+数+量”：

（130）昭王曰：“薛之地小大几何?”公孙弘对曰：“百里。”（吕氏春秋·不侵-641）——“百里”，（薛之地小大）百里。

“（M）+纵+横+数+量”：

（131）天柱中悬，独出众峰之表，四旁崭绝，峰顶平处，纵横止及寻丈。（徐霞客游记·游太和山日记—39）——“纵横止及寻丈”，纵横各长仅 7 尺（一说 8 尺）或 1 丈。

“M+数+量”：

（132）卿以下必有圭田，圭田五十亩。（孟子·滕上）
（133）昔时居邑之南，有田五十亩。（梦溪笔谈·人事 1-75）

“（M）+大（广）+数+量”：

（134）纣为鹿台，七年而成，其大三里，高千尺。（新序·刺奢—195）

（135）你道有多大？……广三万六千顷。（古今小说·钱秀才）

“（M）+教+量+之+外”：

（136）威盖海内，功章万里之外，不过商君、吴起、大夫种。（战国策·秦3-152）

（137）王即请此药……王以涂足，则飞天地万里之外，如游咫尺之内。（拾遗记·卷2-507）

“环+数+量+之+M”：

（138）人有置系蹄者而得虎，虎怒，决蹯而去。虎之情非不爱其蹯也，然而不以环寸之蹯害七尺之躯，权也。（战国策·赵3-517）——“环寸之蹯”，周长1寸的蹄子。此似有极言蹄小之意，实虎蹄不止环寸。

“（M）+数+量+远近+地方”：

（139）你与我把这团围打扫干净，要三百里远近地方。（西游记·42回—323）——“三百里远近”，周围三百里。

“（M）+方圆+不满+数+量”：

（140）他那手掌，方圆不满一尺。（西游记·7回）

“（M）+有+数+量+围圆”。“围圆”，圆形或类圆形物体的周长。

（141）只见那正中间有根大树……根下有七八丈围圆。（西游记·24回）

“有+数+量+围圆+的+M”：

（142）众人近前观看，有四丈围圆的一个大白盖。（西游记·49回）

“（M）+四方+数+量”：

（143）太兴中，衡阳区纯作鼠市：四方丈馀，开四门。（搜神后记·卷2-446）——“四方丈馀”，四边各1丈多。

“（M）+东西南北+各+数+量”

（144）太初祖庙东西南北各四十丈，高十七丈。（汉书·王莽传）

1.7 表示体积（包括容积）的数量表述法

“（M）+长+数+量，广+数+量，厚+数+量”：

（145）脔形长二寸，广一寸，厚五分。（齐民要术·作鱼—454）

“（M）+有+数+量+高下，数+量+长短，数+量+宽窄”：

（146）那箱儿有八寸高下，一尺长短，四寸宽窄。（西游记·73回—558）

“（M）+数+量”。“量”多为古代计算体积或容积的量词。

（147）冉子与之粟五秉。（论语·雍也—54）——“秉”，16斛。10斗为1斛。“斛”后也称“石”。

（148）楚国之法，得伍胥者赐粟五万石。（史记·伍子胥列传）——10斗为1石。

（149）一酿用粗米二斛，麴一斛，得成酒六斛六斗。（汉书·食货志下—1182）——“斛”，10斗，南宋末年，改为5斗。

“（M）+数+量+已来”：

（150）即唤香儿取酒。俄而中间，擎一大钵，可受三升已来。（唐·张《游仙窟》）

（151）日取其乳一升，少只半升已来亦可。（《东坡志林·阴丹诀》）

“数+量+M”：

（152）一石谷捣得三斗米，非康七乎？（搜神记·卷3-301）

（153）众人见说一本经当了五十担米，好生不信。（二刻拍案惊奇·卷1-9）——“担”，量词，同“挑”。

“（M）+径+数+量”。“径”，直径。

（154）东方荒中，有木名曰栗。其壳径三尺三寸，壳刺长丈馀，实径三尺。（神异经·东荒—50）——“实”，果实。

“径+数+量+M”：

（155）临出，取径寸明珠以送（韩）重。（搜神记·卷16-403）——“径寸明珠”，直径1寸的明珠。

“（M）+不啻+数+量”——“不啻”，不只。此式表示超过某容量。

（156）更有死亡疾病者，所负之米，又以均之，则人所负，常不啻六斗矣。（梦溪笔谈·官政1—91）

1.8　表示粗细的数量表述法

“（M）+数+围”：

（157）东山有大竹，数十围。（齐民要术·竹—633）——“围”，1个人两只胳膊合拢起来为1围。一说“径尺为围”，另说5寸为围。

（158）东南荒中有邪木，高三千丈，或十馀围，或七八尺。（神异经·东荒—51）

“（M）+大+数+围”：

（159）须臾，有一蛇，大十围。（搜神后记·卷10-486）

（160）须臾，见一大蛇，长八九丈，大四五围。（太平广记94·华严和尚—624）

“（M）+大+数+量+围”：

（161）中殿六祖手植柏，大已三入围。（徐霞客游记·游嵩山日记—35）

“（M）+围+数+量”。此式的“围”指周围。下式同。

（162）东方荒中有椰木，高三二丈，围丈馀，其枝不桥。（齐民要术·椰—597）

“（M）+围+数+量”：

（163）东方荒外有豫章焉……其高千丈，围百尺。（神异经·东荒—49）

（164）南山荒中有沛竹……围三丈五六尺。（齐民要术·竹—632）

“（M）+数+周+馀”。“馀”，多。

（165）甘蔗望之如树，株大者一围馀。（南方草木状·上—255）

（166）甘蔗，草类，望之如树。株大者，一围馀。（齐民要术·芭蕉—620）

“（M）+广+数+围”：

（167）只见那魔王腰广十围，身高三丈。（西游记·2回—14）

“数+围+之+M”：

（168）是故十围之木，能持千钧之物。（淮南子·主术—985）

“（M）+数+量+围”。此“围”似指周围。下式同。

（169）竹筒六寸围，长三尺。（齐民要术·炙法—496）
（170）有小竹生旁，皆四五尺围。（齐民要术·竹—633）

“（M）+围+数+量”：

（171）东方荒中有椰木，高三二丈，围丈馀。（齐民要术·椰—597）

“（M）+有+数+量+围圆+粗细”。“围圆”，周长。

（172）我把这棍子……幌一幌叫“粗！”就有八丈围圆粗细。（西游记·74回—567）

“（M）+合+数+量+抱”：

（173）至近山数十里内，则异杉老柏合三人抱者，连络山坞。（徐霞客游记·游太和山日记—41）——“抱”，两只胳膊合拢起来的粗细。

“M（+大）+拱”。“拱”，同“抱”。

（174）公使谓之曰：“尔何知？中寿，尔墓之木拱矣。”（左·僖32）——后二句义即“如果你只有中等寿限的话，现在你墓上的树已经有双臂合拢起来那么粗了。”

（175）后八世，至帝太戊，有桑穀生于廷，一暮大拱。（史记·封禅书—404）——“大”，粗。“一暮大拱”，一夜之间已有双手合抱那么粗了。

“（M）+大+盈抱”：

（176）宿昔之间，便有大梓木生于二冢之端，旬日而大盈抱。（搜神记·卷 11-366）——“盈”，满。“抱”，双臂合拢那么粗细。

1.9　表示数目的数量表述法

“数+M”。M 代表事物名称的名词。下同。

（177）上问：“车中几马?”庆以策数马毕，举手曰：“六马。”（史记·万石张叔列传）

（178）（纣）虽为武王所擒，时亦宜杀伤十百人。（论衡·语增—467）——“十百”，几十上百。

“M+数”：

（179）是时，羽兵四十万，号百万。沛公兵十万，号二十万（汉书·高帝纪—24）

（180）越裳氏重译献白雉一，黑雉二。（汉书·平帝纪—348）

“数+之+M”：

（181）秦贪我赂，而信我辞，则一剑之任，可当百万之师。（燕丹子·上）

“（M）+数+量”：

（182）命子封帅二百乘以伐京。（左·隐元—13）——乘：车 1 辆谓之 1 乘。1 乘有甲士 3 人，步卒 72 人。另说用甲士 10 人。

（183）皆赐玉五珏。（左·庄 18）——珏：双玉为珏。

“数+量+M”：

（184）今之为仁者，犹以一杯水救一车薪之火也。（孟子·告上—172）

（185）他有十三库金银在此。（西游记·10 回）

“数+量+之+M”：

（186）今秦万乘之国，梁亦万乘之国。（战国策·赵3-505）

（187）孔、墨，布衣之士也，万乘之主，千乘之君，不能与之争士也。（吕氏春秋·不侵—640）

（188）万乘之国，弑其君者，必千乘之家；千乘之国，弑其君者，必百乘之家。（孟子·梁上—1）——“家”，士大夫的食邑，此指士大夫。

有些方法难以纳入上述格式中，大致包括用“倍”“蓰（五倍）”“十（十倍）”“百（百倍）”“千（千倍）”“万（万倍）”和“半”以及习惯用语“二三（或二或三）”，或用特殊数词“乘（四）”“驷（四）”等表示数目；而粮食数目，则用“粟（粮）+支+数+年（岁）”表示。

（189）师少于我，斗士倍我。（左·襄15-355）——军队比我方少，而请战人员比我们多1倍。

（190）诸侯之地五倍于秦，料诸侯之卒十倍于秦。（战国策·赵2-454）

（191）秦富十倍天下，地形强。（汉书·高帝纪—24）

（192）顺时种之，则收常倍。（齐民要术·收种—38）

（193）凡籴五谷，皆须初熟日籴，将种时粜，收利必倍。（齐民要术·杂说—168）

（194）夫物之不齐，物之情也。或相倍蓰，或相十百，或相千万。（孟子·滕上—126）——“蓰”，五倍；“十百”，十倍百倍；“千万”，千倍万倍。

（195）凡编户之民，富相十则卑下之，百则畏惮之，千则役，万则仆，物之理也。（史记·货殖列传—433）“十”“百”“千”“万”，即十倍、百倍、千倍、万倍。

（196）秦地，天下之半也。（战国策·东周—17）

（197）饥疫，人相食……天下户口减半矣。（汉书·食货志下—1185）

（198）子曰：“二三子以我为隐乎？”（论语·述而—76）——义即“你们几个学生认为找有隐瞒吗？”

（199）天下治乱，在予一人，唯二三执政犹吾股肱也。（汉书·文帝纪—116）

（200）（秦师）及滑郑商人弦高将市于周，遇之，以乘韦先，牛十二，犒师。（左·僖33）——“乘韦”，4张牛皮。“乘”，原指1车4马，后为4的代称。“韦”，牛皮。

（201）周君留之十四日，载以乘车驷马而遣之。（战国策·东州—31）——“驷马”，四匹马。

（202）赵地方二千里，带甲数十万，车千乘，骑万匹，粟支十年。（战国策·赵2-453）

（203）（攸）谓操曰：“……今有几粮乎？”操曰：“尚可支一岁。”（资治通鉴·汉纪·献帝建安五年）

1.10　表示重量的数量表述法

“（M）+有+数+量+重”：

（204）龙王笑道：“上仙，你不曾看这叉，有三千六百斤重哩！”（西游记·1回—18）

（205）行者把他扯在路旁边，试了一试，只好有三斤十来两重。（西游记·40回—307）

“（M）+重+数+量”：

（206）得力士，为铁椎重百二十斤。（说苑·复恩—131）

（207）港有巨鱼，重万斤。（搜神记·卷20-431）

（208）禅院内有大石臼，重五百斤。（太平广记95·法通—637）

“（M）+数+钧”：

（209）夫千钧，非马之任也。（战国策·楚4-412）——30斤为1钧。

（210）吾力足以举百钧。（孟子·梁惠王上）

“（M）+不满+数+量”。此式表示M不足某个重量。

(211) 行者看了道："好笑！干净都是些小人！重的……也只有八九斤，不满十斤。"(西游记·72回)

1.11 表示价值（包括价格）的数量表述法

"M+直（值）+数"：

(212) 错刀，以黄金错其文，曰"一刀直五千"。(汉书·食货志下—1177)

(213) 孙之翰人尝与一砚，直三十千。(梦溪笔谈·人事1-78)——"三十千"，3万。

"（M）+直+钱+数"：

(214) 一级直钱二千。(《汉书·惠帝纪》"民有罪，得买爵三十级以免死罪"句应劭〈注〉—88)——"一级"，一级爵位。

(215) 黄金重一斤，直钱万。(汉书·食货志下—1178)

"M+直+Ma"。此式以另一物计价值。下式同。

(216) 京师语曰："白马甜榴，一实直牛。"(洛阳伽蓝记·城西—196)——"白马"，地名。"直牛"，值一头牛的价钱。

"M+贾（价）+Ma"：

(217) 今夫兰本，三年而成，湛之苦酒，则君子不近，庶人不佩；湛之糜醢，而贾匹马矣。(晏子春秋·内篇杂上—347)——"贾匹马"，价钱抵得上一匹马。

"（M）+价值+数+量"：

(218) 菩萨道："袈裟价值五千两，锡杖价值二千两。"(西游记·12回)

“（M）+钱+数”：

（219）定伯卖鬼，得钱千五。（搜神记·卷16-402）

（220）君有钱一千万，铜器亦如之。（搜神后记·卷3-452）——“铜器亦如之”，铜器的价值也与之相当。

“钱+数+贯”。“贯”，古代铜钱用绳穿，1千钱为1贯。

（221）及晓，文按次掘之，得金银五百斤，钱千万贯。（搜神记·卷18-414）

（222）国朝初平江南，岁铸钱七万贯；至天圣中，岁铸一百馀万贯。（梦溪笔谈·官政2-96）

“数+量+银子”：

（223）“你这马，好的歹的，大的小的，相滚着要多少价钱?”“通要一百四十两银子。”（老乞大谚解）

（224）李忠去身边摸出二两来银子。（水浒传·3回—25）——“来”表约数。

“（M）+数+金”。“金”，古代货币单位。战国和秦代以1镒为1斤，1金为20两。汉代以1斤为1金，宋代以1钱为1金。明代至近代以银1两或银币1元为1金。

（225）所求者生马，安用死马捐五百金?（新序·杂事3-81）

（226）于众中漫言曰：“有能自投下者赏百金。”（列子·皇帝—39）——“自投下”，自愿从高台上跳下。

“（M）+直（价值）+数+金”：

（227）议令民得买爵及赎禁牿免减罪。请置赏官，命曰武功爵。级十七万，凡直三十馀万金。（史记·平准书—447）——“级”，爵级。

（228）此珠网价值万金，我崩之后，恐人侵夺。（洛阳伽蓝记·城北—328）

（229）灵光一点，价值千金，佛法广大，赐名智深。（水浒传·4回—33）

“金+数+量”。此式的“金”，一般指用作货币的铜。

（230）其益封太尉勃邑万户，赐金五千斤。（汉书·文帝纪—110）

（231）王赏之金百斤。（说苑·立节—84）

“（M）+数+镒”：

（232）而王馈兼金一百而不受；于宋，馈七十镒受；于薛，馈五十镒而受。（孟子·公下—92）一“兼金”，好金，其价兼倍于常者。“金”，并非黄金，一般是铜。“镒”，古时有以1镒为1金者；1镒，20两（一说14两）。

（233）李兑送苏秦……黄金百镒。（战国策·赵1-432）

“黄金+数+量”：

（234）又问陈平，乃从其计，与平黄金四万斤，以间疏楚君臣。（汉书·高帝纪—40）

（235）赐广陵王黄金千斤，诸侯王十五人黄金各百斤，列侯在国者八十七人黄金各二十斤。（汉书·宣帝纪一249）

“钱+数+量”：

（236）唯陕西路颗盐有定课，岁为钱二百三十万缗。（梦溪笔谈·官政——93）——“缗”，量词，用于成串的铜钱，每串1千文。

“（M）+数+钱”：

（237）冬，赐行所过户五千钱。（汉书·武帝纪—207）

(238) 运盐之法，凡行百里，陆运斤四钱，船运斤一钱。(梦溪笔谈·官政 1-93)

“(M)+直(值)+数+钱”:

(239) 机用一百二十镊，六十日成一匹，匹直万钱。(西京杂记·卷 1-81)

(240) 那边百钱之物，到这边亦可值万钱。(西游记·48 回—371)

“(M)+数+量+钱+一+量 2”:

(241) “黑豆多少一斗? 草多少一束?”“黑豆五十个钱一斗，草一十个钱一束。”(老乞大谚解)

(242) “(肉)多少一斤?”“二十个钱一斤。”(老乞大谚解)

“(M)+数+量”:

(243) “你这布，好的多少价钱?”“这一等好的一两。”(老乞大谚解)

“(M)+数+贯+钱”:

(244) 郭威便问那汉道:“剑要卖多少钱?”那汉索要卖五百贯钱。(新编五代史平·周史平话)

“数+金(钱)+之+M”:

(245) 此千金之剑也，愿献之丈人。(吕氏春秋·异宝—551)

(246) 我这边百钱之物，到那边可值万钱。(西游记·48 回—371)

“(M)+值+数+量+银子”:

（247）除非为我家老爷这名字，多值了百来两银子，也不见得。（二刻拍案惊奇・卷1-7）

2. 比况表述法

所谓比况表述法，就是用一个人们所熟悉的事物来比喻某事物的高低、大小、粗细等，一般要用“如”“若”“似”“等”之类的动词。表示某物体大于或小于另一物体时，还须用某些形容词或介词“于”以及连词“而”等。下面分类论列。

2.1　表示长度的比况表述法

“（M）+如+N+而+短”：

（248）鹤草，蔓生，……叶如柳而短。（南方草木状・上-256）

“（M）+似+N”：

（249）岩因怪之，伺其睡，阴解其衣，有毛长三尺，似野狐尾。（洛阳伽蓝记・城西-204）

2.2　表示高度的比况表述法

“（M）+高大+似+N”：

（250）树高大似白杨，在山中。（齐民要术・枳柜-714）

“（M）+高+共（与）+N+等”：

（251）如其栽榆，与柳斜植，高共人等，然后编之。（齐民要术・园篱-178）——“等”，相同，相等。

（252）峰前复起一峰，卓立如柱，高与四围之崖等。（徐霞客游记・游天台山日记-53）

“（M）+高+如（若）+N”：

（253）前有大蛇，高如堤。（新序·杂事2-51）

（254）一峰特起……高若老僧岩。（徐霞客游记·游雁宕山日记-55）

“（M）+高+如+N+一般”：

（255）他举着壶，只情斟，那酒只情高，就如十三层宝塔一般。（西游记·30回—223）

2.3 表示厚度的比况表述法

“（M）+厚薄+如+N”：

（256）腊月取獐、鹿，片，厚薄如手掌。（齐民要术·脯腊-459）

2.4 表示面积的比况表述法

“（M）+如+N”：

（257）又造契刀、错刀。契刀，其环如大钱，身形如刀。（汉书·食货志下-1177）

（258）循水南行三十里，至杜源，忽雪片如掌。（徐霞客游记·闽游日记-42）

“（M）+大+如+N”：

（259）系身毒国宝镜一枚，大如八铢钱。（西京杂记·卷1-81）

（260）芭蕉，叶大如筵席。（齐民要术·芭蕉-620）——“筵席”，古代铺在地上的卧具。

“（M）+如+N+大”：

（261）见壁中有一物，如卷席大，高五尺许。（搜神后记·卷7-473）

“（M）+似+N+大小”：

（262）伸开右手，却似个荷叶大小。（西游记·7回）

“（M）+如+N+来+大小”：

（263）从水上流下一片大石，如席来大小。（新刊全相平话·武王伐纣书）

“N+大小+（的+）M”：

（264）行者也现本相看处，原来是冰盘大小两个鱼鳞。（西游记·48回—367）

（265）那怪闻言，不容分说，抡开一只簸箕大小的蓝靛手，抓住那金枝玉叶的发万根，把公主揪上前。（西游记·30回—219）

“N+大+的+M”：

（266）那鼻涕眼泪把一个砌花锦边的褥子已湿了碗大的一片。（红楼梦·97回）

（267）到晚间脱了衣服，只见肋上青了碗大的一块。（红楼梦·30回）

“有+N+大小+M”：

（268）只见白马睡在那厢，混身水湿，后腿有盘子大小一点青痕。（西游记·30回—224）

“（M）+与+N+像似”：

（269）乾陀罗国土地亦与乌场国像似。（洛阳伽蓝记·城北-317）

“（M）+广狭+如+N”：

（270）上有水流下，广狭如匹布，剡人谓之瀑布。（搜神后记·卷1-443）

2.5　表示体积的比况表述法

“（M）+如+N+比”。“如……比”，像……那么大。

（271）出血，血如豆比五六枚。（史记·扁鹊仓公列传）——“血如豆比”，像豆子那么大的血滴。

（272）一旦临小利害，仅如毛发比，反眼若不相识。（韩昌黎集·柳子厚墓志铭）——“如毛发比”，像毛发那么大（的小利）。

“（M）+如+N+许”：

（273）而此花极繁细，才如半粒米许。（南方草木状·中-261）

（274）取芥子，熟捣，如鸡子黄许，取巴豆三枚。（齐民要述术·养牛马驴骡-287）——“鸡子黄”，鸡蛋黄。

“（M）+如（似）+N”：

（275）“（疡）大小何如?”曰：“如豆。”（晏子春秋·内篇杂下-386）

（276）其上有木焉，名曰文茎，其实如枣，可以已聋。（山海经·西山经-19）

“（M）+如+N+许+大”：

（277）五升齑，用饭如鸡子许大。（齐民要术·八和齑-449）

“（M）+犹如+N+来+大”：

（278）扑地一声，跳出一只吊睛白额斑斓猛虎来，犹如牛来大。（金瓶梅·1回）一“来”，同“许”。

“（M）+似（如）+N+而+小”。此式表示M比N略小。

（279）糯枣，叶如柳实，似柿而小。（古今注·下）

（280）棠棣，如李而小。（齐民要术·棠棣-698）

“（M）+似（如）+N+而+大”。此式表示 M 比 N 大些。

（281）虎豆，一名虎沙，似狸豆而大。（古今注·下-245）

（282）至和中，交趾献麟，如牛而大。（梦溪笔谈·异事-157）

“（M）+如（似）+N+大”：

（283）有一物出，如升大。（搜神后记·卷3-453）

（284）取饧如鸡子大，打碎，和草饲马，甚佳也。（齐民要术·养牛、马、驴、骡）

“（M）+似+N+样+大”：

（285）一日迸裂，产一石卵，似圆球样大。（西游记·1回）

“（M）+大+如（若）+N”：

（286）李少君尝游海上，见安期生食枣，大如瓜。（史记·封禅书）

（287）攀石践流遂抵溪石上。其石大如百间屋。（徐霞客游记·闽游日记-51）

“（M）+有+N+大”：

（288）三清殿上有许多供养：馒头足有斗大。（西游记·44回—341）

（289）打大前儿，河里就淌凌，凌块子有间把屋子大。（老残游记·12回）——“间把”，一间多。

“（M）+N+模样”：

（290）两个拳头，和尚钵盂模样。（西游记·27回—209）

“（M）+大小+如+N”：

（291）（铎）大小如一石瓮子。（洛阳伽蓝记·城内）

（292）（茄）大小如弹丸，中生食，味如小豆角。（齐民要术·种瓜-114）

“（M）+比+N+大小”：

（293）看身上时，寒栗子比餶飿儿大小。（水浒传·1回—3）——“比”，如。

“（M）+有+N+大小”：

（294）北墙上嵌了两个滴圆夜明珠，有巴豆大小。（老残游记·10回）

“N+来+大小+的+M”：

（295）八戒……把他那石门筑了斗来大小的个窟窿。（西游记·29回—217）

“有+N+大小+M”：

（296）只见有豆粒大小一个臭虫叮他师傅。（西游记·46回）

“（M）+有+N+来+大小”：

（297）仙桃树上结得一个大桃子，有碗来大小。（西游记·46回）

“（M）+N+来+大”：

（298）“那珠儿多大小？”“圆眼来大的。”（朴通事谚解·上）

“（M）+如+N+许+大”：

（299）两耳及孔鼻中皆有黄金，如枣许大。（搜神记·卷15-395）

（300）药如鸡卵许大。（太平广记·张守一）

“（M）+不过+N”：

（301）王曰：“其小大何如？”对曰：“郊禘不过茧栗，烝尝不过把握。”（国语·楚下）——“茧栗”，初生的牛角，形小如茧似栗。“把握”指一手所握之大小。均指祭祀所用牛的角。

“（M）+大+于+N”：

（302）臂大于股，若有此，则病必甚矣。（战国策·秦3-137）

（303）有一蟒蛇，身在灶里，首出在灶外，大于猪头，并有两耳。（太平广记83·续生532）

“（M）+小大+与+N+均等”：

（304）（文王、孔子）胸腹小大，与人均等。（论衡·语增-472）——“人”，别人，他人。

“N+大小+M”：

（305）提着那醋钵儿大小拳头，看着这郑屠道……（水浒传·3回—27）——“钵”，食具。

“有+N+大+的+M”：

（306）里面拖出七个蜘蛛，足有巴斗大的身躯。（西游记·73回—560）

“（M）+共+N+许+大”：

（307）背共屋许大，肚共碗许大，口共盏许大。（太平广记·侯白）

“有+N+许+大+M”：

(308) 有斛许大蚁死在穴中。(太平广记·桓谦)

“（M）+似+N+一般”：

(309) 被玉皇差十万天兵降我大王，是我大王变化法身，张开大口，似城门一般，用力吞将去。(西游记·74回—570)

“（M）+N+若+者”：

(310) 淘一日约得四五分……漏金多矣。因向淘者购取三四枚，黄豆若者。而淘者曰：“犹有蚕豆若者。”此盖所谓豆金，非沙中之屑金也。(适可斋记行·勘旅顺纪)——“黄豆若者”，像黄豆那么大的(金块)；“蚕豆若者”，状像蚕豆那么大的（金块）

“（M）+容+N”。此式如用“才”“仅”等副词，即表示空间、容积之小。

(311) 魏襄王冢，皆以文石为椁，高八尺许，广狭容四十人。(西京杂记·卷6-115)

(312) 钻作六七小孔，仅容粗麻线。(齐民要术·饼法-511)

2.6 表示粗细的比况表述法

“（M）+细+如+N”。此式用“细”“小”，多指物体的纤细。下式同。

(313) 不尽木火中有鼠，重千斤，毛长二尺馀，细如丝。（神异经·南荒-53)

(314) 新芽一发，便长寸馀，其细如针。（梦溪笔谈·杂志1-176)

“（M）+小做+N+像似”。“小做”表示细小。

（315）他将那宝贝颠在手中，叫："小！小！小！"即时就小做一个绣花针儿相似。（西游记·3回—20）

"（M）+大做+N+来+粗细"。"大"表示粗。"来"，表示约估。

（316）猴王真个去耳朵里拿出，托放掌上叫："大！大！大！"即又大做斗来粗细。（西游记·3回）

"（M）+有+N+粗细"：

（317）但只见窗棂上挂着一条赤金……有指头粗细。（西游记·24回—179）

（318）即变一条绳儿，只有头发粗细。（西游记·76回—582）

"（M）+N+来+粗细"：

（319）耳朵中掣出宝贝，幌一幌，碗来粗细。（西游记·3回）

（320）大圣即显本相，耳朵里掣出金箍棒，幌一幌，碗来粗细。（西游记·5回）

"（M）+似+N+粗细"：

（321）毗蓝随于衣领里取出一个绣花针，似眉毛粗细。（西游记·73回—563）

"似+N+来+粗细+的+M"：

（322）手里拿着一条铁棒，就似碗来粗细的一根大杠子。（西游记·74回—572）

"（M）+大+数+围"：

(323) 其西北东越闽中有庸岭，高数十里。隙中有大蛇，长七八丈，大十馀围。(搜神记·卷19—425)

“(M)+不+若+N+大”：

(324) 蝼蚁之体细，不若人形大。(论衡·变虚-279)

“(M)+似(如)+N”：

(325) 好大圣，即将金箍棒变作一把钢钻儿，将他那角尖上钻了一个孔窍，把身子变得似个芥菜子儿，拱在那钻眼里蹲着。(西游记·65回—498)

(326) 一凿而属绳，绳长四尺，大如指。(墨子·杂守)

(327) 扶留木，根大如箸，视之似柳根。(齐民要术·扶留-622)

“N+大+(的+)M”：

(328) 拳头大块空中舞，路上行人只叫苦。(清平山堂话本·董永遇仙传)——“块”，土块。

(329) 上放着一颗桂圆大的珠子，光华耀目。(红楼梦·92回)

(330) 把这四样水调匀了，丸了龙眼大的丸子，盛在旧瓷坛里。(红楼梦·7回)

“N+来+大(+的)+M”：

(331) 我若负了你情意，生碗来大疔疮。(金瓶梅·8回)

(332) 便走到土库门前，见一具胳膊来大三簧锁锁着土库门。(古今小说·宋四公)

(333) 一张时，见一条吊桶来大的蟒蛇睡在床上。(古今小说·雷峰塔)

2.7 表示数目的比况表述法

“(M)+比若+N”：

(334) 天山积仙不死之药多少？比若太仓之积粟也。(太平经·上善臣子弟子为君父师得仙方诀)

(335) 仙衣多少？比若太官之积布帛也。(太平经·上善臣子弟子为君父师得仙方诀)

(336) 众仙人之第舍多少？比若县官之室宅也。(太平经·上善臣子弟子为君父师得仙方诀)

2.8 表示重量的比况表述法

“(M)+重+于+N”：

(337) 是以国权轻于鸿毛，而积祸重于丘山。(战国策·楚4-387)

“(M)+轻+于+N”：

(338) 是以国权轻于鸿毛，而积祸重于丘山。(战国策·楚4-387)

“(M)+轻+若(如)+N”：

(339) 磬者长一丈，轻若鸿毛，因轻而鸣。(拾遗记·卷3-511)

(340) 暗海有潜英之石，其色青，轻如毛羽。(拾遗记·卷5-525)

3. 结语

如上所述，古汉语度量范畴的表述方法有数量表述法和比况表述法。前者指主要用数词和量词进行表述的方法，后者指用另一物体来比喻某物体进行表述的方法。在整个数量表述法中，如何划分出长度、高度、宽度、厚度等各个分类呢？大致有四个依据：

(1) 标志性词语。表示长度（包括距离）的标志性词语有“遥”（八百里遥/千里之遥）、“远（千万里远）”、“远近（七八里远近）”、“长（长丈四五尺）”、“修（修五寻）”、“长短（丈二长短/长短四五寸）”。表示高度的有“高（高万仞/三丈多高）”、“崇（崇四尺）”、“高下（二十丈高下）”、“直上（直上千寻）”。表示宽度的有“广（广六七尺）”、“阔（五丈馀阔)”、“宽(十来里宽)”、“宽窄(四寸宽窄)”。表示厚度的有“厚(厚半寸)”。表示深度的有“深(深二丈/三四尺深)”、“深浅(四尺深浅)”。表示面积的有“方(方千里/方五,百步)”、“方圆(方圆八百里)”、“圆(圆二尺)”、“广员(广员百里)”、“周回(周回八里)”、“东西…南北…(东西千步,南北三百步)”、“南北…东西…(南北一百四十里,东西八十里)”、“广…长…(广二尺,长一丈)”、“围(围四五寸)”、“径(径四五丈)”、“大小(大小径寸许)”、“纵横(纵横止及寻丈)”。表示体积的有“长…广…厚…(长二寸,广一寸,厚五分)”、“…高下…长短…宽窄(八寸高下,一尺长短,四寸宽窄)”、“径(径三尺三寸)”。表示重量的有“重(三千六百斤重/重百二十斤)”。表示价值的有“直、值(直三十千/值钱万)”、“价值(价值万金)”。

(2)量词。某几个分类有一些共用的量词。如表示长度、高度、宽度、深度都用“里”、“丈”、“尺”、“寸”、“分”等。“仞”则既用于高度,也用于深度。那么该如何确定它究竟属于哪个分类呢?可看它的标志性词语。例如:“广三尺”——宽度,“高三尺”——高度,“长八寸”——长度,“八寸高下”——高度。表示面积的量词有“亩”、“顷”等。虽也常用“里”,但前边得有标志性词语“方”(除非习惯性省略,如“臣闻七十里为政于天下者,汤是也”。“七十里”为“方七十里”的略称)。表示体积的量词(主要是表示容积的里词)有“秉”、“石”、“斛”、“斗”、“升”等。表示粗细的量词有“围”、“抱”、“拱”等。表示数目的量词极多,只列举若干常见的“乘”、“双”、“纯”、“枚”、“躯”、“扇”、“盘”、“壶”、“尾”等。表示重量的量词有“两”、“斤”、“钧”等。表示价值的量词有“贯”、“金”、“镒”、“缗”等。

(3)被述物体(或被述者)。被述者是“河”、“路”、“蛇”、“龙”或条状物,以及“Da去(离、至)Db”等,表述长度、距离的多。被述物体是“天”、“山”、“崖”、亭台楼宇、“身”等,表述高度的多。被述物体是“雪”、“冰”、“竹”、“板”、“棺”、“椁”等,表述厚度的多。被述物体是“井”、“洞”、“穴”、“渊”、“池”等,表述深度的多。被述物体是“国土”、“耕地”、“园囿”等,表述面积的多。被述物体是“树”、“木”、“棍棒”和“腰”等,表述粗细的多。被述物体是可计数的东西,均可表述数目。

另外,数词、量词均同,唯独被述物体(在格式中为被修饰的中心词)不同,也属于不同分类。如:百仞之山——表述高度,百仞之渊——表述深度。还有的标志性词语用“长”，似为表述长度的，但被述物体是“身”或人名（人形长七尺/籍长八尺二寸），按一般习惯，可视为表述高度。

（4）上文（包括问句）。行者道：“径过有八百里远近。”看似表述长度、距离的。但上文是“三藏道：‘我这里一望无边，端的有多少宽阔?”可见“八百里远近”是表述河流宽度的。

以上所说是“数量表述”分类的依据，“比况表述”分类的依据又是什么呢?

①标志性词语。与“数量表述”的标志性词语大体相同。此不重复。

②用来比喻的物体。用来比喻的物体是平面的，多为面积表述；是立体的，则为体积表述。例如：宝镜大如八铢钱/芭蕉叶大如筵席/右手似荷叶大小——面积表述，鸟卵如瓮/石卵似圆球样大/大桃子有碗来大小——体积表述。

比况表述法带有较大的模糊性。因为用来比喻的物体，它本身的度量值就是不确定的，因此，被比喻物体的度量值便是不确切的，模糊的。比如，《水浒传》说鲁达有两只“醋钵儿大小”的“拳头”，而醋钵儿（盛醋的坛子）大小各异；《西游记》里说“金箍棒”一幌就变得“碗来粗细”，而碗也可大可小。因此鲁达的拳头究竟有多大，金箍棒究竟有多粗，人们便无法确切得知。这种语义上的模糊性，在数量表述法的某些格式里同样存在。如《徐霞客游记·游太和山日记》中说，山上有很多“合三人抱（三人的双臂连接起来那么粗大）”的“异杉老柏”。但每人胳膊的长短很不相同，因此，对树干粗细的表述也只能是模糊的。“围”、“拱”等与“抱”略同，因此以它们为量词的格式具有同样的模糊性。

还有一些带有约略义的“许”、“已来”等用于数词或数量短语后（“十许丈/三寸许/三升已来”），都会使相应的度量值带有模糊性。相邻的两个数词加于量词前（“三二寸/三四尺”），也会带给这个数量值以模糊性。语义的模糊性，还源于同一时期不同国度、不同地区，甚至不同阶层度量衡器的差异，以及同一量器含量的历史改变等。如货币单位“金”，战国和秦代以1镒为1金，1金为20两；汉代以1斤为1金；宋代以1钱为1金；明代至近代以银1两或银币1元为1金。另古代量器“斛”，容量本为10斗，而南宋末年则改为5斗。如果缺乏这种背景知识，便无法确知“赤乌之人其献酒千斛于天子”（穆天子传·卷2—11）这句话中的“酒千斛”究竟是多少。又如面积单位“亩”，周制，6尺为步（或曰6尺4寸、8尺），100步为亩；秦、汉时以5尺为步，240步为亩；唐以广1步、长240步为亩；清以 5 方尺为步，240 步为亩。当读到古人所说的“五亩之宅”、“百亩之田”时，概念可能是模糊的。再如《晏子春秋》上也有这样的记载：“齐旧四量：四升而豆，豆四而区，区四而釜，釜十而锺。田氏四量，各加一焉。以家量贷，以公量收。”《左传》也说：“陈氏虽无大德，而有施于民，豆、区、釜、锺之数，其取之公也薄，其施之民也厚。”杜预注：“谓以公量收，以私量贷也。”“公量”，指国家统一的量器；“家量”、“私量”，则是某大氏族内部使用的量器。

不同的语义类别，使用“数量”和“比况”两种方法中的哪一种，情况并不一样。用比况法最多的是体积表述和粗细表述这两个分类（其实，粗细可以归入体积中，只因书证较多，故单列一类）。因为，这两个分类中，所述多为瓜果树木、鱼虫鸟兽等，用数量法表述较为困难，而用比况法表述则可顺手拈来，方便得多。再说，数量表述的精确性在这里并不是十分必要的。

不同类型的典籍，使用两种方法的情况也不尽相同。在经书和正史中，多用“数量法”，而在神话故事、话本、小说、游记以及农书、药典之类的书籍中则常用“比况法”。

度量范畴的语料从古代到近代，从甲骨文到明清小说，可以说是与日俱增的。在甲骨文中几乎找不到相应的例证，而在六朝以后的某些典籍中，则多得难以计数。这与社会生活的发展、度量表述精细化的客观需要、人类思维的日益精确化以及语言本身的逐渐丰富都密切相关。关于这个问题，将另题研究。

（原载《语言科学》2006 年第 5 卷）

“V 死了”是真死了吗?

阿甲他们一伙年轻的语言学者又开始了一周一次的语法讨论活动。这次活动，还邀请了一位叫史密斯的美国朋友。

史密斯首先提出问题：“我在中国生活期间，常听到中国朋友谈笑时说‘我简直乐死了’‘我真高兴死了’这里他们说的‘死了’显然不是真的死了，因为他们总是在快乐、高兴的气氛中说这些话的。那么，这个动词后边跟一个‘死了’（我建议简称‘V 死了’）究竟是什么意思呢?”

阿甲首先发言：“这个‘死了’是用在动词后面的补语，表示程度之甚，相当于‘极了’：‘乐死了’意思是‘快乐极了’；‘高兴死了’意思是‘高兴极了’。”

史密斯说：“一位朋友听了马季的相声后，对我说他简直笑死了，是不是可以理解为‘他笑极了’呢?”阿甲说：“‘笑’跟‘乐’‘高兴’还不完全相同，它后面不能跟表示程度之甚的补语‘极了’。‘笑死了’可以理解为‘笑得很厉害’，‘笑得很开心’。这就是说，不是所有的‘V 死了’都能用‘V 极了’代替但绝大多数是可以的。”接着，他举了好几个“V 死了”相当于“V 极了”的例子：

①今天我不停地走了二十里路，真累死了。

②我一天也没喝上一口水，渴死了。

③晚饭吃得过多，胃里胀死了。

④今天给我打了一针水剂青霉素，疼死了。

⑤我一夜没合眼，现在困死了。

阿丙说：“我嫂嫂说‘放学已经两个小时了，也不见我的小侄儿大龙回家’她‘急死了’。这个‘急死了’也不能换成‘急极了’，这可能是因为

‘急’‘极’音同，说起来拗口吧。”

史密斯又举了以下几个例句：

①今天气温真高，热死了。
②这种汤药苦死了。
③在冰天雪地的野外考察，冷死了。
④四川担担面辣死了。

接着问道：“这些‘死了’前边好像是形容词，也相当于‘极了’。但另外一些例句中的‘V死了’应该说是真死了。”他举的例子有：

①一个三岁的孩子从楼房的阳台上掉下来摔死了。
②他的自行车跟汽车相撞，被压死了。
③他住的房子在地震时倒塌，把他砸死了。
④她想不开，吊死了。
⑤为了表示反抗，她一头撞到铁门上，撞死了。
⑥这个孩子掉到水里淹死了。
⑦她唯一的小女儿在一次火灾中烧死了。

接着他问：“‘V死了’是表示程度之甚，还是表示真的死了，如何辨别呢？”

阿甲想了想说：“这首先要从词义本身去辨别。像‘乐’‘高兴’‘笑’固然不会导致人的死亡，就是‘累’‘渴’‘胀’‘疼’‘困’等一般也不会置人于死地，所以这些动词后的‘死了’一般是表示程度之甚的。而‘摔’‘压’‘砸’‘吊’‘撞’‘淹’‘烧’往往是导致人们死亡的原因，所以，这些动词后面的‘死了’是表示真的死了。”

阿乙、阿丙一齐说：“你说得有道理，但也不尽然。”他们举了下面两组例句：

A组：a_1 我一天也没吃上饭，饿死了。
a_2 1944年，她的家乡闹灾荒，一家人都饿死了。
B组：b_1 这孩子尽给我惹祸，把我气死了。
b_2 儿子、儿媳不孝，老人活活被气死了。

接下去说："A 组中的两个‘饿’字词义相同，B 组中的两个‘气’字词义也一样，为什么 a_1、b_1 的‘饿死了’‘气死了’表示‘饿极了’‘气极了’，而 a_2、b_2 的‘饿死了’‘气死了’却是真的死了呢？"

阿甲说："像‘饿’‘气’这类词，既可以置人于死地，又可以有程度的不同，这就需要根据语言环境、上下文来加以辨别了。"阿丙忽然有所发现似地说："你们注意了没有？凡是真死的‘V 死了’都是说的第三者或以第三人称代词为主语的。"

真是不说不知道，一说还真是那么回事。史密斯很兴奋地表示赞同："是这样的，就连上面我举的那四个‘形容词+死了’的例子来说，表面看‘热’‘冷’说的是天气，‘苦’说的是药，‘辣’说的是担担面，实际上这‘热’‘冷’‘苦’‘辣’是说话人感觉到的，因此，这里隐含的主语仍是说话者——‘我’。"其他几位与会者又补充说："表示程度之甚的‘V 死了’中的 V，几乎都是与人的精神活动和五官感知有关的动词。"

（原载《普通话》〔香港〕1990 年第 1 期）

反义词的妙用

阿甲、阿丙、阿丁三个学友在讨论一个问题：有些反义词可以表示“无论如何”的意思，但究竟是哪些反义词呢？

反　正

阿甲首先想出了一个“反正”。他举例说：

（1）他说得再动听，反正我不相信，因为他一向爱撒谎。

（2）你们劝阻无济于事，反正她决计要到那地方去工作的，因为那里需要她。

（3）你买不买我不管，反正我不买。

大家一听，觉得是那么回事。“反正我不相信”意思是“我无论如何也不相信”，“反正她决计要到B地去工作的”，意思是“她无论如何要到B地去工作的”。

高　低

阿丙紧接着想出了一对表示“无论如何”意思的反义词：“高低。”他举的例子是：

（4）主人极力挽留，茜茜高低不肯多住两天，因为她归心似箭啊！

（5）同学们拉她到周末舞会去跳舞，她高低不肯去，因为她有要务在身。

“茜茜高低不肯多住两天”，意思是“茜茜无论如何不肯多住两天”，“她高低不肯去”，意思是“她无论如何不肯去［跳舞］”。

死　活

阿丁见两位朋友都已想出了相应的词，心想：“我无论如何也得想出一个来。”

“有了，‘死活！’”阿丁兴奋地叫起来，并引两例：

（6）大家见他困难，要帮助他，他死活不接受。他说：“大家的心意我领了，但我能够依靠自己的力量克服困难。”

（7）不懂事的孩子躺在地上撒泼，爸爸拉他，他死活不起来。

“他死活不接受”，意思是“他无论如何不接受”，“他死活不起来”意思是“他无论如何不起来”。

横　竖

三个人每人想出了一对相当的反义词，但他们没有停止思索。他们当中不知是谁又想出一个“横竖”来。例子是：

（8）A公司向B公司索要赔偿，B公司横竖不理睬。

（9）大李横竖改不掉抽烟的毛病。

“B公司横竖不理睬”，意思是“B公司无论如何不理睬［A公司的要求］”。“大李横竖改不掉抽烟的毛病”，意思是“大李无论如何改不掉抽烟的毛病”。

左　右

他们还谈到在“左右为难”这类成语里，“左右”也带有“无论如何”的意思：“无论如何都很为难。”

（原载《普通话》〔香港〕第四期）

传媒用语短评

从“冠盖如云”谈开去

最近受一出版社之托，对一部中学语文课本在付梓前进行终审。课本中有一篇范文（题目记不清了），在形容松树枝叶茂密时用了“冠盖如云”这一成语。推其意，可能是说松树繁茂的枝叶像天上的云团一般覆盖在上面。然而，“冠盖如云”与此意无涉。这个成语是形容在集会场合大官及其他头面人物很多。冠，是官员戴的帽子；盖，指官员所乘车的车篷。“冠盖”借指官吏；“如云”极言其多。这个成语源自后汉班固《西都赋》：“英俊之域，绂冕所兴；冠盖如云，七相五公。”与这个成语相近似的还有一个“冠盖相望”，是说戴着礼帽的官吏所乘的篷车一辆挨着一辆，彼此能看得到。“相望”具有“到处可见”的意思。

这种运用成语不妥的例子，还可再举一个。近日浏览街上买来的《西南铁道报》（1995 年 12 月 1 日第 41 期〈总 4309〉），看到一篇《缉毒大行动》的文章，说我们的公安干警抓获了一个贩毒分子 A，想利用 A 去诱出贩毒分子 B 和 C。于是放 A 先行，干警们秘密跟踪其后。文章把这种情况概括为“螳螂捕蝉，黄雀在后”。这个成语最早见于《庄子 · 山木》，汉代的《说苑 · 正谏》对它作了如下记载与解释：“园中有榆，其上有蝉。蝉方奋翼悲鸣，欲饮清露，不知螳螂之在后，曲其颈，欲攫而食之也。螳螂方欲食蝉，而不知黄雀在后，举其颈，欲啄而食之也……此皆贪前之利而不顾后害者也。”用现代汉语表述，这个成语比喻只顾眼前有利可图，却不料祸害就要临头。这个成语用在上文所说的地方显然不妥。因为贩毒分子 A 对于 B、C 来说，是合伙贩毒，狼狈为奸，而不是螳螂捕蝉；公安干警对于 A 来说，是正义力量严惩祸国殃民的犯罪分子，而不是黄雀的捕食螳螂。两者截然不同。我们说这个成语使用不当，道理就在于此。

写至此，我又联想到前些天在电视屏幕上看到的一个节目里的标题。这个节目说的是人们要接受再教育的问题：知识短缺者，固然应通过教育提高自己的知识水平；而已具备知识者，也有个知识更新问题。这个问题提得及时而深刻。但屏幕上的大字标题为“学不可以矣”，令人费解。估计这是引用《荀子·劝学》篇首句“学不可以已”之误，因“矣”“已”（都念 yǐ）现代发音相同致误。“矣”是古汉语中的语气词，相当于今天句末的“了”。“已（yǐ）”是动词，意思是“停止”。“学不可以已”，是说探求学问不可止息，与“学无止境”意思相近，这才与“再教育”的主旨吻合。

出现这些语言应用上的错误，主要原因是望文生训，也就是不懂得某个字词、语句的正确意思，仅从字面上去附会，做出错误的理解或解释。此外，仅仅耳闻过某个词或短语，并不知是哪个字或由哪几个字组成（当然更无从得知它的含义），于是常易写一个同音字代替某字或代替其中某字（像上面所说的用“矣”代“已”，还在电视屏幕上见过用“高品味”代替“高品位”）。

目前，电视上、报纸上这类错误真可说是俯拾即是，随处可见可闻。这不仅严重损害了祖国语言的健康发展，而且，还会因传播了错误信息而贻误工作。

如何避免用错字词、读错字音这些语言运用上的错误呢？一是要学习语文专业知识，依我之浅见，凡是作家、作者、编辑、播音员、各类主持人，都应具有与语言专业本科生、硕士研究生同等的语文水平，这是工作的需要，因为这些人面对的读者、听众和观众太多了，一人写错或说错，便会谬种流传，既迅速，又广泛，岂止“误人子弟”？读者、观众、听众里又何尝没有为人兄长、为人父母者？如果还没有条件接受语文知识的专业培训，那也要做到以下一条：凡自己不懂得或不真正懂得的字词、成语、典故等，一定要查字典、辞书后再去应用。

（原载《语文建设》1996 年第 4 期）

一位“莘莘学子”？

今年三月某日，正在伏案写作，忽听电视中传来“又一位莘莘学子”的话语。抬头一看，介绍的是一位近于中年的学者。学子，《现代汉语词典》解作“学生”，而这里用来指一位已不再是学生的人，已属用词不当，此姑不论。要指出的是，“莘莘学子”前是不能用“一位”这个数量短语修饰的，就像我们不能说“一个众人”或“一位同志们”一样。

《说文》无“莘”字。《玉篇·艸部》：“莘，众也。”“莘莘(shēnshēn)”，最早见于《国语·晋语四》：“《周诗》曰：‘莘莘征夫，每怀靡及。’”今《诗经·小雅·皇皇者华》作“駪駪（shēn shēn）征夫，每怀靡及”。诗句大意是：众多的行人，心怀私念，就来不及（做大事）。战国楚宋玉《高唐赋》：“卒愕异物，不知所出，縰縰莘莘，若生于鬼，若出于神。”赋文大意是：忽然惊奇地发现了怪异之物，不知从何处而来，（怪异之物）甚众，仿佛是从鬼神那里来的。汉班固《东都赋》：“是以四海之内，学校如林，庠序盈门，献筹交错，俎豆莘莘。”赋文大意是：因此四海之内，各类学府林立，人们碰杯饮酒相互酬劝，俎豆之类的礼器罗列甚众。以上几处的“莘莘”均为“众多”义。

“莘莘”用于“学子”前，已见于较早的文章中。如吴玉章《从甲午战争前后到辛亥革命前后的回忆》：“戊戌变法失败后，这群莘莘学子，长期苦无出路。”近年来，“莘莘学子”不时出现于报刊中或荧屏上。“莘莘学子”就是“很多学生”或“诸多青年学生”。既是“众多”和“诸多”，便不只“一位”。这就是“一位”不能用在“莘莘学子”之前的原因。

（原载《语文建设》1996年第8期）

成语换字小议

目前电视广告为推销商品常把成语中的某字换成一个同音别字，如止咳药广告将“刻不容缓”换成“咳不容缓”，电蚊香片广告将“默默无闻”换成“默默无蚊”，自行车广告将“其乐无穷”换成“骑乐无穷”。这种做法对语文水平有限、鉴别文字真伪能力不强的读者，尤其是少年儿童，无疑会产生误导作用。语文学界和公众已经并正在进行口诛笔伐，此不赘。这里要说的是另一种情况，即：把成语中的某字更换成一个并非同音的字，从而把成语搞得非驴非马，不知所云。仅举二例。

其一，1996 年 5 月 24 日《南方周末·艺林·无情未必真豪杰》有如下字句：

> 小臧拼十年心血而成《我这十年》……尽管乐评界对这张专辑赞誉不一，但小臧的人歌声誉日隆。

从上下文义推断，作者是说音乐评论界对《我这十年》的评价很不一致：有批评贬损的，有称颂赞扬的。而这层意思应该用“毁誉不一”（或“毁誉参半”）、“褒贬不一”这类成语来表述。“不一”即“不一致”，“参半”即各占一半，出现在它们前面的应该是一对反义动词。如将“毁”换做“赞”，与“誉”便是同义或近义动词了，又何“不一”之有？

其二，1996 年年中某日，BTV 在讨论一个保安问题（记忆可能不确切）时用了“炙手可得”一语，究竟是什么意思，令人费解。汉语中有“炙手可热”（也作“热可炙手”）这个成语，意思是一接近便感到烫手，比喻人的权势之盛。唐代诗人杜甫有“炙手可热势绝伦，慎莫近前丞相嗔”的诗句，说的是权倾一时的杨国忠。现代作家沙汀的《淘金记》也有这样的叙述：“亲眼看见他成了这镇上炙手可热的红人，而且目空一切。”如果用

“炙手可得”者所要表达的不是上述的意思，而是想说某种东西很容易得到的意思，则应该用“唾手可得”这个成语。清代魏源《圣武记》说占据了山海关，关外数城便很容易攻取时说：“先取山海关，则关外诸城唾手可得。”现代作家杨朔在《海市·寿亚非作家会议》一文中，说明美好生活得来并非轻而易举时写道：“善良的人总是在梦想着美好的生活……但这不是唾手可得的。”

将“炙手可热”的“热”换成“得”，或将“唾手可得”的“唾”换成“炙”，于是便产生了“炙手可得”这个怪怪的词语，除制造此语者外，谁也不知它是什么意思。

（原载《中国语文》1997 年第 1 期）

“一个女犯罪小说作家”究竟为何意？

《作家文摘》212期《海外传奇》栏目有一个赫然醒目的标题《一个女犯罪小说作家与同性恋“桃色事件”》一下子吸住了我的视线，我很想知道这位女作家为什么犯了罪，又犯了什么罪。一口气读完全文，方知并非女作家犯了罪，而是这位女作家是专写犯罪问题小说的，或是以写犯罪问题小说见长的。看来，这个标题有歧义，能让读者产生误解。一个比较关键的问题是“犯罪小说”是否已凝固为一个众所周知的、有特定含义的词了。翻查收词丰富的、近年出版的《汉语大词典》，并无此词。既然“犯罪小说”没有成为一个词，或只被少数专业人员认同和使用，读者就可能作出两种不同的语法分析和两种不同的理解：其一，把“女”与“犯罪小说”看作“作家”的两个并列修饰语，意思是：这是一位女性的、以写犯罪问题小说见长的作家。其二，把“女”“犯罪”“小说”看作“作家”的三个并列修饰语，意思是这是一位女性的、犯了（或犯过）罪的、写小说的作家。看了全文，知道前一种分析和理解符合该文作者的意思；但作第二种分析和理解，也大有人在，比如阅读该文之前的我。

如果在这个标题的“犯罪”后加“问题”二字，也许可以避免歧义。或将“犯罪”改为“公安”之类的字眼儿更好些。究竟把描写犯罪问题的文学作品定个什么名字，那是文学研究部门或作家们应该解决的问题。

（原载《中国语文》1997年第4期）

“各位朋友们”的提法不妥

2月14日下午BTV-2《改革年代》的女主持人面对电视观众说“各位观众朋友们”，著名女主持人倪萍在去年和今年的春节联欢会上也都有过“各位朋友们”之类的提法。这种提法，从语法上说是不妥的。为什么呢？

吕叔湘先生主编的《现代汉语八百词》说：“各［指］：指各个范围内的所有个体。”因此，各位朋友，就相当于每一位朋友，是指个体的，而“们”是个助词，《现代汉语词典》说：“们，用在代词或指人的名词后面，表示复数。”（修订本，868）既然“各位朋友”指的是个体，是单数，怎么能同时在它的后面用表示复数的助词“们”呢？逻辑上也不通。

应该怎么说才正确呢？可以说“各位朋友”，也可以说“朋友们”。前一种说法包括“全体中的任何一个”（《现代汉语词典》，863），后一种说法指称多数，也包括全体。都热情而周到。

顺便再说一点儿，一个“名词前的数量词时，后面不加‘们’，例如不说‘三个孩子们’”。（《现代汉语词典》，868）

（原载《语言文字报》1998年3月20日）

“命运多舛”的“舛”

1998 年 1 月 10 日 12 时 27 分 BTV-1《影视文化博览》栏目中一位主持人将“命运多舛”的“舛”读作 jié，显然是与“舛”下加“木”的“桀”的读音混为一谈了。

“舛”，音 chuǎn（同“喘”），《说文解字》：“舛，对卧也，从夊牛相背。”清·段玉裁注：“引申之，足与足相抵而卧亦曰舛。”由“相背、相抵”义，引申出不顺利、遭遇不幸之义。著名的唐·王勃《滕王阁序》中就有“时运不齐，命途多舛”之句，发出包括他自己在内的人们“时运不尽相同，命运多有不顺”的感慨。至今也常用“命运多舛”来形容某人的一生不顺遂和多坎坷。

为什么会将音 chuǎn 的“舛”读作 jié 呢？乃是因为舛下加木的“桀”读 jié，便想当然地把作为“舛”的构件之一的“舛”也推定为 jié 音了。

也有与此相反的读音错误：用某个字的构件之一读音作为某个字的读音。如 1998 年 2 月 14 日下午 5 点 32 分 BTV-2“社会透视”栏目中，一位领导在谈牛街建设是“市民瞩目”的问题时，将“瞩（zhǔ）目”读作“shǔ（属）目”了。至于将“例（lì）如”误读作“liè（列）如”，更是耳熟能详了。

（原载《语言文字报》1998 年 4 月 5 日）

这是孔老夫子的话吗?

1998 年 2 月 12 日 10 点 40 河北电视一台《你说我说》节目中，一位男士说：“孔老夫子说过一段话：天将降大任于斯人也，必先劳其筋骨……”该男士的这段话客观上容易起误导作用：使不少观众以为“天将降大任于斯人也”一段，是孔子的话。其实，这段话出自《孟子 · 告子下》。孟子举例说：历史上的伟人，不少是来自下层，经受过苦难与磨炼，而后方有大成就的。如：舜帝曾在历山种田，殷商名相傅说（yuè）曾从事筑墙之职，等等。接下来孟子说：“故天将降大任于斯人也，必先苦其心志，劳其筋骨，饿其体肤，空乏其身，行拂乱其所为……”这段话的意思是：“所以上天将要把重大使命托付给这个人，必定先让他的心志因受挫而痛苦，让他的筋骨感到疲倦，使他的身体常遭受饥馁之苦，使他自身贫乏穷困；让他所做的事常遭挫折而不顺心。”只有经过这样的磨炼，他才能够坚强，才能具有战胜困难的信心和能力，才能有所作为。

这段话已成为千古名言，是我们培养跨世纪人才的重要参考项。只是须知，这是孟老夫子的话，而非孔老夫子的。

（原载《语言文字报》1998 年 4 月 19 日）

与赵忠祥同志谈“宁馨”

名人写书已成时尚，但至今我只读完了赵忠祥的《岁月随想》，这足以表明作者在我心中的位置。只是该书《昨夜星辰昨夜风》里，有这样几小段文字：

1. 那阳光就是耀眼的灯光，那宁馨就是直播中的寂静。（30 页）

2. 滤去世俗的烦恼，获得暂时的宁馨，并把这种体验和品味尽量长久地保持下去。（60 页）

3. 在宁馨的氛围中，我们共享安宁。（220 页）

4. 这里……有鸟声阵阵，有霞光拂照，倒也一了百了，是个宁馨归宿。（232 页）

其中四次出现“宁馨”一词，从上下文看，忠祥同志似乎是把它当作“宁静温馨”的缩略语来用的。我查《辞源》，它如是说：“宁馨：如此，这样。晋宁时通行语。”（464 页）《现代汉语词典》（修订本）有“宁馨儿”一词，解作“这么样的孩子”（931 页）。《晋书 · 王戎传》有“何物老妪生宁馨儿”的话，意思是“什么样的老女人生出这么样的孩子！”看来，这是特定历史时期出现和使用的一个指示代词，有其特定的含义。这个词还可写作“如馨”“尔馨”。

不揣冒昧，提出陋见，与忠祥同志商榷。

（原载《语言文字报》1998 年 5 月 31 日）

应是“休戚与共”

《作家文摘》231 期《传记文学》栏《谢希德、曹天钦：患难情深》一文中，有这样几句话：

“这对相恋多年的恋人举行了俭朴的婚礼，从此，他们相戚与共，携手迎接命运的一次次挑战。”这里的“相戚与共”，应作“休戚与共”。“休”有“喜庆、美善、福禄”等义，“戚”（或作“慼”）有“忧患、悲伤”之义，“与共”就是“在一起共同［承担或享受］”。《汉语大词典》说“休戚与共”就是“彼此之间的幸福和祸患都共同承受”。（I–1178 页）这个成语常用来表述夫妻之间、朋友之间、同志之间、友好国家的人民之间等那种同甘苦、共患难的关系和情谊。毛泽东在《中国人民志愿军要爱护朝鲜的一山一水一草一木》中说：“中朝两国同志要亲如兄弟般地团结在一起，休戚与共，生死相依，为战胜共同敌人而奋斗到底。”如果将成语中的“休”改作“相”，就会使人感到费解和不知所云。

（原载《语言文字报》1998 年 5 月 31 日）

“光临”前不必用“来”“到”

大约是1997年某日下午2时，BTV-1一位主持人说：“希望大家都来光临大观园。”细心琢磨，会发现这句话有语病：用词重复。BTV-1电视剧《姐姐妹妹闯北京》中有同样的病句：“今天你们几位小姐到我们这儿光临，非常荣幸。”

“临”的义项之一就是“到”“来”，“光临”是“来”“来临”的谦敬说法，意思是“因宾客或上级的来临而给说话人增添光彩”。比如可以说：“敬请光临”“欢迎光临指导”“您光临寒舍，使蓬荜增辉”“欢迎朋友们光临正大综艺现场”，等等。既然“光临”就是“来”“到来”的意思，在它前面再用“来”“到”，岂不重复？如果那位主持人把“都来”二字去掉，说成“希望大家光临大观园”或“欢迎大家光临大观园”，就既简明又规范了。

（原载《语言文字报》1998年6月21日）

恰当使用“如泣如诉”

《光明时报》1996年7月26日第6版《作文阅卷》一文说，考生A的作文讲述了父母离异给他带来了痛苦。文中有如下几句话：“考生A诉说父母离异时让他挑选监护人，这不啻是一次巨大的精神折磨。如泣如诉的孩子渴望父母和好如初，消除他的苦恼。”《读者》1996年12期《终结文革》一文，也说：“这是一束带血的花，我把它放在曾经埋葬了一代人理想与幸福的文革坟墓上，并站在冷冰冰的墓前沉默不语，耳朵里却响着我采访过的那些人如泣如诉的述说。”

第一段文字中的“如泣如诉”意思似与“哭诉”相近，第二段文字中的“如泣如诉”类似于“催人泪下”或“哭泣般”等意。不管是哪种意义，都有背于“如泣如诉”的本来意义。

“如泣如诉”最早见于宋·苏轼的《赤壁赋》。赋中描写作者在风清月朗之夜游于赤壁之下。听到有人吹洞箫的声音，“其声呜呜然，如怨如慕，如泣如诉，馀音嫋嫋（niǎo），不绝如缕”。这意思是说“那箫音宛转凄切，像哀怨又像怀爱，像抽泣又像低诉。吹箫停后，箫的馀音仍来断绝，犹如细细的丝缕”。后来，“如泣如诉”就用来“比喻声音哀怨凄切”。（《现代汉语大词典》4-273）巴金在《春》，中写道：“箫的如泣如诉的低鸣，被悠扬的笛声盖住了。”这是对“如泣如诉”一语的正确理解和恰当使用。

“如泣如诉”所以被用作“哭诉”之类的意思，是因为使用者只看到了“泣”“诉”二字，却忽略了它们前面的两个“如”字。

（原载《语言文字报》1998年7月5日）

是“沧桑”，不是“苍桑”

1996年2月12日8时许BTV-1蔡国庆所唱歌词中有“送不走的是思念，留不住的是苍桑”。1997年1月12日下午5点45分“中国音乐电视”女声独唱中有“历尽苍桑”的歌词字幕。然而，遍查字典辞书，从无“苍桑”一词，因此听众不知“留不住”者为何物，“历尽”者又是什么。1996年6月9日下午4时45分“五彩缤纷”栏目郭公芳所唱歌词中有“吹动着千年的苍与桑”的歌词，更令听众费解。“苍”是“草色”，引申为“青黑色”（《辞源》）；既为一种颜色，也就无法与“桑”并列而作“吹动着”、的宾语。

翻看工具书，可见到“沧桑”一词，它是“沧海桑田”的省称，意思是“大海变成农田，农田变成大海。比喻世事变化很大”。（《辞源》）唐·储光羲《献八舅东归》一诗中有“独往不可群，沧海成桑田”的句子，意在祝八舅归隐后长寿成仙，可以充分体验世事的巨大变迁。毛泽东“人间正道是沧桑”的诗句，也是说沧桑巨变是人世间的正常规律。

上引几句歌词，可能是由于对“沧桑”一词的误解而导致的误用与误写。

有时，“沧”“海”“桑”“田”四字都写对了，但却把“沧海”和“桑田”之间加了个连词：“与”，这样就把本不应拆开的四字拆分成了两个并列的成分，犹如“大海和森林”一般。著名主持人和表演艺术家王刚有一次在电视上唱歌，其中有一句这样的歌词：“这样的姑娘暗淡了沧海与桑田。”当然，不是说“沧海”与“桑田”绝对不能构成一个并列词组作“暗淡了”的宾语，但这种用法容易影响部分听众对“沧海桑田”这一成语特定涵义的正确理解与准确把握。

（原载《语言文字报》1998年8月2日）

“振聋发聩”者究为谁

1996年10月30日《光明日报》第7版《纪念鲁迅的一点感想》中有这样一句话：“他的这些思索，引起多少人们振聋发聩和惊心动魄。”这句话有语病，主要是对“振聋发聩”的使用不得当。“聋”是“失去听力”。“聩（kuì）”原指先天耳聋，后也指一般耳聋。“聋”“聩”在这里都带有名词性，指“耳聋的人”，实则泛指糊涂麻木、不觉悟者。“振”“发”都有“振动、启发、唤醒”等义。因此，“振聋发聩”常用来指某种先进的思想、理论、学说等，可唤醒那些糊涂、麻木、不觉悟者。从上文所引那句话的意思看，是说“他的思索”对人们具有振聋发聩的作用与力量；而从那个句子本身看；“振聋发聩”者似乎成了“人们”；“发聋振聩”和“惊心动魄”相并列，成为“人们”的谓语。这种词不达意情况的造成，主要是因为对“振聋发聩”一语的意义和用法缺乏正确的理解与把握。

顺便指出，上引句子中“多少人们”的提法也不妥，“多少人”在此是“不少人”“许多人”之意，因此后边不必再加表示复数的助词“们”，正像不能说“群众们”一样；要用“们”也可，那就应删去“人们”前的“多少”二字。

（原载《语言文字报》1998年8月30日）

“蹉跎”用法商兑

1998 年 5 月 3 日晚 BTV-1《青春万岁》中唱出这样一句歌词：“蹉跎的岁月铸就坚定的信仰。”反复琢磨，终觉未妥。

《说文新附》：“磋，磋跎，失时也。”《现代汉语词典》。“蹉”下收有“蹉跎”一词，解作“光阴白白地过去。”（修订本，220 页）看来，“蹉跎（cuō tuó）”。是由两个叠韵字构成的连绵词，也写作“蹉”。在近、现代汉语中多用来表示“错失良机”“光阴虚度”之类的意思。从词的感情色彩看，略带贬义，也就是就，它所表示的意义或情况，是人们所不愿意的或对它感到遗憾的。如：《齐民要术·种胡荽》原注说“春雨难期……蹉跎失机，则不得矣”。意思是说，春雨难得……一旦延误便会失去种植的最佳时机，也就难有好的收获。晋人曹摅有“玄景蹉，忽沦桑榆”的诗句，大体上也是感叹时光白白流失，一下子就到了晚年的。

“蹉跎”还可颠倒词序而用之，作“跎蹉”。梁启超在《意大利建国三杰传》里说，意大利英雄人物加里坡的，“一时投闲置散于故乡万里之外，揽镜华发，据鞍髀（bì）肉，跎蹉岁月，何以为情?”这几句话的大意是，（加里坡的）失去了用武之地，拿起镜子一照，头发已经华白；因为久不骑马征战，大腿上长出了肉。如此虚度岁月，感情上怎能承受?

而“坚定的信仰”，是要靠深入的社会实践、刻苦的理论探索等一系列的社会行为才能“铸就”的，哪里是虚度年光者可轻易获得的呢?

（原载《语言文字报》1998 年 8 月 30 日）

怎么能“隔岸观火”

在奥运会期间，某电视台主持人在谈及全国人民通过传媒观看大洋彼岸火爆的亚特兰大奥运盛况时，用了“隔岸观火”一语来表述。这不仅是词不达意的问题，简直可以说是用词与所要表达的意思正相反对或大相径庭。

“隔岸观火”源于唐五代·乾康《投谒齐己》一诗。诗曰：“隔岸红尘忙似火，当轩青嶂冷如冰。”意思是：对岸尘世间忙碌似火热闹异常，此处临窗满目青山心冷如冰。后来“隔岸观火”作为成语，表示置身事外，冷眼旁观，漠然置之。比如，鲁迅在《答〈戏〉周刊编者信》中说：“假如写一篇暴露小说，指定事情是出在某处的罢，那么，某处人恨得不共戴天，非某处人却无异隔岸观火，彼此都不反省。”在《文艺与政治的歧途》中也说：“在小说里可以发见社会，也可以发见我们自己；以前的文艺，如隔岸观火，没有什么切身关系。”杨朔在《鸭绿江南北》一文中说：“美国今天在朝鲜所作的，就是明天要在中国所作的。援救朝鲜，就是援救自己，怎么能隔岸观火呢?”

奥运会是世界体育盛事，为世人所注目。中国体育健儿在竞技场上创造的佳绩，更牵系着、激励着12亿祖国人民的心。12亿人这种热切关注的态度，怎么是“隔岸观火”呢？又怎么能用“隔岸观火”来表述呢?

汉语中的成语成千上万，在人们的交际中发挥着重要作用。有的成语，从字面上便可测知其义，如“高枕无忧”“度日如年”“一劳永逸”“一见如故”“百折不回”等。但更多的成语，其含义很难从字面上知悉。因此，选用成语，必须慎之又慎，必须借助于工具书，千万不可望文生训，即从字面上附会。否则，很易出现理解上和使用上的错误，甚至会闹出笑话。

（原载《语言文字报》1998年11月29日）

是“别出心裁”还是“别出新裁”

1998年10月4日下午5点25分，BTV-3一个有外国朋友参加的游戏节目，主持人说，这次游戏的某些做法是“别出新裁”。查《词源》《辞海》《现代汉语词典》，都只有“别出心裁”，而没有“别出新裁”，《汉语大词典》列有“别出新裁”，只说让“见‘别出心裁’。”且无一用例举出。据分析，这个成语的最初样式是“别出心裁”，近年来有人不甚了解“心裁”之义，代之以有“新鲜”义的“新裁”，而近出的某些辞书对此采取了认可的态度。

“别出心裁”也作“独出心裁”。“别”“独”有“别样”“独特”等义；“心”，指“头脑”；“裁”有“思维”“构思”“论断”等义。这个成语最初是指书或文章的构思有独到的地方，或对某种事物的理解与诠释有独创之处，后来泛指想出来的办法与众不同。比如，清·顾观光《武陵山人杂著·杂说》有这样的语句：“敖继公释《仪礼》，屏弃古注，别出心裁。”鲁迅《且介亭杂文·门外文谈》说：“不画刀背，也显不出刀口来，这时就只好别出心裁，在刀口上加一条短棍，算是指明‘这个地方’的意思，造了‘刃’。”不管是“释《仪礼》”，还是创造“刃”字，都与人的思维活动和精神活动有关，心之官则思，故用“心”字。后有人改作“新”，是用了“新”的“新颖”等义，而这层意思已由原成语中的“别”或“独”字承负了，无须叠床架屋；且以“新”代“心”，失却了原有“精神活动”“思维活动”的主体，而“心”之不存，“裁”将焉附?

对一些因不解或误解原义而附会出的语言变体，传媒应尽量予以正确引导并纠正之，而不轻易认可，更不传播。否则，语汇便会日趋芜杂。

（原载《语言文字报》1998年11月29日）

浅说“匪夷所思”

《家庭之友》'98 增刊《疯狂女人，泯灭的灵魂……》一文中，有“这些令人夷匪所思的数字”的说法，阅后得知这话的意思是说，那个疯狂的女人诈骗他人钱财的数目大得惊人。但从语言的角度看，这种说法有两个问题：其一，将“匪夷所思”误作“夷匪所思”；其二，“令人匪夷所思”在语法上也难以成立。这里着重谈谈第二个问题。“匪夷所思”中的“匪”，即“非”，当“不是”讲；“夷”，是“平常”的意思：“所思”，即“所能想到的”。整个成语的意思是“不是平常所能想到的”。它最早出现在《易经》中：“涣其群，元吉；涣有丘，匪夷所思。”大意是：“涣散其朋党，非常吉祥；涣释小群割据而聚成山丘似的大群，不是平常（人）所能想到的。”（据孙映逵、杨亦鸣《易经对话录》）可见，“夷所思”是个名词性短语，它只能做判断句的谓语（前加否定词“匪〈非〉”，则是否定性的判断句谓语）或名词的修饰语，而不能作叙述句的谓语，当然更不能用在“令人”后与之共同构成兼语式。如果我们把“令人匪夷所思”译成现代汉语，那就是“让人不是平常（人）所能想到的”，简直就不成话了。

如果将赘笔“令人”二字删去，只剩“匪夷所思的数字”，那还是大致可通的。

（原载《语言文字报》1999 年 1 月 3 日）

“漫长的维谷”？

《作家文摘》297期（1998年9月30日）第3版《中医肾病医学研究的重大突破》说：“肾特灵免疫平衡疗法临床研究成果将使肾病的治疗走出漫长的维谷。”读后，不知“维谷”是何意，查《辞源》《辞海》《汉语大词典》等工具书，均无“维谷”一语。但在“进退维谷”这个成语中，有“维谷”二字。这个成语的意思是说，不论是进还是退都会坠入深谷（据［唐］孔颖达说），以此表达进退两难的意思。推测《作家文摘》297期上的“维谷”，可能摘取于此。其实，这种摘取并不妥当，因为“维”与“谷”是两个词，“维”是句中助词，它不能与“谷”一起充当“走出”的宾语。如能将“漫长的维谷”改为“困境”之类，也许会好些。

（原载《语言文字报》1999年1月7日）

“莘莘学子”前不宜再用“多少”

1998 年 10 月 11 日 BCTV-2 在“忘不了的祝愿”栏目中有“不知有多少莘莘学子”的说法，然而，这种说法不尽妥当。笔者在《一位莘莘学子?》（《语文建设》1996 年 8 月）一文中，较为详细地论述了“莘莘”是“众多”的意思，“莘莘学子”就是“众多学生”或“诸多青年学生”，因此它的前边不能用“一位”修饰。同样，这里用表示“众多”义的“多少”修饰“莘莘学子”也不妥当。试想，有谁会说“有多少众多学生”这样的话呢?

“莘莘”前之所以会出现不妥当的修饰语，与对“莘莘”的“众多”义缺乏了解有关。

（《语言文字报》1999 年 1 月 17 日）

说“弥”

《知音》1998 年 9 月总第 26 期《那漫长而忧伤的爱情等待》一文中有这样一句话：“正当两人感情日益弥深之时，一场突然的变故，拆散了这对金童玉女。”其中的“日益弥深”从语言上说，有点儿毛病。

“弥”，这里是个副词，意思是“更加”或“越发”，比如我们说有的人对自己做的坏事“欲盖弥彰”，就是说他“想要掩盖事实的真相，结果反而更加显露出来”。（见《现代汉语词典》）我们说人们的感情“久而弥深”，是说“时间越长感情越发深厚”。这个词在古代汉语中就多有使用。《左传》：“我先君文公……亡十九年；守志弥笃。”意思是说“晋文公逃亡在外十九年，坚守自己的意志更加专一”。（据《左传译文》）《论语》：“仰之弥高，钻之弥坚。”是说（对孔夫子的学说）“仰望它更加觉得崇高，钻研它更加觉得坚实”。

再说“日益”。《现代汉语词典》对它的解释是“一天比一天更加”。如：“生活水平日益提高。”好了，问题已经很清楚了；把两个具有“更加”义的副词连在一起，自然会给人以重复的感觉。

如果我们把“日益弥深”改为“日益亲密”，就好了。

（原载《语言文字报》1999 年 2 月 7 日）

应作“世态炎凉”

《作家文摘》第305期（1998年11月25日）《巴金鲜为人知的故事》一文，讲述的是我国文学泰斗巴金几十年前曾收养两个抗日志士的遗孤，并把他们培养成人的事。然而，对巴金这种无私奉献爱心的高尚行为，“在那荒唐的年代，不仅没人表扬宣传，反而受到批判”。因此，作者在文末感叹道：“人世间的事态，有时是多么炎凉呀！”这句话，从整个文义推测，所感叹的应该是世态炎凉。下面简单说说“世态炎凉”。

“世态”，是指社会上人与人交往的情态；“炎凉”，是指态度的热与冷。“世态炎凉”为一个成语，意思是说世俗对有权势者亲近巴结，对失去权势或本无权势者冷淡疏远。

“人世间的事态……多么炎凉”一句大概是对“世态炎凉”的误用。其误有三：其一，世态有炎有凉，而“事态”何“炎凉”之有？其二，“多么”是个副词，用在感叹句的谓语（多由形容词充当）前表示程度之高。如：“她的举止多么优雅！”如果把两个反义形容词“炎凉”放在“多么”后，那究竟是感叹热的程度高还是冷的程度高呢？其三，成语一旦形成，不宜随便“拆卸”开来使用。“世态炎凉”，的语法作用相当于一个名词性词组，可以作一个句子的主语，也可作宾语等。如：“世态炎凉甚，交情贵贱分。”（宋·文天祥诗）“谁曾从丰裕跌落到贫乏，从高贵跌落到式微，那他对于世态炎凉的感觉，大概要加倍的深切罢？”（茅盾《一个女性》）

（原载《语言文字报》1999年3月21日）

注意区分褒、贬义

《作家文摘》第305期（1998年11月25日）“纪实之窗”栏目刊有《〈两访葛佩琦〉出笼前后》一文。细读此文，是说1982年《新观察》的一位记者写了一篇与胡耀邦同志代表党中央平反冤假错案的精神完全一致的文章，名为《葛佩奇访问记》，但由于受阻迟迟未能在《新观察》发表，很久以后，有胆识的《羊城晚报》决定发表，为了增强文章的新闻性，再次访问了葛佩奇，对原文作了修改补充，写成《两访葛佩奇》，发表在《羊城晚报》的头版上。读完此文，重温标题时，才发现“……出笼前后”的字眼儿，顿生“文不对题”之感，倒不是标题与文章在内容上有什么不一致，而是标题在词义褒贬上与文章不和谐。《现代汉语词典》“出笼”的第②个义项是：“比喻囤积居奇的货物大量出售……也比喻坏的作品发表或伪劣商品上市等。”而《两访葛佩奇》在这里显然不是被当作坏的作品论说的，那么何以要称它的发表为“出笼”呢？

以上是不该用贬义词叙说而用了贬义词的例子。还回忆起一个不该用褒义词修饰而用了褒义词的例子。去年9月18日前，从电视里听到这样的话语，1931年日本侵略中国“发动了著名的‘9·18’事变”。“著名”，是有名的意思，多用来形容某些人或事物极有成就或很有价值，为众人所称羡或熟知等；属于褒义词。而“9·18”事变是“日本帝国主义大规模武装侵略中国东北的事件”，（见《现代汉语词典》）用“著名”来修饰，感觉上总有些蹩扭；如果用“震惊中外”来取代“著名”，也许会恰当些。

（原载《语言文字报》1999年4月4日）

说“殆尽”

《知音》1998增刊《烈焰情仇，20年硝烟弥漫终成凄凉》一文中有这样一句话：“只因为一个非常平常的动机，夫妻两人一吵便吵了20年，以至于后来家的温馨渐渐殆尽了。”这里的“渐渐殆尽”，读来有点儿别扭。

“殆”，在这句话中是个副词，有“几乎、差不多”的意思，（见《现代汉语词典》）“尽”，是“完、没有”的意思。“殆尽”就是“几乎完了、差不多没有了”。因为它们经常连用，结合紧密，《汉语大词典》把“殆尽”列为一个条目。（5-158）

“殆尽”经常用在一个动词或动词性短语后面，表示该动词或动词性短语所表示的动作的结果。比如：“海内知识，零落殆尽。”（《文选·论盛孝章；书》）意思是国内熟人和朋友死得几乎没有了，或者说几乎死完了。再比如：“七百馀敌寇被歼殆尽。”（马烽、西戎《吕梁英雄传》56回）是说700多敌寇被我军歼灭得几乎完了。

因为“殆”已经是个副词，前边一般不宜再用副词“渐渐”；又因为“殆”具有不确定的“几乎”之意，其前一般也不宜再用具有“逐渐”义的“渐渐”。这里有语法问题，也有语感问题，或者说是语用问题。

（原载《语言文字报》1999年4月4日）

音义近似致误举例

在当前语言使用的常见错误中，有一种是由于两个词语读音或意义相同或相近而导致的错误。举例如下。

《神农架报》上有一篇题为《招聘男妓》的短文，其中有一个小标题是“行骗伎俩揭谜”，其下说的是犯罪团伙行骗时所使用的十分狡猾的手法。这里的“揭谜”，应作，“揭秘”（揭露秘密）。因为“谜”“秘”二字读音相近，加之“谜语”与“秘密”意义上也有某种联系，导致了混淆与误用。

该报另文《女士们下厨房去》中有这样的话：“时下还有些女人，在看完《水浒传》后，感叹当今男人越来越松包软蛋没了阳刚气，孰不知这也是她们不下厨房而逼着男人下厨房落下的恶果。”这里的“孰”，应作“殊”。《现代汉语词典》解释说：“殊不知，竟不知道（引述别人的意见而加以纠正。）”正与此合。因“孰”与“殊”声音相近，因而导致误用。

《民族地区经济报》一篇题为《川妹子玩火成性反误了卿卿性命》的文章，说到妻子失踪后，丈夫和情人“更恃无忌惮地往来”。这里的“恃”应作“肆”。“肆无忌惮”就是“任意妄为，没有一点儿顾忌”。而“恃”是“依赖、倚仗”的意思，放在这里殊为不通。出现这种误用，原因有二：其一，“恃”与“肆”声音相近（在某些方言中完全相同）；其二，“肆无忌惮”与“有恃无恐”两个成语意义有近似之处，都有“没顾虑，不害怕”的意思，因而导致混淆与误用。

说说“一病不起”

《青年一代》1998 年第 9 期《姐姐，我为你唱支歌》一文有这样几句话：“那年冬天，父亲被长期的肺病夺去了生命，体弱的母亲也被打击得一病不起。”接下来又说：“母亲维持住了生命。”显然，这位母亲并未亡故。

《京九经济报》中《迷途经理，真情唤你回家》一文又有这样一段文字：“1995 年 10 月，已满 60 岁的罗木森由于生活疲劳，营养不良，一病不起。陈云光及时将他送往医院治疗，康复后，罗木森思家心切……”看来，罗木森也健康地活着。

这里，问题就出现了：“一病不起”究竟是什么意思？“不起”，《汉语大词典》解作“病不能愈”，意即死去。如，《战国策·秦一》：“孝公行之八年，疾且不起，欲传商君。”意思是秦孝公（十）八年时，病得快死了，想把王位禅让给商君。王西彦《人的世界·第二家邻居》：“这给母亲的打击太大了，因此忧郁成疾，终至不起。”

至于“一病不起”，《成语大辞典》解作“得病后就没有起床，谓病死。”它举的例子是：“大崽又得了伤寒，一病 不起。”

看来，上引两文的作者把“一病不起”当作“病倒在床”的意思来用了，这当然是一种误解和误用。

（原载《语言文字周报》1999 年 5 月 16 日）

“黄发垂髫”不能修饰“儿童”

1999年1月11日早6：30北京电视一台“京城健身潮”节目中，一位女播音员说，在登长城的人群中，有老年人，“也有黄发垂髫（tiáo）的儿童”。用“黄发垂髫”来修饰“儿童”显然不妥。“黄发”，指老年人，因为，人年老头发容易变黄；“垂髫”，指小孩，“髫”，是小孩垂下来的头发。“黄发垂髫”即“老人和孩子”，犹如“童叟无欺”中的“童叟”（儿童和老人）。既然如此，怎么能说“黄发垂髫的儿童”呢？

“黄发垂髫”，最早见于东晋陶渊明的《桃花源记》：“其中往来耕作，男女衣著，悉如外人。黄发垂髫，并怡然自乐。”这是说桃花源中人来往耕种劳作，男女的穿着和外面的人都一样，老人和孩子都很快乐。

（原载《语言文字报》1999年5月30日）

关于现代汉语“们”字用法的思考

——媒体用语商兑之二

笔者曾在1998年3月29日《语言文字报》第2版上发过一篇短文，题目叫《“各位朋友们”的提法不妥》，大意是：

> 2月14日下午BTV-2《改革年代》栏目的女主持人称呼电视观众为“各位观众朋友们”；女主持人倪萍在春节联欢会上也多次称观众为“各位朋友们”。其实，这类说法在语法上是有些问题的。《现代汉语八百词》说：“［各］指各个范围内的所有个体。”因此，“各位朋友”就相当于“每一位朋友”；而“们”是用在代词或名词后面表示多数的。既然“各位朋友”是指个体的，怎么能同时在它的后面又用表示多数的助词“们”呢？这在逻辑上也是讲不通的。

之后，传媒上“各位观众朋友们”“各位同志们”“各位听众朋友们”之类的说法依然频频出现；且更有一些有关“们”的新提法。比如，2005年7月上旬CCTV-12播送的电视连续剧《危险旅程》中就有这样的提法：“你的父母双亲们”；6月24日CCTV-12在揭露街头骗术后主持人说：“所有的同志们都要警惕街头骗术。”7月16日CCTV-12《法律讲堂》在讲“认识物权”问题时，又有“很多同志们”的说法。这些说法是否合于规范呢？这个问题引起了我对“们”字的一些思考。

《现代汉语词典》(以下简称《现汉》)：“［们］用在代词或指人的名词后面，表示复数：我们/你们/乡亲们/同志们。［注意］名词前有数量词时，后面不加‘们’，例如不说‘三个孩子们’。”（2002年增补本，867~868页）

《现代汉语八百词》(以下简称《八百词》)除与《现汉》作了相同解

释的部分外，又多了一些内容，如：“指物名词后边加‘们’，是拟人的用法：满天的星星们眨着眼睛/春天一到，鸟兽虫鱼们都活跃了起来。”又如：“名词加‘们’后不再受一般数量词修饰，但有时可以受数量形容词‘许多’、‘好些’等的修饰：好些孩子们在……跑着玩。”

显然，对于“们”字的解释，《八百词》比《现汉》显得详尽些，对“们”字用法的规定也更灵活些。比如，《现汉》说“们”只能用在“指人的名词后面”，而《八百词》则指出也可用在拟人化的非指人的名词后面，如可说“星星们”“鸟兽虫鱼们”。其实，在电视中《动物世界》之类的栏目里常有“动物们”“羚羊们”之类的说法，而不必是拟人化的手法。我想，这类“们”字的用法，语法学应予认可；否则，如果想表示动物或其他物类复数的概念时该用哪个助词呢？

那么，“们”字的用法究竟还有没有一些规范性条款呢？有的。

（1）《现汉》和《八百词》都说，名词前有数量词时后面不加“们”，这是对的。前几天从电视里听到了“剩下的6位同志们”的说法；8月2日从CCTV-12播送的电视剧《公安局长》中又听到“为了这一千多名干警同志们”的说法，这些说法，是不合乎规范的。即使前面不是典型的数量词，而是表示成双成对（作者按：其实也是一种数量）的词语，后面也不宜用“们”，上文提到的“你的父母双亲们”，“们”字应删。

（2）名词前面有“所有”“全体”之类的词语，后面也不应加“们”。因为，“们”加在名词后，它的作用是把单数变为复数；如果这些名词或名词短语已经表示复数了，那还要“们”干吗呢？岂不是画蛇添足吗？所以，像上文提到的“所有的同志们”“很多同志们”，其中的“们”都是多余的；根据语言简洁化的原则，都是应该删去的。《八百词》中已认可的“好些孩子们”的提法，我以为仍可商榷。

（3）部分集合名词后面不能加“们”。什么是集合名词呢？集合名词也叫集体名词，指称那些由同类事物构成的集合体的名词，如：人民、群众。通常不说“人民们”“群众们”（这里的“群众”不是与“党、团员”相对应的“党、团外人士”的意思）。原因是，这些名词所含的不是单数的概念，而是集体的概念，因而也是复数的概念，它无须再用后面加“们”的语法手段去复数化。

《现汉》是大家公认的一部优秀工具书，它之所以优秀，除其他原因外，就是它能与时俱进，不断进行补充和修改。这篇短文刚写完，第二天的《新闻联播》里便报道了《现汉》最新修订本出版的消息，这对学界和广大读者都是一件大好事儿。我立即查了“们”字条，遗憾的是这次没改，只好等待来日了。

（原载《语言文字周报》2005 年 9 月 28 日）

媒体用语商兑三则

我们生活在信息时代，媒体是我们不可须臾离开的“朋友”。它是通过语言与受众交流的。作为受众之一，我从媒体语言中获得许多知识和信息；而作为语言工作者，我对传媒语言，对它的用语、遣词造句又倍加关注。天天看电视、报纸、杂志，不时会有一些感觉或想法，愿提出来与主持人、编辑或具体工作人员商兑。说错了的或说得不妥的，敬请批评。也许有人认为我是吹毛求疵；但我觉得，如果确实有“疵”，还是找出为好，因为，传媒语言的纯洁健康与典范，实在是太重要了。

（一）“明星”与“农民工”

2005 年 4 月的一天早晨，CCTV8《当代工人》栏目播放一个节目，内容是一些歌唱演员和影视演员到某工地去慰问外地来京务工人员，这本来是件好事。但一位男主持人一口一个“明星们如何”“农民工如何”，让人听着不舒服。这“明星”和“农民工”两个词（也是两种称呼），似乎一下子把现场的人拉开了距离：一小部分人是闪耀在天上的“明星”，大部分人是劳动在泥土中的“农民工”。联想起也是从媒体上听到的“明星们如何”“普通人如何”之类的说法，不免使人感到明星是凌驾于普通人之上的另类！这哪里是文艺工作者在慰问劳苦功高的来京务工者?！恰恰相反，是务工者在陪衬“明星”们。

依我之见，“演员”这一称呼很好；在上述场合尤为得体。“演员”与“驾驶员”“飞行员”“售票员”“公务员”等一样，他们彼此之间，他们与“工人”“农民”之间的区别仅仅在于分工的不同。这种称呼体现了社会主义社会人与人之间平等和谐的人际关系。现在，媒体上称一些演员为“明星”“巨星”“天王巨星”“影帝”“歌后”等，真不知道再往后还要用什么词语去称呼他（她）们。

(二)"情结" 一词该用在这里吗?

2005 年 6 月 22 日 12：30，看到 CCTV-12 屏幕上出现了"处女情结"的标题，感到好奇，便往下看。原来是这么一回事儿：某地一个村子，耕地被征用，征用方赔付在该村有户口的每个村民 4000 多元人民币。但村里有几个女孩子外出打工了，该不该也给她们每人 4000 多元呢？某些村干部和村民就商定了一个标准：她们中仍是处女的，就给；否则就不给。那么，怎么证明谁是处女谁不是呢？于是，责令她们逐个验身。这几个女孩儿被家人急匆匆地召回以后，听说要验明自己是不是处女，就坚决不从，并严正指出，这是侵犯他人的隐私权；还指出，这是男女不平等：为什么男人不验身？

报道这样一件事，为什么以"处女情结"为标题呢？

查《词源》《汉语大词典》等工具书，均未查到"情结"一词，只有《现代汉语词典》中有，其解释是："心中的感情纠葛；深藏心底的感情：化解不开的情结/浓重的思乡情结。"（2002 年增补本，1035 页）

现实生活中，"情结"常被用来指称人们对某种职业、技能、艺术形式等的由衷热爱和不懈追求。如：她有一种芭蕾情结/他热爱教育事业，并有一种教师情结。可以说"情结"是一个带有褒义色彩的词。因此，用来称说上述违反法规、有悖常理的行为显然是不妥的。那么，上述行为应如何称说呢？可以称之为"荒唐的少女验身""侵犯隐私权的少女验身"等。

(三)"把牢底坐穿" 可以这样用吗?

2005 年 6 月 21 日上午，CCTV-12 叙述一个犯罪嫌疑人在犯罪两年后自首，称自己在一个无辜者身上戳了几十刀，将其杀死。后又交代，还有另两条人命在身。叙说至此，主持人：摆在这个嫌犯面前有两条路：一是被判死刑，一是"把牢底坐穿"。听他这么说，不禁为之一震。因为，"把牢底坐穿"是一位著名革命烈士的著名诗句，意思是宁愿把反动派的牢底坐穿，也决不动摇革命意志。凡是读过此诗的人，心中都会矗立着一座革命先烈的丰碑。把烈士的诗句用在凶犯身上，使人产生一种烈士诗句被亵渎的痛楚，尽管说者可能是未假思索脱口而出的。

（原载《语言文字周报》2005 年 9 月 28 日）

关于成语的运用

——媒体词语使用商兑五则

什么是成语?《现代汉语词典》说:“[成语] 人们长期以来习用的、简洁精辟的定型词组或短句。汉语的成语大多由四个字组成……”(2002 年增补本,160 页)事实上,有不少是非四字的,也就是多于四字的成语。下面所谈几个成语,既有四字的,也有非四字的。

成语言简意赅,在日常交流中、在媒体上都应用甚多。只是要用得正确,才能彰显成语的优越性。如果使用不当,则会适得其反,至少是不能准确达意。以下几个成语的应用,从不同角度说,都有可商之处。

一 “正中下怀”

使用成语,首先要弄清这个成语的意思,包括这个成语中每一个词或词素的意义和作用;否则,就会使用不当。

“正中下怀”这个成语的意思是:“正合自己的心意”,或“正合我意”。要注意,“下怀”不是一个词,而是一个词组。“怀”,是“心意”的意思;而“下”是说话人自己的谦虚之词,与早期白话小说中称自己为“在下”近似。因此,以“正中下怀”为谓语的句子,它的主语应该是第一人称的代词或名词(可以省略),如:“这次我被指派到杭州出差,正中下怀,可以借此到杭州一游。”2005 年 6 月某日 CCTV-8《走近科学》栏目中,主持人说了这么一句话:“羊来了,正中了狼的下怀。”这里,如果我们把动物换成人,就等于说,张三说:“李四来了,正中了王五的下怀。”这样说,殊觉别扭。为什么会出现这种说法呢?估计说话人可能把“下怀”看作了一个词,一个相当于“心意”之类的名词了;而对“下”字表自谦的意思好像并没有理解和掌握。这种语病,出现在一般人的话语中,也许尚可原谅；而主持人这样说，则令人遗憾。再者，成语一般不宜拆开使用，因为它是定型的，有相当凝固性的。

二 “喜怒无常”

“喜怒无常”这个成语的意思是“一会儿高兴，一会儿发怒。形容人情绪变化不定。”（《现代汉语词典》2002 年增补本，1350 页）“无常”前面一定得是两个反义词“喜”“怒”（或者是“变化”），而今年 7 月某日从 CCTV-12 中听到这么一句话：“在妻子的眼中他暴怒无常。”8 月中旬从 CCTV-3 艺术院校毕业演出的一个小品中也听到这样一句话：“因车祸失去了双腿，她变得暴怒无常。”“暴怒”，即“极端愤怒”，那么，“无常”两字便无所依归了。与这个成语结构方式相同的成语还有“喜忧参半”（喜悦和忧愁各占一半）、“毁誉不一”（有人诽谤有人称赞，态度很不一样），这些成语的前两个词都应该是反义词，不能随意更改。如不能把“毁誉不一”改为“赞誉不一”。

三 “冰冻三尺，非一日之寒”

“冰冻三尺，非一日之寒”，《中国成语大辞典》（上海辞书出版社，1987 年）解释说：“比喻某一情况的形成，是经过长期酝酿、积累的结果。”遗憾的是它没有举例。这里，笔者仅举两例：（1）“这两个家庭的矛盾由来已久，可说是冰冻三尺，非一日之寒。”（2）“常言道，冰冻三尺，非一日之寒。这对母女之间的隔阂从女儿上小学时就始露端倪了。”在一般情况下，这个成语用来指称那些并不美好的事物，如人们相互之间的积怨，或某些人长期养成的不良习惯等。而在今年 7 月中央电视台举办的歌手大奖赛上，主持人朱军在盛赞歌手演唱技艺高超时不止一次地说：“常言说，冰冻三尺，非一日之寒嘛。”意思是夸奖歌手持之以恒地刻苦练艺，才达到了今天的高水平。他的意思听众都能明白；只是他把这个成语用在这种语言环境里，让人感到不十分得体。如果改用“歌手们精湛技艺的获得，绝非一日之功”，或改用人们常说的“台上一分钟，台下十年功”之类的说法，也许更贴切些。这里牵涉到成语褒贬义和它使用的语言环境问题。

四 “费尽心机”

今年7月24日CCTV《同在蓝天下》栏目中主持人说了这样一句话：“黄鹤校长为了办好学校，真是费尽心机。”这句话，听后都知道主持人是在赞扬黄校长为把学校办好花了大量心血。这里值得商榷的是把“费尽心机”这个成语用在这里是否得体的问题。“费尽心机”在清末民初基本上是中性词语，是“费尽心思”“想尽办法”的意思。而近年来，“心机”一词的词义似乎在发生着变化。让我们看看《现代汉语词典》的解释：“[心机]心思，计谋：枉费心机/她年龄不大，但很有心机。”不管是“枉费心机”也好，还是“她……很有心机”也好，都在不同程度上带有贬义。试想一下，如果有一个很有心机的女孩，还有一个很单纯的女孩，恐怕绝大多数人都会喜欢后者，而对前者敬而远之或心存戒备。

如果把上面所引句子中主语“黄鹤校长”的谓语换成“花费了大量心血”或“呕心沥血”等词语或成语，也许会更恰当、更贴切一些。

词语褒贬义的交替变迁，在汉语发展史上是不乏其例的。如“爪牙”，古代指“武臣”或“得力助手”等，现在则指“坏人的党羽”。

五 “谈何容易”

CCTV-12播放的电视连续剧《公安局长》中，一位干警说：“想抓到马富贵（笔者按：此人是倒卖国家文物的犯罪嫌疑人）何谈容易，他也不是吃素的。”这里的“何谈容易”，估计应为“谈何容易”。“谈何容易”这个成语的意思是：说起来何等容易，真要做起来就不那么简单了。用在这里，是说马富贵是个狡猾的对手，要想抓住他，可不像说句话那么容易。而剧中人所说的“何谈容易”，像一句自造的、蹩脚的古文，硬把它翻译过来，即为“为什么说容易？”“干吗说容易？”或“何必说容易？”这样一来，上引剧中人的话就前言不搭后语、不成话语了。

（原载《语言文字周报》2005年10月5日）

对两个电视标题和栏目名称的异见

（一）

2005 年 8 月 1 日 3 点 25 分 CCTV－12 有一个标题“镜中花——朱晓云”，吸引了笔者的目光。大家知道，汉语中有一个成语叫“镜花水月”，用镜中的花和水中的月来比喻那些虚幻的、实际上不存在的事物或景象。而这个标题下介绍的是一位杰出的女性朱晓云，她是一位刑警，而且她所从事的工作是一般女同志不敢也不愿干的，那就是用手中的照相机镜头拍下犯罪现场，为破案工作提供证据或线索。“镜中花”的“镜”，笔者推测是指照相机镜头，“花”标明持照相机者是女性，所以便以此为标题了。但拟定标题者可能不曾想到，这样一来，真真切切的女英杰，却极易被人误解为虚幻的了。

（二）

电视栏目有的是以时间词语命名的，我们已经知道的就有《经济半小时》《午间半小时》《休闲 60 分》等。这些栏目都很好，没的说。唯独 BTV 有一个以时间词语命名的栏目，引起了笔者的注意和思考，那便是《文明 30 秒》。一般来说，一个栏目时间的长短，往往标志着它的现实必要性或紧迫程度。比如说，我们的当务之急是要建立一个法制社会，就要加强法制建设和法制宣传，因此，中央电视台专门设立《社会与法》频道，其中还设有《两百一十分钟法制时段》。媒体的这些举措本身，就能使观众充分意识到法制的极端重要性。

再回过头来看《文明 30 秒》。30 秒，只是（经济）半小时的六十分之一，更是（休闲）60分的一百二十分之一。这么一联想，一比较，就使人觉得，文明问题的重要性与其他问题好像是无法同日而语的，时间的安排简直不成比例。（顺便说一句，在这“文明30秒”里，用的还是漫画手法，表达的意思也较隐晦，往往是还没等观众弄懂其所云，便一闪而过了。坦率地说，这个栏目的作用和影响是令人怀疑的。）

再从现实必要性和紧迫程度看，目前文明的状况究竟是怎么样呢？应该承认，当今的社会文明建设与经济发展并不是同步的，甚至可以说文明状况的日渐恶化，正在严重地损害着和谐社会的建立。广大人民群众对社会上的不文明行为和不文明现象深恶痛绝而又无可奈何。作为媒体，应该大力倡导社会文明，大力鞭挞不文明现象和行为。不是只讲30秒，而是应讲300秒，3000秒；不是偶尔说两句，而是要大讲特讲，时时讲，天天讲。要形成一种健康的、高尚的社会舆论和社会风气，让那些卑劣的、反文明的行为无处藏身。到了这个时候，我们所追求和向往的和谐社会才可以说是真正到来了。当然，这是一个巨大的系统工程，不是可以一蹴而就的。但在实施这项工程中，媒体有着不可推卸的、义不容辞的责任。再者，我们不是天天在讲要代表先进文化吗？宣讲文明，推进文明社会的建立，这就是先进文化。也许有人会说“传媒时间一秒千金呀”，依笔者看来，把那些用大量时间播放的什么“爱”呀、“恋”呀、“泪”呀、“梦”呀以及不知其所云的东西适当压缩一些，就不会只给讲文明30秒钟时间啦。

这里，顺便再说两句与此相关的话。CCTV-12每天都不止一次地打出一句标语性的话语：“信任是一种美德。”其背景材料是一位打“的”的人质问“的哥”为什么绕道行驶，表示他对“的哥”不信任，怀疑“的哥”想多收车费。这句话显然是在批评打“的”者不该不信任他人。但同样是CCTV-12，又不厌其烦地告诫观众：不要轻信，以免上当受骗。请问：观众究竟该不该相信陌生人呢，还是该具有“信任”他人的“美德”呢？以笔者浅见，根据目前的社会状况，还是不要轻信的好。如果一定要打这类标语，不如改为：“诚信是一种美德。”

（原载《语言文字周报》2005年10月12日）

媒体错别字举例

我们在看电视时，会发现不少读错或写（也可说是“打”“敲”）错的字词，这对从事语文类工作或文化程度较高的人来说，一般不会形成误导，因为他们具有辨别运用字词正误的能力。而对于语文程度不高的人或少年儿童来说，则极易形成误导。为使全社会正确使用祖国的语言文字，为保卫祖国语言文字的纯洁与健康，也为了更有利于培养少年儿童，笔者把近来从媒体上发现的一些错别字词列示若干。

下面将这些错别字词分为读错的和写错的两类：

一　读错的

2005 年 6 月 17 日 CCTV－3 一位评论员将“蹒跚 pán shān”误读为 mán shān。

2005 年 6 月 19 日 CCTV－12 一位公安干警将“沧海一粟 cāng hǎi yī sù”误读为 cāng hǎi yī lì。

笔者案：［粟 sù］谷粒。［栗 lì］栗子。两字的差别是：“粟”下从“米”，“栗”下从“木”。

2005 年 8 月 1 日下午 5 点 15 分 CCTV－12 电视连续剧《公安局长》中一个罪犯将“床笫之欢 chuáng zǐ zhī huān”误读为 chuáng dì zhī huān。

笔者案：“笫 zǐ”，竹篾编的席子。“床笫之欢 chuáng zǐ zhī huān”，指男女床上的欢爱。“笫 zǐ”与“第 dì”因字形相近而致误，应细心分辨。

另有 CCTV－12《法律讲堂——世纪审判》中，将“间接证据 jiàn jiē zhèng jù”误读为 jiān jiē zhèng jù。

笔者案：“间”字的误读虽只表现在声调上，但对媒体来说，仍是不容忽视的错误，它同样可以在相当大的人群中产生误导作用。

二　写错的

所谓写错的，就是指打在电视屏幕上的错字。也可称为打错的。

2005 年 6 月 21 日《心理访谈》在说到妻子另有男友时，丈夫说："我带上了绿帽子。"

笔者案："带"应作"戴"。"带"是"携带"的意思，如：今天可能要下雨，出去带把伞吧。"戴"是把东西放在头、面、颈等处。如：戴帽子/戴眼镜。《现汉》上还专列了"戴绿帽"一条，解释为"比喻妻子有外遇"。

2005 年 7 月 22 日云南卫视台《十八岁的天空》中有一句话："不愿给你造成捆扰"。

笔者案："捆"应作"困"。"困扰"，意思是"围困并搅扰"。而"捆扰"二字连在一起，一般辞书上未曾见过。

2005 年 8 月 26 日下午 2 时 CCTV-12 有个标题"银行卡存款被盗谁知过"。

笔者案："知"应为"之"。"谁之过"，究竟是谁的过错，即应由谁负责。

2005 年 8、9 月间 BTV-2《谍影》中有"一见双雕"四字。

笔者案："见"应作"箭"。"一箭双雕"这个成语，顾名思义，一支箭射中两个目标，比喻一举两得。

2005 年 8 月 19 日 CCTV-12《道德观察》有一句话"对这场战争的切夫之痛"。

笔者案："夫"应作"肤"。"切肤之痛"，即切身的痛苦。

此外，在一个讲历史文物之类的电视栏目中，有一句话："用他的如船大笔……"

笔者案："船"应作"椽"。"如椽大笔"，用来称颂某些人的写作才能或文章，即指大手笔。该电视栏目中这个成语用得是否妥当尚待斟酌；而将"椽"误作"船"，更是错上加错了。"椽"，原指"放在檩上架着屋面板和瓦的木条"（多为圆柱形），与毛笔的杆儿还具有可比性，而"船"则与笔杆儿风马牛不相及了。

这些错误出现的原因，一是知识上的欠缺，二是工作上的马虎。解决了这两个问题，错误便可大大减少。

（原载《语言文字周报》2005 年 11 月 16 日）

媒体字词运用欠妥举例

2005 年 9 月 23 日《作家文摘》第 8 版《长恨歌》一文中有这样一句话："沸沸扬扬的颜色遮掩不住一份凄凉。""沸沸扬扬"这个成语，《现代汉语词典》(下称《现汉》) 是这样解释的："像沸腾的水一样喧闹，多形容议论纷纷。"《汉语大词典》的释义也大同小异："形容议论纷纷，像沸腾的水一样喧闹。"如：此时到处沸沸扬扬，传说张总金屋藏娇，被他妻子发现了，现夫妻俩正打得不可开交呢。/这件事被传得沸沸扬扬，事实并非完全如此。/李二娃外出发了大财，要盖小洋楼呢，这件事儿在村里传得沸沸扬扬的。由此可见，"沸沸扬扬"是形容喧闹的情况的，换言之，是形容声音的。因此，用"沸沸扬扬"形容"颜色"，显然不妥。

2005 年 9 月 9 日《作家文摘》(874 期)《鲜为人知的毛泽东晚年痼疾》一文中有这样一句话："所有这一切症状都表明毛泽东的病情仍然沉重，而且到了令人堪忧的地步。"问题出在"令人堪忧"的用法。《现汉》"堪"下有两个义项：(1) 可；能：堪当重任/堪称楷模/不堪设想。(2) 能忍受；能承受：不堪凌辱。《王力古汉语字典》设定的第一义项为"经得起"，所举例句为"今京不度，非制也，君将不堪。(意思是：现在您划给共叔段京这个城邑过大，不符合先王定下的制度，您将经受不住。)"这几个义项用在"堪忧"中似乎都不合适，或不妥帖。当我们说"伊拉克局势堪忧"，"今年的就业形势堪虑"，"飞将虽在，龙城堪虞"(此例见于 2005 年 10 月 26 日 CCTV-12《护国良相狄仁杰》。虞：忧虑) 时，意思是说，"伊拉克局势让人担忧"，"今年的就业形势令人忧虑"，"虽有飞将在，龙城的形势依然令人忧虑"。可以说，"堪+动词 (限于'忧、虑、虞'几个动词)"实际上形成了一个隐性的兼语式=让人忧，令人虑。既然如此，在"堪忧"之前再加"令人"，就显得叠床架屋了。如果有人说"堪忧 (虑、虞)"可以解作"可忧 (虑、虞)"，固然可备一说，但总感到不那么贴切。即使"堪"

作“可”解，“令人堪忧”的说法也是不妥的。因为，“可忧”的是“毛泽东的病情”，而不是“毛泽东的病情”让人“可忧”。

2005 年 9 月 29 日下午 4 时 45 分 CCTV-12 播放的《雷霆出击》中，一位公安干警说：“他（案：指一位腐败的领导干部）不直接拿贿赂（案：他通过自己的儿子拿），就使我们对他无奈不得”。“无奈不得”，用得不妥；且它本身就是生编硬造的词语。“奈何”是古代汉语中就有的一个凝固格式，意思是“怎么办”。“无可奈何”，也可说成“无奈”，意思是“没办法”或“没法办”。因此，当我们表示对某人没有办法时，可以说“对他无可奈何”，或说“奈何他不得”，还可说是“对他很无奈”，唯独不能说“对他无奈不得”。你想呀，“无奈”是“没有办法”，后边再来个“不得”一否定，不又成了对他有办法了吗？这哪是我们要表达的意思呢？

（原载《语言文字周报》2005 年 11 月 23 日）

传媒用语商兑三则

是“倖存者” 还是“幸存者”?

2011 年 3 月中旬，凤凰卫视台在报道日本大地震时，荧屏上一位中年男子正在讲述自己目睹的地震、海啸的种种惨状。在讲述者旁边，字幕上打出“倖存者”三个字。我一时感到眼生。翻检了几部辞书，上面只有“幸存”一词。而无“倖存”两字。当然更没有“倖存者”。换句话说，“倖存者”属于误用。

值得探讨的是，“幸、倖”两字为什么会被混淆呢？原来，在某些双音词中，“幸”“倖”可以通用：如《辞源》：“倖②亲幸，宠幸。通‘幸’。”（227 页）而“幸”也有“为帝王所宠爱”的义项，《辞源》说它“通‘倖’”（998 页）。这样一来，“倖臣”也可作“幸臣”。《现代汉语词典》“幸（⑤倖）”这样的标法，分明表示二者是繁简字关系。诸如此类的纠结。导致二者易于混淆。

那么“幸存者”是否可以作“倖存者”呢？不可以。因为，“倖”的第一个义项（或说本义）是“非分（fèn）所得”（见《辞源》），为贬义。由它构成的“倖臣（受宠幸的佞臣）”“倖门（权贵亲幸之门）”等双音词也都含贬义。而它构成的另一个双音词“倖生”。与“幸存”表面上虽有几分相似，但“倖生”的意思是“侥倖于苟且生存”（见《辞源》）。而“幸存”的意思是“侥幸地活下来”。前者带有“苟且”之类的贬义，后者全无贬义，反面带有“逢凶化吉、幸运、庆幸”之类的褒义色彩。

这里用“突兀”恰当吗?

2011 年 3 月中上旬某一天的《法律讲堂》中，讲者说了这样的话：“女孩脸上的伤疤，虽然用多种方法进行了掩饰。但在咖啡厅灯光的照射下，仍然显得突兀。”（大意）“突兀”一词用在这里不妥。

“突兀（tūwū）”，辞书上一般解作“高貌；高耸；高耸的样子”等，举的例子如：山峰突兀丨怪峰突兀丨危崖突兀丨突兀的山石。而脸上的疤痕，无论灯光如何照射，也不会“显得突兀”或“显得高耸”的。估计讲者的意思是：伤疤虽经掩饰，灯光一照，仍然凸显了出来。

是“卵生”，还是“孪生”?

2011 年 3 月 20 日 12 点 40 分，中央 12 台《大家看法》栏目，谈到一对双胞胎姐妹在失散多年后得以重逢的事，内容十分感人。遗憾的是，字幕上打出了“卵生姐妹……”的字样。而正确的应该是“孪生姐妹”。

“卵（luǎn）生”的定义为“动物由脱离母体的卵孵化出来”，而“孪（luán）生”是指“（两人）同一胎出生”（《现代汉语词典》）。两者差别很大，无论如何是不应混为一谈的。顺便再说两句：“卵生”与“胎生”是相对的。“胎生”是指“人或某些动物的幼体在母体内发育到一定阶段以后才脱离母体”。

（原载《语言文字周报》2011 年 5 月 11 日）

两字同音而误用之举例

（一） 恣——眦

近日读某刊物上的一篇文章。说有一个演员性格暴躁。当他看到媒体有关自己的不实报道后，“目恣欲裂，愤怒的情绪到了顶点……”。其中“目恣欲裂”四字令人费解。“恣”，有“放纵；没有拘束”之意，如“恣肆（放纵）”、“恣意（任意；任性）”。这样一来，“目恣欲裂”只能说是“眼睛没有拘束地将要裂开”或“眼睛放纵地将要裂开”。可这究竟是什么意思呢？恐怕谁也搞不懂。

到底问题出在哪里呢？问题出在“目恣欲裂”中的“恣”字用错了，应该换作同样读 zì 的“眦”（古书上也写作“眥”）字。

“眦”“目眦”，就是通常所说的眼眶。人在发怒时会瞪眼睛，而瞪眼睛，眼球就会相对胀大或突出，从而使眼眶发紧，严重时甚至可能裂开（多为夸张之词）。所以。有“睚眦尽裂”“睚眦欲裂”这类形容人非常生气、极度愤怒的词语或成语。

综上所说，“恣”与“眦”意思差别很大，词性也不相同，前者是动词，后者是名词，本来不应混淆。但为什么还是出现了如上所述的混淆和误用呢？这与“恣、眦”同音（都读 zì）有关。用拼音打字，稍不留神就会出现此类问题。但不知“恣、眦”二词意义的区别。不懂得“目眦欲裂”这个成语的意思，可能是产生这一错误的更根本、更深层的原因。

（二） 血——雪

2011 年 5 月中旬，央视 6 台某节目字幕上打出一句歌词为“不血国耻不还乡”。稍有语文常识的人都会看出，这个“血”是“雪”字之误。《现代汉语规范词典》：“雪②洗刷、除去。”《现代汉语词典》解释得更加具体、明确：“雪②洗掉（耻辱、仇恨、冤枉）。”举的例子是“雪耻、雪恨、昭雪、洗雪”。打字时只要稍微专注一些，就不会发生这种因同音而误用的错误了。

（三） 峙——质

几日前，北京电视台科教频道晚10时左右，字幕上出现这样一句话：“叫来妻和儿子当面对峙。”查《现代汉语词典》，“对峙：相对而立：两山对峙”。“对质：和问题有关联的各方当面对证。”从上下文义看，显然应是对质”，因与“对峙”同音而误用。

（四） 在——再

某电视台播出了一期节目一病患者被良医治愈后，给这位良医送了一面锦旗，上写四个大字：华佗在世。众所周知，“在”有“生存、存在”之意，而华佗是东汉末年的名医，他怎么还会“在世”呢？显然，这里的“在世”应为“再世”。“华佗再世”（也有说“扁鹊再世”的，扁鹊，战国时名医。更有连说“华佗再世，扁鹊重生”的），意思是古代的名医当今重又出现了，以此来表彰当代医术高明、医德高尚的医生。

与此类似，传媒上经常看到的“青春不在”“风光不在”等，都应作“青春不再”“风光不再”。

（五） 书——叔

6月上旬，中央4台讲到孔子父亲时，屏幕上出现“书梁纥”三字。稍有古代文史知识的人，都能判断出这是“叔梁纥”之误。《史记·孔子世家》：“伯夏生叔梁纥，纥……生孔子。”应该说。这一误用是很不应该的，太离谱了。

（原载《语言文字周报》2011年5月11日）

说“巨擘”

前不久，偶听得某电视台播音员在谈到某个人物时，念了一个音作“jù bì”的词。开始不知何意，经几个同行一起琢磨，估计是对“巨擘（jùbò）”一词的误读。

“巨擘”，《现代汉语词典》（5 版）：“〈书〉图大拇指，比喻在某一方面居于首位的人物：医界～”《现代汉语规范词典》：“名〈文〉大拇指。比喻在某一领域最杰出的人物△文坛～｜商界～。”

“巨擘”一词，早见于《孟子》一书：“于齐国之士，吾必以仲子为巨擘焉。虽然，仲子恶（wū）能廉?”（滕文公下）（大意是：在齐国的士中，我一定会把仲子看作大拇指。虽然如此，他哪能算得上廉洁呢?）这里，“大拇指”基本上是“巨擘”的本义。后来慢慢引申，就有了引申义或比喻义：“在某一方面居于首位的人物”“在某一领域最杰出的人物”之类。这种比喻义，在写于清代的《老残游记》中已有用例：“此公便是讲武功的巨擘。”（第七回）但这个词毕竟是带有文言色彩的书面语词，所以，不熟悉它、把它读错，并不足为怪。此外，把“擘”读成“bì”，估计还有更具体的原因：“擘”是以“辟”为声符的形声字；而以“辟”为声符的字，不少都读作 bì，如：臂、壁、避、璧、嬖等，于是就想当然地把它也读作 bì 了。事实上，还有不少以“辟”为声符的形声字，是不读作 bì 的，如：劈、霹、噼（读 pī）、僻、譬（读 pì）、癖（读 pǐ）。所以，对汉字的发音来不得“想当然”的。保险的办法是多请教词典等工具书。

如果打开谷歌、百度网，会发现“巨擘”一词并不少见，而且用的都是它的比喻义，如：诗坛巨擘｜地产巨擘｜国际设计巨擘｜力学巨擘钱伟长｜（某人是）泰国皮革业巨擘｜格林卡是俄罗斯的乐坛巨擘｜深切缅怀科学巨擘钱学森｜两位学术巨擘（季羡林、任继愈）静静地离去了。

对于经常上网的年轻传媒人来说，对这个网上频现的词不应该视而不见吧？

顺便说说网上“巨擘”应用的可商榷之处。有“东亚画坛第一巨擘”的说法，其实“巨擘”已含“第一”之意，何须再加“第一”？另有“淡水河谷是巴西矿业巨擘，也是沟通中巴贸易的桥梁”一说，其中“巨擘”似不是指人，而是指物。这似乎超出了“巨擘”一词目前的语义范围。

（原载《语言文字周报》2011年5月11日）

“亲亲我我”应是“卿卿我我”之误

某日，听电视台播出一首爱情歌曲，当唱到青年男女曾经情意绵绵时，字幕上打出了“亲亲我我”四字。始看感到不解，继而悟出可能是“卿卿我我”之误：因二者同音致误。为什么这么说呢？“亲亲”音 qīnqīn，而“卿卿”音 qīngqīng，在普通话里分明是两个不同的读音。然而，在许多-n、-ng 不分的方言里，“亲”“卿”都念 qīng，似乎成了同音字。这样一来，如果打字幕者用的是拼音打字法，而他（她）又不熟悉或根本不知“卿卿我我”这个成语，出现此类错误就不足为奇了。

“卿”，古代具有第二人称代词的作用，相当于“你、您”，常用作夫妻之间的称呼。比如，《古诗为焦仲卿妻作》便有“府吏谓新妇，贺卿得高迁（府吏对媳妇说，祝贺你得以高迁）”的句子。

那么，“卿卿”又出自何处呢？《世说新语·惑溺》中有这样一段话：

> 王安丰妇常卿安丰。安丰曰：“妇人卿婿，于礼为不敬，后勿复尔。”妇曰：“亲卿爱卿，是以卿卿。我不卿卿，谁当卿卿？”（大意是：王安丰的妻子常称王安丰为“卿”，安丰说：“妇人称丈夫‘卿’，于礼显得不敬，以后别再这样称呼了。”妻子说：“亲你爱你，因此称你‘卿’。我不称你‘卿’，谁称你‘卿’？”）

这里，“卿安丰”“卿婿”和三个“卿卿”中的前一个“卿”，都是动词用法，是“称……为卿”的意思。后来，“卿卿”就变成了男女间的亲昵称呼。如，《温飞卿诗集·偶题》：“自恨青楼无近信，不将心事许卿卿。”（大意：遗憾青楼没有近来的信息，不能将心事向亲爱的你诉说。）《玉山樵人香奁集·偶见》：“小叠红笺书恨字，与奴方便寄卿卿。”（大意：将写着心中憾恨的彩色信笺叠起，以便把它投寄给亲爱的你。）由此逐渐衍生出一个

“卿卿我我”的成语，用来形容男女相爱，十分亲密。这与开头提到的爱情歌曲的内容是相谐的。

（原载《语言文字周报》2011 年 8 月 3 日）

也说“广袤”

关于“广袤”二字，前几年曾经讨论过。讨论的情况，大概是说“广”“袤”古代本是两个词，分别指土地（或其他物体）的长和宽，东西的长度叫“广”，南北的长度叫“袤”，引用的例子有：

1. 蒙恬筑长城，广袤万余里。（《说文解字》段注引《史记》。按：《史记·蒙恬列传》作“延袤”）

2. 元封元年立儋耳、珠厓郡，皆在南方海中洲居，广袤可千里（《汉书·贾捐之传》）

3. 解池广袤不过数十里，既不可捐以予民，而官亦易以笼取。（宋·苏轼《上文侍中论榷盐书》）

4. （不周之山）广袤三四百里。（《水经注·河水二》）

5. 东西石壁峭拔……广袤数十亩。（《徐霞客游记·西南游日记》）

以上诸例的“广袤……里”，是说东西长、南北宽各……里；第5例是说东西长、南北宽相乘为几十亩（面积）。

“袤”字也有单独使用的，如：

6. （渠）首起谷口，尾入栎阳，注渭中，袤二百里。（《史记·沟洫志》）

“袤二百里”，指渠从南到北有二百里长。（按：有学者认为“袤”也可指横长。参看《汉语大词典·五》）

以上这种用法，并无疑义。有疑义的是，不少人（包括此前的笔者）认为，由于对这一古义不甚了解，便误将“广袤”二词合并为一个双音形容词，并赋予它以“辽阔、广大”之类的意思。我们打开网页，会发现“广袤”的“辽阔、广大”义的用例俯拾即是，不胜枚举，远远超出了另一义项（东西的长度曰“广”，南北的长度曰“袤”）的用例，如：

探索广袤的宇宙｜蔚蓝的天空，广袤无际｜广袤无垠的星空｜飞向广袤蓝天｜广袤的天空，漂浮着团团乌云｜探索辽阔的草原，广袤的原野｜文化的阳光将遍洒广袤大地｜行走在俄罗斯广袤的土地上｜音乐将我们带进了中国西部广袤神奇的土地｜纵缰驰马，奔腾于广袤太空的塞外草原之上。（峻青《雄关赋》）｜充足的阳光和雨水，孕育了广袤的亚热带雨林｜入秋以来，内蒙古广袤的森林逐渐褪去绿意，火红的秋叶映衬着山石，构成一幅美丽的画面……

基于这种用法的大量涌现，不少当代辞书在“广袤”下都列有两个义项：①土地的长和宽（我国古代以东西的长度叫“广”、南北的长度叫“袤”）。②广阔；宽广。但由于第②义项所举的例句多为现代汉语的，这就容易使人觉得，这一义项仿佛是现代人由于对“广、袤”原意的误解而硬加给“广袤”的，或多或少带有“将错就错”、不得不认可之意。其实这是一种错觉。

查《汉语大词典》会发现，“广袤”的第②个义项“开阔；广阔”，远在唐代就有其例，宋、清各代也在沿用，如：

7. 形势广袤，四隅若一，含之以澄湖万顷，抱之以危峰千岭。（唐·欧阳詹《二公亭记》）

8. 扪萝上岑邃，仙屋何广袤！（宋·梅尧臣《希深惠书言……诵而韵之》）

9. 关外土旷人稀，蒙古地尤广袤，利于屯垦。（《清史稿·食货志一》）

但《辞源》只收有一个义项（第①义项），其原因有待探讨。

（原载《语言文字周报》2011 年 9 月 21 日）

由“弥天大网”想到的

2011年8月8日，某电视台在《九一八大案　一网打尽》节目中，谈到“警方张开弥天大网，将几个犯罪嫌疑人一举抓获”。当听到“弥天大网”四字时，我和我搞自然科学研究工作的老伴儿同时重复了一句：“弥天大网?!”这一重复，表现出一定程度的惊异。为什么惊异呢？因为很少听到或根本没听到过这种说法，不知这样说行不行，妥不妥，好不好。

遍查手头若干辞书，由“弥天”构成的成语大体有二。

一是“弥天大罪”。古代的例子，如：《元曲选外编·程咬金斧劈老君堂》第4折：“小将有弥天大罪，今日投降，小将情愿纳头受死于大王斧钺之下也”（见刘洁修《汉语成语源流大辞典》789页）又如：“（我）误听曾静之言，遂致犯此弥天大罪。”（《四库全书·朱批谕旨·世宗宪皇帝朱批谕旨》）当代名家作品中的例子，如茅盾的《虹》：“犯下弥天大罪，也还许他悔悟；偏是我，连悔悟都不许么?”

《汉语成语源流大辞典》还收有与“弥天大罪”意思相同或相近的其他几个相关成语或四字格：“弥天之罪”“弥天大恶”“罪大弥天”等。例句不再列举。

另一是“弥天大谎”。

《现代汉语词典》等辞书解作：“弥天”就是满天，形容大，“弥天大谎”，就是极大的谎言。它没举例子，但我们可从日常话语中找到例子，如：“为骗取巨款，他撒了个弥天大谎。”现代名家作品中，也不乏其例：“刘备摔孩子收买人心，乾隆撒下弥天大谎，哄骗了一亿四千万汉人。”（刘绍棠《村妇》）

除上述二者之外，《新华成语词典》收有“弥天亘地”一语，所举例子是《三国演义》9回：“董贼之罪，弥天亘地，小可胜言!”“弥天亘地”仍是用来形容“（董贼之）罪”的。

综上所述可以看出，“弥天”后除了跟“大罪”“大谎”这些贬义词语之外，罕有跟随其他词语的，可以说“弥天”已因经常与“谎、罪”等词连在一起，而被“染”上了一定程度的贬义色彩。既然如此，把它用在庄严的法网（“大网”）这类词语之前作修饰语，就会让人感到别扭，不那么顺耳。当然，如果用在没有政治色彩的一般词语前，应该说还是可以的，如说“弥天大雾”（即便可以这样说，也未见得比说“漫天大雾”或“烟雾弥漫”等更好）。

总起来说，还是个成语能否随意拆卸、更换“部件”的问题。成语是千百年来形成的，具有相当的稳定件，在一般情况下，还是以不轻易改动为好。尤其在褒、贬义明显的词语之间，改动是不被大家认同的。

（原载《语言文字周报》2011年11月9日）

浅说“豆蔻”与“豆蔻年华”

最近在《知音》上看到一篇写某电视台主持人及其妻子（也在同一电视台工作）的文章，其中说到妻子批评丈夫不该不知道“豆蔻”与“豆蔻年华”是专门用来表述、形容女性（少女）的。看至此，心里不免一动：这个问题，不少人未必知晓。笔者平时对此也未曾特别留意过。读此文后，便在脑中搜索，确乎没有搜到“豆蔻”或“豆蔻年华”用于形容男子年龄的例子，也没有搜到连少男带少女一起形容的例子。至于为什么是这样，心中并不十分了然。由求知欲的驱使，开始遍查手头的工具书，以便使自己对这个问题不仅知其然，而且知其所以然。

一般辞书在“豆蔻（也作荳蔻）”下设有两个义项：一个是“多年生常绿草本植物……”另一个是“用来比喻处女或指十三四岁的少女”。后一义项所举例子是唐代大诗人杜牧的《赠别》诗。至于这两个义项之间的内在联系（或说因果关系）是什么，为什么前者只能用来比喻后者（少女或处女），辞书并未告诉。这未免使人仍旧感到只知其然，不知其所以然。

《辞源》说，豆蔻分若干种，其中“红豆蔻生于南海诸谷中，南人取其花尚未大开者，名含胎花，言如怀妊之身。诗人或以喻未嫁少女，言其少而美”。所举之例仍是杜牧的《赠别》诗：“娉娉袅袅十三余，荳蔻梢头二月初。”并说：“自后常以‘豆蔻年华’称十三四岁的少女。”应该说，这里把来龙去脉说得比较清楚了。

《汉语成语源流大辞典》在“豆蔻年华”条下说：“指女子十三四至十五六的年纪。”作者也首引杜牧《赠别》诗说：“（杜）牧之诗，本咏娼女，言其美而且少未经事人，如豆蔻花之未开耳。”该辞典还多列出其他辞书未曾列出的带有“豆蔻”的成语十余条，如：芳龄豆蔻、豆蔻芳年、豆蔻梢头、未舒豆蔻、豆蔻含苞、豆蔻含香等，全都是用来描写或表述妙龄少女的，无一例外。下面择举三例：

1. （她）姓杨，年十三……芳龄豆蔻，羞靨芙蓉。

2. 豆蔻方年二八交……盈盈作出许多娇。（案：二八交，指十五六岁。）

3. 豆蔻梢头二月，杜鹃枝上三更。（案：这里用来烘托荡秋千的如花少女。）

根据以上查询，可把“豆蔻”与“豆蔻年华”的来龙去脉简单梳理如下：“豆蔻”本是一种植物，唐代诗人杜牧在《赠别》一诗中，用豆蔻在初生的某个阶段枝头含苞待放的情状，来比喻扬州年轻美丽的歌伎。而这《赠别》一诗一出现，便因其新颖、巧妙的比喻而广受赞誉，流传很广，影响甚大。并因此而产生了“豆蔻词工”这一成语。（参看范之麟主编的《全宋词典故辞典》）。正因为如此，在它之后，人们逐渐开始称少女十三四岁（一说包括十五六岁）为“豆蔻年华”。现在，“豆蔻年华”的用例已很普遍，几乎俯拾即是。如：

正值豆蔻年华的她，对未来充满憧憬。

与“豆蔻年华”一样，其他“豆蔻”系列的成语或词语，也都是以杜牧《赠别》诗为其源头的。

（原载《语言文字周报》2011 年 12 月 28 日）

“年华”何以“生生不息”

9月11日，CCTV-12先用旋转镜头展示了十二生肖，并相应配上了十二个人的头像（有少年、青年、中午、老年等），紧接着出现了“年华生生不息”几个大字。这几个字连在一起，看起来很是别扭，仔细推敲，更不合逻辑。

“生”，这里指生殖、繁衍；“生生”，指“一代接一代”“世世代代”“一茬接一茬”；“不息”，指“不停息”“连续不断”。“生生不息”，就是孳生不绝，繁衍不已的意思。显然，“生生不息”前面的主语，一定是具有孳生、繁育能力的人或动植物等。

1. 千百年来，人们在这块土地上生生不息，发展壮大。

2. 任人们怎样烧毁你，剪伐你，你总是生生不息，青了又青。（郭沫若《骆驼集·郊原的青草》）

本文开始所述的电视镜头，据估计可能是想表达光阴荏苒、岁月匆匆、转瞬即逝之类意思的。如果我们没有猜错的话，这种意思的表述并没有错，只是从语言的角度说，有可议之处。理由是：

“年华”指岁月、时光；“生生不息”，是“世世代代孳生、繁衍”。试想，“岁月、时光”怎么会“世世代代孳生、繁衍”呢？显然不妥。

顺便说几句题外话。在写此短文前，想借助辞书找到对“生生不息”的确切解释，但翻遍手头几部辞书，均未查到，不仅一般辞书中没收，成语词典亦然。这是我始料不及的。难道“生生不息”在这些编纂者看来不是成语吗？

（原载《语言文字周报》2012年1月11日）

“理喻（谕）”不是“理解”

最近在某杂志上读到一篇题为《女校长活埋富豪老公……》的文章。在文章的《编后》中说：“女校长雇情人谋杀富豪亲夫，在××（市）引起了强烈震动，人们难以理喻，一个有知识有地位的女强人，何以走上……残杀亲夫的不归路呢？”

下面我们来说说“人们难以理喻”这个句子的问题。

“理喻”二字有的词典收为词条，释义为“用道理解说、用道理说服”，并以“不可理喻”“难以理喻”作为例证。“不可理喻”（也作“不可理谕”）这个成语，其中的“理”，是“（用）道理”的意思，换成语法术语说，它是名词用作动词的状语，表示动作所用的工具的；“喻（谕）”是动词，是“使明白”的意思。整个成语的意思是“不能用（讲道理）使其明白”。这里的“其”指代的是句子的主语。常用来指愚昧、固执，蛮不讲理的人。如：

1. 你们这帮人不可理喻，我们法庭上见！

2. 此辈不可理谕，亦不足深诘也。（明·沈德符《万历野获编·祸盖》）

3. 他们简直不可理喻，一定要进去，终于被我们的人赶出来了。（巴金《家》）

4. 她的日益变成暴躁、褊狭，有时竟至横蛮不可理喻。（王西彦《一个小人物的愤怒》）

5. 其妻父曰：“是（案：指某人）不可以理谕也，汝谨避之而已。”（清·俞樾《六台仙馆笔记·六》）

再回到短文开始所引的“人们难以理喻”上。这个句子的意思不是说“女校长雇人杀夫这件事不能用道理使人们明白”，它的意思是：“女校长雇人杀夫这件事是一件骇人听闻的事，所以人们感到难以理解，不可思议。”这里如把“难以理喻”换成“难以理解”，就没有问题了。

（原载《语言文字周报》2012 年 2 月 29 日）

书评与序

《西周金文语法研究》读后

管燮初先生所著《西周金文语法研究》（以下简称《金文语法》），由商务印书馆于1981年手抄影印出版。它对古文字和古史研究，都是一部有价值的著作；对于古汉语语法研究、汉语史研究来说，更有突出的意义。这本书发行以来，受到古文字学界、历史学界、语言学界的重视。

《金文语法》是以字数较多的西周重要铜器铭文208篇作为研究材料的，其中不包括商代铭文，亦远非西周铭文之全部，但却基本上反映了西周金文语法的概貌。这是因为，所采208篇以外的西周铜器铭文，或因字数过少，或因内容重复，或因泐残过甚，作为语法研究的材料，作用不大。这208篇铜器铭文，既有传世重器的铭刻，又有截至该书付梓时的1978年前后的最新铭文，所以说资料是比较全面的。

要认识《金文语法》的意义和价值，还得从金文的重要性说起。郭沫若先生在《两周金文辞大系》（以下简称《大系》）的序言中说："传世两周彝器，其有铭者已在三四千具以上，铭辞之长有几及五百字者，说者每谓足抵《尚书》一篇，然其史料价值殆有过之而无不及。《尚书》自当以今文为限，今文中亦有周、秦间人所伪托，其属于周初者，如《金縢》《鸿范》诸篇皆不足信，周文而可信者仅十五六篇耳。而此十五六篇复已屡经传写，屡经隶定，简篇每有夺乱，文辞复多篡改，作为史料，不无疑难。而彝铭除少数伪器触目可辨者外，则虽一字一句，均古人之真迹也，是其可贵，似未可同列而论。"金文作为史料的重要价值于此可知。然而，由于古文字深奥难懂，人们难以使用，而对金文的语法规律进行探究，对其文句的语法结构进行分析，可以帮助人们读懂古文字，确切理解句意。所以，这本书把"提供阅读这类文献的同志作参考"作为宗旨之一。

过去对古文字的研究，主要表现在字形字义的考证和文句的疏释上，从语言学的角度来进行研究的，有何定生的《汉以前的文法研究》[①]《尚书的文法及其年代》，[②] 容庚的《周金文中所见的代名词释例》，[③] 黎锦熙的《论金文文法致容庚书》，[④] 沈春晖的《周金文中之双宾语句式》[⑤] 等，但毕竟是太少了，太零散了，所以说这方面基本上仍是一块需待填补的空白。五十年代初，管燮初先生所著《殷虚甲骨刻辞的语法研究》（以下简称《甲骨语法》）是对甲骨文语法进行系统研究的开创性著作，而新近出版的《金文语法》又是对金文语法进行系统研究的第一部专著。这两部书弥补了我国上古汉语语法研究的这一薄弱环节，为语法学界对甲、金文语法进行深入研究辟出一条蹊径，同时也为汉语语法史的上溯工作提供了直接的论据。《金文语法》连同《甲骨语法》以及他人一些同类性质的著述（除上文提到的几篇外，较重要的有新中国成立以后出版的陈梦家的《殷虚卜辞综述》第三章《文法》等），像一座桥梁，把古文字研究和语言研究这两个一度隔绝的学术领域连接起来，使之利用彼此的研究成果，相互促进。

《金文语法》是一部描写语法，它详尽地分析了 208 篇西周金文的语法构造。全书包括句法和词法两大部分，重点是句法。句法包括单句和复句，重点是单句。单句以谓语、主语、宾语、兼语、修饰语、补语等六个句子成分为纲，各辟专章进行细致描写。尤为难得的是，作者付出了辛勤劳动，对每个词的各种用法、每种句子成分的数量、各种句型的出现频率等，都做了精确统计，这对于认识金文语法的普遍规律或个别现象，是很有价值的，也为汉语史探索语法规律的发展流变提供了可靠的数据。

《金文语法》不仅是金文的描写语法，它还是金文与《尚书·周书》的共时比较语法，对《周书》816 个例句逐个进行语法分析，分别置于同类金文例句之下。通过比较，得出了一些有价值的结论。如："准宾语在西周金文中未见。"（82 页）"《尚书·周书》中有些宾语先置的格式（指'宾·之·动''惟·宾·之·动''惟·宾·是·动''宾（疑问代词）·动''宾（攸·自）·动'等格式——笔者）……在西周金文中尚未出观。"（74 页）"西周金文中只见疑问副词'害'用于形容词谓语中，'割、曷、曷其、奈何'等未见。"（104 页）"《尚书·周书》中有一类用'于'构成的次动宾

---

① 中出大学《语言历史学研究所周刊》第 3 集 31-33 期。

② 同上，5 集 49-51 期。

③ 《燕京学报》第 6 期。

④ （北平）《世界日报》（国语周刊 226 期）1936 年 2 月 1 日。

⑤ 《燕京学报》第 20 期。

结构，在动词或形容词谓语中作补充成分，有‘比较’的意思。例如……‘用康保民弘于天’。这类用法的补语，古籍中虽常见，但在西周金文中尚未出现。”（153 页）“《周书》中有些代词（指‘卬、而、焉、曷、何’等——笔者）在西周金文中未见。”（175 页）这些结论，对手研究某些词和句式的起源是有意义的；同时，对而后鉴别《周书》在传抄、刊刻过程中所出现的讹误，也可提供一些语法上的参考。

《金文语法》共引金文五百余例，每例之下均附有大意译述，这对于帮助读者理解古奥的金文句意是必要的。有了译述，可以扩大这部专著的读者范围，使它不仅成为专业人员的研究用书，也给一般读者带来不少方便。这一点，是较之《甲骨语法》更为优胜的。

《金文语法》在吸收他人研究成果的基础上，对《甲骨语法》中个别不够全面的论点也作了更正。《甲骨语法》原说：“只有在用代词作宾语的谓语中，要是这里面又有否定副词，作宾语的代词必须放在动词之前。”所举之例有“河杀我？不我杀。”“帝不我其受又。”[①] 对于这一论点，陈梦家曾提出不同看法，认为甲骨语法在一定条件下，宾语在动词前和在动词后这两种句式同时并存。[②] 周光午在《先秦否定句代词宾语位置问题》一文中也引例证明这两种句式在甲文里都是常见的。[③]《金文语法》在采纳这类意见的基础上更正说：“上古汉语中用代词作宾语的否定式动宾结构宾语先置，这是一条规律，但是宾语不先置的例外情况在殷墟甲骨刻辞中就出现了。例如：‘我家旧逸臣亡壱我’……‘不壱我，贞用。’否定式受肯定式语序的类化，可能从殷商就开始了。”（73～74 页）在一定程度上纠正了前书的偏颇。

正象许多开创性事物往往不够完美一样，《金文语法》也还存在着某些不足之处。

作为一部金文语法的专著，读者总是希望能从中了解金文语法的特点：比早于它的甲骨语法有何不同，比后于它的先秦古籍语法又有何不同。对于这个问题，《金文语法》没有给予集中明确的回答。其实，有了对甲骨语法的研究成果，又有前人对先秦古籍语法的研究成果，回答上述问题是不难做到的，而《金文语法》却还没有迈出这一步。

---

① 中国科学院出版，1953 年，第 15～16 页。

② 《殷虚卜辞综述》第三章。

③ 《语法论集》，1959 年。

《金文语法》对某些语法观象的分析，有未尽妥当之处。如说“余又爽䜌，𨗨千罚千”中的“𨗨千罚千”是动宾结构并列作单句的谓语（24 页），实则应是表示条件关系的压缩复句，意思是：“我隐瞒多少，你可以罚多少。”此外，对某些修饰成分从意义上归类时，也有可商酌之点。如把“弋（必）白氏从许”句中的“弋”归入副词用作表示意志的修饰语一类（141 页），《大系》疏释此句意思说：“必召伯纵容之使然。”（143 页）《金文语法》也译作“想必是伯氏纵许的”。不管是“必”还是“想必”，都表示一种肯定的判断，而不是表示意志；再者，意志应由说话人自己表示，而此句是君氏谴责召伯的话，似不能说“弋”表意志。又如把“余用乍朕後男𪓐尊”的“後”归入表示方域的修饰语一类（131 页）。《大系》说“後男”同“後人”（131 页），後人，即后代的人，“後”显然是表示时间而不是表示方域的。他如，把当“从……时起”讲的表示时间的“繇自”归入副词表示原因一类（140 页），把当“继续”讲的表示持续状态的“嗣”归入动词表数量一类（95 页）等，均属此列。

译述虽则只是疏通大意，但作为语法专著的译述，似应尽量体现语法特点。要着重说明的词句，原文是什么成分或怎样的句式，译述时也应尽量译成什么成分或怎样的句式，否则，会影响读者对语法关系的正确理解。《金文语法》对某些例句的译述，在这一点上照顾不够。如，在“修饰成分表示同一性”一类下，举有“女勿尅余乃辟一人”之例，旨在说明修饰语“乃辟”与中心语“一人”所指相同（135 页），但译作“你不得胜过你惟一的君王”（132 页），把中心语“一人”对译作修饰成分“乃辟”的修饰语“惟一的”。如能译作“你不得胜过你的君王我一个人”，也许更能体现“乃辟”是“一人”的表示同一性的修饰语。在“副词用作句子的修饰成分表示范围”一类下，举有“盂以区入，凡区以品”之例，旨在说明“凡”是全句的修饰成分（140 页），却译作“盂带了俘虏和战利品进入王廷，所有的俘获已经分了类”（93 页），把全句的修饰成分“凡”对译成仅是名词“区（俘虏和战利品）”的修饰成分，“所有的”也显不出“凡”的副词性质。如能把后一句译作“统统地把俘获分了类”、似可更清楚地体现“凡”是全句的修饰成分。在“形容词作补语……”一类下，举有“秉德共屯（恭纯）”之例，旨在说明“共屯”补充“秉”的性质或程度，但译作“恭恭敬敬操持德行”（153 页），把补语“共屯”对译成了“秉（操持）”的修饰语“恭恭敬敬”。如能译作“操持德行恭谨纯正”，似更能体现“共屯”是“秉”的补语。

《金文语法》对个别例句的分析、归类，还存在着前后矛盾的情况。比如“引唯乃智”一句，3.3 节把它作为形容词作谓语的例子，把“引”看作谓语，“唯乃智”是不是主语，未明言（15 页）；第四章又引到此句，把它作为谓语在主语之先的例子，很明确地把“引”看作谓语，把“唯乃智”看作主语（58 页）；但在 8.2 节又把此句作为次动宾结构作形容词补语之例（152 页），这样一来，“唯乃智”就成了“引”的补语。所以会产生这种矛盾，可能是源于对“唯”字认识上的游移不定：前两种看法是把“唯”当助词，后一种看法是把“唯”当介词。又如“其自今日孙孙子子母敢望白休”一句，3.3 节把“其自今日”看作分句，说“自今日”是分句的主要谓语（20 页），“其”自然是分句主语：而 7.44 节又引到此例，却说“自今日”是次动宾结构作全句的修饰成分（142 页），但“其”是什么成分，未明言。看来，这两种说法的不同，也是源于对“其”字认识上的矛盾：前说把“其”看作代词，后说把“其”看作助词。

古文字考释工作直到目前仍处于不断发展变化的过程中：各家考释不同，一家考释也常前后更易。但我们不能坐等一切有了定论后再来研究它的语法，应选取一种较为正确的意见作为依据，像《金文语法》所作的那样。可以断言，随着古文字考释工作的发展，金文语法的研究工作也必将日臻完善；反之，金文语法研究的深入，也必将进一步推动古文字考释工作的发展。

（原载《中国语文》1982 年第 6 期）

读《古汉语虚词》

杨伯峻先生所著《古汉语虚词》（中华书局，1981），吸收了前人的研究成果，总结了作者在其《文言虚词》出版（1965）以来进一步研究虚词的心得，对169个常见虚词（复音虚词未计入内）进行了全面描写和历史概述。

该书《前言》说，它"比《文言虚词》有所增改，例句抽换更多，译文也作了较仔细的推敲"。比起《文言虚词》，它"讨论的范围比较广泛，有时也较深入"。情况正是如此。让我们以"于（於）"字为例，看看《古汉语虚词》对《文言虚词》的发展：

> "于"和"於"本是两个字，但作为虚词，这两个字并没有什么不同……它一般只作介词……
>
> "于是""于是乎"是多音连词，同现代语用法一样。（《文言虚词》20～21页）
>
> "于"和"於"本是两个字，而作为虚词，这两个字用法相同处多，不同处极少……它一般作介词……还可作连词、语气词、助词、叹词……"于是"作连词现代还用，但在古书中，"于是"还有别的意义。（《古汉语虚词》，296页）后书对前书在以下三点上给予修正与补充：一、修正了"于、於"等同说，指出两者之间尽管不同处极少但仍有区别；二、补充指出"于（於）"还可作连词、语气词、助词和叹词；三、纠正了"于是、于是乎"古今用法相同说，指出"于是"在古代还另有别义。这就使读者对"于（於）"的认识更确切、更全面。类似的例子很多。

《古汉语虚词》收词范围也较《文言虚词》广泛，尤其是复音虚词大量增加：由 126 个增至 296 个。有些虚词下原书附有复音虚词，后书有所增补，如“若”字下原附“若夫”，后增补“若乃、若其、若苟、若使、若犹、若或、若万一、若干”（“若夫”反未列入，或另有考虑）；有些虚词下原书未附复音虚词，后书加进，如“脱”下，后书加进“脱若、脱其、脱误、脱若万一”等。复音虚词在古汉语中很常见，情况也较复杂，但长期以来，对单音虚词的研究较多，而对复音虚词进行全面的收集、系统的整理、深入的研究，都略嫌不足。《古汉语虚词》在这方面做了大量工作，值得称道。

《古汉语虚词》在每个虚词下都有一段或数段对该虚词意义和用法的综合性论述（下称“综述”），作者精深的学术见解大多体现于此。其内容归纳起来，大致有如下几类：

一，概括介绍某个虚词的意义和用法。举“阿、敢”两词为例：

> 总而言之，“阿”字可和少数几个代词，包括疑问代词“谁”粘合，也可和姓或名粘合，还用它作小名的前缀词，以及用作行第的前缀……它不能独立成词。（3 页）“敢”字只有两种用法，一种是有实际意义，表示有此胆量，有此勇气，是真正“敢作敢为”的“敢”。一种是并无实义，只是表示自己的冒昧。两种一般都用在动词前。前一义，前辈语法学者有叫它为助动词的，后一义则叫它为副词。我目前认为无妨都叫它为副词。（46 页）

二，说明某个虚词在不同文献中的使用频率，给虚词的探源工作以及虚词地域特点的研究提供了依据。举“厥、爰、只”三词为例：

> “厥”，甲骨、金文常见、字体作“氒”，古书惟《尚书》用得多，《诗经》，早期作品用，晚期作品不用。十五《国风》便不见。（92 页）
>
> “爰”字在古书中，《诗经》用到五十次，《尚书》也常用，《楚辞·天问》也用得很多。《左传》《论语》《孟子》诸书都不用。（314 页）
>
> “只”字作语气词，《楚辞·大招》用得最多。其他见于《诗经》《左传》偶然一见。其他古书不见。（357 页）

三，概述某个虚词意义、用法的历史变化，有助于虚词史的研究。举

“矧、无”两词为例：

“矧”字在《尚书》周初文献中可作副词，同“又”或“与”，偶或“矧亦”连文。春秋以后，这种用法消失了。留下作连词用的一义，和“况且”“何况”“而况”用法一样。(142 页)

在上古，至迟到西汉，“无”字可作为助词，既没有意义，也很难说起什么语法作用。《墨子》常用“唯毋”，“毋”有时作“无”。古书常用“无宁”，“无宁”实只“宁”字有义。这种用法，西汉中期以后便逐渐不用。(202 页)

四，对两个同义或近义虚词进行词义辨析，帮助读者准确理解词义，从而确切理解文义，举“唯、然”为例：

作应对之辞……有时既用“唯”，又用“然”。其实“唯”和“然”不同。“唯”仅仅是恭敬的答应之辞，不表示可否，只是表示听到了。“然”则表示肯定，等于“对的”“是这样”，所以“唯”和“然”应该分开读。只能先“唯”后“然”。(184 页)

五，指出历史上对某个虚词的曲解，提示读者注意辨误正讹。举“盖、之”两词为例：

“盖”有时借为“盍”，“盍”是“何不”的合音……前人多误解，尤其是《诗经·正月》“谓天盖高”“谓地盖厚”几句，就因不明白“盖”是“何不”，遭到不少曲解。《墨子·非命上》篇也有“盖”作“何不”的。(45 页)

“之”作“与”用，连词：“皇父之二子死焉。”(左传·文公十一年)……这种“之”字容易误解。如《左传》“皇父之二子”，如果不是贾逵、服虔和杜预据上下文推测，便会象马融那样误解为“皇父的二(王按，“二”原文如此)个儿子”。(346 页)

六，不仅指出某个虚词的一般用法，而且指出少数用法或特例，避免读者理解上的片面性和绝对化。举“焉、也”两词为例：

“焉”作疑问代词，一般用于动词上，作动词宾语而倒装。用于介词上的很少见。下句文例只是特例：“鼎焉为出哉?”（汉书·郊祭志）（225 页）

“也”字只作语气词用，但用法有多种。而且常和其他语气词连用（233 页）……“也且”连用，极罕见：“子不我思，岂无他人？狂童之狂也且!”（诗经·郑风·褰裳）（243 页）

七，介绍对某个虚词研究的不同观点，表明作者自己的看法，给读者以多方面的启发。举“如、须”两词为例：

“如”作副词，作“应当”讲。前人以为是助动词，我目前的看法是，由于中国没有词的词尾变化和形态变化，所以助动词一类可以归并于副词。（127 页）

“须”可以当“等待”讲，这是动词。作为副词（从前语法学者有把它看成助动词的），当“须要”“应该”讲。（219 页）

八，对某个虚词的个别意义或用法尚不甚了然时，就暂付阙如，作为今后的课题提出，引发读者研究的兴趣。举“惟、此、邪”三词为例：

上古还有些“惟”“维”字，到今天还难以确定其意义；譬如《尚书·皋陶谟》“百工维时”……《诗·小雅·鱼丽》“物其多矣，维其嘉矣”……古人对此，或者不加解释，或者有所解释（如《鱼丽》郑玄笺说，“鱼既多，又善，”云云，则“维”是副词，当“又”讲，黄以周《释维》一文，赞成这一说法。而杨树达先生《词诠》却不曾提及，而对另一些“维”字解为“语中助词”）。我至今一方面对他们所说有些怀疑，因为从别的书得不着旁证，自己又没有把握肯定某一种解释是对的……暂时阙疑无妨。（186 页）

“此”和“斯”用法极相近，所以顾炎武在《日知录·卷六檀弓》条中说：“《论语》言‘斯’者七十（按：实七十一），而不言‘此’；《檀弓》之言‘斯’者五十有三，而言‘此’者一而已。”我认为这种现象，或者由于方言之故。甲骨文有“此”字，如《殷墟书契粹编·三八〇》“此受又（祐）”，但《易经卦爻辞》和西周金文又不见“此”字。这种现象还待深入研究，才能确切解释。（15 页）

> “邪”字在《诗经·鲁颂》《论语》《孟子》《礼记·檀弓》都未见用，这类书可说是鲁地作品，用“与”（欤）不用“邪”，是不是有地方方言关系，待考。“与”与“邪”古音同部，唯声纽不同，其实亦相近，分别如此谨严，颇值得研究。（232 页）

以上八类，尚不能完全概括“综述”的内容，比如，有时还讨论到修辞问题（259 页），以及其他问题。仅从所列八类已可看出，《古汉语虚词》是一部内容广博、论述精审的好书。

如果说这本书还有美中不足，那么也可提出几点来就教于杨先生和读者。

该书对个别虚词意义和用法的论述尚有不完备处，有的提法，犹可商酌。举几个词为例：

安：“作为疑问代词，代事物。”（3 页）实则也可代人。即以该书所举之例来说，如：“泰山其颓，则吾将安仰？梁木其坏，哲人其萎，则吾将安放？”（礼记·檀弓上）第一个“安”还可以说是代事物，而第二个“安”则不然。《注》云：“哲人亦众人所仰放也。”《疏》云：“泰山、梁木共喻哲人。”“哲人其萎，指夫子之身。”足见“安”代人，可译为“谁”。另如：

> （1）孋姬曰：“吾欲为难，安始而可？”优施曰：“必於申生……”是故先施谗于申生。（国语·晋语）

此外：该书和多数语法书一样，只谈到“安”可作介词“从”的宾语，其实还可作“由、以、用”的宾语。例如：

> （2）世之学者有非乐者矣，安由出哉？（吕氏春秋·大乐）
>
> （3）故不登阆风，安以瞻殊目之形？（晋书·曹毗传）
>
> （4）今穷于此，年加老……吾安用生为？（柳宗元集·处士段弘古墓志）

何：“‘何’作代词，一般只代事物或地方，极少代人。”（57 页）实则

“何”代人不为少见。① 此外，“何”还有一个不可忽略的用法，就是表示抉择。例如：

（5）于是乃见曹相国曰：“臣之里有夫死三日而嫁者，有终身不嫁者，则自为娶，将何娶焉？”相国曰：“吾亦娶其终身不嫁者耳。”（韩诗外传·卷七）

（6）魏主诏问公卿：“今当用兵，赫连、蠕蠕，二国何先？”长孙嵩、长孙翰、奚斤皆曰：“……不如先伐蠕蠕……”（资治通鉴·宋纪·文帝元嘉三年）

曷：“用作代词，则作‘曷为’。”（65 页）实则“曷”还可作动词的宾语和“为”以外其他几个介词的宾语。例如：

（7）然则曷称？称诸父兄师友。（公羊传·隐公二年）

（8）吾君不游，我曷以休？吾君不豫，我曷以助？（《晏子春秋·问下》）

（9）恐陈事者知直言之不用，皆杜口结舌，祥瑞亦曷由来哉？（晋书·段灼传）

关于“曷”作动词宾语，杨先生早在《文言虚词》中已经提到：“‘虽闻，曷闻？虽见，曷见？虽知，曷知？’（吕氏春秋·任数篇）……‘曷’作为动词宾语，这种用法比较少见。”（174 页）不知何故，《古汉语虚词》却未列此项。

胡：“‘胡’字作疑问代词，一般作‘胡为’。”（72 页）实则“胡”还可作动词宾语和“为”以外某几个介词的宾语。例如：

（10）人之为言，胡得焉？（诗经·唐风·采苓）

（11）吾为子杀之亡之，胡如？（战国策·魏策）

---

① 实例可参李功成：《疑问代词“何”可以代人》一文（《中国语文通讯》1983 年第 3 期）的例（1）–（8）。另补充三例：（1）齐景公谓子贡曰：“先生何师？”对曰：“鲁仲尼。”（韩诗外传·卷八）（《说苑》作“子谁师？曰：臣师仲尼。”）（2）天丧斯人，吾侪将何效乎？（《风俗通义·十反》）（3）主晋祀者，非君而何？（说苑·复恩）（《左传·僖公二十四年》作“非君而谁。”）

(12) 即不幸有方二三千里之旱，国胡以相恤？卒然边境有急，数十万之众，国胡以馈之？(资治通鉴·汉纪·文帝前二年)

(13) 此胡自生？……必曰：从恶人贼人生。(墨子·兼爱下)

孰："'孰与''孰若'常用作表示比较抉择。"(153页) 实则"孰如"同样也可表示抉择。例如：

(14) 夫有定天下之大功，为天下之所推，孰如见推于暗人，受尊于微弱？(晋书·习凿齿传)

(15) 今明公自视功德孰如周公？(晋书·王豹传)

谁："谁"的复音虚词只谈到"谁何"一种形式，并说："'谁何'当'什么'讲，并不表疑问，一般用作宾语，然这种用法不多见。"(159页) 其实还有"孰谁、何谁"(在"孰"字条或"何"字条下似还应加添"孰何")等形式，而且，它们可以表示疑问，也不只是作宾语，还可作谓语、状语和小句的主语。例如：

(16) 上曰："若所追者谁何。"曰："韩信也。"(史记·淮阴侯列传)

(17) 王曰："其为何谁？子以言之。"子胥曰："姓要名离……"(吴越春秋·吴王阖闾)

(18) 秦王身问之："子孰谁也？"棼冒勃苏对曰："臣非异，楚使新造盏棼冒勃苏。……"(战国策·楚策)

(19) 谁何警夜，伐鼓通晨，以备非常。(旧唐书·严挺之传)

(20) 不知何谁最贤故也。(晋书·刘实传)

上述种种语法现象，有的也许并不普遍，有的也许出现时代较晚，但根据杨先生既列普遍意义，又列少数情况或特例的做法，如能提上几笔，则更觉完备。

《古汉语虚词》对个别相同的语法现象，作了不同的解释。如"彼其"，在"彼"字条，举"彼其发短而心甚长"(左传·昭公三年)等为例，说"彼其"的"其"是加在领位与被领名词之间的助词，相当于同类用法的"之"，可译为"的"。在"其"字条，引"又怪屈原以彼其材游诸侯，何国不容？而自令若是！”（史记·屈原列传）为例，说“彼其”的“其”是“既无意思，作用也不明显，仅仅多一音节罢了”，但可译为“的”（112～113页）。笔者不揣冒昧，谈一点对这类语法现象的粗浅看法。“彼其”似应和“此其、是其、夫其”等作为同类现象讨论。先举数例：

（21）此其过江河之流，不可为量数。（庄子·秋水）

（22）夫王者之与亡者，制人之与人制之也，是其为相县也亦远矣。（荀子·王制）

（23）……服牛乘马，圈豹槛虎，是其得天之灵，贵于物也。（汉书·董仲舒传）

（24）王欲执之，子西曰：“请听其辞，夫其有故。”（国语·楚语）

《马氏文通》认为这类用例中的“其”是接读代字（校注本，61页）。《比较文法》在分析“此其”时说：“借‘其’字之力引‘此’字之义以入子句中，此代词‘其’脱胎换骨之妙用也。”（195页，科学出版社，1957）也把“其”看作代词。“彼其、此其、是其、夫其”这类现象，实为古汉语中的同类近义词连用现象（即同属一个词类、意义相近的两个或几个词的连用），这种连用观象，成为古汉语复音虚词的重要组成部分之一。比如，上文已经提到的疑问代词连用作“谁何、何谁、孰谁、孰何”等；疑问副词连用作“盍胡”“岂渠”等；连词连用作“尚犹、设使、如令、如使”等，而“彼其”之类，则是人称、指示代词的连用。这种连用构成的复音代词，意思同其中的这个或那个单音代词大体无别，只是有时在语气上略显强调罢了。试比较如下三组例句：

（一）此其称子般卒何？（公羊传·庄公三十二年）
其称王子猛卒何？（公羊传·庄公十二年）

（二）且有大觉而后知此其大梦也。（庄子·齐物论）
觉而后知其梦也。（庄子·齐物论）

（三）我已为东帝，尚何谁拜？（史记·吴王濞列传）
我已为东帝，尚谁拜？（汉书·荆燕吴传）

第（一）组例，“此其”句前往往是一个否定性的叙述句（《公羊传》中是如此），说明什么情况本不应如此记载，接着是“此其……何？”带有

“那么这里……又是为什么呢?”的意思，而“其”句前多是肯定性的叙述句或判断句，语气较“此其”句平稳。第（二）组例，“其梦也”是说一般人醒来知道自己是做梦，而“此其大梦也”则是由普通的梦推及大道理，说明圣人的一生不过是个大梦罢了，语气较前更强调些。第（三）组例，语气上似无差别。

《古汉语虚词》个别地方体例不够统一。从全书看，每个例句的破折号后都是译文，而下面两例却是注释：

阿奴无德，滥处为君。（敦煌变文集·韩擒虎话本）——阿奴是隋文帝杨坚的自称。

阿奴今拟兴兵，收伏狂秦。（同上）——阿奴是陈后主陈叔宝的自称。（2 页）另有《诗经·郑风·风雨》“既见君子，云胡不夷……”等一二例后没有译文（320 页）。

个别地方，标题与例句不符。“而”字第（十）用项“而后”下，所列为“而已”的用例（31 页），第（十一）用项“而已”下所列又是“而后”的用例（31~32 页）。“特”字第（三）用项下举“妾不堪驱使，徒留无所施”这一“徒”字的用例（171 页）。文字上的讹误也时有发现，如将“吾恶乎哭诸”（礼记·檀弓）误作“吾恶乎诸”（194 页），将“立者谁子。”（汉书·武五子传）误作“立子谁子”（347 页），更有将前一例的译文误加在后一例的前头的（177 页）。这些，或许是排印上的疏失。

（原载《中国语文》1983 年第 4 期）

《基础汉字形义释源》读后

研究《说文》者有之，研究古文字者有之，但把《说文》540部首与金、甲等古文字的研究结合起来，并升华到更高水平的专著，据我所知，邹晓丽的《基础汉字形义释源》[①]（下文简称《释源》）尚属第一部。这本书的价值，正如王宁的《序》所云：“抓住《说文》部首这个纲，用古文字来核证《说文》本义，把《说文》整体系统成熟和古文字构形意图明确这两方面的优越性结合起来，在汉字形义探源方面，确实是科学而有效的方法。”作者《叙例》说得也很明白：“《说文解字》的部首不仅是为了查检，而且是许慎确立的基础字，也就是说，全书所收的10516个形体，都是由这批基础字再度组合而成的，它们的本义，也都与这批基础字的意义直接或间接相关。因此，不论从掌握汉字的形体结构来说，还是从掌握古代文献的词义来说，以540个部首字为纲来讲解汉字，都是既科学又便捷的方法。”所以，我读过这本书后的第一个感觉就是：用古文字研究的成果，对《说文》540个基础字进行正确探源，这样的构思、这样的命题、这种提纲挈领、追本溯源的方法本身就是极高明的。

《释源》充分吸收了前人对《说文》部首和金文、甲骨文、战国印玺文等古文字的研究成果，表现在作者于不少字的解说中都引一家或数家之说；但这不是简单罗列，而是一种吸收，一种融会贯通，一种升华。作者对前人的见解有阐释，有去取，有自己的精到见解。

作者对每个字的释源，都是多方位、多角度的。

首先，联系社会历史、文化习俗正确分析字形（金文、甲骨文）。汉字的形体构造，往往与社会历史、文化背景、民俗等密切相关，作者充分注意到了这一点。在讲字的引申义时，也同样注重历史背景的联系，如讲

① 北京出版社1990年出版，我国著名语言学家俞敏，王宁两位教授作序。

“印”引申为名词“印章”时说：“春秋时，诸侯兼并，要求各级官吏的职权更明确……私人地位的提高，使官印、私印逐渐流行起来。”

其次，用古文献资料，古诗文材料加以印证。有些字的字形，分析起来是仁者见仁，智者见智，带有一定的主观任意性，此时，充分而恰当的文献（包括诗文）证明，就显得十分重要。作者在这方面着力不少。如：在讲“族”字从“矢”的原因时说：“古代一个家族、氏族是一个战斗单位，故字又从‘矢’。《唐书·突厥传记》载可汗分国为十设，一设赐一箭，称十箭。可证明‘矢’与战斗单位有关。”在对“封”字的说解中，先指出其本义为右手拿树苗种植于自己封地边界之上，后来联系到管边界的官称“封人”，引《左传·隐公元年》“颍考叔，颍谷封人也”为证。在讲“戱”字从“虍（虎）”时说：“商代人崇拜虎，认为虎有镇慑邪异的能力，故商代玉器上有虎食鬼怪的图像，据《山海经》载，度朔山上的神人把鬼魅捉来喂虎的故事可证。”在说“舟”仅是在渡口供人们横渡之用时，引韦应物《滁州西涧》“春潮带雨晚来急，野渡无人舟自横”为证。最为有趣的是作者在讲“曌”和“瞾”这对异体字时所写的一段话：

> “瞾”首见于骆宾王《为徐敬业讨武瞾檄》，骆宾王用“瞐”取代了“日、月”。这个“瞾”字形象地告诉世人：当时“临朝”当“空”的不是日、月，而是一双凶恶、贪婪、嗜血成性的眼睛。这个“瞾”同《檄》中“性非和顺”“豺狼成性”“残害忠良、杀子屠兄、弑君鸩母……”绝妙地呼应着。这个“瞾”真是画龙点睛之改，可惜对他这一匠心，历来无人论及。

看到这些资料、这些文字，我暗自佩服作者的处处留心和善于系连，佩服作者有相当好的文献基础和古典文学修养，佩服作者把颇为艰深的《说文》学和古文字学，写得如此富有情趣。

再次，用出土文物加以证明。如在讲“夂”字时，用出土的铜格，证明它是炮烙之具的象形。在讲“倉”字时，用汉墓出土的陶仓作为证明。在讲“辰”字时，引郭沫若“‘辰’实古耕器”之说，后以出土的青铜镈作为证明。

最后，用当今方言材料作为佐证。在讲“噱”时，引上海方言说好笑为“噱头”，证明该字是人笑时口上弯曲的笑纹。在讲“鼎”与“镬”的不同作用时，引南昌方言称煮饭的锅为“镬”，证明镬为烹调器，而鼎是盛食器（“列鼎而食”）。在讲“甸”的形体为“人居于有田地之处”时，引东北某方言管村落叫“甸”作为佐证。

由于对一个个基础汉字进行了多方位的分析与考证，使释源工作取得了一些前所未有的成绩，足以用来补正现有的结论和成说。如“登”，解作“双手捧着装祭品的礼器豆向上走，本义是向上进献之祭名……后来引申为上升、登高之意”。翻查《古汉语常用字字典》等辞书，都是把“登高”作为本义的。

作者不把自己仅仅局限于狭隘的解释字义上，还常常把有关的知识融会其中。如在“丘”（孔子的名字）下谈到避讳的有关知识时，有这样一段话：

> 因避孔丘讳，故《说文》“丘”下阙文，此说解是后人所补。古人避讳分两大类：一是避皇帝与孔丘讳，称国讳或公讳。如秦始皇名“政”，故“正月”读：“征（zhēng）月”写作“端月”。再如汉文帝名恒，故改“恒山”为“常山”，“姮娥”为“嫦娥”。又如唐太宗名“世民”，唐人以“代”替“世”，以“人”替“民”，“观世音”则略称“观音”，“民部”改为“户部”。……二是避祖父、父母讳，称家讳或私讳。如汉司马迁父名“谈”，《史记·季布传》中“赵谈”改为“赵同”，后世援此例，改与父名同者皆为“同”。再如白居易父名“锽”，与“宏”音近，所以考试时不应“博学宏词科”而改为“书判拔萃科”。又如唐杜甫母名“海棠”，故杜诗中绝无海棠诗。又如宋苏轼祖父名“序”，为人撰写序文改用“叙”字。

类似这样的知识传授，还有多处，读后使人感到茅塞顿开，耳目一新。

上文提到在不少字下都引证了古文献资料，唯感美中不足的是，还有相当一部分字下未加引证，为在修订时似可作些补充。像“及”的本义是“赶上”，可引《左传·成公二年》“故不能推车而及”等为证。“则”是刻（或铸）在刑鼎上的法则之意，因此本义为“法则”，可引《诗·大雅·烝民》“天生烝民，有物有则”等为证。这样做，既可以增强释源的说服力，又可以帮助学生或读者准确理解古文献中的词义。

（原载《百科知识》1991 年第 6 期）

一部专书语法研究的重要著作

——《左传句法研究》读后

管燮初先生的新作《左传句法研究》终于由安徽教育出版社出版了。这是继《殷虚甲骨刻辞的语法研究》《西周金文语法研究》之后的管氏第三部古代汉语语法研究专著。如同前两部书一样，是前无古人的开创性著作。

《左传》是先秦时期的一部重要典籍，它的语言生动规范，语法现象丰富完备。较之其它古籍，文字讹误少，可资借鉴的研究成果也多。因此，选择《左传》作为先秦时期语法的断代研究对象是适宜的。早在六十年代初，原来的中国科学院语言研究所便提出了《左传》语法研究这一课题，并由著名语言学家陆志韦先生领导实施。陆先生辞世后，由当时的语言所所长吕叔湘先生指导。管燮初先生分工撰写《左传》句法。尔后，干扰接踵而至，致使进展缓慢。八十年代后，管先生以耄耋之年，又伏案工作了几个春秋，才将此书撰就。

《左传句法研究》（下文简称《句法》）共 12 章。首章简要说明著书宗旨、成书过程及所用语法体系、术语，其余章节对《左传》的句子（复句、单句），单句的各个句子成分（谓语、主语、兼语、补语、修饰语），并列式结构，助词以及构词法，分别进行定性、定量分析。换言之，《句法》对《左传》大至复句、小至每个词素都作出了明确的分析、论证与归纳。没有避难就易，没有模棱两可。从事语法研究的人，大概都会有这样一种体验：从一部书中举例性地指出它的若干语法现象，这比较容易；要准确说出一部巨著中都有哪些语法现象，每个句子、短语、词、词素各属何种性质，哪个类型，其出现频率如何，所占比例多大，又谈何容易！没有对语言科学的奉献精神，没有扎实的学术功底和一丝不苟的治学态度，完成这样的课题是很难设想的。

《句法》的另一组成部分，是附在书后的、篇幅不大却蕴藏着深厚功力并十分有价值的12个统计表。这些表格对《左传》重要语法现象及相关情况的出现频率一一作了统计，列出数百上千个数据。如表四“主要谓语分类统计表”列出：单体谓语中动词谓语出现频率为22041次，形容词谓语682次，名词谓语1516次，代词、数词、量词、象声词以及者字结构充当的体词性谓语共184次。对单体以外的其它谓语，诸如连动式、连锁式、紧缩式等的出现频率也都提供了精确数据。这大量的统计工作，在尚无法用计算机操作的情况下，是十分繁重而又非常枯燥的事，但它对语法研究，尤其对语法史的研究来说，又是不可或缺的。

《句法》是对《左传》句子结构类型等的研究，但它的内容并不局限于此。“构词法”等章节还详细论述了词法的种种问题。所以，在某种程度上说，《句法》是《左传》语法研究的百科全书。如果说杨伯峻先生的《左传注》《左传词典》是对《左传》史实与词语的精确注释的话，管燮初先生的《句法》是对《左传》语法的深细阐述。三书堪称姐妹篇，有相辅相成、相得益彰之功效与妙趣。

《句法》对古汉语研究者与教学者提供所需《左传》中的书证和数据，自不待言；它还提供了较为罕见的语法现象。如6.3“数词作兼语”，6.4“量词作兼语”，6.5“主谓结构作兼语”，三处提到以下几个书证：

①孟氏使半为臣。（襄十一）——孟氏让［他私邑士卒中的］一半做奴隶兵。

②君亦不使一个辱在寡人。（昭二十八）——君王也不派一个［人］屈尊问候寡人。

③使长鬣者三人潜伏于舟侧。（昭十七年）——让身高力强的三个人埋伏在船旁。

①中“半”是数词，句中充当兼语式中的兼语，一般情况下少见，只是在被“半”修饰的名词或名词短语已出现于上文时，才会有这类情况。②中的“个”是量词，同样是在被它修饰的名词已出现于上文或不言而喻时，它才可作兼语。③中“长鬣者三人”是个以数量短语为谓语的主谓结构（或称“小句”,）在句中充当兼语。

此外，7.3“名词的补语”（三）“补语是同位语”一项下，列有如下一例：

遂杀其二子幕及平夏。（昭元）——接着杀死了王的两个儿子幕和平夏。

《句法》把“幕及平夏”视为“二子”的补语。这种分析，依其所采用的语法体系而言是顺理成章的，前后一贯的。当然，这样分析是否最为得当；不同学者会有不同看法。我的观点是，“同位语”和“补语”同属句子成分，与其说“补语是同位语”，不如索性说“二子”是“幕及平夏”的同位语，而不用“补语”一词。如仍视为补语，可以与（一）“补语表示数量”、（二）“补语表示属性”保持同样的格局，将（三）“补语是同位语”改为“补语表示申述”，或许来得更为一贯些。

诸如此类的不同看法，或许还存在于其他问题上，这是正常的，甚至是必然的。但它丝毫不影响《句法》是汉语语法史研究的前提之一——专书语法断代研究的重要著作。

（原载《语文研究》1996年第1期）

读《汉语成语源流大辞典》

刘洁修先生的《汉语成语源流大辞典》（以下简称《源流大辞典》）已出新版。洁修先生问我能否为《源流大辞典》写篇评论文章，以便读者更多地了解它，使用它。我感到这是一件值得做、也应该做的事情，但由于自己学养差，加之多病缠身，老眼昏花，实难担此重任。后经再三劝说，我答应写写看。次日，当我用两只手才从快递员手中接过沉甸甸的《源流大辞典》时，我感到应允此事有点自不量力：这么大部头的书，读完、读懂尚且困难，何谈评论？但“言而无信，不知其可”的古训，使我已没有退路。于是我想，写点自己的阅读心得吧。

翻开《源流大辞典》，看了几个成语。第一个是“八面玲珑”，我原本知道它是指处世待人圆滑，不得罪人的意思，却不知它最初作“八窗玲珑”，指“窗户多而明亮”（今按：《现代汉语词典》有“原指窗户宽敞明亮”之语，只是我未曾查知），更不知道它还有“比喻洞达明智；通疏明彻”这个义项。第二个是“对牛弹琴”，发现它下面的副条还有“对驴弹琴”、“对马牛诵经”等，而且都有书证，这也是以前我所不知道的。第三个是“飞扬跋扈”，原只知它形容人骄横霸道，不知它还有“指意气昂扬，豪放不羁，含褒义”这个义项。第四个是“分路（道）扬镳”，原知它比喻目标不同的人，各走各的路，各干各的事；实际上它还可比喻在学术上各占一席之地，写作技巧不相上下、可相匹敌之类的意思。如，《南史·裴子野传》：“子野更撰为《宋略》二十卷，其叙事评论多善……兰陵萧琛言其评论可与《过秦》《王命》分路扬镳。”（今按：《过秦》《王命》，指汉贾谊《过秦论》和班彪《王命论》）凡此种种表明，我对这些看似平常的成语是只知其一，未知其他的。《源流大辞典》使我对这些成语的认识大大丰满起来，也使我真切感受到开卷得益的愉悦。

《源流大辞典》是一部经过多次增改、反复打磨而成就的大型辞书。

1989 年作者的《汉语成语考释词典》出版后，广大读者已好评如潮。接着作者对它进行了大幅度的增补和修改，2003 年出版了《成语源流大词典》，该词典又以其质量超群而荣获 2004 年“第十四届中国图书奖”。眼前这部《源流大辞典》又是在对《成语源流大词典》进行“悉心修订”（《源流大辞典·后记》，以下简称《后记》）的基础上出版的，它的精良品质和学术价值更是毋庸置疑的。

辞书（包括成语辞典或其他词典）原本可有大、中、小多种类型，以适应不同人群、不同工作的需要，因此在它们之间并无上下、优劣之分。但一般说来，能体现一定范畴内最高水平的大型辞书，其信息量要大，书证搜集要全，分析要全面细致，因此编写难度要大得多。正因为如此，一般大型辞书往往要由一个团队来编写和完成。令人惊讶与钦佩的是，《源流大辞典》这部七百多万字的鸿篇巨制，竟然是由洁修先生以其老病之躯独力完成的。作者究竟是怎样写成这部《源流大辞典》的呢？用作者自己的话说，成语研究已经成为他的“全部生命”（《后记》）。再用两句古诗“衣带渐宽终不悔，为伊消得人憔悴”和两个成语“殚精竭虑”“呕心沥血”来形容，也是一点也不过分的。

《源流大辞典》最显著的特点是它的大而全。它共收成语“主条、次主条、副条及部分成语缩略形式总计约五万余条”（《源流大辞典·凡例》，以下简称“凡例”），居同类词典之首，这已为学界和读者所公认。《源流大辞典》的大而全，还表现在它对每条成语义项的搜集至为全备。如“天真烂漫”，一般人都只用来形容少儿的单纯、自然，而《源流大辞典》还收有“形容诗文字画等不矫饰、不做作，纯任自然”的义项，如：“（董源）善画山水……得山之神气，天真烂漫，意趣高古。”“天高地厚”下，也列有三个义项：（1）天地广大辽阔。（2）比喻恩情深厚：俺便死也难忘你这天高地厚情。（3）指事物的复杂性。用做“不知”的宾语：想起幼年这些不知天高地厚的话来，真觉愧悔。“死心塌地”也有三个义项：（1）形容主意已定或疑虑打消，完全放下心来。（2）形容心志专一，不作他想。（3）指实实在在，毫无虚假成分。这种情况甚多，不胜枚举。

《源流大辞典》另一个不同于一般成语词典的地方是，它在条目的编排上，是以一条成语为主条，下列次主条、副条以及该成语的缩略形式等。这样就形成了一个个“成语链”。如：

未雨绸缪 趁着天还没下雨，先把门窗缠缚牢固。绸缪，紧密缠绕。比喻事先做好防备工作。

在这个主条下，有如下 11 个副条：

未雨彻桑　未雨桑土　彻桑未雨　绸缪未雨　绸缪桑土
绸缪牖户　桑土绸缪　牖户绸缪　未雨　绸缪　绸户　彻桑

在主条与副条之间，有的只是前两个字与后两个字顺序的颠倒，有的只是换一个等义词、同义词或近义词等，因此，它们之间的意思和用法是大抵相通的。（今按：在某些主条下，还收有“反其意而用之”的副条，如既有“泛泛之交”，也有“交非泛泛”。二者意思虽一正一反，但它们仍是由同一成语衍生出来的。）

用“成语链”的形式排列条目，自有它的长处。第一，它体现了汉语成语在长期的使用过程中，产生了多种样态和变体，显现出它的丰富多彩和活泼灵动。而不是千百年来千百万人死守着某个四字格，一字不移，一成不变。第二，可以以简驭繁。试想，如果许多条同义或近义成语平行排开，每条又都用几乎同样的词语去诠释，势必显得重复啰唆，徒然浪费篇幅。第三，有不少两字、三字的成语或缩略形式，如果不把它们系连在这些“成语链”中，便很容易把它视为一个词；然而，它的意义并非一个词所能涵盖，从而会使人感到费解或不解。如：唐李群玉《北风》诗“（蝶飞魂尚弱，）蚁斗体犹虚”，“蚁斗”二字费解。查《源流大辞典》，会发现它是“床下牛斗”这一成语的缩略形式。“床下牛斗”出自《世说新语·纰漏》：“殷仲堪父病虚悸，闻床下蚁动，谓是牛斗。”后泛指病体衰弱，精神恍惚。这样一来，“蚁斗体犹虚”便可通解了。再如，《鼓掌绝尘·雪集》：“我想李刺史府中小姐，千金贵体，非贵戚豪家不能坦腹。”全句大意是说，刺史家的千金小姐，不是贵戚富豪子弟是不能做其坦腹的。“坦腹”表面意思是“袒露腹部”，在此费解。查《源流大辞典》，“坦腹”是源自《世说新语·雅量》“东床坦腹”这个成语的缩略形式，指女婿。这样，该句便可迎刃而解。再举一例，《文徵明集·题赵仲光梅花杂咏》“有王孙风度，而无纨绮故习”之句，“纨绮”本义是“精美的丝织品”。“纨绮故习”，究为何意？查《源流大辞典》，知“纨绮”是“纨绔子弟”的副条“纨绮子弟”的缩略形式。“纨绮故习”指富家子弟的风习、气息或味道之类。

在历史悠久的汉语里，为数众多的意义相同而形式各异的成语，散落在浩如烟海的典籍中，要把它们一个个找出来，加以遴选和甄别，弄清楚哪个是源，哪些是流，意思是否大同，其间有无微异，从而把它们梳理成一个个序列，这真是要下大功夫的。

《源流大辞典》征引文献之丰富，是有目共睹、有口皆碑的。从书后的“征引书目”可见一斑。更难得的是，它对古书中的错讹还多有发现与更正。例如，“哀兵必胜”条“《老子》六九章：故抗兵相若，则哀者胜矣。‘相若’通行本均作‘相加’，‘加’当系‘如’之讹，‘如’与‘若’同义。”（今按：显然应为“若”。“相若”即“相当”、“差不多”。如说“二人年相若”，就是说两个人一样大或年龄相当。“加”与“如”当属形近而误。）再如，“发纵指示”条“颜师古注：发纵，谓解绁而放之也。纵，音子用反……《史记·萧相国世家》五三‘纵’误作‘踪’。”（今按：有的成语词典据《萧相国世家》收“发踪指示”一条，解作“发现野兽踪迹，指示猎狗追逐。”并另收“发纵指示”一条，令“见‘发踪指示’”，有违颜注。）又如“赴汤蹈火：《墨子·兼爱下》：‘（士）赴水火而死有（疑为‘者’）不可胜数也’”。

《源流大辞典》不仅勘误匡谬，对成语的诠释也谨慎而周到。凡有不同解释而一时又难以定夺者，一律做客观介绍。如：

> **铤而走险** 杜预注：“铤，疾走貌。”洪亮吉《左传诂》：“按此字当从手、廷；高诱《吕览》注：‘犹动也。’盖云动而走险耳。”（今按：这里有“铤”、“挺”之争。查《辞源》，无“铤”字。《辞海》“铤”的第二义项为“疾走貌”，说“铤，亦作挺”。）

这样，可为读者提供选择的空间，甚或还会激发他们研究的兴趣。

读《源流大辞典》还有一个突出的感觉，那就是它的释义准确精当。这里不妨举个例子。《三国演义》四十六回“草船借箭”故事中诸葛亮说过如下一段话：“公瑾教我十日完办，工匠料物，都不应手。将这一件风流罪过，明白要杀我。”其中“风流罪过”究竟该作何解，北大两位资深教授经过多方查证，反复切磋，认为，成语中的“风流”义盖与风韵、风雅相近。引申则有冠冕堂皇、漂亮合理的借口的意思。“罪过”一词，在六朝时期本习用词语，这里指让人去做本不情愿而不得不勉强去做的事。只是学风严谨的他们并未据为定论。《源流大辞典》“风流罪过”的义项之一是：“指无根的、不能落实而又凭空强加于人的过错或罪名。多就对人施行惩治刑罚的借口而言。”放在诸葛亮那段话里，是再精当恰切不过的了。

《源流大辞典》释义简洁、引例长短适宜，几无赘笔，也是它的亮点之一。这可能与作者多年从事《中国语文》编辑工作有关，更与辞典的反复打磨有关。据说吕叔湘先生叮嘱词典编撰者有一句话：“要编一部大辞典，而不要编成胖辞典。”（大意）我想，“胖辞典”除收词过滥等外，恐怕就是指释义啰唆、引例过长等毛病了。从这个意义上说，《源流大辞典》无愧于自己的名称。

读《源流大辞典》还能得到成语以外的知识。如，在“更上一层楼”条下，一般成语词典都只引唐王之涣《登鹳雀楼》“欲穷千里目，更上一层楼”句。而《源流大辞典》下面还有一个“按”：“全唐诗二〇三此诗作者署朱斌，题作《登楼》，‘层’作‘重’。”让我知道这个千古名句原来还存有作者之争呢。这是题外话了。

书中的不足，浏览大半，并未找到多少，姑且提出两点意见或建议以供参考：

（1）“笔墨官司：多指无谓的争论。”经查，鲁迅与郭沫若、梁羽生与金庸、杨绛与宗璞、陈独秀与李大钊、蔡元培与章太炎等都打过笔墨官司，说“多指无谓的争论”，恐未必。《现代汉语词典》释作“指书面上的争辩”，可供参照。

（2）书后现有笔画索引可供检索。但不少读者习用拼音索引。虽书前备有《音节表》，但依该表查主条方便，而查某些副条，就比较困难。举例来说，“黄道吉日”、“黄发鲐背”，在《音节表》的 H 母中便可顺利查到。但要查同为“黄”字打头的“黄发垂髫”，此处则无。因为，它是“垂髫戴白”的副条，要到《音节表》的 C 母中方能查到。如能增加一个包括所有条目（主条、次主条、副条、缩略形式等）的汉语拼音音序索引，就会方便更多读者。

（原载《辞书研究》2011 年第 5 期）

纪念文章

我爱吾师李何林先生

今年是恩师李何林先生百年诞辰，先生离开我们已经十六年了，我写下这篇短文，表达对何林先生的敬仰和思念。

我从1955年考入南开大学中文系，到1963年研究生毕业的八九年间，一直生活在何林师身边，因为他一直是我们敬爱的系主任。20世纪70年代末，我被先生推荐到故宫博物馆工作，何林先生调到与故宫博物馆同属文博口领导的鲁迅博物馆和鲁迅研究室主持工作，我又有较多的机会见到先生。在长期的接触中，我深深感到在先生身上，体现着三个完美的统一：革命家与学问家的完美统一，道德与学问的完美统一，内在美与外貌美的完美统一。缅怀先生的高尚人生，仰视先生达到的崇高境界，使我们的精神得到升华。

人的一生，有时身处逆境，有时则比较顺当，这似乎是一般规律。但在我看来，何林先生身处逆境的时间比一般人要多。在黑暗的旧中国，先生是被反动势力追捕的革命者；而在新中国成立以后，他在历次的政治运动中，也屡遭坎坷。先生的耿直与坦诚，本来是极为可贵的品格，但在那极不正常的政治生活里，却带给他不少痛苦，遭受着接踵而至的批判与惩罚。先生的挨批挨整，远在“文革”以前就接二连三地有过。他主张学生要多读书，学好专业基础知识，他反对名目繁多的政治运动整治教师，等等，在“以阶级斗争为纲”的年代里，在“左”的指导思想统治的岁月，这些主张都是不合时宜的。于是他就被扣上“修正主义教育路线”、“资产阶级教育思想”、“右倾机会主义”等罪名横遭批判。20世纪60年代初，先生因为一篇触及文学理论批评的“小问题”文章，受到全国性的批判。当时的中文系党总支，为着配合批判，还组织一些师生翻检先生的旧著，想找出资料证明先生的“修正主义思想”是由来已久的。记得在那时，我这个古汉语专业的研究生，也被调去干这件事。但是，何林先生还在全系师生的批判大会上公开争辩，亮明自己的观点。见先生这样，我一方面为他担忧，另一方面暗自钦佩他的刚直，体味到“无私方能无畏”的真实含义。“文革”动乱中，先生自然是挨批最重，受冲击最烈，被伤害最多的。然而，据说何林师在一宣布“解放”，恢复工作后，他又一如既往地要学员认真读书，掌握真本领。不少人当时也许会批判他，但这些学员后来把学到的知识运用到实际工作中时，他们会何等感激这位有远见的白发老人啊！先生调到北京工作后，又因为见解不同而一度被孤立，受冷落。看得出，先生不无痛苦，但他不苟同，不趋附，这也许就是凝聚和赢得了无数敬仰者的“李何林性格”吧！

何林师的性格是多层次的。对邪恶，对权势，他横眉冷对；而对学生，对部属，对亲友，他是极其热诚慈祥的。每次到先生家，总可以见到一位年迈的老奶奶幸福地生活在这个家庭里，我原以为是何林师或振华师母的长辈，后来才得知是先生家的老保姆，因已失去劳动能力，先生把老人家留下来安度晚年。“文革”中，先生一度被扣发工资，生活自然十分清苦，但他放心不下这位老人，就向有关方面提出，每月从他的工资中拿出一部分如期送到老人手中做生活费。先生此情此举，使我的心深受震撼。学着先生的榜样，我对老人和幼弱总是格外留心关切，因为他们更需要帮助和关爱。

何林师对我的理解和关怀，使我终生无法忘怀。1957 年，我读大学二年级时，“反右”斗争开始，当时不满二十岁、入党刚刚转正的我，政治上还很单纯和幼稚，为着响应党支部号召党员要带头“鸣放”，帮助整风，给党小组长提了两条意见，不料竟被说是“反党”，在全系党员大会上挨批判，还受到党内最重的处分。这对我无异于晴天霹雳，我被击蒙了。从此，我总是低着头走路，老是觉得系里的老师和同学会把我看作思想品德很坏的人加以歧视。毕业前夕，我鼓着勇气和同学们一道向何林师辞别，先生在送我们出来时，拍着我的肩膀对我说了四个字：“你人老实。”对于受到批判和处分的我，先生不仅丝毫没有歧视之意，反而亲切地称赞我“老实”，实在大出我意料之外，衷心感激。后来，先生又欣然应允我报考马汉麟先生的研究生。应该说，我恢复人的尊严，重新建立起生活的勇气，就是从这时开始的。在此后的生活中，我始终没有忘记，更不敢稍微背离先生对我的四字评语。不管处境多么恶劣，情况多么复杂，我都竭尽心力按“老实”二字待人处世，都在竭尽全力地追求真善美的人生境界。尽管如今在某些人的眼里，“老实”已与“愚蠢”“低能”成为近义词，但我至今对自己的人生选择无悔无愧。

1972 年，“四人帮”操纵的科教组头头负责重新分配原高教部系统的千余名干部，居然提出按原籍分配，原籍南方的分到南方，原籍北方的分往北方；而且还提出：要打乱专业界限，就越能改造“修正主义”的专业队伍。于是，学机械的被分到文学出版社，学物理的被分去搞地理，说什么“都是理科”。我是河南人，学古汉语的，竟被分到南方某省的一个医学院校。当时，我的老母和两个幼子（一个四岁，一个刚满百天，又体弱多病）都在北京。有两位校友见我处境狼狈而艰难，就为我向何林师求助，热心助人的何林师立即把我叫到他出差来北京居住的招待所，对我说：“文博口”负责人曾求他推荐学古文的人，而我恰好是古汉语的研究生，问我愿不愿意到文博口工作，我当然是愿意的。就这样，几个月后我被调回北京安排在故宫博物馆搞青铜器的陈列和金文甲骨文的研究工作。

应该说，故宫博物馆的领导和同志对我很友好，也器重我，说我是故宫内唯一的女研究生，是不可多得的“笔杆子”，于是，哪个部门要写什么，就把我派到那里，在故宫六年，工作调动了七次，频繁的变动让我无法钻研专业，感到苦恼。说来也巧，有一天我在厂桥附近遇见何林师，他关切地问起我的工作情况，是否对口？我感激先生曾经解我于困厄，就随口说：“还不错”，不知是我不善于掩饰，还是先生善于触摸学生的脉搏，他主动提出：“你在故宫，如专业不对口，要不要我给吕叔湘先生写信，推荐你到语言所工作?”我当时不想再麻烦先生，就说不必了，要去语言所就由我自己去跑跑吧。然而，何林师遂即致函吕叔湘先生推荐我，后来听说叔湘先生为了全面了解我的情况，曾经写信给仍在南开大学任教的张清常和马汉麟二位，他们也都大力推荐。几个月后，我便开始在吕叔湘先生指导下从事古汉语研究工作了。三十多年来，如果说在古汉语研究工作中我还作出一些成绩的话，不能不归功于何林师和各位前辈的提携与关爱。

何林师几十年教书育人，桃李满天下。他教过的学生，仅在北京工作的就有二三百名。学友们见面，提起何林师，没有谁不钦敬他的精深学识和崇高品格的。正是这种钦敬之情，把众多学友凝聚在先生周围。每逢先生寿诞，我受校友委托，总是从郊区的家跑到西单桂香村去定做一个寿字大蛋糕，再选购鲜美的水果，奉献给先生，这时，学友们都来先生家里聚会，祝贺寿诞，聆听教诲，互相倾诉心曲。先生八十大寿时，著名画家范曾主动提出，他作为南开校友，何林师的学生，要为先生画一幅国画；其他校友送给先生“我爱吾师”的条幅，这幅画和条幅由我拿到故宫博物馆请技艺精湛的老师傅加以装裱，挂在先生的床边。先生非常高兴，诙谐地说："我爱吾师，下面还有一句话：我更爱真理。"先生啊，当学生们篆写这四个字时，就知道这下面还有五个字的，我们正是在爱真理的前提下爱吾师的，我们真切地知道，吾师的一生正是英勇无畏地追求真理、捍卫真理的一生啊！

20 世纪 80 年代末，何林师在久卧病榻之后，于 1988 年 11 月 11 日永远地离开了我们。从此，我再也看不到先生那英俊端庄的面容，再也听不到先生那亲切质朴的教诲。但是，从内心里，何林先生并没有离开我们，他永远活在我们的心灵之上。

（原载《李何林、李霁野百年诞辰纪念文集》2005 年）

怀念恩师吕叔湘先生

当我接到要为吕先生百年华诞写纪念文章的通知时，二十多年来的生活经历，迅速在脑海中闪现，我感到吕先生对我的影响是那样深刻、那样无所不在，由这种感觉产生的激情和冲动，让我立即提起笔来，想要写出这一切。但究竟从何下笔呢？思之再三，还是先谈做人，后说治学吧，从这两方面谈谈先生对我的教诲与影响。

先生的家庭生活和谐而温馨，这几乎是人所共知的。师母对人和蔼可亲，对先生的照顾更是无微不至。我每到先生家，总是由师母把我让进屋里，然后细声慢语地告诉正在里间伏案工作的先生。师母走路的声音几乎是听不到的，她唯恐惊扰了先生。师母说，先生的胃曾动过手术，须少吃多餐，每晚十一点，总是让深夜工作的先生加次夜餐。家里虽雇有保姆，但照顾先生，师母一定是亲历亲为的。在一次庆贺先生八十大寿的宴席上，我恰与先生、师母同桌，我问先生："在您的贡献与成就里，应有师母的一半儿吧？"先生愉快地说："那当然。"先生动过不止一次大手术，却能健康地工作到九十多岁，成为一代语言学大师，不能不说与幸福温馨的家庭生活密切相关。先生对师母同样关爱有加。记得一次去先生家，先生很亲切地给我切了一块儿奶油蛋糕，说："吃一块儿蛋糕，你也会活到我们这个岁数。"原来那天是师母的生日。我将自己在先生家里看到的这一切，拿来与自己的家庭对比，往往会引起一些自省，从而化解了一些家庭矛盾和摩擦，增加了一份温馨与和谐，连续多年被居民大院评为"五好家庭"。

到先生家，常会看见一位比师母还要年长的耄耋老人，那是师母的姐姐。老人家受社会变迁的影响，别无依靠而长住先生、师母家。当时我想，要是统计家庭常住人口的平均年龄，先生家在北京市可能都是首屈一指的。这又使我看到了一种家庭之外的、亲友间的、恒久的、默默的关怀与亲情。我的精神再次得到升华。

先生的一生，使我懂得了什么是奉献。先生在现代汉语、近代汉语、古代汉语、语文教学、中学教育、语文普及等方面都奉献了自己高超的智慧和高深的学识。他奉献的历程长达半个多世纪。直到病重住院，先生仍关心着语言研究工作和语言学界的学风建设，关心着全所同事。先生把一生节省下来的数万元拿来奖励优秀的中青年语言学工作者。足见先生在身后仍割舍不下对语言科学的眷念。拿先生的精神比照自己，常有汗颜无地之感。工作环境和条件优于先生当年百倍而成就却不及先生之万一姑且不说，在精神和工作态度上也差之甚远。自己在研究工作中遇到困难（比如写作困难或出版困难），便常作冉有之“画”（孔子批评他的弟子冉有常在自己面前画出一条界限，止步不前）。记得二十多年前，我参与编写的《马氏文通读本》（以下简称《读本》）部分初稿被吕先生多次打回重做时，我曾情绪沮丧地问过先生：“吕先生！《读本》还编吗?”当时我的确打算知难而退了。是先生语气惊讶的一句反问“为什么不编?”才使工作继续了下来，并使《读本》最终得以完成。此外，近几年出版学术著作，往往要个人拿出数量可观的“出版费”，我感到难以承受，便发誓不再写书。这种心态，从个人的角度检讨，是一种缺乏学术责任感的表现。尽管我不时会有如此的不良表现，但吕叔湘精神仍是鞭策我在学术研究道路上不断前进的原动力。二十多年来，我在相当艰苦的条件下（如老少三代五口人长期住在一间十五平方米的房子里）写了几百万字的东西，即使从工作岗位上退下来以后，仍不敢懈怠，把原有的几本书进行了增补与修订，目的是让读者得到更完备、更科学的相关知识和信息。此外，在对外汉语教学方面也做了些力所能及的工作，为外国留学研究生编写了古代汉语教材《古代汉语简明读本》。如果有人问我何以如此笔耕不辍？我内心深处最真诚的回答是“谁让咱是吕先生的学生呢？咱虽不能给他的大名添彩，但也决不能给它抹黑吧”。

多年来，我从先生那里得到了无言的关怀和深沉的爱。1978 年以前，我先后在故宫博物院金石组和宫廷历史组做保管与陈列工作。而我的研究生专业是古代汉语，我渴望专业回归。但由于不得其门径，事情在一年之内竟毫无进展。后来，是我的老师李何林先生给吕先生写了一封信，吕先生接信后，当即写信给我的研究生导师马汉麟先生和我的老师张清常先生了解我的为人和业务情况，并看了我的研究生毕业论文《〈公羊传〉语法研究》（油印稿）。两个月后，我接到了语言所的调令。可以说，没有先生的关照，这一生说不定我就得与我所钟爱的语言学事业分手了。到语言研究所后不久，先生让当时任古汉语室主任的王显先生问我，愿不愿跟他一起编写《读本》。当时已年逾不惑而业务上还一无建树的我，能在举世闻名的吕先生指导下从事科研工作，我岂止是愿意？简直是喜出望外！我把这件事视为此生的最大幸事，我感谢命运对我的垂青。

《读本》编写之时，正是先生身兼数要职、各种会议一个接着一个开的时候。为了尽快审阅我交上去的书稿，先生有时不得不把稿子带到人民大会堂去看。即使如此，先生仍怕“耽误”我，除了嘱我在他审稿期间先做《马氏文通》代字章和句读论两个专题外，还又给我出了两个论文题目：《先秦疑问代词“谁”与“孰”的比较》以及《“何”与“奚”的异同》。几篇文章写好后，先生给予热情鼓励，并将其中两篇亲自交给由他任总编的《中国语文》发表。此外，先生还亲临古汉语室全体会议，明确宣布要我参加室内集体项目《古代汉语虚词通释》的编写工作。先生在作这些安排时，并没对我说什么，但我心里再清楚不过，先生是为了让我尽快出点成果。他老人家是为我想的，当时连我自己都未曾想到。

在《读本》即将由上海教育出版社出版时，吕先生给责编写信，嘱她把稿酬的60%寄给我，因为我花的时间精力比他多，因为我比他更需要钱。责编征求我的意见，我当然不能同意这样处理，因为我知道，没有先生，便没有《读本》；再者，很多人都有这样的体会，修改基础不好的稿子，有时比亲自写稿还要费时费力。何况有的段落完全是先生重新写过的呢。最后，是责编调解了这个矛盾：二一添做五。

先生不光关心我，同样关心我的家人。平日聊天，先生得知我母亲患有白内障，一次，先生托人转给我一张纸条儿，上面是先生从《参考消息》上抄下的治疗白内障的医疗信息。看后，我眼里溢满泪水。

接下来谈谈在治学方面先生对我的教诲与影响。

跟吕先生编写《读本》历时五年。虽说中间也掺杂了一些别的工作，那也不少于三四年时间。在这段不短的时间里，先生真是耳提面命，手把手地教。大到此项工作的意义、宗旨，小到标点符号、行款，都交代得一清二楚。先生把全书所用标点符号写了满满一张纸。如：

(1) 鱼尾括　用于节次编号
(2) 六角括　用于例句编号
(3) 园括　　用于注释性质的话……（见先生手迹原件）

先生这种工作作风和工作方法本身，就使我深受教育和感动。

先生告诉我说，早在十年动乱之前，他就有意编撰《读本》，只因诸事烦扰，未能动手。先生迫切想编《读本》的原因，首先是他充分估计了《马氏文通》（以下简称《文通》）在中国语法学史上的价值，《文通》的不少见解至今仍无可替代，或至今仍未能逾越。关于这一点，先生多有论述。如，在《助词说略》中说："当马建忠模仿西欧的葛郎玛写他的《文通》的时候，他发现汉语里的'焉、哉、乎、也'是不能归入欧洲传统词类的任何一类的，于是立助字一类，也是助词第一次作为语法术语即词类名称之一被提出来。马氏并且说助词是'华文所独'，这句话显然是个错误，可是必得在名、代、动、静、状、介、连、叹之外另立一类来收容汉语里的某些个词，他这个认识是正确的。"（《汉语语法论文集》，277 页）在《汉语语法分析问题》中谈到代词分类时说："较早的语法书把这些词分属于代名词（人称、指示、疑问）、形容词（指示、疑问）、副词（指示、疑问）三类。这个分法在逻辑上有缺点，既然把指示形容词（副词）和疑问形容词（副词）纳入形容词（副词）之内，为什么又把人称代名词等等提在名词之外，单独成为一类呢？现在比较通行的办法是把这些词归为一类，只分人称、指示、疑问，不分代名词、形容词、副词。这是继承《马氏文通》的传统，至少在逻辑上较为一贯。"因此，先生在给我的一封信中说："《马氏文通》是研究古汉语语法的人必须读的书。"

先生编撰《读本》的另一个重要原因是《文通》充分暴露了汉语语法研究中的矛盾和问题。先生在《重印〈马氏文通〉序》中说："这些例句里边有不少，作者没有作出令人满意的分析，就是现在也仍然缺乏令人满意的分析。但是《文通》把它们摆了出来，而后出的书，包括我自己的，却把它们藏起来了……这种做法显然是不足取的。"先生在《汉语语法分析问题》中说，汉语语法研究"一方面要广泛地调查实际用例，一方面要不断地把问题拿出来理一理……这样可以开拓思想，有利于寻求解决问题的途径……问题提得对路，解决起来就比较容易。"先生的话，甚有道理。其实，科学发展的过程，就是不断解决问题（尤其是重大问题、关键问题）的过程。与自己的这种观点一脉相承，先生写了《汉语语法分析问题》。正是这本书，正是这些"问题"，使许多语言学工作者从中找到了研究课题和研究方向，从而有力地推动了语言学的发展。先生的这一观点，也始终指导着《读本》的编写工作。在导言、按语和注解中都注重揭露《文通》的矛盾，疏通疑滞，提出问题，启迪思考。

在跟先生编写《读本》之前，我并未受到过严格的科研工作训练，也没有写过多少学术论文。只在研究生毕业前夕，用了五个月时间赶写了一篇毕业论文《〈公羊传〉语法研究》，但严格说来，那只是一个“急就章”。后来写《读本》导言时，我用了一年时间，共写了七万余字，先生阅后说“拿不出去”，并做了如下批语：

> 本文写得极为详细，并能就全书内容前后钩稽参照，足见用力甚勤。但是，作为一部书的导言，也有不足之处。作为导言，放在原书头上，复述内容，宜于大处落墨，撮举要点，不需要过分详尽。提出问题讨论，应以疏通疑滞为首要任务。要尽量体会马氏本意，不以词害意，要使看似难于理解之处成为不难理解。评论部分要抓住几个要害，不要巨细无遗。并且宜于就《文通》论《文通》，指出它本身的缺点，不要用近今理论去压作者，后来居上，理有固然。对《文通》的总的评价要能持平，要努力发现它的优点，不可仅仅许以开创之功。《文通》引例广泛，尽管有的例句的说明不全恰当，总比挑挑拣拣，避难就易的好。有些地方马氏的分析相当精到，且能阐明规律，又常常联系修辞立论，这些也都是值得称道的。行文也要讲究锤炼，不可随想随写。要力求要言不烦，以少许胜人多许。总之，复述原书太多则嫌繁琐，大小问题胪列则嫌枝蔓，行文如讲话则嫌散漫，这样就使文章减色。希望改写后能除去这些缺点。

我之所以再次（已在《跟从吕先生编〈马氏文通读本〉》一文中抄录）把它全文照录，是因为我觉得这实在是一篇极好的批评文章，它不仅有力地指导我很好地修改并完成了《读本》导言，而且指导着我尔后二十余年的科研工作。且不说如何客观评价前人成果，写导论性质的文章如何从大处落墨、撮举要点等，只说“行文要讲究锤炼”、“力求要言不烦，以少许胜人多许”一点，就指导我初步学会了写学术文章。我不仅将《导言》由七万多字精简为三万多字，删去大半；而且写其他文章时也注意反复修改，删去每一个可有可无的字眼儿，力求要言不烦。后来我为管燮初先生的《〈左传〉句法研究》写了一篇名为《一部专书语法研究的重要著作》的书评（《语文研究》1996.1），管先生看后称赞说“写得精练，一字不多，一字不少”。记得在一次闲聊中，吕先生还说过，如果文章的内容相同，它的字数与效果恰成反比。近年来，研究生们的硕士论文和博士论文大有愈写愈长的势头，似乎学问和字数成了正比。愚以为在寸金寸光阴的今天，文章是应该提倡简练的。吕先生的短文同样是十分精彩的。

这里我想顺便说说先生关于文风问题对我的一次批评。先生看了我写的导言部分初稿后，曾写了一封信给我，其中有这样几句话：“行文要力求干净利落，避免文白夹杂，避免报章体套语如‘鉴于’、‘基于’等。”这几句话，二十多年来我也未曾忘怀，写文章时更知“足戒”。

跟吕先生编撰《读本》，涉及汉语语法的方方面面，没有哪个问题是可以避而不谈的，这就使我不得不去全面掌握和熟悉语法知识；为了探求《文通》对后世语法研究的影响，我又不得不去阅读《文通》以后所有的（凡能找到的）语法著作。这些知识积累，对尔后我的科研工作和不时担任的教学工作都极有帮助。几年后，在这些积累的基础上，我写了《〈马氏文通〉与中国语法学》（安徽教育出版社，1991）。目前，不少高校中文系开设《马氏文通》专题课或语法学史课，总是以《读本》和这本书作为必读参考书的。

这里，我想再说几句《读本》出版的意义，以此说明吕先生殚精竭虑在耄耋之年做此项工作的非凡价值。编写《读本》这个课题一经提出，便被中国社会科学院确定为院内的重点科研项目。《读本》出版后，受到学界普遍好评。著名语言学家张清常先生评论说：“从此《马氏文通》这部语文专书有了令人满意的可读之本，便于翻查检索之本。”“堪称是个飞跃。”他还称《读本》是“一部既方便读者，又指导、启发读者的传世之作”。2001年，《读本》因“经时间检验确属学术精品”而被上海世纪出版集团重出“世纪文库”本。还有的语法学史著作把《读本》的出版列入汉语语法学史大事记中。可以说《读本》是吕先生在晚年完成的留给语言学界和广大读者的重要财富和珍贵礼物。

在《读本》编写过程中，吕先生把材料与理论的关系形象地比作钱与钱串子的关系，旨在强调充分掌握语言材料的重要性（而不是否定理论的重要）。我非常推崇先生的这一理念，并以此指导自己的研究工作。不论写书还是写文章，也不论写大文章还是小文章，都要搜集充足的书证作为依据。凡是我投到出版社或杂志社的书稿或文稿，一般都能得到“资料丰富、内容扎实、有新义”一类的评语。拙著《古代疑问词语用法词典》被日本著名汉学家太田辰夫先生称赞为“内容充实精确”，“是一件巨大的开辟工作”。语言所也曾嘉奖此书，重要原因之一我想也是它提供了大量的第一手材料。我觉得，重视材料，绝不意味着轻视理论或方法，而且，我认为任何一项科研成果都必然受一定理论的指导，并通过一定的方法才能产生出来。

要说吕先生对我科研工作的指引，可以远溯到20世纪60年代。那时，我在导师马汉麟先生指导下写完了研究生毕业论文《〈公羊传〉语法研究》。《公羊传》是用问答体解释《春秋》经的，其中的疑问词语十分丰富，因此，对它们的分析研究也就占了论文的近半篇幅。此时重读了吕先生的《中国文法要略》，其“表达论”中提出若干“范畴”，其中有一个“传疑”（疑问）范畴，引起了我的关注与思考，使我想把对疑问词语的考察研究从《公羊传》扩大到整个先秦典籍，也就是想进行古汉语疑问范畴的探索与研究。但不久十年动乱开始，研究工作便无从谈起。1978年调到语言所后，在其他工作的间隙里，陆续搜集资料逾百万字。直到2001年《古汉语疑问范畴词典》出版，这项工作才算基本完成。接下来又研究吕先生提出的另一个范畴——时间范畴。作为其成果，《古汉语时间范畴词典》已于2004年年初由安徽教育出版社出版。我想把这两部书作为姐妹编献给读者，并告慰先生。目前，从事范畴研究的古汉语工作者尚不多见。而我觉得，此项研究工作的意义和价值是不在专书语法研究之下的，其所需要付出的精力和时间可能更多。在疑问范畴研究的阶段性成果《古汉语疑问词语用法词典》出版后，著名语言学家张永言先生阅后说：“此书虽以‘词典’为名，实为一部功力深邃的研究著作，与《近代汉语指代词》、《现代汉语八百词》同条共贯……体现了现代语言学的精神，是一个很好的正确的导向。”张先生的这段评语，既说明了范畴研究的意义，又说明了我的研究工作是在吕先生的指引下进行的，是“同条共贯”的，是步吕先生之后尘的。

在写这篇纪念性文章时，我除了对先生的深深感激之情外，还对先生怀有一份歉疚。1987年，先生曾致我一封信，全文如下：

海菜同志：

《简编》（指《马氏文通》的简编本）是值得做的，可惜我现在已无精力做这种繁琐工作，姑且写几句要点，供你参考。

有一点要注意。如果《简编》是在《读本》的基础上进行，似应先征求上海教育出版社意见，如果他们不感兴趣，再跟别的出版社联系。这样较好。

即祝

近好！

叔湘

12. 18

《马氏文通》是研究古汉语语法的人必须读的书，可是现在的大学生读起来还是有一定的困难。首先是内部有矛盾：有时同一名称在不同的地方所指不同；有时同一组词在不同的地方归入不同的词类。其次是例句多而杂：有些例句与正文不合；有些例句一处用了，另一处又用；有时候，三五个乃至七八个例句已经够了，引上十来句，甚至二三十句。行文也有晦涩难懂的情况。因此，如果能下点功夫编一《简编》，把矛盾理顺，去繁存简，再把难懂的文句（非例句）适当用白话加注，把整个篇幅压缩一半（约二十五万字），对于现代读者一定大有帮助。

吕叔湘

1987. 12. 18

接信后，我便就此事与上海教育出版社联系，他们表示有困难；其他几个出版社态度也都相差无多。把这个情况向先生汇报后，先生表示仍可以搞，而不必“急功近利”。但在一个“急功近利”的大环境里，我仍未能脱俗，最终未能完成先生交给我的这个任务。

我把先生的这封信和有关意见公布于此，一方面表示我的歉疚之情，另一方面希望有志于此的年轻学人能使先生的这一遗愿得以实现。而我已年近古稀，多病缠身，心有余而力不足了。

（原载《吕叔湘先生百年诞辰纪念文集》，商务印书馆，2010）

图书在版编目（CIP）数据

古汉语论集 / 王海棻著. —北京：社会科学文献出版社，2014.5
（中国社会科学院老年学者文库）
ISBN 978-7-5097-5515-0

Ⅰ.①古… Ⅱ.①王… Ⅲ.①古汉语-文集 Ⅳ.①H109.2-53

中国版本图书馆 CIP 数据核字（2013）第 319518 号

·中国社会科学院老年学者文库·

古汉语论集

著　　者 / 王海棻

出 版 人 / 谢寿光
出 版 者 / 社会科学文献出版社
地　　址 / 北京市西城区北三环中路甲 29 号院 3 号楼　华龙大厦
邮政编码 / 100029

责任部门 / 经济与管理出版中心（010）59367226
电子信箱 / caijingbu@ssap.cn
项目统筹 / 周　丽
经　　销 / 社会科学文献出版社市场营销中心（010）59367081　59367089
读者服务 / 读者服务中心（010）59367028
责任编辑 / 刘宇轩　陈凤玲
责任校对 / 李佳佳　李　俊
责任印制 / 岳　阳

印　　装 / 三河市东方印刷有限公司
开　　本 / 787mm×1092mm　1/16
印　　张 / 48.25
字　　数 / 831 千字
版　　次 / 2014 年 5 月第 1 版
印　　次 / 2014 年 5 月第 1 次印刷
书　　号 / ISBN 978-7-5097-5515-0
定　　价 / 168.00 元